高等院校经济学管理学应用技能型精品教材

第3版

统计学

王德发　主编

上海财经大学出版社

图书在版编目(CIP)数据

统计学 / 王德发主编. —3 版. —上海：上海财经大学出版社，2020.9
(高等院校经济学管理学应用技能型精品教材)
ISBN 978 - 7 -5642-3453-9/F · 3453

Ⅰ.①统… Ⅱ.①王… Ⅲ.①统计学-高等学校-教材 Ⅳ.①C8

中国版本图书馆 CIP 数据核字(2020)第 022591 号

□ 责任编辑 林佳依
□ 封面设计 张克瑶

统　计　学
(第三版)

王德发　主编

上海财经大学出版社出版发行
(上海市中山北一路 369 号　邮编 200083)
网　　址：http://www.sufep.com
电子邮箱：webmaster@sufep.com
全国新华书店经销
上海景条印刷有限公司印刷装订
2020 年 9 月第 3 版　2020 年 9 月第 1 次印刷

787mm×1092mm　1/16　26.25 印张　655 千字
印数：12691—16690　定价：59.00 元

第三版前言

“统计学”是国家教委1990年确定的高等院校财经专业10门核心课程之一。为了探索独立学院财经专业统计学课程教学模式与创新能力培养，本课程教学被批准列入2010年浙江省新世纪高等教育教学改革项目——改革实践类项目，2011年被批准列入上海财经大学浙江学院2011年度精品课程。本教材是精品课程的建设目标之一，同时也是上海财经大学浙江学院首次组编的系列教材之一。

本教材的编写从以下几个方面进行了尝试：

1. 统计是一面镜子，它摄入的都是现象总体的样本，如何依样本来刻画总体，需要加强统计思想的训练，为此，本教材适时在各章节对相关内容的形成渊源进行了介绍。恐怕这在全国是首例，但效果如何，尚待实践检验。

2. 统计学是一门学科，为适应我国经济、社会、科技和高等教育的发展，我国国务院学位委员会、教育部在2011年2月公布了新的《学位授予和人才培养学科目录(2011年)》，其中统计学已被列为一级学科。考虑到我国经济体制和统计体制的改革，同时适应统计学界的主流观点、国际统计科学和统计实践发展的趋势，本教材在内容阐述上淡化了我国传统经济统计学教学中的一些传统概念，如标志、估计标准误差等；加强了有关概念与数理统计学的接轨，如总体的阐述、时间序列的概念与分类等。

3. 统计是一种数据处理的艺术，需要培养学生在某些约束条件下对实际数据进行分类整理，运用一定的分析工具和分析方法，结合自己的实践经验，进行分析和比较，通过讨论甚至辩论从若干可供选择的方案中做出选择。为此，本教材还将有配套的教材——《统计学：数据处理与分析》，内容包括理论知识点、案例、练习、教材思考题解答提示和习题参考答案。此外，由于计算机科学的快速发展，各种统计学应用软件不断涌现，《统计学：数据处理与分析》还将主要针对 Microsoft Office 中 Excel 统计模块的数据处理功能进行介绍，在加强统计学抽象概念直观化的基础上，提高学生的数据处理能力。

本教材共分十一章，以抽样为基础，以统计推断为主线，以社会经济现象为对象，按照由描述统计到推断统计、由简单到复杂、由单变量到多变量、由同质总体到异质总体的顺序，组织各章内容，形成严密的体系。其中，需要说明的是：第五章概率论基础是为适应课程内容体系列在其中，但实际上又把这些章节单独作为一门课程另行开设的，因此在课程中可不予讲述；除了教学大纲规定的内容外，有些章节如第八章假设检验部分中的非参数检验、第九章相关分析和回归分析中的非线性回归、第十章时间序列分析中的时间数列预测方法等，可根据课时进度布置学生自学。总之，不同专业可根据本专业的特点，选择其中相关内容进行重点讲述。

本教材由王德发主编，参编人员及其撰写章节分配如下：王德发(第一章)、洪铁松(第五章、第六章)、刘小锋(第二章、第三章)、胡志明(第七章、第八章)、奚欢(第九章)、罗平(第十章、第十一章)、詹欢(第四章)。

第三版主要在以下四个方面进行了修改：

1. 依据数据时效性的原则，结合当前形势对各章有关案例的数据进行更新。

2. 第五章第五节大数定律和中心极限定理中增加了“辛钦大数定律和强大数定律”的内容，目的是为第七章参数估计中的点估计之一的“特征值估计”奠定理论基础。与此相对应，第七章第一节点估计的“特征值估计”进行了些许增改。

3. 第九章相关分析和回归分析中，一是修改了随机变量的定义；二是由于第二版标题显示第一节“相关的概念和二元概率分布”，但无“二元概率分布”内容，略显突兀，内容也不完整，所以，第三版恢复第一版原有的第一节“相关的概念和二元概率分布”中的“二元概率分布”内容，并在阐述“相关分析”时与“二元概率分布”有关概念和内容结合起来，以使阐述更具逻辑性和完整性。

4. 为便于教学，对附表1“标准正态分布函数表”进行了调整。

此外，对所有章节的错字、错句，符号及打印错误进行了修正。

期望第三版能更符合“统计学”的教学要求，也期望使用本教材的广大师生在教学过程中发现问题、提出问题，以便本教材更趋于完整。

本教材虽然完稿并交付出版，但还存在许多不完善甚至不足之处，期望得到读者和同行专家们的批评指正，以便在今后的修订中予以完善和调整。

最后，向本教材编写过程中予以支持和帮助的上海财经大学浙江学院的各位领导以及同事们表示诚挚的谢意！

王德发

2020年7月于浙江金华

目 录

第一章
绪 论

引 言

人们经常会面对一些问题，如假定杭州西湖平均水深1米，你敢走到对岸吗？注意：必须"走"到对岸，不能用其他方式。谨慎的人会感到疑惑。答案应该是否定的。因为平均水深1米意味着：有的地方水深不到1米，有的地方水深不止1米。更进一步提问：如果水深在1—1.5米的可能性为99%，敢不敢走过去？答案还是否定的。因为水深低于1米或高于1.5米的可能性达1%。其实，这里涉及统计问题，前者是描述统计问题，后者是推断统计问题。

第一节 "统计"一词的渊源及其含义

"统计"(statistics)一词最早出现于德语"statistik"，由德国马尔堡和哥丁根大学教授阿痕瓦尔(Gottfried Achenwall，1719—1772)提出，它源于中世纪拉丁语的"status"，意思是各种现象的状态和状况。这一语根组成意大利语"stato"，表示"国家"的概念，也含有国家结构和国情知识的意思，后发展为"statista"，本意为"国民"(statesman)。1787年，英国博士齐默尔曼(E. A. W. Zimmerman)在其《欧洲现状的政治调查》(*Political Survey of the Present State of Europe*)中，根据"statistik"语音译成英语"statistics"，后来在各国广泛传播，最终形成"统计"一词，意指"国家显著事项的比较和记述"或"国势学"，认为统计是关于国家应注意事项的学问。此后，各国相继沿用"统计"这个词，并把这个词译成各国文字，法国译为"statistique"，意大利译为"statistica"，英国译为"statistics"。19世纪后半叶，传到日本，由日本统计学创始人杉亨二根据"statistik"的译音用日语假名直译，表示"政表""政算""国势""形势"等含义，直到1880年在太政官中设立了统计院，才根据意译形成日语汉字"统计"。

我国古代就有"统计"一词，但并非现在的含义，而是"总计、合计"之意。具有现代意义的"统计"一词，是20世纪初随着大批留日学生回国，从日本流传过来的。1903年(清光绪二十九年)由钮永建、林卓南等翻译了杉亨二的学生横山雅南所著的《统计讲义录》一书，才把"统计"这个词从日本传到我国。1907年(清光绪三十三年)，彭祖植编写的《统计学》在日本出版，同时在国内发行，这是我国最早的一本"统计学"书籍。当时中文汉字"统计"一词意为：记述国家和社会状况的数量关系的总称。

现代的"统计"一词通常包括统计活动、统计资料和统计科学三种含义。

(1)统计活动是指人们根据一定的目的，采用相应的统计方法收集资料、整理资料和分析资料的工作过程。

现在各国的政府统计,包括经济、社会和科技等方面的统计;联合国统计机构的活动,如世界经济发展和环境统计、各国经济比较等;以至工矿企业或经营服务部门对生产经营过程中的投入和产出所进行的各种计量行为都是统计活动。

(2)统计资料是统计活动的最终成果,如某报报道:“2011 年某市实现国内生产总值 1 543.63 亿元,按可比价格计算,比上年同期增长 13.7%,增幅比上年同期高 1.6 个百分点,比全国平均增长速度约高 4 个百分点……”

统计资料以较为专业的形式出现的有:联合国统计年鉴、统计月刊,各国出版发行的经济年鉴等。

(3)统计学则是一门指导统计工作的方法论科学,是统计活动的经验总结。

三者关系为:统计学与统计工作之间的关系是理论与实践的关系,统计资料则是统计工作的成果。

第二节 统计学的产生与发展

人类的统计实践随着早期的记数活动而产生,其历史可追溯到原始社会。

一、统计活动的产生与发展①

统计活动是适应人类社会实践活动的需要而产生和发展起来的。

原始社会末期,随着国家的产生逐渐产生了一种为全社会所需要的、共同一致的、具有某种总体特性的记数活动——统计。人类社会初期的统计活动是简单和松散的,这种活动在各国的史书中都有记载。

例如,古埃及第一王朝时有石碑刻了“〔清查〕西、北、东各州的所有人民”的铭文;罗马帝国早期的历史学家阿毗安(Appianus)所著《罗马史》下卷“内战史”部分,通篇记载了有关军队人数、船队数和俘虏人数的数字;我国《后汉书》中有“禹平水土,还为九州,今禹贡是也。是以其时九州之地,凡二千四百三十万八千二十四顷,定垦者九百三十万六千二十四顷,不垦者千五百万二千顷,民口千三百五十五万三千九百二十三人”的记载。

封建社会,统计活动与政治有了密切联系,各国历代封建统治者为了利用统计来加强封建统治、稳定社会秩序,广泛进行了有关人口、军队、世袭领地、财产等方面的统计。

我国春秋战国时期的“上计制度”和“上计律”大约是世界上最原始的统计制度,“计”指包括统计与会计在内的经济核算。按上计制度的规定,郡县长官在年终将下一年度的民户、垦地和税收等预算写在木卷上呈送国君;郡县木卷分左右两部分,右卷留国君、左卷发还。到下一年年终检查预算执行情况,以决定赏罚。到我国明代,建立了世界上最早的人口普查制度——“黄册”和“户帖”。

到了资本主义社会,统计活动有了迅速的发展,除了人口、土地和财产等统计,还建立了工业、农业、商业、对外经贸、银行、保险、交通、邮电和海关等专业统计。与此同时,各国普遍

---

① 王德发:《统计学》,上海财经大学出版社 1997 年版。

建立起专业的统计制度和统计机构,统计活动也演变为一种专业。

虽然我国的统计活动历史悠久,而且建立了较为完善的统计调查制度,但尚无独立而统一的统计机构。直到清末立宪后,才按西方国家统计组织的模式建立统一的统计机构——宪政编查馆统计局;民国后期,国民政府实行"超然统计制度",行政上建立所谓的"联综组织",即财政制度分为联立综合的四大系统——行政、主计、出纳、审计,各部门相互辅助、相互监督,主计处下设统计局,主持全国的统计工作。中华人民共和国成立后提倡全面学习苏联,建立了计划经济体制的统计机构——国家统计局。现在我国的国家统计局仍是全国政府统计首脑机关,但其机构设计、职能随着我国市场经济的深化以及与国际统计体系接轨的需要而有所改革。

需要说明的是:以上所介绍的主要为有文字记载的政府统计活动,而统计活动并不限于这些。人们的日常生活中经常会涉及统计,只不过没有意识到它的存在,也没有严格地按统计活动的程序行事而已。

二、统计学的形成与发展现状①

统计学作为一门系统的科学,距今只有三百多年的历史,产生于欧洲资本主义社会初期,经历了古典统计学、近代统计学和现代统计学三个时期,先后产生过政治算术学、国势学、社会统计学和数理统计学等重要学派。

(一)古典统计学

17 世纪开始步入成熟的市民社会的欧洲,由于货币经济的发展,先后产生了三门学科,即德国的国势学、英国的政治算术和以法国为主的概率论。从这三门学科的研究内容和方法来看,对今天的统计学有很大影响,因而被视为现代统计的三大来源。

1. 以文字表述来比较各国显著事项的学派——国势学

17 世纪继承了亚里士多德比较叙述的思想、最初孕育于意大利、最终破土发芽于德国的"国势学",在意大利、荷兰等国有关国家形势研究的基础上逐渐系统化,形成了一门反映国情国力的学科。

1660 年 11 月 20 日,国势学的奠基人海尔曼·康令(Hermann Conving,1606—1681)在德国的赫尔谟斯达德大学讲授"欧洲最近国势学",分析的对象为西班牙及其殖民地、葡萄牙、英国、法国等,内容涉及社会秩序、立宪、行政、人口、土地、财政、国家组织与机构等,表现形式主要为文字叙述,偶尔也有数据。

有"统计学之父"之誉的阿痕瓦尔曾在哥丁根大学讲授政治统计(国势学)。他继承了康令的观点,代表作是 1749 年出版的《欧洲最主要各国新国势学概要》。

18 世纪后期丹麦的约翰·彼特·安杰逊(Johann Peter Ancherson,1700—1765)于 1741 年编著了《文明国一览表》。1782 年,德国的克罗梅(A. F. W. Crome,1753—1833)受到安杰逊的启发,在其《关于全部欧洲国家的领土和人口》一书中,第一次用图来描述欧洲各国的人口、土地、人口密度、军队、岁入和岁出等项目。由于他们仍是以比较分析各国的政治经济事项为主旨,只是表现手法不同,所以被视为国势学派的支派——图表学派。

2. 以数量分析来研究各国的国情国力的学派——政治算术学

① 徐国祥、王德发:《新中国统计思想史》,上海财经大学出版社 1999 年版。

政治算术学的创始人威廉·配第的代表作为《政治算术》①与《爱尔兰的政治解剖》。在著作中,配第以一系列分析手段和大量数字描述了英格兰、荷兰、法兰西和爱尔兰等国的经济、军事、政治等方面的情况。

英国的约翰·格朗特(John Graunt,1620—1674)是政治算术学派的代表人物之一。1662年出版了《关于死亡率的自然观察和政治观察》,分析了60年来伦敦居民死亡的原因及人口数量变动的关系,首次提出通过大量观察,可以发现新生儿性别比例具有稳定性和不同死因的比例等人口规律;并且第一次编制了"生命表",对死亡率与人口寿命做了分析,从而引起了普遍的关注。埃德蒙德·哈雷(Edmond Halley,1656—1742)利用了布雷斯劳(Breslau)的记有死亡年龄的数据,改进了格朗特的生命表并引进了死亡率的定义。瑞士数学家莱昂哈德·欧拉(Leonhard Euler,1707—1783)提出了平稳生命表的概念。约翰·德威特(John DeWitt,1625—1672)等人最早讨论退休金和人寿保险的方案。托马斯·罗伯特·马尔萨斯(Thomas Robert Malthus, 1766—1834)、阿尔弗雷德·詹姆斯·洛特克(Alfred James Lotke,1880—1949)、R. A. 费歇(Ronald Aylmer Fisher,1890—1962)、威廉·费勒(William Feller, 1906—1970)等人用渐趋复杂的数学来研究生命表的理论,对人类及其总体的统计描述具有显著意义。

威廉·配第

威廉·配第(William Petty,1623—1687)生于英国汉普郡一个毛纺织手工业者家庭。14岁开始独立谋生,当过水手、家庭教师、海军士兵、医生。1644—1645年在荷兰莱顿大学攻读医学,后又到法国、英国行医,1649年获牛津大学医学博士学位,成为医生并兼任皇家医学院教授。1651年任英国驻爱尔兰军总司令的随从医生。1652年任爱尔兰总督的私人秘书,后又任爱尔兰土地分配总监。1658年当选为英国议会议员。斯图亚特王朝复辟时期投靠国王查理二世(1630—1685),被封为男爵,并被任命为爱尔兰土地测量总监。1662年当选为英国皇家学会会员。晚年拥有10.9万公顷土地,并经营铁厂、渔场和木材场等企业。马克思对配第的经济思想给予了极高的评价,称他为"现代政治经济学的创始者""最有天才和最有创见的经济研究家",是"政治经济学之父,在某种程度上也可以说是统计学的创始人"。

随着欧洲资本主义的日趋发展,各国对经济研究的要求日渐迫切,以至政治算术很快传遍欧洲大陆,并形成了不同的学派,其中英国的葛瑞贡·金(Gregong King,1648—1712)是经济学派的代表者,1696年编著了《关于英国国势自然的政治的观察及其结论》,书中加总计算了1688年英国国民收入总额。查尔斯·戴韦南特(Charles Davenant,1656—1714)是经济学派的另一名代表人物,他根据"不同国家社会情况相似"的原则,推算和比较了法国与荷兰的贸易往来、土地利用、生产经营、生活方式等方面。

值得说明的是,当时的中国虽然没有直接受到政治算术的影响,也没有进行政治算术研究的课题,但也出现了一些提倡封建变革的思想家,他们的著作与政治算术阐述的内容有异曲同工之妙。其中较有代表性的是清代的魏源(1794—1857),他曾受林则徐嘱托,根据林则徐主持翻译的《四洲志》,参考了西方的著作,编成了《海国图志》。在这一长达60卷的著作中,他系统地叙述了世界各国的政治、生产、贸易、金融、军事和历史等情况,其表达方式不仅有文字描述,还有数字说明。

① 杜瑞芝:《数学史辞典》,山东教育出版社2000年版。

3. 从赌博数学发展起来的概率论

16世纪早期，意大利的卡尔达诺(Girolamo Cardano，1501—1576)等数学家开始研究骰子中的博弈机会，一位法国侯爵提出在博弈的得点中探求赌金的划分问题。

骰子与赌博游戏

骰子，亦称色子，为正多面体，通常作为桌上游戏的小道具，是古老的赌具之一。骰子也是容易制作和取得的随机数发生器。最常见的骰子是六面骰，它是一颗正立方体，上面分别有一到六个孔(或数字)，其相对两面数字之和必为七。

相传，骰子的发明人是三国时代的文学家曹植。骰子最初用作占卜的工具，后来才演变成后宫嫔妃的游戏，掷骰子点数赌酒或赌丝绸、香袋等物。当时骰子的点穴上涂的是黑色。据清代赵翼考证，红四点最早为唐玄宗所使用。

考古学家曾在出土的两千多年前古埃及坟墓的壁上，发现绘有以羊的后足跟制成的称为 astragal 之赌具的赌戏。这种骨头有四个面，并不对称，每次投掷会落在四个面之一方。

大约从公元前1200年起，人们摩擦纯天然的骨骼(如羊角脚上的距骨)，使其成为一个粗糙的立方体，再在上面刻数字。

公元前1400年的埃及出现了现在相对面数字之和是7的骰子。

著名的希腊历史学家希罗多德(Herodotus，约公元前480—约前425)在其巨著《历史》中写道：早在公元前1500年，埃及人为了忘却饥饿的困扰，经常聚集在一起掷骰子和紫云英，这是一种叫作“猎犬与胡狼”的游戏，按照一定规则，根据掷出各种不同的紫云英而移动筹码。

赌金分配与概率雏形

“赌金分配”(division problem)或称“得点问题”(problem of points)。

公元1494年，意大利数学家帕西奥尼(Luca Pacioli，1445—1509)出版了一本有关算术技术的书，提出在一场赌博中，某一方先胜6局便算赢家，那么，在甲方胜了4局、乙方胜了3局的情况下，因出现意外，赌局被中断，无法继续，此时，赌金应该如何分配？帕西奥尼的答案是：应当按照4∶3的比例把赌金分给双方。当时，许多人都认为帕西奥尼的分法不是那么公平合理。因为，已胜了4局的一方只要再胜2局就可以拿走全部的赌金，而另一方则需要胜3局，并且至少有2局必须连胜，这样要困难得多。但是，人们又找不到更好的解决方法。在这以后一百多年中，先后有多位数学家研究过这个问题，但均未得到过正确的答案。

半个世纪以后，曾以发表三次方程的求解公式而闻名于世的意大利著名数学家卡当诺(Cardano，1501—1576)讨论了一个类似的问题：需要分析的不是已经赌过的次数，而是剩下的次数。在帕西奥尼的问题里，胜了5局的赌徒只要再赢一局，便可以结束整场赌博。所以，假如比赛不中断的话，有五种可能，即他第一局胜，第二局胜，第三局胜，第四局胜或者所有4局都输掉。卡当诺认为，总赌金应按照(1+2+3+4)∶1=10∶1的比例来分配(其实，该结果是错的，正确的答案应该是15∶1)。

到了17世纪，为了解答这个问题，法国贵族梅莱(Mere)不厌其烦地投掷骰子，并把结果记在本子上，试图找出答案。公元1651年夏天，梅莱在旅途中偶遇法国数学家、物理学家、哲学家帕斯卡(Balise Pascal，1623—1662)，他向帕斯卡请教一个亲身经历的“赌金分配”问题，以消磨旅途时光。梅莱的问题是：一次梅莱和赌友掷骰子，各押赌注32个金币，梅莱若先掷出三次“6 点”,或赌友先掷出三次“4 点”,就算赢了对方。赌博进行了一段时间,梅莱已掷出了两次“6 点”,赌友也掷出了一次“4 点”。这时,梅莱奉命要立即去晋见国王,赌博只好中断。那么,两人应该怎样分这 64 个金币的赌金呢?

赌友说,梅莱要再掷一次“6 点”才算赢,而他自己若能掷出两次“4 点”也就赢了。这样,自己所得应该是梅莱的一半,即得 64 个金币的 1/3,而梅莱得 2/3。梅莱争辩说,即使下一次赌友掷出了“4 点”,两人也是秋色平分,各自收回 32 个金币,何况那一次自己还有一半的可能得 16 个金币呢?所以他主张自己应得全部赌金的 3/4,赌友只能得 1/4。

梅莱的问题居然把帕斯卡给难住了。他为此苦苦想了三年,终于在 1654 年悟出了一点道理。于是他把自己的想法写信告诉他的好友,当时号称数坛“怪杰”的皮埃尔·德·费马(Pierre de Fermat,1601—1665),两人对此展开热烈的讨论。后来,荷兰数学家惠更斯(C. Huygens,1629—1695)也加入了他们的探讨行列。最后,他们一致认为,梅莱的分法是对的!惠更斯还把他们讨论的结果载入 1657 年出版的《论赌博中的计算》。这本书至今被公认为概率论的第一部著述。

梅莱的分法为什么是对的?帕斯卡和费马又是怎么想的?这些疑问随着本书下面章节逐步展开,便能迎刃而解。

事实上,按卡当诺的想法,在中断赌博之后所设想的 4 局比赛中,每局都有胜负两种可能,总共有 2×2×2×2=16 种可能。其中只有最后一种,即第一个赌徒 4 局全负时,第二个赌徒才可能赢,而其余 15 种情况都是输。因此,他们的赌金分配比例应当是 15∶1。

赌金风波终于以古典概率论雏形的诞生而宣告平息。

17 世纪,法国的数学家巴里瑟·帕斯卡和法国律师、业余数学家费马研究了意大利帕西奥尼的著作《摘要》,建立了通信联系。在他们的相互通信以及著作中,费马引入了随机变量和数学期望的概念,建立了概率论的基本原则,为概率的数学模型——有限概率空间的抽象奠定了博弈基础,尽管这种总结直至 1933 年才由柯尔莫哥洛夫给出。1665 年,帕斯卡在其遗著《数学三角形》中提出了上述得点问题的一般解法,并在此基础上发展了组合理论和“帕斯卡三角形”,为计算二项式系数奠定了基础。

1657 年,荷兰物理学家、天文学家、数学家惠更斯(Christiaan Huygens, 1629—1695)发表的《论赌博中的计算》是概率论最早的论著,显示了他在数学上的造诣,也被公认为概率论的创始人之一。

帕斯卡、费马和惠更斯三人在通信讨论中,都涉及了数学期望(mathematical expectation)的概念,奠定了古典概率论的基础。

瑞士巴塞尔大学教授雅各布·伯努利(Jakob Bernoulli,1654—1705)于其去世后的 1713 年出版的遗著《猜度术》中给出了概率论发展中极为重要的显示二项试验结果的定理,构成概率论中的第一个极限定理——“伯努利大数定理”,即“在多次重复试验中,频率有越趋稳定的趋势”。

1733 年,法国数学家亚伯拉罕·棣莫弗①(Abraham de Moivre,1667—1754)在其出版的著作《分析杂论》中,用正态分布估计大量抛掷硬币出现正面的次数,导出了对二项分布的一个近似,使每一个概率都等于正态曲线下的一块面积,进而形成棣莫弗的中心极限定理——概率论中第二个基本极限定理的原始雏形。这个超越时代的成果险些被历史遗忘,

---

① 陈希孺:《数理统计学简史》,湖南教育出版社 2002 年版。

所幸著名法国数学家皮埃尔·西蒙·拉普拉斯(Pierre Simon Laplace,1749—1827)在1812年发表的巨著《概率的分析理论》中拯救了这个默默无名的理论。在这本书中,拉普拉斯扩展了棣莫弗的理论,明确地给出了概率的古典定义,指出二项分布可用正态分布逼近,形成著名的"棣莫弗—拉普拉斯定理"。但同棣莫弗一样,拉普拉斯的发现在当时并未引起很大反响。直到19世纪末,中心极限定理的重要性才被世人所知。

此外,拉普拉斯还和数位数学家完善了正态分布理论,建立了最小二乘法的理论。

1837年,法国数学家西蒙·丹尼斯·泊松(Simeon Denis Poisson,1781—1840)在《关于判断的概率之研究》一文中推广了伯努利形式下的大数定律,研究得出了一种新的描述随机现象的常用分布——泊松分布。

1901年,俄国数学家李雅普诺夫(Lyapunov,1857—1918)用更普通的随机变量定义中心极限定理并在数学上进行了精确的证明,第一次科学地解释了为什么实际中遇到的许多随机变量近似服从于正态分布。如今,中心极限定理被非正式地认为是概率论中的首席定理。

苏联数学家安德烈·柯尔莫哥洛夫①(A. N. Kolmogorov,1903—1987)在概率论发展史上做出了重大贡献,是现代概率论、概率论公理化系统的创立者,在随机过程论和数理统计领域有众多开创性贡献。1928年,他得到了随机变量序列服从大数定理的充要条件;1929年,得到了独立同分布随机变量序列的重对数律;1930年,他推导出强大数定律的非常一般的充分条件;1931年,发表了《概率论的解析方法》一文,奠定了马尔可夫过程②论的基础;1932年,得到了含二阶矩的随机变量具有无穷可分分布律的充要条件;1934年,出版了《概率论基本概念》一书,在世界上首次以测度论和积分论为基础建立了概率论公理化系统,这是一部具有划时代意义的巨著,在科学史上写下了苏联数学最光辉的一页;1935年,提出了可逆对称马尔可夫过程的概念及其特征所服从的充要条件,这种过程成为统计物理、排队网络、模拟退火、人工神经网络、蛋白质结构的重要模型;1936—1937年,给出了可数状态马尔可夫链状态分布;1939年,定义并得到了经验分布与理论分布最大偏差的统计量及其分布函数;20世纪30—40年代,他和辛钦(Aleksandr Yakovlevich Khinchin, 1894—1959)一起发展了马尔可夫过程和平稳随机过程论,并应用于大炮自动控制和工农业生产中,在卫国战争中立了功;1941年,他得到了平稳随机过程的预测和内插公式;1955—1956年,他和他的学生苏联数学家普洛考浩洛夫(Y. V. Prokhorov)开创了取值于函数空间上概率测度的弱极限理论,这个理论和苏联数学家司考若郝德(A. B. Skorohod)引入的D空间理论是弱极限理论的划时代成果。

到了近代,出现了理论概率及应用概率的分支,即将概率论应用到不同范畴,从而开展了不同学科。因此,现代概率论已经成为一个非常庞大的数学分支。

(二)近代统计学

18世纪上半叶,比利时统计学家、数学家和天文学家凯特勒(Lambert Adolphe Jacques Quetelet,1796—1874),把德国的国势学、英国的政治算术以及意大利、法国的古典概率论结合起来,开创了近代统计学的新纪元。

之后,由于政治、经济、历史等条件的不同,在德国以凯特勒的"统计基本理论"为核心形

---

① 百度百科 baike. baidu. com/view/65843. htm,2012-4-30。

② 马尔可夫过程在物理、化学、生物、工程技术和经济管理等学科中有十分广泛的应用,仍然是当今世界数学研究的热点和重点之一。

成了德国社会统计学,在英国则以凯特勒的“论数学与大量观察的关系”为基础、以概率为核心形成了数理统计学。

1. 社会统计学

社会统计学①于18世纪形成于德国,是以国势学的研究目的、政治算术的研究对象和方法、凯特勒的基本统计理论为核心而形成的,后来扩展到美、日等国。由于对某些理论问题的看法不同,这一学派内部产生了分歧,形成“新”“旧”两大社会统计学派。

“旧派”的观点认为“统计学是一门以大量观察为基础的研究社会现象规律的独立的社会科学”,而“新派”除了同意“统计是采用大量观察法研究社会经济现象的数量方面”之外,还认为“统计学是一门方法论的科学”,并主张“采用抽样法”。

社会统计学由德国弗莱堡大学和海德堡大学教授克尼斯(Karl Gustav Adolf Knies,1821—1898)首创;德国统计学家、统计教育家恩格尔(Christian Lorenz Ernst Engel,1821—1896)为形成社会统计学做出了重要贡献,著名的反映居民生活水平高低的恩格尔法则就是他提出并以他的名字命名的;社会统计学的完成人物是德国统计学家梅尔(Georg Von Mayr,1841—1925),他最终确定了社会统计学的研究范围、性质和研究方法。

2. 数理统计学

数理统计学在内容上分为描述统计(descriptive statistics)和推断统计(inferential statistics)。前者的重点在于研究数据的收集、整理和对数据进行直观的描述,后者则是由部分数据推测总体所进行的统计处理。

(1)描述统计。描述统计是在19世纪20年代以前发展起来的。“描述”是当时一些研究生物进化的学者在长期的研究实践中提炼出来的,因此他们又被称为生物统计学派。其创始人是弗朗西斯·高尔敦(Francis Galton,1822—1911),他通过对大量数据的描述和比较,出色地引入中位数、百分位数、四分位数、四分位差和分布、相关、回归等重要概念和方法。

(2)推断统计。贝叶斯(T. Bayes,1702—1761)的论文《论机会学说问题的求解》可视为最早的一种统计推断程序。拉普拉斯和高斯等利用贝叶斯公式估计参数的研究,促使统计学摆脱观测数据的单纯描述而向强调推断的阶段过渡。

数理统计学从其发展的时间进程看,可分为三个时代:卡尔·皮尔逊统计时代、费歇统计时代和奈曼—皮尔逊统计时代②。但随着1946年瑞典统计学家克拉默尔(Cramer Harald,1893—1985)发表了《统计学的数学方法》一书,用测度论系统总结了数理统计的发展,标志着统计学开始由近代转向现代。因此,上述三个时代的后两个时代可归入现代统计学范畴。

1890—1920年,以大样本近似分布为基础的推断统计学的奠基者是高尔敦的学生卡

① “社会统计学”一词出现在那普于1871年在《经济学·经济学年报》第17卷“文献栏”内发表的《关于凯特勒社会统计学和人类学著作的报告》中。19世纪80年代,“社会统计学”一词被广泛应用。1898年,凯尔(A. N. Kiaer)和汉斯(E. Hansseu)以此为名合著了《社会统计学》一书。而“数理统计学”一词早在1867年由德国数学家威蒂斯坦(T. Wktstein)开始使用。从统计学的形成与发展来看,早期的统计学都是以社会现象为研究对象的,没有必要在“统计学”前面加上“社会”两字。因此,“统计学”已经约定俗成、相沿袭用,成为一个专用名词,而在“数理统计学”一词出现以后,为了与之相区别,才在原有包括政治统计、人口统计、经济统计、犯罪统计、伦理统计或道德统计在内的“统计学”前面加上“社会”两字(高庆丰:《欧美统计学史》,中国统计出版社1987年版,第110页)。

② H. O. Lancaster撰文,吴喜之译:《统计学简史》,摘自*Encyclopedia of Statistical Science*,Wiley,2005。

尔·皮尔逊(Karl Pearson,1885—1936),所以这一时期又称为卡尔·皮尔逊统计时代。

最早把概率论和统计学结合起来进行研究的是法国数学家皮埃尔·西蒙·拉普拉斯,他导出了男子出生比例的类似的渐近公式,推广了概率论在统计中的应用,明确了统计学中的大数法则,进行了大样本推断的尝试。汤姆斯·辛普森(Tomas Simpson,1710—1761)计算了同分布随机变量和的精确分布,支持了对大样本均值的使用。

把概率论引入统计学的另一位数学家是德国的卡尔·弗勒德瑞奇·高斯(Carl Friedrich Gauss,1777—1855),他的主要成就是对误差理论的研究,1809 年提出最小二乘法,发现了正态分布,从而奠定了统计估计的理论基础。但法国数学家勒让德·阿德里安·玛丽(Legendre Adrien Marie,1752—1833)则于 1806 年发表了一本确定彗星轨道的书,利用所观察到的数据,以最小二乘法找出最适合的曲线,比高斯早 3 年。

19 世纪末,卡尔·皮尔逊一方面接受高斯分布的重要性,进一步发展了回归与相关理论,并在 19 世纪 90 年代研究区分物种时采用了数据分布理论。他在《机遇的法则》一文中提出"概率"和"相关"的概念,接着又提出总体、众数、标准差、正态曲线、平均变差、均方根误差等一系列数理统计基本术语。但他也认识到当时统计学者用正态分布去刻画所有连续型变量的片面性,为此引进了包括四个参数的分布族,其中包括正态分布,也包括一些重要的偏态分布。同时,他又引进了距法,来估计分布族中的参数。他对统计学的另一大功绩是他在 1900 年证明了拟合优度的 χ^2 检验,可以在理论分布完全给定的情况下,求出检验统计量的极限分布。1901 年,皮尔逊创办了《生物统计学》杂志,使数理统计研究有了自己的阵地,也标志着数理统计学作为一门学科的创立。

此外,埃奇沃思(F. Y. Edgeworth,1845—1926)和鲍莱(A. L. Bowley,1869—1957)等经济统计学家对促进大样本统计的发展也起到了一定的作用。

(三)现代统计学

1921—1936 年,以小样本精确分布为基础的推断统计学基础理论基本完成,而这一理论的奠基者是英国剑桥大学教授、统计学家费歇(Ronald Aylmer Asher, 1890—1962),所以这一时期被称为费歇统计时代。

卡尔·皮尔逊的学生戈赛特(William Sealy Gosset,笔名 Student,1876—1937)于 1908 年导出了正态总体下 t 统计量的精确分布,开创了小样本统计理论的先河,这已成为数理统计学常用的工具,而且也是统计量精确分布理论中一系列主要结果的开端,特别在多元正态总体抽样分布方面有重要意义。戈赛特的工作为样本资料的统计分析与解释开辟了一个新纪元。

在此基础上,费歇在《理论统计的数学基础》中,系统地发展了正态总体下种种统计量的小样本精确分布,包括样本相关系数、偏相关系数、复相关系数、回归系数和方差比的 F 分布;引进了解消假设和显著性检验的概念,并列举了一致性、有效性和充分性作为参数估计量应具备的性质,建立了以极大似然估计为中心的点估计理论。他还把皮尔逊的拟合优度的 χ^2 检验推广到带参数的情况。这些贡献标志着相关回归分析和多元分析理论的建立,进而奠定了推断统计的基础①。此后,费歇与 F. 耶茨(Yales)引进了试验设计的基本概念和原理,并发展了一整套与设计相适应的数据分析方法——方差分析。

1925 年,费歇与耶茨合作创立了试验设计理论。1923 年,费歇提出与这种试验设计

① 李文林:《数学史教程》,高等教育出版社 2000 年版,第 318 - 319 页。

相适应的数据分析方法——方差分析。费歇实际上还开辟了多元统计分析的方向,他关于多元正态总体的统计分析,就是一种狭义的多元分析。1928 年,维夏特(J. Wishart)导出了“维夏特分布”①,将多元统计发展为统计学中的一个独立分支。多元统计分析的奠基人还有中国著名数理统计学家许宝騄,他是第一位在数理统计和概率论领域享有国际声誉的中国数学家。许宝騄在多元分析领域以及线性模型的统计推断理论方面,做出了奠基性工作②。

1925—1930 年间,英国数学家犹尔(G. U. Yule)引进了自回归和序列相关等概念,奠定了时间序列分析的基础。

1937—1949 年,假设检验理论的系统化和深入研究则应归功于美国学者奈曼(J. Neyman, 1894—1981)和英国学者 E. S. 皮尔逊(Egon Pearson, 1895—1980)③,因此这一时间段被称作奈曼—皮尔逊统计时代。他们在 1928—1938 年间发表了一系列文章,建立了假设检验的一种严格的数学理论:将所有可能的总体分布族视为一个集合,引进“检验功效函数”的概念作为判断检验程序好坏的标准,从而使统计推断的思想变得更加明确。奈曼的另一大功绩是在 1934—1937 年间建立置信区间估计理论,并把它应用于遗传学、医学诊断、天文学、气象学和农业试验方面,取得很多成果。在一定意义上,他们的工作成为日后美籍罗马尼亚裔数学家瓦尔德(Abraham Wald,1902—1950)建立统计决策理论的基石。

第二次世界大战期间,统计学研究中的一些重要新动向在很大程度上决定了这门学科在战后的发展方向。其中最有影响的是瓦尔德,他为解决第二次世界大战中军方提出的实际问题研究出序贯分析这一崭新的统计方法,在 1947 年发表的专著《序贯分析》使序贯分析在战后发展为数理统计中的一个重要分支。瓦尔德的统计决策理论也引起了战后数理统计思想的革新。他用博弈的观点看待数理统计问题,定义了统计推断程序的风险函数,用以判别推断程序的好坏。1950 年,瓦尔德出版了《统计决策函数》一书。

贝叶斯统计学派的影响成为第二次世界大战后统计学发展的一大特征。贝叶斯方法是在进行统计推断时考虑和运用事前经验,并提供了一种便于使用者掌握的解决问题的方法,在应用上取得了相当好的效果。所以,在一些学者的专著中,贝叶斯方法占很大的篇幅,并且以贝叶斯方法为工具所研究的统计问题也日渐增多。④

20 世纪 80 年代后期,统计学对计算机的利用引人注目,如数据模拟(Bootstrap)、回归变量的推定等非参数估计的方法应运而生。同期可称为统计学一大成果的,就是通过运用在 70 年代开发出来的标准信息量、交差检验法、缩小法等,使得平滑化法的拟合有了很大的改进。⑤

20 世纪 90 年代,统计学对“复杂性”的研究较为令人瞩目,特别是对马尔可夫链蒙特卡罗方法(Markov Chain Monte Carlo,MCMC)的研究对建立可实际应用的统计模型开辟了广阔的前景。根据 MCMC 理论,通过使用专用统计软件进行 MCMC 模拟,可解决许多复杂问题。此外,得益于 MCMC 理论的运用,贝叶斯统计得到了复兴,以往被认为不可能实施计算的统计方法变得轻而易举。

---

① 费歇创立的“n 维几何”方法,使数学家们获得了一些重要统计量的精确分布。典型例子是 1928 年维夏特导出了任意维正态样本全体二阶矩的联合分布——维夏特分布。

② 张光远:《近现代数学发展概论》,重庆出版社 1991 年版,第 324 - 330 页。

③ 卡尔・皮尔逊之子。

④ 崔智超、王青建:《数理统计学源流及应用》,《大连教育学院学报》2005 年 6 月,第 53 - 56 页。

⑤ 摘自张南:《20 世纪统计学的回顾与展望》,《统计研究》2000 年第 9 期。

20 世纪，活跃于各个领域的应用统计学有了长足的发展，比如，经济统计学中就产生了洛伦兹曲线(Lorenz curve)、经济时间序列分析、经济预测方法。

三、我国统计学术体系的形成与发展

我国统计活动的历史虽然悠久，但由于我国封建社会长达三千余年，长期的闭关自守和落后的生产力阻碍了包括统计科学在内的科学技术的发展。根据历史记载，我国统计科学是 20 世纪随着半封建半殖民地社会的解体由日本传入的。

最早把统计学引入我国的是日本旧社会统计学派的学者横山雅男。1903 年和 1908 年，横山雅男的学生林卓男、中国学者钮永建、留日学生孟森分别翻译了横山雅男的著作。这些著作可视为我国最早的统计学著作。当时除了横山雅男外，对中国统计学影响较大的日本学者还有高野岩三郎。

横山雅男①(Yokoyama Masao，1860—1928)，日本统计学家，日本统计学始祖杉亨二的学生。他特别强调人口统计的重要性，曾指出“人口统计为统计之统计”，“政治上之人口统计，尤不可忽”。

毛起鹍和曾乐山分别于 1933 年 6 月和 1935 年 3 月编写的《社会统计》沿袭了新社会统计学的观点。1943 年 2 月，吴溪藻参照日本田井要助的《经济统计学要论》编写的《经济统计学》传播了新社会统计学的思想。

我国最早接触描述统计的是北洋政府专门学校的顾澄教授，他于 1913 年翻译出版了描述统计学经济学派后期代表人物犹尔的《统计学原理》。但这段时期由于社会统计学的观点在我国占据上风，使这类著作较少。直至 20 年代后，描述统计学的译作才日益增多。例如，1929 年，宁承恩翻译出版了美国经济统计学家金氏(King)的《统计方法大纲》，详细地介绍了各种指数公式的选择问题。1930 年，陈炳权翻译出版了《统计方法论》，赵文锐翻译出版了英国爱赛尔·爱尔窦敦(Asail Alderd)的《统计原理》等。1931 年，唐聚贤所著的《统计学》较为系统地介绍了描述统计学的原理和方法。

随着描述统计学在我国的传播，各大学纷纷开设统计课程，但所用的大多是外国的译作，这给教学带来一定的困难，因此有必要编写出版一些适合我国学校选用的统计教材。20 世纪 30 年代后至中华人民共和国成立止，介绍描述统计学的著作共出版发行了 79 部，其中较有影响的有金国宝的《统计学大纲》、陈善林的《统计学》、朱君毅的《统计学概要》等。

金国宝

金国宝②(1894—1963)，江苏吴江人，字侣琴，统计学家。毕业于复旦大学，留学美国，获哥伦比亚大学硕士。回国后历任复旦大学、暨南大学教授，南京特别市政府财政局局长、中央银行经济研究专员、上海交通银行副经理、中央银行会计长等职。中华人民共和国成立后先后担任复旦大学、上海财经学院、上海社会科学院经济研究所教授，九三学社上海市委委员，全国政协会议特邀代表。著有《统计学大纲》《英国所得税论》《中国经济问题之研究》《金国宝经济论文集》《中国币制问题》《工业统计学原理》《高级统计学》等。

---

① 世界统计名人传记，http://gongjushu. cnki. net/refbook/R200806048. html。
② 百度百科/百科名片/金国宝，http://baike. baidu. com/view/980894. htm。

朱君毅

朱君毅[①](1892—1963),原名斌魁,浙江江山人。清宣统二年(1910)考取北京清华学堂留美预备生。1916年秋赴美国留学,获霍普金斯大学教育系学士学位。继进哥伦比亚大学研究所,专攻教育心理学与教育统计学。1922年夏,又获哥伦比亚大学哲学博士学位,回国时与梅贻琦、沈隽淇等取道欧洲,赴英国、法国、德国、荷兰、比利时、意大利考察教育事业,并合写《欧洲经验谈》,介绍西欧各国教育制度。归国后,历任东南大学、南京女子师范学校、清华大学、北京大学、北京师范大学、厦门大学教授等职。教育思想上受美国杜威思想影响极深,提倡实验主义教育学说,强调智力测验,主张因材施教。1931年起,受国民政府"考试院"聘,兼任历届文官高等考试襄试委员。1934年,任南京国民政府主计处主计官兼统计局副局长。1947年,升任总统府统计局副局长。同年8月,以中国首席代表身份赴美国华盛顿参加国际统计学会及第二十五届世界统计大会。会后又与蒋廷黻、张彭春赴纽约近郊成功湖,参加联合国召开的国际社会经济理事会等会议。1949年2月,辞去国民政府官职,拒绝香港高薪聘请,经广州入四川,任教于重庆正阳学院。1950年,任杭州之江大学统计学教授。1952年,任上海财经学院教授。1956年,加入中国国民党革命委员会。一生从事统计行政与教学工作,对统计理论研究造诣较深,著书立说,卓有贡献。著作有《教育统计学》《教育测验与统计》《统计与测验名词英汉对照表》《中国历代人物之地理的分布》《统计学概要》等,译著有《教育统计学纲要》《心理学与教育之统计法》《统计方法大纲》等。

我国最早接受推断统计学的是我国第一批"庚子赔款"留学生许宝騄[②]、徐钟济和唐培经,留美学生魏宗舒以及焦仲只、王寿仁等人。其中,最突出的是许宝騄先生,他是我国从事概率论、数理统计的研究并达到世界先进水平的第一位学者。他在极限理论、马氏过程、多元分析、正交设计、过程设计和判别函数等方面都有杰出的贡献。

除了数理统计学的理论研究外,应用数理统计学在我国又有所传播,经济统计方面较著名的有褚凤仪、褚一飞昆仲,美国哥伦比亚大学留学生邹依仁,东北大学毕业的薛仲山等。其他专业的应用统计有教育统计、人口统计、生物统计等。

中华人民共和国成立后,我国的统计有一个显著的特点,就是在批判西方统计理论的同时全盘引进苏联的社会经济统计理论并形成体系。我国学习苏联的统计理论始于东北地区,逐步推广至全国。

苏联的社会经济统计理论是以马列主义为理论基础,于十月革命后在苏联统计实践中建立起来的,十分强调马、恩、列、斯论著中有关统计和核算方面的内容,把予以摘录并指导其统计理论的研究,从主观上要求统计学的内容、本质、作用和方法与其保持一致;同时,苏联的统计受德国旧社会统计学派的影响很大。

1951年对勾适生《统计学原理》的批判和1953年苏联《统计理论》五分册在中国的翻译出版,标志着中国统计学界一方面强调统计学必须接受马列主义的指导,另一方面从政治上把数理统计送上了审判台。

由于1956年"双百"方针的宣布和对知识分子问题的阐明,我国统计学界召开统计科学规划会议,宣布恢复进行数理统计的研究,并把统计科学分成自然科学(作为应用数学分支的数理统计学)和社会科学(社会经济统计学)。

① 百度百科/百科名片/朱君毅,http://baike.baidu.com/view/2917407.htm。
② 有关许宝騄的介绍摘自百度百科/百科名片/许宝騄,http://baike.baidu.com/view/309745.htm。

1978 年党的十一届三中全会的召开带来了统计科学的春天，按 1956 年的分科，我国的财经院校恢复了统计系（或专业），从事统计在经济领域的应用研究和教学；在数理统计方面，全国各理工科大学纷纷设立统计专业或系一级的建制，我国最高水准的中科院的数学研究所也建立了统计研究室。

20 世纪 80 年代后，数理统计和经济统计的学者交流越来越多，在许多方面达成了共识，并在许多课题研究中进行了合作，取得了可喜的成果。

第三节 统计学的性质和特点

一、统计学的性质

从统计学的产生与发展历史来看，各学术流派对统计学的理解随着时间的流逝而有所变化；而我国的统计理论是由西方传入的，各种学术观点也带有国外不同统计学术观点的痕迹。各种学术观点讨论的焦点在于：统计学是一门还是两门？关于这个问题，我国的统计学界有不同的看法。

(1)承认存在两门统计学，即数理统计学和社会经济统计学，它们的性质各有明确的定义，也有着截然不同的适用范围。

其中，社会经济统计学派对社会经济统计学的性质又有两种不同的观点：

①规律派。认为社会经济统计学从研究社会经济现象的数量方面出发，应该有自己的研究对象、完整的理论体系和专门的研究方法，是一门研究社会经济现象数量方面规律性的实质性科学。

②统计方法论。最早可以追溯到 20 世纪 30 年代的新社会统计学，认为“统计学不是一门独立的社会科学，而是一门辅助其他学问的研究方法”（吴藻溪：《经济统计学》，南方印书馆 1943 年版）。20 世纪 80 年代到 90 年代初，我国经济统计学者大多赞成这种观点。

(2)唯数理统计论。认为世界上只有一门统计学，即作为应用数学分支的数理统计学；否认社会经济统计学的存在，认为它只不过是政府统计工作经验的总结。在 20 世纪 50 年代美国的统计学教科书中就有过这样的定义。

(3)“大统计”学科概念。这是近年来我国统计学界提倡讨论的观点，主张统计学只有一门，包括数理统计学和社会经济统计学。它既不同于数学，也不同于经济学等其他实质性科学，而是一门研究客观事物数量方面的独立的方法论科学。20 世纪二三十年代，王仲武和刘鸿万就认为：“统计学者，根据统计方法，以分析或组合所得枚举或估计之结果，去研究自然及社会全体现象之学术也。”

就欧美国家而言，并无两门统计之分，只有一门统计学，即作为应用数学分支的数理统计学，如费歇多次再版的著作《研究工作者的统计方法》中，把统计学看作“被运用于观察资料上的数学”。

但近年来,这种看法有所改变,如在英国《不列颠百科全书》中就有:“Statistics is the art and science of gathering,analyzing and making inference from data”,强调统计是独立于数学以外的一门学科,是收集、分析资料进而做出推断的艺术与科学的结合。这反映了西方对“统计学”性质理解的新思潮。

又如一本名为“费歇:一位科学家的生活”①的书介绍了费歇后期的看法,认为统计是一门科学,而不是一门数学,将统计归入数学是错误的。②

美国统计学家戴维(David Freedman)等定义:统计学是对令人困惑的问题做出数字设想的艺术。③

二、统计学研究的特点

(一)从研究对象来看,它研究客观事物的数量方面

任何事物都是质和量的统一,事物的变化也是由量变到质变的。因此,人们如果只知其质而不知其量,那么对客观事物的认识就不全面、不深刻、不具体。马克思曾经指出,一种科学只有当它达到能够成功地运用数学时,才算真正发展了。意思是说,科学的发展程度决定于人们对客观世界数量方面的认识和对数学工具的掌握。毛泽东说过,要做到“胸中有数”,告诫人们了解情况时一定要掌握事物的数量方面。

社会经济统计主要研究社会经济现象的数量方面,具体是指社会经济现象的规模、水平、结构、比例关系、普遍程度、差异程度和发展速度等,即数量的多少、各种数量关系、质与量互变的数量界限等。数量关系包括平衡关系、比例关系和依存关系,如总供给和总需求的平衡关系、积累和消费的比例关系、农产量的增长同国家对农业投资的依存关系等。数量界限如职工工资总额的增长速度低于国民收入的增长速度,企业平均工资的增长速度低于企业劳动生产率的增长速度等。

必须指出,统计研究事物的数量方面,指的是总体的数量方面,而不是个别事物的数量方面。如人口统计,研究的是在一定时间、范围内某一人口群体的出生率、死亡率和平均寿命等数量特征,而不是个别人的数量特征。因为虽然在人口统计时要对人口总体中每一个人的数量属性和特征进行登记,但这不是统计研究的目的,而是通过对每一个具体人的数量属性和特征资料的收集、整理和分析来达到对全部人口的数量特征的认识。

再者,统计研究客观事物的数量方面还必须是具体的量,而不是抽象的量。如某市本年上半年实现国内生产总值 1 543.63 亿元,全市职工工资总额为 83.63 亿元,全市职工人均月工资为 2 884 元等,都是特定总体在一定时间、地点、条件下的具体数量。

它与数学不同,数学的数量是抽象的数量关系与空间几何形式,是舍弃了具体对象质的规定性的抽象的量。因此,尽管统计中采用大量数学方法和公式,甚至许多高深的数学理论,但它仍然不等于数学。它必须在质与量的密切联系中研究现象的数量方面。

---

① John Wiley & Sons Inc.,1978.

② 摘自吴建福:《从历史发展看中国统计发展方向》,《数理统计与管理》1986 年第 1 期。

③ 摘自魏宗舒等译:《统计学》,中国统计出版社 1997 年版。

(二)从研究方法来看,它强调对客观事物总体进行大量观察,通过归纳推理以获得总体数量方面的综合性认识

所谓大量观察,就是对所研究的总体的全部或足够多的单位进行观察。社会经济现象是受各种各样因素相互影响的结果,总体中各个别单位往往受偶然因素的影响而表现出差异,只有通过对总体的全部或足够多的单位进行观察,并加以分析和综合,才能抵消事物中非本质的偶然因素的影响而获得对总体质的规定性的认识。

大量观察,若用概率的语言从随机现象的角度进行论证,就能推出它的客观依据:大数定律。大数定律确定了随机现象的基本规律,进而奠定了数理统计的基础。它表明:在试验过程中由于有偶然性,所以每次取得的结果不同;但随着不断重复试验的次数增多,那么试验观察结果的平均值就越来越趋近于实际值。

观察大量个别单位以获得对事物整体数量特征的认识,是由“个别”到“一般”、由“感性认识”到“理性认识”的归纳推理的过程。从这个意义上来看,统计认识活动的过程逻辑上就是归纳推理的过程。

(三)从学科体系来看,统计学是一门多科性的科学,是一个学科“家族”

统计学的主体部分包括数理统计学和应用统计学,而应用统计学又包括社会经济统计学和自然科学技术应用统计学,每一个科目又有许多具体的分支。

其中,数理统计学的性质和任务偏重于应用,但其理论阐述却必须使用专门的数学知识,特别是概率论;再者,数理统计学与其他数学分支有较多的依赖关系,如数学分析、函数论、矩阵代数、组合数学,甚至测度论、泛函分析、拓扑学和抽象代数等。

自然科学技术统计学是数理统计学在自然科学技术中的应用,也可以说是数理统计学与其他学科结合形成的新的边缘分支,如生物统计学、医学统计学等;可是利用统计方法研究遗传问题的数量遗传学、用统计方法研究力学的统计力学等,已不是统计学的分支,而分别属于遗传学和力学的研究范畴。

社会经济统计学是以人口、社会、经济、科技和文化等人类自身活动为对象的统计方法论,它是以特定历史条件和特定社会制度下的社会和经济为对象的方法论科学,包括社会统计学、经济统计学、科技统计学、环境统计学等。其中,社会统计学和经济统计学又自成体系,如社会统计学包括人口统计学、教育统计学、司法统计学和社会保障统计学等,经济统计学包括国民经济统计学、工业统计学、农业统计学、商业统计学、对外贸易统计学和固定资产投资统计学等。

此外还有统计史,包括统计工作史、统计学说史、统计思想史和国际比较统计等。

据此,为适应我国经济、社会、科技和高等教育的发展,我国国务院学位委员会、教育部在2011年2月公布了《学位授予和人才培养学科目录(2011年)》,其中统计学已被列为一级学科,并拟定在经济学和理学领域分别设置5个二级学科,分别为数理统计学(理学学位),社会经济统计学(经济学学位),生物医学统计学(理学学位),金融统计、风险管理与精算学(经济学学位)和应用统计学(理学学位或经济学学位),这一变化为中国统计学科的发展带来了新的机遇。

第四节 统计学的内容和一些基本概念

一、统计学的内容[①]

(一)描述统计

描述统计是描绘或总结观察量的基本情况的统计方法。

描述统计的内容包括统计数据的收集、数据的加工处理、数据的显示、数据分布的特征概括等。研究者可以通过对数据的图像化处理将数据显示为图或表,以直观地了解数据总体的分布状况。通常使用的工具是频数分布表(frequency distribution table)与图示法,如多边图(polygon)、直方图(histogram,bar chart)、饼图(pie chart)、散点图(scatter plot)等。研究者也可以通过分析数据资料了解各变量内的观察值集中与分散的情况。运用的工具有:集中量数(measure of central location),如平均数(mean)、中位数(median)、众数(mode)、几何平均数(geometric mean,GM)、调和平均数(harmonic mean,HM);变异量数(measure of variation),如全距(range)、平均差(average deviation,AD)、标准差(standard deviation,SD)、相对差、四分差(quartile deviation)。

数据的次数分配往往会呈现正态分布。为了表示测量数据与常态分配偏离的情况,会使用偏态(skewness)、峰度(kurtosis)这两种统计数据。

为了解个别观察值在整体中所占的位置,需要将观察值转换为相对量数,如百分等级(percentage rank,PR)或标准分数(Z score,T score)。

(二)推断统计

推断统计是只依据样本资料推断总体特征的技术和方法,包括参数估计和假设检验的方法。描述统计与推断统计紧密联系,描述统计是推断统计的前提,推断统计是描述统计的发展。

推断统计依照总体条件的差异性又可分为参数统计(parametric statistics)和非参数统计(non-parametric statistics)。其中:参数统计是指总体呈正态分布(normal distribution)的统计推断方法;其他所有应用于非正态分布总体的统计推断方法,都称为非参数统计。

二、统计学的一些基本概念

(一)统计总体和总体单位

统计总体(population)简称总体,是统计研究所确定的客观对象。它是根据一定的研究目的,在同质基础上,由客观存在的许多个别单位组成的一个整体。

总体单位(unit)又称个体,是那些具有某种共同性质并组成总体的个别单位,是各项统计数字的原始承担者。总体单位既有同质性,又有差异性。

同质性是各个总体单位所具有的某一种共同的属性或特征,是总体赖以形成的客观基础;因为每一个总体单位除了具有一个与其他总体单位性质相同的属性或特征以外,还有许

① 参考了 http://wiki.mbalib.com/wiki/;林杰斌、刘明德编著:《SPSS 10.0 与统计模式建构》,科学出版社 2002 年版;李惠村:《欧美统计学派发展简史》,中国统计出版社 1984 年版。

多其他总体单位所不具备的属性或特征，所有总体单位所具有的各种不同的数量特征、属性或数量关系构成了总体内部的差异性。

例如，要了解某市国有企业的生产经营状况（研究目的），那么该市所有的国有企业就组成了一个总体，该市的每一个国有企业就是总体单位。尽管这些国有企业（总体单位）的行业类型不同，有生产性的、经营性的、服务性的，即使是同行业的企业，其生产效率也不同，这构成了总体的差异性；但它们都有一个共同的特征，即它们都是国有企业，这构成了它们的同质性，为它们组成一个整体——“总体”奠定了基础。

总体是根据研究目的所确定的客观对象，它可以由某些具有实物形态的单位组成，如上述某市全部国有企业和某一企业中的每一位职工等分别根据不同的研究任务组成不同的总体。

按其所包括的总体单位多少，总体可分为有限总体（limited population）和无限总体（unlimited population）。有限总体是指总体所包括的总体单位是可数可列的，即这些总体单位是数得清而且可以按一定的序号排列的。社会经济总体大多是有限总体，如人口数、企业数、学校数等。无限总体是指总体所包括的总体单位是不可数不可列或可数不可列的。不可数不可列是指总体所包括的总体单位数不清，自然无法编号。

统计的一项重要工作就是收集资料，对于无限总体不能采取全面调查，只能采取非全面调查；而有限总体既可以进行全面调查，也可以进行非全面调查。

（二）指标

指标（indicator 或 index①）全称统计指标，是综合反映统计总体某一方面数量特征的概念和数值。

例如，某市 2011 年国内生产总值 1 543.63 亿元，职工工资总额 83.63 亿元，全市职工人均月工资 2 884 元等都是指标。

任何一个统计指标一定是抽象的指标概念和具体的指标数值的结合。

指标概念的内涵是对总体本质特征的一种抽象和概括，体现了对总体“质”的规定性，它在规定总体某一方面数量特征的理论指导下界定了指标概念的外延：指标的核算范围、计算方法和计量单位。

指标数值是指标在一定时间和对象范围下具体的数量表现。

以国内生产总值（gross domestic product，GDP）为例，从名称上看，它是一个指标概念。但仔细探讨一下，其内涵源于国民经济核算体系（the system of national accounting，SNA）中关于国民经济活动总量的定义：一个国家或一个地区在一定时期内所生产和提供的最终使用的产品和服务的总价值。

根据这个理论依据所界定的“国内生产总值”的外延是：一国领土范围内长住经济单位的生产活动总成果。此处“一国领土范围内长住经济单位”的界定范围是：(1)领土范围内的所有经济单位，不管是国内生产单位还是外国在本国的生产单位；(2)包括本国驻外国的使领馆和各种官方机构，但不包括外国驻本国的使领馆和各种官方机构。

国内生产总值的计算方法有三种，即生产法、收入法和支出法，我国公布的国内生产总值数据一般是按收入法计算的。

如上例，某市 2011 年国内生产总值 1 543.63 亿元，指标是国内生产总值，指标数值是

---

① indicator 译成中文可解释为“指标”或“标志”，index 更多指的是“指标”，而中文“统计指数”常常指的是 economic index。

1 543.63,计量单位是亿元,时间是 2011 年,对象范围是某市。

由此可见,同一指标由于时间、对象范围的不同,其指标数值有不同的表现,因此统计指标有以下两个特点:

(1)综合性。任何一个指标数值总是通过对总体所有单位某种标志的登记并加以汇总所得到的结果。它说明的不是个别单位或部分单位的数量特征,而是构成总体的全部单位的综合结果。因此,它抽象了现象总体各单位在某一方面的差异性,从而较为集中地概括和体现了现象总体在活动过程中某一方面的数量特征和质的属性。

(2)具体性。统计指标总是总体某一方面质和量的统一,说明总体在具体时间、对象范围内的数量表现。

统计指标按其反映总体数量特征的不同,可分为数量指标和质量指标。

数量指标反映了现象总体的总规模、总水平或工作总量,一般表现为绝对数,如人口总数、国内生产总值、工资总额等;反之,质量指标反映的是现象总体的相对水平或工作质量,一般表现为相对数或平均数。

统计指标按其反映总体的时间特征不同,可分为时期指标和时点指标(关于时期指标和时点指标,详细内容将在第四章介绍)。

统计指标按其计量单位的不同,可分为实物指标和价值指标。前者以实物量为计量单位,包括自然单位、物理量和标准实物量;后者以货币为计量单位。

有一部分指标按其数值大小所反映的效果好坏,可分为正指标和逆指标。正指标是指这部分指标的数值越大,其所反映现象的数量特征的效果越好;反之,其所反映现象的数量特征的效果越差。逆指标是指这部分指标的数值越小,其所反映现象的数量特征的效果越好;反之,其所反映的效果越差。

按指标数值形式不同,可分为总量指标(数据总量)、相对指标(数据相对量)和平均指标(数据集中趋势描述)。

社会经济现象是错综复杂的,因此统计总体必须具有多方面的特征。而单一指标只能反映总体某一方面的特征和属性,这就要求设置一整套相互有联系的指标,从不同的角度来反映总体各方面的特征和属性。这些根据统计研究的需要由一系列相互有联系的指标构成的整体,称为指标体系。

例如,反映全社会生产、流通、分配和消费等社会再生产过程和条件的国民经济指标体系,反映一家企业产、供、销的企业经营管理指标体系。

统计指标体系有多种分类,其中最主要的是按指标的作用分为基本统计指标体系和专题统计指标体系。基本统计指标体系是反映国民经济和社会发展基本情况的指标体系,包括社会指标体系、经济指标体系和科技指标体系等;专题统计指标体系是反映某一方面社会经济问题的指标体系,如能源指标体系、固定资产投资指标体系、教育指标体系等。

各种统计指标体系的设置,一方面要求符合社会经济发展的需要;另一方面又要保持相对的稳定性,即保持指标在时间上的连续性和指标内涵的统一性,以便进行经济指标的时间序列分析和国际间的比较。

(三)变量

变量(variable)是标志的具体表现或指标的具体数值,如职工人数、年龄、工资,国内生产总值、销售总值、固定资产投资总额等。在数学中,定量变量就是变量,任意一个变量可以有一系列的取值,一般可用 X、Y、Z 来表示。

从不同角度,可对变量进行不同的分类。

1. 变量按其影响因素不同，分为确定性变量和随机性变量

确定性变量(certainty variable)受确定性因素的影响，也就是说影响变量变化的因素是明确的、可解释的；在这种因素的影响下，变量的变化幅度、变化方向是可以确定的。例如，职工的工资总额一般受职工人数和职工平均工资两个因素的影响，它们各自的变化及两者之间的交互作用对工资总额的变动影响是确定的。

随机性变量(random variable)受随机因素的影响。随机因素的变化具有不确定性和偶然性，如气候的变化、海水潮汐的涨落等。但是，变量的随机性并不意味着人类对之无能为力，统计要研究的正是现象的不确定性，就是要依据不确定因素相互抵消的特性通过大量观察来研究随机现象的某种规律性。

2. 变量按其数值形式不同，分为离散型变量和连续型变量

离散型变量(discrete variable)只能取整数，如人数、企业数、学校数等，计量单位一般为自然单位，如个、匹、头等。

连续型变量(continuous variable)则可以取任意小数，如产值、销售额、固定资产投资额等，计量单位为价值单位；或可以取任意两个变量之间中的一个无限小数，大多为某种测量器具的测量结果，一般用度量衡单位表示，如某种零件的大小尺寸、直径、重量、体积、容积等。

关键术语

统计(学) statistics

国民 statesman

赌金分配 division problem

得点问题 problem of points

数学期望 mathematical expectation

描述统计 descriptive statistics

推断统计 inferential statistics

洛伦兹曲线 Lorenz curve

百分等级 percentage rank, PR

标准分数 Z score, T score

参数统计 parametric statistics

非参数统计 non-parametric statistics

总体 population

有限总体 limited population

无限总体 unlimited population

统计指标 indicator 或 index

变量 variable

确定性变量 certainty variable

随机性变量 random variable

离散型变量 discrete variable

连续型变量 continuous variable

国内生产总值 gross domestic product, GDP

国民经济核算体系 the system of national accounting, SNA

马尔可夫链蒙特卡罗方法 Markov chain Monte Carlo, MCMC

思考与练习

思考题

1. 统计学有哪三个含义？它们有哪些关系？
2. 统计学的产生与发展经历过哪三个阶段？数理统计学经历过哪三个时代？
3. 描述统计和推断统计有何异同？
4. 什么是总体？什么是总体单位？两者关系如何？
5. 确定性变量与随机性变量有何不同？
6. 连续型变量与离散型变量有何不同？

第二章

统计调查

引 言

统计工作过程从理论上讲可分为四个环节：统计设计、统计调查、统计整理和统计分析。其中，统计设计是指在进行某项调查之前，根据研究目的和统计对象的性质，对整个统计工作预先设计出实施方案和程序，以便对完整的统计工作所涉及的各个方面和环节做出通盘考虑和适当安排。但是，统计设计需要各种各样的专业知识，而且有关调查对象的标准分类和指标体系由专门的权威机构予以制定颁布。因此，除了大型的，如国家级的普查或抽样调查需事先做出设计外，设计阶段的内容大多融入以后各阶段统计工作中。所以，本书从统计调查开始，陆续介绍统计活动各个阶段所需的各种专业知识。不过，在介绍统计调查之前，首先需要了解什么是数据、其测定层次如何。

第一节 统计调查的概念与分类

一、统计调查的概念

统计调查(statistical investigation)，是指按照统计研究的目的和任务，运用科学的调查方法，有组织、有计划地针对客观现象收集统计资料的工作过程。

统计调查所收集到的资料可分为两种：一种是原始资料(original data)，又称初级资料(primary data)，它是未经任何加工整理的第一手资料(firsthand data)，是反映被调查对象原始状况的资料，如原始记录、统计台账、实验结果等。另一种是次级资料(secondary data)，又称二手资料(secondhand data)，它是由原始资料过渡过来、已经过加工整理的资料。

从认识论的角度来看，统计调查属于认识的感性阶段，是认识的起点。所以，数据收集是整个统计工作的基础环节，以后阶段的资料整理、计算汇总和分析研究都在它的基础上进行。因此，统计调查工作的好坏、所取得的资料质量的好坏，将直接影响以后各阶段工作的好坏，影响整个统计工作成果的成败。

原始资料是数据收集的主要成果。因此，如何保证原始资料的高质量就成了数据收集的中心问题。衡量原始资料质量的标准一般有三个：

1. 准确性

各项原始资料必须真实可靠、符合客观实际，这样才能对问题做出正确的判断，得出科学的结论。

2. 完整性

各项原始资料应全面、系统，能够尽最大可能反映事物的全貌和全过程。原始资料是否全面，一般包括以下几个方面：(1)是否包括全部调查单位；(2)是否包括全部应登记的标志；(3)是否全部问题都有答案。

3. 及时性

必须在调查规定的时间内完成调查任务、上报调查资料。由于统计是对现象的事后计量，必须抓紧时间、充分利用资料的时效性。

二、统计调查的分类

1. 按调查对象所包括的范围，统计调查可分为全面调查和非全面调查

全面调查是对被调查的对象所包括的单位无一遗漏地全部进行调查，目的是要取得总体的全面、系统、完整的数据资料。各种普查，如人口普查、工业普查和全国耕地面积普查等，都是全面调查；我国的统计报表制度在其实施范围内，基本上也是全面调查。

非全面调查是对被调查的对象所包括的部分单位所进行的调查。例如，要了解全国或某一地区的职工家庭生活状况，就没有必要对全国或该地区全部职工家庭进行调查，只要选择其中一部分有代表性的单位进行调查，就可以达到调查目的。不过，在进行这种调查时，要注意被选中的单位必须具有充分代表性；否则将取得虚假的资料，导致最后的分析得出错误的结论。

必须指出的是，全面调查或非全面调查是按被调查对象所包括单位的全部或部分来划分的，而不是以取得资料的全面与否划分的，也不是以最后取得资料能否反映总体的全部特征划分的。

全面调查有其重要性，能够取得总体全面而详细的资料。但全面调查由于调查单位多、工作量大，需要花大量的人力、物力和财力；再者，有些现象不可能采用全面调查，如对无限总体的调查就只能采取非全面调查的方式。

非全面调查由于调查单位少，可以进行较为深入细致的调查，而且能节省人力、物力和财力，缩短调查时间，因而能够提高调查的精确性和时效性。所以，在不影响统计研究目的实现的前提下，常常采用非全面调查。

2. 按登记的时间是否连续，统计调查可分为经常性调查和一次性调查

经常性调查是对被调查对象在时间上的发展变化进行连续不断的登记，以取得现象总体在一段时期内的发展过程及其结果，如产品产量、产值、原材料和动力消耗、商品周转额或货运量等。这些指标随着时间的推移，每日、每月、每季都会发生较大的变化，时间越长，指标数值越大。因此必须采取连续不断的登记、采用经常性调查，才能取得全面、系统的原始资料，以反映国民经济的动态变化、检查指导生产计划的执行情况、满足经营管理的需要。

一次性调查是根据需要每隔一段时期对被调查对象进行不连续的登记，以反映现象在一定时点上的状态，如人口数、企业在册职工人数、学校在校学生数、各种生产设备数量、固定资产价值等。这些指标在相当长的时间内变化不大、具有相对的稳定性，因此无须经常性调查，隔一段时间调查一次即可满足统计研究的需要。

三、统计调查的方法

(一)直接观察法

直接观察法(survey)是由调查员直接到调查现场进行盘点或计量的方法，如农产量抽

样调查、牲畜头数调查等。直接观察法所收集到的数据、资料的准确性较高,但要花费大量的人力、物力和时间。

(二)采访法

采访法(interview)是由调查员面对被调查人员提问,通过被调查人员对问题的直接回答来收集数据的方法。这种方法的优点是调查员对调查项目有较为深刻的理解,因而能对被调查人员的一些不明确的问题当场做出适当解释,使被调查人员能够针对问题做出正确的回答,从而保证资料的可靠性和一致性;缺点是需要花费较多的人力和时间。我国的人口普查一般采取这种方法。

(三)试验法

试验法(test)是由调研人员改变一些因素或变量,用以观察由此所引起其他因素或变量的变化的方法。这种方法是采用归纳法的逻辑,通过科学设计的实验来收集数据,进行统计分析和假设检验,达到运用实验样本推断总体的目的。需要注意的是,试验法对试验条件的要求非常严格。

(四)问卷法

问卷法(questionnaire)是调查人员通过某种途径把统一设计的问卷分发给被调查人员、由被调查人员按表中的项目如实填报,然后由调查人员在规定的时间内收回的一种调查方法。这种方法是一种标准化的调查,问卷上有关于填表要求的说明、方法和各种应注意的事项。问卷法的特点是具有非法定性和个人性,被调查人员一般是个人而非单位或集体,因此被调查人员可填写也可不填写问卷,问卷回收率低、误差较大。现在的各种民意测验大多采用这种方法。

问卷法的实施过程有:

(1)问卷设计。一般包括前期调查、初步设计、使用问卷和修订问卷等。

(2)选择被调查者。由于问卷调查的回收率和有效率比较低,一般不可能达到100%,因此实际调查人数应多于有效问卷数,确定实际调查人数的公式为:

$$\text{实际调查人数}=\frac{\text{有效问卷人数}}{\text{回收率}\times\text{有效率}}$$

在选择被调查者时,应注意选择对问卷内容比较熟悉、有一定理解能力和文字表达能力的人。

(3)发放和回收问卷。问卷可通过邮局或随报刊投递,也可委托有关单位代发代收,还可以电话调查或直接采访等。如果回收的有效问卷数不够,应组织第二次问卷发放和回收,以确保足够的问卷数量。

(4)审查问卷。审查问卷是对回收到的问卷进行清理,把不符合要求的问卷剔除出去,为下一步的整理、分析做好准备。

问卷法的优点是:能节省人力、物力、财力和时间,调查范围也比较广泛;匿名保密性强;资料易于量化处理;有利于排除人为因素的干扰;适用于大规模的社会问题调查。不足之处是回收率低、调查误差大。

(五)报告法

报告法(report)是被调查单位以各种原始记录和核算单据为依据,通过定期按规定填写报表向上级有关部门提供统计资料的方法。我国国家统计报表制度就采用这种方法(详见本章第二节)。

第二节　我国统计数据调查的组织形式

一、统计报表制度

(一)统计报表制度的概念

统计报表制度是指由政府主管部门以统计表格形式和行政手段自上而下布置，尔后由企、事业单位根据一定的原始记录和核算数据、按照规定的报送时间和程序自下而上层层汇总上报统计资料的组织形式。

其中，以表格形式反映企事业单位生产经营情况的书面报告称为统计报表(forms for reporting statistics)。

统计报表制度有以下特点：

(1)指标的内容和报表(report forms)的报送时间由国家主管部门(国家统计局或国务院各业务部门)统一规定，报表由上至下发放，由填报单位按规定填报后层层上报；各填报单位必须严格执行，以保证资料的时效性，为国家计划部门制订计划、检查计划的执行情况提供依据。

(2)报表中所有指标的含义、计算口径和方法也由国家主管部门统一设计和颁布，以便汇总和综合，以保证资料的统一性、相对的稳定性和时间上的连续性，便于积累资料、形成时间序列，为国家决策机构和科研部门的长期经济分析提供依据。

(3)报表的数据应以原始记录为基础，以保证可靠性。统计报表的资料来源主要是基层单位的原始记录、台账以及基层的内部报表。因此，建立健全基层的原始记录、统计台账和企业内部报表，是保证统计报表质量的重要手段。

(二)我国现行的国家统计报表制度

我国现行的国家统计报表制度由国家统计局制定，或者由国家统计局和国务院有关部门共同制定。目的是用于收集国民经济、社会和科技发展情况，便于政府管理。国家统计报表制度是各级国家统计部门实施国家统计调查项目的业务工作方案。

(三)我国报表制度的分类

1. 按制定颁发的单位不同划分

(1)国家统计报表制度是指由国家统计局制定，用于收集国民经济、社会和科技发展情况的各类报表制度，包括国民经济核算统计报表制度、基本单位统计报表制度、农林牧渔业统计调查制度、农业产值和价格综合统计报表制度、农村社区基本情况调查制度、工业统计报表制度、建筑业统计报表制度、运输邮电业统计报表制度、批发零售业和住宿餐饮业统计报表制度、对外经济贸易和旅游综合统计报表制度、房地产开发统计报表制度、部分服务业抽样调查统计报表制度、服务业财务状况报表制度、固定资产投资统计报表制度、能源统计报表制度、劳动统计报表制度、月度劳动力调查制度、科技综合统计报表制度、高技术产业综合统计报表制度、企业(单位)科技活动统计报表制度、环境综合统计报表制度、社会综合统计报表制度、妇女儿童状况综合统计报表制度、城镇住户调查方案、市(县)社会经济基本情况统计报表制度、农村住户调查方案、价格统计报表制度和企业景气调查制度共28项。

(2)部门统计报表制度是指由国家统计局和国务院有关部门共同制定的用于收集各部门各类统计数据的报表制度。

(3)地方统计报表制度是指由国家统计局制定的用于收集全国各地方经济、社会和科技发展情况的各类报表制度。

2. 按调查时间划分

(1)周期性普查制度。普查(census)是为某种特定目的而专门组织的一次性全面调查,用来调查社会现象的全面资料,如人口普查、科技人员普查、工业设备普查等。普查具有如下特点:

①专门调查目的是收集某一时点或某一时期重要的国情国力和国家的资源状况。例如,我国 2010 年举行的第六次人口普查就是要了解我国当年 11 月 1 日零时整的人口状况。

②周期性调查是指根据规定时间周期,过一段时间调查一次,无须进行连续不断的登记。造成这一特点有其必要性和可能性。其必要性在于,普查的范围广、工作量大、组织工作的任务繁重,而且时间性强,需要动用大量的人力、物力和财力。所以,在调查资料具有相对稳定性的前提下,可以每隔一段时间调查一次,而没有必要组织经常性调查。其可能性在于,普查的主要研究目的是现象总体在某一时点上的状态或某一段时期现象的总量,而这种时点状态和时期总量的特点在较长时期内具有相对的稳定性。

③全面调查是指对现象总体所包括的全部单位进行的调查。

④普查对资料的准确性和时效性要求高,调查工作面广、量大,必须集中领导和统一行动,规定统一的标准时点、统一的普查期限和统一的普查项目。

(2)经常性调查。经常性调查是指对现象连续、不间断的调查登记。

(3)非经常性调查。非经常性调查不是对现象连续不间断的登记调查,而是根据需要所组织的调查。

二、统计报表

我国统计表的报送介质包括表格、问卷、电信(电报、电话、传真等)、磁盘磁带、网络通信(网络表格、电子邮件等)等,数据形式有数字、文字和混合形式。统计报表一般可由报表目录、表式和填表说明组成。

表 2-1　　　　我国科技项目情况统计报表

单位详细名称:

组织机构代码□□□□□□□□-□　　20　年　月　　　　有效期至:　　年　月

序号	项目名称	项目来源	项目合作方式	项目成果形式	项目技术经济目标	项目起始日期	项目完成日期	跨年项目所处进展阶段	参加项目人员(人)	项目人员实际工作时间(人/月)	项目经费内部支出(千元)	购买设备支出
甲	乙	1	2	3	4	5	6	7	8	9	10	11

单位负责人:　　统计负责人:　　填表人:　　联系电话:　　报出日期:20　年　月　日

说明：

(一)“项目来源”目录及编码

1　国家科技项目　　2　地方科技项目　　3　其他企业委托科技项目　　4　本企业自选科技项目

5　来自境外的科技项目　　6　其他科技项目

(二)“项目合作方式”目录及编码(按重要程度选择其中最主要的1项填报)

1　与境外机构合作　　2　与境内高校合作　　3　与境内独立研究机构合作　　4　与境内注册的外商独资企业合作　　5　与境内注册的其他企业合作　　6　独立研究　　7　其他

(三)“项目成果形式”目录及编码(按重要程度选择其中最主要的1—2项填报)

1　论文或专著　　2　自主研制的新产品原型或样机、样件、样品、配方、新装置

3　自主开发的新技术或新工艺、新工法　　4　发明专利　　5　实用新型专利　　6　外观设计专利

7　带有技术、工艺参数的图纸、技术标准、操作规范　　8　基础软件　　9　应用软件　　10　其他

(四)“项目技术经济目标”目录及编码(按重要程度选择其中最主要的1项填报)

1　科学原理的探索、发现　　2　技术原理的研究　　3　开发全新产品

4　增加产品功能或提高性能　　5　提高劳动生产率　　6　减少能源消耗或提高能源使用效率

7　节约原材料　　8　减少环境污染　　9　其他

(五)“跨年项目所处进展阶段”目录及编码(按重要程度选择科技项目当年所处最主要的进展阶段填报，非跨年项目免填)

1　研究阶段　　2　小试阶段　　3　中试阶段　　4　试生产阶段

(六)审核关系

(1)若 $6\neq000000$，则 $5\leqslant6$ 且 $5\leqslant201112$ 且 $6\geqslant201101$

(2)若 $5\leqslant201012$ 或 $6>201112$，则第7项的有效代码为1、2、3或4

(3) $9>0$，$10>0$

(4) $10>11$

(一)报表目录

报表目录(list of report)是各种统计报表的一览表，它明确规定了报表的填报单位、调查对象、报送时间和程序等。内容包括：表号、报表名称、报表期号、填报范围、报送时间、报送方式(电信或邮寄)、受表单位、报送份数、制表部门和其他(补充说明)。

(二)表式

表式(report form)是报表的具体格式。根据报表的类型不同，表式分为基本表式、专业表式、年报表式、定期表式、综合表式和基层表式。各种表式包括的指标项目(report item)主要有：主栏和宾栏、表号、报名、期号、填报单位、报送时间、单位负责人和填报人签署、制表部门等。表2—1是我国科技项目情况统计报表的表式。

(三)填表说明

填表说明是对指标项目、填报方法以及有关注意事项的说明，主要内容包括：

(1)填表范围，指报表的实施范围；

(2)统计目录，统计报表主栏项目的一览表；

(3)指标解释，指标概念的内涵、外延、计算方法、计量单位等。

三、抽样调查

抽样调查(sample survey)是从总体中抽取部分单位组成样本，对样本指标进行测定并据此对总体数量特征进行估计或做出判断。抽样调查分为随机抽样和非随机抽样。

(一)随机抽样

随机抽样(random sampling)是按照随机原则从总体中抽样。所谓随机原则，是根据概

率的基本原理,使得总体中每一个单位都有同等被选中的机会,也称为机会均等原则。因此,总体所包括的每一个单位都有被抽中的可能性,使样本单位在总体中的分布保持均匀性,从而保证了样本的代表性。随机抽样是现代推断统计的核心。作为一种非全面调查,它最显著的特点也是其他非全面调查所不具备的优点是:以概率论阐明的有关分布规律为依据,可以推断总体,并具有一定的可靠性和精确度,对抽样误差可以事先加以控制。随机抽样适用于一些不可能进行全面调查,或虽可能取得全面资料,但不必进行全面调查的情况,也可用于全面调查的资料的验证和修正。随机抽样又分为简单随机抽样、等距抽样、分层抽样和整群抽样。

1. 简单随机抽样

简单随机抽样(simple random sampling)也称纯随机抽样,是指对总体不进行任何处理的情况下,所进行的等概率抽样。所有的总体单位以一个相同的非零概率被抽到样本中。进行简单随机抽样的最原始做法是进行抽签,在操作足够精细的情况下,抽签方式能够产生一个近似的简单随机样本。在总体单位数比较多的情况下,采用原始的抽签方法就不可能了,此时需要对总体单位进行编号,然后抽选对应的号码。在简单随机抽样时,可用 n 表示样本单位数即样本容量,用 N 表示总体的单位总数。在总体中,每个单位被编成 1 号到 N 号,则任一编号被抽到的概率都是 $1/N$。

2. 等距抽样

等距抽样(systematic sampling)又称机械抽样或系统抽样,是将总体按某一标志进行排列后,按相同的间隔进行抽选。根据排序标志的不同,等距抽样可分为相关标志排列和无关标志排列两种。相关标志排列的等距抽样近似于分层抽样,例如,将全体受访者按收入情况由高到低分为 N 组,然后在每组中抽选 1 名受访者。无关标志排列的等距抽样近似于简单随机抽样,因为在无关标志排列的情况下,受访者处于哪个位置实际上是随机的,因此被选中进入样本的概率也是与调查内容无关的。

等距抽样要注意两种情况:(1)当序列具有单调倾向时,单纯的等距抽样可能会造成一定的偏差,此时可以采用对称等距抽样的方法进行修正。(2)当序列具有周期性时,如等距抽样的抽样周期与序列本身的周期重合,则有可能出现很大的偏差,等距抽样要防止周期性偏差,因为它会降低样本的代表性。例如,军队人员名单通常按班排列,10 人一班,班长排第 1 名,若抽样距离也取 10 时,则样本或全由士兵组成,或全由班长组成。对此,应改变抽样间隔周期,以错开序列的自身周期。

3. 分层抽样

分层抽样(stratified sampling)也可以称为类型抽样,即根据一些相同的特征,把总体中的 N 个单位分成不同的层,尽量使每一层各单位更具有相似性,层与层之间具有差异性,接着在每一层都采用简单随机抽样,最后把每层的简单随机样本合并起来。分层抽样能够有效地提高抽样效率,在相同样本的情况下,分层抽样的抽样误差一般会小于简单随机抽样的误差。

分层抽样根据样本分配的不同,可以分为等比例抽选和不等比例抽选。所谓等比例抽选,是指在每一层中抽选的样本数与层的单位数的比例是固定的,设总体共有 N 个单位,分成 k 个类型,则有 $N_1, N_2, N_3, \cdots, N_k$ 各组,抽取 n 个单位组成样本,第 i 组中抽取的样本单位数为 n_i,则有:

$$\frac{n_i}{N_i}=\frac{n}{N}$$

等比例抽选能够使每个单位被抽中的概率都相同，但这种相同的概率是在对总体进行了分层的基础上实现的，所以与简单随机抽样仍有明显的区别。不等比例抽选是指在不同的层中，抽选的样本数与层的单位数不呈现相同的比例。采用不等比例抽选的原因在于各层的单位离散程度不同，或者调查成本不同。一般来说，离散程度越高或调查成本越低的层，抽选的比例应当越高，这样能够在相同费用的情况下，获得最好的抽样效果。

4. 整群抽样

整群抽样(cluster sampling)又称聚类抽样，是将总体中各单位归并成若干个互不交叉、互不重复的集合，也就是群，然后以群为抽样单位抽取样本，对选中的单位进行全面调查的一种抽样方式。

应用整群抽样时，要求各群有较好的代表性，即群内各单位的差异要大，群间差异要小。

整群抽样的主要优点是：由于抽中的单位比较集中，调查起来方便、省时并且节省人力和物力，从而有效地减少了单位样本的调查成本。

整群抽样的主要缺点在于同一群的单位一般具有一定的相似性，从而使整群抽样的误差大于纯随机抽样的情况。由于整群抽样的单位样本成本较低，在成本相同的情况下，能够比纯随机抽样获得更多的样本，从而从总体上降低了抽样误差。

整群抽样一般的步骤是先采用分群法，即将总体分成若干个群，然后按纯随机抽样抽取某群作为样本，最后对选中的群进行全面调查。

整群抽样与分层抽样在形式上有相似之处，但实际上差别很大，具体如下：

(1)分层抽样要求各层之间的差异很大，层内个体或单元差异小；而整群抽样要求群与群之间的差异比较小，群内个体或单元差异大。

(2)分层抽样的样本是从每层抽取若干单元或个体构成；而整群抽样则要么整群抽取，要么整群不抽取。

5. 多阶段抽样

实施随机抽样的前提是获得完整的抽样框，但在复杂的、大规模社会调查中，特别是全国性的调查，往往难以获得全部调查对象完整的、准确的抽样名单，为此需要进行多阶段抽样。

多阶段抽样(multi-stage sampling)又称为多级抽样或阶段抽样，是将整个抽样过程分成若干个阶段进行抽样，是多阶段的整群抽样，即从总体中抽取若干群，再从群中抽取更小的群，这样一直抽下去，直到抽到最基本的调查单位为止。例如，调查我国城市居民的生活水平就采用多阶段抽样，先从全国各城市中抽取若干个城市，再在城市中抽街道，然后在各街道中抽选居民家庭进行调查。

多阶段抽样因不需要总体中的全部单位的名单，所以抽样过程比较方便快捷，但是由于每个阶段的抽样都会产生误差，因此误差较大。

(二)非随机抽样

非随机抽样(non-probability sampling)又称非概率抽样法，即不按照随机原则来抽取样本中的单位。非随机抽样可分为方便抽样、判断抽样、重点抽样、定额抽样和滚雪球抽样。

1. 方便抽样

方便抽样(convenience sampling)也称便利抽样或任意抽样，是指调查人员本着随意性原则或方便原则去选择样本的抽样方式。如在街头拦截访问中,访问员直接对经过的行人进行访问,可见,方便抽样完全是调查者任意选取的样本。

方便抽样是非随机抽样中最简便、最节省费用和时间的一种方法。但总体中单位差异较大时,抽样误差也较大。因此,一般来说,方便抽样法多用于市场初步调查或对调查情况不甚明了时。

方便抽样的基本理论依据是:认为被调查总体的每个单位都是相同的,因此把谁选为样本进行调查,其调查结果都是一样的。事实上,并非所有调查总体中的每一个单位都是一样的;只有在调查总体中各个单位大致相同的情况下,才适宜应用方便抽样法。

运用方便抽样技术时,一般由调研人员从工作方便出发,在调研对象范围内随意抽选一定数量的样本进行调查。街头拦人法和空间抽样法是方便抽样的两种最常见的方法。

(1)街头拦人法是在街上或路口任意找某个行人,将他(她)作为被调查者进行调查。例如,在街头向行人询问对市场物价的看法或请行人填写某种问卷等。

(2)空间抽样法是对某一聚集的人群,从空间的不同方向和方位对他们进行抽样调查。例如,在商场内向顾客询问对商场服务质量的意见,在劳务市场调查外来劳工打工情况等。

方便抽样技术简便易行,可以及时取得所需的数据,节约时间和费用,适用于探测性调查或调查前的准备工作。一般在调查总体中每一个体都同质时,才能采用此类方法。但是,实践中并非所有总体中每一个体都是相同的,所以抽样结果偏差较大,可信程度较低,样本没有足够的代表性。

2. 判断抽样

判断抽样(judgment sampling)又称典型抽样或立意抽样,由调查人员根据主观经验,按照一定的标准在总体中选择若干有代表性的单位组成样本进行调查。

当调查人员对自己的研究领域十分熟悉、对调查总体比较了解时,采用这种抽样方法可获代表性较高的样本。这种抽样方法多应用于总体小而内部差异大时,以及在总体边界无法确定或因研究者的时间与人力、物力有限时。如在编制物价指数时,对商品的调查既不是普查也不是随机抽样,而是选择代表性的商品为样本。

判断抽样具有简便易行、符合调查目的和特殊需要、可以充分利用调查样本的已知资料、被调查者配合较好、资料回收率高等优点。

但判断抽样的结果受研究人员的倾向性影响大,一旦主观判断偏差,便很容易引起抽样偏差;且不能直接对调查总体进行推断。基于这种情况,要充分发挥判断抽样的积极作用,对总体的基本特征必须相当清楚,做到心中有数。这样,才可能使所选定的样本具有代表性、典型性,从而才可能通过对所选样本的调查研究了解、掌握整个总体的情况。

判断抽样适用于总体的构成单位极不相同而样本数很小,同时设计调查者对总体的有关特征相当了解(明白研究的具体指向)的情况下,进行特殊类型的研究(如产品口味测试等);其操作成本低,方便快捷,在商业性调研中较多用。

3. 重点抽样

重点抽样(focus sampling)又称重点调查,是指在总体中选择一部分重点单位进行调查,以了解总体的基本情况。所谓的重点单位,是着眼于现象的量的方面,尽管这些单位在全部单位中只有一部分,但他们在所研究现象的标志总量中却占比很高,在总体中具有举足轻重的作用。通过对这些单位的调查,能够从数量上反映整个总体在该标志总量方面的基本情况。例如，宝武、沙钢、鞍钢、首钢和河钢等特大型钢铁企业，虽然在全国钢铁企业中只是少数，但它们的产量却在全国钢铁产量中占比很高。对这些重大企业进行调查，便能省时省力地了解全国钢铁生产的基本情况，满足调查任务的要求。

重点抽样的关键是确定重点单位，一般来说，选出的单位应尽可能少，而其标志值在总体中所占的比重应该尽可能大，基本标准是所选出的重点单位的标志必须能够反映研究总体的基本情况。

重点抽样的优点在于调查单位少，可以节省时间和精力，又能掌握基本情况。但必须指出，由于重点单位与一般单位的差别较大，通常不能由重点调查的结果来推断总体的指标值。

4. 定额抽样

定额抽样(quota sampling)也称配额抽样，是指根据一定的身份配额抽选受访者进行调查。如果采用方便抽样，调查人员有可能固定地选择一些特定类型的调查对象，如调查对象是女性、年轻人等，从而造成样本的偏差。为了限制调查人员的选择，可以在访问前限定各类受访者的比例，如确定各个年龄段的受访者所应当占的比重，从而一定程度上控制样本的偏差。

定额抽样和分层抽样既有相似之处，也有很大区别。它们都是事先对总体中所有单位按其属性、特征分类，这些属性、特征称为“控制特性”。例如，市场调查中消费者的性别、年龄、收入、职业、文化程度等。然后，按各个控制特性分配样本数额。但分层抽样是按随机原则在层内抽选样本，而定额抽样则是由调查人员在配额内主观判断选定样本。

定额抽样分为以下两种：

(1)独立控制定额抽样。独立控制定额抽样是指调查人员只对样本独立规定一种特征(或一种控制特性)下的样本数额。如在消费者需求调查中，我们按年龄特征，分别规定不同年龄段的样本数目，就属于独立控制定额抽样。人们通常把消费者的年龄、性别、收入分别进行定额抽样而不考虑三个控制特性的交叉关系。

(2)相互控制定额抽样。相互控制定额抽样是指在按各类控制特性独立分配样本数额的基础上，再采用交叉控制安排样本的具体数额的抽样方式。

定额抽样适用于设计调查者对总体的有关特征具有一定的了解而样本数较多的情况，实际上，定额抽样属于先“分层”(事先确定每层的样本量)再“判断”(在每层中以判断抽样的方法选取抽样个体)，费用不高、易于实施，能满足总体比例的要求。其缺点是容易掩盖不可忽略的偏差。

5. 滚雪球抽样

滚雪球抽样(snowball sampling)是一种针对稀疏总体进行的抽样方法，是指先随机选择一些被访者并对其实施访问，再请他们提供另外一些属于所研究目标总体的调查对象，根据所形成的线索选择此后的调查对象，然后通过这些受访者找到更多符合条件的受访者，逐步外推，直至达到要求的样本数。

例如，要研究退休老人的生活，可以清晨到公园去结识几位散步老人，再通过他们结识其朋友，不久，你就可以结交一大批老年朋友。但是这种方法偏误也很大，对于那些不好活动、不爱去公园、不爱和别人交往、喜欢一个人在家里活动的老人，你就很难把“雪球”滚到他们那里去，而他们却代表着另外一种退休后的生活方式。

滚雪球抽样以若干个具有所需特征的人为最初的调查对象，然后依靠他们提供认识的合格的调查对象，再由这些人提供第三批调查对象，以此类推，样本如同滚雪球般由小变大。滚雪球抽样多用于总体单位的信息不足或观察性研究的情况。

第一批被访者是采用概率抽样得来的，之后的被访者都属于非概率抽样，此类被访者彼此之间较为相似，如目前中国的小轿车车主等。

滚雪球抽样的优点是：可以根据某些样本特征对样本进行控制，适用于寻找一些在总体中十分稀少的人物。

滚雪球抽样的缺点是：如果总体不大，有时用不了几次就会接近饱和状况，即后来访问的人再介绍的都是已经访问过的人。但是很可能最后仍有许多个体无法找到，还有些个体因某些原因被提供者故意漏掉不提，这两者都可能具有某些值得注意的性质，因而可能产生偏误，不能保证代表性。

滚雪球抽样是在特定总体的成员难以找到时最适合的一种抽样方法，譬如对获得无家可归者、流动劳工及非法移民等的样本就十分适用。

第三节　统计调查误差

一、统计调查误差的来源和分类

统计调查所得到的资料与现象总体在某一方面的数量特征的现实情况必定会存在一定的差距，这种差距称为数据收集误差，又称统计调查误差，简称统计误差(statistical error)。一般来说，这种误差有两种：一种是登记性误差(register error)，它是在调查登记过程中产生的误差，这种误差在全面调查或非全面调查中都有可能发生；另一种是代表性误差(typical error)，这种误差只有在抽样调查中才有可能发生，是指根据样本去推断总体时所产生的误差。代表性误差按照其产生原因又分为两种，即系统性误差(systematic error)和抽样误差(sample error)。系统性误差是进行抽样调查时违反随机原则所造成的误差，所以又称随机误差(random error)；而抽样误差则是由于用样本来推断总体时的偶然性因素所造成的误差。

登记性误差和系统性误差的产生原因如下：

1. 由于某些主观因素人为造成的数据重复或遗漏

(1)调查人员在调查过程中不认真、不仔细或某种过失、疏漏所造成的误差。

(2)被调查对象不配合，故意误填误报、拒绝回答，或者对某些问题的回答具有某种偏好，如年龄偏好(有些人愿意把自己的年龄报小一些，而有一些又愿意报大一些，更多的是喜欢把年龄说成整数，如 20 岁或 30 岁等)所造成的误差。

2. 由于客观因素，如计算机病毒、停电、运输保存设备故障等所造成的误差

如现在调查表(特别是一些市场调查或民意测验)的项目往往采用选择回答的形式，这就要求分别编码，然后把编过码的信息通过打孔或由电子编码输送到计算机。尽管在处理过程中有严格的质量检查，但在编码和传送过程中仍然不免会产生误差。因此，这种误差又称过程误差。

登记性误差和系统性误差可以避免或尽量减少到最小，而抽样误差是不可避免的，但事

先可以确定其大小并有一定的概率保证。

二、统计调查误差的测定

调查误差有两种测度，即总误差率(gross error ratio)和净误差率(net error ratio)。总误差率是指实际错误的回答被统计为正确的回答与正确的回答被统计为错误的回答共同产生的误差占全部回答的比例；净误差率则是实际正确的回答与统计中被当作正确的回答的差占全部回答的比例。由于各种误差的出现具有随机性，因而它们之间有一些会相互抵消，所以净误差率从理论上讲要小于总误差率。但由于在实践中很难取得绝对正确的回答，所以这两种误差的测度也仅仅是一种估计。表 2-2 说明了上述两种误差率的计算。

表 2-2 **实际数和统计观察数列联表**

实际数	统计观察数		合 计
	正确回答	错误回答	
正确	a	b	$a+b$
错误	c	d	$c+d$
合 计	$a+c$	$b+d$	$n=a+b+c+d$

从表 2-2 来看，被统计为正确的回答数是 $a+c$，而实际正确数是 $a+b$，则净误差率为：$\frac{(a+b)-(a+c)}{n}=\frac{b-c}{n}$，其计量单位一般为百分数；由于全部错误数即总误差等于 $b+c$，因此总误差率为$\frac{b+c}{n}$，其计量单位也为百分数。

【例 2-1】 某住宅小区人口为 1 万人，已知 20%是大学毕业生，即 $a+b=10\ 000\times 20\%=2\ 000$(人)。假定净误差率为$-6\%$，总误差率为$+14\%$。这就是说，有 $b+c=1\ 400$(人)在调查时错报(即回答不正确)，也就是说被调查的人中间，有的人是大学毕业生却未被统计为大学毕业生；相反，有的人不是大学毕业生却被统计为大学毕业生。根据净误差率可得 $b-c=-600$，进而可以求得 $b=400$，$c=1\ 000$，$a=1\ 600$，$d=7\ 000$。据此可知，在全部 2 000 名大学毕业生中，有 1 600 人如实填报了自己的学历，还有 400 人没有如实填报。

第四节 统计调查方案

统计调查是一项严密的系统工程，需要投入大量的人力、物力和财力。因此，在统计调查阶段要做哪些工作、怎样进行调查，需要在调查实施之前制订一个周密、完整的工作计划，这个计划就是统计数据调查方案，简称调查方案。

一、统计调查方案的主要内容

一项计划周密、体系完整、结构合理的统计调查方案应包括以下内容：

(一)调查目的

制订调查方案,首先要确定调查目的,明确统计调查需要解决的具体问题,收集什么资料、采取怎样的手段或方法来收集资料。调查目的是统计调查最重要、最根本的问题。因此,调查目的必须中心突出,明确向谁调查、调查什么、怎样调查、用什么方式调查等一系列问题,才能做到有的放矢、有章可循。

(二)调查对象

调查对象(respondents)就是要进行调查的社会经济现象的总体,它由许多性质相同的调查单位组成。确定调查对象就是要明确规定被调查总体的调查范围(field of investigation)。例如,调查目的是要了解某市国有企业的生产状况,那么该市所有的国有企业就是调查对象;倘若调查目的是要了解该市国有企业职工的情况,那么该市所有国有企业的全体职工就是调查对象。

调查单位是需要对它的标志进行登记的每一个总体单位,也就是需要进行登记的标志的承担者。确定调查单位是为了明确向谁调查。上述两个例子中,前一个例子的每一个国有企业是调查单位,后一个例子的每一个职工是调查单位。

确定调查单位的同时,还要确定填报单位。填报单位就是向上级提交报表或调查表的单位。调查单位和填报单位有时一致,有时不一致。当调查某市国有企业的生产状况时,每一个国有企业既是调查单位,又是填报单位;但调查该市国有企业职工的情况时,每一个职工是调查单位,而填报单位则是每一个国有企业。

(三)调查提纲

调查提纲(outline for investigation)是所要进行调查的具体内容,包括调查单位所要登记的标志和项目。一般来说,调查内容必须符合调查目的,力求少而精,与调查目的无关或可有可无的项目不予列入;本着需要与可能相结合的原则,只列入能够得到确切答案的项目,得不到答案或无法得到确切答案的项目不予列入;调查项目之间要保持相互联系,以便相互核对、检查答案的正确性;对同一项目应当在时间上保持相对的稳定性,以便做进一步的动态分析。

(四)调查时间

调查时间有两个含义:一是指调查资料所属的时间。例如,我国第六次人口调查的标准时间是 2010 年 11 月 1 日零时,那么所有的调查资料应属于那一时点(时点数);而我国的统计报表制度统计的每年产值资料,是指某一年的资料(时期数)。二是整个调查工作的起止时间,包括收集资料和报送资料所经历的时间。

(五)调查的组织计划

调查的组织计划是从组织上保证调查工作顺利进行的依据,其主要内容包括:调查的组织机构;参加调查的单位和人员;调查的方式方法;调查的时间和地点;调查前的准备工作,如调查的宣传、调查员的培训、调查的文件和经费预算等。对于规模大而又缺乏经验的调查,在正式调查前需要进行试点调查,这就需要明确试点调查的各项细节。

以上五个方面是统计调查方案的主要内容,但调查方案应根据实际情况予以调整,不能教条主义、流于形式,一般可通过试点来进行纠正,使之更趋完善;也可在实际调查中进行检验,及时加以修改和补充,以保证调查顺利进行。

二、调查表与问卷设计

(一)调查表

调查表是用于登记调查单位具体特征和情况的表格,以便填写和登记反映调查单位某些方面的数量特征的有关标志和项目。调查表按其调查单位的多少和调查项目的多少,可分为单一表和一览表两种形式。

单一表是一个单位填写一张表,表中详细列出了各种调查项目。如果是大型调查,一张表不够,则需要由若干张表格组成一套表,如工业普查、我国国有企业的定期统计报表等。单一表适用于调查项目多而登记单位较为分散的情况。

一览表是把许多单位的情况同时登记在一张表上,适用于登记项目较少而调查单位又相对集中的情况。一般在调查内容不多的情况下,采用一览表可以节约人力、物力、财力和时间。

调查表的结构与统计表大致相同,一般由表头、表身和表脚三部分组成:

(1)表头,用来说明调查表的名称、填报单位的名称和隶属关系;

(2)表身,是调查表的主体,包括所要反映的调查总体特征的内容、栏号和计量单位等;

(3)表脚,用来列出调查单位填报人的签名、盖章处和填报日期等。

无论是单一表还是一览表,都应当严格按调查提纲所规定的内容来确定其调查项目;如果调查项目需要解释或提示,可另附填表说明。

(二)问卷设计

问卷(questionnaire)也是调查表的一种类型,其特点是在表中的项目以一系列选择性问答的形式出现,要求被调查人员(investigator)根据事实或对某一个问题的看法来选择问卷事先给定答案中的一个或若干个,作为被调查人员的回答。各项目、各项目所包括的问题以及各个问题的不同答案都通过数据编码,以便最后汇总。

问卷设计的程序包括前期调查、初步设计、使用问卷和修订问卷等。

按问卷的填写方式,问卷可分为自填式和访问式。自填式问卷一般通过邮寄、报刊、送发等渠道分发给被调查者,由被调查者根据问卷所列的问题及其说明直接填写,然后再通过上述渠道返回;访问式问卷可以通过个别访问、集体访问、电话访问等方式,由调查人员按问卷所列问题询问被调查者,然后代填问卷来取得资料。

问卷一般由说明词、指导语、调查内容和编码四部分组成。

(1)说明词是问卷首页写给被调查者的短信,用来交代调查者的身份、调查目的、意义、内容、要求和通信地址等。

(2)指导语是关于问卷的填写说明。

(3)调查内容是问卷的主体,包括基本情况、行为或事实问题、态度意见三部分。基本情况是指与调查目的有关的被调查者的背景,如年龄、性别、职业等;行为或事实问题是指用来测量和调查被调查者的行为或有关事实的问题,需要根据研究目的一一列出;态度意见是指用于了解被调查者对某些事物或行为的评价而设置的问题。

(4)编码(code)是每个问题及其答案的数字代码,一般设在问卷的最右边,有一条竖线把它同问题及其答案隔开。

问卷设计时必须遵循的准则有:问卷必须符合研究目的、理论假设以及被调查者的基本情况;问题的表述要规范、明确;表格设计要结构合理、项目齐全、说明细致,便于回答;设计和表述应能引起被调查者的兴趣,而又不带任何倾向或暗示;文字编排能体现调查提纲要求的逻辑结构,做到层次分明、先易后难,先提事实性问题,再提态度或意向性问题,最后询问理由性问题。

按问卷所列问题答案的规范化程度,可以选择以下几种形式:

(1)开放式(open type),开放式问卷只列问题而无固定、标准答案,由回答者自行填写。

(2)封闭式(closed type),封闭式问卷不仅列出问题,而且列出了每一问题的若干可供选择的答案,又分为:

①对选式,问句要求调查者在问句的两个答案中选择一个,如回答"是"或"否"。这种形式容易提问,也容易回答,但只限于收集简单的事实或态度,无法体现既不肯定又不否定的问题。

②多选式,问句有多于两个以上的答案,由被调查者挑选出其中一个。这种形式的答案有一定的范围,便于被调查人员从中选出其中一个最符合自己意愿或意见的答案。但由于被选答案不可能列举所有可能的情况,所以很容易使被调查者做出随意的选择。

③顺位式,问句列出对某一问题不同层次的答案,由被调查人员按自己的意愿排出次序,来反映自己的态度和倾向。

(3)标度式,这是一种直接测定被调查人员主观感觉和意见强弱程度的问句,它又分为单向分级标示和两极分级标示两种:

①单向分级标示是在问句下面用一个横坐标来反映一个方向的强弱程度,由被调查者根据自己的意愿或感觉在上面圈注。

②两极分级标示是在问句下,用一个横轴表示具有相反方向的不同强弱程度的意愿或态度,由被调查者选择。这种形式适用于对某一事物具有两种极端态度的情况。

(4)混合式,混合式问卷是在封闭式问卷的答案后面再加上"其他",或在开放式问卷的回答前面再加上封闭式答案。

问卷调查的资料大多属于定性测度,要进行精确的定量分析比较困难。另外,问卷调查的主题选择、问句设计的思想性和技术性都很强,在涉及社会政治热点问题时,容易造成舆论导向作用。所以必须慎重处理,防止产生错误的结论。

附:金华市消费者对食品安全满意度调查问卷①

金华市消费者对食品安全满意度调查问卷

个案号________ 2012 年 5 月

您好!

我们是××学校的学生,以下是我们关于金华市消费者对食品安全现状满意度的调查问卷。当今社会,健康是我们关心的话题,民以食为天,食品安全成为我们最关注的热点之一,这份调查问卷是为了了解您对于食品安全现状的态度和看法,希望您可以抽几分钟的时间协助我们填写这份问卷,我们将对您所填写的内容进行保密,非常感谢您的合作。

问卷分为三个部分,请在以下选项中选择最符合您实际情况的选项。

A 部分:调查对象个人基本信息部分(请在最符合您情况的答案前"字母"上画"√")

A1. 您的性别?

a. 男　　b. 女

A2. 您处于以下哪一个年龄段?

---

① 本问卷来源于 2012 年浙江省高校统计调查大赛、上海财经大学浙江学院学生参选作品。

a. 20岁以下　　b. 20—40岁　　c. 41—60岁　　d. 60岁以上

A3. 您的职业是什么？

a. 教师　　b. 医生　　c. 私营业主　　d. 一般职工

e. 在家务农　　f. 学生　　g. 其他________

B部分：调查对象对食品安全的关注情况（请在最符合您情况的答案前“字母”上画“√”）

B1. 在日常生活中，您是否关注过食品安全的相关新闻或常识？

a. 经常关注　　b. 偶尔　　c. 很少　　d. 从不

B2. 您一般从哪些途径得到食品安全消费的知识？（可多选）

a. 有购买经验的人　　b. 平日与人交流，道听途说　　c. 杂志报纸等平面媒体

d. 电视、广播　　e. 网络　　f. 相关知识讲座　　g. 其他________

B3. 以下哪些是您所熟悉的名词？（可多选）

a. 三聚氰胺　　b. 地沟油　　c. 一滴香　　d. 瘦肉精　　e. 苏丹红

f. 工业明胶　　g. 毒胶囊　　h. 膨大剂　　i. 其他________

B4. 您购买食品时，最注意哪些信息？

a. 生产时期与保质期　　b. 品牌　　c. 价格

d. 生产地址　　e. 营养成分　　f. 其他________

B5. 您一般在什么地方进行食品消费？

a. 大超市　　b. 路边摊　　c. 农贸市场　　d. 便利店　　e. 其他________

C部分：调查对象对食品安全事件的态度及看法（请在最符合您情况或想法的答案前“字母”上画“√”）

C1. 您对近段时间媒体所报道的哪些食品安全事件有所了解？（可多选）

a.“京津冀地沟油机械化规模生产”　　b.“老酸奶含工业明胶”

c.“毒胶囊”　　d.“西瓜膨大剂”　　e. 其他________

C2. 您对当前食品安全形势的看法是：

a. 问题太多，令人失望　　b. 问题存在，但有信心解决

c. 问题不大，无所谓　　d. 形势很好

C3. 您对日常购买的食品给予的评价是：

a. 全部放心　　b. 部分商品不放心

c. 多数商品不放心　　d. 说不清

C4. 您是否希望可以有一个放心的消费环境？

a. 热切希望　　b. 最好可以

c. 无所谓　　d. 已经绝望

C5. 您觉得造成食品安全事件的主要原因是什么？

a. 企业老板个人利欲熏心　　b. 工厂管理生产的工人不负责

c. 政府的监督力度不够　　d. 科学技术的发展不够完善、成熟

e. 问题根源在于诚信的缺失

f. 其他________

C6. 您认为所有的食品安全事件是否应该被媒体曝光？

a. 必须要　　b. 看情况　　c. 没必要

C7. 您认为光靠记者暗访能保证食品安全吗？

a. 能　　b. 不能

C8. 您认为是否应该将食品安全监管职责归于一个部门，以避免出现问题互相推诿的现象？

a. 是　　b. 否

C9. 您认为“食品药品生产企业出了问题后，第一时间否认竟成了惯性”这一现象是否是导致食品安全事件频发的原因之一？

a. 是　　b. 否

C10. 您认为媒体对食品安全事件的曝光和政府对食品安全事件的处理哪一个更有效?

a. 媒体的曝光更有效　　b. 政府的处理更有效

c. 各有各的效果　　d. 都没有明显的成效

非常感谢您的合作,为了方便我们进行回访,请留下您的联系方式。我们会对您的信息完全保密。谢谢!

籍贯＿＿＿＿＿＿　　联系电话＿＿＿＿＿＿

调查对象配合程度(由调查员填写)＿＿＿＿＿＿

附:深度访谈

1. 请您谈谈对金华被查出是生产地沟油的窝点的看法。

2. 您觉得我们可以采取哪些措施来避免食品安全事故的发生。

3. 在食品安全事件频发的情况下,您是否还对食品的安全性抱有希望?

4. 您认为食品行业的安全性及人们对它的信任度还剩多少?

关键术语

统计调查 statistical investigation
原始资料 original data
初级资料 primary data
第一手资料 firsthand data
次级资料 secondary data
二手资料 secondhand data
普查 census
人口普查 census,vital statistics
直接观察法 survey
采访法 interview
试验法 test
问卷法 questionnaire
统计报表 forms for reporting statistics
报表 report forms
报表目录 list of report
表式 report form
指标项目 report item
调查表 list for investigation
调查报告 investigation report
调查对象 respondents
调查范围 field of investigation
调查提纲 outline for investigation
抽样调查 sample survey
随机抽样 random sampling
简单随机抽样 simple random sampling
等距抽样 systematic sampling
分层抽样 stratified sampling
整群抽样 cluster sampling
多阶段抽样 multi-stage sampling
非随机抽样 non-probability sampling
方便抽样 convenience sampling
判断抽样 judgment sampling
定额抽样 quota sampling
滚雪球抽样 snowball sampling
统计误差 statistical error
登记性误差 register error
调查误差 survey error
代表性误差 representative error
系统性误差 systematically error
抽样误差 sample error
随机误差 random error
调查对象 respondents
调查提纲 outline for investigation
调查人员 investigator
开放式 open type
封闭式 closed type
总误差率 gross error ratio
净误差率 net error ratio
编码 code

思考与练习

一、思考题

1. 什么是统计调查？统计调查有什么意义？统计调查到的资料有哪些类型？

2. 统计调查有哪些主要的分类？

3. 收集数据的方法有哪些？各有什么特点？

4. 什么是统计报表制度？我国的统计报表制度有哪些特点和作用？

5. 什么是普查？它的特点和作用是什么？

6. 什么是抽样调查？其主要特点是什么？

7. 什么是调查误差？它有哪些来源和类型？测定调查误差的指标有哪些？怎样测定？

8. 简述调查对象、调查单位和登记单位的概念，说明调查单位和登记单位有哪些异同。

9. 调查表的结构是什么？它有哪些类型？

10. 说明问卷的结构和类型、问卷设计的标准和问卷的形式包括哪些内容？设计调查问卷时应注意哪些问题？

11. 某地区有1 000人，调查资料显示有460人为男性，实际上该地区男性人数为400人，请计算净误差率。能计算总误差率吗？

12. 根据学过的知识以及当前的社会实践的需要，选择一个调查题目，然后设计调查方案和调查问卷。

二、填空题

1. 统计数据的直接来源主要有两个：一是专门组织的调查，二是统计实验。社会经济数据的主要来源是________。

2. 普查通常是________或周期性的。

3. 抽样调查是从调查对象的________中抽取一部分单位作为样本进行调查。

4. 调查方法归纳起来可分为________、________、________、________和________五种方法。

5. 代表性误差通常是________，但可以计算和控制。

三、单项选择题

1. 抽样调查最显著的优点是(　　)。

A. 经济性　　B. 时效性　　C. 适应面广　　D. 准确性高

2. 检查产品寿命应使用的调查方法是(　　)。

A. 普查　　B. 随机抽样调查

C. 统计报表制度　　D. 非随机抽样调查

3. 下列误差中，(　　)不属于代表性误差产生的原因。

A. 抄录错误　　B. 没遵循随机原则

C. 样本结构与总体结构存在差异　　D. 样本容量不足

4. 调查项目通常以表的形式表示，称作调查表，一般可分为(　　)。

A. 单一表和复合表
B. 简单表和一览表
C. 简单表和复合表
D. 单一表和一览表

5. 统计调查的资料(　　)。

A. 只包括直接资料
B. 只包括二手数据
C. 包括直接资料和二手数据
D. 是统计分析的结果

四、多项选择题

1. 普查是(　　)。

A. 非全面调查　B. 专门调查　C. 全面调查　D. 经常性调查　E. 一次性调查

2. 非全面调查的形式有(　　)。

A. 普查　B. 抽样调查　C. 典型调查　D. 统计报表

3. 统计报表由(　　)组成。

A. 目录　B. 表式　C. 填表说明　D. 数字资料　E. 表外附加

五、判断题

1. 一次性调查是指只调查一次,以后不再调查。(　　)
2. 普查属于一次性调查。(　　)
3. 抽样调查可以推断总体。(　　)
4. 登记性误差是不可以消除的。(　　)

第三章

统计数据处理

引　言

统计数据处理是统计活动的第三阶段，是统计调查的成果，又是统计分析的基础，承上启下，是统计工作的重要环节。如果数据处理不科学、不及时，将导致统计分析得出错误的结论。因此，作为统计工作的中间环节，统计数据处理一定要根据研究目的和要求，制订科学的、可行的数据处理方案，采用科学、有效的数据处理方法，对统计调查提供的分散的、凌乱的、不系统的数据进行汇总、分组、整理，得出系统、有条理、能初步显示数据总体特征的数据，供下一阶段的统计分析之用。

第一节　统计数据的含义及其层次尺度

一、统计数据的含义与分类

(一)统计数据的含义

统计数据(statistical data)简称数据(data)，是变量(包括定性和定量变量)的取值，即统计数据是对所研究对象的属性和特征的具体描述，包括定性变量的文字描述和定量变量的数字描述。

(二)统计数据的分类

1. 按其时空形态分类

(1)时间序列数据(time series data)。按时间顺序排列的数据称时间序列数据，如 GDP、失业、就业、货币供给、政府赤字等。这种数据是按照一定的时间间隔收集的，如每日(比如股票)、每周(比如货币供给)、每月(比如失业率)、每季度(比如 GNP)、每年(比如政府预算)。

(2)截面数据(cross-sectional data)。截面数据是指一个或多个变量在某一时点上数据的集合。例如，我国每 10 年举行一次人口普查，最近的一次是在第六次全国人口普查，普查时点为 2010 年 11 月 1 日，主要数据如全国总人口为 13.705 4 亿，其中，普查登记的内地 31 个省、自治区、直辖市和现役军人的人口共 13.40 亿，香港特别行政区人口为 709.76 万人，澳门特别行政区人口为 55.23 万人，台湾地区人口为 2 316.21 万人。

(3)面板数据(panel data)。面板数据是截面数据与时间序列数据综合起来的一种数据类型。它有时间序列和截面两个维度，当这类数据按两个维度排列时，是排在一个平面上，与只有一个维度的数据排在一条线上有着明显的不同，整个表格像是一个面板(panel)，所以把 panel data 译作“面板数据”。但是，如果从其内在含义上讲，把 panel data 译为“时间序列—截面数据”更能揭示这类数据本质上的特点,也有译作“平行或合并数据”(pooled data)、“TS-CS 数据(time series-cross section)”的。表 3 - 1 显示的 2007—2018 年我国分地区人口数就构成了一张面板数据。

表 3 - 1　　2007—2018 年我国分地区人口数　　单位:万人

地区	2007	2008	2009	2010	2011	2012	2013	2014	2015	2016	2017	2018
全国	132 129	132 802	133 450	134 091	134 735	135 404	136 072	136 782	137 462	138 271	139 008	139 538
北京	1 676	1 771	1 860	1 962	2 019	2 069	2 115	2 152	2 171	2 173	2 171	2 154
天津	1 115	1 176	1 228	1 299	1 355	1 413	1 472	1 517	1 547	1 562	1 557	1 560
河北	6 943	6 989	7 034	7 194	7 241	7 288	7 333	7 384	7 426	7 470	7 520	7 556
山西	3 393	3 411	3 427	3 574	3 593	3 611	3 630	3 648	3 664	3 682	3 702	3 718
内蒙古	2 429	2 444	2 458	2 472	2 482	2 490	2 498	2 505	2 511	2 520	2 529	2 534
辽宁	4 298	4 315	4 341	4 375	4 383	4 389	4 390	4 391	4 382	4 378	4 369	4 359
吉林	2 730	2 734	2 740	2 747	2 749	2 750	2 751	2 752	2 753	2 733	2 717	2 704
黑龙江	3 824	3 825	3 826	3 833	3 834	3 834	3 835	3 833	3 812	3 799	3 789	3 773
上海	2 064	2 141	2 210	2 303	2 347	2 380	2 415	2 426	2 415	2 420	2 418	2 424
江苏	7 723	7 762	7 810	7 869	7 899	7 920	7 939	7 960	7 976	7 999	8 029	8 051
浙江	5 155	5 212	5 276	5 447	5 463	5 477	5 498	5 508	6 539	5 690	5 657	5 737
安徽	6 118	6 135	6 131	5 957	6 968	6 988	6 030	6 083	6 144	6 196	6 256	6 324
福建	3 612	3 639	3 666	3 693	3 720	3 748	3 774	3 806	3 839	3 874	3 911	3 941
江西	4 368	4 400	4 432	4 462	4 488	4 504	4 522	4 642	4 566	4 592	4 622	4 648
山东	9 367	9 417	9 470	9 588	9 637	9 685	9 733	9 789	9 847	9 947	10 006	10 047
河南	9 360	9 429	9 487	9 405	9 388	9 406	9 413	9 436	9 480	9 532	9 559	9 605
湖北	5 699	5 711	5 720	5 728	5 758	5 779	5 799	5 816	5 852	5 885	5 902	5 917
湖南	6 355	6 380	6 406	6 570	6 596	6 639	6 691	6 737	6 783	6 822	6 860	6 899
广东	9 660	9 893	10 130	10 441	10 505	10 594	10 644	10 724	10 849	10 999	11 169	11 346
广西	4 768	4 816	4 856	461	4 645	4 682	4 719	4 754	4 796	4 838	4 885	4 926
海南	845	854	864	869	877	887	895	903	911	917	926	934
重庆	2 816	2 839	2 859	2 885	2 919	2 945	2 970	2 991	3 017	3 048	3 075	3 102
四川	8 127	8 138	8 185	8 045	8 050	8 076	8 107	8 140	8 204	8 262	8 302	8 341
贵州	3 632	3 696	3 537	3 479	3 469	3 484	3 502	3 508	3 530	3 555	3 580	3 600
云南	4 514	4 543	4 571	4 602	4 631	4 659	4 687	4 714	4 742	4 771	4 801	4 830
西藏	289	292	296	300	303	308	312	318	324	331	337	344
陕西	3 708	3 718	3 727	3 735	3 743	3 753	3 764	3 775	3 793	3 813	3 836	3 864
甘肃	2 548	2 561	2 656	2 560	2 664	2 678	2 682	2 691	2 600	2 610	2 626	2 637
青海	552	554	557	663	568	573	578	683	588	593	598	603
宁夏	610	618	625	633	639	647	654	662	666	675	682	688
新疆	2 095	2 131	2 159	2 185	2 209	2 233	2 264	2 298	2 360	2 398	2 445	2 487

注:2010 年数据为当年人口普查数据推算数;其余年份数据为年度人口抽样调查推算数据。各地区数据为常住人口口径。
资料来源:中国统计年鉴 2019,国家统计局编制。

表 3 - 1 中的横向(纵向转置)构成时间序列数据。时间序列数据又称纵向数据 (longitudinal;micro panel data),记录了历年调查的结果,即同一个横截面单位不同时间的数据,如表 3 - 2 所示(表 3 - 1 第一行构成表 3 - 4,显示 2007—2018 年我国人口数)。

表 3-2　　**2007—2018 年我国人口数**　　单位:万人

地区	2007	2008	2009	2010	2011	2012	2013	2014	2015	2016	2017	2018
全国	132 129	132 802	133 450	134 091	134 735	135 404	136 072	136 782	137 462	138 271	139 008	139 538

表 3-1 中的纵向各列构成截面数据,如表 3-3 第一、二列显示 2007 年全国及各地区人口数。

表 3-3　　**2007 年全国及各地区人口数**　　单位:万人

地区	2007
全国	132 129
北京	1 676
天津	1 115
河北	6 943
山西	3 393
内蒙古	2 429
辽宁	4 298
吉林	2 730
黑龙江	3 824
上海	2 064
江苏	7 723
浙江	5 155
安徽	6 118
福建	3 612
江西	4 368
山东	9 367
河南	9 360
湖北	5 699
湖南	6 355
广东	9 660
广西	4 768
海南	845
重庆	2 816
四川	8 127
贵州	3 632
云南	4 514
西藏	289
陕西	3 708
甘肃	2 548
青海	552
宁夏	610
新疆	2 095

2. 按其内在性质分类

如前所述,数据是总体各单位所属标志的取值或总体指标的取值,包括品质标志的文字描述和数量标志变量的数字描述。如果数据是品质标志的文字描述,那么该数据称为定性数据;如果数据是数量标志变量的数字描述或总体指标的取值,那么该数据被称为定量数据。

定性数据(qualitative)都是一些用文字表现的无量纲,如产品有合格、不合格之分,性别有男、女之分,季节分为春、夏、秋、冬等。定性的变量又称虚拟变量(dummy variable),与定量的变量同样重要。

定量数据(quantitative)表现为数字,如GDP、总产出、人口数、土地面积等。不过,定量数据虽然用数字表现,但该数字不是抽象的数,而是具有计量单位的具体的数。如GDP和总产出的计量单位是货币,人口数和土地面积的计量单位分别为"个""亩"。

二、统计数据的尺度及其层次类型

(一)确定统计数据尺度的原则

定性变量虽然都是一些用文字表示的无量纲,但可以通过对定性变量各种表现进行排序的方法把它们量化。特别是一些是非标志,一般只能用"是"或"非"来表现。如产品的合格或不合格、性别的男或女等,可以分别用"0"或"1"来表示。如用"0"表示合格,那么不合格就用"1"表示;如用"0"表示男,那么女就用"1"表示。有些定性变量的具体表现不仅为"是"或"非",而是有多种表现,如企业的生产规模按国家规定的标准用文字表现分为大、中、小,则可分别用数字0,1,2来表示。这种处理方法已经构成了现代统计分析方法的内容之一,如统计推断中的比例估计、非参数统计和综合指标法等。此外,在当前计算机高速发展的时代,各种文件中有关项目的计算机编码也采用这种处理方法,以便汇总、整理和分析,特别是相关的计算机程序处理。

但是,上述定性变量无量纲的量化结果都是离散型变量,其取值皆是整数,如0,1,2…,其实有的定量变量并不完全是离散型的整数绝对值,如人的偏好和信仰等存在不同的层次,进而形成不同的数据层次类型。然而,要想在定性变量无量纲的量化过程中,根据其属性、特征和数学运算的功能特点,通过分类、标示和计算等手段来划分其数据层次,使得所划分的数据层次类型能准确地显示定性变量的"量化"特征,首先取决于数据层次类型划分的"度"。只有确定了"度",才能确定数据层次类型的"量"。因此,如何把握"度"是问题的关键。而解决这个关键问题的途径是制定相关的划分不同数据层次类型的规则,根据定性变量无量纲的量化属性与特征测定数据层次类型,应遵循以下两个原则:

(1)互斥原则。每一个数据只能划归某一类型中,不能既是这一类,又是那一类。

(2)穷尽原则。所有被观察的数据都可被归属到适当的类型中,没有一个数据无从归属。

(二)统计数据的尺度①

根据定性变量的属性、特征,对统计数据进行分类、标示和计算,称为统计数据的尺度或统计数据的量度。美国社会学家、统计学家史蒂文斯(Stevens)1968年按照变量的性质和数学运算的功能特点,将统计数据的测度划分为四个层次或四种计量尺度:

---

① 百度百科/统计数据,http://wiki.mbalib.com/wiki。

1. 定类尺度(nominal scale)

把数字作为现象总体中不同类别或不同组别的代码,这是最低层次的尺度。在这种情况下,不同的数字仅表示不同类(组)别的品质差别,而不表示它们之间量的顺序或量的大小。这种尺度的主要数学特征是“等于(=)”或“不等于(≠)”。

2. 定序尺度 (ordinal scale)

定序尺度不但可以用数表示量的不同类(组)别,而且也反映量的大小顺序关系,可以列出各单位、各类(组)的次序。这种尺度的主要数学特征是“>”或“<”。

3. 定距尺度 (interval scale)

定距尺度也称间隔尺度,是对事物类别或次序之间间距的计量,它通常使用自然单位或度量衡单位作为计量尺度。定距尺度是比定序尺度高一层次的计量尺度。它不仅能将事物区分为不同类型并进行排序,而且可以准确地指出类别之间的差距是多少。

4. 定比尺度(ratio scale)

定比尺度是在定距尺度的基础上,确定可以作为比较的基数,将两种相关的数加以对比,而形成新的相对数,用以反映现象的构成、比重、速度、密度等数量关系。由于它是在比较基数上形成的尺度,所以能够显示更加深刻的意义。定比尺度的主要数学特征是“÷”或“×”。

上述四种计量尺度对事物的计量层次是由低级到高级、由粗略到精确逐步递进的。高层次的计量尺度具有低层次计量尺度的全部特性,但不能反过来。显然,可以很容易地将高层次计量尺度的测量结果转化为低层次计量尺度的测量结果,如将考试成绩的百分制转化为五等级分制。在统计分析中,一般要求测量的层次越高越好,因为高层次的计量尺度包含更多的数学特性,所运用的统计分析方法越多,分析时也就越方便,因此应尽可能使用高层次的计量尺度。

(三)统计数据测度的层次类型

根据上述统计数据的测度,由定性变量到定量变量,统计数据可分为四种不同的层次类型:

1. 定类数据

定类数据(nominal data)也称定名数据,表现为类别,但不区分顺序,是由定类尺度计量形成的,只对事物的某种属性和类别进行具体的定性描述。如前所述,人口按性别可划分为男性和女性两类,量化后可分别用“0”和“1”表示;对企业按所有制性质划分为国有企业、集体所有制企业、股份制企业、合资企业、私营企业、外资企业等,可分别用1,2,3,4,5,6等表示。这里的量化数字“1,2,3,4,5,6”只是一种编码、代号,没有顺序、多少和大小之分,也不能进行任何数学运算。其数字所代表的类型,与它们的排序无关,哪一类在前、哪一类在后对所研究的问题并无实质性影响。这类数据唯一能运算的功能是计数,即计算每一种类型的频数或频率(即比重)。

2. 定序数据

定序数据(ordinal data)也称序列数据,是对事物所具有的属性顺序进行描述,表现为类别,但有顺序,是按定序尺度测定的结果。

定序数据不仅具有定类数据的特点,把所有的数据按照互斥和穷尽的原则加以分类,而且还使各类型之间具有某种意义的等级差异,从而形成一种确定的排序。这种数据在社会和经济管理工作中应用广泛。例如,对企业按经营管理的水平和取得的效益划分为一级企业、二级企业等;对青年职工按所受正规教育划分为大学毕业、中学毕业、小学毕业等都属于定序数据。这种排序是正确的,对所研究的问题有特定的意义。但是,它并不能具体测定各等级之间的间距大小,如不能计算一级企业和二级企业有实质意义的量的差距。类似地,也不能计算服务质量"比预想的要好"与"差不多"之间的差距。

3. 定距数据

定距数据(interval data)也称间距数据,是比定序数据的描述功能更好一些的定量数据,表现为数值,可进行加、减运算,是由定距尺度计量形成的。这类数据不仅能将事物区分为不同类型并进行排序,而且可以测定其间距大小,标明其强弱程度。温度是典型的定距数据,如10℃、20℃等。定距测定的量可以进行加或减的运算,却不能进行乘或除的运算,其原因是在定距数据的数值之间虽有确定的间距,但是没有自然确定的原点,即它的零点是人为指定的,所以不能得出某天的最高温度20℃比最低温度10℃高出1倍的结论。

4. 定比数据

定比数据(ratio data)也称比率数据,表现为数值,是由定比尺度计量形成的,是比定距数据更高一等的定量数据。它不仅可以进行加减运算,还可以进行乘除运算。与定距数据的显著区别是,它有一个自然确定的、非任意的零点;也就是说,在数值序列中,零值是有实质意义的。例如,人的年龄、体重都没有负值,以零为绝对界限,一个人的年龄不能比零岁更年轻,体重也不能比零更轻。因此,我们既可以说甲某人60岁,比乙某人30岁年长30岁,也可以说甲的年龄是乙的2倍。几乎所有的物理量都可以进行定比测定;绝大多数的经济变量也可以进行定比测定,如产量、产值、固定资产投资额、居民货币收入和支出、银行存款余额等。

(四)四类层次测定数据的比较

区分统计数据测定层次、划分统计数据的层次类型,对于如何根据不同的分析对象选择适当的统计处理与分析方法具有十分重要的意义。根据上述介绍,可以发现四类层次测定数据的描述功能是依次增加的,因而其运算功能也是依次增大的,它们之间的描述功能的区别与联系可概括为表3-4。

表3-4　　四类层次测定数据之间的描述功能

数据的层次	运　算	特　征	举　例
定类数据	计数	分类	产业分类
定序数据	计数 排序	分类 排序	企业等级
定距数据	计数 排序 加、减	分类 排序 有基本的测量单位	温度
定比数据	计数 排序 加、减 乘、除	分类 排序 有基本的测量单位 有绝对零点	商品零售额

根据表 3-4，可以发现：

统计数据的四个不同层次类型表明对不同研究对象，其定量分析的条件和形式是不同的，必须根据具体对象和问题加以区别。例如，对企业职工可以计算他们的平均工资和平均收入，但却不能计算他们的平均道德水平和平均政治信仰。掌握数据统计的不同层次，对于正确地分析和选择检验方法——参数检验和非参数检验，是十分必要的。因为对不同类型的数据将采用不同的统计方法来处理和分析。比如，可对定类数据进行分组，计算各组的频数或频率，计算其众数和异众比率，进行列联表分析和 χ^2 检验等；对定序数据，可以计算其中位数和四分位差，计算等级相关系数等非参数分析；对定距或定比数据，还可以用更多的统计方法进行处理，如计算各种统计量、进行参数估计和检验等。

适用于低层次测量数据的统计方法，也适用于较高层次的测量数据，因为后者具有前者的数学特性。比如，在描述数据的集中趋势时，对定类数据通常是计算众数，对定序数据通常是计算中位数，但对定距和定比数据同样也可以计算众数和中位数。不过，适用于高层次测量数据的统计方法不能用于较低层次的测量数据，因为低层次数据不具有高层次测量数据的数学特性。比如，对于定距和定比数据可以计算平均数，但对于定类数据和定序数据则不能计算平均数。

统计数据四个层次类型的高低之分只是就客观事物量化程度和运算功能来说的，而不是指统计研究本身的高低之分。如果从客观对象量化分析的难易程度来看，定比数据和定距数据是对定量数据的测量，比较直接和容易；而定类数据和定序数据则是对属性的测量，量化过程就困难得多，特别是对多维的复杂现象和过程的测量就更加困难。例如，对科技创新和文化活动的测量比对生产活动的测量要困难；对经常困扰人们的各种原因引发的通货膨胀和国民经济运行的周期性波动的测量，显然比对产品产量和产值的测量要困难得多；对诸如贫困与富裕、生活质量、社会公平与进步、综合国力等社会和政治问题的定量分析，无疑比经济问题又要困难得多。

四类层次测定数据中，前两类数据说明的是事物的品质特征，不能用数据表示，其结果均表现为类别，也称为定性数据或品质数据(qualitative data)；后两类数据说明的是现象的数量特征，能够用数值来表现，因此统称为定量数据或数值型数据(quantitative data)。只在特殊需要时才对四类层次测定数据加以区分。

三、统计数据质量①

统计数据质量是一个具有丰富内涵的综合性概念。具体来说，它包括统计数据的内容质量、表述质量及约束标准这三大方面。

(一)统计数据的内容质量

统计数据的内容质量是统计数据最基本的特征，它包括相关性、准确性与及时性。缺少了其中任何一个特征，统计数据就失去了转化为信息的性质和基本作用。因此，这三个特征也可称为统计数据质量的主要特征。

1. 相关性

相关性是指统计机构所生产的数据是否正是用户感兴趣的统计数据。统计数据的相关性反映了它满足用户需求的程度，它与所提供的可利用数据是否关注了对用户来说最重要

① 百度百科/统计数据，http://wiki.mbalib.com/wiki。

的主题有关。由于对相关性的评价是主观的,会随用户需求目标的改变而改变,所以统计机构所要做的是平衡不同用户的互相矛盾的需求目标,在给定的资源条件限制下,尽可能满足大部分用户的大部分需求。

2. 准确性

准确性是指观测值或估计值与未知的真值之间的距离(接近程度),通常用统计误差来衡量。它是统计数据质量的基础和核心内容,也是传统的“统计数据质量”概念所考虑的主要问题。一般来讲,误差分为系统误差和随机误差两部分,有时也用引起不准确性的主要潜在原因(如抽样误差、无回答误差等)来分类描述。完全准确的测量经常受到成本的限制,有时甚至是不可能的。所以,关键的是误差是否已降低到用户可以接受的地步。

3. 及时性

与用户需求相关的准确的统计数据如果没有在用户做出决策之前传递给用户,那么该数据对用户来说是没有用的。所以,及时性也是统计数据能否满足用户需求的重要特征。如果该现象本身变化比较迅速,则对该类统计数据的及时性要求高;如果该现象本身变化比较缓慢,则对及时性要求不高。

(二)统计数据的表述质量

对统计数据质量来说,仅考虑其内容方面的质量是不够的。统计数据需要表述,特别是将某个统计数据同其他相关统计数据相互联系地加以表述时,要考虑表述的质量问题。如单个数据的内容是正确的,但表述不清晰、不充分,就会影响整套数据的质量,甚至引起误解。统计数据的表述质量包括可比性、可衔接性和可理解性。

1. 可比性

可比性是指同一项目的统计数据在时间上和空间上的可比程度。这要求统计的概念和方法在时间上保持相对稳定,在不同地区使用统一的统计制度方法和分类标准,保持统计数据的口径范围、计算方法在时间上一致衔接,在地区之间可比。

2. 可衔接性

可衔接性是指同一统计机构内部不同统计调查项目之间、不同机构之间以及与国际组织之间统计数据的衔接程度。这要求全国范围内所有专业统计项目在统一的统计框架体系、分类标准下,按统一的方法编制统计数据,在统计调查和数据加工整理中使用统一的方法和程序,同时采用国际统计标准,如联合国 1993 年 SNA 的框架体系等。

3. 可理解性

可理解性是指统计数据便于用户正确理解并使用的程度。统计数据是提供给用户使用的,如果某些用户不能理解,看不懂统计数据和统计分析报告,当然也就谈不上使用数据。为了恰如其分地使用从统计机构那里得到的统计数据,用户必须了解他们所获得数据的性质。这就要求统计机构在提供统计数据的同时附带提供对数据的补充说明,如提供隐含在有关概念下面的说明、已使用的分类法、数据收集和加工过程中所使用的方法以及统计机构自身对数据质量的评价。

(三)统计数据的约束标准

在实现统计数据目标的过程中,除了注意统计数据的内容质量和表述质量这两方面外,还必须注意以下两项具有普遍意义的约束标准,这也体现了统计数据的质量特征。

1. 可取得性

可取得性是指用户从统计部门取得统计数据的便利程度。对于有用的统计数据,用户必然要考虑:能得到哪些数据?如何得到这些数据?因此,统计数据必须以一种用户能够使用(搜寻方便)而且能够负担的形式提供给用户。这要求提供统计数据时,必须列明用户从统计机构可以取得的统计数据内容,同时要应用先进、便捷的统计数据服务方式,使用户取得数据更为便利。

2. 有效性

有效性是指统计数据的利用所产生的效益要大于提供该数据的成本。如果情况相反,则提供这种数据对提供方和使用方来说都不值得。虽然目前统计数据的效益和成本特别是前者不容易准确地计量,但保持这样一种基本的指导思想是十分必要的。这要求在统计数据的其他质量不受大的影响的前提下,尽可能降低统计数据的生产费用、提高效率。

第二节　统计数据处理的概念和内容

一、统计数据处理的概念和作用

统计数据处理(data processing)是根据统计研究的目的和要求,对统计调查所得到的资料进行审核、分组、汇总,使之系统化、条理化,形成能反映总体综合特征的数据资料的工作过程。统计整理的资料包括原始资料和次级资料两个方面。

从统计活动的过程来看,统计数据处理是整个统计工作过程的第二阶段。因为统计调查所得到的原始资料是分散的、凌乱的、不系统的,无法利用各种统计方法对其直接进行分析,必须进行汇总、分组、整理后,才能进行下一步统计分析。所以统计数据处理是统计调查的继续,也是统计分析的前提。它承前启后,是统计工作的重要环节,在整个统计活动过程中具有十分重要的意义。

从辩证唯物主义认识论的角度看,统计数据处理是由认识的感性阶段上升到理性认识的中介和桥梁。如前所述,统计调查所得到的原始资料是分散的、凌乱的、不系统的,只是各被调查单位的某些标志的具体表现,反映的是表面现象或事物的一个侧面,不能说明事物的全貌、全过程,因而统计调查只是认识的感性阶段,只有对这些资料进行去伪存真、去粗取精的分类整理和浓缩简化,使之系统化、条理化,才能由"个别"上升到"一般",成为便于存储、易于传递并能直接用于分析的数据资料,为进一步描述和推断现象总体做准备,进而认识事物的本质及其内部联系,达到对事物的理性认识。

统计数据处理的作用是重要的,统计数据处理方法的好坏将会影响统计数据处理的质量。因为,统计数据处理的质量不仅直接关系到调查资料能否发挥其应有的作用,也直接影响统计分析能否得出正确的结论。不恰当的加工处理、不完善的处理方法,往往会使调查取得的丰富、完备的资料失去价值,甚至掩盖事实的真相,进而得出错误的结论。

二、统计数据处理的内容

(一)审核和检查原始资料

对统计调查到的原始资料进行审核、检查,内容包括被调查单位报送的原始资料是否齐全,有无漏报、迟报、不报的情况;如果资料齐全的话,看看是否有错报。一般审查的方法包括：

(1)逻辑检查，即利用逻辑推理的方法检查指标之间、数据之间是否有矛盾。例如，少年儿童不应有婚姻情况，如果人口调查表上显示为已婚，显然在逻辑上是不可能的，应进一步查证。

(2)比较审核，是指利用调查数据之间的结构、比例关系、质与量的数量界限来检查资料。例如，同一地区的年度产值必然大于月度产值、男性人数占全部人数的比重必然小于100%等。如果违反了上述原则，就说明数据有错误，需要更正。

(3)设置疑问框，是指通过指标之间质与量的数量界限设置疑问框来检查数据。例如，规定现价工业总产值与销售收入的比值应在0.7—1.5，工业净产值与现价工业总产值的比值应在0.02—0.06等，如果超过上述范围便说明有差错。疑问框的范围不宜过大，也不宜过小，否则会产生遗漏差错或把无差错的数据误检查为有差错。

随着计算机数据处理功能的发展，以上的检查可通过计算机进行处理，以节约人力和时间。

(二)修正统计数据的调查误差

经检查发现有误差的数据，如重复、遗漏或出现异常数据等，就要采取删除、增补和剔除的方式处理。其中遗漏数据的处理较为复杂，一般可通过转嫁错误(imputation)，采取分配(allocation)或替代(substitution)的方法增补。

分配法是指根据前后或其他数据的启示来确定要增补的数值，因而又称确定法(deterministic approach)；替代法是指选择一个数据，它的大量特征与有遗漏或错误的数据具有共性，因此可从这个数据中转嫁有关遗漏的信息。替代法也称概率法(probabilistic approach)。

上述对漏报、少报的数据的增补处理，虽然保证了总体信息的完善性，但不可避免地降低了数据资料的精确性，所以这些处理方法只有在没有任何途径可取得资料的情况下才能使用。

(三)编制统计数据处理方案

统计数据处理方案也称整理纲要，它对统计数据处理的各个环节做出具体的安排和规定，拟订统计数据处理的工作计划，以保证统计数据处理工作顺利进行。从统计活动的过程看，它属于统计设计阶段的工作，一般在统计数据处理工作实施前完成。统计数据处理方案的内容一般包括：

1. 拟定汇总的指标和汇总表

对于专门调查的资料，应按调查方案规定的指标汇总；如果是专题调查，就应该根据调查任务的要求，选择适当的指标进行汇总，并设计汇总表(summary table)。

2. 决定分组方法

由于统计调查的资料很多，因此需要对某些数据按一定标志进行分组；如果是数量标志分组，还要确定组数、组距和组限。

3. 选择汇总的方式

数据汇总以前大多为手工，现在大多通过计算机处理来完成。即使是计算机汇总也有多种形式，需要事先确定。此外，还要落实好汇总组织工作和时间的安排。

4. 确定资料审核的方法和内容

以上已经介绍了资料审核和修正的方法，在实际工作中应根据具体情况选用。一般可以某一种方法为主，结合其他方法一起使用。

在统计整理工作中，常常要与历史资料衔接，这时就必须把调查的资料对照历史资料调整口径，以保证资料在时间上的连续性和可比性。

统计整理方案是保证按质、按量、按时完成资料整理工作的指导性文件，它的好坏直接影响资料整理工作的质量，因此必须认真对待、不可轻视。

（四）处理次级资料

次级资料是以前调查取得的并已经加工处理过的现有资料。从广义上讲，次级资料还包括许多行政登记资料，如警署的户籍登记资料、犯罪登记资料，劳动部门的失业登记资料，社会福利部门的老龄情况登记资料、残疾人情况登记资料等，根据研究的需要，可以适当选用。由于历史的种种原因，如行政区划的变更、机构组织的调整、隶属关系的改变、指标内涵的变化、计量单位的改进等，使原来的资料不适应当前形势发展的需要，必须进行再加工，才能成为适应研究需要的数据资料，这个工作过程称为次级资料的处理。

次级资料的处理可以采用原始资料处理的所有方法，但它与原始资料相比毕竟有上述提到过的特点，因此在统计数据处理、加工的时候必须注意以下问题：

（1）对所需用的资料进行评价。取得次级资料后，必须对它们做出评价，看看它们是否达到和满足研究的要求，如果达不到要求就不应进行再加工。

（2）对所需用的资料进行甄别。如果资料经过评价，能够满足需要，就要甄别这些资料，看看哪些可用、哪些不可用，哪些可以直接引用、哪些需要经过再加工后才能引用，哪些需要剔除、哪些需要补充、哪些需要调整。

（3）选用适当再加工方法。对有再加工价值的资料，要选用切实可行的再加工方法。如果资料不全，则需要采取措施补全；如果指标的口径不统一、计算范围扩大或缩小、计量单位有变化，则需要对指标内涵或数值进行调整和换算；如果资料的分组与研究要求不统一，则需要按适当标志对之进行再分组。

第三节　统计数据分组

统计数据处理的方法有统计数据的汇总、分组、编制频数分布和制作统计图表等，但统计数据分组是其中的核心。

一、统计数据分组的概念和作用

统计数据分组（data classification；grouping）是一种在定性基础上的定量分析方法，它是根据研究的目的和要求，将调查到的统计数据按其不同的变量、依据四种数据层次的划分尺度把总体划分为若干部分的方法。

社会经济现象是十分复杂的，这种复杂性体现出某种共性和差异性的对立统一。为了把现象内部各单位的共同特征及其差异性反映出来，就有必要采用某种方法对现象所包括的所有数据进行组合，把具有相同特征或属性的数据结合在一起，从而使大量杂乱无章的数据形成有序的、层次分明的、能反映现象本质和规律性的资料。统计分组就是把总体内部具有某种共同特征和属性的数据归并在一起，形成一组，尽可能缩小组内数据在某一方面的差异，从而明显地显示出组与组之间的数据差异。鉴于统计分组的这个特点，在统计研究中，它有以下三个作用：

(一)划分社会经济现象的类型

任何复杂现象都是某种共性和差异性的对立统一体，人们在研究问题时常常要设法把这种共性和差异性区分开来，把总体划分为不同的类型，这种分组适用于定类数据，如三次产业分类、经济活动部门分类、行业分类、职业分类、产品分类等。其实，通过分组划分现象的类型，并不限于国民经济分类，在我们的日常生活中经常需要对现象进行分类，如商品按质量标准分优质品、一级品、二级品；内衣按尺寸分为特大号(XL)、大号(L)、中号(M)和小号(S)；人口按年龄分为儿童、少年、青年、中年和老年，按性别分为男和女，按文化程度分为小学、初中、高中、大专、本科、硕士研究生和博士研究生等。

(二)揭示社会经济现象总体的内部结构

通过分组，不仅能表明现象总体内部各组的不同类型，而且还能通过计算各组数据出现的次数占总体全部数据的个数总和的比重来反映现象的内部结构，表明部分与总体、部分与部分的数量对比关系。例如，学校中男女学生各占学生总数的比重、男女学生的性别比例关系等。这项作用是国民经济结构和各部门比例关系分析的一项重要内容，这种分组对四类层次数据都适用，如表 3－5 所示。

表 3－5　　某公司员工性别构成

性别	人数(人)	比重
男	40	0.42
女	55	0.58

(三)揭示社会经济现象之间的依存关系

任何现象都不是孤立的，现象之间总是处于相互联系、相互依存、相互制约之中。在分组基础上，还能揭示这些数据之间是否存在一定的关系；以及如果存在关系，是什么样的关系。例如，通过对年龄分组来观测死亡率的高低，说明死亡率的高低与年龄大小之间存在一定的依存关系；再如，通过对某地区企业规模大小的分组来观测不同企业的产量与劳动生产率之间的关系，说明随着企业的规模扩大，劳动生产率有提高的趋势，显示出企业生产经营的规模效应。这种分组适用于定序、定距和定比数据。

不过，利用分组法来反映现象之间的依存关系，只能从分组表上直观地进行观测，然后通过逻辑推理做出定性判断。例如，通过对某地区 100 家商店按月销售额分组，观测各组平均流通费率的变化，如表 3－6 所示。

表 3－6　　某地区 100 家商店按月销售额分组的月平均流通费率

商店按销售额分组 (万元)	商店数 (家)	平均流通费率 (%)
0—50	3	10.8
50—100	12	9.8
100—150	20	9.4
150—200	31	8.6

续表

商店按销售额分组（万元）	商店数（家）	平均流通费率（%）
200—250	16	7.3
250—300	7	6.1
300—350	6	5.8
350—400	3	5.2
400—500	2	5.0

由表 3-6 可见，商店的销售额与平均流通费率存在着一定的依存关系，即销售额越高，月平均流通费率越低。但如果要从定量上对现象之间的关系做出进一步的解释，还需要结合相关和回归的方法进行分析。

二、分组变量的选择与分组形式

科学分组的关键是如何从统计研究任务的需要出发正确地选择分组变量，使被分组的数据能够反映现象的本质特征。

（一）正确选择分组变量的原则

如前所述，分组必须以一定的变量为依据，但是任何变量都有许多反映其特征和属性的数据，不同的变量能反映数据不同的特征与属性，进而表现总体内部各部分不同的类型。因此，如何选择分组变量是统计分组的关键性问题。它不仅直接影响统计分组的科学性，也影响统计分组的结果，进而影响整个统计整理工作的质量。为此，分组变量的选择必须遵循以下准则：

1. 根据统计研究的目的与任务来选择分组变量

统计分组是统计整理的重要手段，从广义上讲，统计分组也是统计分析的一种方法。然而，统计整理和统计分析都是统计活动过程中的重要环节，它必须依据一定的研究目的和任务进行，因此分组变量的选择也必须依据一定的研究目的和任务来选择。同一总体，研究目的和任务不同，所选用的分组标志也应该不同。例如，以某市的全部就业人员为统计研究的总体，如果研究目的是要了解全部就业人员的文化和业务素质，那么可以文化程度和专业技术等级等定性变量作为分组变量；如果要研究就业人员的劳动力状况，那么就要以就业人员的年龄等定量变量作为分组变量。只有选择最符合研究目的和任务的标志，才能进行科学的分组、获得统计研究需要的资料。

2. 选择能反映现象本质和主要特征的变量

从统计分组的作用看，分组能区分事物内部不同的类型和性质，研究现象之间的联系。但事物的特征是多种多样的，它们之间的联系也是变化多端的。人们可以按反映事物某一种特征的变量进行分组，也可以按反映事物另一种特征的变量进行分组。不同的变量会产生不同的分组，不同的分组会反映总体内部各数据不同的属性，显示出一定的差异。如何在这些差异中找出事物本质的区别和内在联系，就需要对现象进行科学分析，找出能表现事物本质和主要特征的变量，然后进行分组，才能达到预期目的。

3. 结合历史条件、地点条件和具体的情况来选择分组变量

社会是随着历史的发展而不断进步的，不同国家、不同地区的自然条件、文化习俗、政治

体制和经济发展水平都是不同的,因而对于同样现象的研究总体,在不同的时间、地点、条件下,其在某一方面的特征和属性也是不同的,所以选用的分组变量也应该有所不同。例如,研究企业的规模效应时,往往要对企业进行按规模分组。但反映企业规模的变量有很多,如生产能力、职工人数、固定资产价值和产量、产值等,究竟选用哪一个作为分组变量呢?一般来说,对于劳动密集型的企业可以选择"职工人数"作为分组的变量,对于技术密集型和资本密集型的企业则选用"固定资产价值"作为分组的变量较为适宜。更具体一点,从行业来看,商业企业的经营规模应以"职工人数"作为分组变量,而纺织企业的生产规模则应以"生产设备能力"作为分组变量。

总之,要根据统计研究的目的和任务,结合具体的时间、地点条件,选择能反映现象总体本质特征的变量来进行分组。

不过,值得说明的是,分组变量的选择在遵循上述准则的同时,还要考虑到分组资料在不同时间、地点和部门之间的可比性。

(二)统计分组的类型

1. 按分组变量的性质不同,分为定性变量分组和定量变量分组

(1)定性变量分组就是用反映事物性质和属性的定性数据(定类数据或定序数据)进行分组,把总体划分为若干个部分。例如,企业按经济类型(所有制形式)、行业、隶属关系、地区和生产经营规模等定性变量分组,人口按性别、民族、文化程度、职业和婚姻状况等定性变量分组等。

这种分组在大多数情况下较为简单,容易分清分组界限;有些情况则比较复杂,很难分清分组界限。例如,某些产品如按经济用途分类,到底属于生产资料还是生活资料,很难划分。因此,在确定某一个总体单位应归入哪一类时,必须对现象进行深入细致的分析了解,制定出具体的分类标准,然后按照标准进行分组。

(2)定量变量分组是利用定量数据(定距数据或定比数据),把定量变量的差异程度划分为几个部分。例如,企业按职工人数、产量、产值、固定资产价值等分组。这种分组的关键在于质量互变的数量界限,即如何确定分组的数量界限,因为分组界限的不同将会引起分组数目多少的不同和各组性质的变化。有关这方面的内容,将在本章下一节详细介绍。

2. 按选择分组变量的个数不同,分为简单分组、复合分组和分组体系

(1)简单分组是按一个变量对总体的分组,它说明了总体数据在某一方面的数量分配和特征。例如,人口按性别分组和按家庭人数分组。

(2)复合分组是按两个或两个以上的变量对总体的分组,即先按一个变量对总体分组,然后在此基础上按另一个从属变量对总体进行再次分组。复合分组能较为深入地反映总体内部多方面的特征或多层次的数量分配关系。但随着分组变量的增加,分组的组数将以算术级数成倍地增加,各组的组数却会不断减少,反而使总体的结构更为复杂,所以复合分组的次数不宜过多。

(3)分组体系是按一系列相互联系、相互补充的变量对现象总体进行多种形式(包括简单分组或复合分组)的分组,然后结合起来所形成的整体。把分组体系和指标体系结合起来,可以从不同角度全面、系统地反映总体内部的数量分配和结构特征。它适用于对复杂现象的分析与研究,联合国和各国政府颁布的各种标准的经济分类大多采用这种形式。

(三)常见的国民经济标准分类

分类是涉及经济统计各个专业领域的方法论问题。分类的本质就是分组,其任务是有

序地列出品质刻度的标志，为数据资料和编码服务。

为了便于国际的统计对比，联合国统计委员会同有关国际组织颁布制定了各种标准分类，这些分类称作国际标准分类。依据国际标准分类法，以统计为目的的分类有四种，即经济部门分类、商品分类、人员分类和其他统计分类。其中，最重要的是经济部门分类、商品分类和人员分类。经济部门分类有助于经济单位的分类，它与商品的分类有密切的联系；而商品分类又根据使用目的和主要原材料再分类；人员分类如职业分类；其他统计分类则主要直接应用于编码工作，如邮政编码的目录、收费条例一览表等。

对于上述各类以统计为目的的国际标准分类，虽然国际法定程序要求各国参照挂靠，但由于各国的经济发展程度不同，社会、文化、风俗习惯等方面存在差异，因而各国的分类还是有若干差异的。所以，不同国家大多根据自己国家的实际情况在参照国际标准的基础上制定颁布本国的分类标准。

1. 三次产业划分

这是按人类社会发展过程中的三次社会分工进行的划分，也是当前世界上大多数国家使用的一种产业分类，主要用来研究分析三次产业的内部结构、比例关系及其发展变化，反映社会分工和社会经济活动的不同阶段，也是国民经济核算的基础。

2003 年，我国国家统计局在《国民经济行业分类》的基础之上制定了新的《三次产业划分规定》。

三次产业划分范围如下：

第一产业是指农、林、牧、渔业。

第二产业是指采矿业，制造业，电力、燃气及水的生产和供应业，建筑业。

第三产业是指除第一、二产业以外的其他行业，包括交通运输、仓储和邮政业，信息传输、计算机服务和软件业，批发和零售业，住宿和餐饮业，金融业，房地产业，租赁和商务服务业，科学研究、技术服务和地质勘查业，水利、环境和公共设施管理业，居民服务和其他服务业，教育、卫生、社会保障和社会福利业，文化、体育和娱乐业，公共管理和社会组织，国际组织。

2. 机构部门分类

机构部门也称制度部门或财务收支部门。机构部门分类是根据机构单位的性质、特征进行的分类，是国民经济核算体系的一项重要分类。一个机构单位的性质是根据它的主要职能、从事的主要活动及其目的确定的，一个机构部门就是具有同质的机构单位的集合。机构单位主要是指拥有资产、承担负债、能够从事经济活动并与其他经济实体进行交易的实体单位，机构单位能够编制全套账户和资产负债表，根据我国的实际情况，把机构单位定义为独立核算单位。机构部门分类是国民经济核算中的基本分类，主要用于核算各机构部门的收入与分配、金融交易和资产负债，反映经济循环中各机构部门之间的相互关系。编制现金流量表、资产负债表和经济循环账户中的机构部门账户都采用这种分类。按照我国实际情况，可将机构单位划分为五大部门：(1)非金融企业部门；(2)金融企业部门；(3)政府部门；(4)财政部门；(5)住户部门。此外，国民经济核算中还设有"国外部门"，是与我国常住单位发生经济往来的所有非常住单位的集合，用以核算我国与国外之间的交易活动。这五个部门构成经济总体，每个部门又可分成若干子部门。

3. 行业分类①

(1)行业的定义。行业是指从事国民经济中同性质的生产或其他经济活动的经营单位或者个体的组织结构体系,如林业、汽车业、银行业等。

(2)行业分类的定义。行业分类就是有规则地按照一定的科学依据,对从事国民经济生产和经营的单位或者个体的组织结构体系的详细划分。

(3)行业分类的作用。①解释行业本身所处的发展阶段及其在国民经济中的地位;②分析影响行业发展的各种因素以及判断对行业的影响力度;③预测并应引导行业的未来发展趋势,判断行业投资价值,揭示行业风险,为各组织机构提供投资决策或投资依据。

(4)确定行业分类的原则。行业的发展必然遵循由低级的自然资源掠夺性开采利用和低级的人工劳务输出,逐步向规模经济、科技密集型、金融密集型、人才密集型、知识经济型转化,从输出自然资源逐步转向输出工业产品、知识产权、高科技人才等过渡。

(5)我国行业分类(2011 版)包括 20 个门类、96 个大类、960 个中类、9 600 个小类。其中,部分大类有保险业、采矿、能源、餐饮、宾馆、电信业、房地产、服务行业、服装业、公益组织、广告业、航空航天、化学、化工、健康、保健、建筑业、教育、培训、计算机、金属冶炼、警察、消防、军人、会计、美容、形体、媒体、出版、木材、造纸、零售、批发、农业、旅游业、司法、律师、司机、体育运动、学术研究、演艺娱乐、医疗服务、艺术设计、银行、金融、互联网、音乐舞蹈、邮政快递、运输业、政府机关、机械制造、咨询服务等。

4. 职业分类②

所谓职业分类,是指按一定的规则和标准把一般特征和本质特征相同或相似的社会职业,分成并归纳到一定类别系统中去的过程。

经济发达国家都非常重视职业分类问题的研究,这不仅是形成产业结构概念和进行产业结构、产业组织及产业政策研究的前提,同时也是对劳动者及其劳动进行分类管理、分级管理及系统管理的需要。

(1)职业分类的意义。

①同一性质的工作,往往具有共同的特点和规律。把性质相同的职业归为一类,有助于国家对职工队伍进行分类管理,根据不同的职业特点和工作要求,采取相应的录用、调配、考核、培训、奖惩等管理方法,使管理更具针对性。

②职业分类给各个职业分别确定了工作责任以及履行职责和完成工作所需要的职业素质,这就为岗位责任制提供了依据。

③职业分类有助于建立合理的职业结构和职工配置体系。

④职业分类是对职工进行考核和智力开发的重要依据。考核就是要考查职工能否胜任他所承担的职业工作,考查他是否完成了他应完成的工作任务。这就需要制定考查标准,对各个职业岗位工作任务的质量、数量提出要求,而这些都是在职业分类的基础上才能加以规定的。职业分类中规定的各个职业岗位的责任和工作人员的从业条件,不仅是考核的基础,也是进行培训的重要依据。

---

① 《国民经济行业分类(GB/T4754-2011)》,中华人民共和国国家统计局,http://www.stats.gov.cn/tjbz/index.htm。

② 百度百科/职业分类,http://baike.baidu.com/view/496586.htm。

(2)职业分类的基本特征。

①产业性特征。一个国家，一个社会，就大的方面可以分为三类产业。在传统农业社会，第一产业就业人口比重最大；在工业化社会，第二产业的职业数量和就业人口显著增加；在科学技术高度发达和经济发展迅速的社会，第三产业的职业数量和就业人口显著增加。

②行业性特征。行业是根据生产工作单位所生产的物品或提供服务的不同划分的，表示人们所在的工作单位的性质。

③职位性特征。所谓职位，是一定的职权和相应的责任的集合体。职权和责任的统一形成职位的功能，职权和责任是组成职位的两个基本要素；职权相同，责任一致，就是同一职位。在职业分类中，每一种职业都含有职位的特性。比如，大学教师这种职业包含助教、讲师、副教授、教授等职位；再如，国家机关公务员包括科级、处级、厅(局)级、省(部)级等职位系列。

④组群性特征。无论以何种依据来划分职业，都带有组群特点。例如，科学研究人员中包含哲学、社会学、经济学、理学、工学、医学等；再如，咨询服务事业包括科技咨询工作者、心理咨询工作者、职业咨询工作者等。

⑤时空性特征。随着社会的发展和进步，职业变化迅速，除了弃旧更新外，同一种职业的活动内容和方式也发生变化，所以职业的划分带有明显的时代性。从大的方面来说，在职业数量较少的时期，职业与行业是同义语。但现在职业与行业是既有联系又有区别的两个概念，在职业划分中，行业一般作为职业的门类；在空间上，职业种类分布有区域、城乡、行业之间或者国别上的差别。

(3)我国的职业分类。

①《职业分类与代码》。参照国际标准和方法，1986 年，我国国家统计局和国家标准局首次颁布了中华人民共和国国家标准《职业分类与代码》(GB6565－86)，并启动了编制国家统一职业分类标准的宏大工程。这次颁布的《职业分类与代码》将全国职业分为 8 个大类、63 个中类、303 个小类。1992 年，原国家劳动部会同国务院各行业部委组织编制了《中华人民共和国工种分类目录》，这个目录根据管理工作的需要，按照生产劳动的性质和工艺技术的特点，将当时我国近万个工种归并为分属 46 个大类的四千七百多个工种，初步建立起行业齐全、层次分明、内容比较完整、结构比较合理的工种分类体系，为进一步做好职业分类工作奠定了坚实基础。

②《中华人民共和国职业分类大典》。1995 年 2 月，劳动和社会保障部、国家统计局和国家质量技术监督局联合中央各部委共同成立了国家职业分类大典和职业资格工作委员会，组织社会各界上千名专家，经过近四年的艰苦努力，于 1998 年 12 月编制完成了《中华人民共和国职业分类大典》，并于 1999 年 5 月正式颁布实施。

《中华人民共和国职业分类大典》是我国第一部对职业进行科学分类的权威性文献。由于它的编制与国家标准《职业分类与代码》(GB6565－86)的修订同步进行，相互完全兼容，因此，它本身也就代表了国家标准。

《中华人民共和国职业分类大典》把我国职业划分为由大到小、由粗到细的四个层次：大类(8 个)、中类(66 个)、小类(413 个)、细类(1 838 个)。细类为最小类别，亦即职业。8 个大类分别是：

第一大类：国家机关、党群组织、企业、事业单位负责人，其中包括 5 个中类、16 个小类、25 个细类。

第二大类:专业技术人员,其中包括 14 个中类、115 个小类、379 个细类。

第三大类:办事人员和有关人员,其中包括 4 个中类、12 个小类、45 个细类。

第四大类:商业、服务业人员,其中包括 8 个中类、43 个小类、147 个细类。

第五大类:农、林、牧、渔、水利业生产人员,其中包括 6 个中类、30 个小类、121 个细类。

第六大类:生产、运输设备操作人员及有关人员,其中包括 27 个中类、195 个小类、1 119 个细类。

第七大类:军人,其中包括 1 个中类、1 个小类、1 个细类。

第八大类:不便分类的其他从业人员,其中包括 1 个中类、1 个小类、1 个细类。

从职业结构看,职业的分布有三个特点:第一,技术型和技能型职业占主导。占实际职业总量的 60.88%的职业分布在"生产、运输设备操作人员及有关人员"这一大类,它们分属我国工业生产的各个主要领域。从这类职业的工作内容分析,其特点是以技术型和技能型操作为主。第二,第三产业职业比重较小,仅占实际职业总量的 8%左右。三大产业中的职业分布,以第二产业的职业比重最大。第三,知识型与高新技术型职业较少。现有职业结构中,属于知识型与高新技术型的职业数量不超过总量的 3%。

为保证各地劳动力市场使用的职业分类与代码的科学和规范,有利于劳动力市场信息联网,劳动和社会保障部在主持编纂《职业分类大典》的同时,根据重新修订的职业分类国家标准《职业分类与代码》(GB/T6565-1999),制定了《劳动力市场职业分类与代码(LB501-1999)》,并于 2002 年进行了修改。新标准《劳动力市场职业分类与代码(LB501-2002)》分为 6 个大类、56 个中类、236 个小类、17 个细类。

5. 经济类型分类①

我国国家质量技术监督局 2000 年颁布的经济类型分类(GB/T12402-2000),适用于统计、管理等项工作及相关的信息处理和信息交换。其代码为 3 位数字,共分为三个层次,第一层次的第一位为 1—9 的数字,后两位用 0 补齐,即内资、港澳台投资、国外投资和其他。第二层次前两位为 1—9 的数字,第三位用 0 补齐。第三层次均为 1—9 的数字。见表 3-7。

表 3-7　　我国经济类型(GB/T12402-2000)与代码

代码	经济类型	说　明
100	内资	资本(资金)主要来源于内地的经济组织的经济类型
110	国有全资	全部资产(资金)归国家所有,并按国家有关规定登记注册的非公司制的经济组织(不包括有限责任公司中的国有独资公司和联营中的国有联营)和国家机关、政党机关的经济类型
120	集体全资	全部资产(资金)归集体所有,并按国家有关规定登记注册的非公司制的经济组织(不包括有限责任、股份合作和联营中的集体联营)的经济类型
130	股份合作	以合作制为基础,由职工共同出资入股,吸收一定比例的社会资产投资组建;实行自主经营、自负盈亏、共同劳动、民主管理、按劳分配与按股分红相结合的一种集体经济组织的经济类型

① 百度文库/国家标准 GB/T12402-2000《经济类型分类与代码》,http://wenku.baidu.com/。

续表

代码	经济类型	说　明
140	联营	两个及两个以上相同或不同经济类型的经济组织，按自愿、平等、互利的原则，共同投资组成的非公司型经济组织的经济类型
141	国有联营	两个及两个以上国有全资经济组织联营的经济组织的经济类型
142	集体联营	两个及两个以上集体全资经济组织联营的经济组织的经济类型
143	国有与集体联营	国有经济组织与集体经济组织联营的经济组织的经济类型
149	其他联营	以上未包括的联营经济组织的经济类型
150	有限责任(公司)	根据国家有关规定登记注册，由两个以上、五十个以下的股东共同出资，每个股东以其所认缴的出资额对公司承担有限责任，公司以其全部资产对其债务承担有限责任的经济组织的经济类型。包括国有独资及其他有限责任公司
151	国有独资(公司)	国家授权的投资机构或国家授权的部门单独投资设立的有限责任公司的经济类型
159	其他有限责任(公司)	国有独资公司以外的其他有限责任公司的经济类型，包括港澳台及外资股本占公司注册资本的比例小于25%的有限责任公司
160	股份有限(公司)	根据国家有关规定登记注册，其全部注册资本由等额股份构成并通过发行股票筹集资本，股东以其认购的股份对公司承担有限责任，公司以其全部资产对其债务承担责任的经济组织的经济类型，包括港澳台及外资股本占公司注册资本的比例小于25%的股份有限公司
170	私有	由自然人投资设立或由自然人控股、以雇佣劳动为基础的营利性经济组织的经济类型
171	私有独资	根据国家有关规定，由一名自然人投资经营，以雇佣劳动为基础，对债务承担无限责任的经济组织的经济类型
172	私有合伙	根据国家有关规定，由两个以上自然人按照协议共同投资、共同经营、共负盈亏，以雇佣劳动为基础，对债务承担无限责任的经济组织的经济类型
173	私营有限责任(公司)	根据国家有关规定，由两个以上自然人投资或由单个自然人控股的股份有限公司的经济类型
174	私营股份有限(公司)	根据国家有关规定，由五个以上自然人投资或单个自然人控股的股份有限公司的经济类型
175	个体经营	个人从事生产劳动，生产资料和产品或收入归个人所有，雇工七人(含七人)以下，以个人全部财产承担民事责任的经济组织。包括城镇个体经营，还包括农村的非农业个体经营

续表

代码	经济类型	说　明
179	其他私有	以上未包括的私有经济类型
190	其他内资	以上未包括的内资经济类型
200	港澳台投资	资本(资金)部分(达到国家规定比例以上)或全部来源于港澳台经济组织的经济类型
210	内地和港澳台合资	港澳台地区投资者与内地经济组织依照《中华人民共和国中外合资经营企业法》及有关法律规定,按合资合同规定的比例投资设立、分配利润和分担风险的经济组织的经济类型
220	内地和港澳台合作	港澳台地区投资者与内地经济组织依照《中华人民共和国中外合作经营企业法》及有关法律的规定,按合作合同的约定进行投资或提供条件设立、分配利润和分担风险的经济组织的经济类型
230	港澳台"独资"	依照《中华人民共和国外资企业法》及有关法律规定,在内地由港澳台地区投资者全额投资设立的经济组织的经济类型
240	港澳台投资股份有限(公司)	根据国家有关规定,经外经贸部依法批准设立,其中港澳台投资者的股本占公司注册资本25%以上的股份有限公司的经济类型
290	其他港澳台投资	以上未包括的港澳台投资经济类型,包括港澳台机构在华设立的分支机构、港澳台驻华办事处、代表处等
300	国外投资	资本(资金)部分(达到国家规定比例以上)或全部来源于国外的经济组织的经济类型
310	中外合资	国外法人或个人与内地经济组织依照《中华人民共和国中外合资经营企业法》及有关法律规定,按合资合同规定的比例投资设立、分配利润和分担风险的经济组织的经济类型
320	中外合作	国外法人或个人与内地经济组织依照《中华人民共和国中外合作经营企业法》及有关法律的规定,按合作合同的约定进行投资或提供条件设立、分配利润和分担风险的经济组织的经济类型
330	外资	依照《中华人民共和国外资企业法》及有关法律规定,在内地由外国投资者全额投资设立的经济组织的经济类型
340	国外投资股份有限(公司)	根据国家有关规定,经外经贸部依法批准设立,其中外资的股份占公司注册资本25%以上的股份有限公司的经济类型
390	其他国外投资	以上未包括的国外投资的经济组织的经济类型,包括国外机构在华设立分支机构、境外驻华办事处、代表处等(包括国际组织驻华机构、外国驻华使领馆)
400	境外机构	在境外注册成立的机构
900	其他	以上未包括的经济组织的经济类型

第四节 频数分布

一、频数分布的概念

把总体按某一变量分组，列出该变量所表现的数据在各组出现的次数，所形成的数列称作分配数列或分布数列。通过分配数列可以说明总体各单位在各组的分配情况，所以分配数列又称作次数分布。被分配在各组的单位“次数”在统计上被称作“频数”(frequency)，因此次数分布也可以称作频数分布(frequency distribution)。

频数分布显示了总体分布的基本内容，为阐述总体分布的规律(总体分布的集中趋势、离散趋势、偏态和峰度)奠定了基础。

频数分布有两个基本要素：分组和频数。各组频数占总体单位总数的比重称为频率，如以频率来代替频数，所构成的分布数列称为频率分布(frequency distribution)。

频数分布可以用表格或图形来表现，反映频数分布的图形有频数直方图、频数分布折线图(diagram of distribution polygon)和频数分布曲线图(diagram of distribution curve)之分。

二、频数分布的类型

按分组变量的性质不同，频数分布可分为定性变量分布(或品质分布)和定量变量数列(变量分布)。

(一)定性变量分布

定性变量分布，简称定性分布，又称品质数列，是按定性变量分组、编制的分布数列。按定性变量分组，总体各组显示了定类数据或定序数据的不同表现，而频数则是各组定类数据出现的次数，反映了定类数据或定序数据在总体中的分配状况。例如，某企业全部雇员按性别分组的情况如表 3-8 所示。

表 3-8　　某企业全部雇员按性别分组

按性别分组	人数(次数或频数)(人)	频率(%)
男	255	51
女	245	49
合　计	500	100

定性分布可以用图形来显示，但图形的绘制不像变量分布的图形那样要求严密，只要求能达到充分反映定性分布的结构特征即可，如图 3-1 就是按表 3-8 的资料绘制的结果。

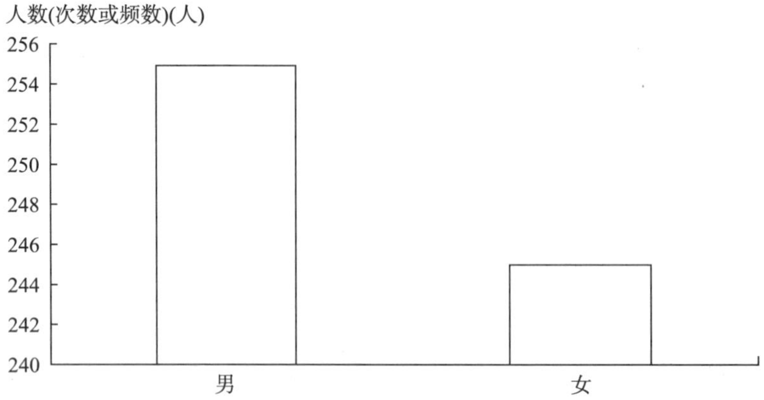

图 3-1 某企业全部雇员按性别分组

(二)定量变量分布

定量变量分布,简称定量分布,又称变量数列,是按定量变量分组所编制的分配数列。定量变量具体表现为定距数据和定比数据,一般可用 X, Y, Z 来表示,任意一个变量可以有一系列的取值(表现为定距数据和定比数据),把这些数据分组后,各组数值按大小排序,然后计算各组数据出现的次数,就形成了变量数列。由于数列显示了各组数值出现的次数,从而表现了各组数据在总体中的分布状况,所以称为变量分布。

变量数列的频数和频率可以分别累计,它分为向上累计和向下累计两种。向下累计是频数或频率按数值由大到小累计,向上累计是频数或频率按数值由小到大累计。

由于定量变量有离散型变量和连续型变量之分,因而按分组变量的不同又分为单项数列和组距数列。

1. 单项数列

由离散型变量编制的分配数列称作单项数列。一般离散型变量具体表现为定距数据,只能取整数绝对值,如人数、企业数、学校数等。某居民小区 100 户居民家庭人口的分组资料如表 3-9 所示。编制数列时,须先按数据大小顺序排列,然后列出各组数据出现的次数,即为该数据集合的单项数列。

表 3-9　　某居民小区 100 户居民家庭人口的分组情况

按家庭人口分组	家庭户数(次数或频数)(户)	频率(%)
1	5	5.00
2	19	19.00
3	45	45.00
4	22	22.00
5	9	9.00
合　计	100	100.00

根据表 3-9,可绘制图 3-2。

2. 组距数列

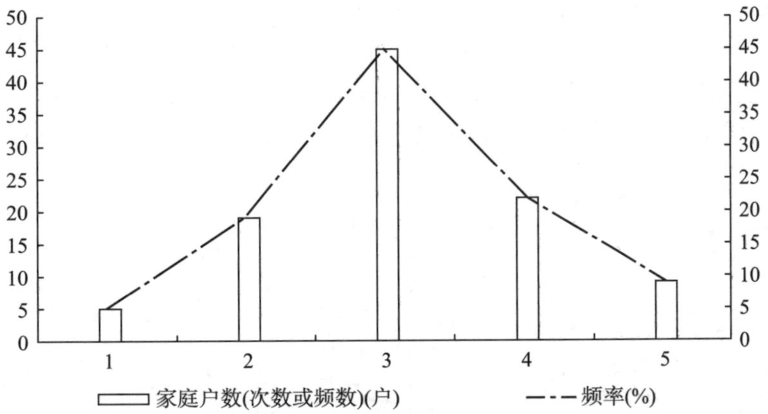

图 3－2　某居民小区 100 户居民家庭人口频数分布

(1)组距(width of a class interval)数列是由连续型变量的一个取值范围(区间)为一组所编制的变量数列,连续型变量具体表现为定比数据。方法如同单项数列,需先分组,然后计算各组数据出现的次数,即可获得该数据集合的次数分布。某居民小区 100 户居民家庭的月人均收入的分组资料如表 3－10 所示。

表 3－10　　某居民小区 100 户居民家庭的月人均收入的分组资料

月人均收入分组(元)	家庭户数(次数或频数)(户)	频率(%)	累计频率(%)
2 000—4 000	5	5.00	5.00
4 000—6 000	21	21.00	26.00
6 000—8 000	38	38.00	64.00
8 000—10 000	28	28.00	92.00
10 000—12 000	8	8.00	100.00
合　计	100	100.00	—

由连续型变量构成的组距数列,可用频率直方图来表现总体分布状况。图形由一个个相连的长方形组成,每一长方形的面积代表某一组变量出现次数占总次数的比重,因而所有长方形的面积之和等于 100%,如图 3－3 所示。

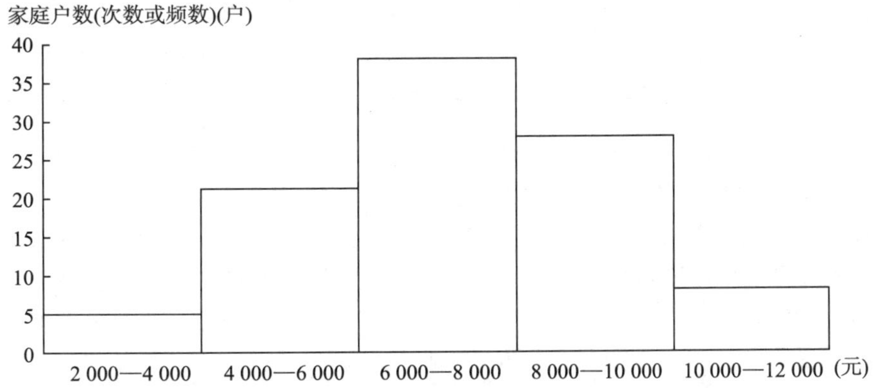

图 3－3　某居民小区 100 户居民家庭的月人均收入频率直方图

如果把图 3-3 中每一长方形顶端的中点连接起来,可得一条折线,称为分布折线。当无限地增加组数,致使组距无限缩短(见本节下面有关组数与组距的概念及其相互关系),原来有限的长方形就被无限分割,最终成为一根根直线,这时的折线就变成为一根光滑的曲线,称为分布曲线。累计频数或累计频率的图形应为折线或曲线,详见图 3-4。

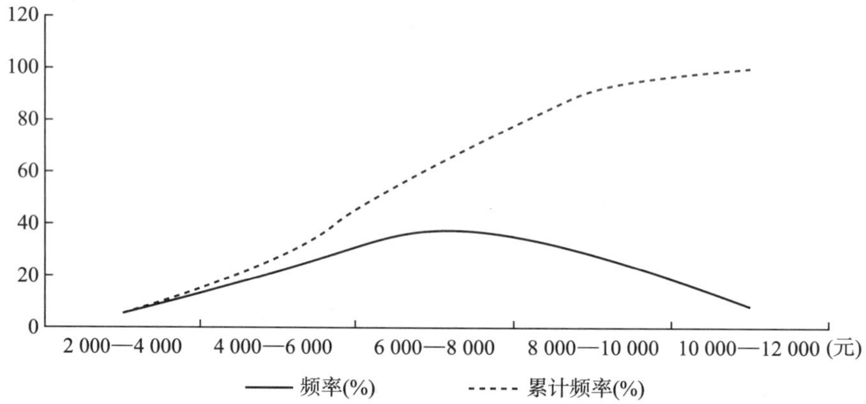

图 3-4　某居民小区 100 户居民家庭的月人均收入频数分布曲线

在实践中,当离散型变量的取值很多,而且很难一一列举或没有必要一一列举的时候,也常常采用组距的形式编制变量数列。某企业生产班组按工人人数分组的资料如表 3-11 所示。

组距数列各组的取值的界限称为组限(class boundary),凡是各组变量取值的起点组限称为下限(lower limits);反之,各组变量取值的终点则称为上限(upper limits)。如表 3-10 第一组,下限是 2 000,上限则是 4 000;第二组,下限是 4 000,上限是 6 000;其余类推。表 3-11 第一组下限是 5,上限是 9;第二组,下限是 10,上限是 14;其余类推。

表 3-11　　某企业生产班组按工人人数分组资料

按生产工人人数分组	班组数(次数或频数)(个)	频率(%)	累计频率(%)
5—9	5	10.00	10.00
10—14	12	24.00	34.00
15—19	18	36.00	70.00
20—24	9	18.00	88.00
25—29	6	12.00	100.00
合　计	50	100.00	—

对于连续型变量的组距数列,上下限之间的取值域为:下限≤变量 <上限 ,表示变量的取值从下限开始一直到上限,但不等于上限。如表 3-10 中各组变量的取值分别为:2 000≤X<4 000,4 000≤X<6 000,6 000≤X<8 000,8 000≤X<10 000,10 000≤X<12 000。

对于离散型变量的组距数列,变量的取值只能是整数,如表 3-11 变量的取值分别为:5≤X≤9,10≤X≤14,15≤X≤19,20≤X≤24,25≤X≤29。但有时离散型变量组距数列采取组限的形式,如表 3-12 变量的取值范围仍然为:5≤X≤9,10≤X≤14,15≤X≤19,20≤X≤24,25≤X≤29。

表 3-12　　某企业生产班组按工人人数分组资料

按生产工人人数分组	班组数(次数或频数)(个)	频率(%)	累计频率(%)
5—10	5	10.00	10.00
10—15	12	24.00	34.00
15—20	18	36.00	70.00
20—25	9	18.00	88.00
25—30	6	12.00	100.00
合　计	50	100.00	34.00

在引进组限的概念后，就可更深刻地理解：分别由连续型变量和离散型变量绘制频数(频率)直方图时，两个长方形的边界连接与否的问题。也就是说，连续型变量相邻两个组限，即数据较小的一组的上限和数据较大一组的下限是重叠的；而离散型变量组距数列相邻两组的组限，即数据较小的一组的上限和数据较大一组的下限是分离的、不重叠的。

把上限减去下限，可得组距，即：

$$组距=上限-下限$$

把上限加上下限，所得的和再除以 2，可得组中值(the class midpoints; class mark)，其计算公式为：

$$组中值=\frac{上限+下限}{2}$$

以表 3-10 计算，其第一组组中值为：

$$\frac{2\ 000+4\ 000}{2}=3\ 000(元)$$

其余各组依次为 5 000 元、7 000 元、9 000 元和 11 000 元；按表 3—11 的数据计算，其各组组中值分别为 7,12,17,22 和 27。对于表 3-12，其组中值的计算则应同表 3-11。

如果组距数列各组变量的分布是均匀的(关于均匀分布的内容将在第四章介绍)，那么组中值可作为各该组的代表性数值，参与对总体分布的描述指标的计算，如计算平均数、标准差等(关于总体分布的描述将在第五章介绍)。

组距数列有开口组(open end)数列和闭口组(closed end)数列之分。开口组组距数列是指数列中不显示第一组的下限和(或)最后一组的上限，即第一组只有上限而无下限(见表 3-13)，或者最后一组只有下限而无上限(见表 3-14)，或者两者皆无(见表 3-15)。开口组组距数列，适用于数据有极端值、数据不多且较分散的情况，或实际情况不详的情况。

表 3-13

月人均收入分组(元)	家庭户数(次数或频数)(户)	频率(%)
4 000 以下	5	5.00
4 000—6 000	21	21.00
6 000—8 000	38	38.00
8 000—10 000	28	28.00
10 000—12 000	8	8.00
合　计	100	100.00

表 3－14

月人均收入分组(元)	家庭户数(次数或频数)(户)	频率(%)
2 000—4 000	5	5.00
4 000—6 000	21	21.00
6 000—8 000	38	38.00
8 000—10 000	28	28.00
10 000 以上	8	8.00
合　计	100	100.00

表 3－15

月人均收入分组(元)	家庭户数(次数或频数)(户)	频率(%)
4 000 以下	5	5.00
4 000—6 000	21	21.00
6 000—8 000	38	38.00
8 000—10 000	28	28.00
10 000 以上	8	8.00
合　计	100	100.00

闭口组组距数列是指其第一组有下限、最后一组有上限的组距数列，适用于数据不存在极端值的情况，如表 3－10 和表 3－11 所示。

开口组组距数列组中值的计算方法如下：

其第一组的组中值等于该组上限减去邻近组的$\frac{1}{2}$组距，即：

$$\text{第一组组中值}=\text{第一组上限}-\frac{\text{邻近组组距}}{2}$$

其最后一组的组中值等于该组下限加上邻近组的$\frac{1}{2}$组距，即：

$$\text{最后一组组中值}=\text{最后一组下限}+\frac{\text{邻近组组距}}{2}$$

如按表 3－15 的数据计算：

$$\text{第一组组中值}=4\ 000-\frac{6\ 000-4\ 000}{2}=3\ 000(\text{元})$$

$$\text{最后一组组中值}=10\ 000+\frac{10\ 000-8\ 000}{2}=11\ 000(\text{元})$$

组距数列还有等距与不等距之分，等距数列指数列各组的组距全部相等；反之，不等距数列则为数列的各组组距不相等。

等距数列适用于数据分布比较均匀的情况，如以上所介绍的例子都是等距数列；不等距数列主要用于在数据分布不均匀的条件下，划分总体不同类型的数量特征，如人口按人的生命过程的年龄分组，就宜采用不等距分组的形式。瑞典人口学家桑德堡为了研究人口的发展趋势,就曾采用不等距分组的方法得出人口分为增长型、稳定型和减少型的结论,如表3-16人口按人的生命过程分组所反映的人口类型。

表3-16 **人口按人的生命过程分组所反映的人口类型**

年龄(岁)	频率(%)		
	年轻化	中年化	老龄化
1—14	40	26.5	20
15—64	50	50.5	50
65以上	10	23.0	30

如前所述,按频率分布绘制的直方图,是用面积而不是用高度来表示各组的频数或频率的,即直方图中的所有长方形的面积之和为100%。其中,某一长方形的面积占总面积的百分比即为该长方形所在组的频率。因此,如果直接按不等距组距数列绘制直方图,如图3-5人口年轻化按频数或频率绘制直方图,那么最终绘制的图中15—64岁组的面积最大,不符合人口年轻化的分布特征。同样,按频数或频率绘制的直方图(略)也难以表现人口中年化和老龄化的分布特征。

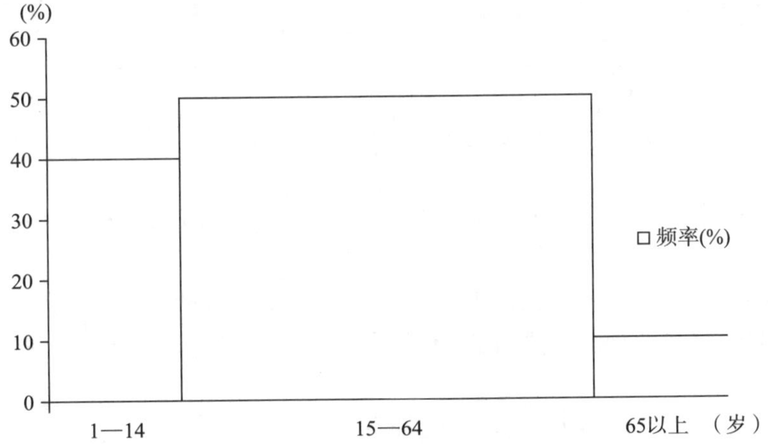

图3-5 人口年轻化频率直方图

产生这种状况的原因是:由于组距不等,每一单位收入所拥有的频率就不是均匀分配的,因而各长方形的面积之和就不等于100%,那么最终绘制的图形也就难以反映现象的分布状况。因此要绘制不等距组距数列的分布图,需要首先把不等距分组转化为等距分组,或者首先计算频数密度。所谓频数密度,是指频数与组距之比,以反映单位组距所出现的次数。用公式表示为:

$$\text{频数密度}=\frac{\text{某组的频数}}{\text{该组的组距}}\times 100\%$$

根据表3-16计算人口按人的生命过程分组所反映的人口类型的频数密度,如表3-17所示。

表 3-17 人口按人的生命过程分组所反映的人口类型的频数密度

年龄(岁)	组距	频数密度		
		年轻化	中年化	老龄化
1—14	13	3.08	0.66	0.75
15—64	50	1.00	1.01	0.99
65 以上	15	0.67	2.30	1.30

说明:65 岁以上因为没有上限,可根据具体情况,不采取惯用的取邻近组组矩的近似替代方法,而假定为 15 计算频数密度。

然后,根据表 3-17 分别绘制不同人口类型的频数密度直方图,如图 3-6 所示。

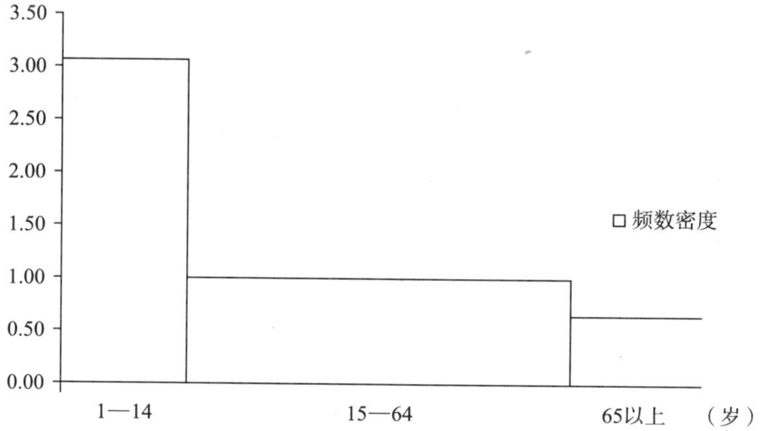

图 3-6 人口年轻化频数密度

注意,由于频率密度是尺度而不是面积,所以直方图的面积之和也不等于 100。而是通过纵轴上的尺度(高低)来反映年轻化人口的频率。显然,从图 3—6 纵坐标(频数密度)来看,1～14 岁为 3.08,15～64 岁为 1,65 岁以上为 0.67,较好地反映了年轻化人口的分布特征;同样按频数密度绘制的直方图(略)也能较好地表现人口中年化和老龄化的分布特征。

综上所述,可以总结变量数列有以下特征:

①变量数列有两个基本要素:经过分组排序的变量值和频数(频率);

② 变量数列的各组频率分别大于等于 0,如果以 f 表示频数,则 $\frac{f}{\sum f}$ 为频率,所以 $\frac{f}{\sum f} \geqslant 0$;变量数列的各组频率之和等于 1,即 $\sum \frac{f}{\sum f} = 1$。

(2)组距数列的编制比较复杂,一般等距数列的编制步骤如下:

①计算全距。把分组数据按各组数值大小顺序排列,找出最小值(S)和最大值(L),计算全距:

全距=最大值－最小值

②确定组数。组数的确定是关键。如何确定组数,从理论上讲并没有精确的方法。但从实践经验上看,一般要考虑以下几点:

第一，要考虑到数据的多少以及它与全距、组距的关系。

$$组距=\frac{全距}{组数}$$

由上述公式可以发现，在全距已经确定的前提下，组数和组距呈反比关系：一般组数越多，组距越短；组数越少，组距就越长。因此，一般数据多，组数就应该多一些；数据少，组数就应该少一些。

第二，组数多少没有硬性规定，以突出分布特征为目的，如图 3－7(a)所示。因此，如果数据之间的差异大，组数相对就要多一些；反之，数据之间的差异小，则组数相对就要少一些。但是，组数不能太少，也不宜太多。组数太少，数据过于集中，很难显示出总体在某一方面的分配状况，如图 3－7(b)所示；组数太多，数据就显得分散，无法显示总体在某一方面的集中趋势，如图 3－7(c)所示。

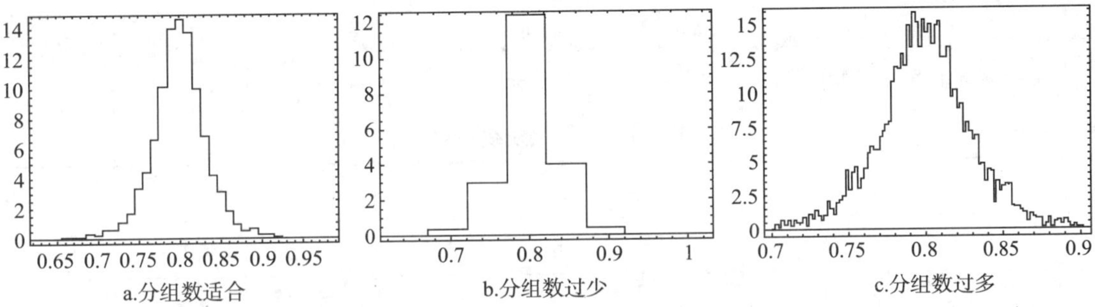

图 3－7　不同组数情况下的直方图

第三，如果总体数据多，而且大致呈单峰对称形状，即数据两头的极端数值个数(资料中数据大的值和数据小的值)较少、处于中等大小的数值个数较多的时候，可参考采用美国统计学家斯特吉斯(Sturges)的经验公式：

$$组数=1+3.322\,\mathrm{Lg}N$$

$$组距=\frac{全距}{1+3.322\mathrm{Lg}N}$$

式中，N 为数据的个数。

组数宜取整数为好，即小数点的取值采用进位法或去尾法。

③计算组距。

④计算组限，并在此基础上形成若干组。先计算第一组的组限，计算公式如下：

$$上限=最小值+\frac{组距}{2}$$

$$下限=最小值-\frac{组距}{2}$$

据此可按组距依次排列其他各组。但要说明的是，组数的确定不是按精确方法计算的，即使按斯特吉斯的经验公式计算，其结果也只能是个参考数值，所以要结合其他原则对组限的计算结果进行调整，尽量取整数为好。

⑤计点各组出现的次数(频数)，计算频率，方法同单项数列的编制。

【例 3－1】　某班 50 名学生的“统计学”考试成绩经排序后的资料如表 3－18 所示。

表 3-18 某班 50 名学生的“统计学”考试成绩

50	51	54	58	59	61	61	62	63	64
65	66	67	68	69	69	70	71	72	72
72	73	74	74	74	75	75	75	75	76
77	78	79	80	81	82	83	84	84	85
86	86	87	88	90	91	91	95	97	99

$N=50$，最大值为 99，最小值为 50，因而：

全距＝99－50＝49

根据一般将成绩分为“不及格”“及格”“中等”“良好”和“优秀”的五档评分习惯，可以先确定组数为 5、组距为 10。

第一组下限为 50，上限为 60，以此类推，确定其他组的组限。

最后各组频数、频率编制数列如表 3-19 所示。

表 3-19 某班“统计学”考试成绩频数分布

成　绩	频　数	频率(%)
50—60	5	10
60—70	11	22
70—80	17	34
80—90	11	22
90—100	6	12
合计	50	100

第五节　统计表与统计图

经过整理的数字资料，一般可用表格和图形的形式予以表现，以达到更加直观、醒目、条理分明，便于进一步的分析和积累资料的效果。

一、统计表

把经过分组、汇总的数字资料按一定的顺序在表格上反映出来，这种表格称作统计表(statistical table)。事实上，统计活动的各个阶段都离不开统计表。统计表包括统计调查表(见第二章)、原始记录表、统计台账、统计综合表、统计计算与分析表。上述次数(或频数)分布表(如表 3-12、表 3-14)可归入统计计算与分析表的范畴。

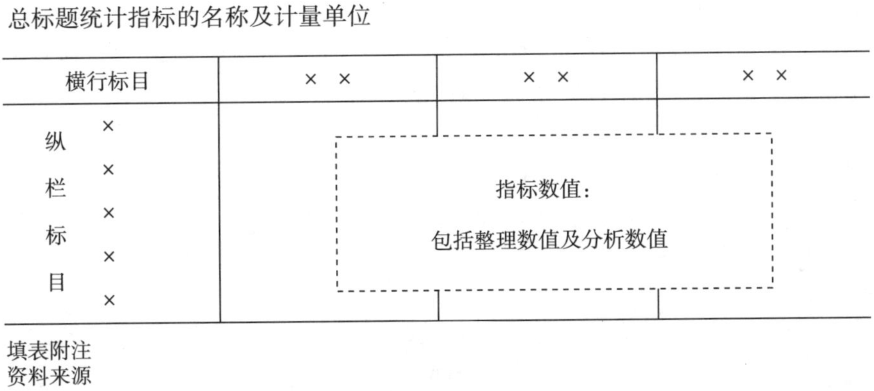

图 3-8　统计表的结构

从形式上看，统计表是一张由纵横交叉的直线所组成的表格。从内容上看，统计表由四部分组成：

（1）总标题，用来简明扼要地概括表格的全部内容，一般置于整个表的正上方。

（2）横行标目，是总体各组或各单位的名称，是统计研究的对象和主体，所以也称主词。它由两部分组成：一是分组标志的名称，通常置于总标题之下、表的左上方；二是分组标志的具体表现，一般置于表的左下方。

（3）纵栏标目，是指说明总体某一方面特征和属性的指标名称，是用来说明被研究对象或主题的；从语法的角度来看，它是用来说明主词的，所以也称宾词。一般置于表格的右上方，但有时为了分析的需要，也可以与主词的位置对换。

（4）数字资料，是指反映总体各项特征或属性的指标数值，置于表格的右下方，即总体各组或各单位与其相对应指标的交叉处。

从数学上看，如果把一根横线和一根竖线垂直交叉，那么可以把一个平面分为四个部分，每个部分为一个象限，从左上方开始按逆时针旋转，四个部分依次为第一、第二、第三和第四象限。那么纵栏标目位于第一象限；横行标目位于第二和第三象限，其中，分组标志的名称位于第二象限，分组标志的具体表现位于第三象限；而数字资料则位于第四象限。其实，在总标题下面还应列出填表人和填表时间等，称为总标题附注（head-note）；在表的最下面还有填表附注（也称脚注，footnote）和资料来源（也称来源附注，source note），以说明指标的计算方法、制表单位。这样，一张完整统计表的结构可用图 3-8 来概括。因此，在编制统计表时，必须注意其基本结构形式，严格遵循有关规则，使统计表规范化。

二、统计图

统计图（statistical graph or cartogram）是展示数据特征的另一种形式。常用的统计图主要有两大类：一类是反映数据总体的分布状况的图形，如表示定性分布状况的饼图（pie chart）（见图 3-9），用于描述频数、频率分布的直方图（histogram），分布折线图或多边形图（polygon），分布曲线图（见图 3-2、图 3-3、图 3-4）。另一类是反映两个变量之间关系的统计图，如散点图、折线图和曲线图。

可以利用 Excel 画出各种所需要的统计图，基本操作方法为：打开“插入”菜单点击“图表”，然后点击所需要的图表，如柱形图或条线图、直方图、线形图、饼图等，即可形成所需图形。双击画面还可以对图形进行编辑、修改,直到达到要求为止。由于条形图、直方图和次数分布曲线图已在本章第四节中有过介绍,所以下面只简单介绍饼图的画法和茎叶图(stem-and-leaf display)以及散点图、折线图和曲线图的制作,更详细介绍请参见 Excel 有关统计图制作的说明。

(一)饼图

饼图,是以整个圆代表全部数据的总和,以扇形面积(或圆心角)的大小来表明各部分在总体中所占的比重。

计算圆心角大小的公式为:

$$\frac{x}{360°}=\frac{某部分数值}{全部数值}$$

即:

$$X=\frac{某部分数值}{全部数值}\times 360°$$

例如,按 2010 年我国国内生产总值三次产业所占比重制作的饼图如图 3-9 所示。

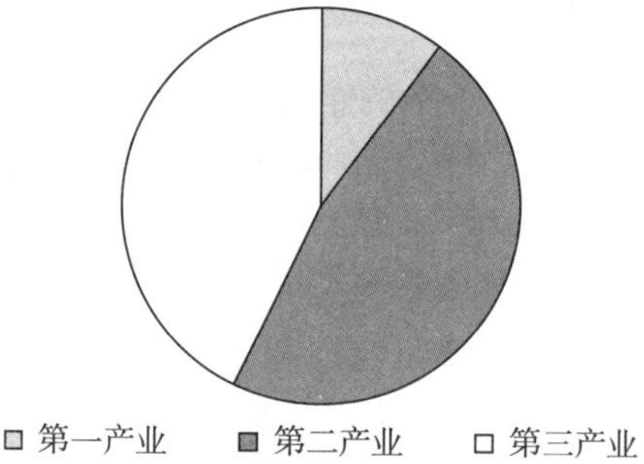

图 3-9　2010 年我国国内生产总值三次产业所占比重

(二)茎叶图

除了直方图、次数分布折线、频数分布曲线以外,还可以通过茎和叶来统计数据的分布情况。具体步骤如下:

(1)确定茎和叶的单位,将叶控制为一位数字。

(2)茎按纵向由小到大排列。

(3)将叶的数字按照其对应的茎横向排列(必要时可将叶的数值由小到大排列)。

【例 3-2】 按某班"高等数学"成绩如表 3-20 所示:

表 3-20　某班级 20 个学生"高等数学"的期末成绩

姓名	高等数学成绩(分)	姓名	高等数学成绩(分)
王同学	94	宓同学	82
姜同学	92	田同学	82
谢同学	92	陈同学	77
黎同学	87	翁同学	77
沈同学	86	李同学	77
汤同学	86	刘同学	74
许同学	86	潘同学	68

续表

姓名	高等数学成绩(分)	姓名	高等数学成绩(分)
邱同学	83	曹同学	68
林同学	83	代同学	68
张同学	83	梅同学	65

根据表 3-20 制成茎叶图，如图 3-10 所示：

茎	叶
6	5 8 8 8
7	4 7 7 7
8	2 2 3 3 3 6 6 6 7
9	2 2 4

图 3-10 某班“高等数学”成绩茎叶图

(三)散点图

散点图主要用于显示两个变量之间的关系，因而图形由一个直角平面(包括两个数值轴)组成。图的横坐标轴显示变量 x 的一组数据，纵坐标轴显示另一个与之相关的变量 y 的一组数据。散点图将这些数据合并到单一数据点并按不均匀的间隔或簇来显示它们之间的关系。

【例 3-3】 我国 1998—2019 年国内生产总值增长率和居民消费价格指数增长率的数据如表 3-21 所示：

表 3-21 我国 1998—2019 年国内生产总值增长率和居民消费价格指数增长率

年份	GDP 增长率	CPI 增长率
1998	6.9	－0.8
1999	6.3	－1.4
2000	10.7	0.4
2001	10.6	0.7
2002	9.8	－0.8
2003	12.9	1.2
2004	17.8	3.9
2005	15.7	1.8
2006	17.1	1.5
2007	23.1	4.8
2008	18.2	5.9
2009	9.2	－0.7

续表

年份	GDP 增长率	CPI 增长率
2010	18.2	3.3
2011	18.4	5.4
2012	10.4	2.6
2013	10.1	2.6
2014	8.5	2
2015	7.0	1.4
2016	8.4	2
2017	11.5	1.6
2018	10.5	2.1
2019	7.8	2.9

说明:根据国家统计局官网,数据查询—年度数据计算。

根据表 3-21 中 1998—2009 年数据绘制散点图,如图 3-11 所示:

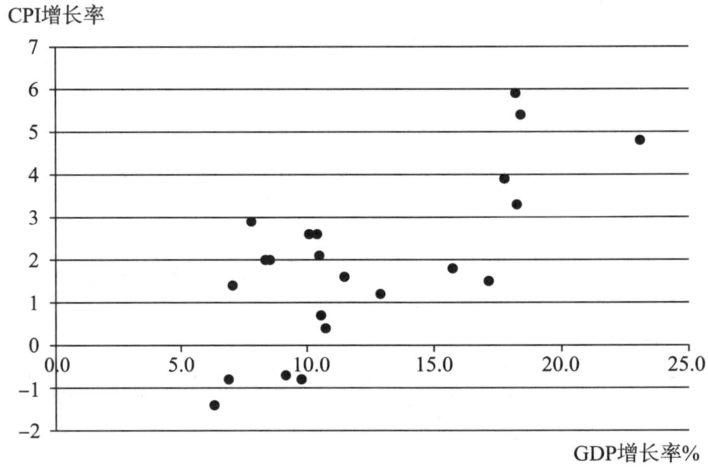

图 3-11 我国 1998—2009 年 GDP 增长率和 CPI 增长率的关系

根据图 3-11,可以发现随着 GDP 增长率由小到大的变化,CPI 增长率也有逐步增长的趋势。表明 1998—2009 年,我国 GDP 增长率和 CPI 增长率之间存在同步增长的关系。有关两个变量之间的数量关系的更详细介绍,请见第九章相关分析和回归分析。

关键术语

统计数据 statistical data

数据处理 data processing

时间序列数据 time series data

截面数据 cross-sectional data

面板数据 panel data

统计表 statistical table

统计图 statistical graph or cartogram

题注 head-note

脚注 footnote

附注 source note

TS-CS 数据 time series-cross section
虚拟变量 dummy variable
定类尺度 nominal scale
定序尺度 ordinal scale
定距尺度 interval scale
定比尺度 ratio scale
定类数据 nominal data
定序数据 ordinal data
定距数据 interval data
定比数据 ratio data
定性数据或品质数据 qualitative data
定量数据或数值型数据 quantitative data
数据分组 data classification
分组 class grouping
组限 class boundary
上限 upper limits
下限 lower limits
组中值 the class midpoints;class mark
开口组 open end
闭口组 closed end
频数(频率)分布 frequency distribution
分配 allocation
替代 substitution
转嫁错误 imputation
确定法 deterministic approach
概率法 probabilistic approach
汇总表 summary table
排序 ordered
频数 frequency
组距 width of a class interval
汇总表 summary table
柱形图或条形图 bar chart
直方图 histogram
频数分布折线图 diagram of distribution polygon
频数分布曲线图 diagram of distribution curve
散点图 scatter diagram
折线 polygon
折线图 diagram of polygon
曲线 curve
曲线图 diagram of curve
饼图 pie chart
枝叶图 stem-and-leaf display

思考与练习

一、填空题

1. 数据的预处理包括数据的审核、筛选、________等。
2. 数列按定量变量分组有单项数列和________两种。
3. 统计表是用于________的基本工具。
4. 统计表一般由表头、行标题、列标题、________和表外附注组成。
5. 人口死亡率按年龄分布呈________形分布。

二、单项选择题

1. 统计数据处理的资料(　　)。

A. 只包括直接资料　　B. 只包括二手数据
C. 包括直接资料和二手数据　　D. 是统计分析的结果

2. (　　)是定比数据。

A. 学号　　B. 性别　　C. 民族　　D. 钢产量

3. (　　)是定类数据。

A. 所有制　　B. 收入水平　　C. 考试分数　　D. 年龄

4. 某连续变量数列末位组为开口组,下限为200,相邻组组中值为170,则末位组中值为(　　)。

A. 230　　B. 200　　C. 210　　D. 180

5. 组距数列的组中值是(　　)。

A. 组间变量值　　B. 组内任意一变量值

C. 总体单位变量值　　D. 上限与下限的平均数

6. 可进行加减乘除运算的数据是(　　)。

A. 定类　　B. 定序　　C. 定距　　D. 定比

三、多项选择题

1. 统计分组的作用包括(　　)。

A. 反映总体的规模　　B. 说明总体单位的特征

C. 区分社会经济现象的不同类型　　D. 研究总体的内部结构

E. 分析现象间的依存关系

2. 变量数列可以分为(　　)。

A. 单项数列　　B. 组距数列　　C. 等距数列　　D. 异距数列

E. 连续数列

3. 下列分组中,按品质标志分组的有(　　)。

A. 工厂按产值计划完成程度分组　　B. 学生按健康状况分组

C. 企业按所有制形式分组　　D. 人口按年龄分组

E. 职工按文化程度分组

4. 在组距数列中,组中值是(　　)。

A. 上下限之间的中点数值

B. 用来代表各组标志值的平均水平

C. 在开放式分组中无法确定

D. 组平均数

E. 在开放式分组中,可以参照相邻组的组距来确定

5. 统计表的构成有(　　)。

A. 表头　　B. 行标题　　C. 列标题　　D. 数字资料

E. 表外附加

四、判断题

1. 单项数列通常只适用于离散变量且变量值较少的情况。(　　)

2. 在连续型变量或离散型变量值较多的情况下,可采用组距分组。(　　)

3. 统计分组通常规定"上限不在内"。(　　)

4. 数据预处理是在统计数据分组或分类之后所做的必要处理。(　　)

5. 对定性数据主要是分组处理,对定量数据主要是分类处理。(　　)

五、简答题

1. 简述统计数据处理的目的和意义,统计数据处理的程序、内容和方法。

2. 怎样进行组距数列的编制?

3. 处理数据的方法有哪些?

4. 影响频数分布的主要因素有哪些?

5. 如何选择分组变量?

第四章
数据描述性分析

引　言

收集到的统计数据经过汇总处理，并以统计图表的形式予以展示，能够粗略地显示被研究现象的数量特征。但如果要更深刻地反映现象的本质特性，还需要更深入的分析。进一步的统计分析方法很多，常用的统计方法归纳起来有两个方面：一是对数据分布特征的描述、估计和假设检验；另一是对总体多方面的特征或属性的研究，如相关分析和回归分析、时间序列和指数等。本章主要介绍数据分布特征的描述，包括数据总量描述、数据相对量描述、数据分布集中趋势特征描述、数据分布离散趋势的特征描述和数据分布的偏度和峰度的特征描述。

第一节　数据总量描述

数据总量(total)，又称总量指标，是统计资料经过汇总整理，反映一定时间、地点条件下，总体某一方面特征的规模、水平的总指标，在数学上表现为有一定计量单位的绝对值。例如，一定总体范围内粮食总产量、生产总值、企业单位数等。绝对数也可以表现为某现象总体在一定时空条件下数量增减变化的绝对数。例如，某地区 2015 年比 2014 年生产总值增加 1 000 万元、耕地面积减少 3 000 公顷等也属于数据总量。

数据总量的作用有：(1)反映一个国家的国情和国力，一个地区或一个企业的人力、物力、财力；(2)是进行经济核算和经济活动分析的基础；(3)是计算相对指标和平均指标的基础。

一、数据总量的分类

(一)按数据反映总体的内容分类

1. 总体单位总数

总体单位总数是指总体所包括的总体单位的数量总和(the sum total of quantity)，即总体所包含的数据的个数的总和，又称总体容量，用 N 表示，如果是分组资料，而各组的频数用 f 表示的话，那么，总体容量就表示为 $\sum f$。

2. 总体数据总量

总体数据总量是指所有总体所包含的具体数据的总和，由总体所有数据汇总求和所得的结果，用以反映总体在某一方面的数量特征在一定的时间、地点条件达到的总水平。与数学相对应，变量如用字母 X 表示，那么，未分组资料的总体数据总值可以表示为 $\sum X$，分组资料表示为 $\sum Xf$。

如全国工业普查，全国所有工业企业单位总和就是总体单位总数，而全部企业的增加值之和就是总体数据总量——全国工业增加值。

(二)按数据反映总体的时间特征分类

1. 时期总量

时期总量(period summation)是总体某一方面的特征在一段时期内的数量表现，又称时期数，反映现象在一段时期内的总量，如产品产量、生产总值、商品零售额等。时期数通常可以累计，从而得到更长时期内的总量。时期总量有以下三个特点：

(1)具有可加性，时间上相邻的时期总量相加能够得到另一更长时期的总量指标。

(2)时期总量数值的大小与所属时期的长短直接相关。一般来讲，时期越长，时期总量数值就越大。

(3)必须连续登记而得，时期总量数值的大小取决于整个时期内所有时间上的发展状况，只有连续登记得到的时期总量才会准确。

2. 时点总量

时点总量又称为时点数或瞬时值(instantaneous value)，它反映的是现象在某一时点上的总量，如年末人口数、库存量等。时点数通常不能累计，因为累计后没有实际意义。时点总量具有以下三个特点：

(1)不具有可加性，不同时点上的两个时点指标数值相加不具有实际意义。

(2)数值大小与登记时间的间隔长短无关，时点指标仅仅反映社会经济现象在一瞬间的数量，每隔多长时间登记一次对它没有影响。

(3)时点总量数值是间断计数的，没有必要进行连续登记，有的也是不可能连续进行登记的，如国家的人口总数。

(三)按计量单位分类

总量指标的计量单位都是有名数，都有计量单位。根据总量指标所反映现象的性质不同，其计量单位可分为实物总量、价值总量和劳动总量。

1. 实物总量

实物总量(all quantity in kind)是根据事物的外部特征或物理属性，从使用价值的角度反映数据总量的指标，以自然单位、度量衡、复合单位、物理量和标准实物单位为计量单位，其中：

(1)自然单位是根据事物的实物形态来确定的，如一“个”人、一“头”牛、一“匹”马等。

(2)度量衡是国家或国际上制定的标准通用的、必须通过某种测量器具来反映物体的长度、重量、面积或容积等的单位，如千克、千米、公升等。

(3)物理量是由国家或国际上制定的标准通用的电力、动力和燃料等单位，如瓦特、马力等。

(4)复合单位是两个单位的乘积，如货物周转量用“吨千米”计量、电的度数用“千瓦时”计量等。

(5)双重单位是用两种或两种以上的单位结合起来进行计量，如起重机的计量单位是“台/吨”，货轮用“艘/马力/吨位”计量。

(6)标准实物单位是按照统一的折算标准来计量事物数量的一种实物单位。它主要用于计量存在差异的工业产品和农产品，为了准确地反映其总量，需要把各产品按照一定的标准折合成标准品再相加。如把含氮量不同的化肥都折合成含氮100%的标准化肥，把各种能源都折合成热量值为7 000千卡/千克的标准煤等。

2. 价值总量

价值总量(magnitude of value)是以货币为计量单位、反映事物价值量的指标，如人民币元、美元、日元、英镑、法郎、马克等。价值总量指标的主要特点是能在一个国家或地区的范围内综合不同实物计量指标，使之由不可相加转化为可以相加，以反映生产经营的综合成果、社会财富，进行国民经济核算和企业经济核算。而用于不同国家之间货物贸易和资本往来，则需要对交易双方的货币按一定的汇率进行兑换；但在比较不同国家之间的经济发展状况时，为了使不同国家间的货币具有可比性，则首先需要采用联合国国际比较项目(international comparison programmer，ICP)所推荐的"购买力平价"方法将双方的货币换算为统一可比的货币，然后才能对比。

3. 劳动总量

劳动总量(quantity of work)是以劳动时间为计量单位的总量指标，如工时、工日等，主要反映企业单位产品产量或完成的工作量，以用于企业内部的经济核算和编制检查生产作业计划。

(四)按数据所表示的事物的性质与特点分类

按数据所表示的事物的性质与特点，可将数据总量分为流量和存量。

流量和存量是经济学中的两个基本概念，各种不同的经济流量和经济存量构成了国民经济核算与分析的基础。

(1)经济流量(flow)，是指一定时期所生产的产品或所提供劳务(服务)获得的收入(或支出)的总量，一般可与时期指标相对应。如反映社会产品和劳务的生产、分配和使用的国内生产总值、国民生产总值、国民收入、个人可支配收入、投资总额等。

(2)经济存量(stock)，是指某一指定的时点上，过去生产与积累起来的产品、货物、储备、资产负债的累计总量，一般可与时点指标相对应。如某年某月某日银行的金库中存有500亿美元，则银行的存量为500亿美元；某年某月某日某一时刻全球的人口数有60亿，则此时全球人口的存量为60亿等。

确定一个数据是流量还是存量，应遵循以下两个原则：

(1)由数据所表示的事物的性质与特点来决定。如在财富与收入这两个经济变量中，财富就是一个存量，它是某一时刻所持有的财产；收入是一个流量，它是由货币的赚取或收取的流动率来衡量的。

(2)流量是指一段时间内发生的某种经济变量变动的数值，它是在一定的时期内测度的，其大小有时间维度；而存量则是在某一时点上测度的，其大小没有时间维度。

存量与流量之间的联系如下：

(1)流量来自存量，如一定的国民收入来自一定的国民财富；存量又归于流量之中，即存量只能经由流量发生变化，如新增加的国民财富是靠新创造的国民收入来计算的，M2是存量概念，GDP是流量概念。

(2)有些现象中，流量与存量并存，如国民收入是流量，则其存量形式是国民财富；固定资产投资是流量，则其存量是固定资产总额；货币支出总额是流量，则其存量形式是期末货币结存额。这时,流量和存量相互影响,流量来自存量,存量越多,流量越大;相反,流量又决定了存量的大小。例如,国民财富越多,在一定时期内所创造的国民收入也越多;同样,国民收入越多,国民财富也越多。

(3)有些现象只有流量,而没有相应的存量,如进出口总额、工资总额等。

(4)两个流量或两个存量之比,或者一个流量和存量之比所得到的结果,既不是流量也不是存量。例如,销售总额(流量)与销售总量(流量)对比的结果——平均价格,既不是流量也不是存量;再如,销售收入总额(流量)与流动资金平均余额(存量)对比的结果——流动资金周转次数,则既不是流量也不是存量。

二、数据总量的计算和运用

(一)数据总量的统计方法

数据总量是通过全面调查登记,采用直接计数、点数或测量等方法,逐步计算汇总得出的。例如,统计报表中的总量资料、普查中的总量资料等,都是采用直接计量取得的。在不能直接计算或不必直接计算总体的数据总量的情况下,可采用估计推算的方法取得有关的数据总量。

数据总量的计算方法比较简单,但计算内容却相当复杂,涉及一定历史条件下现象的规模和水平。因此,数据总量的计算并不是一个单纯技术性的加总问题,必须在正确规定数据总量所反映现象的概念、构成和计算范围的基础上,确定科学的计算方法进行计算汇总,取得能真实反映现象的结果。例如,要正确计算工资总额,必须先明确工资的实质和构成;要计算国民经济各部门职工人数,首先要明确职工的概念和范围,然后从理论上确定国民经济部门的分类,最后才能得出按部门分类的职工人数。

(二)总和记法及求和规则

计算数据总量指标的数值时,或在统计运算中,涉及一系列变量值或标志值的全部或部分相加是最常用的一种运算,需要采用简便的记法来表示其总和。代表总和的通用符号就是希腊文大写字母 $\sum$ (Sigma),也称连加号,最常用的形式为 $\sum_{i=1}^{n} X_i$,其中 X_i 代表各个变量值。

$$\sum_{i=1}^{n} X_i = X_1 + X_2 + X_3 + \cdots + X_n$$

数据求和的规则或公式如下:

(1)设 X 和 Y 是两个变量,则两个变量之值的和的总和,等于每个变量之值的总和,即:

$$\sum (X_i + Y_i) = \sum X_i + \sum Y_i$$

同理,可以证明两个变量之值之差的总和,等于每个变量之值的总和之差,即:

$$\sum (X_i - Y_i) = (X_1 - Y_1) + (X_2 - Y_2) + \cdots + (X_n - Y_n) = \sum X_i - \sum Y_i$$

依据上述结论可以推广到若干个变量之值的总和,即:

$$\sum (X_i + Y_i - Z_i) = \sum X_i + \sum Y_i - \sum Z_i$$

(2)某一变量乘以常数 a 后求的总和,等于该变量值的总和乘以常数 a,即:

$$\sum (aX_i) = aX_1 + aX_2 + \cdots + aX_n = a(X_1 + X_2 + \cdots + X_n) = a\sum X_i$$

(3)假设进行 n 次观测,每次所得的观测值为同一常数,则 n 次观测值的总和等于 n 乘以该常数，即：

$$\sum_{i=1}^{n} a = a + a + \cdots + a = a(1+1+\cdots+1) = an$$

第二节　数据相对量描述

一、数据相对量的概念

数据相对量(relative quantity)，又称相对指标，是把两个相互有联系的指标进行对比，以反映现象在某一方面的数量特征或属性的相对变化或对比关系的指标，形式上表现为相对数(relative)。

数据相对量的计量单位有两种：

(1)不用文字表述的无名数，包括成数(quotients)、系数(coefficient; ratio; modulus; quotients)和倍数(scale)、百分数(percentage)、千分数。其中：系数和倍数是将对比的基数定为1，成数是将对比的基数定为10，百分数是将对比的基数定为100，千分数是将对比的基数定为1 000。

百分数是相对数中最常用的形式，适用于分子和分母的数值较为接近的时候；当两个对比的数值相差不大时宜采用系数，如标准实物量折合系数、工资等级系数等；而当对比的两个数值相差较大时宜采用倍数；千分数适用于对比的分子数值比分母数值小得多的情况，如人口出生率、死亡率等。

(2)用文字表述的有名数，又称复名数，是将对比的分子分母的计量单位对比形成的结果，当对比的结果反映的是现象的强度、密度、普遍程度时一般应采用复名数，如人口密度的计量单位为万人/每平方千米。

恩格尔

恩格尔(Christian Lorenz Ernst Engel，1821—1896)，生于德累斯顿，德国统计学家，因恩格尔定律闻名于世。他早年与法国社会学家弗雷德里克·勒普莱(Frédéric Le Play)交往甚密，勒普莱对家庭问题很感兴趣，这使恩格尔开展了对家庭的调查。这些调查所收集到的开支数据使恩格尔确信，在家庭的收入与该户分配于食物和其他项目的支出之间，存在着一定的联系。这是经济学中最早确立的定量函数关系之一。不仅如此，他还发现，收入较高的家庭用于食物的支出一般多于较穷的家庭，但食物开支在总预算中所占比重一般同收入成反比。从这一经验性规律出发，他进一步推断出，在经济发展过程中，相对于其他经济部门而言，农业将萎缩(1857年)。1860—1882年恩格尔在柏林担任普鲁士统计局局长期间，以普鲁士统计局的名义为发展和加强官方统计学做了大量工作。他因反对俾斯麦(Bismarck)的保护主义政策而辞职。在研究工作中，他从成本方面特别研究了人类生活的价值，还调查了价格对需求的影响。他对官方统计学的影响远不仅限于德国，1885年他参与创立了国际统计学会。他于1896年在拉德博伊尔去世。

恩斯特·恩格尔根据统计资料，对消费结构的变化得出一个规律：一个家庭收入越少，家庭收入中(或总支出中)用来购买食物的支出所占的比例就越大,随着家庭收入的增加,家庭收入中(或总支出中)用来购买食物的支出比例则会下降。推而广之,一个国家越穷,每个国民的平均收入中(或平均支出中)用于购买食物的支出所占比例就越大,随着国家的富裕,这个比例呈下降趋势。这个就是恩格尔定律。食品支出总额占个人消费支出总额的比重因此称为恩格尔系数。

国际上常常用恩格尔系数来衡量一个国家和地区人民生活水平的状况。根据联合国粮农组织提出的标准,恩格尔系数在59%以上为贫困,50%—59%为温饱,40%—50%为小康,30%—40%为富裕,低于30%为最富裕。在我国运用这一标准进行国际和城乡对比时,要考虑到那些不可比因素,如消费品价格比价不同、居民生活习惯的差异,以及由社会经济制度不同所产生的特殊因素。对于这些横截面比较中的不可比问题,在分析和比较时应做相应的剔除。另外,在观察历史情况的变化时要注意,恩格尔系数反映的是一种长期的趋势,而不是逐年下降的绝对倾向,它是在熨平短期的波动中求得长期的趋势。

二、数据相对量的测度

社会经济统计中常用的数据相对量有:

(一)计划完成相对数

计划完成相对数(percentage)也称计划完成百分数,它是将某一时期反映总体某一方面数量特征的指标的实际完成数与同期计划数对比,以反映计划任务的执行情况。计量单位一般是百分数,计算公式为:

$$\text{计划完成相对数}=\frac{\text{某期实际完成数}}{\text{同期计划数}}\times 100\%$$

虽然分子、分母分别为实际数和计划数,但它们都是反映某一时期、总体某一方面数量特征的指标,这些指标可分别表现为数据总量、数据相对量或数据平均值。而不同表现形式的数据,其计算计划完成相对量的方法也有所差别。

1. 用数据总量计算计划完成相对数

其计算公式的分子、分母都是数据总量,即:

$$\text{计划完成相对数}=\frac{\text{某期实际完成总量}}{\text{同期计划总量}}\times 100\%$$

对较长时期的计划,如五年计划的执行情况进行检查时,关于数据总量的计划完成程度分析有两种方法:

(1)水平法,是以计划期末的实际水平与计划水平之比,主要适用于经济流量如钢产量、粮食产量、发电量等生产能力指标的考核。计算公式为:

$$\text{计划完成相对数}=\frac{\text{计划期末实际达到的水平}}{\text{计划期末规定应达到的水平}}\times 100\%$$

(2)累计法,是以计划期内各年实际完成的累计数与计划期内所规定的累计数之比,主要适用于计划期内有关经济存量如固定资产投资总额、新增固定资产总额等指标执行情况的检查。计算公式为:

$$\text{计划完成相对数}=\frac{\text{计划期内实际完成的累计数}}{\text{计划期内规定应达到的累计数}}\times 100\%$$

【例4-1】 某企业2014—2018年各年产值的实际数与计划数资料如表4-1所示。

表 4-1　　　　**某企业 2014—2018 年产值**　　　　单位：万元

年度	2014	2015	2016	2017												
月度				1	2	3	4	5	6	7	8	9	10	11	12	合计
计划数	350	380	400	37	37	37	37	37	37	37	37	37	37	37	37	422
实际数	352	385	420	30	32	35	38	34	33	32	37	40	37	36	38	422

2018												
1	2	3	4	5	6	7	8	9	10	11	12	合　计
40	40	40	40	40	40	40	40	40	40	40	40	480
40	41	43	44	42	45	44	43	39	40	41	43	505

根据表 4-1 的资料可以计算：

(1)水平法计划完成相对数 $=\dfrac{\text{计划期末实际达到的水平}}{\text{计划期末规定应达到的水平}}\times 100\%$

$$=\frac{505}{480}\times 100\%=105.21\%$$

(2)累计法计划完成相对数 $=\dfrac{\text{计划期内实际完成的累计数}}{\text{计划期内规定应达到的累计数}}\times 100\%$

$$=\frac{2\,084}{2\,032}\times 100\%=102.56\%$$

为了配合计划执行情况的检查，还可以分别按水平法和累计法计算提前完成计划的时间。水平法计算提前完成计划的时间，是以计划期(如五年计划)内某段连续一年时间(不按日历年度计算的连续 12 个月)的实际数达到计划规定最后一年水平为基准来计算的。

累计法计算提前完成计划的时间，是只要从计划期开始至实际累计达到了计划累计数止，即为完成计划，余下时间就是提前完成的时间。仍以表 4—1 的资料计算如下：

计划规定的累计＝350＋380＋400＋422＋480＝2 032(万元)

而实际累计完成产值从 2014 年到 2018 年 11 月才达到 2 041 万元，所以按累计法计算提前完成的时间为 1 个月。

利用计划完成相对数还可以检查计划进度的执行情况。一般来说，企业的生产任务要求进度均匀，即一个月要完成年度计划的 8.33%，一个季度要完成年度计划的 25%，半年要完成计划的 50%，做到时间过半，任务也要完成过半。考核计划执行进度情况的方法也分为水平法和累计法两种，其计算公式分别为：

$$\textbf{水平法计划执行进度}=\frac{\textbf{期内某阶段实际完成数}}{\textbf{本期计划规定累计数}}\times 100\%$$

$$\textbf{累计法计划执行进度}=\frac{\textbf{期内到某阶段止实际累计完成数}}{\textbf{本期计划规定累计数}}\times 100\%$$

【例 4-2】　某企业 2018 年工业总产值计划为 2 500 万元，1—6 月份实际完成总产值如表 4-2 所示。

表 4-2 某企业 2018 年上半年工业总产值

月份	1	2	3	4	5	6
产值(万元)	225	250	230	260	250	285

$$1\text{月份水平法计划执行进度}=\frac{1\text{月份实际完成数}}{\text{本期计划规定累计数}}\times100\%=\frac{225}{2\ 500}\times100\%=9\%$$

$$2\text{月份水平法计划执行进度}=\frac{2\text{月份实际完成数}}{\text{本期计划规定累计数}}\times100\%=\frac{250}{2\ 500}\times100\%=10\%$$

其余各月水平法计划执行进度分别为 9.2%,10.4%,10.0%和 11.4%。

$$\text{第一季度累计法计划执行进度}=\frac{\text{第一季度实际累计完成数}}{\text{本期计划规定累计数}}\times100\%$$

$$=\frac{225+250+230}{2500}\times100\%=28.2\%$$

用同样的方法可以分别计算第二季度和上半年累计法计划执行进度为 31.8%和 60.0%。

根据上述结果可以认为,该企业的计划执行进度是均衡的。

2. 用相对数计算计划完成相对数

计算计划完成相对数的分子、分母本身就是相对数,计算公式为:

$$\text{计划完成相对数}=\frac{\text{实际完成的百分数}}{\text{计划完成的百分数}}\times100\%$$

当公式中的分子分母为提高或降低的百分数时,则上述公式为:

$$\text{计划完成相对数}=\frac{1\pm\text{实际提高或降低的百分数}}{1\pm\text{计划规定提高或降低的百分数}}\times100\%$$

【例 4-3】 某企业计划期产值要求增长 15%,单位成本要求降低 5%;到年底经结算,产值实际增长 10%,单位成本实际降低 6%,则它们各自的计划完成相对数分别为:

$$\text{产值计划完成相对指标}=\frac{1+10\%}{1+15\%}\times100\%=95.65\%$$

$$\text{单位成本计划完成相对指标}=\frac{1-6\%}{1-5\%}\times100\%=98.95\%$$

上述计算结果表明:该企业计划期内实际产值只达到计划规定的 95.65%,所以没有完成任务;相反,实际单位成本的降低百分数却比计划单位成本的降低百分数降低了 1.05%(100%-98.95%),超额完成了任务。

上述结果同样都小于 1(100%),为什么其结论却完全相反呢?原因很简单,因为根据第一章第三节所介绍,产值是正指标,而单位成本是逆指标。对于正指标,其数值越大,表明社会经济现象某一方面特征的效果越好;反之指标数值越小,则效果越差。而对于逆指标,其数值越小,表明社会经济现象某一方面特征的效果越好;反之指标数值越大,则效果越差。根据这个判定原则,所以产值没有完成任务,而单位成本却完成了任务。

3. 用平均数计算计划完成相对数

公式的分子、分母同是平均数,计算公式为:

$$\text{计划完成相对数}=\frac{\text{实际完成的平均数}}{\text{计划完成的平均数}}\times100\%$$

【例 4－4】 某企业于某年计划规定劳动生产率为 20 000 元/人，产品单位成本为 4 000 元/件；到年底经核算，实际劳动生产率达 22 000 元/人，实际单位成本达 4 200 元。则它们各自的计划完成相对数分别如下：

$$劳动生产率计划完成相对数=\frac{22\ 000}{20\ 000}\times100\%=110\%$$

$$单位成本计划完成相对数=\frac{4\ 200}{4\ 000}\times100\%=105\%$$

由于劳动生产率是正指标，单位成本是逆指标，所以上述结果说明：劳动生产率实际达到计划的 110%，即超额完成计划 10%(110%－100%)；而单位成本却比计划规定高出 5%(105%－100%)，因而没有完成计划规定的任务。

(二)结构相对数

结构相对数(structure)是总体内部部分单位某一方面特征的数值与总体全部单位某一方面特征的数值之比，计量单位一般用百分数或系数表示，计算公式为：

$$结构相对数=\frac{总体部分单位数值}{总体全部单位数值}\times100\%$$

结构相对数主要用来说明现象内部的构成和特征类型，如计算一个国家或地区不同产业占全部经济的比重，可以说明该国家或地区的经济类型及经济发展的程度；计算一个国家或地区不同年龄层次人数占总人口的比重，可以说明该国家或地区的人口类型等。

(三)比例相对数

比例相对数(proportion)是同一个总体的两个部分之间的对比，计量单位一般为系数、倍数或百分数，计算公式为：

$$比例相对数=\frac{总体某一部分单位数值}{总体另一部分单位数值}\times100\%$$

【例 4－5】 一个工厂把 100 名工人分成白班和夜班两班，其中上白班有 60 人，用上白班人数与上夜班人数进行比较，白班人数为夜班人数的 150%，即为比例相对指标，也可以用比例式写成 1.5∶1。

(四)比较相对数

比较相对指标(ratio)是指同一指标在不同总体(不同空间范围)，如不同国家、地区、对象单位间的对比。计量单位一般为系数、倍数或百分数，计算公式为：

$$比较相对数=\frac{某一总体某一指标数值}{另一总体同一指标数值}\times100\%$$

【例 4－6】 据美国中央情报局(CIA)提供的数据，2011 年底 GDP(百万美元)世界排名前 12 位的国家如表 4－3 所示。

表 4－3　**2018 年 GDP 世界排名前 12 位的国家**　单位：百万美元

国家	GDP(百万美元)	备　注
世界	857 908	
美国	204 941	
中国	136 082	(900 309.5 亿元人民币) 汇率以 6.615 9 元∶1 美元计算
日本	49 709	

续表

国家	GDP(百万美元)	备　注
德国	39 968	
英国	28 252	
法国	27 775	
印度	27 263	
意大利	20 739	
巴西	18 186	
加拿大	17 093	
俄罗斯	16 576	
韩国	16 194	
西班牙	14 262	

资料来源:中国统计年鉴 2019,国家统计局编写,中国统计出版社 2020。

如以中国为基准,计算各国与中国相比 GDP 比较相对数,结果见表 4-4。

表 4-4　　2018 年底 GDP 世界排名前 12 位国家的比较相对数

国家	GDP(百万美元)	各国 2017 年 GDP 比较相对数(以中国为对比基础)		备　注
		系数/倍数	百分数	
世界	857 908	6.304 3	630.43%	
美国	204 941	1.506 0	150.60%	
中国	136 082	1.000 0	100.00%	(900 309.5 亿元人民币)汇率以 6.615 9 元:1 美元计算
日本	49 709	0.365 3	36.53%	
德国	39 968	0.293 7	29.37%	
英国	28 252	0.207 6	20.76%	
法国	27 775	0.204 1	20.41%	
印度	27 263	0.200 3	20.03%	
意大利	20 739	0.152 4	15.24%	
巴西	18 186	0.133 6	13.36%	
加拿大	17 093	0.125 6	12.56%	
俄罗斯	16 576	0.121 8	12.18%	
韩国	16 194	0.119 0	11.90%	
西班牙	14 262	0.104 8	10.48%	

(五)强度相对数

强度相对数(relative density)是指同一总体,两个性质不同但相互有联系的指标数据之比,反映现象的强度、密度以及普遍程度,计算公式为:

$$\text{强度相对数}=\frac{\text{某一指标数值}}{\text{另一有联系的不同指标数值}}\times 100\%$$

计量单位一般为有名数,如商品流转次数为“次”;也有些是由分子分母指标的计量单位复合而成,如人口密度为“万人/平方千米”;但如果对比的分子分母计量单位相同,也可用百分数或千分数表示,如资金利税率、商品流通费率的计量单位是百分数,人口自然增长率的计量单位是千分数等。

(六)动态相对数

动态相对数(rate)是指同一总体、同一指标数据在不同时间上的对比,以说明事物的发展变化的速度、方向和趋势。计算单位一般为百分数,计算公式为:

$$\text{动态相对数}=\frac{\text{报告期数值}}{\text{基期数值}}\times 100\%$$

动态相对数也称发展速度或指数(有关内容将在第十章详细介绍),发展速度减去100%所得到的差可用“百分点”表示。百分点是百分数的单位,一个百分点就是1%,常用于两个百分数相减的场合。例如,某地区2011年人均GDP的增长速度为18.1%,而2010年人均GDP的增长速度为11.0%,则该地区2011年人均GDP的增长速度比2010年上升了7.1个百分点。

六种相对数指标的异同如表4-5所示:

表4-5　六种相对数指标的比较

不同时期	同一时期				
同一总体中					不同总体
报告期与基期	实际与计划	部分与部分	部分与总体	某一现象与另一与之关联现象	
同类现象比较				不同现象比较	同类现象比较
动态相对数	计划完成相对数	比例相对数	结构相对数	强度相对数	比较相对数

三、计算和应用数据相对量时应注意的问题

(一)必须注意分子分母的可比性

可比性是计算数据相对量的重要条件,所谓可比性,是指进行对比的两个变量所包括的内容、范围、时间和计算方法具有一致性。只有两个对比变量可比,才能满足统计分析的要求,对比的结果才能正确地反映现象的本质和数量特性。反之,如果两个对比的变量不具备可比性,那么对比的结果就不能反映事物的真相,从而得出错误的结论。

(二)必须同数据总量结合起来运用

数据相对量把现象的绝对水平抽象化了,从而掩盖了现象之间绝对量的差异性。所以在利用数据相对量来说明现象某一方面的数量特征时,必须与计算数据相对量所依据的数据总量联系起来考虑问题,才能对客观现象有较为深刻的认识,把握事物的本质。因为,有时数据相对量较大而绝对数却很小,有时相对数较小而绝对数却很大,因此,如果只根据相对数的大小来判断,就很难揭示现象的真实面貌。

(三)要把各种数据相对量结合起来运用

现象是复杂多变的,一种数据相对量只能反映现象某一方面的特征或属性,要掌握事物的全部特征、现象的全貌,就必须把各种数据相对量联系起来研究问题,才能较为全面地说明现象的全貌、全过程及其发展变化的规律性。

第三节 数据分布集中趋势的特征描述

统计表与统计图可以用来大概描述数据的变化情况及分布结构,数据总量和相对量分别描述了数据的总规模和相对变化状况。但是,对于数据的进一步描述,还需要通过计算其某些分布特征数来描述总体。数据的分布特征主要包括数据分布集中趋势的特征描述、数据分布离散程度的特征描述等。

凯特勒

凯特勒(Lambert Adolphe Jacques Quetelet,1796—1874),19 世纪比利时统计学家、数学家和天文学家。他从统计学角度出发看人,认为人的成长是会依从一套既定的法则。所以,我们可以通过统计数字去推算一个人的发展。他发明了身高体重指数(BMI)来推算一个人的健康状况。

凯特勒出身于比利时甘特市的一个小商人家庭。1819 年毕业于甘特大学,因数学成绩出类拔萃,在布鲁塞尔雅典娜学校从事数学教学工作。1823 年赴法国巴黎学习天文学。1828 年任布鲁塞尔大学教授,讲授天文学、测量学,研究气象学和统计学。1834 年任比利时科学院秘书。1841 年任比利时中央统计委员会会长。1851 年积极筹备国际统计学会组织,并任第一届国际统计会议主席。在此之后,先后被选为英国科学促进会统计学部常务委员、欧洲各国科学院的院士。

由于历史的原因,概率论的产生和形成在 16—18 世纪与统计学关联性不大,统计学也很少将概率论应用到自己的领域。将统计学与概率论真正结合起来的,则是凯特勒的功绩。故此,凯特勒被统计学界称为“近代统计学之父”“国际统计会议之父”。他一生著作颇丰,其中有关统计学方面的就有 65 种之多。影响最大的有:《论人及其才能的发展》(再版时改名为《社会物理学》)(1835)、《关于应用于道德科学、政治科学的概率论的书简》(1846)、《社会制度及其支配规律》(1848)和《社会物理学》(1869)。

从 1831 年开始,凯特勒收集了大量关于人体生理测量的数据,如体重、身高与胸围等。经分析研究后,认为这些生理特征都围绕着一个平均值而上下波动,呈现出概率论中所述的正态分布。凯特勒的“平均人”思想在历史上影响很大。马克思在其《资本论》一书中也曾运用过这种思想。

1857 年,凯特勒在第三次国际统计会议上,论证了概率论方法对于统计价值测定的必要性。1867 年,他在第六次国际统计会议上,又提出希望能建立一个特别小组委员会来处理直接与概率论有关的统计问题。他的这种关于概率统计的方法是应用于任何事物数量研究的最一般方法的思想,对以后统计学的发展具有重大意义。

一、数据分布集中趋势特征描述的含义

集中趋势(central tendency)是描述数据分布的一个重要的特征数,指一组数据向某一

中心值靠拢的程度，反映了一组数据的平均水平、中等水平和代表水平，显示了数据中心点的位置所在。

数据分布集中趋势特征描述的测度就是寻找数据的代表值或中心值，常用来表示数据分布集中趋向的特征描述的测度有算术平均数、几何平均数、中位数、众数等。其中，算术平均数、几何平均数属于高层次数据分布的集中趋势测度，中位数、众数属于低层次数据分布的集中趋势测度。

需要注意的是：低层次数据分布的集中趋势测度适用于高层次的数据（定距数据和定比数据），能够揭示总体中众多个观察值所围绕与集中的中心；反之，高层次数据分布的集中趋势测度值并不适用于低层次的数据（定类数据和定序数据）。

二、数据分布集中趋势特征描述的测度

（一）算术平均数

算术平均数（arithmetic mean）又称均值（mean），是全部数据的算术平均值，是数学平均数之一，又是数据分布集中趋势特征最主要的测度，属于高层次数据的集中趋势测度。它适用于定距数据和定比数据，但不适用于定类数据和定序数据。

1. 算术平均数的基本公式

算术平均数是最常用的一种数据分布集中趋势测度值。它是总体数据总量的平均值，等于总体数据总量除以总体单位数，即：

$$\text{算术平均数}=\frac{\text{总体数据总量}}{\text{总体单位总数}}$$

在具备总体数据总量和总体单位总数时，可利用基本公式直接计算算术平均数。

【例 4－7】 某公司职工月工资总额为 4 565 340 元，职工总人数为 1 500 人，则该公司职工某月的月平均工资为：

$$\text{月平均工资}=\frac{\text{总体数据总量}}{\text{总体单位总数}}=\frac{\text{工资总额}}{\text{职工人数}}=\frac{4\ 565\ 340}{1\ 500}=3\ 043.56(\text{元})$$

运用算术平均数时需要注意：利用基本公式时，要注意公式的分子和分母在总体范围上的可比性，也就是说，分子和分母必属同一总体；同时，计算结果的计量单位应当与数据总量的计量单位一致。

2. 算术平均数的计算方法

根据数据是否分组，算术平均数有两种形式和计算公式。

弗朗西斯·伊西德罗·埃奇沃思

弗朗西斯·伊西德罗·埃奇沃思（Francis Ysidro Edgeworth，1845—1926）是英国统计学家，数理统计学的先驱。

他热心研究概率论与数理统计，并将其应用到经济学的领域中。他在统计思想上，受凯特勒和高尔顿（Francis Galton，1822—1911）的影响，这从他早期的著作——1877 年出版的《伦理学的新旧方法》一书中，就可以明显地看出来。

埃奇沃思对统计科学的主要贡献，是他最早运用数学，特别是概率论来研究社会经济问题。正因为这样，所以在统计史上称他为描述学派或旧数理学派中经济学派的创始人。1883 年，在他的论文中就预示出戈赛特

后来提出的t分布。他还在一篇关于《决定黄金价值变动的方法》的论文中,推荐了算术计算方法。1884年,他继拉普拉斯之后研究并出版了《机遇的科学》一书,从哲学的高度论述了机遇概率问题。1885年,他发表了关于出生率、死亡率和结婚率变化等有关生命统计的论文,还出版了《统计方法》,提出了统计学就是"平均数科学"。他认为,统计科学由两个主要内容构成:一是找出两个平均数之间的差异,有多大是由法则的偶然性或象征性造成的;二是指出哪种平均数是最好的。他关于变异的科学,可与费歇的方法相媲美。

埃奇沃思在1900年发表的《论统计描述应用数学公式》一文,既涉及纯理论的研究,也谈到各种统计方法的应用。他在文章中主张:"哪里可能,我们就在哪里使用频数正态法则。"他还以正态分布为出发点,遵循正态法则,根据假设的级别,提出了一种"置换方法",或者做了一番把不同正态曲线的两半结合起来的尝试。他的这一主张,需要慎重地整理资料,详细地分析、观察,以便发现各种原因的影响。任何频数正态分布的离差都表明其他原因在起作用,所以统计学家的任务就是要探索这些原因,从而为现代统计学者提出了一个新的课题。

埃奇沃思论著很多,主要有:《伦理学的新旧方法》(1877年)、《数学心理学》(1881年)、《机遇的科学》(1884年)、《统计方法》(1885年)、《社会现象中的非对称相关》(1890年)、《论统计描述应用数学公式》(1900年)、《误差规则》(1904年)、《概率论在社会统计中的应用》(1913年)。

(1)简单算术平均数。简单算术平均数(simple arithmetic mean)是最常用的描述数据分布集中趋势特征的测度,主要用于未分组资料。设观测值为 $X_1,X_2,X_3,\cdots,X_N$,则简单算术平均数为:

$$\overline{X}=\frac{\sum_{i=1}^{n}X_i}{n}$$

【例4-8】 某学生大学一年级第一学期六门课程的成绩为93,49,89,97,63,77,则该学生大学一年级第一学期六门课程的平均成绩为:

$$\overline{X}=\frac{93+49+89+97+63+77}{6}=78(分)$$

(2)加权算术平均数。对于分组资料,则需要计算加权算术平均数(weighted arithmetic mean),计算公式为:

$$\overline{X}_w=\frac{\sum_{i=1}^{n}w_iX_i}{\sum w_i}$$

式中,$X_1,X_2,\cdots,X_n$ 表示变量 X_i 的取值;$w_1,w_2,\cdots,w_n$ 表示相应 X_n 的权重,表示变量 X_i 取值不同所起的作用不尽相同,需对各变量 X_i 的不同取值赋予不同的权重以表示其重要程度。如果所有的权数相等,即 $w_1=w_2=\cdots=w_n$,则加权算术平均数 $\overline{X}=\frac{\sum_{i=1}^{n}w_iX_i}{\sum_{i=1}^{n}w_i}=$

$\frac{w_i\sum_{i=1}^{n}X_i}{w_i\sum_{i=1}^{n}1}=\frac{\sum_{i=1}^{n}X_i}{n}$。这表示，简单算术平均数是加权平均数的权数相等时的一个特例。反之，简单算术平均数，由于数据未分组，因而隐含着“各个数据具有同等的重要性”的假定。

【例 4-9】 甲、乙两学生某门课程的平时成绩、期中成绩和期末成绩如表 4-6 所示。

表 4-6　　甲、乙两学生某门课程的平时成绩、期中成绩和期末成绩

	平 时	期 中	期 末
甲	70	75	100
乙	100	80	70

试问该门课程哪个学生成绩好？

如果计算简单平均数，则：

$$\overline{X}_{甲}=\frac{70+75+100}{3}=81.3$$

$$\overline{X}_{乙}=\frac{100+80+70}{3}=83.3$$

结果显示：学生乙的成绩好于学生甲。显然，这样计算大家都不会同意，因为这样计算是把平时、期中和期末成绩的重要程度看成是同等的，即权数都为 1。实际上，不管从哪种角度看，平时、期中和期末成绩的重要性肯定是不一样的。若重视考试的话，可设权重分别为 $w_1=10\%$，$w_2=30\%$，$w_3=60\%$，则需计算加权平均数：

$$\overline{X}_{甲}=\frac{70\times0.1+75\times0.3+100\times0.6}{0.1+0.3+0.6}=89.5$$

$$\overline{X}_{乙}=\frac{100\times0.1+80\times0.3+70\times0.6}{0.1+0.3+0.6}=76$$

结果是：学生甲的成绩好于学生乙。

相反，如果重视平时成绩的话，把权数设定为 $w_1=60\%$，$w_2=30\%$，$w_3=10\%$，计算结果正好相反（计算过程和计算结果略）。

这个例子的问题本质在于：算术平均数有无权数的区别在哪里？设定权数的依据何在？

3. 算术平均数的数学性质

（1）平均数与总体单位总数的积等于总体数据总量，即：

$$\overline{X}N=\sum X,\overline{X}\sum f=\sum Xf$$

（2）若每个变量值 X 加减一任意常数 α，则平均数也加减这个任意值 α，即：

$$\overline{X}\pm\alpha=\frac{\sum(X\pm\alpha)}{N},\overline{X}\pm\alpha=\frac{\sum(X\pm\alpha)f}{\sum f}$$

（3）若每个变量值 X 乘以一任意常数 α，则平均数也乘以这个任意值 α，即：

$$\overline{X}\cdot\alpha=\frac{\sum(X\cdot\alpha)}{N},\overline{X}\cdot\alpha=\frac{\sum(X\cdot\alpha)f}{\sum f}$$

(4)若每个变量值 X 除以一任意常数 α,则平均数也除以这个任意值 α,即:

$$\frac{\overline{X}}{\alpha}=\frac{\sum\left(\frac{X}{\alpha}\right)}{N},\frac{\overline{X}}{\alpha}=\frac{\sum\left(\frac{X}{\alpha}\right)f}{\sum f}$$

(5)各个变量值 X 与算术平均数 $\overline{X}$ 的离差和为零,即:

$$\sum(X-\overline{X})=0,\sum(X-\overline{X})f=0$$

该性质证明如下:$\sum_{i=1}^{n}(X_i-\overline{X})=\sum_{i=1}^{n}X_i-\sum_{i=1}^{n}\overline{X}=\sum X_i-\overline{nX}=0$[利用性质(1)]。

(6)各个变量值 X 与算术平均数 $\overline{X}$ 的离差平方和是 X 与任意数值离差平方和中的最小值。

该性质证明如下:设 $X'=\overline{X}+C$,其中 C 为不等于 0 的任意实数,那么,

$$\begin{aligned}\sum(X-X')^2&=\sum[X-(\overline{X}+C)]^2=\sum[X-\overline{X}-C]^2=\sum[(X-\overline{X})-C]^2\\&=\sum[(X-\overline{X})^2-2(X-\overline{X})C+C^2]\\&=\sum(X-\overline{X})^2-2C\sum(X-\overline{X})+\sum C^2\\&=\sum(X-\overline{X})^2+\sum C^2>\sum(X-\overline{X})^2\end{aligned}$$

式中:①根据性质(5) $\sum(X-\overline{X})=0$,所以,$2C\sum(X-\overline{X})=0$;

②由于 C 为不等于 0 的任意实数,所以,$\sum C^2>0$。

4. 算术平均数与强度相对数的区别

(1)概念不同。算术平均数是总体数据总量和总体单位总数这两个绝对数之比,分子中的每一个数据都由分母的每一个总体单位来承担,反映总体数据的一般水平;而强度相对数是两个性质不同而有联系的数据总量之比。

(2)作用不同。强度相对数反映现象的密度、强度和普遍程度,算术平均数反映同一现象总体的一般水平。

(3)分子分母的依存关系不同。算术平均数的分子与分母间存在直接的依存关系,而强度相对指标的分子、分母之间无依存关系。

例如,人均 GDP 是 GDP 与人口总数之比。因为人口总数中包括具有劳动能力的劳动人口和不具有劳动能力的非劳动人口,即使具有劳动能力的劳动人口也有部分由于某种原因而实际不参加劳动,因此,计算人均 GDP 时,分母“人口总数”不属于“总体单位总数”,而是与 GDP 性质不同但有联系的数据总量。所以,人均 GDP 不是算术平均数,而是具有普遍程度的强度相对数。

(二)几何平均数

几何平均数(geometric mean)又称对数平均数,是 n 个标志值连乘积的 n 次方根。它是数学平均数之一,也是数据分布集中趋势特征主要的测度之一,属于高层次数据的集中趋势测度,适用于定距数据和定比数据,但不适用于定类数据和定序数据。根据所掌握的资料不同,有两种计算方法:

1. 简单几何平均数

根据未分组资料,计算简单几何平均数。其计算公式为:

$$\bar{x}_G = \sqrt[n]{x_1 x_2 \cdots x_n} = \sqrt[n]{\prod_{i=1}^{n} x_i}$$

式中：$x_1, x_2, \cdots, x_n$ 为各标志值；n 为变量值的个数；$\prod$ 为连乘积符号。

2. 加权几何平均数

根据分组资料，计算加权几何平均数。其计算公式为：

$$\bar{x}_G = \sqrt{x_1^{f_1} x_2^{f_2} \cdots x_n^{f_n}} = \sqrt{\prod_{i=1}^{n} x_i^{f_i}}$$

如果不用计算机，很难直接求得高次方程的根，这时可通过对数的方式求解，下面以简单几何平均数为例，说明其计算方法。

先对方程两边求对数：

$$\lg \bar{x}_G = \frac{1}{n}(\lg x_1 + \lg x_2 + \cdots + \lg x_n) = \frac{\sum_{i=1}^{n} \lg x_i}{n}$$

然后再通过查反对数表，求出 $\bar{x}_G$。因此，几何平均数也称对数平均数。

注意，几何平均数并不是在任何情况下都可计算的，而是有一定条件的。从数学角度看，几何平均数适用于呈几何级数变动的数列，且要求各标志值不等于零，当然也要求各标志值不为负数的情况下，才能计算几何平均数，通常几何平均数用于平均比率和平均速度的计算。

【例 4-10】 某企业某种产品须经过 4 个车间的流水作业才能完成，如果第一车间的产品合格率为 90%，第二车间的产品合格率为 97%，第三车间的产品合格率为 95%，第四车间的产品合格率为 98%，则该产品总的合格率等于各车间合格率之积，而四个车间的平均合格率为：

$\bar{x}_G = \sqrt[4]{90\% \times 97\% \times 95\% \times 98\%} = \sqrt[4]{0.81} = 95\%$

【例 4-11】 设某厂 10 年的产量环比发展速度如下：第 1、2 年各为 105%，第 3、4、5 年各为 110%，第 6、7、8 年各为 120%，第 9、10 年各为 130%，则 10 年的产量总发展速度为各年环比发展速度的连乘积，而平均发展速度为：

$$\begin{aligned}\bar{x}_G &= \sqrt{x_1^{f_1} x_2^{f_2} \cdots x_n^{f_n}} = \sqrt[10]{1.05^2 \times 1.1^3 \times 1.2^3 \times 1.3^2} \\ &= \sqrt[10]{4.28536} = 115.66\%\end{aligned}$$

(三)调和平均数

1. 调和平均数的定义

调和平均数(harmonic mean)又称倒数平均数，是变量值倒数的算术平均数的倒数。它是数学平均数之一，也是数据分布集中趋势特征主要的测度之一，属于高层次数据的集中趋势测度，适用于定距数据和定比数据，但不适用于定类数据和定序数据。根据所掌握的资料不同，有两种计算方法。

(1)不分组数据(简单平均)：

$$H = \frac{1}{\frac{\sum \frac{1}{X}}{N}} = \frac{N}{\sum \frac{1}{X}}$$

(2)分组数据(加权平均)：

$$H = \frac{1}{\frac{\sum \frac{1}{X} f}{\sum f}} = \frac{\sum f}{\sum \frac{1}{X} f}$$

2. 调和平均数的特点

(1)调和平均数易受极端值的影响,且受极小值的影响比受极大值的影响更大;

(2)变量 X 的值不能为 0,只要有一个为 0,就不能计算调和平均数;

(3)当组距数列有开口组时,其组中值即使按相邻组距计算了,假定性也很大,这时,调和平均数的代表性就很不可靠;

(4)调和平均数应用的范围较小;

(5)以相同数据计算,调和平均数<几何平均数<算术平均数。

3. 调和平均数的应用

(1)等距离平均速度问题、等溶质增减溶剂问题、等发车前后过车问题。①

最常用的是只有两个正数值 X_1, X_2 的调和平均数计算公式:

$$H=\frac{2}{\frac{1}{X_1}+\frac{1}{X_2}}=\frac{2X_1X_2}{X_1+X_2}$$

【例 4-12】 一辆汽车过桥,上桥段时速 60 千米,下桥时速 120 千米,上下桥距离相等,则其平均速度应用调和平均数公式计算:

$$H=\frac{2\times60\times120}{60+120}=80(\text{千米/小时})$$

同为两个正数值 X_1, X_2,算术平均数和几何平均数分别为:

$$\overline{X}=\frac{X_1+X_2}{2};G=\sqrt{X_1X_2}$$

此时,调和平均数、算术平均数和几何平均数有如下关系:

$$H=\frac{G^2}{\overline{X}}$$

就是说,已知其中两个可推算第三个,如[例 4—12]中,

$$\overline{X}=\frac{X_1+X_2}{2}=\frac{60+120}{2}=90(\text{千米/小时})$$

那么,$G=\sqrt{H\overline{X}}=\sqrt{80\times90}=84.852\ 1$(千米/小时)

此时,$H=80$(千米/小时)$<G=84.852\ 1$(千米/小时)$<\overline{X}=90$(千米/小时),印证了“调和平均数<几何平均数<算术平均数”的结论。

(2)对于分组数据,计算算术平均数时,如果已知变量 X,未知频数 f,则可借用调和平均数的计算公式。这种形式的调和平均数被称作算术平均数的变形,所计算的应该是算术平均数,而不是调和平均数。所以,以这种形式计算的调和平均数应该和算术平均数相等。证明如下:

因为:
$$\sum f=\sum\frac{Xf}{X}$$

所以:
$$\overline{X}=\frac{\sum Xf}{\sum f}=\frac{\sum Xf}{\sum\frac{Xf}{X}}$$

令:
$$M=Xf$$

---

① 详见我国高中二年级数学教材。

则：

$$\overline{X}=\frac{\sum M}{\sum \frac{1}{X}M}$$

由于 X 已知，f 未知，则：

$$\overline{X}=\frac{\sum M}{\sum \frac{1}{X}M}=H$$

数据的相对量描述或数据分布的集中趋势描述，通常是两个数据总量对比的结果。如果还要对数据相对量或数据总量再计算平均数，就要考察该数据相对量或数据总量对比的分子分母。此时，是否有必要采用算术平均数的变形——调和平均数的计算公式，需考察是否已知变量 X 数据、未知频数 f 数据的问题，就转化为是否已知数据相对量或数据总量对比的分子数据、未知分母数据的问题。确定原则是：

若掌握了分母的数据，则以之为权数，采用加权算术平均数形式计算；

若掌握了分子的资料，则以之为权数，采用加权调和平均数形式计算。

在经济生活中，大多统计数据相对量或算术平均数的分子，而不统计分母，如大型商场或超市的统计，一般只记录各种商品价格及其销售额，而不统计它们的销售量，从而扩大了调和平均数在这方面的应用。这时，要计算已销售商品的平均价格就要用加权调和平均数计算公式。

①由相对数计算。

【例 4－13】 某县供销合作社下属 45 个供销点的粮食收购计划完成情况及计划收购额如表 4－7 所示，要求计算该县 45 个供销点的平均粮食收购计划完成数。

表 4－7　　收购计划完成情况及计划收购额

计划完成情况(%)	组中值 X	供销点(个)	计划收购额 f
90 以下	85	2	30 000
90—100	95	17	180 000
100—110	105	11	328 100
110—120	115	14	310 000
120 以上	125	1	20 000
合　计	—	45	868 100

计划完成相对数的基本公式为：

$$\text{计划完成相对数}=\frac{\text{某期实际完成数}}{\text{同期计划数}}\times 100\%$$

根据表 4－7 所示，所计算变量 X 为计划完成情况；等式右边已知分母，以之为权数，采用加权算术平均数形式计算收购计划平均完成程度。

$$\begin{aligned}\overline{X}&=\frac{\sum Xf}{\sum f}\times 100\%\\&=\frac{30\,000\times 0.85+180\,000\times 0.95+328\,100\times 1.05+310\,000\times 1.15+20\,000\times 1.25}{868\,100}\times 100\%\\&=\frac{922\,500}{868\,100}\times 100\%=106.27\%\end{aligned}$$

但在现实生活中,已知计划数(即分母)的情况十分罕见,大多已知实际数(即分子),如表 4-8 所示。

表 4-8　收购计划完成情况及实际收购额

计划完成情况(%)	组中值	供销点(个)	实际收购额
90 以下	85	2	25 500
90—100	95	17	171 000
100—110	105	11	344 500
110—120	115	14	356 500
120 以上	125	1	25 000
合　计	—	45	922 500

根据表 4-8,所计算变量为计划完成情况;等式右边已知分子,以之为权数,采用加权调和平均数形式计算收购计划平均完成程度。

$$\text{粮食平均收购计划完成相对数}=\frac{\sum \text{实际收购额}}{\sum \dfrac{\text{实际收购额}}{\text{粮食计划完成相对数}}}\times 100\%$$

$$=\frac{922\ 500}{\dfrac{25\ 500}{0.85}+\dfrac{171\ 000}{0.95}+\dfrac{344\ 500}{1.05}+\dfrac{356\ 500}{1.15}+\dfrac{25\ 000}{1.25}}\times 100\%$$

$$=\frac{922\ 500}{868\ 100}\times 100\%=106.27\%$$

结果表示:该县供销合作社下属 45 个供销点的粮食平均收购计划完成 106.27%。

②由平均数计算平均数。

如大型商场或超市的统计,一般只记录各种商品价格及其销售额,而不统计它们的销售量,这时要计算已销售商品的平均价格,就要用加权调和平均数计算公式。

【例 4-14】 某超市某日销售三种大米,每种大米的价格及销售金额资料如表 4-9 所示。

表 4-9　某超市某日销售三种大米的价格及销售金额

大米品种	价格(元/千克) (X)	销售金额(元) ($Xf=M$)
第一种	3.5	1 000
第二种	4.0	2 000
第三种	4.5	1 500
合　计	—	4 500

根据表 4-9,已知销售金额和销售价格的数据,所以无法直接采用算术平均数计算这三种大米的平均价格,需用调和平均数公式计算:

$$H=\frac{4\ 500}{\frac{1\ 000}{3.5}+\frac{2\ 000}{4.0}+\frac{1\ 500}{4.5}}=\frac{4\ 500}{1\ 119}=4.02(\text{元/千克})$$

结果表示：该超市某日已销售的三种大米的平均价格为 4.02 元/千克。

(四)平方平均数

平方平均数简称方均根(root mean square，RMS)是二次方的广义平均数的表达式，也可称为二次幂平均数。计算公式为：

$$RMS=\sqrt{\frac{\sum_{i=1}^{N}X_i^2}{N}}=\sqrt{\frac{X_1^2+X_2^2+\cdots+X_N^2}{N}}$$

方均根常用来计算一组数据和某个数据的“平均差”。像交流电的电压、电流数值以及匀加速直线运动的位移中点平均速度，都是以其实际数值的均方根表示。例如，交流电 220V 表示电压信号的方均根(又称有效值)为 220V，为交流电瞬时值(瞬时值又称暂态值)的最大值的$\frac{1}{\sqrt{2}}$。

另外，下一节所涉及的标准差和二阶中心距，就是所有数据 $X_1,X_2,\cdots,X_n$ 和其算术平均值 $\overline{X}$ 相减后的数据 $X_1-\overline{X},X_2-\overline{X},\cdots,X_n-\overline{X}$ 的方均根：

$$\sigma=\sqrt{\frac{\sum_{i=1}^{N}(X_i-\overline{X})^2}{N}}$$

(五)众数

1. 众数的定义

众数(mode)是总体中出现次数量最多的数据，是数据分布集中趋势特征描述的测度之一。在日常工作和生活中，经常涉及众数。例如，市场上的女式皮鞋的尺码有多种多样，其中 36 码的销售量最大，其余尺码则相对要少一些，那么皮鞋厂在确定每种规格的皮鞋生产量时，就要按众数原则来确定，即 36 码鞋子的产量最大(众数)，其他尺码的鞋子产量就少一些。再如，若想了解集贸市场某种蔬菜或农副产品的价格，不必全面登记每笔交易，只要以市场上的普遍成交价格作为众数代替即可。

2. 众数的计算

根据定义，众数是总体中出现次数量最多的数据，因而相对其他数据分布集中趋势描述的测度，众数的应用范围较广，是唯一能用于定类数据分布的集中趋势描述的测度。

(1)定类数据计算众数。

【例 4－15】 某超市 2015 年 6 月某日商品按用途分类的销售额汇总情况如表 4－10 所示。

表 4－10　某超市 2015 年 6 月某日商品按用途分类的销售额汇总

商品按用途分类	日用品	食品	耐用品	服饰、鞋类	家居用品
销售额(万元)	45	50	24	15	9

根据表 4－10，该日食品的销售额最大，所以这一天商品按用途分类销售额众数为“食

品”,即 Mo=食品。

(2)定序数据计算众数。

【例 4-16】 某市 2015 年进行手机市场调查,样本容量为 1 000,有关被调查人学历的资料如表 4-11 所示。

表 4-11 被调查人学历分布

编码(排序)	学历	人数(频数)	频率(%)
1	高中及以下	216	21.6
2	大专	553	55.3
3	本科	192	19.2
4	研究生及以上	39	3.9
总 计		1 000	100.0

根据表 4-11,大专学历的人数最多,占样本容量的 55.3%,所以,该样本的学历众数为“大专”,即 Mo=大专。

(3)定距和定比数据计算众数。

对于定距和定比数据计算众数,根据其是否分组分为两种情况:

①分组数据和单项数列计算众数。定距和定比数据的未分组数据和单项数列计算众数较为简单,只要找出总体(或样本)中次数最多的数据,即为众数。

【例 4-17】 某车间工人的日产量资料如表 4-12 所示。

表 4-12 某车间工人的日产量

日产量(件)	工人数
10	5
11	10
12	35
13	12
14	8
合 计	70

由于第三组的次数最多,因而第三组的标志值即为众数,即 Mo=12(件)。

②组距数列计算众数。根据组距数列计算众数就比较复杂,计算步骤为:

首先,根据分组数据确定众数所在组的位置,简称为众数组。

其次,假定众数组内各标志值的次数成等差变化(而实际情况并不一定如此),众数组的次数与其前后组累计次数的比例关系如图 4-1 所示。

最后,根据众数所在组的次数与其前后组次数的比例关系,建立近似计算公式。

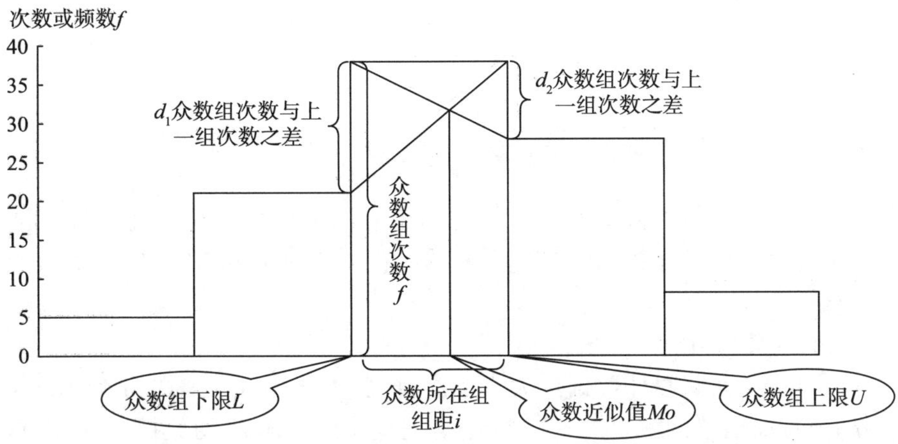

图 4-1　众数所在组的次数与其前后组次数的比例关系

下限公式：

$$Mo=L+\frac{d_1}{d_1+d_2}\times i$$

式中：Mo 为众数符号，L 为众数组的下限，d_1 为众数组次数与上一组次数之差，d_2 为众数组次数与下一组次数之差，i 为众数组的组距。

上限公式：

$$Mo=U-\frac{d_2}{d_1+d_2}\times i$$

式中：U 为众数组的上限，其他符号同下限公式。

【例 4-18】 某居民小区家庭月收入额资料如表 4-13 所示。

表 4-13　**某居民小区家庭月收入额**　单位：元

按人均年收入额分组	户 数
6 000 以下	30
6 000—7 000	150
7 000—8 000	400
8 000—9 000	950
9 000—10 000	500
10 000—11 000	200
11 000—12 000	100
12 000 以上	50
合　计	2 380

显然第四组的次数最多，因此，可以确定第四组为众数组，将有关数据代入公式计算众数的近似值。

下限公式：

$$Mo=L+\frac{d_1}{d_1+d_2}\times i=8\ 000+\frac{950-400}{(950-400)+(950-500)}\times 1\ 000$$

$$=8\ 000+\frac{550}{550+450}\times1\ 000=8\ 000+550=8\ 550(\text{元})$$

上限公式:

$$Mo=U-\frac{d_2}{d_1+d_2}\times i=9\ 000-\frac{950-500}{550+450}\times1\ 000=9\ 000-450=8\ 550(\text{元})$$

需要注意:并不是任何资料都可计算众数,只有在总体单位数较多且有明显的集中趋势的情况下,才可计算众数。假如总体单位虽多,但各标志值的次数都差不多,则无众数可言。

(六)中位数

1. 中位数的定义与特点

中位数(median),是将总体数据按大小顺序排列,处于中间位置的那个标志值,也是数据分布集中趋势特征描述的测度之一。特点是把整个经过顺序的数据分为相等的两个部分,一半数据比它小,而另一半数据比它大。

中位数的中位数可称为四分位数,以此类推,可计算八分位数、十六分位数等。根据这种分位数的原理,还可计算五分位数、十分位数等。

由于中位数是一种位置平均数,主要用于测度定序数据的集中趋势,当然也适用于定距和定比数据的集中趋势,但不适用于定类数据。由于其大小取决于整个数列中间位置上的那个数据的大小,故而它不受极端两值的影响,因此,当数列中出现特大值或特小值时,较之于算术平均数,中位数更具有代表性。

洛伦兹

洛伦兹曲线是用来反映社会收入分配或财产分配平均程度的曲线,因其是由美国统计学家 M. O. 洛伦兹发明而得名。洛伦兹把社会全体居民依其收入(十分位数)占全社会收入的比例分成若干个等级;再分别在横坐标和纵坐标上标明每个等级的人口占总人口的百分比、每个等级人口的收入占社会总收入的百分比。连接各等级的这两个百分比的坐标点所形成的一条曲线,就称为洛伦兹曲线。

2. 中位数的计算

确定中位数的方法一般是先确定中点位次,然后再找出中点位次所对应的那个标志值。具体计算方法则视资料而定。根据数据是否分组,中位数的计算方法如下:

(1)由未分组资料计算中位数。先将数值按大小顺序排列,然后按下面的公式计算中点位次,再根据中点位次找出对应的中位数。

$$\text{中点位次}=\frac{n+1}{2}$$

式中:n 为标志值个数。

当 n 为奇数时,对应于中点位次的那个标志值就是中位数。

【例 4-19】 5 个工人的月奖金额(元)分别为 30,50,70,75,80。中点位次$=\frac{n+1}{2}=\frac{5+1}{2}=3$,即第三个工人的月奖金额为中位数。则中位数 $Me=70$(元)。

当 n 为偶数时,需将中点位次左右的两个相邻标志值简单平均,以该平均数代表中位数。

【例 4-20】 有 6 个工人的月奖金额分别为 30,50,70,76,80,90。中点位次$=\frac{n+1}{2}=\frac{6+1}{2}=3.5$,这说明中位数在第三个工人与第四个工人之间,则第三个工人的月奖金额与第四个工人的月奖金额的简单算术平均数为中位数。中位数 $Me=\frac{70+76}{2}=73$(元)。

(2)由分组资料计算中位数。分组资料又可分为单项数列和组距数列。

①由单项数列计算中位数。先按 $\frac{\sum f+1}{2}$ 求出中点位次,然后找出与中点位次对应的标志值。

从理论上讲,中点位次应为 $\frac{\sum f+1}{2}$,但若 $\sum f$ 为偶数,则中点位次就含有小数。$\sum f$ 往往较大,是否加 1 对结果影响不大,为处理方便,可直接按 $\frac{\sum f}{2}$ 求中点位次。

【例 4-21】 某车间工人的日产量资料如表 4-14 所示。

表 4-14　　某车间工人的日产量资料

日产量(件)	工人数	累计次数
15	20	20
16	30	50
17	70	120
18	40	160
19	10	170
合　计	170	170

$$中点位次=\frac{\sum f}{2}=\frac{170}{2}=85$$

显然第 85 个工人处在中点位次上,而第 85 个工人正巧在第三组,所以第三组的标志值 17 件即中位数,即 $Me=17$(件)。

②由组距数列计算中位数。根据组距数列计算中位数比较复杂,其计算步骤为:

第一,按 $\frac{\sum f+1}{2}$ 或 $\frac{\sum f}{2}$ 确定中点位次。

第二,假定所有数据是均匀分布的,那么可采用比例插值法测算出中位数近似计算公式——中点位次到中位数所在组以前各组的累计次数的距离与中位数所在组的次数之比,等于中位数到中位数组下限的距离与组距之比。

下限公式:

$$Me=L+\frac{\frac{\sum f}{2}-S_{m-1}}{f_m}\times i$$

式中:Me 为中位数符号,L 为中位数所在组的下限,S_{m-1} 为按向上累计(即数据由小到大累计)的中位数所在组以前(小于于中位数)各组的累计次数,f_m 为中位数所在组的次数,i 为中位组所在组的组距。

上限公式:

$$Me = U - \frac{\frac{\sum f}{2} - S_{m+1}}{f_m} \times i$$

式中:U 为中位数所在组的上限,S_{m+1} 为按向下累计(即数据由大到小累计)的中位数所在组以后(大于中位数)各组的累计次数。

【例 4-22】 根据表 4-12 的数据计算累计次数,如表 4-15 所示。

$$中点位次 = \frac{\sum f}{2} = \frac{2\ 380}{2} = 1\ 190$$

表 4-15　　某居民小区家庭月收入额分组的累计次数

按人均年收入额分组(元)	户数	向上累计次数(数据由小到大累计,即第一组向最后一组累计)	向下累计次数(数据由大到小累计,最后一组向第一组累计)
6 000 以下	30	30	2 380
6 000—7 000	150	180	2 350
7 000—8 000	400	580	2 200
8 000—9 000	950	1 530	1 800
9 000—10 000	500	2 030	850
10 000—11 000	200	2 230	350
11 000—12 000	100	2 330	150
12 000 以上	50	2 380	50
合　计	2 380	—	—

由表中资料可知,中位数所在组为第四组,然后根据公式计算中位数。

下限公式:

$$Me = L + \frac{\frac{\sum f}{2} - S_{m-1}}{f_m} \times i = 8\ 000 + \frac{\frac{2\ 380}{2} - 580}{950} \times 1\ 000$$

$$= 8\ 000 + \frac{1\ 190 - 580}{950} \times 1\ 000 = 8\ 000 + 642.11 = 8\ 642.11(元)$$

上限公式:

$$Me = U - \frac{\frac{\sum f}{2} - S_{m+1}}{f_m} \times i = 9\ 000 - \frac{1\ 190 - 850}{950} \times 1\ 000 = 9\ 000 - 357.89 = 8\ 642.11(元)$$

三、算术平均数、中位数、众数的关系

算术平均数、中位数、众数都是描述数据分布集中趋势的特征值，但它们之间既有联系，也有区别。

（1）算术平均数包含的信息最多、最丰富，当分布比较规则、不存在极端值时，算术平均数描述集中趋势最合适。但算术平均数易受极端值的影响，而中位数和众数则不受极端值的影响。

（2）根据算术平均数、中位数、众数三者的数量关系可判别次数分布的具体形态。

算术平均数、中位数、众数三者之间的关系如图 4－2 所示。

当 $\bar{x}=Me=Mo$ 时，表示数据完全对称；

当 $\bar{x}<Me<Mo$ 时，数据存在极小值，影响了算术平均数，因而分布显示左偏；

当 $\bar{x}>Me>Mo$ 时，数据存在极大值，影响了算术平均数，因而分布显示右偏。

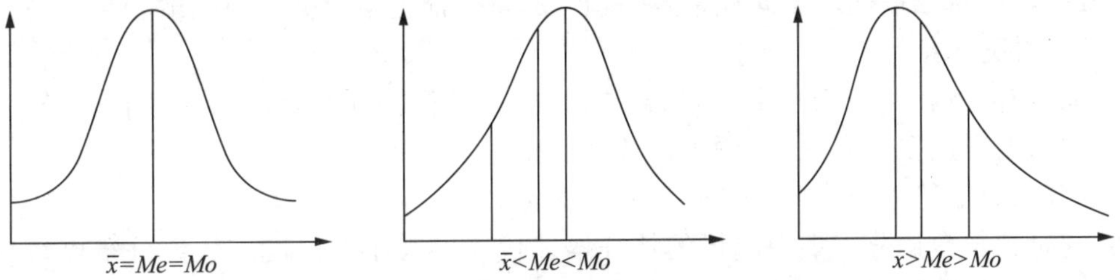

图 4－2　算术平均数、中位数、众数三者之间的关系

（3）根据黄金分割的原理，三者之间的数量关系为：众数到中位数的距离两倍于中位数到算术平均数的距离，即 $Me-Mo=2(\bar{x}-Me)$。

据此，可由其中已知的两个推算出第三者，三者之间推算关系如下：

$$Me=\frac{2\bar{x}+Mo}{3}$$

$$Mo=3Me-2\bar{x}$$

$$\bar{x}=\frac{3Me-Mo}{2}$$

（4）算术平均数适用于定距数据或定比数据，中位数适用于定序数据，众数适用于定性数据。表 4－16 列出了数据的层次类型及其所适用的分布集中趋势描述的测度。

表 4－16　　数据的层次类型及其所适用的分布集中趋势描述的测度

	定类	定序	定距	定比
数据层次类型适用的集中趋势描述值	众数*	众数	众数	众数
		中位数*	中位数	中位数
			四分位数	四分位数
			算术平均数*	算术平均数*
				几何平均数

说明：* 为该层次类型数据最适用的分布集中趋势描述的测度。

第四节 数据分布离散趋势的特征描述

一、数据分布离散趋势特征描述的含义和作用

数据分布集中趋势的特征描述是把数据间的绝对差异抽象化，采用截长补短的方法来表示数据的一般水平，反映数据分布的集中趋势特征。但从另一角度看，数据分布集中趋势描述掩盖了数据间的具体差异，然而，数据具体差异是客观存在的；若数据间的差异比较小，则数据分布集中趋势描述的代表性比较高；若数据的差异比较大，则数据分布集中趋势描述的代表性就比较低。因此，除了数据分布集中趋势的特征描述外，还存在数据分布离散趋势(或离中趋势)的特征描述。数据分布集中趋势的特征描述与数据分布离散趋势的特征描述是一对相互补充的指标。

数据分布离散(dispersion)趋势(或离中趋势)的特征描述，是说明数据间的差异程度的指标，反映了所有数据偏离中心位置的差异程度。

数据分布离散趋势的特征描述有两个重要的作用：

(1)它是评价数据分布集中趋势的特征描述代表性大小的尺度。数据分布离散趋势的特征描述越小，说明数据分布集中趋势的特征描述的代表性越大；相反，数据分布离散趋势的特征描述越大，则说明数据分布集中趋势的特征描述的代表性越小。

(2)反映现象的均衡性和稳定性。例如，可以在若干块相同条件的地块上播种相同的稻种，通过对各个地块上收获的稻子产量计算数据分布离散趋势的特征描述的测度来反映该稻种的稳定性；再如，可对企业一年中的 12 个月或 4 个季度的产值计算数据分布离散趋势特征描述的测度，以反映该企业生产的均衡性。

二、数据分布离散趋势特征描述的测度

常用的数据分布离散趋势特征描述的测度有异众比率、全距、平均差、标准差和方差、离散系数。

(一)异众比率

异众比率(variation ratio)又称离异比率或变差比，是指非众数组的频数占总频数的比例，简写为 V_r，其计算公式为：

$$V_r = \frac{\sum f_i - f_m}{\sum f_i} = 1 - \frac{f_m}{\sum f_i}$$

(二)全距

全距(range)也称极差，是指整个数列中最大值与最小值之差，其计算公式为：

$$R = \text{最大值} - \text{最小值} = X_{max} - X_{min}$$

在首尾两组均为闭口组的组距数列情况下，

$$R = \text{最高组的上限} - \text{最低组的下限}$$

全距的计算非常简便，但它只反映极端两值，不反映中间水平，因而比较粗略。

(三)平均差

平均差(average deviation)是指各标志值与其平均数离差的绝对值的算术平均数。根据资料不同,采用不同的计算公式。

1. 未分组资料计算平均差

计算公式为:

$$A.D=\frac{\sum_{i=1}^{n}|x_i-\bar{x}|}{n}$$

由于 $\sum_{i=1}^{n}(x_i-\bar{x})=0$,故此处用绝对值消除正负离差。

2. 分组资料计算平均差

计算公式为:

$$A.D=\frac{\sum_{i=1}^{n}|x_i-\bar{x}|f_i}{\sum_{i=1}^{n}f_i}$$

(1)单项数列计算平均差。

【例 4-23】 有 8 个学生的学习成绩分别为:

50　60　71　74　78　82　90　95

则其平均成绩为:

$$\bar{x}=\frac{\sum x}{n}=\frac{600}{8}=75(\text{分})$$

据此,可计算这 8 个学生的学习成绩平均差为:

$$A.D=\frac{\sum_{i=1}^{n}|x_i-\bar{x}|}{n}$$

$$=\frac{|50-75|+|60-75|+|71-75|+|74-75|+|78-75|+|82-75|+|90-75|+|95-75|}{8}$$

$$=\frac{90}{8}=11.25(\text{分})$$

(2)组距数列计算平均差。

【例 4-24】 某班的数学成绩如表 4-17 所示。

表 4-17　　**某班的数学成绩**

成绩	组中值 x	学生人数 f	$\lvert x_i-\bar{x}\rvert$	$\lvert x_i-\bar{x}\rvert f_i$
60 分以下	55	2	21.6	43.2
60—70 分	65	8	11.6	92.8
70—80 分	75	25	1.6	40.0
80—90 分	85	10	8.4	84.0
90 分以上	95	5	18.4	92.0
合　计	—	50	—	352.0

根据表 4-17 先计算该班的平均成绩：

$$\bar{x}=\frac{\sum xf}{\sum f}=\frac{3\ 830}{50}=76.6(\text{分})$$

然后，依据该班的平均成绩计算平均差：

$$A.D=\frac{\sum_{i=1}^{n}|x_i-\bar{x}|f_i}{\sum_{i=1}^{n}f_i}=\frac{352.0}{50}=7.04(\text{分})$$

(四)标准差和方差

卡尔·皮尔逊

卡尔·皮尔逊(Karl. Pearson,1857—1936)，生卒于伦敦，被公认为统计学之父。

卡尔·皮尔逊 1879 年毕业于剑桥大学数学系，曾参与激进的政治活动，出版了几本文学作品，并且做了三年的实习律师。1884 年进入伦敦大学学院 (University College,London)，教授数学与力学，从此待在该校直到 1933 年。

卡尔·皮尔逊最重要的学术成就是为现代统计学打下基础。自从达尔文演化论问世后，关于演化的本质争论不断，在这方面他深受高尔顿(达尔文表弟，“优生学”一词的发明者)与威尔顿的影响。威尔顿 1893 年提出“所谓变异、遗传与天择事实上只是‘算术’”的想法。这促使卡尔·皮尔逊在 1893—1912 年间写出 18 篇在演化论上具有数学贡献的文章，而这门“算术”就是今日的统计。许多熟悉的统计名词，如标准差、相关系数和卡方检验等，都是他提出的。在此期间，科学界对统计学的态度上有了较大的转变，并认识到统计学的重要性。

卡尔·皮尔逊、高尔顿与威尔顿为了推广统计在生物上的应用，于 1901 年创立统计的元老期刊“Biometrika”，由卡尔·皮尔逊任主编至去世。但是卡尔·皮尔逊的主观性强，经常对他本人认为有“争议”的文章删改或退稿，并因此与英国同时期最有才华的统计学家费歇结下梁子。

1906 年威尔顿去世后，卡尔·皮尔逊不再关注生物问题，而是专心致志于将统计发展成一门精确的科学。

标准差(standard deviation)，也称均方差，是各标志值与其平均数离差平方的平均数的平方根。

根据资料不同，分简单标准差和加权标准差两种计算公式：

(1) 根据未分组资料计算简单标准差，计算公式为：

$$\sigma=\sqrt{\frac{\sum_{i=1}^{n}(x_i-\bar{x})^2}{n}}$$

(2) 根据已分组资料计算加权标准差，计算公式为：

$$\sigma=\sqrt{\frac{\sum_{i=1}^{n}(x_i-\bar{x})^2 f_i}{\sum_{i=1}^{n}f_i}}$$

从公式中可以看出，这里是用离差平方和的方法来消除正负离差的，在数学处理方法上比较优越，因此标准差比平均差和全距更常用。

【例 4 - 25】 以例 4 - 23 的资料说明简单标准差的计算方法。

表 4 - 18　**8 个学生的学习成绩标准差**

学号	学习成绩	$x-\overline{x}$	$(x-\overline{x})^2$
1	50	−25	625
2	60	−15	225
3	71	−4	16
4	74	−1	1
5	78	3	9
6	82	7	49
7	90	15	225
8	95	20	400
	600	0	1 550

$\overline{x}=75$(分)

$$\sigma=\sqrt{\frac{\sum_{i=1}^{n}(x_i-\overline{x})^2}{n}}=\sqrt{\frac{1\ 550}{8}}=13.92(\text{分})$$

【例 4 - 26】 以例 4 - 24 的资料说明加权标准差的计算方法。

表 4 - 19　**某班的数学成绩加权标准差统计表**

成绩	组中值	学生人数	$x_i-\overline{x}$	$(x_i-\overline{x})^2$	$(x_i-\overline{x})^2 f_i$
60 分以下	55	2	−21.6	466.56	933.12
60—70 分	65	8	−11.6	134.56	1 076.48
70—80 分	75	25	−1.6	2.56	64.00
80—90 分	85	10	8.4	70.56	705.60
90 分以上	95	5	18.4	338.56	1 692.80
合　计	—	50	0	1 012.80	4 472.00

$\overline{x}=76.6$(分)

$$\sigma=\sqrt{\frac{\sum_{i=1}^{n}(x_i-\overline{x})^2 f_i}{\sum_{i=1}^{n}f_i}}=\sqrt{\frac{4\ 472}{50}}=9.46(\text{分})$$

标准差的计算也可采用下面的简捷计算公式：

根据未分组资料计算，$\sigma=\sqrt{\frac{\sum_{i=1}^{n}x_i^2}{n}-\left(\frac{\sum_{i=1}^{n}x_i}{n}\right)^2}=\sqrt{\overline{x^2}-\overline{x}^2}$；

根据已分组资料计算，$\sigma=\sqrt{\frac{\sum_{i=1}^{n}x_i^2f_i}{\sum_{i=1}^{n}f_i}-\left(\frac{\sum_{i=1}^{n}x_if_i}{\sum_{i=1}^{n}f_i}\right)^2}=\sqrt{\overline{x^2}-\overline{x}^2}$ 。

标准差的平方即方差，其符号为 σ^2。

对于分组资料，若掌握各组的平均数和方差，则：

总方差＝组间方差＋组内方差

即：

$\sigma_{总}^2=\sigma_{组间}^2+\sigma_{组内}^2$

(1)组内方差为：

$$\overline{\sigma}_{组内}^2=\frac{\sum\sigma_i^2f_i}{\sum f_i}$$

式中：σ_i^2 指第 i 组的组内方差。

$$\sigma_i^2=\frac{\sum_{j}^{f_i}(x_{ij}-\overline{x})^2}{f_i}$$

式中：x_{ij} 指第 i 组内的第 j 个变量值，n_i 指第 i 组的单位个数，$\overline{x}_i$ 指第 i 组的平均数。

例如，第一组的组内方差为 $\sigma_1^2=\frac{\sum_{j=1}^{f_1}(x_{1j}-\overline{x}_1)^2}{f_1}$，第二组的组内方差为 $\sigma_2^2=\frac{\sum_{j=1}^{f_2}(x_{2j}-\overline{x}_2)^2}{f_2}$，其他组的方差以此类推。

(2)组间方差为：

$$\sigma_{组间}^2=\frac{\sum(\overline{x}_i-\overline{x})^2f_i}{\sum f_i}$$

式中：$\overline{x}$ 指总平均数。

据此，总标准差为：

$\sigma_{总}=\sqrt{\sigma_{组间}^2+\sigma_{组内}^2}$

【例 4－27】 有 9 个商店的月营业额分别为：100 万元，110 万元，130 万元，140 万元，180 万元，200 万元，240 万元，250 万元，270 万元。

先把上述资料分为两组：

第一组：100，110，130，140，180　　第二组：200，240，250，270

根据资料可计算：总平均营业额 $\overline{x}=180$（万元），营业额的总方差 $\sigma_{总}^2=\frac{\sum_{i=1}^{n}(x_i-\overline{x})^2 f_i}{\sum f_i}=3\ 600$（万元）；

第一组的平均营业额 $\overline{x}_1=132$（万元），组内方差 $\sigma_1^2=776$（万元）；

第二组的平均营业额 $\overline{x}_2=240$（万元），组内方差 $\sigma_2^2=650$（万元）。

根据上述计算结果，组内方差的加权计算平均数为：

$$\overline{\sigma}_{组内}^2=\frac{\sum \sigma_i^2 f_i}{\sum f_i}=\frac{776\times5+650\times4}{9}=\frac{6\ 480}{9}=720（万元）$$

组间方差为：

$$\sigma_{组间}^2=\frac{\sum(\overline{x}_i-\overline{x})^2 f_i}{\sum f_i}=\frac{(132-180)^2\times5+(240-180)^2\times4}{9}=\frac{25\ 920}{9}=2\ 880（万元）$$

最后，可计算总方差：

$\sigma_{总}^2=\sigma_{组间}^2+\overline{\sigma}_{组内}^2=2\ 880+720=3\ 600$（万元）

可见，按 $\sigma_{组间}^2$ 加上 $\overline{\sigma}_{组内}^2$ 计算的总方差与按 $\frac{\sum(x_i-\overline{x})^2 f_i}{\sum f_i}$ 计算的总方差完全一致。这时总的标准差 $\sigma_{总}=\sqrt{2\ 880+720}=\sqrt{3\ 600}=60$（万元）。

（五）离散系数

由于全距、平均差、标准差有计量单位，而且它们的大小除受标志值间差异程度的影响外，还受数据水平高低的影响，因此若两组数列的计量单位不同，或数据水平高低不一样时，就无法用全距、平均差和标准差来比较两组数列的离散程度的大小。

离散系数（coefficient of variation）是消除数据水平高低影响后的纯粹反映数据间差异程度的相对指标，它既不受计量单位的影响，也不受数据水平高低的影响，因而便于对不同数据水平的离散程度进行比较。

常用的离散系数有平均差系数和标准差系数，计算公式如下：

$$平均差系数\ V_{A.D}=\frac{A.D}{\overline{x}}\times100\%$$

$$标准差系数\ V_{\sigma}=\frac{\sigma}{\overline{x}}\times100\%$$

【例 4－28】 有两个班的语文成绩如下：甲班平均数为 80 分，标准差为 10 分；乙班平均数为 70 分，标准差为 9。

$$V_{\sigma甲}=\frac{\sigma_{甲}}{\overline{x}_{甲}}\times100\%=\frac{10}{80}\times100\%=12.5\%$$

$$V_{\sigma乙}=\frac{\sigma_{乙}}{\overline{x}_{乙}}\times100\%=\frac{9}{70}\times100\%=12.86\%$$

因为 $V_{\sigma甲}<V_{\sigma乙}$，所以甲班平均数的代表性比较高，乙班平均数的代表性比较低。

第五节　数据分布偏度和峰度的特征描述

对于数据的次数分布而言,集中趋势和离散程度是两个重要的数据分布描述的特征值。但是,集中趋势和离散程度相同的数据,其分配的形态可能并不完全一样。因为数据的分布特征除了集中趋势和离散程度以外,还与数据分布的对称、尖峭程度有密切关系。这就涉及数据分布的偏度和峰度特征描述及其测度。

要测定偏度和峰度,首先要了解"矩"的概念。

所谓矩(moment),原是物理学上用以表示力与力臂的乘积的术语,在统计上,矩表示各变量值与某一给定值的离差的平均数,有原点矩和中心矩之分。

一、原点矩和中心矩

设 k 为正整数,c 为任何实数,则 $\dfrac{\sum_{i=1}^{n}(x_i-c)^k}{n}$ 称为变量 x 对 c 的 k 阶矩,或叫 k 阶动差。若 $c=0$,叫作 k 阶原点矩(moment about the origin);若 $c=\bar{x}$,则称为 k 阶中心矩(moment about the mean)。

表 4-20 和表 4-21 分别列出 1 至 k 阶原点矩和中心矩的计算公式。

表 4-20　　1 至 k 阶原点矩计算公式

简单	加权
一阶原点矩 $M_1=\dfrac{\sum x}{n}=\bar{x}$,即算术平均数	$M_1=\dfrac{\sum xf}{\sum f}=\bar{x}$
二阶原点矩 $M_2=\dfrac{\sum x^2}{n}=\overline{x^2}$,即 x 的平方平均数	$M_2=\dfrac{\sum x^2 f}{\sum f}=\overline{x^2}$
三阶原点矩 $M_3=\dfrac{\sum x^3}{n}=\overline{x^3}$,即 x 的立方平均数	$M_3=\dfrac{\sum x^3 f}{\sum f}=\overline{x^3}$
四阶原点矩 $M_4=\dfrac{\sum x^4}{n}=\overline{x^4}$,即 x 的 4 次方的平均数	$M_4=\dfrac{\sum x^4 f}{\sum f}=\overline{x^4}$
⋮	⋮
k 阶原点矩 $M_k=\dfrac{\sum x^k}{n}=\overline{x^k}$,即 x 的 k 次方的平均数	$M_k=\dfrac{\sum x^k f}{\sum f}=\overline{x^k}$

由表 4-20 可知,一阶原点矩就是算术平均数。

表 4-21 1至 k 阶中心矩的计算公式

简单	加权
一阶中心矩 $m_1=\dfrac{\sum(x_i-\bar{x})}{n}=0$	$m_1=\dfrac{\sum(x_i-\bar{x})f_i}{\sum f_i}=0$
二阶中心矩 $m_2=\dfrac{\sum(x_i-\bar{x})^2}{n}=\sigma^2$,即方差	$m_2=\dfrac{\sum(x_i-\bar{x})^2 f_i}{\sum f_i}=\sigma^2$
三阶中心矩 $m_3=\dfrac{\sum(x_i-\bar{x})^3}{n}$	$m_3=\dfrac{\sum(x_i-\bar{x})^3 f_i}{\sum f_i}$
四阶中心矩 $m_4=\dfrac{\sum(x_i-\bar{x})^4}{n}$	$m_4=\dfrac{\sum(x_i-\bar{x})^4 f_i}{\sum f_i}$
⋮	⋮
k 阶中心矩 $m_k=\dfrac{\sum(x_i-\bar{x})^k}{n}$	$m_k=\dfrac{\sum(x_i-\bar{x})^k f_i}{\sum f_i}$

由表 4-21 可知,二阶中心矩就是方差。

二、偏度的测定

所谓偏度(degree of skewness),是指次数分布的非对称程度。

偏度通常分为右偏(或正偏 positively skewed)和左偏(或负偏 negatively skewed)两种,它们是与对称分布(symmetrical distribution)相对而言的。由前面内容可知,在对称分布条件下,算术平均数、众数、中位数三者是相等的,当算术平均数小于中位数小于众数时,次数分布向左延伸,故称为左偏;当算术平均数大于中位数大于众数时,次数分布曲线向右延伸,故称为右偏。为简便起见,通常可用算术平均数与众数的离差作为测定偏度的一个尺度。

若 $\bar{x}=Mo$,则属于对称分布;若 $\bar{x}>Mo$,则属于右偏;若 $\bar{x}<Mo$,则属于左偏。

但这只是一个绝对数,受数据水平高低的影响,不能直接比较不同数据的偏斜程度的大小。通常可采用三阶中心矩偏度系数来测量次数分布的偏斜程度。

三阶中心矩偏度系数是指三阶中心矩 m_3 与 σ^3 之比,其计算公式为:

$$\alpha=\frac{m_3}{\sigma^3}$$

根据算术平均数的数学性质,不论是对称分布,还是非对称分布,一阶中心矩 m_1 都为0,故 m_1 不能作为测量偏度的依据,而各标志值与其平均数的离差经偶次方后均为正,因此 m_2,m_4,m_6 等偶数的各阶中心矩也不能作为测定偏度的依据。在对称分布条件下,各标志值与其平均数离差经奇次方后,正负都可互相抵消,即 m_3,m_5,m_7 等奇数的各阶中心矩则不为零,为计算简便,故将 m_3 作为测定偏度的依据。然而,m_3 是有计量单位的,当两组数列的计量单位不同时,就不能直接用各自的 m_3 进行比较。为了消除计量单位的影响,故将 m_3 除以 σ^3,以相对数形式作为偏度的测定指标。

若 $\alpha=0$,为对称分布;若 $\alpha>0$,为右偏(或正偏);若 $\alpha<0$,为左偏(或负偏)。α 的取值与数据分布的对称性关系可用图 4-3 显示。

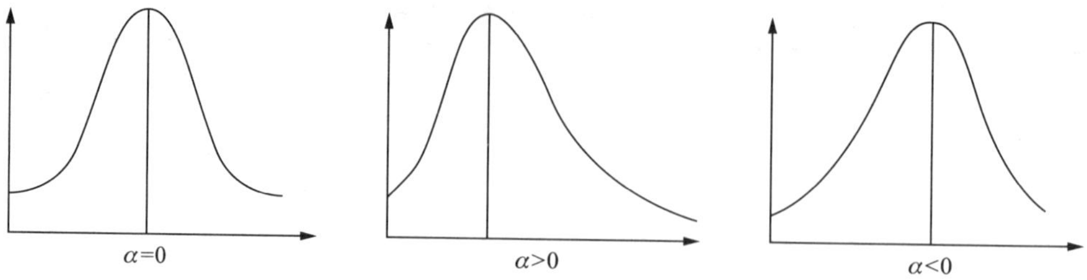

图 4-3 α 的取值与数据分布的对称性关系

【例 4-29】 设某企业职工的月奖金额资料如表 4-22 所示。

表 **4-22** 某企业职工的月奖金额

月奖金额	组中值	职工人数	$x-\bar{x}$	$(x-\bar{x})^3f$
60 元以下	50	2	−72	−746 496
60—80 元	70	15	−52	−2 109 120
80—100 元	90	30	−32	−983 040
100—120 元	110	90	−12	−155 520
120—140 元	130	40	8	20 480
140—160 元	150	25	28	548 800
160—180 元	170	20	48	2 211 840
180—200 元	190	8	68	2 515 456
200 元以上	210	5	88	3 407 360
合　计	—	235	—	4 709 760

$$\bar{x}=\frac{\sum xf}{\sum f}=\frac{28\ 670}{235}=122(\text{元})$$

$$Mo=L+\frac{d_1}{d_1+d_2}\times i=100+\frac{60}{60+50}\times 20=110.91(\text{元})$$

$$\sigma=\sqrt{\overline{x^2}-\bar{x}^2}=\sqrt{15\ 899.15-14\ 884}=31.86(\text{元})$$

$$m_3=\frac{\sum(x-\bar{x})^3f}{\sum f}=\frac{4\ 709\ 760}{235}=20\ 041.53$$

$$\alpha=\frac{m_3}{\sigma^3}=\frac{20\ 041.53}{31.86^3}=0.619\ 7$$

计算结果说明,该企业职工的奖金分配为正偏分布。

三、峰度的测定

所谓峰度(kurtosis),是指次数分布曲线顶峰的尖锐程度。与正态分布(第五章介绍)曲线相比较,次数分布曲线的峰度通常分为三种:正态峰度(masochistic)、尖顶峰度(leptokurtic)和平顶峰度(platykurtic)。若分布的次数完全符合正态分布的规律,其分布曲线与正态分布曲线完全相同,则称为正态峰度;若分布的次数比较集中于众数的位置,其分布曲线较正态分布曲线更为隆起，则属于尖顶峰度；若分布的次数比较分散，其分布曲线比正态分布曲线更为平滑，则属于平顶峰度。

具体反映峰度的测度是峰度系数（coefficient of kurtosis），它是四阶中心矩与 σ^4 之比，计算公式为：

$$\boldsymbol{\beta}=\frac{\boldsymbol{m_4}}{\boldsymbol{\sigma^4}}$$

偶数的各阶中心矩都能表示次数分布曲线的高低，自然，二阶中心矩也表示峰度的高低。但之所以用四阶中心矩，是因为在正态分布情况下，$\beta=\frac{m_4}{\sigma^4}$ 的数值等于 3。当 $\beta<3$ 时，次数分布曲线为平顶曲线，表示其曲线的峰度低于正态分布曲线的峰度，即低峰态；当 $\beta>3$ 时，次数分布曲线为尖顶曲线，表示其曲线的峰度高于正态分布曲线的峰度，即为高峰态；当 $\beta<1$ 时，次数分布曲线为 U 形分布。

β 的取值与数据分布的峰态的关系可用图 4－4 显示。

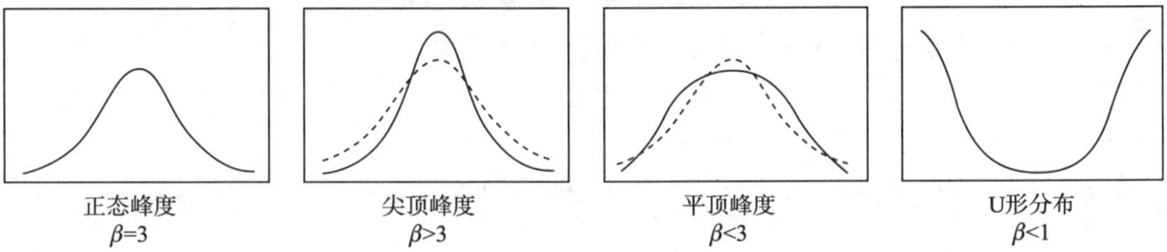

图 4－4　β 的取值与数据分布的峰态的关系

仍以例 4－26 的资料计算峰度系数：

$$m_4=\frac{\sum(x-\overline{x})^4 f}{\sum f}=\frac{78\ 934\ 270}{235}=3\ 358\ 905.19$$

$$\beta=\frac{m_4}{\sigma^4}=\frac{3\ 358\ 905.19}{31.86^4}=3.26$$

β 的值大于 3，故该企业职工奖金分配曲线为尖峰曲线分配，即其峰度为尖顶峰度。

由于中心矩的直接计算比较复杂，为计算简便，可根据原点矩与中心矩的关系，通过原点矩来计算中心矩。

$$\boldsymbol{m_2=M_2-M_1^2}$$

即

$$\boldsymbol{\sigma^2=\overline{x^2}-\overline{x}^2}$$

四、切比雪夫定理①与经验法则

（一）切比雪夫（Chebyshev）定理

根据切比雪夫不等式，对于任何一组数据（不管是常态还是偏态），至少有 $\left(1-\frac{1}{k^2}\right)\times 100\%$ 的数据位于 $(\overline{X}-kS,\overline{X}+kS)(k>1)$，因此：

---

① 此部分内容参考韩廷春：《定理分析方法》（清华大学 MPA 系列教程之一），中国经济学教育科研网/讲义课件/数理经济与计量经济学，http://down.cenetorg.cn/view.asp?id=16081。

$k=2$,至少有 75%的数据位于$(\overline{X}-2S,\overline{X}+2S)$;
$k=3$,至少有 89%的数据位于$(\overline{X}-3S,\overline{X}+3S)$;
$k=4$,至少有 94%的数据位于$(\overline{X}-4S,\overline{X}+4S)$(见图 4-5)。

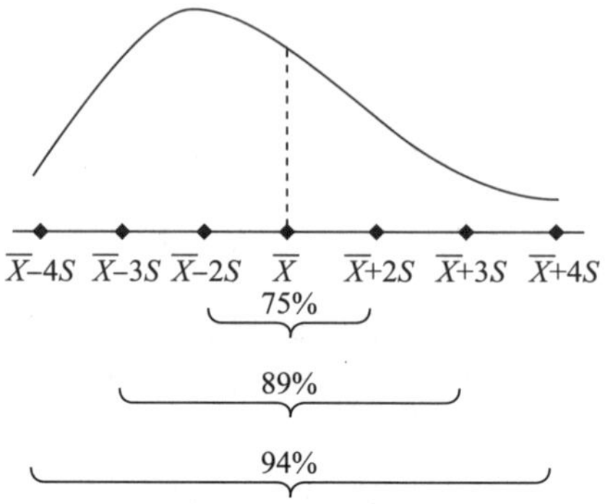

图 4-5 切比雪夫定理数据分布图

利用切比雪夫定理可以估计位于某区间内数据的个数。

【例 4-30】 如果 300 名学生成绩的平均值为 70 分,标准差为 5。求:(1)有多少学生成绩在 60—80 分?(2)有多少学生成绩在 58—82 分?

解:(1)$k=2$,在$(70-2\times5,70+2\times5)=(60,80)$之间的学生数至少有 75%,即 $300\times0.75=225$(人)。

(2)因为$\frac{82-70}{5}=2.4$, $\frac{58-70}{5}=-2.4$

所以 $k=2.4$

位于$(70-2.4\times5,70+2.4\times5)=(58,82)$之间的学生至少有$\left(1-\frac{1}{2.4^2}\right)\times100\%=82.6\%$,即 $300\times82.6\%=248$(人)。

(二)经验法则

大量的实际数据都近似服从于钟形分布,则:
至少有 68%的数据位于$(\overline{X}-S,\overline{X}+S)$;
至少有 95%的数据位于$(\overline{X}-2S,\overline{X}+2S)$;
几乎全部数据位于$(\overline{X}-3S,\overline{X}+3S)$(见图 4-6)。

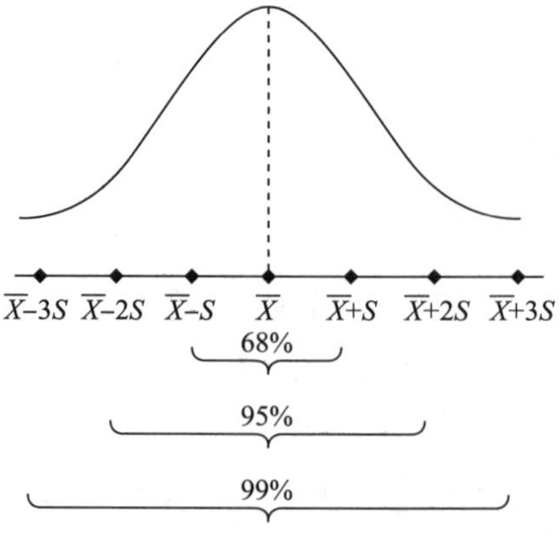

图 4-6 经验法则数据分布图

注：由经验法则可以查明数据中是否存在异常值（outlier）。若数据为常态分布，且 $|X_i-\overline{X}|>3S$，则 X_i 为异常值。

【例 4－31】 查明数据 10.3，4.9，8.9，11.7，6.3，7.7 中是否有异常值。

解：$\overline{X}=M_d=8.3$（正态分布），$S=2.52$

因为 $|4.9-8.3|<3S$

$|11.7-8.3|<3S$

所以无异常值。

关键术语

数据总量 total
时期总量 period summation
时点总量或瞬时值 instantaneous value
实物总量 all quantity in kind
价值总量 magnitude of value
劳动总量 quantity of work
流量 flow
存量 stock
数据相对量 relative quantity
相对数 relative
成数 quotients
系数 coefficient; ratio; modulus; quotients
倍数 scale
百分数 percentage
计划完成相对数 percentage
结构相对数 proportion
比较相对指标 ratio
强度相对数 relative density
集中趋势 central tendency
算术平均数 arithmetic mean
简单算术平均数 simple arithmetic mean
加权算术平均数 weighted arithmetic mean
几何平均数 geometric mean
调和平均数 harmonic mean
平方平均数/方均根 root mean square，RMS
众数 mode
中位数 median
四分位数 quartile
离散趋势 dispersion
极差 range
平均差 average deviation
标准差 standard deviation
离散系数 coefficient of variation
矩 moment
原点矩 moment about the origin
阶中心矩 moment about the mean
偏度 degree of skewness
右偏或正偏 positively skewed
左偏或负偏 negatively skewed
对称分布 symmetrical distribution
峰度 kurtosis
正态峰度 masochistic
尖顶峰度 leptokurtic
平顶峰度 platykurtic
峰度系数 coefficient of kurtosis
异常值 outlier
联合国国际比较项目 International comparison programmer，ICP

思考与练习

一、思考题

1. 什么是数据总量的特征描述？其计量单位有哪些？它有哪些分类？计算数据总量时应注意哪些问题？

2. 什么是数据相对量的特征描述？其计量单位有哪些特点？它有哪些测度？计算数

据相对数时应注意哪些问题?

3. 时期总量和时点总量各有哪些特点?

4. 什么叫数据分布集中趋势的特征描述?数据分布集中趋势有哪些常用测度?

5. 不同的数据层次分类适应什么样的数据分布集中趋势的特征描述?

6. 什么是权数?它有什么作用?

7. 算术平均数有哪两个数学性质?

8. 什么是几何均数?其适用场合是什么?

9. 什么是调和均数?有何特点?有哪些应用范围?

10. 算术平均数、调和平均数和几何平均数有何关系?

11. 什么是众数?有何特点?如何计算?

12. 什么是中位数?有何特点?如何计算?

13. 算术平均数、众数和中位数有何关系?

14. 什么叫离散趋势?测度离散趋势的常用指标有哪些?什么叫数据分布离散趋势的特征描述?

15. 为什么要计算离散系数?

16. 什么是数据分布的偏度?如何测定数据分布的偏度?

17. 什么是数据分布的峰度?如何测定数据分布的峰度?

二、计算题

1. 判断下列数据是数据总量还是数据相对量;是数据相对量的话,请指明是什么类型的数据相对量。

(1)某地区 2015 年和 2010 年城乡居民生活水平的部分资料如下表所示:

	2010 年	2015 年
恩格尔系数(%)	50	48.6
生活费收入(城镇人均:元)		4 377
(农村人均:元)		1 926
城乡储蓄(亿元)	12 002.5	38 520.6
住房(城市人均:平方米)	16.7	28.4
(农村人均:平方米)	27.8	31.7
汽车(城镇百户拥有:辆)	12	30
(农村百户拥有:辆)	5	22
出版图书(种)	92 148	113 482
大学生(个/每万人口)	38	61

(2)某地区 2010—2015 年社会消费品零售总额累计达 83 665 亿元。5 年间城乡居民储蓄存款增加 29 410 亿元,到 2015 年末余额已达 38 520 亿元。

(3)某地区 2010—2015 年,金融机构总资产每年递增 24.4%。各类金融机构总资产为 13.28 万亿元,比 2015 年初增加 6 800 亿元,比 2010 年初增加近 10 万亿元。

2. 某地区2015年和2014年国内生产总值资料如下表所示：

		2015年		2014年实际完成(亿元)	2015年比2014年增长(%)
		实际完成(亿元)	比重(%)		
国内生产总值		500			7.2
其中	第一产业		25.0	120	
	第二产业			200	9.0
	第三产业				

请填列表中所缺数字。

3. 某商业集团下属三个商场2015年商品销售计划和实际销售资料如下表所示：

商场	2015年					2014年实际销售额(万元)	2015年比2014年增长(%)
	计　划		实　际		计划完成(%)		
	销售额(万元)	比重(%)	销售额(万元)	比重(%)			
A		25			105		
B	500		550				15
C						1 000	
合计	3 000		3 200			2 500	

请填列表中空格数字。

4. 某冰箱厂要求五年计划产量共达到1 800万台，且最后一年产量应达到400万台，该冰箱厂在五年计划后两年的每月实际产量资料如下表所示：

单位：万台

月份	1	2	3	4	5	6	7	8	9	10	11	12
第四年	25	27	24	26	29	30	31	32	34	31	35	35
第五年	34	35	36	38	39	40	41	42	44	44	44	47

要求：

(1)按水平法计算该冰箱厂计划完成情况；

(2)计算第四年计划进度执行情况；

(3)按水平法计算提前的完成时间。

5. 某城市某年土地面积和人口资料如下表所示：

	土地面积(平方千米)	年平均人口(万人)
市区	587.4	741.3
郊区	1 432.6	534.2
合　计	2 020.0	1 275.5

请根据上述资料计算有关的相对指标,并作适当分析。

6. 某企业2015年计划比2014年生产增长5%,实际比2014年增长10%,请计算当年产值的计划完成相对数;同时,该企业计划单位成本比2014年降低2%,实际单位成本比2014年降低5%,试计算单位成本计划完成相对数。

7. 某公司所属三个企业生产同种产品,2015年实际产量、计划完成情况及产品优质品率资料如下表所示:

企　业	实际产量(万件)	完成计划(%)	实际优质品率(%)
甲	100	120	95
乙	150	110	96
丙	250	80	98

试计算:

(1)该公司产量计划完成百分比;

(2)该公司实际的优质品率。

8. 某企业2015年一、二季度生产某产品产量资料如下表所示:

产品等级	产品产量(台)		出厂价格(元)
	一季度	二季度	
一等品	750	600	1 800
二等品	100	300	1 250
三等品	50	100	800

要求:

(1)计算平均等级指标,说明二季度比一季度产品质量的变化情况;

(2)计算由于质量变化而给该企业带来的收益(或损失)。

9. 某区两个菜场有关销售资料如下表所示:

蔬菜名称	单价(元)	销售额(元)	
		甲菜场	乙菜场
A	2.5	2 200	1 650
B	2.8	1 950	1 950
C	3.5	1 500	3 000

试计算比较两个菜场价格的高低,并说明理由。

10. 某班同学"统计学"成绩资料如下表所示:

统计学成绩(分)	学生人数(人)
40—50	5
50—60	7
60—70	8

续表

统计学成绩(分)	学生人数(人)
70—80	20
80—90	14
90—100	6

根据上述资料计算平均成绩、标准差及标准差系数。

11. 根据下表资料，试用动差(矩)法计算偏度系数和峰度系数，并说明其偏斜程度和峰度。

日产量分组(只)	工人数(人)
35—45	10
45—55	20
55—65	15
65—75	5

12. 计算5，13，17，29，80和150这一组数据的算术均值、调和均值和几何均值，并比较它们之间的大小。

第五章

概率论基础

引　言

概率论与统计学的产生和发展有不解之缘。没有概率论，就没有今天的现代统计学。从本章起将陆续介绍推断统计学的内容。本章有关概率论的基本概念，包括随机变量及其分布函数、随机变量的数字特征，以及大数定律和中心极限定理等奠定了学习统计学的基础。

第一节　随机试验和随机事件

一、随机试验

在自然现象和社会经济现象中，存在着两种不同类型的现象：一种是必然现象，另一种是随机现象。前者是指在一定条件下必然会发生的现象。例如，在直角三角形中，两直角边的平方之和必然等于斜边的平方；再如，太阳总是从东边升起。后者是指在一定条件下具有多种可能结果，而哪一种结果将会发生事先不能确定的现象。例如，硬币向上抛后，可能出现正面也有可能出现反面；再如，从一批产品中抽取一件产品，可能是正品，也可能是次品。这正是概率论要研究的对象。

可以通过硬币抛掷现象的观察研究来引入概率。显然硬币抛掷是一个简单的现象，但是我们通过对由硬币抛掷试验引出的概率问题的研究，对后面学习中碰到其他概率问题具有借鉴意义。如果抛掷一枚硬币，可能出现正面，也可能出现反面，准确预测每次试验硬币出现正面或反面的结果是不可能的。虽然抛掷的结果不可预测，但只要反复抛掷试验，就能对将要发生的情况做出有益的预测。这就是随机事件的总体特征，也是基于概率论基础的根本法则之一：虽然不能预测某次试验将会出现什么情况，但是发现同一事件出现了许多次，就可以总结出一些规律来。

概率论正是研究随机现象规律性的一门科学。要研究随机现象，就得对客观事物进行观察，观察的过程称为试验。概率论中的试验是指随机试验（random experiments），具有下列三个特性：(1)可在相同的条件下重复进行；(2)每次试验的结果具有多种可能性，并且试验所有可能的结果是事先已知的；(3)每次试验之前，不能肯定将会出现哪个结果。

二、随机事件

随机试验每一个可能的结果称为随机事件(random event),简称事件。因为在一次试验中,既可能出现这个结果,也可能出现那个结果,所以指定的某个随机事件可能发生,也可能不发生。在随机事件中,有些事件是不能分解为其他事件的组合,这种最简单的随机事件称为基本事件。

例如,在掷骰子的试验中,观察出现的点数,则"1""2"…"6"都是基本事件,而"点数是奇数"也是随机事件,但它不是基本事件,它是由"1""3""5"三个基本事件组成的,只要这三个基本事件中的一个发生,"点数是奇数"这个事件就会发生,由几个基本事件构成的事件称为复合事件。

在每次试验中,必定出现的结果称为必然事件,必定不出现的结果称为不可能事件。为了讨论的完备性,把它们也当作随机事件,并记必然事件为 W,记不可能事件为 $\varnothing$。

【例 5-1】 随机试验:一批产品有 100 件,其中有 2 件次品,现从中任取 4 件。

$$\Omega=\{\omega_0\omega_1\omega_2\}$$

ω_0:没有次品;ω_1:1 件次品;ω_2:2 件次品

事件:$A=\{\omega_1\ \omega_2\}$表示所取的 4 件产品中至少有一件产品是次品;

$B=\{\omega_0\}$表示所取的产品中没有一件是次品。

假定试验结果为 ω,若 $\omega\in A$,则称 A 发生;$\omega\notin A$,则称 A 不发生。

在实际问题中,常常需要研究一些比较复杂的事件,这些较复杂的事件往往是由一些较简单的事件组成的,这就需要将这些较复杂的事件分解成若干个较简单的事件;相应地,需要研究它们之间的相互关系。具体有如下几种重要的关系:

(1)设有事件 A 与 B,若事件 A 发生,则事件 B 必发生,称事件 B 包含事件 A,记作 $A\subset B$。

(2)若事件 A 包含事件 B,且事件 B 也包含事件 A,则称事件 A 与 B 相等,记作 $A=B$。

(3)两个事件 A 和 B 中,至少有一个发生,即 A 发生或 B 发生,称为事件 A 与 B 的和(或并),记作 $A+B$ 或 $A\cup B$。

(4)事件 A 发生而事件 B 不发生,称为事件 A 与事件 B 的差,记作 $A-B$。

(5)两个事件 A 与 B 同时发生,即"A 且 B",称为事件 A 与 B 的积(或交),记作 $A\cap B$ 或 AB。

(6)如果事件 A 与 B 不能同时发生,即 $AB=\varnothing$,称事件 A 与 B 互不相容(或称互斥)。显然,基本事件间是互斥(mutually exclusive)的。

(7)若事件 A 与 B 两者中必有一个发生且仅有一个发生,则称 A 与 B 为互相对立(或互逆)事件,此时满足条件 $A+B=\Omega$ 及 $AB=\varnothing$。

可用表 5-1 表示随机事件的关系与运算。

表 5-1　　随机事件的关系与运算

符号	概率论	图示
A⊂B	事件 A 发生导致事件 B 发生	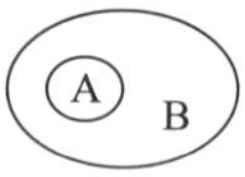
A=B	事件 A 与 B 等价	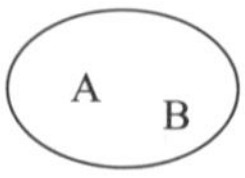
A∪B 或 A+B	事件 A 与 B 至少有一个发生	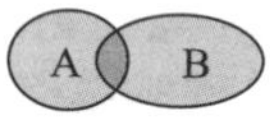
A∩B 或 AB	事件 A 与 B 同时发生	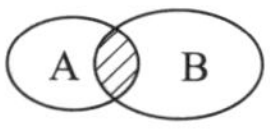
$\overline{A}$	事件 A 的对立事件	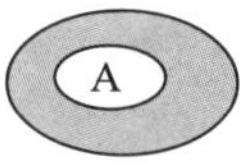
A−B	事件 A 发生而事件 B 不发生	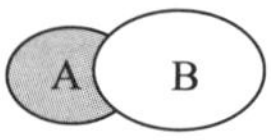
A∩B=∅	事件 A 与 B 同时不发生	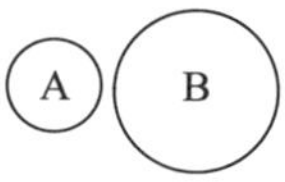

第二节　概　率

巴里瑟·帕斯卡

巴里瑟·帕斯卡(Balise Pascal,1623—1662)是法国数学家、物理学家、思想家。生于克莱蒙费朗,早逝于巴黎。父亲是数学家、"梅森学会"成员,对他的早期教育影响很大。他自幼聪颖,求知欲极强,12 岁始学几何,即通读欧几里得的《几何原本》并掌握了它。16 岁时发现著名的帕斯卡六边形定理:内接于一个二次曲线的六边形的三双对边的交点共线。据说他后来由此推出四百多条推论。17 岁时写成《圆锥曲线论》(1640),是研究德札尔格(Girard Desargues,1573—1662)射影几何工作心得的论文,包括上述定理。这些工作是自古希腊阿波罗尼奥斯(Apollonius of Perga,约公元前 262—前 190)以来圆锥曲线论的最大进步。1642 年他设计并制作了一台能自动进位的加减法计算装置,被称为是世界上第一台数字计算器,为以后的计算机设计提供了基本原理。1654 年他开始研究几个方面的数学问题,在无穷小分析上深入探讨了不可分原理,得出求不同曲线所围面积和重心的一般方法,并以积分学的原理解决了摆线问题,于 1658 年完成《论摆线》。

他的论文手稿对莱布尼茨(Gottfried Leibniz,1646—1716)建立微积分学有很大启发。在研究二项式系数性质时,写成《算术三角形》并向巴黎科学院提交,后收入他的全集,并于 1665 年发表。其中给出的二项式系数展开被后人称为“帕斯卡三角形”。在与费马的通信中讨论赌金分配问题，对早期概率论的发展颇有影响。他还制作了水银气压计(1646)，写了液体平衡、空气的重量和密度等方向的论文(1651—1654)。1646年前，帕斯卡一家都信奉天主教。由于他父亲的一场病，使他同一种更加深奥的宗教信仰方式有所接触，对他以后的生活影响很大。自1655年隐居修道院，写下《思想录》(1658)等经典著作。

一、概率的定义

概率的研究来自欧洲中世纪的赌博或机会游戏。在数百年的发展中，许多数学家、统计学家对概率及其计算做出了巨大的贡献。在对随机现象的研究中，人们发现随机现象有其偶然性的一面，也有其必然性的一面，这种必然性表现为大量试验中随机事件出现的频率的稳定性，即一个随机事件出现的频率常在某固定的常数附近变动，这种规律性称为统计规律性。

频率的稳定性说明随机事件发生的可能性大小是随机事件本身固有的，不随人们意志而改变，由此可以对它进行度量。

对于一个随机事件A，用一个数$P(A)$来表示该事件发生的可能性大小，这个数$P(A)$就称为随机事件A的概率，因此，概率度量了随机事件发生的可能性大小。

对于随机现象，只知道它可能出现什么结果意义不大，而指出各种结果出现的可能性的大小却很有意义。有了概率的概念，就使我们能对随机现象进行定量研究，由此建立了一个新的数学分支——概率论。

(一)概率的古典定义

人们最早研究概率是从掷硬币、掷骰子和摸球之类的游戏和赌博中开始的，这类游戏有两个共同的特点：

第一，试验的样本空间元素有限。如掷硬币有正反两种结果，掷一枚骰子有6种可能结果。

第二，试验中每个结果出现的可能性相同。如掷硬币出现正反的可能性各为1/2，掷骰子出现各种点数的可能均为1/6。

具有这种特点的随机试验称为古典概型。计算古典概型概率的方法称为概率的古典定义或古典概率。由于样本空间有限，总能够运用逻辑推理方法在试验之前推出各种事件的概率，因此古典概率(classical probability)也称为验前概率或逻辑概率。

定义　在古典概型中，事件A所包含的基本事件个数m与样本空间中基本事件总数n的比值称为事件A的概率，记作：

$$P(A)=\frac{\text{事件}A\text{包含的基本事件数}}{\text{样本空间中基本事件的总数}}=\frac{m}{n}$$

【例5-2】　有一批产品一共有100件，已经知道其中有5件为次品，从中任取一件为次品的概率是多少？

解：令事件A表示“任取一件是次品”。样本空间由100件产品组成，编号为1，2，…，100。不妨编号5件次品为1，2，3，4，5。则事件A和样本空间的集合分别是：

$A=\{1,2,3,4,5\}$

$S=\{1,2,3,\cdots,100\}$

按定义可得，事件A发生的概率为5/100。

(二)概率的统计定义

在概率的古典定义中,我们假设每个结果具有等可能性,然后赋予相等的概率,最后再定义概率。这实际上是一个概率概念由另一个概率概念来定义。在多数实际问题中,要将全部结果列举出来是不可能的,试验结果等可能性的假定也很难成立。此时,人们只有利用实际频数数据来估计概率,这就是概率的统计定义,这种概率也称为频率概率或试验概率(experiment probability)。

定义 在同一条件下重复进行 n 次试验,当试验次数 n 充分大时,事件 A 发生的频率

$$f_n(A)=\frac{m}{n}\text{(随试验次数而变化)}$$

趋向于某一数值 p 或稳定地在 p 值附近波动($0\leqslant p\leqslant 1$),则定义 p 为事体 A 发生的概率,记作

$$P(A)=\lim f_n(A)=\lim_{n\to\infty}\frac{m}{n}$$

需要说明的是,频率是大量试验的结果,它是一个随着试验次数变化而变化的数值,而概率是一个确定的数值。频率随着试验次数的无限增加,以一种趋势无限接近概率。

【例 5-3】 历史上曾有几位学者做掷硬币的试验,发现当试验次数很大时,正面出现的频率接近于 1/2,如表 5-2 所示。

表 5-2 **投掷硬币的实验表**

试验者	试验次数 (n)	向上次数 (m)	正面向上的频率 [$f_n(A)=m/n$]
德莫根(De Morgan)	2 048	1 061	0.518 1
蒲丰(Buffon)	4 040	2 048	0.506 9
皮尔逊(Pearson)	12 000	6 019	0.501 6
皮尔逊(Pearson)	24 000	12 012	0.500 5

表 5-2 中试验结果正面向上的频率 $f_n(A)$随着次数 n 的增加,越来越接近 0.5 这个数值。因而可用 $p=0.5$ 作为事件的概率。

(三)主观概率的定义

不论是古典概率还是频率概率都是按照大量重复试验的结果来确定概率的。然而在许多实际应用中,特别是在充满不确定性因素的经济问题中,不存在大量重复性过程,决策人所面对的是仅发生一次的事件或者在不相同条件下重复发生的事件,在该种情况下要对即将发生的某事件的可能性进行估计,就需要应用主观概率。

定义 在不确定性条件下,观察者主观性判断某事件发生的可能性称为主观概率(subjective probability)。

主观概率有两个特点:

一是由于主观概率直接依赖于观察者,因此对于同一事件,不同的人可能给出不同的概率,但这并不是说主观概率可以随意确定,它应该是以有理智决策人的经验为根据的。

二是由于主观概率有赖于个人判断能力,因而前人的经验、自己的知识及其对事件的分析都是做出判断的根据。

(四)概率的公理化定义

古典概率是以等可能性为基础的,其适用范围有很大的局限性。概率的统计定义,其依据主要是试验次数足够多时,频率呈现稳定性这一事实。然而,究竟试验次数应该多到怎样的程度,以及所谓稳定性又应如何理解,都需要作确切说明,这样才能使以后有关推理有所依据。

随机事件发生可能性大小的度量,用 $P(A)$ 表示。按照频率的规律性,可概括出如下概率的公理:

(1) 对于任一随机事件 A,$0\leqslant P(A)\leqslant 1$ (非负性)

(2) $P(\Omega)=1$,$P(\Phi)=0$ (规范性)

(3) 若 $A_1,A_2,\cdots,A_n$ 是互不相容的随机事件,则:

$$P(A_1\cup A_2\cdots\cup A_n)=P(A_1)+P(A_2)+\cdots+P(A_n)\quad \text{(可加性)}$$

由概率的古典定义和统计定义可知,它们都满足上述三条公理,故它们都是概率公理化定义中的特殊情况,而概率公理化定义则是它们的数学抽象,同时又避免了上述各种定义的不足之处。

推论 1　对任何事件 A,有 $P(\overline{A})=1-P(A)$。

推论 2　$P(A\cup B)=P(A)+P(B)-P(AB)$,当 $AB=\varnothing$ 时,$P(A\cup B)=P(A)+P(B)$。

推论 3　若 $A_1,A_2,\cdots,A_n$ 构成完备事件组(即 $A_1,A_2,\cdots,A_n$ 互不相容;且 $A_1\cup A_2\cup\cdots A_n=\Omega$),则有 $P(A_1)+P(A_2)+\cdots+P(A_n)=1$。

推论 4　若 $A\subset B$,则 $P(B-A)=P(B)-P(A)$。

二、条件概率与独立事件

(一)条件概率

正如前面讨论的,对于一个随机事件,常常不能完全知道它们是否会发生。不过,有时我们能够获得一些关于这一事件的信息,从中知道这个事件发生的可能性大小。

假定想知道掷两枚骰子得到点数为 8 的概率。可以通过枚举法得到发生概率为 5/36。不过,若已经先掷了一枚骰子,那么能比较准确地猜测获得总点数为 8 的可能性有多大。例如,第一枚骰子的点数为 3,那么第二枚只要是 5,就能使得总点数为 8。因此,出现这种情况的概率是 1/6。可以看出掷一枚骰子得到 3 点后,掷两枚骰子得到总数为 8 的概率由 5/36 上升为 1/6。

连续抛掷 4 次硬币出现 4 次正面的概率是多少呢? 很显然是 1/16。不过当已经抛掷了两次且都是正面。那么再抛掷两次,并且结果也是正面的概率是 1/4。此外,若已经抛掷了两次硬币,第一次是正面,而第二次是反面,那么我们所希望的连续 4 次正面的结果就不可能会出现。例如,计算同花大顺的概率,假定要得到同花大顺(也就是,拿到同一花色的 10,J,Q,K,A)。出现这种情况的概率只有 4/2 598 960(即 1.54×10^{-6})。假定已发到草花 Q 和 K,还要补 3 张牌,再补 3 张牌可得到同花大顺的组合有 $\binom{50}{3}$(即 19 600)种。这样获得同花大顺的概率就上升为 1/19 600(即 5.1×10^{-5})。

以上解释的各种情况都是关于条件概率的例子。条件概率(conditional probability)就是某一事件在另一特定事件发生的情况下发生的概率。

定义　如果事件 A 已发生,计算事件 B 的概率,则这种概率称为事件 B 在事件 A 已发

生的条件下的条件概率,记作 $P(B|A)$。

【例 5-4】 某班有学生 40 人,其中共青团员有 15 人。全班分成 4 个小组,第一小组有 10 人,其中团员 4 人。如果要在班内任选一人作为学生代表,那么这个代表恰好在第一小组的概率为 10/40=1/4。现在在班内任选一名团员作为团员代表,问其恰好在第一组的概率是多少?大多数读者一定能够算出这个概率是 4/15。这两个概率不相同是可以理解的,因为在第二个问题中,任选的一个学生必须是团员,这就比第一个问题多了一个额外的条件。如果记:

A={班内任选一个学生,该学生属于第一小组}

B={班内任选一个学生,该学生是共青团员}

可以看到,在第一个问题里求得的是 $P(A)$,而在第二个问题中,是在已知事件 B 发生的额外条件下,求 A 发生的概率,这个概率称作是在 B 发生的条件下,A 发生的条件概率,记作 P(A|B),于是有:

$$P(A|B)=\frac{4}{15}=\frac{4/40}{15/40}=\frac{P(AB)}{P(B)}$$

这虽然是个特殊的例子,但只要满足 $P(B)>0$,上述等式总是成立的。换句话说,事件 A 在事件 B 发生的情况下发生的概率等于 A 与 B 都发生的概率除以 B 发生的概率。

所以条件概率的计算公式为:

$$P(A|B)=\frac{P(AB)}{P(B)}$$

即事件 B 已经发生的情况下,事件 A 同时发生的概率。

由此得到乘法公式(multiplication rule):

$$P(AB)=P(A|B)P(B)=P(B|A)P(A)$$

【例 5-5】 有 10 件产品,其中 3 件次品,从中任取一件不放回,问:(1)已知第一次取到次品,第二次取到正品的概率是多少?(2)第一次取到次品而第二次取到正品的概率是多少?

解:(1)事件 A 表示第一次取到次品,事件 B 表示第二次取到正品,则 $P(B|A)=\frac{7}{9}$。

(2)$P(AB)=P(B|A)P(A)=\frac{7}{9}\times\frac{3}{10}=0.2333$。

(二)独立事件

如前所述,知道一个事件是否发生,往往有助于了解另一事件发生的概率。然而,有时知道某一事件已经发生并不会带来关于另一事件是否会发生的任何线索。例如,假定知道一对夫妇生了一个女儿,那么这对夫妇下个孩子是女孩的概率有多大呢?在这种情况下,知道前一个孩子的性别并不能提供任何关于下个孩子性别的信息。再比如,第一次掷骰子得到 5 点,那么下次掷骰子得到 4 点的概率是多少呢?知道第一次掷得到 5 点并不能知道下次掷骰子会得到几点。在这种情况下,如果 A 是第一次掷骰子得到 5 点这个事件,B 是第二次掷骰子得到 4 点这个事件,那么就有 $P(A)=1/6$,$P(B)=1/6$,$P(A|B)=1/6$,因为 B 的发生并不能影响 A 发生的概率。

以上所描述的事件称为独立事件(independent events)。很显然,如果两个事件互不影响,那么它们就是独立事件。知道其中一个事件的发生,并不会提供另一个事件发生的任何信息。

对事件的独立性可作如下的定义：

若 $P(A|B)=P(A)$，则 A 与 B 相互独立。此时，$P(AB)=P(A|B)P(B)=P(A)P(B)$。

注：互不相容与独立性是有区别的，两个非零概率的事件不可能同时互不相容又相互独立。

(三)全概率公式及贝叶斯公式

1. 全概率公式

当计算比较复杂的事件的概率时，往往必须同时利用概率加法定理(addition rule)与乘法定理。

设事件 $A_1,A_2,\cdots,A_n$ 是样本空间 Ω 的一个分割，即 $A_iA_j=\varnothing, i\neq j$，而且 $\sum_{i=1}^{n}A_i=\Omega$。

从而 $B=\sum_{i=1}^{n}A_iB$，这里 A_iB 也两两互不相容。则全概率公式(law of total probability; total probability formula)如下：

$$P(B)=P(B\cap\Omega)=P(\cup_{i=1}^{n}A_iB)=\sum_{i=1}^{n}P(A_iB)=\sum_{i=1}^{n}P(B|A_i)\cdot P(A_i)$$

【例 5-6】 某企业有甲、乙、丙三个车间生产同一种产品。各车间的产量分别占全厂总产量的 20%、30%、50%。根据过去产品质量检验记录知道，甲、乙、丙车间的次品率分别为 4%,3%,2%，从该厂产品中随机抽选一件为次品的概率是多少？

解：令 A_1,A_2,A_3 分别表示甲、乙、丙车间产品，B 表示产品为次品。则有：

$P(A_1)=0.20, P(A_2)=0.30, P(A_3)=0.50$

$P(B|A_1)=0.04, P(B|A_2)=0.03, P(B|A_3)=0.02$

由全概率公式，有：

$$P(B)=\sum_{i=1}^{n}P(A_iB)=\sum_{i=1}^{n}P(B|A_i)P(A_i)$$
$$=0.20\times0.04+0.30\times0.03+0.50\times0.02=0.027$$

2. 贝叶斯公式

贝叶斯公式是英国数学家托马斯·贝叶斯在两百多年前提出的一个计算条件概率的公式，也称为逆概率公式。

托马斯·贝叶斯

托马斯·贝叶斯(Thomas R. Bayes, 1702—1761)，英国数学家。首先将归纳理论法用于概率论，将概率定义为某人对一个命题信任的程度的概念——主观概率，同时也建议贝叶斯定理可以用作根据新的信息导出或者更新现有的置信度的规则。

拉普拉斯证明了贝叶斯主观概率的一个更普遍的版本，并将之用于解决天体力学、医学统计中的问题，在有些情况下，甚至用于法理学。但是拉普拉斯并不认为该定理对于概率论很重要。他还是坚持使用了概率的经典解释——概率的频率解释。

贝叶斯统计起源于贝叶斯去世后于 1763 年发表的一篇论文《论有关机遇问题的求解》。此文提出了著名的贝叶斯公式和一种归纳推理的方法，证明了现在称为贝叶斯定理的一个特例，之后被一些统计学家发展成一种系统的统计推断方法，称为贝叶斯方法。采用这种方法作统计推断所得的全部结果,构成贝叶斯统计的内容。认为贝叶斯方法是唯一合理的统计推断方法的统计学者,组成数理统计学中的贝叶斯学派,其形成可追溯到 20 世纪 30 年代,弗兰克·拉姆齐(Frank P. Ramsey,1903—1930)在《数学基础》(1931 年)中首次建议将主观置信度作为概率的一种解释。拉姆齐视这种解释为概率的频率解释的一个补充,而频率解释在当时被更为广泛接受。统计学家德芬内蒂(Bruno de Finetti)于 1937 年采纳了拉姆齐的观点,将之作为概率的频率解释的一种可能的代替。萨维齐(L. J. Savage)在《统计学基础》(1954 年)中拓展了这个思想,最终形成以贝叶斯命名的贝叶斯统计学。很难说贝叶斯本人是否会支持这个以他命名的概率的非常广义的解释。到 20 世纪 50—60 年代,该学派已发展为一个有影响的学派,时至今日,其影响日益扩大。

与前面所述情况一样,设事件 B 能且只能与互不相容的事件 $A_1, A_2, \cdots, A_n$ 之一同时发生。试问:在事件 B 已经发生的条件下,事件 A_j 的概率,即条件概率 $P(A_j|B)$ 怎样计算?由概率乘法定理,则贝叶斯公式为:

$$P(A_j \mid B) = \frac{P(A_jB)}{P(B)} = \frac{P(B \mid A_j)P(A_j)}{\sum_{i=1}^{n} P(B \mid A_i)P(A_i)}$$

不难发现,贝叶斯公式的分子应用了乘法公式,分母既应用了加法公式也应用了乘法公式。在贝叶斯公式中,$P(A_i)$ 称为验前概率或先验概率,$P(B|A_i)$ 一般来自样本所提供的信息,$P(A_j|B)$ 称为后验概率。这样,贝叶斯公式实际上是综合利用先验概率和样本信息从而计算后验概率的一种计算方法。将这一基本公式广泛应用于参数估计、假设检验、统计预测及决策等,就形成了贝叶斯统计以及与频数学派相对立的贝叶斯统计学派。实际中,对某种疾病的检查、对血液的抽样检验等,都需要利用“先验概率”与“已知信息”来求“事后概率”。

【例 5-7】 一批计算机元件需要检验,以往的经验知:产品的合格率为 90%,且检验时将合格品鉴定为合格品的概率为 0.999,将不合格品鉴定为合格品的概率为 0.005。求:

(1)任取一元件被鉴定为合格的概率。

(2)若一元件被鉴定为合格,它真是合格品的概率。

(3)若一元件被鉴定为不合格,它真是不合格品的概率和事实上它是合格品的概率。

解:设 B 表示一件产品合格,$\overline{B}$ 表示一件产品不合格;A 表示一元件经检验合格,$\overline{A}$ 表示一元件经检验不合格。

$P(B)=0.9, P(\overline{B})=0.1$(先验概率)

$P(A \mid B)=0.999, P(A \mid \overline{B})=0.005$(已知信息)

(1)$P(\overline{A}|B)=1-P(A|B)=1-0.999=0.001$

$P(A)=P(A|B)P(B)+P(A|\overline{B})P(\overline{B})=0.999\times0.9+0.005\times0.1=0.899\ 6$

(2)$P(B|A)=\dfrac{P(A|B)P(B)}{P(A)}=\dfrac{0.999\times0.9}{0.899\ 6}=0.999\ 4$

(3)$P(\overline{B}|\overline{A})=\dfrac{P(\overline{A}|\overline{B})P(\overline{B})}{P(\overline{A})}=\dfrac{(1-0.005)\times0.1}{1-0.899\ 6}=0.991$

$P(B|\overline{A})=1-P(\overline{B}|\overline{A})=0.009$

第三节　随机变量

为了全面研究随机试验的结果，揭示随机现象的统计规律性，经常会将随机试验的结果和实数对应起来，对涉及的随机试验的结果数量化进行研究，为此引入了随机变量的概念。例如，对抛硬币能获得几次正面或掷一次骰子能获得几点等问题进行讨论，如果 X 是抛三次硬币出现正面的次数，那么 X 就是随机变量；如果 Y 是投掷骰子时出现的点数，那么 Y 也是一个随机变量。再如，W 是表示“足球”在午间体坛快讯中出现的次数，那么 W 也是个随机变量。

一、随机变量的概念和分类

随机变量（random variable）是对随机试验结果的数量描述，其取值有一个范围，在此范围内究竟取何值是不确定的，但取某个值或某些值却有相应的确定概率（变化规律性）。

定义：设随机变量的样本空间为 Ω，若对于每一个样本点 $\omega \in \Omega$，都有一个实数 $X(\omega)$ 与之对应，即 $X(\omega)$ 是样本点 ω 的函数，则称 $X(\omega)$ 为随机变量，用 $X, Y, Z, \cdots$ 或 $\xi, \eta, \cdots$ 表示。

现实中会遇到各种各样的随机现象与随机试验，因而有各种各样的随机变量，但归纳起来有两大类：

（1）离散型随机变量（discrete random variable）

它只能取有限个或无穷可列个数值，许多情况下只能取整数值，如某企业每天生产的产品的次品个数、某城市每天的车祸次数等。

（2）连续型随机变量（continuous random variable）

它可以取各整数值区间内的一切实数值，即在两个连续的整数值之间还可以用小数或分数连接起来的非整数值，如人的身高、体重，居民的收入等。

随机变量的取值由随机试验的结果而定，在试验之前不能预知它取什么值，而试验的各个结果出现有一定的概率，因而随机变量的取值也有一定的概率，这些性质显示了随机变量与普通变量有着本质上的差别。随机变量的引入，是用随机变量来描述各种随机现象，从而有可能用数学分析的方法来对随机试验的结果进行深入广泛的研究和讨论。

二、概率密度函数和概率分布函数

对于一般的变量，它的所有信息就是它的数值，但是对于随机变量，情况就要复杂很多，首先需要知道随机变量的取值范围。例如，一个随机变量 X 不能取到 2，则可以表示为随机变量 $X=2$ 的概率是零。

在列出随机变量的取值范围之后，接着想知道这些取值可能是多少以及这些取值的概率是多少。如在抛掷骰子的试验中，情况很简单，只有 6 个取值，而且它们的取值相同，都为 1/6，即：

$P\{Y=1\}=1/6 \quad P\{Y=2\}=1/6 \quad P\{Y=3\}=1/6$

$P\{Y=4\}=1/6 \quad P\{Y=5\}=1/6 \quad P\{Y=6\}=1/6$

在这个例子中,很容易理解随机变量产生的过程,所以能方便地算出每一个取值的概率。而在另外的一些情况下,如上面所讲的"足球"一词在一次体坛快讯中出现的次数,无法准确求出随机变量的概率。这是因为无法充分了解随机变量产生的过程。

用小写字母 f 来表示概率密度函数(probability density function),其定义如下:

$$f(a)=P\{X=a\}$$

有时概率密度函数也可以写成 $f_X(a)$,表示与随机变量 X 的密切关系,其中 f 是随机变量 X 的概率函数。在抛掷硬币的试验中,可以得到:

$f(0)=P\{X=0\}=1/2$

$f(1)=P\{X=1\}=1/2$

【例 5-8】 有一批产品可分为一等品、二等品、三等品以及废品四大类,其中一、二、三等品和废品的概率分别为 60%,10%,20%,10%,任意选取产品进行检验,用随机变量 X 描述检验结果,求出它的概率密度函数,并列成概率分布表。

解:设"$X=k$"与产品为"k 等品"($k=1,2,3$)相对应,而"$X=0$"与产品为"废品"相对应,则 X 是一个随机变量,它可以取 0,1,2,3 四个可能值。

根据题意,求得:

$f(0)=P\{X=0\}=0.1$　　$f(1)=P\{X=1\}=0.6$

$f(2)=P\{X=2\}=0.1$　　$f(3)=P\{X=3\}=0.2$

则 X 的概率分布如表 5-3 所示:

表 5-3

X	0	1	2	3
P	0.1	0.6	0.1	0.2

经过以上讨论,得出概率密度函数的两个重要性质:

(1)$f(a)\leqslant 1[a\in(-\infty,+\infty)]$

(2)$f(a)\geqslant 0[a\in(-\infty,+\infty)]$

表明任何事件发生概率都在 0 和 1 之间。

有时,想求得一个随机变量取部分数值的概率。比如,掷骰子时,得到偶数点的概率是多少?可以表示为:

$P\{(X=2)\cup(X=4)\cup(X=6)\}$

显然,事件$(X=2)$、事件$(X=4)$和事件$(X=6)$之间是互不相容的。因此,可以得到:

$$\begin{aligned}P\{(X=2)\cup(X=4)\cup(X=6)\}&=P\{(X=2)+P(X=4)+P(X=6)\}\\&=f(2)+f(4)+f(6)=1/2\end{aligned}$$

还可以计算:

$P\{(X=1)\cup(X=2)\cup(X=3)\cup(X=4)\cup(X=5)\cup(X=6)\}$

$=1/6+1/6+\cdots+1/6=1$

在掷骰子时,有时会求随机变量 X 不大于 4 点或几点的概率,这时只需把骰子点数小于等于 4 点的概率值相加就可,即:

$$\begin{aligned}P(X\leqslant 4)&=P\{(X=1)+P(X=2)+P(X=3)+P(X=4)\}\\&=1/6+1/6+1/6+1/6=2/3\end{aligned}$$

一般来说，如果 $a_1,a_2,a_3,\cdots,a_n$ 是随机变量的可能取值，当求 X 小于等于 a^* 的概率时，只需把 $a_1,a_2,a_3,\cdots,a_n$ 中小于等于 a^* 概率加总就好，即：

$$P(X \leqslant a^*) = \sum_{所有a_i \leqslant a^*} f(a_i)$$

在此引入随机变量 X 的分布函数来表示。设 X 是随机变量，则函数

$$F(x)=P\{X \leqslant x\} \quad (-\infty< x <+\infty)$$

称为随机变量 X 的概率分布函数(probability distribution function)。例如，在抛掷骰子的试验中，掷出点数 X 的分布函数可表示为：

$$F(x)=P\{X \leqslant x\}=\begin{cases} 0 & -\infty< x <1 \\ \frac{1}{6} & 1\leqslant x <2 \\ \frac{1}{3} & 2\leqslant x <3 \\ \frac{1}{2} & 3\leqslant x <4 \\ \frac{2}{3} & 4\leqslant x <5 \\ \frac{5}{6} & 5\leqslant x <6 \\ 1 & 6\leqslant x <+\infty \end{cases}$$

三、数字特征

前面讨论了随机变量的分布函数，但是在一些实际问题中更关注的是随机变量的某些特征。例如，在评定一个地区的粮食产量水平时，很多场合下只要知道该地区的平均产量；评价一位学生学习成绩是否稳定，会根据他的成绩方差来评定。数学期望、方差等这些数字特征是描述随机变量的重要特征。

(一)数学期望

考虑掷骰子的试验。记 X 是定义在这个试验的样本空间(sample space)$S=\{1,2,3,4,5,6\}$上的随机变量，它的取值分别为 1,2,3,4,5,6。那么它的概率分布如表 5 - 4 所示。

表 5 - 4

X	1	2	3	4	5	6
P	$\frac{1}{6}$	$\frac{1}{6}$	$\frac{1}{6}$	$\frac{1}{6}$	$\frac{1}{6}$	$\frac{1}{6}$

如果允许试验重复无限次，那么 X 的平均值是多少？直观上，由于 X 取各个值的可能性都是$\frac{1}{6}$，所以 X 的平均值应该为：

$$1\times\frac{1}{6}+2\times\frac{1}{6}+3\times\frac{1}{6}+4\times\frac{1}{6}+5\times1\ \frac{1}{6}+6\times\frac{1}{6}=3.5$$

这个平均值就是 X 的期望值，尽管它不会确定地取得这个值。X 的期望值有时也被称作均值(又称算术平均数)。用大写字母 E 表示期望值，并给出如下定义：

定义 一般来说，如果 X 是一个随机变量，它的概率密度函数为 $f(x)$，那么数学期望(mathematical expectation)的一般公式为：

$$\mathrm{E}(X)=\sum_{x} x f(x)$$

即 X 的期望值是它的所有可能取值的加权平均，其权数是它取该值的概率。

【例 5-9】 掷一颗骰子，规定：出点“6”得 100 元，出点“1”输 50 元，出其他点得 10 元。这种试验反复进行多次，问：平均每盘得多少钱？

解：定义随机变量 X 为每盘可能的得钱数，则：

$X=100,-50,10$

相应的概率分布为：

$P=1/6,1/6,2/3$

假定试验进行了 n 次，点“6”出现了 n_1 次，点“1”出现了 n_2 次，其他点出现了 n_3 次，则平均每盘得钱数为：

$$\frac{100n_1+(-50)n_2+10n_3}{n}=100\frac{n_1}{n}+(-50)\frac{n_2}{n}+10\frac{n_3}{n}$$

$$\overset{n\to\infty}{\Rightarrow}100\times\frac{1}{6}+(-50)\times\frac{1}{6}+10\times\frac{2}{3}=15(\text{元})$$

由此可见，期望值是指平均每盘期望赢得的钱是：X 的所有可能取值以相应的概率作加权平均。

数学期望的性质：(以下假设所遇到的数学期望都存在)

(1) 设 C 是常数，则 $\mathrm{E}(C)=C$

(2) 设 X 是一个随机变量，C 是常数，则有：$\mathrm{E}(CX)=C\mathrm{E}(X)$

(3) 设 X、Y 是任意两个随机变量，则有：$\mathrm{E}(X+Y)=\mathrm{E}(X)+\mathrm{E}(Y)$

(4) 设 X、Y 是两个相互独立的随机变量，则有：$\mathrm{E}(XY)=\mathrm{E}(X)\mathrm{E}(Y)$

(二)方差

均值描述了随机变量取值的平均状况，那么随机变量在均值附近取值是如何变化的，也就是它的分散程度如何，这就需要计算方差(variance)。

若 X 为随机变量，相应的概率分布为：

$$\boldsymbol{X}: x_1, x_2, \cdots, x_n, \cdots$$

$$\boldsymbol{P}: p_1, p_2, \cdots, p_n, \cdots$$

均值为 $E(X)=\mu$，则 X 的方差为：

$$\mathrm{D}(X)=\sigma_X^2=\mathrm{Var}(X)=\sum_{i=1}^{\infty}(x_i-\mu)^2 p_i$$

标准差为：

$$\sigma_X=\sqrt{\sum_{i=1}^{\infty}(x_i-\mu)^2 p_i}$$

方差的有关性质如下：

(1) $\mathrm{D}(X)=\mathrm{E}[X-\mathrm{E}(X)]^2=\mathrm{E}(X^2)-[\mathrm{E}(X)]^2$

(2) $\mathrm{D}(aX+b)=a^2\mathrm{D}(X)$

【例 5-10】 设 X 为一离散型随机变量，其概率分布如表 5-5 所示：

表 5-5

X	1	0
P	p	$1-p$

求：E(X)，D(X)。

解：根据数学期望和方差的定义求得：

$E(X)=1\times p+0\times(1-p)=p$

$D(X)=(1-p)^2p+(0-p)^2(1-p)=p(1-p)$

上例其实是一个经典的伯努利概率分布模型。例如，考察一位狂热的科学家每天重复进行一次特殊的试验，这种试验要么成功要么失败。p 是任意一次试验成功的概率，假定 $p=1/5$。这就是一个伯努利试验。于是 X 可取两个数值：0 和 1。我们可以记为：

$f(0)=P\{X=0\}=1-p=4/5$

$f(1)=P\{X=1\}=p=1/5$

其他值概率为 0。

求得：$E(X)=1/5$　　$D(X)=4/25$

注意：

(1) $E(aX)=aE(X)$，$D(aX+b)=a^2D(X)$，a 可以是任意常数，X 是任意随机变量。

(2) $E(X+Y)=E(X)+E(Y)$，$D(X+Y)=D(X)+D(Y)$，前者 X 和 Y 可以是任意两个随机变量，而后者 X 和 Y 必须是相互独立的两个随机变量。

(三)协方差

X 和 Y 之间的协方差(covariance)是对它们之间相关性的一个测度，记为 σ_{XY} 或Cov(X,Y)。

$$\sigma_{XY}=E[(X-EX)(Y-EY)]=E(XY)-E(X)E(Y)$$

如果 X 和 Y 是相互独立的，那么 $Cov(X,Y)=0$，这导致下面相关系数的定义。X 和 Y 之间的相关系数记为 ρ_{XY}，被定义为：

$$\rho_{XY}=\frac{Cov(X,Y)}{\sqrt{D(X)}\ \sqrt{D(Y)}}$$

由这个定义，ρ_{XY} 的取值一定在 -1 和 1 之间。如果 X 和 Y 是相互独立的，那么 $\rho_{XY}=0$。如果 $Y=aX+b$，这里 a，b 是不等于 0 的常数，那么 $|\rho_{XY}|=1$，此时，我们说 X 和 Y 是完全相关的。X 和 Y 的值越接近线性关系，$|\rho_{XY}|$ 的值越接近 1。

第四节　随机变量的分布

在实践和理论应用中，有些随机变量经常会被使用，这就有必要对它们进行专门的研究。

一、离散型随机变量及其分布

【例 5-11】 某一工人所生产的产品出现合格品的可能性为 p，现在连续生产 5 件产品，其中合格品件数就是一个随机变量。它的可能取值为 0,1,2,3,4,5，“$X=i$”意味着在 5 件产品

中合格品有 i 件。由于每件产品的生产是独立进行的,由概率乘法公式和独立性可得:

$$P(X=i)=\binom{5}{i}p^i(n-p)^{5-i},i=0,1,2,\cdots,5$$

从这个例子可以看出,随机变量 X 取某一个值,就相当于某一随机事件。随机变量 X 取某一个值的概率就相当于某一随机事件的概率。显然,这类随机变量具有下列特征:比较容易或可直接用数量加以描述;只可取值 0,1,2,3,4,5。下面介绍几类重要的离散型分布:二项分布、二点分布、超几何分布和泊松分布。

(一)二项分布

二项分布(binominal distribution)是最重要的分布之一,它是从著名的伯努利试验中推导出来的。前面已经多次接触过了,而例 5－11 就是一个伯努利模型。在伯努利试验中,随机试验的可能结果只有两个。在实际问题中,有许多随机现象只包含两个结果,如男和女、出现和不出现、合格和不合格等。通常,把其中一个特别关注的结果称为“成功”,另一个则称为“失败”。如果伯努利试验在相同情况下重复了 n 次,并且各次的试验结果相互独立,则这样的试验被称为 n 重伯努利试验,又称一个伯努利过程(Bernoulli process),如抛硬币 10 次。

在每个特定的 n 重伯努利试验中,设每次试验成功的概率为 p(p 值不变),失败的概率为 $1-p$,则成功次数 X 是一个离散型随机变量,它可能取值是 $0,1,2,\cdots,n$。可以求出随机变量 X 的分布率为:

$$\boldsymbol{P(X=i)=\binom{n}{i}p^i(n-p)^{n-i},i=0,1,2,\cdots,n}$$

这种概率分布就称为二项分布,记为:$X\sim b(n,p)$。

在这里,$\binom{n}{i}=\dfrac{n!}{(n-i)!\ i!}$,表示在 n 次试验中成功次数为 i 的组合数。例如,连续抛掷 3 次硬币,出现正面 1 次的组合为 $\binom{3}{1}$,即正反反、反正反、反反正。

二项分布中的 $p^i(n-p)^{n-i}$ 是对应 i 值的每种组合出现的概率。二项分布中含有两个参数 n、p,当它们已知时便可以计算出分布列。

1. 二项分布的形状

$p=0.5$ 时,对任意的 n,二项分布呈对称分布;$p<0.5$ 时,分布呈正偏,众数在分布中心的左侧;$p>0.5$ 时,分布呈负偏,众数在分布中心的右侧。p 趋向 0.5 时,分布趋于对称;n 越大,分布也越趋向于对称;当 n 无限增大时,二项分布趋向于正态分布。

2. 二项分布的均值与方差

二项分布的名称来源于初等代数中的二项式 $(a+b)^n$ 的展开式,即:

$$\boldsymbol{(a+b)^n=a^n+\binom{n}{1}a^{n-1}b^1+\binom{n}{2}a^{n-2}b^2+\cdots+b^n=\sum_{k=0}^{n}\binom{n}{k}a^{n-k}b^k}$$

这里只是用 p 和 $1-p$ 代替了 a 和 b,$\sum\limits_{k=0}^{n}\binom{n}{k}(1-p)^{n-k}p^k$,可见概率值 $P(X=i)$ 恰好是展开式的第 $k+1$ 项。二项分布的数学期望和方差为:

$$\begin{aligned}\mathbf{E}(X)&=\sum_{k=0}^{n}kC_n^kp^k(1-p)^{n-k}=np\sum_{k=1}^{n}C_{n-1}^{k-1}p^{k-1}(1-p)^{(n-1)-(k-1)}\\&=np\sum_{l=0}^{n-1}C_{n-1}^{l}p^l(1-p)^{n-1-l}=np\end{aligned}$$

$$\mathrm{Var}(X)=\mathrm{E}(X^2)-[\mathrm{E}(X)]^2=n(n-1)p^2+np-n^2p^2=np(1-p)$$

$\mu=np$ 表示 n 重伯努利试验中观察到的成功次数。

【例 5-12】 设车间有 20 台机床，独立地各加工一件齿轮，若各机床加工的废品率都是 0.2，求得到的 20 件齿轮产品中恰有一件废品的概率，并求数学期望和方差。

解：此例可看作 $n=20$ 的伯努利试验问题。设 X 表示 20 件齿轮产品中的废品个数，则 $X\sim b(20,0.2)$。即有：

$P(X=1)=C_{20}^{1}(0.2)^1(0.8)^{20-1}=0.058$

$\mathrm{E}(X)=np=20\times 0.2=4$

$\mathrm{Var}(X)=np(1-p)=20\times 0.2\times 0.8=3.2$

(二)二点分布

二点分布(two-point distribution)是一个离散型概率分布，为纪念瑞士科学家雅各布·伯努利而命名为伯努利分布(Bernoulli distribution)。若伯努利试验成功，则伯努利随机变量取值为 1；若伯努利试验失败，则伯努利随机变量取值为 0。在一次伯努利试验中，成功的次数 X 只能取 0 与 1 两个值，它的分布如表 5-6 所示。

表 5-6　　二点分布

X	0	1
P	$1-p$	p

这样的分布就是二点分布，又称退化分布。

实际上，二点分布是二项分布的一个特例，可表示为 $X\sim b(1,p)$，它只含有一个参数 p，其期望和方差可以推得：

$$\mu=p,\sigma^2=p(1-p)$$

雅各布·伯努利

雅各布·伯努利(Jakob Bernoulli，1654—1705)，数学家。生于巴塞尔，毕业于巴塞尔大学，1671 年 17 岁时获艺术硕士学位，这里的艺术指“自由艺术”，包括算术、几何学、天文学、数理音乐、文法、修辞、雄辩术共 7 大门类。遵照父亲的愿望，他于 1676 年 22 岁时又取得了神学硕士学位。然而，他也违背父亲的意愿，自学了数学和天文学。1676 年，他到日内瓦做家庭教师。从 1677 年起，他开始在那里写内容丰富的《沉思录》。

1678 年和 1681 年，雅各布·伯努利两次外出旅行学习，到过法国、荷兰、英国和德国，接触和交往了许德、玻意耳(Bobert Boyle，1627—1691)、胡克(Bobert Hooke，1635—1703)、惠更斯(C. Huygens，1629—1695)等科学家，写有关于彗星理论(1682)、重力理论(1683)方面的科技文章。1687 年，雅各布在《教师学报》上发表数学论文《用两相互垂直的直线将三角形的面积四等分的方法》，同年成为巴塞尔大学的数学教授，直至 1705 年 8 月 16 日逝世。

积分(integral)这一术语即由他首创，他对概率论也进行了深入的研究，提出了大数法则的“伯努利定理”，建立了描述独立试验序列的“伯努利概型”。

伯努利家族是瑞士的一个曾产生过 11 位科学家的家族，雅各布·伯努利是伯努利家族代表人物之一，被公认为概率论的先驱之一。他是约翰·伯努利的哥哥，也是丹尼尔·伯努利的伯父。

约翰·伯努利

约翰·伯努利(Johann Bernoulli,1667—1748),是老尼古拉·伯努利(Nikolaus Bernoulli,1623—1708)的第三个儿子,雅各布·伯努利的弟弟。幼年时他父亲像要求雅各布一样,要他去学经商,他认为自己不适宜从事商业,拒绝了父亲的劝告。1683年进入巴塞尔大学学习,1685年通过逻辑论文答辩,获得艺术硕士学位。接着他攻读医学,1690年获医学硕士学位,1694年又获博士学位。

约翰在巴塞尔大学学习期间,怀着对数学的热情,跟其哥哥雅各布秘密学习数学,并开始研究数学。两人都对无穷小数学产生了浓厚的兴趣,他们首先熟悉了莱布尼兹的不易理解的关于微积分的简略论述。正是在莱布尼兹思想的影响和激励下,约翰走上了研究和发展微积分的道路。

1691年6月,约翰在《教师学报》上发表论文,解决了雅各布提出的关于悬链线的问题。这篇论文的发表,使他加入了惠更斯、莱布尼兹和牛顿(Isaac Newton,1643—1727)等数学家的行列。

1691—1692年间,约翰写了世界上第一本关于微积分的教科书,积分学部分于1742年出版,微分学部分直到1924年才出版。

1695年,约翰获得荷兰格罗宁根大学数学教授的职务。他接受职务后,工作特别努力,一面认真教学,一面在微积分方面做出了许多新的贡献。1705年,约翰的哥哥雅各布去世,他去巴塞尔大学继任数学教授的职务,致力于数学教学,直到1748年去世。

约翰由于在力学、天体力学、流体力学方面的研究成果,曾分别于1724年、1730年和1735年三次获得巴黎科学院的奖赏。特别是1735年与他的儿子丹尼尔·伯努利(Daniel Bernoulli)共同完成的关于行星轨道理论的获奖文章,受到人们的高度重视。

约翰·伯努利是17—18世纪在欧洲有影响力的数学家。约翰在他的科学生涯中,采用通信等方式与其他科学家建立了广泛的联系,交流学术成果,讨论和辩论一些问题,这是他学术活动的一大特点。他与110位学者有通信联系,进行学术讨论的信件大约有2 500封,这大大促进了学术的发展。约翰一生另一特点是致力于教学和培养人才的工作,他培养出一批出色的数学家,其中包括18世纪数学界中心人物欧拉(Leonhard Euller,1707—1783)。

丹尼尔·伯努利

丹尼尔·伯努利(Daniel Bernoulli,1700—1782),著名的伯努利家族中最杰出的一位,他是约翰·伯努利的第二个儿子。丹尼尔出生时,他的父亲约翰正在格罗宁根担任数学教授。1713年丹尼尔开始学习哲学和逻辑学,并在1715年获得学士学位,1716年获得艺术硕士学位。在这期间,他的父亲,特别是他的哥哥小尼古拉·伯努利(Nikolaus Bernoulli Ⅱ,1695—1726)教他学习数学,使他受到了数学家庭的熏陶。他的父亲试图要他去当商业学徒,谋一个经商的职业,但是这个想法失败了。于是又让他学医,起初在巴塞尔,1718年到了海德堡,1719年到斯特拉斯堡。1720年他又回到了巴塞尔,1721年通过论文答辩,获得医学博士学位,论文题目是《呼吸的作用》。同年,他申请巴塞尔大学的解剖学和植物学教授,但未成功。1723年,丹尼尔到威尼斯旅行。1724年,他在威尼斯发表了《数学练习》,引起许多人的注意,并被邀请到彼得堡科学院工作。1725年,他回到巴塞尔。之后他又与哥哥小尼古拉一起接受了彼得堡科学院的邀请,到彼得堡科学院工作。在彼得堡的8年间(1725—1733),他被任命为生理学院士和数学院士。1727年他与欧拉一起工作。起初欧拉作为丹尼尔的助手,后来接替了丹尼尔的数学院士职位。这期间,丹尼尔讲授医学、力学、物理学,做出了许多显露他创造性才能的工作。但是,由于哥哥小尼古拉的暴死以及严酷的天气等原因,1733年他回到了巴塞尔。在巴塞尔,他先任解剖学和植物学教授,1743年成为生理学教授,1750年成为物理学教授,而且在1750—1777年间他还任哲学教授。

1733年，丹尼尔离开彼得堡之后，就开始了与欧拉之间最受人称颂的科学通信。在通信中，丹尼尔向欧拉提供最重要的科学信息，欧拉运用杰出的分析才能和丰富的工作经验，给以最迅速的帮助，他们先后通信四十年，最重要的通信是在1734—1750年间。他们是最亲密的朋友，也是竞争对手，丹尼尔还同哥德巴赫(Goldbach C.，1690—1764)等数学家进行学术通信。

丹尼尔的学术著作非常丰富，他的全部数学和力学著作、论文超过80种。1738年他出版了一生中最重要的著作《流体动力学》。1725—1757年的三十多年间，他曾因天文学(1734)、地球引力(1728)、潮汐(1740)、磁学(1743,1746)、洋流(1748)、船体航行的稳定(1753—1757)和振动理论(1747)等成果，获得了巴黎科学院10次以上的奖赏。特别是1734年，他与父亲约翰以《行星轨道与太阳赤道不同交角的原因》这一佳作，获得了巴黎科学院的双倍奖金。丹尼尔获奖的次数可以与著名的数学家欧拉相比，因而受到了欧洲学者们的爱戴。

丹尼尔·伯努利的研究领域极为广泛，他的工作几乎对当时的数学和物理学的研究前沿的问题都有所涉及。在纯数学方面，他的工作涉及代数、微积分、级数理论、微分方程、概率论等方面，但是他最出色的工作是将微积分、微分方程应用到物理学，研究流体问题、物体振动和摆动问题，他被推崇为数学物理方法的奠基人。

著名的伯努利家族曾产生许多传奇和轶事。一个关于丹尼尔的传说这是样的：有一次在旅途中，年轻的丹尼尔同一个风趣的陌生人闲谈，他谦虚地自我介绍说："我是丹尼尔·伯努利。"陌生人立即带着讥讽的神情回答道："那我就是伊萨克·牛顿。" 作为丹尼尔，这是他有生以来受到过的最诚恳的赞颂，这使他一直到晚年都甚感欣慰。

(三)超几何分布

一批产品共有 N 件，其中有 M 件次品，从中任意取出 n 件，假定 $n \leqslant N-M$，则取到的次品件数 X 是离散型随机变量。其概率分布有两种可能——若为有放回的重复抽样，显然是进行了 n 次伯努利试验，所以它服从二项分布；若为不重复抽样，因每次抽到次品的概率不同，所以它应服从超几何分布(hyper geometric distribution)。其概率分布为：

$$P(X=k)=\frac{C_M^k \cdot C_{N-M}^{n-k}}{C_N^n} \qquad (k=0,1,2,\cdots,l)$$

这里，$l=\min(M,n)$。

【例 5-13】 从含有20件次品的1 000件产品中，不放回地抽取5件，则其相应的概率为：

$$P(X=k)=\frac{C_5^k \cdot C_{995}^{5-k}}{C_{1\,000}^5} \qquad (k=0,1,2,3,4,5)$$

若设 $P=\dfrac{n}{M}$，则超几何分布的均值 $E(X)=np$，方差 $D(X)=np(1-p)\left(\dfrac{N-n}{N-1}\right)$。

直观地，当 N 很大，而 n 相对 N 来说比较小的时候，不重复抽样可近似地看作重复抽样，也就是说超几何分布可用二项分布来近似。

(四)泊松分布

当 n 很大时，计算二项分布是比较麻烦的。但在许多实际问题中，n 次独立试验概型中的 n 往往很大，而事件发生的概率 p 往往很小，并且 np 又是一个较小的有限常数，这时就可以根据泊松分布(Poisson distribution)给出的公式来近似计算二项分布。

若随机变量 X 的分布列为：

$$P(X=k)=\frac{\lambda^k e^{-\lambda}}{k!} \qquad (l>0, k=0,1,2,\cdots)$$

则称 X 服从参数为 l 的泊松分布,记为 $X \sim P(l)$。

可以证明当 n 很大而 p 很小时,有:

$$C_n^k p^k (1-p)^{n-k} = \frac{\lambda^k e^{-\lambda}}{k!} \qquad (\text{其中 } \lambda = np)$$

因此,可用泊松分布来近似计算二项分布。这是由于泊松分布可以用专门数值表来查,这样就可以大大简化计算工作。通常,$n \geqslant 20, p \leqslant 0.05$,就可以进行近似计算。

泊松分布的期望与方差都是其参数 l,即:

$$E(X) = l \qquad D(X) = l$$

泊松分布在社会工作和企业管理中有着广泛的应用,例如,一段时间内电话用户对电话交换机的呼唤次数、门诊部挂号次数、单位产品的缺陷数、一个收费站车辆经过的次数、候车的旅客数、商店的顾客数等。

【例 5-14】 已知某厂生产的产品中废品率为 5%,问随机选取 50 只这类产品中,废品至多 2 只的概率是多少?

解:50 只产品中废品的个数 X 应该服从二项分布:

$P(X=k) = C_{50}^k (0.05)^k (0.95)^{50-k} \qquad (k = 0, 1, 2, \cdots, 50)$

由于 $n=50$ 比较大,$p=0.05$ 比较小,且 $np=50 \times 0.05 = 2.5$,即 np 又是一个常数,X 可以认为是近似地服从泊松分布:

$$P(X=k) = \frac{\lambda^k e^{-\lambda}}{k!}$$

其中 $\lambda = np = 50 \times 0.05 = 2.5$,这样,所求的概率为:

$P(X \leqslant 2) = P(X=0) + P(X=1) + P(X=2)$

当 X 服从泊松分布时,$P(X=0), P(X=1), \cdots$ 可以从泊松分布表查得,代入上式得:

$P(X \leqslant 2) = 0.543\,8$

【例 5-15】 某路段每辆车经过发生事故的概率为 0.000 02,某天有 20 000 辆车经过,问该路段发生两次以上事故的概率。

解:由 $n \geqslant 20, p \leqslant 0.05$,运用泊松分布进行近似可得:

$\lambda = np = 20\,000 \times 0.000\,2 = 0.4$

$$P\{X \geqslant 2\} = \sum_{k=2}^{20\,000} \frac{\lambda^k}{k!} e^{-\lambda} = 1 - P\{X=0\} - P\{X=1\} = 0.062$$

故该天发生事故多于两次的概率是 0.062。

泊松

泊松(Simeon Denis,Poisson,1781—1840),法国数学家、物理学家。父亲是退役军人,退役后在村里做小职员,法国革命爆发时任村长。泊松最初奉父命学医,但他对医学并无兴趣,不久便转向数学,于 1798 年进入巴黎综合工科学校,成为拉格朗日(Joseph-Louis Lagrange,1736—1813)、拉普拉斯的得意门生。在毕业时由于其学业优异,又得到拉普拉斯的大力推荐,故留校任辅导教师。1802 年任巴黎理学院教授,1812 年当选为法国科学院院士,1816 年应聘为索邦大学教授,1826 年被选为彼得堡科学院名誉院士,1837 年被封为男爵。著名数学家阿贝尔(Niels Henrik Abel,1802—1829)说:"泊松知道怎样做到举止非常高贵。"

泊松是法国第一流的分析学家,年仅 18 岁就发表了一篇关于有限差分的论文,受到了勒让德(Legendre,Adrien-Marie,1752—1833)的好评。他一生,发表论文三百多篇,对数学和物理学都做出了杰出贡献。

泊松在数学方面贡献很多，最突出的是1837年在《关于判断的概率之研究》一文中提出描述随机现象的一种常用分布，在概率论中现称泊松分布。这一分布在公用事业、放射性现象等许多方面都有应用。他还研究过定积分、傅立叶级数、数学物理方程等。除泊松分布外，还有许多数学名词是以他名字命名的，如泊松定理、泊松公式、泊松方程、泊松过程、泊松积分、泊松级数、泊松变换、泊松代数、泊松比、泊松流、泊松核、泊松括号、泊松稳定性、泊松积分表示、泊松求和法……

二、连续型随机变量及其分布

假设在电话簿上随机抽取一个人的姓名，并测量这个人的身高。如果用H来表示这个人的身高，那么H就是一个随机变量。但这个随机变量和上面讨论的离散型随机变量不同，它可以精确测量。事实上，随机变量有无数个可取值，这类随机变量称为连续型随机变量。它的特性是似乎与数量无关或不易直接用数量加以描述。如一台机床在8小时内连续工作是否会发生故障、某一新产品是否受到用户欢迎、一次技术测验是否及格等。

下面介绍几类重要的连续型分布：均匀分布、指数分布和正态分布。

（一）均匀分布

设连续型随机变量 X 在有限区间 (a,b) 内取值，且其概率密度为：

$$f(x)=\begin{cases}\dfrac{1}{b-a} & x\in(a,b)\\ 0 & x\notin(a,b)\end{cases}$$

则称 X 在 (a,b) 上服从均匀分布（uniform distribution），记为 $X\sim U(a,b)$。其相应的分布函数为：

$$F(x)=\begin{cases}0 & x\leqslant a\\ \dfrac{x-a}{b-a} & a<x<b\\ 1 & x\geqslant b\end{cases}$$

如图5-1所示，X 落入区间 $[c,d]$ 的概率为：

$$P(c\leqslant x\leqslant d)=F(d)-F(c)=\frac{d-a}{b-a}-\frac{c-a}{b-a}=\frac{d-c}{b-a}\qquad(a<c<d<b)$$

上式表明，X 取值于 (a,b) 中任一区间的概率与该区间的长度成正比，而与该区间的具体位置无关。这就是均匀分布的概率意义。

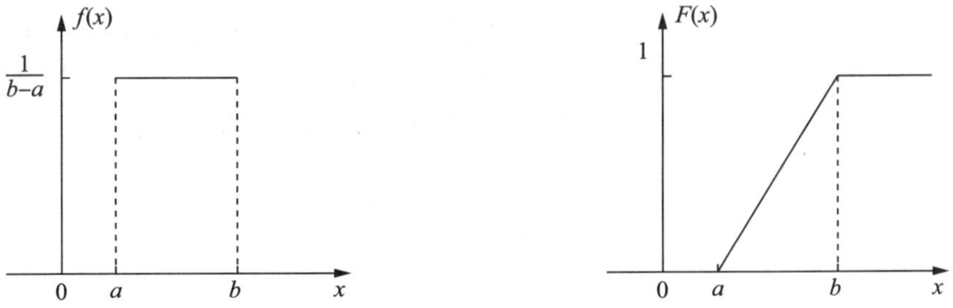

图5-1　均匀分布的密度函数与分布函数

在实际问题中，服从均匀分布的例子是很多的，例如：

（1）设通过某站的汽车10分钟一辆，那么乘客候车时间 X 是在 $[0,10]$ 上服从均匀分布的随机变量。

(2)某电台每隔30分钟报时一次,则打开收音机在听到报时之前的等待时间,就是一个在[0,30]区间内服从均匀分布的随机变量。

均匀分布的数学期望与方差计算如下:

$$E(X)=\int_{-\infty}^{+\infty}xf(x)dx=\int_a^b x\frac{1}{b-a}dx=\frac{1}{b-a}\cdot\frac{x^2}{2}\Big|_a^b=\frac{1}{2}\frac{b^2-a^2}{b-a}=\frac{1}{2}(a+b)$$

即其期望值恰好是区间$[a,b]$的中点。

因为:$E(X)^2=\int_{-\infty}^{+\infty}x^2f(x)dx=\int_a^b x^2\frac{1}{b-a}dx=\frac{1}{3}\frac{b^3-a^3}{b-a}=\frac{b^2+ab+a^2}{3}$

所以:$D(X)=E(X^2)-[E(X)]^2=\frac{(b-a)^2}{12}$

$$\sigma_x=\frac{b-a}{2\sqrt{3}}$$

注:均匀分布是一种特殊分布,一般来讲,只要概率与区间长度成比例,随机变量就服从均匀分布。如从南京开往上海的列车时间可能是在120—150分钟区间内的任何值,它服从(120,150)上的均匀分布。

(二)指数分布

指数分布(exponential distribution)主要在产品寿命分析中应用。

设X为连续型随机变量,则指数分布的密度函数是:

$$f(x)=\frac{1}{\lambda}e^{-\frac{x}{\lambda}}\qquad(x\geqslant 0,\lambda>0)$$

指数分布的数学期望和方差分别为:

$$E(X)=\lambda,Var(X)=\lambda^2$$

指数分布的概率计算公式为:

$$P(x\leqslant x_0)=1-e^{-\frac{x_0}{\lambda}}$$

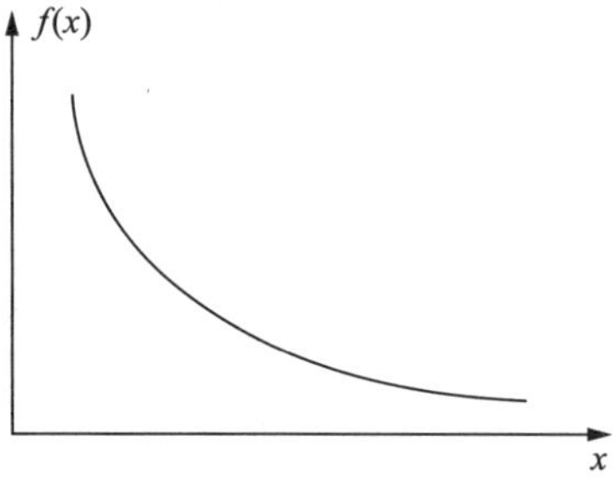

图5-2 指数分布的密度函数

指数分布的密度函数如图5-2所示。

注:时间间隔或距离间隔的长度等随机现象一般都服从指数分布,如到达某加油站的两辆车的间隔时间、装载一辆卡车所需的时间、高速公路上两个出口间的距离、某银行到来的两位顾客之间的时间间隔等。再则,泊松分布与指数分布有着密切的关系,泊松分布描述的是每单位时间间隔或距离间隔中所发生的次数所服从的分布,而指数分布描述的是时间间隔或距离间隔的长度所服从的分布。

【例5-16】 假设某汽车收费站在一分钟内平均到达10辆汽车,则一分钟内到达该收费站的汽车数x服从泊松分布,密度函数为:

$$f(x)=\frac{10^x e^{-10}}{x!}$$

由于到达的平均车辆数为10辆,因此两次到达的平均时间间隔为0.1小时,这样两次到达的时间间隔服从均值为$\mu=0.1$的指数分布:

$$P(x)=\frac{1}{0.1}e^{-\frac{x}{0.1}}=10e^{-10x}$$

(三)正态分布

正态分布(normal distribution)是统计学中应用最广泛且最重要的一种分布,最早是由法国数学家棣莫弗于1733年提出的。德国数学家高斯(C. F. Gauss,1777—1855)在研究误差理论时曾用它来刻画误差,因此有时也被称为高斯分布。在实践中,我们发现大量客观现象服从或近似服从正态分布。人的生理特征如身高、体重、智商、骨骼长度,自然现象如海洋的深度、积雪的厚度,产品的质量性能如电子管中的热噪声、电流、电压、纤维长度、细纱强度、钢的含碳量及抗拉强度,粮食作物的产量,某些产品寿命等,所有这些现象,其试验、观测和测量误差都服从正态分布。

而且正态分布具有很好的数学性质。一方面,许多非正态分布以正态分布作为其渐近分布或极限分布,如二项分布、泊松分布等;另一方面,任意样本均值的分布都以正态分布为其极限分布,这就是概率论的中心极限定理所证明的。具体来说,若总体是正态分布,则不论样本容量大小,样本均值都服从正态分布;若总体不服从正态分布,只要样本容量足够大,样本均值的分布也趋于正态分布。

1. 正态分布的定义

设 X 为连续型随机变量,它的概率密度函数为:

$$f(x)=\frac{1}{\sqrt{2\pi}\sigma}e^{-\frac{(x-\mu)^2}{2\sigma^2}}$$

则称 X 服从正态分布,记 $X\sim N(\mu,\sigma^2)$。

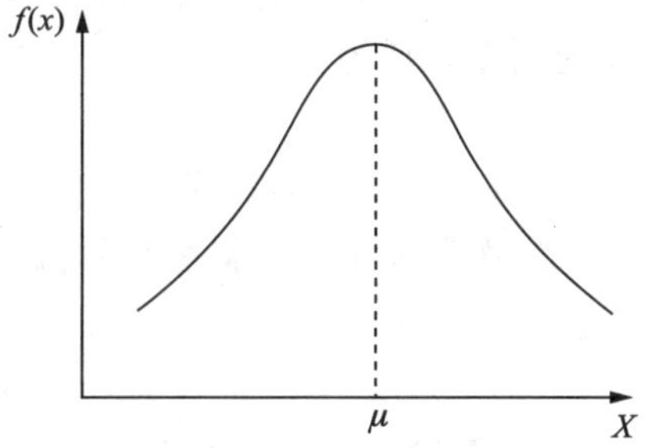

图 5-3　正态分布的密度曲线

正态分布的概率密度 $f(x)$(见图 5-3)有以下特点:

(1)正态分布的几何形状如同一口古钟,是一个单峰钟形曲线,以 $x=\mu$ 为中轴,向左右两方无限延伸,以 x 轴为渐近线。

(2)曲线以 $x=\mu$ 对称,且在 $x=\mu$ 处到达最高点。这条曲线与横轴之间的面积为1,曲线下在 $\mu-\sigma$ 和 $\mu+\sigma$ 之间的面积为0.682 6,在 $\mu-2\sigma$ 和 $\mu+2\sigma$ 之间的面积为0.954 5,在 $\mu-3\sigma$ 和 $\mu+3\sigma$ 之间的面积为0.997 3。

(3)可以证明 $E(X)=\mu$,$Var(X)=\sigma^2$,均值、中位数和众数三者重合,都为 μ。

(4)正态分布由参数 μ 和 σ^2 完全决定,μ 的数值确定了正态分布曲线的位置,σ 的数值大小则表明曲线的陡峭程度。σ 越大,密度曲线越扁平;σ 越小,密度曲线越陡峭(见图 5-4)。

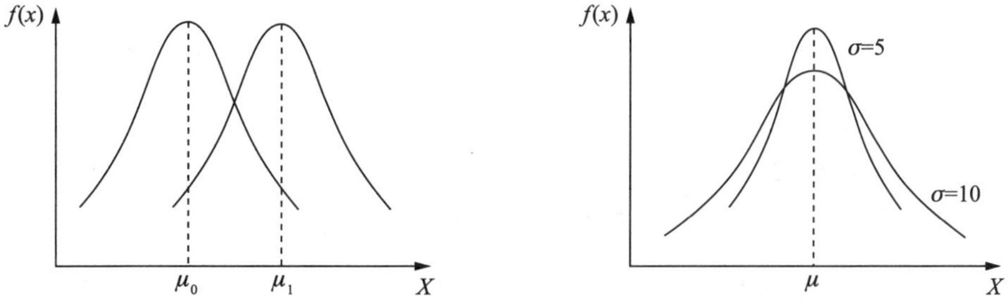

图 5-4　不同的 μ,σ 时,正态分布的密度曲线

2. 标准正态分布

若 $\mu=0,\sigma=1$，则称 X 服从标准正态分布(standard normal distribution)，记为 $X\sim N(0,1)$，其密度函数为：

$$\varphi(x)=\frac{1}{\sqrt{2\pi}}e^{-\frac{x^2}{2}}$$

$$\Phi(x)=\int_{-\infty}^{x}\frac{1}{\sqrt{2\pi}}e^{-\frac{t^2}{2}}\mathrm{d}t \quad (-¥<x<+¥)$$

密度曲线关于 Y 轴对称，如图 5－5 所示。

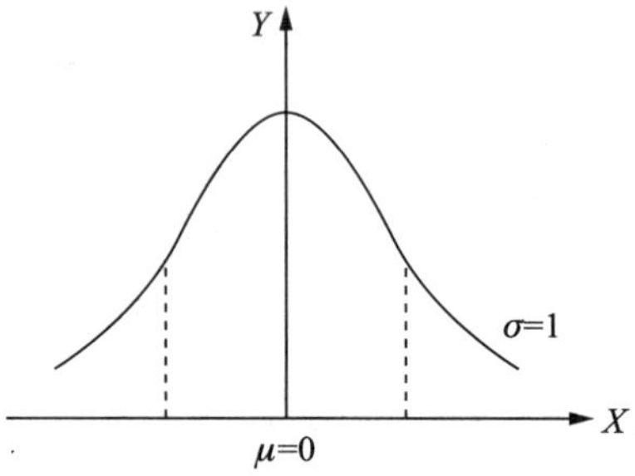

图 5－5 标准正态分布的密度曲线

标准正态分布有现成的分布表可查，因而很容易计算有关事件的概率。标准正态分布表的制作规则为：

$$A(Z_0)=\int_{0}^{Z_0}\frac{1}{\sqrt{2\pi}}e^{-\frac{x^2}{2}}\mathrm{d}x$$

从而有关事件的概率计算如下：

(1) $P\{0<X<Z_0\}=A(Z_0)$

(2) $P\{-Z_0<X<0\}=A(Z_0)$

(3)$P\{X<Z_0\}=0.5+A(Z_0)$

(4)$P\{X>Z_0\}=0.5-A(Z_0)$

(5)$P\{X<-Z_0\}=0.5-A(Z_0)$

(6)$P\{X>-Z_0\}=0.5+A(Z_0)$

(7)$P\{Z_1<X<Z_2\}=A(Z_2)-A(Z_1)$

(8)$P\{-Z_1<X<-Z_2\}=A(Z_1)-A(Z_2)$

(9)$P\{-Z_1<X<Z_2\}=A(Z_1)+A(Z_2)$

(10)一些特殊区间内的概率值

$P\{-1<X<1\}=0.682\,6$

$P\{-2<X<2\}=0.954\,5$

$P\{-3<X<3\}=0.997\,3$

3. 正态分布的标准化

对于一般的正态分布 $X\sim N(\mu,\sigma^2)$，通过下述变量代换：

$$Z=\frac{X-\mu}{\sigma}$$

可以证明：$Z\sim N(0,1)$，即标准正态分布。这样：

$$P\{x_1 < X < x_2\} = P\left\{\frac{x_1-\mu}{\sigma} < Z < \frac{x_2-\mu}{\sigma}\right\} = P\{z_1 < Z < z_2\}$$

因而,非标准正态分布可以先化为标准正态分布,进而通过查表(见附表1)直接求得其概率。

【例 5-17】 设 $X \sim N(0,1)$,求 $P(1 \leqslant X < 2)$,$P(-1 \leqslant X < 2)$。

解:(1) $P(1 \leqslant X < 2) = \int_1^2 \frac{1}{\sqrt{2\pi}} e^{-\frac{1}{2}t^2} \mathrm{d}t = \int_{-\infty}^2 \varphi(t)\mathrm{d}t - \int_{-\infty}^1 \varphi(t)\mathrm{d}t$

其中 $\varphi(t) = \frac{1}{\sqrt{2\pi}} e^{-\frac{1}{2}t^2}$ 为标准正态分布 $N(0,1)$ 的密度函数,从而 $\int_{-\infty}^x \varphi(t)\mathrm{d}t$ 为 $N(0,1)$ 的分布函数 $\Phi(x)$,其函数值已通过数值计算方法计算出并列成正态分布表,见附表1。借助正态分布表可求得:

$P(1 \leqslant X < 2) = \Phi(2) - \Phi(1) = 0.9773 - 0.8413 = 0.136$

(2)同理可知:

$P(-1 \leqslant X < 2) = \Phi(2) - \Phi(-1)$

正态分布表一般只给出 $x>0$ 时的 $\Phi(x)$ 值,因此,$\Phi(-1)$ 不能直接查表得出。

然而,可以证明当 $x<0$ 时,总有:

$\Phi(x) = 1 - \Phi(-x)$

从而:

$P(-1 \leqslant X < 2) = \Phi(2) - \Phi(-1) = \Phi(2) - [1 - \Phi(1)] = 0.9773 - 1 + 0.8413 = 0.8186$

【例 5-18】 若 $X \sim N(3,2^2)$,求 $P(X<1)$。

解:$P(X<1) = F\left(\frac{1-3}{2}\right) = F(-1) = 0.1587$

【例 5-19】 假定成人的体重(千克)$X \sim N(55,10^2)$,试求:

(1)一个成人体重介乎45—65千克的概率;

(2)一个成人体重超过85千克的概率。

解:(1) $P(45 \leqslant X \leqslant 65) = \Phi\left(\frac{65-55}{10}\right) - \Phi\left(\frac{45-55}{10}\right)$

$$= \Phi(1) - \Phi(-1) = \Phi(1) - [1 - \Phi(1)] = 2\Phi(1) - 1$$

$$= 2 \times 0.8413 - 1 = 0.6826$$

(2) $P(X>85) = 1 - \Phi\left(\frac{85-55}{10}\right) = 1 - \Phi(3) = 1 - 0.99865 = 0.00135$

【例 5-20】 求服从正态分布 $N(\mu,\sigma^2)$ 的随机变量 X 取值落在区间 $(\mu - k\sigma, \mu + k\sigma)$ 之间的概率($k=1,2,3$)。

解:$P(\mu - k\sigma < X < \mu + k\sigma) = \Phi\left(\frac{\mu + k\sigma - \mu}{\sigma}\right) - \Phi\left(\frac{\mu - k\sigma - \mu}{\sigma}\right) = \Phi(k) - \Phi(-k)$

$= 2\Phi(k) - 1$

由正态分布表可查出:

$P(\mu - \sigma < X < \mu + \sigma) = 2F(1) - 1 = 0.6827$

$P(\mu - 2\sigma < X < \mu + 2\sigma) = 2F(2) - 1 = 0.9545$

$P(\mu - 3\sigma < X < \mu + 3\sigma) = 2F(3) - 1 = 0.9973$

以上计算表明,正态随机变量几乎都分布在 $(\mu - 3\sigma, \mu + 3\sigma)$ 之中。

第五节　大数定律和中心极限定理

皮埃尔·西蒙·拉普拉斯

皮埃尔·西蒙·拉普拉斯(Pierre-Simon Marquis de Laplace,1749—1827),生于法国西北部卡尔瓦多斯的博蒙昂诺日,曾任巴黎军事学院数学教授。1795年任巴黎综合工科学校教授,后又在高等师范学校任教授。1799年他还担任过法国经度局局长,并在拿破仑政府中任过6个星期的内政部部长。1816年被选为法兰西学院院士。

拉普拉斯在研究天体问题的过程中,创造和发展了许多数学的方法,以他名字命名的拉普拉斯变换、拉普拉斯定理和拉普拉斯方程在科学技术的各个领域有着广泛的应用。

1784—1785年,他求得天体对其外任一质点的引力分量可以用一个势函数来表示,这个势函数满足一个偏微分方程,即著名的拉普拉斯方程。1785年他被选为科学院院士。

1786年,他证明行星轨道的偏心率和倾角总保持很小和恒定,能自动调整,即摄动效应是守恒和周期性的,不会积累也不会消解。拉普拉斯注意到木星的三个主要卫星的平均运动 Z_1,Z_2,Z_3 服从下列关系式:$Z_1-3\times Z_2+2\times Z_3=0$。同样,土星的四个卫星的平均运动 Y_1,Y_2,Y_3,Y_4 也具有类似的关系:$5\times Y_1-10\times Y_2+Y_3+4\times Y_4=0$。后人称这些卫星之间存在可公度性,由此演变出"时间之窗"的概念。

1787年,他发现月球的加速度同地球轨道的偏心率有关,从理论上解决了太阳系动态中观测到的最后一个反常问题。

1796年,他的著作《宇宙体系论》问世,提出了对后来有重大影响的关于行星起源的星云假说。在这部书中,他独立于康德(Immanuel Kant,1724—1804),提出了第一个科学的太阳系起源理论——星云说。康德的星云说是从哲学角度提出的,而拉普拉斯则从数学、力学角度充实了星云说,因此,人们常常把他们两人的星云说称为"康德—拉普拉斯星云说"。

他长期从事大行星运动理论和月球运动理论方面的研究,尤其是他特别注意研究太阳系天体摄动、太阳系的普遍稳定性问题以及太阳系稳定性的动力学问题。在总结前人研究的基础上取得大量重要成果,他的这些成果集中在1799—1825年出版的5卷16册巨著《天体力学》之内。在这部著作中第一次提出"天体力学"这一名词,是经典天体力学的代表作。因此他被誉为法国的牛顿和天体力学之父。1814年拉普拉斯提出科学假设,假定如果有一个智能生物能确定从最大天体到最轻原子的运动的现时状态,就能按照力学规律推算出整个宇宙的过去状态和未来状态。后人把他所假定的智能生物称为拉普拉斯妖。

他发表的天文学、数学和物理学的论文有二百七十多篇,专著合计有四千多页。其中最有代表性的专著有《天体力学》《宇宙体系论》。在1812年发表的《概率分析理论》中,他推广了概率论在统计中的应用,明确了统计学中的大数定律,进行了大样本推断的尝试。

一、大数定律

大数定律(law of large numbers),是一种描述当试验次数很大时,试验结果逼近一个常数所呈现的概率性质的定律。但是要注意,大数定律并不是经验规律,而是在一些附加条件上经严格证明了的定理，它是一种自然规律，因而不叫定理而是大数“定律”。通常是经数学家证明并以数学家名字命名的大数定律，如伯努利大数定律等。

在一定条件下重复进行试验，随机事件发生的频率随着次数的增多逐渐稳定而趋近于某个常数 p，这个 p 称为该随机事件的概率。可见，频率的稳定性是定义概率的依据。此外，人们在科学实践中还认识到大量观测值的算术平均数也具有稳定性，即在相同条件下，随着观察次数的增多，观测值的算术平均数逐渐稳定于某个常数。概率论中用来阐明大量随机现象平均结果的稳定性的一系列定律，统称大数定律(law of large numbers)。大数定律分为弱大数定律和强大数定律。它们分别说明了算术平均数及频率的稳定性。

定理1(伯努利大数定律)　设 n 次独立试验中，事件A发生的次数为 m，事件A在每次试验中发生的概率为 P，则对于任意正数 e，有：

$$\lim_{n\to\infty} P\left(\left|\frac{m}{n}-P\right|<\varepsilon\right)=1$$

即当试验次数足够大时，“事件A发生的频率与事件A的概率之差，就其绝对值来说，可以充分小”的概率趋于1；可以说，当试验次数很大时，事件A发生的频率与概率发生较大偏差的可能性很小。

定理2(切比雪夫大数定律)　设随机变量 $X_1, X_2, \cdots, X_n$ 相互独立，且服从同一分布，它们的数学期望 $E(X_k)=\mu$，方差 $D(X_k)=\sigma^2(k=1,2,\cdots)$，则对任意正数 e，有：

$$\lim_{n\to\infty} P(|\overline{x}_n-\mu|)<\varepsilon)=1$$

式中，$\overline{x}_n=\frac{1}{n}(X_1+X_2+\cdots+X_n)$。

即在试验次数无限增多的情况下，算术平均数 $\overline{x}_n$ 与 μ 有较大偏差的可能性是很小的。

帕夫努季·利沃维奇·切比雪夫

帕夫努季·利沃维奇·切比雪夫(Пафнутий Львович Чебышёв)，1821年5月16日生于俄国卡卢加，1894年12月8日卒于彼得堡。

切比雪夫出身于贵族家庭。他的祖辈中有许多人立过战功。他的一个弟弟弗拉季米尔·利沃维奇·切比雪夫后来成了炮兵将军和彼得堡炮兵科学院的教授，在机械制造与微震动理论方面颇有建树。

切比雪夫的左脚生来有残疾，1837年，年仅16岁的切比雪夫进入莫斯科大学。大学毕业后，切比雪夫一面在莫斯科大学当助教，一面攻读硕士学位。大约在此同时，他们家在卡卢加省的庄园因为灾荒而破产了，切比雪夫不仅失去了父母方面的经济支持，而且还要负担两个未成年弟弟的部分教育费用。1845年，他完成了硕士论文《试论概率论的基础分析》。

1846年，切比雪夫接受了彼得堡大学的助教职务。1849年5月27日，他的博士论文《论同余式》在彼得堡大学通过了答辩。数天之后，他被告知荣获彼得堡科学院的最高数学荣誉奖。

切比雪夫是在概率论门庭冷落的年代从事这门学问的，他一开始就抓住了古典概率论中具有基本意义的问题，即那些“几乎一定要发生的事件”的规律——大数定律。历史上第一个大数定律是由雅各布·伯努利提出来的，后来泊松又提出了一个条件更宽的陈述，除此之外在这方面没有什么进展。相反，由于有些数学家过分强调概率论在伦理科学中的作用甚至企图以此来阐明“隐蔽着的神的秩序”，又加上理论工具的不充分和古典概率定义自身的缺陷，当时欧洲一些正统的数学家往往把它排除在精密科学之外。

1845年，切比雪夫在其硕士论文中借助十分初等的工具——$\ln(1+x)$ 的麦克劳林展开式，对雅各布·

伯努利大数定律作了精细的分析和严格的证明。一年之后,他又在杂志上发表了《概率论中基本定理的初步证明》一文,给出了泊松形式的大数定律的证明。1866年,切比雪夫发表了《论平均数》,进一步讨论了作为大数定律极限值的平均数问题。1887年,他发表了更为重要的《关于概率的两个定理》,开始对随机变量和收敛到正态分布的条件,即中心极限定理进行讨论。

切比雪夫引出的一系列概念和研究题材为俄国以及后来苏联的数学家继承和发展。

切比雪夫终身未娶,日常生活十分简朴,他的一点积蓄全部用来买书和制造机器。1894年12月8日上午9时,这位令人尊敬的学者在自己的书桌前溘然长逝。他既无子女,又无金钱,但是他却给人类留下了一笔不可估价的遗产——一个光荣的学派。

彼得堡数学学派是伴随着切比雪夫几十年的舌耕笔耘成长起来的。19世纪下半叶,俄国数学主要是在切比雪夫的领导下,首先在概率论、解析数论和函数逼近论这三个领域实现了突破。之后又在复变函数、微分方程、代数、群论、数的几何学、函数构造、数学物理等领域大显身手,使俄国数学在19世纪末大体跟上了世界先进的潮流,某些领域的优势则一直保留到今日。

定理3(辛钦大数定律) 设 $X_1,X_2,\cdots,X_n$ 为一独立同分布的随机变量序列,若 X_i 的数学期望存在,则 $X_1,X_2,\cdots,X_n$ 服从大数定律,即任意的 $\varepsilon>0$,都能使下面公式(5-1)成立。

$$\lim_{n\to\infty} p\left(\left|\frac{1}{n}\sum_{i=1}^{n}X_i-\frac{1}{n}\sum_{i=1}^{n}\mathrm{E}(X_i)\right|<\varepsilon\right)=1 \tag{5-1}$$

$$\lim_{n\to\infty} p\left(\left|\frac{\mu_n}{n}-\frac{1}{n}p\right|<\varepsilon\right)=1 \tag{5-2}$$

$$\frac{1}{n^2}\left(\sum_{i=1}^{n}X_i\right)\to 0 \tag{5-3}$$

辛钦大数定律是常用的大数定律之一,这一定律使算术平均值的法则有了理论依据,应用广泛。伯努利大数定律和切比雪夫大数定律均假设随机变量序列 $X_1,X_2,\cdots,X_n$ 的方差存在,辛钦大数定律去掉了这一假设,仅设每个 X_i 的数学期望存在,但同时要求 $X_1,X_2,\cdots,X_n$ 为独立同分布的随机变量序列,伯努利大数定律仍然是辛钦大数定律的特例。

以上称作"弱大数定律",它分别阐述了事件A发生的频率 m/n,服从独立同分布随机变量 $X_1,X_2,\cdots,X_n$ 的数学期望 $\mathrm{E}(X_k)$、方差 $\mathrm{D}(X_k)$ 依概率收敛(convergence in probability)于 P、μ 和 σ^2。而"强大数定律"有波莱尔大数定律、柯尔莫戈洛夫大数定律和重对数定律(定义略)。

定理4(波莱尔强大数定律) 若 n 次独立重复试验中事件A出现的次数为 μ_n,事件A的概率 $P<A>=p$,则有

$$P\left(\lim_{n\to\infty}\frac{\mu_n}{n}=p\right)=1$$

即 μ_n/n 以概率1收敛于 p。

这是波莱尔(Borel, Emile,1871—1956)在任巴黎大学教授期间,于1909年引进可数事件集的概率,填补了古典概型和几何概型之间的空白。当时他先证明了上述强大数定律当 $p=1/2$ 时是成立的,此后才证明了对一般的 p 定律亦成立。

定理5(柯尔莫哥洛夫强大数定律) 若 $\{\xi_k\}$ 是独立同分布的随机变量序列,且存在有限数学期望 $\mathrm{E}|\xi_i|<+\infty$,则

$$P\left(\lim_{n\to\infty}\frac{1}{n}\sum_{i=1}^{n}\xi_i=\mu\right)=1$$

或 $\{\xi_k\}$ 是独立同分布的随机变量序列，且 $D\xi_k<\infty(k=1,2,\cdots)$，若

$$\sum_{n=1}^{\infty}\frac{D\xi_k}{n^2}<\infty,$$

则有

$$P\left\{\lim_{n\to\infty}\frac{1}{n}\sum_{i=1}^{n}(\xi_i-E\xi_i)=0\right\}=1$$

其中，$E\xi_i$，$D\xi_i$ 分别表示ξ_i 的数学期望和方差，随着观察次数的增大，随机变量观测值的平均数

$$\bar{\xi}=\frac{1}{n}\sum_{i=1}^{n}\xi_i$$

是以概率 1 收敛于随机变量的期望。

这两个两定律都是柯尔莫哥洛夫(Kolmogorov, A. H. 1903—1987)于 1928 年首次给出并证明。

重对数定律亦称迭对数定律，是波莱尔大数定律、柯尔莫戈洛夫大数定律的精确化。

弱大数定律阐述对于独立同分布的随机序列 $X_1,X_2,\cdots,X_n$，只要总体均值 u 存在，那么样本均值$\bar{X}=\frac{1}{n}\sum_{i=1}^{n}X_i$ 会随着 n 增大而“依概率收敛”到总体均值 u。可见弱大数定律“依概率收敛”不够完美。强大数定律证明随着 n 增大，$\bar{X}=\frac{1}{n}\sum_{i=1}^{n}X_i$“几乎处处收敛”到 u 。

二、中心极限定理

如果一个随机变量由很多个相互独立的随机变量叠加而成，而其中每个变量在总和中所起的作用都不大，那么作为总和的那个随机变量近似地服从正态分布，这就是中心极限定理(central limit theorem)的实际内容。有关这方面的定理有多个，这里仅介绍三个最常用的中心极限定理。

定理 6(林德伯格—莱维中心极限定理)　设 $X_1,X_2,\cdots,X_n$ 是具有相同分布且相互独立的一列随机变量，则当 $n\to\infty$时，对任意 X 有：

$$\lim_{n\to\infty}P\left(\frac{1}{\sigma\sqrt{n}}\sum_{k=1}^{n}(X_k-\mu)<x\right)=\int_{-\infty}^{x}\frac{1}{\sqrt{2\pi}}e^{-\frac{t^2}{2}}dt$$

其中，$\mu=E(X_k)$，$\sigma^2=D(X_k)>0$，$k=1,2,\cdots,n$。

定理说明，只要 n 充分大，随机变量$\frac{1}{\sigma\sqrt{n}}\sum_{k=1}^{n}(X_k-\mu)$ 近似地服从标准正态分布。又由于$\frac{1}{\sigma\sqrt{n}}\sum_{k=1}^{n}(X_k-\mu)=\frac{\sum_{k=1}^{n}\frac{X_k}{n}-\mu}{\frac{\sigma}{\sqrt{n}}}=\frac{\bar{X}-\mu}{\frac{\sigma}{\sqrt{n}}}$，即$\frac{\bar{X}-\mu}{\frac{\sigma}{\sqrt{n}}}$ 近似服从$N(0,1)$，从而$\bar{X}=\frac{\sum_{k=1}^{n}X_k}{n}$ 近似服从 $N(\mu,\sigma^2/n)$ 。

故可知，当 n 充分大时，随机变量的平均数 $\bar{x}$ 的分布近似地服从正态分布。而在实际应用中，当 n 足够大时，不管总体分布如何，样本平均数的分布总可看作是正态分布，这就是为什么正态分布在概率论中占有相当重要位置的原因。

这个定理对离散型和连续型的随机变量都适用。下面介绍它的一个特例，由棣莫弗和

拉普拉斯推广,故称为棣莫弗—拉普拉斯中心极限定理。

定理7(棣莫弗—拉普拉斯中心极限定理) 设$X_1,X_2,\cdots,X_n,\cdots$是服从参数为$p(0<p<1)$的两点分布的随机变量序列,即$X=\sum_{k=1}^{n}X_k\sim b(n,p)$,则对任意$x$,有:

$$\lim_{n\to\infty}P\left(\frac{\sum_{k=1}^{n}X_k-np}{\sqrt{np(1-p)}}<x\right)=\frac{1}{\sqrt{2\pi}}\int_{-\infty}^{x}e^{-\frac{t^2}{2}}dt$$

在n重伯努利试验中,若事件A发生的概率为P,随机变量X_k定义如下:

$$X_k=\begin{cases}0, & \text{在第 }k\text{ 次实验中 A 不发生}\\1, & \text{在第 }k\text{ 次实验中 A 发生}\end{cases}\quad k=1,2,\cdots$$

则X_k相互独立且服从同一的两点分布,n次试验中A出现的总次数为$\sum_{k=1}^{n}X_k$,且$E(\sum_{k=1}^{n}X_k)=np$,$D(\sum_{k=1}^{n}X_k)=np(1-p)$,由上述的中心极限定理,可知:

$$\lim_{n\to\infty}P\left(\frac{\sum_{k=1}^{n}X_k}{\sqrt{np(1-p)}}<x\right)=\frac{1}{\sqrt{2\pi}}\int_{-\infty}^{x}e^{-\frac{t^2}{2}}dt$$

即对上述定理中的伯努利试验,当n充分大时,

$$\begin{aligned}P(a<\sum_{k=1}^{n}X_k\leqslant b)&=P\left(\frac{a-np}{\sqrt{np(1-p)}}<\frac{\sum_{k=1}^{n}X_k-np}{\sqrt{np(1-p)}}\leqslant\frac{b-np}{\sqrt{np(1-p)}}\right)\\&=\Phi\left(\frac{b-np}{\sqrt{np(1-p)}}\right)-\Phi\left(\frac{a-np}{\sqrt{np(1-p)}}\right)\end{aligned}$$

这个结论表明,二项分布以正态分布为极限,即当n充分地增大下去,二项分布将越来越接近于连续型正态分布。

亚伯拉罕·棣莫弗

亚伯拉罕·棣莫弗(Abraham de Moivre,1667—1754),法国数学家。他的成名之作是把复数和三角学联系起来,推导出初等数学中最引人注目并且最有用的关系式,后人称之为棣莫弗公式。但他的主要贡献是概率论中关于正态分布的研究,包括斯特林公式。他和拉普拉斯先后发现了中心极限定理的一个特例,后人称为棣莫弗—拉普拉斯定理。

1692年,他认识了当时英国皇家学会助理秘书爱德蒙·哈雷,不久后结识艾萨克·牛顿,并成为其好友。他在1697年加入皇家学会。1710年他被指派处理牛顿和莱布尼兹关于微积分发明人的争议。

棣莫弗是加尔文主义者,1685年南特敕令废止后他便离开法国,在英国度过余生。他十分贫穷,据说他是Slaughter咖啡馆的常客,借下国际象棋以赚钱。他逝世于伦敦,葬于圣马丁教堂(遗体后来移到别处)。

定理8(李雅普诺夫中心极限定理) 设随机变量$X_1,X_2,\cdots,X_n,\cdots$相互独立,它们具有数学期望和方差:

$$E(X_k)=\mu_k, D(X_k)=\sigma_k^2>0, k=1,2,\cdots$$

则

$$\lim_{n\to\infty}P\left\{\frac{\sum_{k=1}^{n}X_k-\sum_{k=1}^{n}\mu_k}{\sqrt{\sum_{k=1}^{n}\sigma_k^2}}\leqslant x\right\}=\frac{1}{\sqrt{2\pi}}\int_{-\infty}^{x}e^{-\frac{t^2}{2}}dt$$

定理 8 表明，当 n 很大时，$\frac{\sum_{k=1}^{n}X_k-\sum_{k=1}^{n}\mu_k}{\sqrt{\sum_{k=1}^{n}\sigma_k^2}}$ 近似服从正态分布 $N(0,1)$。由此，当 n 很大时，$\sum_{k=1}^{n}X_k$ 近似服从正态分布 $N(\sum_{k=1}^{n}\mu_k,\sum_{k=1}^{n}\sigma_k^2)$。这就是说，无论各个随机变量 X_k 服从什么分布，只要满足定理的条件，那么它们的和 $\sum_{k=1}^{n}X_k$ 在 n 很大时，就近似服从正态分布。

李雅普诺夫

李雅普诺夫（Алекса́ндр Миха́йлович Ляпуно́в），俄国数学家、力学家。1857 年 6 月 6 日生于雅罗斯拉夫尔，1918 年 11 月 3 日卒于敖德萨。1880 年大学毕业后留校工作，1892 年获博士学位并成为教授。1893 年起任哈尔科夫大学教授，1900 年初当选为圣彼得堡科学院通讯院士，1901 年又当选为院士，兼任应用数学学部主席。1909 年当选为意大利国立琴科学院外籍院士，1916 年当选为巴黎科学院外籍院士。

1876 年中学毕业时，因成绩优秀获金质奖章，同年考入圣彼得堡大学物理数学系学习，被著名数学家切比雪夫渊博的学识深深吸引，从而转到切比雪夫所在的数学系学习，在切比雪夫、佐洛塔廖夫(3onoTapes，Erop llsanoshu，1847—1878)的影响下，他在大学四年级时就写出具有创见的论文，而获得金质奖章。

李雅普诺夫是切比雪夫创立的彼得堡学派的杰出代表，他的建树涉及多个领域，尤以概率论、微分方程和数学物理最为著名。

在概率论中，他创立了特征函数法，实现了概率论极限定理在研究方法上的突破，这个方法的特点在于能保留随机变量分布规律的全部信息，提供了特征函数的收敛性质与分布函数的收敛性质之间的一一对应关系，给出了比切比雪夫、马尔可夫关于中心极限定理更简单而严密的证明，他还利用这一定理第一次科学地解释了为什么实际中遇到的许多随机变量近似服从正态分布。他对概率论的建树主要发表在其 1900 年的《概率论的一个定理》和 1901 年的《概率论极限定理的新形式》论文中。他的方法已在现代概率论中得到广泛应用。

【例 5－21】 有一批建筑房屋用的木柱，其中 80%的长度不短于 3 米，现在从这批木柱中随机选取 100 根，求其中至少有 30 根短于 3 米的概率。

解：我们可以知道这 100 根木柱是从为数众多的木柱中抽取的。以 X 记被抽取的 100 根木柱中短于 3 米的根数，则 $X\sim b(100,0.2)$。于是：

$P\{X\geqslant 30\}=\{30\leqslant X\leqslant ¥\}$

$$P\left\{\frac{30-100\times 0.2}{\sqrt{100\times 0.2\times 0.8}}\leqslant\frac{X-100\times 0.2}{\sqrt{100\times 0.2\times 0.8}}\right\}<\frac{\infty-100\times 0.2}{\sqrt{100\times 0.2\times 0.8}}$$

$$\approx\Phi(¥)-\Phi(\frac{30-20}{\sqrt{16}})=1-\Phi(2.5)=1-0.9938=0.0062$$

关键术语

事件 event
随机实验(试验) random experiments
随机事件 random event
古典概率 classical probability
概率 probability
试验概率 experiment probability
主观概率 subjective probability
样本空间 sample space
互斥 mutually exclusive
方差 variance
条件概率 conditional probability
协方差 covariance
独立事件 independent events
伯努利试验 Bernoulli trial
先验概率 prior probability
伯努利过程 Bernoulli process
事后概率 posterior probability
二项分布 binominal distribution
随机变量 random variable
伯努利分布 Bernoulli distribution
离散型随机变量 discrete random variable
二点分布 two-point distribution
连续型随机变量 continuous random variable
超几何分布 hyper geometric distribution
概率密度 probability density
泊松分布 Poisson distribution
概率分布函数 probability distribution function
均匀分布 uniform distribution
数字特征 numerical characteristics
指数分布 exponential distribution
数学期望 mathematical expectation
正态分布 normal distribution
期望值 expected value
标准正态分布 standard normal distribution
大数定律 law of large numbers
中心极限定理 central limit theorem
全概率公式 law of total probability;total probability formula

思考与练习

一、思考题

1. 何谓随机事件?何谓基本事件、互不相容事件和对立事件?

2. 常见的离散型分布有哪些?试举例说明。

3. 离散型随机变量的均值和方差如何计算?它与第四章中总体分布的算术平均数和方差的计算有何异同?

二、计算题

1. 某产品中有80%是正品,用某种仪器检查时,正品被误认为次品的概率为5%,次品被误认为正品的概率为10%,从中任取1个产品,求它经过检查被认为是正品的概率。

2. 设连续型随机变量 X 服从参数为 $\lambda(\lambda>0)$ 的指数分布,且已知概率 $P\{X>100\}=e^{-2}$。求:(1)常数 λ 值;

(2)该指数分布的概率密度函数;

(3)数学期望 $E(2X+1)$;

(4)方差 $D(2X+1)$。

3. 某种商品日销售量 X(百件)是一个离散型随机变量,它服从参数为 λ 的泊松分布。求:(1)这种商品任一日销售量恰好为2(百件)的概率;

(2)这种商品任4日销售量恰好为2(百件)的概率。

4. 计算机有150个终端,各终端使用与否相互独立,若每个终端有40%的时间在使用,求同一时间使用终端数在60—70个间的概率。[$\Phi(1.67)=0.952\,5$]

第六章

抽样分布

引　言

概率论研究的是随机变量，并在其分布已知的假设前提下计算它的数字特征，如数学期望、方差等。可是，在许多实际问题中，由于各种因素的限制，不可能将总体中的每一个体逐一进行研究。因此，在总体分布未知的情况下，可从总体中抽取一部分单位组成样本，根据样本的观察值计算样本统计量，然后通过样本统计量估计总体参数。然而，从一个总体中抽取的样本有无数个，相应的样本统计量也有无数个。因此，同一个总体的所有样本统计量的分布称作抽样分布。

第一节　有关抽样分布的一些基本概念

一、随机样本

在第一章，曾经定义过总体、总体单位(个体)、指标和变量的概念。在实践中，人们关心的是研究对象的某些数量特征或性质，也就是指标，具体表现为变量。总体中所包含的总体单位(个体)的个数称作总体容量(size of population)，用 N 表示。容量有限的称为有限总体，容量无限的称为无限总体。作为总体，即便是有限总体，N 往往也很大。对无限总体只能用抽样(sampling)的方法来收集资料；而对有限总体，虽然可以通过全面调查来收集资料，但实际上往往是没有必要也不可能做到的，因此也必须采用抽样的方法来解决。

为了研究总体的某些性质，可以从总体中按照随机原则抽取一部分单位进行观测，然后根据这一部分单位提供的信息来推断，这种调查被称为抽样调查，而从总体中随机抽取的一部分单位的集合便称为总体的一个样本(sample)或子样。

定义　设 $X_1,X_2,\cdots,X_n$ 是取自总体 X 的一个样本(样本容量为 n)，若每一个个体 X_i 都与总体 X 同分布且相互独立，则称 $X_1,X_2,\cdots,X_n$ 是一个简单独立随机样本(simple independent random samples)，简称样本，它的观察值 $x_1,x_2,\cdots,x_n$ 称为样本值。样本所包含的个体(总体单位)的个数称为样本容量，用 n 表示。一般来说，n 大于等于 30 的称为大样本，n 小于 30 的称为小样本。

二、抽样方法

(一)抽样框与抽样单元

抽样框(sampling frame)与抽样单元是抽样的一对基本范畴。满足“与实际总体的每个单元之间存在确定的对应关系，凭借这种对应关系可以找到实际总体中特定的一个或一些单元”条件的实际总体的映射总体称为抽样框，构成映射总体的单元则称为抽样单元。

换言之，包含所有抽样单元的总体称为抽样框，构成抽样框的单元称为抽样单元。

事实上，为了方便抽样的实施，必须拥有一个目录性清单，这个目录性清单中的每个目录项与实际总体的每个单元之间存在确定的对应关系，即根据一个目录项总可以找到实际总体中特定的一个或一些单元。抽样框就是这样一种目录性清单。

抽样框可能以各种形式出现，名单、手册、地图、数据包……由于无论抽样框采取何种形式，在抽样之后，调查者必须能够根据抽样框找到具体的抽样单元。因此，抽样框必须是有序的，即抽样单元必须编号，且根据某种顺序进行了排列；抽样框中包含的抽样单元必须“不重不漏”，否则将出现抽样误差。

抽样单元不仅是指构成抽样框的目录项，同时还表示该目录项所对应的实际总体特定的一个或一些单元。形象地说，不仅是影子，还是影子所反映的实体。为了区分抽样单元的这两种不同意义，实体抽样单元又称为样本单元或样本点。

抽样单元不一定是组成总体的最小单位——基本单元。抽样单元可能包含一个或一些基本单元，最简单的情况是只包含一个基本单元。在简单随机抽样中，抽样单元即为基本单元；而在整群抽样中，群即为抽样单元，而群可能包含相当多的基本单元，比如在手机调查中抽中一栋居民楼，居民楼是抽样单元，而楼中的每个居民就是基本单元。

(二)放回与不放回抽样

从总体中随机抽取样本有两种方法：放回与不放回抽样。

放回抽样是从总体中随机抽取一个单位后，观察后再把它放回总体，然后抽取下一个单位。很显然，由于抽样是按随机原则进行的，因此，第一次被抽中而又被放回的那个单位还有同等被抽中的可能性。放回抽样的总体容量 N 始终保持不变。

不放回抽样是从总体中随机抽取一个单位后，观察后不再把它放回总体，即从剩下 $N-1$ 个单位中抽取下一个单位。总体容量随着抽样的进行，每抽取一个单位，就少一个，每个单位没有被重复抽中的可能性。

(三)抽样按顺序与不按顺序组成样本

1. 抽样按顺序组成样本

抽样按顺序组成样本是指抽取的样本单位按编码顺序(排列)组成样本。

【例 6-1】 一个最简单的抽样框：A，B，C。从中随机抽取两个单位($n=2$)组成样本，则“A，B”构成一个样本，而“B，A”又构成一个样本。

如此，按不放回抽样，共形成 $A_N^n=\dfrac{N!}{(N-n)!}=\dfrac{3!}{(3-2)!}=\dfrac{3\times2\times1}{1}=6$ 个样本。其样本组合为：

AB，AC，BA，BC，CA，CB

按放回抽样，共形成 $B_N^n=N^n=3^2=9$ 个样本。其样本组合为：

AA，AB，AC，BB，BA，BC，CC，CA，CB

2. 抽样不按顺序组成样本

抽样不按顺序组成样本是指抽取的样本单位不按编码顺序(组合)组成样本。同上例从A,B,C中随机抽取两个单位($n=2$)组成样本,那么按不放回抽样共形成 $C_N^n=\frac{N!}{(N-n)!\,n!}=\frac{3!}{1!\,2!}=\frac{3\times2\times1}{1\times2\times1}=3$ 个样本。其样本组合为:

AB,AC,BC

按放回抽样,共形成 $D_N^n=C_{N+n-1}^n=\frac{(N+n-1)!}{n!\,(N+n-1-n)}=\frac{4!}{2!\,2!}=6$ 个样本。其样本组合为:

AA,AB,AC,BB,BC,CC

以上样本数是按有限总体测算的,即N已知,不管采用哪种方式抽选样本单位,所构成的样本数至少不是一个,实际上是很多的;如果对无限总体抽样,那样本数之多就更无法计算了。

三、参数与统计量

无论对于总体还是样本都可以使用平均数、方差与标准差等来描述它的特征。在统计学中,当用它们来描述总体的特征时,称为总体参数。当这些量用来描述样本的特征时,称为样本统计量。因此,有如下定义:

(一)参数

参数(parameter)是总体随机变量概率分布的特征数。对于某个总体来说,其参数是定值。一个总体常常有多个参数,这些参数从各个不同的角度反映总体分布的基本情况和特征。通常最关心的就是表示总体分布集中趋势和分散趋势的两个参数,即总体的均值和方差。

例如,某地区居民的身高服从正态分布,即 $X\sim N(\mu,\sigma^2)$,则参数为 μ,σ^2。

例如,某厂出现次品的概率为 p,则 p 为(0—1)分布的参数。

在实际中,总体的分布一般是未知的,或只知道它具有某种形式而其中包含着未知参数。

根据上面例子可以看到,在某一实际问题中,总体参数通常是未知的,这就需要通过样本数据所提供的总体的有关信息来构造样本的适当函数对总体参数进行推断。

(二)统计量

统计量(statistic)是样本分布的数量特征,是个随机变量,随着样本的变化而发生变化。如例6-3,不管按哪种方法抽样,抽取的样本绝对不是一个,因统计量也绝对不仅仅只有一个,而是一个不包含任何未知参数的随机样本函数。统计量一方面表示样本本身的分布状况和特征,另一方面也是总体参数的估计量。统计量通常记为:

$$\boldsymbol{T}=\boldsymbol{T}(\boldsymbol{X}_1,\boldsymbol{X}_2,\cdots,\boldsymbol{X}_n)$$

例如,设 $X_1,X_2,\cdots,X_n$ 是取自正态总体 $N(\mu,\sigma^2)$ 的一个容量为 n 的样本,其中 μ,σ^2 为总体未知参数,则 $\overline{X}=\frac{1}{n}\sum_{i=1}^{n}X_i$,$S^2=\frac{1}{n-1}\sum_{i=1}^{n}(X_i-\overline{X})^2$ 等都是统计量,而 $Y=\frac{1}{\sigma}\sum_{i=1}^{n}X_i$ 不是统计量,因为它含有未知参数 σ。

图6-1用正态总体及其中抽取的一个样本来说明总体参数与样本统计量之间的区别:

常用的统计量有以下几种:

设 $X_1,X_2,\cdots,X_n$ 是从总体 X 中抽取的一个样本,则称:

(1)统计量 $\overline{x}=\frac{1}{n}\sum_{i=1}^{n}X_i$ 为样本均值(sample mean)。

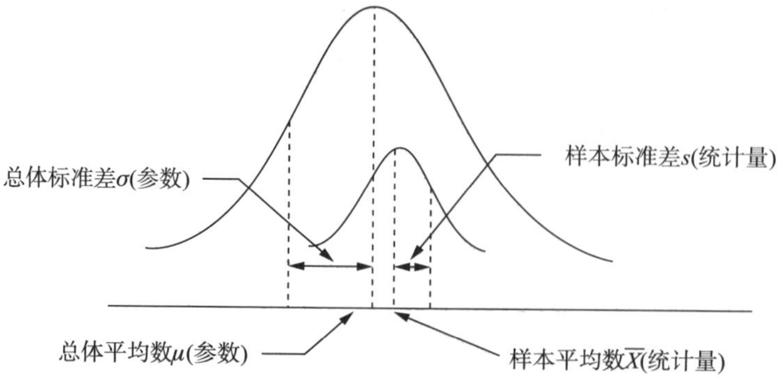

图 6-1 总体参数与样本统计量之间的区别

(2)统计量 $S^2=\frac{1}{n-1}\sum_{i=1}^{n}(X_i-\overline{X})^2$ 为样本方差(sample variance)。

式中,$n-1$ 称为自由度,是随机变量自由取值的个数。$n-1$ 的原因是:$\sum\frac{X_i-\overline{x}}{n}=\frac{1}{n}(\sum X_i-\overline{nX})=0$,即存在一个约束条件,从而使平方和失去了一个自由度。

(3)统计量 $S=\sqrt{S^2}=\sqrt{\frac{1}{n-1}\sum_{i=1}^{n}(X_i-\overline{X})^2}$ 为样本标准差(sample standard deviation)。

(4)统计量 $A_k=\frac{1}{n}\sum_{i=1}^{n}X_1^k$ 为样本 K 阶原点矩(sample k order origin moment)。

(5)统计量 $B=\frac{1}{n-k+1}\sum_{i=1}^{n}(X_i-\overline{X})^k$ 为样本 K 阶中心矩(sample k order central moment)。

显然,样本均值就是样本一阶原点矩,样本方差就是二阶中心距。

设$(X_1,Y_1),(X_2,Y_2),\cdots,(X_n,Y_n)$为二维总体$(X,Y)$的样本,则下列各量为统计量:

(1) $S_{12}=\frac{1}{n}\sum_{i=1}^{n}(X_i-\overline{X})(Y_i-\overline{Y})$,$S_{12}$ 称为样本协方差(sample covariance)。

(2)$\hat{\rho}=\frac{S_{12}}{S_XS_Y}$,$\hat{\rho}$ 称为样本相关系数(sample correlation coefficient),其中 $S_X{}^2=\frac{1}{n-1}\sum_{i=1}^{n}(X_i-\overline{x})^2$,$S_Y$ 类似。

将 $X_1,X_2,\cdots,X_n$ 中按观察值大小的顺序排列,则$\{X_{(1)},X_{(2)},\cdots,X_{(n)}\}$为一组统计量,它们称为一组顺序统计量(order Statistic),$X_{(k)}$称为第 k 个顺序统计量(No. k order statistic),其中特别地称

$X_{(1)}=\min\limits_{1\leqslant i\leqslant n}X_i$ 为最小顺序统计量(minimum order statistic);

$X_{(n)}=\max\limits_{1\leqslant i\leqslant n}X_i$ 为最大顺序统计量(maximum order statistic);

$$M^*=\begin{cases}X_{(\frac{n+1}{2})}, & n \text{ 为奇数}\\ \frac{1}{2}\{X_{(\frac{n}{2})}+X_{(\frac{n}{2}+1)}\}, & n \text{ 为偶数}\end{cases}$$ 为样本中位数(sample median)。

其他与正态分布有关的统计量有：

(1)设 $X_1,X_2,\cdots,X_n$ 是来自标准正态分布 $N(0,1)$ 的样本，即 $X_i\sim N(0,1)$，则 $\chi^2=\sum_{i=1}^{n}X_i^2$ 是样本统计量；

(2)设 $Z\sim N(0,1)$ ，$Y\sim X^2(n)$，且 Z 与 Y 相互独立，则 $T=\dfrac{Z}{\sqrt{\dfrac{Y}{n}}}$ 是样本统计量；

(3)设 $Y_1\sim X^2(n_1)$，$Y_2\sim X^2(n_2)$，且 Y_1 与 Y_2 相互独立，则 $F=\dfrac{Y_1/n_1}{Y_2/n_2}$ 是样本统计量。

【例 6-2】 为考察一批产品的合格率，从中"有放回"地抽取容量为 5 的一个样本。

总体：X：1(正品)，0(次品)

P：p(正品率)，$1-p$(次品率)

则：$X\sim B(1,p)$

样本：X_1,X_2,X_3,X_4,X_5

$$X_i=\begin{cases}1 & \text{第 } i \text{ 次取正品}\\ 0 & \text{第 } i \text{ 次取次品}\end{cases}$$

显然，$X_i\sim B(1,p)$，且相互独立(有放回)。

所以，X_1,X_2,X_3,X_4,X_5 为一个简单独立随机样本。

样本均值：$\overline{X}=\dfrac{X_1+X_2+X_3+X_4+X_5}{5}$

第二节　与正态分布有关的几个重要抽样分布

从总体中随机抽样得到样本，获得样本观察值后可以计算一些统计量，统计量的概率分布称为抽样分布(sampling distribution)。以下介绍源自正态总体的三个统计量的分布。

一、χ^2 分布

卡尔·皮尔逊认为，不管理论分布如何好，它与实际分布之间总存在着或多或少的差异。这些差异是由于观察次数不充分、随机误差太大引起的，还是由于所选配的理论分布本身就与实际分布有实质性差异，还需要用一种方法来检验。

海尔墨特(Hermert)和卡尔·皮尔逊分别于 1875 年和 1890 年导出的著名的统计量，称为卡方(χ^2)，可以在理论分布完全给定的情况下，求出检验统计量的极限分布，用来检验实际值的分布数列与理论数列是否在合理范围内相符合，即用以测定观察值与期望值之间的差异显著性。"卡方检验法"提出后得到了广泛的应用，在现代统计理论中占有重要地位。

定义　设 $X_1,X_2,\cdots,X_n$ 是来自标准正态分布 $N(0,1)$ 的样本，即 $X_i\sim N(0,1)$，令统计量 $X=\sum_{i=1}^{n}X_i^2$，称随机变量 X 服从自由度为 n 的 χ^2 的分布，记为：$X\sim\chi^2(n)$。

χ^2 的密度函数为:

$$k_n(x)=\begin{cases}\dfrac{1}{2^{\frac{n}{2}}\Gamma\left(\dfrac{n}{2}\right)}\cdot x^{\frac{n}{2}-1}\cdot e^{-\frac{x}{2}} & x>0\\ 0 & x\leqslant 0\end{cases}$$

χ^2 密度函数 $k_n(x)$ 的曲线图如图 6－2 所示。

根据图 6－2,可见 χ^2 分布的概率密度函数 $k_n(x)$ 是一条有偏的钟形曲线,n 越小越偏。随着 n 增大,曲线接近对称;当 n 趋向无穷时,曲线以正态分布为极限。

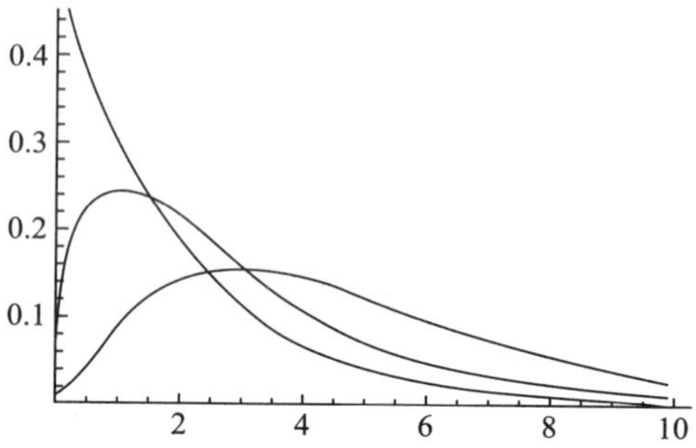

图 6－2　密度函数 $k_n(x)$ 的曲线图

χ^2 分布有以下重要性质:

1. χ^2 分布的可加性

若 $X_1\sim\chi^2(n_1)$,$X_2\sim\chi^2(n_2)$,且 X_1,X_2 独立,则 $X_1+X_2\sim\chi^2(n_1+n_2)$。

2. χ^2 分布的数学期望和方差

若 $X\sim\chi^2(n)$,则 $E(X)=n$,$D(X)=2n$。

证明:因为 $X_i\sim N(0,1)$,所以

$$E(X_i^2)=D(X_i)=1, D(X_i^2)=E(X_i^4)-[E(X_i^2)]^2$$
$$=3-1=2,\ i=1,2,\cdots,n$$

于是 $E(X)=E(\sum_{i=1}^{n}X_i^2)=\sum_{i=1}^{n}E(X_i^2)=n$,　$D(X)=D(\sum_{i=1}^{n}X_i^2)=\sum_{i=1}^{n}D(X_i^2)=2n$

3. χ^2 分布的分位点

对任意给定 的 $0<\alpha<1$,称满足条件的 $P\{X>\chi_\alpha^2(n)\}=\int_{\chi^2_{\alpha(n)}}^{\infty}k_n(x)\mathrm{d}x$ 为 χ^2 分布的上分位点。对于不同的 n 有不同的上分位点值,可以通过查表得知其值,但该表只列到 $n=45$ 为止。因此,当 n 充分大的时候,可以用标准正态分布上分位点 Z_α 来近似得到 χ^2 分布的上分位点 $\chi_\alpha^2(n)$,具体公式为:

$$\chi_\alpha^2(n)\approx\frac{1}{2}(Z_\alpha+\sqrt{2n-1})^2$$

二、t 分布

费歇时代,1921—1936 年所有的皮尔逊的方法都可以应用于大样本,而且可以对方差做出较精确的估计。但对于出现在实际应用中的小样本,这些方法就未必奏效了。1908 年,戈赛特导出了一个检验,按照费歇的建议在对该检验做了一个变换之后,以笔名 Student 发表了关于 t 分布(Student distribution)的论文。其中证明,当 $n\geqslant30$ 时,一个随机样本就开始接近正态分布的基本特征;但若 $n<30$,则服从 t 分布。当时,由于对大样本分布的研究是主流,所以尽管戈赛特研究了小样本的分布,他也没有以真名发表论文,而是署名 Student。然而,就是这种以小样本代替大样本的方法,开创了统计学的新纪元。为了纪念他做出的贡献,故以 Student 来命名。

定义　设 $Z\sim N(0,1)$,$Y\sim\chi^2(n)$,且 Z 与 Y 相互独立,令统计量 $T=\dfrac{Z}{\sqrt{\dfrac{Y}{n}}}$,称 T 服从

自由度为 n 的 t 分布，记为 $T\sim t(n)$，则 T 的密度函数为：

$$t_m(x)=\frac{\Gamma\left(\frac{n+1}{2}\right)}{\sqrt{n\pi}\cdot\Gamma\left(\frac{n}{2}\right)}\cdot\left(1+\frac{x^2}{n}\right)^{-\frac{n+1}{2}}$$

t 分布的密度函数 $t_n(x)$ 的曲线如图 6－3 所示。

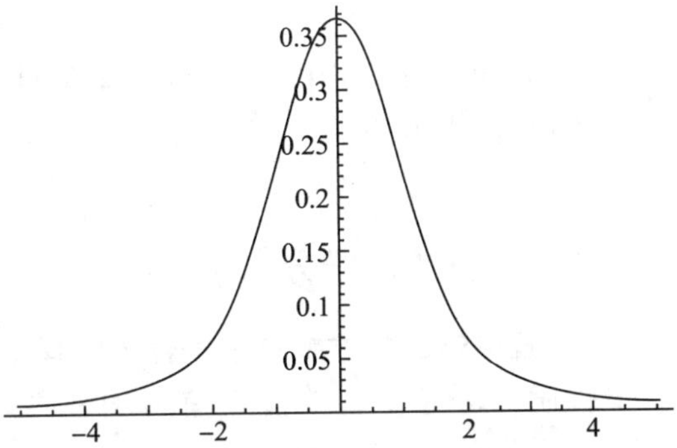

图 6－3　t 分布的密度函数 $t_n(x)$ 的曲线图

与正态分布曲线对比，t 分布有如下特点：

(1)曲线关于纵轴 $Y=0$ 对称，顶部低于正态分布，而尾部高于正态分布。当 n 充分大的时候，t 分布近似于 $N(0,1)$；但对于较小的 n，t 分布与 $N(0,1)$ 相差较大。

(2)对任意给定的 $0<\alpha<1$，称满足条件的 $P\{T(m)>t_\alpha(m)\}=\int_{t_\alpha(m)}^{\infty}t_m(x)\mathrm{d}x=\alpha$ 为 t 分布的上 α 分位点。由 t 分布的 α 分位点的定义及 $t_m(x)$ 图形的对称性可知：$t_{1-\alpha}(m)=-t_\alpha(m)$。

三、F 分布

F 分布是美国统计学家斯内德克(George Snedecor，1881—1974)为了彰显英国统计学家费歇对统计的贡献，以费歇名字开头的字母当作这类型分布的名称。以 F 分布为基础所衍生出的检验方法，如方差分析中的 F 检验及两总体方差相等性检验等，都是各领域的学者经常使用的统计检验。

定义　设 $Y_1\sim\chi^2(n_1)$，$Y_2\sim\chi^2(n_2)$，且 Y_1 与 Y_2 相互独立。令统计量 $F=\dfrac{Y_1/n_1}{Y_2/n_2}$，称 F 服从自由度为 (n_1,n_2) 的 F 分布，记为 $F\sim F(n_1,n_2)$，F 的密度函数为：

$$f(x)=\begin{cases}\dfrac{\Gamma\left(\frac{n_1+n_2}{2}\right)}{\Gamma\left(\frac{n_1}{2}\right)\Gamma\left(\frac{n_2}{2}\right)}n_1^{\frac{n_1}{2}}\cdot n_2^{\frac{n_2}{2}}\dfrac{x^{\frac{n_1}{2}}}{(n_1x+n_2)^{\frac{n_1+n_2}{2}}} & x>0\\ 0 & x\leqslant 0\end{cases}$$

F 分布的密度曲线如图 6－4 所示。

对任意给定的 $0<\alpha<1$，称满足条件的 $P\{F>F_\alpha(n_1,n_2)\}=\int_{F\alpha(n_1,n_2)}^{\infty}f(x)\mathrm{d}x=\alpha$ 为 F 分布的上 α 分位点。

若 $F\sim F(n_1,n_2)$，则 $\dfrac{1}{F}\sim F(n_2,n_1)$。

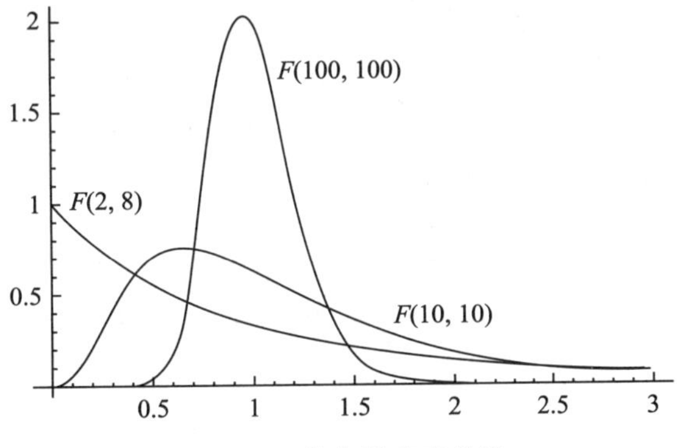

图 6－4　F 分布的密度曲线

第三节 几个重要统计量的分布

抽样推断就是要用样本统计量来估计总体参数，前面介绍过估计总体特征的统计量有样本均值、样本方差等，以下介绍它们的抽样分布，以及另外一个服从二点分布的比例的抽样分布。

一、样本均值的抽样分布

(一)正态总体、方差已知条件下的样本均值的抽样分布

性质 设 $X_1,X_2,\cdots,X_n$ 是来自正态总体 $N(\mu,\sigma^2)$ 的样本，$\overline{X}$ 是样本均值，σ^2 是总体方差，则有 $\overline{X}\sim N\left(\mu,\frac{\sigma^2}{n}\right)$。

证明：由样本的定义可知 $X_i\sim N(\mu,\sigma^2)\qquad(i=1,2,\cdots,n)$

则，$\sum\limits_{i=1}^{n}X_i\sim N(n\mu,n\sigma^2)$

因此，$\overline{X}=\frac{1}{n}\sum X_i\sim N\left(\mu,\frac{\sigma^2}{n}\right)$

引理1 设 $X_1,X_2,\cdots,X_n$ 是 n 个相互独立的正态随机变量，且 $X_i\sim N(\mu_i,\sigma_i^2)$，则 $\sum\limits_{i=1}^{n}X_i\sim N(\sum\limits_{i=1}^{n}\mu_i,\sum\limits_{i=1}^{n}\sigma_i^2)$。

引理2 设 $X\sim N(\mu,\sigma^2)$，则 $Y=a+bX\sim N(a+b\mu,b^2\sigma^2)$。

(二)正态总体、方差未知条件下的样本均值的抽样分布

性质 设 $X_1,X_2,\cdots,X_n$ 是来自正态总体 $N(\mu,\sigma^2)$ 的样本，$\overline{X}$ 是样本均值，S^2 是样本方差，则有 $\frac{\sqrt{n}(\overline{X}-\mu)}{S}\sim t(n-1)$。

证明：因为 $Z=\frac{\sqrt{n}(\overline{X}-\mu)}{\sigma}\sim N(0,1)$

$$Y=\frac{(n-1)S_n^2}{\sigma^2}\sim X^2(n-1)$$

所以 $T=\frac{Z}{\sqrt{\frac{Y}{n-1}}}\sim t(n-1)$

而 $T=\frac{\frac{\sqrt{n}(\overline{X}-\mu)}{\sigma}}{\sqrt{\frac{S^2}{\sigma^2}}}=\frac{\sqrt{n}(\overline{X}-\mu)}{S}$

所以 $\frac{\sqrt{n}(\overline{X}-\mu)}{S}\sim t(n-1)$

需要说明的是：由于 T 分布是随着样本容量不断增大，以正态分布为极限的分布，所在

大样本($n>30$)的情况下，也可用正态分布进行处理。

(三)两个正态总体样本均值之差的抽样分布

1. 方差均已知

性质 设总体 $X\sim N(\mu_1,\sigma_1^2)$，$Y\sim N(\mu_2,\sigma_2^2)$，且 X 与 Y 相互独立，$X_1,X_2,\cdots,X_{n_1}$ 与 $Y_1,Y_2,\cdots,Y_{n_2}$ 分别为来自总体 X 与 Y 的样本，$\overline{X},\overline{Y}$ 与 S_1^2,S_2^2 分别是其样本均值和样本方差，则：

$$U=\frac{(\overline{X}-\overline{Y})-(\mu_1-\mu_2)}{\sqrt{\frac{\sigma_1^2}{n_1}+\frac{\sigma_2^2}{n_2}}}\sim N(0,1)$$

2. 方差未知但相等，即 $\sigma_1^2=\sigma_2^2=\sigma^2$

$$T=\frac{(\overline{X}-\overline{Y})-(\mu_1-\mu_2)}{S\sqrt{\frac{1}{n_1}+\frac{1}{n_2}}}\sim t(n_1+n_2-2)$$

其中，$S^2=\frac{n_1-1}{n_1+n_2-2}S_1^2+\frac{n_2-1}{n_1+n_2-2}S_2^2$

二、正态总体样本方差的抽样分布

(一)一个正态总体样本方差的抽样分布

性质 设 $X_1,X_2,\cdots,X_n$ 是来自正态总体 $N(\mu,\sigma^2)$ 的简单随机样本，$\overline{x}$ 是样本均值，样本方差 $S^2=\frac{1}{n-1}\sum_{i=1}^{n}(x_i-\overline{x})^2$，则有 $\frac{(n-1)S^2}{\sigma^2}=\sum_{i=1}^{n}\frac{(x_i-\overline{x})^2}{\sigma^2}\sim X^2(n-1)$（证明略）。

注意，样本方差计算公式的分母为 $n-1$，而不是 n。其原因是 $n-1$ 被称作自由度(degrees of freedom，df)。统计学上的自由度是指当以样本的统计量来估计总体的参数时，样本中独立或能自由变化的资料的个数，包括两方面的内容：

(1)在估计总体的平均数时，由于样本中的 n 个数都是相互独立的，从其中抽出任何一个数都不影响其他数据，所以其自由度为 n。

在计算样本方差时，使用的是离差平方和。只要 $n-1$ 个数的离差平方和确定了，方差也就确定了；因为在样本均值 $\overline{x}$ 确定后，如果知道了其中 $n-1$ 个数的值，第 n 个数的值也就确定了。这里，样本均值 $\overline{x}$ 就相当于一个限制条件，由于加了这个限制条件，估计总体方差的自由度为 $n-1$。

那为什么总体方差的计算是除以 n 而不是 $n-1$ 呢？方差是实际值与期望值之差平方的期望值，所以知道总体个数 n 时，总体方差应是变量与总体均值 μ(数学期望)的离差平方和除以 n。样本方差除以 $n-1$ 时是总体方差的一个无偏估计。

例如，有一个有 4 个数据($n=4$)的样本，其平均值 m 等于 5，即受到 $m=5$ 的条件限制，在自由确定 4，2，5 三个数据后，第四个数据只能是 9，否则 $m\neq5$。因此，这里的自由度 $\upsilon=n-1=4-1=3$。推而广之，任何统计量的自由度 $\upsilon=n-$限制条件的个数。

(2)统计模型的自由度等于可自由取值的自变量的个数。如在回归方程中，如果共有 p 个参数需要估计，则其中包括了 $p-1$ 个自变量(与截距对应的自变量是常量 1)。因此，该回归方程的自由度为 $p-1$(参考第九章)。

这个解释，如果把“样本”二字换成“总体”二字也说得过去。

(二)两个正态总体样本方差之比的抽样分布

性质 设总体 $Y\sim N(\mu_1,\sigma_1^2)$，$Z\sim N(\mu_2,\sigma_2^2)$，$Y$ 与 Z 独立；$Y_1,Y_2,\cdots,Y_n$ 为取自总体 Y 的一个样本，$Z_1,Z_2,\cdots,Z_n$ 为取自总体 Z 的一个样本。令：

$$S_{n_1}^2=\frac{1}{n_1-1}\sum_{i=1}^{n_1}(Y_i-\overline{Y})^2 \quad (\overline{Y}=\frac{1}{n_1}\sum_{i=1}^{n_1}Y_i)$$

$$S_{n_2}^2=\frac{1}{n_2-1}\sum_{i=1}^{n_2}(Z_i-\overline{Z})^2 \quad (\overline{Z}=\frac{1}{n_2}\sum_{i=1}^{n_2}Z_i)$$

则，$F=\dfrac{S_{n_1}^2\sigma_2^2}{S_{n_2}^2\sigma_1^2}\sim F(n_1-1,n_2-1)$，$\dfrac{S_{n_2}^2\sigma_1^2}{S_{n_1}^2\sigma_2^2}\sim F(n_2-1,n_1-1)$

证明：因为 $\dfrac{(n_1-1)S_{n_1}^2}{\sigma_1^2}\sim\chi^2(n_1-1)$，$\dfrac{(n_2-1)S_{n_2}^2}{\sigma_2^2}\sim\chi^2(n_2-1)$

所以，$\dfrac{\dfrac{(n_1-1)S_{n_1}^2}{\sigma_1^2(n_1-1)}}{\dfrac{(n_2-1)S_{n_2}^2}{\sigma_2^2(n_2-1)}}\sim F(n_1-1,n_2-1)$

显然，$\dfrac{S_{n_2}^2\sigma_1^2}{S_{n_1}^2\sigma_2^2}\sim F(n_2-1,n_1-1)$

三、样本比率的抽样分布

现实中往往需要了解一批产品的次品率、某种实验成功的概率等，即我们需要了解某个总体具有的属性。首先将总体看成是随机变量 X，$X=1$(具有某种属性)，其概率为 p；$X=0$(不具有某种属性)，其概率为 $1-p$。问题是：如何在 p 未知的情况下，通过样本信息来推断 p。

(一)一个总体的样本比率抽样分布

性质 设 $X_1,X_2,\cdots,X_n$ 为取自总体 X 的一个样本(若总体容量有限，则采用“有放回”的抽样；若总体容量充分大或无限大，也可采用“不放回”抽样)。则：

$$\overline{X}=\frac{X_1+X_2+\cdots+X_n}{n}=\frac{\text{成功次数}}{n}=\text{样本比率 }P_S$$

由于，$\sum_{i=1}^{n}X_i\sim B(n,p)$，其中，$n$ 为 n 次伯努利实验中的“成功次数”，当 n 充分大时，即 $np\geqslant 5$，$n(1-p)\geqslant 5$ 时，可近似认为 $\sum_{i=1}^{n}X_i\sim N(np,np(1-p))$。

从而，$\overline{X}=\dfrac{1}{n}\sum_{i=1}^{n}X_i\sim N\left[p,\dfrac{p(1-p)}{n}\right]$

即，$P_s\sim N\left(p,\dfrac{p(1-p)}{n}\right)$

标准化后可得：$Z=\dfrac{P_s-p}{\sqrt{\dfrac{p(1-p)}{n}}}\sim N(0,1)$

(二)两个总体样本比率之差的抽样分布

性质　设 $X\sim B(1,p_1)$，$Y\sim B(1,p_2)$，且 X 与 Y 相互独立；P_S^1，P_S^2 为取自两个总体的样本比率，则：

$$\frac{(P_S^1-P_S^2)-(p_1-p_2)}{\sqrt{\frac{p_1(1-p_1)}{n_1}+\frac{p_2(1-p_2)}{n_2}}}\sim N(0,1)$$

证明：因为 $P_S^1\sim N\left(p_1,\frac{p_1(1-p_1)}{n_1}\right)$；$P_S^2\sim N\left(p_2,\frac{p_2(1-p_2)}{n_2}\right)$

显然 $P_S^1-P_S^2$ 服从正态分布。

所以，$E(P_S^1-P_S^2)=p_1-p_2$

$\mathrm{Var}(P_S^1-P_S^2)=\frac{p_1(1-p_1)}{n_1}+\frac{p_2(1-p_2)}{n_2}$

从而，$P_S^1-P_S^2\sim N\left[(p_1-p_2),\frac{p_1(1-p_1)}{n_1}+\frac{p_2(1-p_2)}{n_2}\right]$

标准化后可得 $Z=\frac{(P_S^1-P_S^2)-(p_1-p_2)}{\sqrt{\frac{p_1(1-p_1)}{n_1}+\frac{p_2(1-p_2)}{n_2}}}\sim N(0,1)$

四、近似分布

以上讨论的是从正态分布总体中抽样的统计量的分布，那么如果是从非正态分布总体中抽样，样本均值、方差的抽样分布性质又如何？

第五章介绍的中心极限定理(central limit theorem)，是概率论中讨论随机变量和的分布以正态分布为极限的一组定理。这组定理是数理统计学和误差分析的理论基础，指出了大量随机变量之和近似服从正态分布的条件。

中心极限定理的第一版被法国数学家棣莫弗发现，他在1733年发表的卓越论文中使用正态分布去估计大量抛掷硬币出现正面次数的分布。这个超越时代的成果险些被历史遗忘，所幸著名法国数学家拉普拉斯扩展了棣莫弗的理论，指出二项分布可用正态分布逼近。但同棣莫弗一样，拉普拉斯的发现在当时并未引起很大反响。直到19世纪末，中心极限定理的重要性才被世人所知。1901年，俄国数学家李雅普诺夫用更普通的随机变量定义中心极限定理并在数学上进行了精确的证明。如今，中心极限定理被认为是(非正式地)概率论中的首席定理。

棣莫弗—拉普拉斯定理是中心极限定理的最初版本，讨论了服从二项分布的随机变量序列。它指出，参数为 n，p 的二项分布以 np 为均值、$np(1-p)$为方差的正态分布为极限。

若 μ_n 是 n 次伯努利实验中事件A出现的次数，$\mu<p<1$，则对任意有限区间$[a,b]$：

(1)当 $a\leqslant x_k\equiv\frac{k-np}{\sqrt{np(1-p)}}\leqslant b$ 及 $n\to\infty$ 时，一致地有：

$$P\{\mu_n=k\}\div\left(\frac{1}{\sqrt{np(1-p)}}\cdot\frac{1}{\sqrt{2\pi}}e^{-\frac{1}{2}x_k^2}\right)\to 1$$

(2)当 $n\to\infty$ 时，一致地有：

$$P\{a \leqslant \frac{\mu_n - np}{\sqrt{np(1-p)}} < b\} \to \int_a^b \varphi(x)\mathrm{d}x$$

其中，$\varphi(x) = \frac{1}{\sqrt{2\pi}} e^{-\frac{x^2}{2}} (-\infty < x < \infty)$

林德伯格—莱维定理，是棣莫弗—拉普拉斯定理的扩展，讨论独立同分布随机变量序列的中心极限定理。它表明，独立同分布且数学期望和方差有限的随机变量序列的标准化和以标准正态分布为极限。

定理表述一 设 $X_1, X_2, \cdots, X_n$ 是相互独立的随机变量。

$E(X_i) = \mu_i$，$Var(X_i) = \sigma_i^2$，则当 n 充分大时，有：

$$\sum_{i=1}^{n} X_i \sim N\left[\sum_{i=1}^{n} \mu_i, \sum_{i=1}^{n} \sigma_i^2\right]$$

定理表述二 当 $X_1, X_2, \cdots, X_n$ 是独立同分布时，$E(X_i) = \mu$，$Var(X_i) = \sigma^2$，则当 n 充分大时，有：

$$\sum_{i=1}^{n} X_i \sim N(n\mu, n\sigma^2)$$

从而，$\overline{X} = \frac{1}{n}\sum_{i=1}^{n} X_i \sim N\left(\mu, \frac{\sigma^2}{n}\right)$

即 $Z = \frac{\overline{X} - \mu}{\frac{\sigma}{\sqrt{n}}} = \frac{\sqrt{n}(\overline{X} - \mu)}{\sigma} \sim N(0,1)$

林德伯格—费勒定理是中心极限定理的高级形式，是对林德伯格—莱维定理的扩展，讨论独立但不同分布的情况下的随机变量和。它表明，满足一定条件时，独立但不同分布的随机变量序列的标准化和依然以标准正态分布为极限。

记随机变量序列 X_i[X_i 独立但不一定同分布，$E(X_i) = 0$，且有有限方差] 部分和为 $S_n = \sum_{i=1}^{n} X_i$，记$S_i^2 = Var(X_i)$，$\sigma_n^2 = \sum_{i=1}^{n} S_i^2 = Var(S_n)$，如果每个 $\varepsilon > 0$，则序列满足：

$$\lim_{n\to\infty} \frac{1}{\sigma_n^2} \sum_{i=1}^{n} E[x_i^2; \{|x_i| > \varepsilon\}] = 0$$

则称它满足林德伯格条件。

满足此条件的序列趋向于正态分布，即$\frac{S_n}{\sigma_n} \xrightarrow{d} N(0,1)$与之相关的是李雅普诺夫条件：

$$E[|X_i|^3] < \infty, \lim_{n\to\infty} \frac{1}{\sigma_n^3} \sum_{i=1}^{n} E[|X_i|^3] = 0$$

满足李雅普诺夫条件的序列必满足林德伯格条件。

综上所述，对于非正态总体的样本均值而言，只要样本容量 n 充分大，则样本均值 $\overline{x}$ 近似地服从正态分布。即从均值为 μ、方差为 σ^2(有限)的任意一个总体中抽取样本量为 n 的样本。当 n 充分大时，样本均值的抽样分布近似服从均值为 μ、方差为$\frac{\sigma^2}{n}$的正态分布，即：

$$\overline{X} \sim N\left(\mu, \frac{\sigma^2}{n}\right)$$

【例 6-3】 有四个数：1，2，3，4。从中任取 2 个组成样本，$N=4$，$n=2$。

按放回顺序抽样，其样本数 $B_N^n=N^n=4^2=16$，期望值 $E(\overline{X})=\mu=2.5$，总体标准差为：

$$\sigma=\sqrt{\frac{\sum(x-\bar{x})^2}{n}}=\sqrt{\frac{(1-2.5)^2+(2-2.5)^2+(3-2.5)^2+(4-2.5)^2}{4}}=1.118$$

则样本均值分布的标准差为：

$$\sigma_{\bar{x}}=\frac{\sigma}{\sqrt{n}}=\frac{1.118}{\sqrt{2}}=\frac{1.118}{1.414}=0.790\ 6$$

【例 6-4】 设总体 X 的分布未知，但已知期望值为 3.5，方差为 12，从总体中抽取容量为 100 的样本，试求 $P\{\overline{X}<3.3\}$。

解： 因为 $\overline{X}\sim N\left(3.5,\frac{12}{100}\right)$

所以，$Z=\dfrac{\bar{x}-3.5}{\sqrt{\frac{12}{100}}}\sim N(0,1)$

$$P\{\overline{X}<3.3\}=P\left\{Z<\frac{3.3-3.5}{\sqrt{12/100}}\right\}=P\{Z<-0.577\}=0.5-A(0.577)=0.5-0.219$$

$=0.281$

五、有限总体

分放回抽样与不放回抽样对区间估计的结果会产生不同的影响。其原因是：从总体 N 中随机抽取 n 个单位组成样本，若采用放回抽样，每次抽取 1 个单位观察后，会把它放回总体，以致下次抽取时有可能再次抽到它。此时，N 始终不变。但不放回抽样是，从总体随机抽取 1 个单位后，不把它放回总体，因而每抽取 1 个单位后，总体容量 N 将会减少一个，如此反复。总体容量由 N 逐渐变为 $N-1,N-2,\cdots,N-n$。由此，按放回抽样和不放回抽样，其抽样分布存在一定的比例关系，导致其参数估计会产生差异。

因此，对于有限总体，总体容量为 N，且当抽样是不放回抽样时，需要对抽样分布的标准差加以修正。

但是，由于有限总体的抽样比 $\frac{n}{N}\leqslant 0.05$ 时，修正因子 $\sqrt{\frac{N-n}{N-1}}\approx 1$，所以当有限总体的容量足够大且 $\frac{n}{N}\leqslant 0.05$ 时，无须利用校正因子对抽样分布的标准差加以修正。

只有在 $\frac{n}{N}>0.05$ 时，需要修正，从而 $\sigma_{\theta}=\frac{\sigma_\theta}{\sqrt{n}}\sqrt{\frac{N-n}{N-1}}$。由于 $\sqrt{\frac{N-n}{N-1}}\leqslant 1$，所以修正后的标准差更小、更精确。

按不放回顺序抽样，其样本数为：

$A_2^4=12$，$E(\bar{x})=\mu=2.5$，$\sigma=1.118$

则样本均值分布的标准差为：

$$\sigma_{\bar{x}}=\sqrt{\frac{\sigma^2}{n}\left(\frac{N-n}{N-1}\right)}=\sqrt{\frac{1.118^2}{2}\left(\frac{4-2}{4-1}\right)}=0.645\ 5$$

关键术语

总体容量 size of population
最小顺序统计量 minimum order statistic
样本 K 阶中心矩 sample k order central moment
统计量 statistic
抽样 sampling
最大顺序统计量 maximum order statistic
样本协方差 sample covariance
样本均值 sample mean
样本 sample
样本中位数 sample median
样本相关系数 sample correlation coefficient
样本方差 sample variance
简单独立随机样本 simple independent random samples
顺序统计量 order statistic
抽样分布 sampling distribution
抽样框 sampling frame
样本标准差 sample standard deviation
第 k 个顺序统计量 No. k order statistic
t 分布 Student distribution
参数 parameter
样本 K 阶原点矩 sample K order origin moment
中心极限定理 central limit theorem

思考与练习

一、思考题

1. 什么叫样本？简单随机样本必须具备哪两个条件？

2. 如何理解抽样框与抽样单元是一对相对应的概念？

3. 抽样方法有哪几种？它们各对样本可能出现的个数有什么影响？

4. 什么叫参数？什么叫统计量？为什么说统计量是关于随机样本的函数？常用的统计量有哪些？

5. 什么是抽样分布？如何理解统计量的分布是抽样分布？

6. 与正态分布有关的重要的抽样分布有哪几个？各有何特点？如何测定它们的分位数？

7. 阐述样本均值分布、样本比率分布的主要内容，它们在不同条件下的分布状态及其应用特点。

二、填空题

1. 通常把所要调查研究的事物或现象的全体称为________，而把组成总体的每个元素称为________，一个总体中所含的个体的数量称为________。

2. 为了推断总体的某些重要特征，需要从总体中按一定抽样技术抽取若干个体，将这一过程称为________。

3. 在实际应用中，抽样方法主要有两种：________和________。

4. 中心极限定理告诉我们不管总体服从什么分布，其________的分布总是近似服从正态分布。

5. 抽样调查是遵循________抽选样本，通过对样本单位的调查来对研究对象的总体数量特征做出推断的。

三、证明与推导题

1. 设 X_1,X_2,X_3 是总体 $X\sim N(\mu,\sigma^2)$ 的一个样本，其中 μ 已知而 $\sigma>0$ 未知，则以下的函数中哪些为统计量？为什么？(1)$X_1+X_2+X_3$；(2)$X_3+3\mu$；(3)X_1；(4)μX_2^2；(5)$\sum\limits_{i=1}^{3}X_i/\sigma^2$；(6)$\max\{X_i\}$；(7)$\sigma+X_3$。

2. 设 $X_1,\cdots,X_n$ 是总体 $X\sim P(8)$ 的一个样本，$\overline{X}$ 与 S^2 分别为其样本均值与样本方差，求 $\mathrm{E}(\overline{X})$，$\mathrm{D}(\overline{X})$ 与 $\mathrm{E}(S^2)$。

3. 设 $X_1,\cdots,X_4$ 是来自正态总体 $N(0,4)$ 的样本，证明统计量 Y 服从 $X^2(2)$ 分布，这里 $Y=0.05(X_1-2X_2)^2+0.01(3X_3-4X_4)^2$。

4. 设 $X_1,X_2,\cdots,X_9$ 是来自正态总体 X 的样本，$Y_1=\dfrac{1}{6}\sum\limits_{i=1}^{6}X_i$，$Y_2=\dfrac{1}{3}\sum\limits_{i=7}^{9}X_i$，$S^2=\dfrac{1}{2}\sum\limits_{i=7}^{9}(X_i-Y_2)^2$，$Z=\dfrac{\sqrt{2}(Y_1-Y_2)}{S}$，证明统计量 Z 服从自由度为 2 的 t 分布。

5. 已知 $X\sim t(n)$，求证 $X^2\sim F(1,n)$。

6. 设 $X\sim N(\mu,\sigma^2)$，$X_1,X_2\cdots,X_{2n}$ 是总体 X 的容量为 $2n$ 的样本，其样本均值为 $\overline{X}=\dfrac{1}{2n}\sum\limits_{i=1}^{2n}X_i$，试求统计量 $Z=\sum\limits_{i=1}^{n}(X_i+X_{n+i}-2\overline{X})^2$ 的数学期望及方差。

7. 设总体 $X\sim N(0,\sigma^2)$，X_1,X_2,X_3 为抽取自总体 X 的一个样本。问：$Y=\dfrac{1}{3}\left(\dfrac{X_1+X_2+X_3}{X_3}\right)^2$ 服从什么分布？试证明你的结论。

8. 设 $X_1,X_2,\cdots,X_n$ 取自 $N(\mu,\sigma^2)$ 样本。(1) 求 S^2 的期望和方差；(2) 求 $\left(\dfrac{\overline{X}-\mu}{\sigma/\sqrt{n}}\right)^2$ 和 $\left(\dfrac{\overline{X}-\mu}{S/\sqrt{n}}\right)^2$ 的分布。

第七章
参数估计

引　言

18 世纪末，德国数学家高斯首先提出参数估计的方法，用最小二乘法计算天体运行的轨道。20 世纪 60 年代，随着电子计算机的普及，参数估计有了飞速的发展。

参数估计(parameter estimation)是在一定概率保证下由样本统计量估计总体分布中包含的未知参数的方法。待估计的总体参数主要有：数学期望 $E(X)$，又称总体均值，用 μ 表示；总体方差 $D(X)$，用 σ^2 表示(其平方根称作标准差，用 σ 表示)；服从二点分布的总体比例 P。而与之相对应，用于参数估计的样本统计量有：样本均值 $\overline{x}$，样本方差 S^2(标准差 S)，样本比例 p。

参数估计是统计推断的基本形式和主要内容之一，分为点估计和区间估计。

参数估计有多种方法，有最小二乘法、极大似然法、极大验后法、最小风险法和极小化极大熵法等。在一定条件下，后面三个方法都与极大似然法相同。最基本的方法是最小二乘法和极大似然法。

卡尔·弗里德里希·高斯

卡尔·弗里德里希·高斯(C. F. Gauss，1777—1855)，德国数学家、物理学家和天文学家、大地测量学家。近代数学奠基者之一，在历史上影响之大，可以与阿基米德(Archimedes，公元前 787—前 212)、牛顿、欧拉并列，有“数学王子”之称。1792 年，15 岁的高斯进入 Braunschweig 学院。在那里，高斯开始对高等数学做研究。独立发现了二项式定理的一般形式、数论上的“二次互反律”(law of quadratic reciprocity)、质数分布定理(prime number theorem)及算术几何平均(arithmetic-geometric mean)。1795 年高斯进入哥廷根大学。1796 年，19 岁的高斯得到了一个数学史上极重要的结果，就是“正十七边形尺规作图之理论与方法”。1799 年在黑尔姆斯泰特(Helmstedt)大学获得博士学位。1855 年 2 月 23 日清晨在哥廷根，高斯于睡梦中去世。他在数学与统计上有相当多的贡献，也是个心算方面的天才。在统计学上，高斯最大的贡献是对由观测值来估计参数而衍生出“最小平方法”的发展。他也把这个技巧应用于观测数据的分析，那些数据大部分是他自己收集的。正态曲线也经常归功于高斯，因此有时又被称作高斯曲线。但是关于这样的说法是否适当还有一些疑虑，因为有相当多的证据显示正态曲线应归之于棣莫弗。

为了纪念他，德国为他设计了纪念邮票和纪念硬币。他的肖像曾被印刷在从 1989—2001 年流通的 10 元德国马克纸币上，人像左侧有一正态分布之概率密度函数及其图形。

第一节　点估计

点估计是依据样本估计总体分布中所含的未知参数或未知参数的函数。通常它们是总体的某个特征值,如数学期望、方差和相关系数等。点估计问题就是要构造一个只依赖于样本的量,作为未知参数或未知参数的函数的估计值。例如,设一批产品的废品率为 θ。为估计 θ,从这批产品中随机地抽出 n 个做检查,以 X 记其中的废品个数,用 X/n 估计 θ,这就是一个点估计。构造点估计常用的方法是:(1)矩估计法。用样本矩估计总体矩,如用样本均值估计总体均值。(2)最大似然估计法。于 1912 年由费歇提出,利用样本分布密度构造似然函数来求出参数的最大似然估计。(3)最小二乘法。主要用于线性统计模型中的参数估计问题。(4)贝叶斯估计法。基于贝叶斯学派(见贝叶斯统计)的观点而提出的估计法。

可以用来估计未知参数的估计量很多,于是产生了怎样选择一个优良估计量的问题。首先必须对优良性定出准则,这种准则是不唯一的,可以根据实际问题和理论研究的方便进行选择。

一、点估计的基本概念

点估计(point estimate)就是选择一个最适当的样本统计量,作为某个总体参数的估计值。点估计的目的是使用样本数据以及一些非样本的先验信息为未知参数提供一个估计值,这个估计值在某种意义上是最好的估计。

通常,设总体 X 的分布函数为 $F(X,\theta)$,其中 θ 是一个未知参数。$X_1,X_2,\cdots,X_n$ 是 X 的一个样本,$x_1,x_2,\cdots,x_n$ 是对应的样本观察值。点估计问题就是要选择一个统计量,如 $\hat{\theta}(X_1,X_2,\cdots,X_n)$,作为 θ 的估计量。显然,估计量 $\hat{\theta}$ 是一个随机变量,一旦把样本观察值 $x_1,x_2,\cdots,x_n$ 代入估计函数中,就得到参数 θ 的一个估计值。这里在记号上并不区分估计量和估计值。

举几个实际例子:(1)某大学的就业率是多少?(2)每年的醉驾事故是多少?(3)医药公司每天的平均销售额是多少?(4)工厂每天的用电量在什么范围内变动?(5)每天,特别是春节期间的平均旅客流量是多少?(6)生产线上不合格品的概率是多少?(7)居民食品支出占总生活支出的比例是多少?

通常知道某个随机变量服从某种特定的概率分布或者愿意假定某个随机变量服从某种特定的概率分布,但是却不知道分布的参数。比如,知道某个随机变量服从正态分布,但不知道参数 μ 和 σ^2。这时常常需要根据样本对总体的某种特征做出推断,这就是参数估计问题。

二、常用点估计的方法

(一)数字特征法

当样本容量增大时,样本分布将依概率趋近于总体的分布,给出了大数定律关于随机变量服从独立同分布的条件,特别是李雅普诺夫中心极限定理证明:无论各个随机变量 X_k 服从什么分布,只要满足定理的条件,那么它们的和 $\sum\limits_{k=1}^{n} X_k$ 在 n 很大时,就近似服从正态分布。

大数定律是一种描述当试验次数很大时,试验结果逼近一个常数所呈现的概率性质的定律。其中,"弱大数定律",它分别阐述了事件 A 发生的频率 m/n,服从独立同分布随机变量 $X_1, X_2, \cdots, X_n$ 的数学期望 $E(X_k)$、方差 $D(X_k)$ 依概率收敛(convergence in probability)于 P、μ 和 σ^2。特别是辛钦大数定律是常用的大数定律之一,这一定律使算术平均值的法则有了理论依据,应用广泛。但是,弱大数定律阐述对于独立同分布的随机序列 $X_1, X_2, \cdots, X_n$,只要总体均值 u 存在,那么样本均值 $\overline{X} = \frac{1}{n}\sum_{i=1}^{n} X_i$ 会随着 n 增大而"依概率收敛"到总体均值 u。可见弱大数定律"依概率收敛"不够完美。

包括波莱尔大数定律、柯尔莫戈洛夫大数定律和重对数定律的强大数定律证明随着 n 增大,$\overline{X} = \frac{1}{n}\sum_{i=1}^{n} X_i$"几乎处处收敛"到 u。表明,样本的数字特征也将随之趋近于总体的特征。因此,很自然会想到用样本的数字特征去估计总体的数字特征,这便是数字特征法。例如,可以用样本平均数(或成数)和样本方差来估计总体的均值(或比率)和方差。

$$\hat{\mu} = \overline{X} = \frac{\sum_{i=1}^{n} X_i}{n}$$

$$\hat{p} = P = \frac{n_i}{n}$$

$$\hat{\sigma}^2 = S^2 = \frac{1}{n-1}\sum_{i=1}^{n}(X_i - \overline{X})^2$$

【例 7-1】 从某灯泡厂某天生产的一大批灯泡中,抽取 10 个进行寿命(小时)试验,取得数据如下:1 400,1 320,1 390,1 500,1 550,1 340,1 430,1 200,1 380,1 650。其中 1 个寿命 1 200(小时)为不合格。

试对这批灯泡的平均寿命和方差做出估计。

解:根据样本数据可以计算:$\overline{x}_i = 1\ 416$(小时),$S^2 = 15\ 982.22$(小时^2)。

根据第六章抽样分布介绍,正态总体、方差已知时,样本均值的抽样分布为:

$$\overline{X} \sim N\left(\mu, \frac{\sigma^2}{n}\right)$$

此时,可用所抽到样本均值 $\overline{x}_i (i=1,2,\cdots,k)$ 作为总体均值 μ 的估计值。本例中:

$\hat{\mu} = \overline{x}_i = 1\ 416$(小时)

但是,通常总体方差未知,否则就没必要对它进行估计了。此时,可以用样本方差作为总体方差的估计值,即:

$\hat{\sigma}^2 = S^2 = 15\ 982.22$(小时)。

同样,可用样本的比例 p 对总体比例 P 进行估计,即 $\hat{P} = p$。

例如,对一人口总体抽样调查,发现男性人口占总体的比例 $P = 50.8\%$,则可以估计全部人口中,男性所占比例约为:$\hat{P} = p = 50.8\%$。①

① 例 7-1 样本 10 个灯泡中有一个使用寿命不合格,那么,$P = 10\%$,则可以估计全部灯泡中,使用寿命不合格的所占比例约为:$\hat{P} = p = 10\%$。

(二)顺序统计量法

如果把取得的样本观测值按大小排列起来,那么与排列位置有关的统计量就称为顺序统计量。常用的顺序统计量有样本中位数。第四章中已经给出过中位数的定义,样本中位数就是根据样本观察值确定的,记作 m_e。

顺序统计量的特点是计算简便,也常用作总体分布参数的估计。由于中位数反映了样本数据的中间值,当总体服从正态分布时,其数学期望是分布的中心,所以可以用样本中位数来估计总体的数学期望,即

$$\hat{\mu} = m_e$$

如在例 7-1 中,可计算得到 $m_e = (1\ 400 + 1\ 390)/2 = 1\ 395$,即估计这批灯泡的平均寿命为:$\hat{\mu} = m_e = 1\ 395$(小时)。

(三)矩估计

设 X 为随机变量,概率密度函数为 $f(x|\theta_1,\theta_2,\cdots,\theta_k)$,其中 $\theta_1,\theta_2,\cdots,\theta_k$ 为待估参数,$X_1,X_2,\cdots,X_n$ 是 X 的一个样本。设总体 X 的前 k 阶矩:

$$\mu_1(\theta_1,\theta_2,\cdots,\theta_k) = \mathrm{E}(X^l) = \int_{-\infty}^{+\infty} x^l f(x \mid \theta_1,\theta_2,\cdots,\theta_k)\mathrm{d}x, l = 1,2,\cdots,k$$

矩估计(square estimation)的思想是通过让真实矩等于样本矩 $\mu_1(\theta_1,\theta_2,\cdots,\theta_k) = \hat{\mu}$,得到 k 个方程,解这 k 个方程组成的方程组,就可以得到 θ 的一个估计量 $\hat{\theta}$,称为矩估计量。

【例 7-2】 设 $X_1,X_2,\cdots,X_n$ 是正态总体 $X \sim N(\theta,\sigma^2)$ 的一个样本,试求 θ,σ^2 的矩估计量。

解:$\mu_1 = \mathrm{E}(X) = \theta$,$\mu_2 = \mathrm{E}(X^2) = \mathrm{D}(X) + [\mathrm{E}(X)]^2 = \sigma^2 + \theta^2$。得 $\theta = \mu_1$,$\sigma^2 = \mu_2 - \mu_1^2$。

所以有:$\hat{\mu} = \overline{X}$

$$\hat{\sigma}^2 = \left(\sum_{i=1}^{n} X_i^2/n\right) - \overline{X}^2 = \frac{1}{n}\sum_{i=1}^{n}(X_i - \overline{X})^2$$

(四)极大似然估计

极大似然估计(maximum likelihood estimation,MLE)于 1912 年由费歇提出,即利用样本分布密度构造似然函数来求出参数的极大似然估计值。

R. A. 费歇

R. A. 费歇(1890—1962),英国伟大的统计学家,是近代数理统计学和数学遗传学的创始人之一。费歇出生在一个没落的拍卖商人家庭,1909 年靠一笔助学金进入剑桥大学附属的一个学院,主要学习数学和物理,1913 年毕业后在一家投资公司里工作,两年之后去中学教数学和物理,并致力于生物统计学研究。在数理统计方法的研究中,他提出相关系数 γ 在大样本条件下是正态分布,在小样本条件下不是正态分布,但经过改换后成为正态分布。这通常被称为"费歇改换法"。他首创方差分析这一有效的统计方法,建立了点估计和区间估计的统计理论,并对 t 分布进行了数理论证,最先提出了 F 分布的理论,使小样本分析在数理统计领域应用得上。

费歇还是一位杰出的教师,他培养了一批优秀的学生,并形成了一个实力雄厚的学派。在数学中以他命名的有:费歇 F 分布、费歇 Z 分布、费歇信息量、费歇信息矩阵、费歇方程、费歇不等式、费歇变换、费歇距离等。

费歇一生先后共写作论文 329 篇,收集在《费歇文集》中。他还撰写了多部专著,如《研究人员用统计法》《实验设计法》《统计方法与科学推断》。他还编写了"统计表"。

极大似然估计法的直观想法是:设 $X_1,X_2,\cdots,X_n$ 是 X 的一个样本,$x_1,x_2,\cdots,x_n$ 是对应的样本观察值。在样本值已知的情况下,如何使取到这一样本观察值的概率比较大。

(1)以总体 X 为离散型为例,设其分布律 $P\{X=x\}=p\{x;\theta\}$,$\theta\in\Omega$ 的形式已知,为待估参数,Ω 是 θ 的可能取值范围。设 $X_1,X_2,\cdots,X_n$ 是 X 的一个样本,则 $X_1,X_2,\cdots,X_n$ 的联合分布律为:

$$\prod_{i=1}^{n} p(x_i;\theta)$$

设 $x_1,x_2,\cdots,x_n$ 是对应的样本观察值,则样本 $X_1,X_2,\cdots,X_n$ 取到观察值 $x_1,x_2,\cdots,x_n$ 的概率是:

$$L(\theta)=L(x_1,x_2,\cdots,x_n;\theta)=\prod_{i=1}^{n} p(x_i;\theta),\theta\in\Omega$$

显然 $L(\theta)$是 θ 的函数,称为样本的似然函数(likelihood function)。

极大似然估计法,就是在样本空间 Ω 内选择一个点使似然函数 $L(\theta)$最大,即取 $\hat{\theta}$ 使

$$L(x_1,x_2,\cdots,x_n;\hat{\theta})=\max_{\theta\in\Omega} L(x_1,x_2,\cdots,x_n;\theta)$$

称 $\hat{\theta}(x_1,x_2,\cdots,x_n)$为 θ 的最大似然估计值,相应的 $\hat{\theta}(X_1,X_2,\cdots,X_n)$为 θ 的最大似然估计量。

(2)以总体 X 为连续型为例,设其概率密度 $f(x;\theta)$,$\theta\in\Omega$ 的形式已知,为待估参数,样本空间 Ω 是 θ 的可能取值范围。设 $X_1,X_2,\cdots,X_n$ 是 X 的一个样本,则 $X_1,X_2,\cdots,X_n$ 的联合密度为:

$$\prod_{i=1}^{n} f(x_i;\theta)$$

设 $x_1,x_2,\cdots,x_n$ 是对应的样本值,则随机点$(X_1,X_2,\cdots,X_n)$落到点$(x_1,x_2,\cdots,x_n)$的领域的概率近似为:

$$\prod_{i=1}^{n} f(x_i;\theta)\mathrm{d}x_i$$

和离散型的情况类似,取 θ 的估计值$\hat{\theta}$ 使概率 $\prod\limits_{i=1}^{n} f(x_i;\theta)\mathrm{d}x_i$ 取到最大。注意到 $\prod\limits_{i=1}^{n}\mathrm{d}x_i$ 不随 θ 而变,只需要使函数

$$L(\theta)=L(x_1,x_2,\cdots,x_n;\theta)=\prod_{i=1}^{n} f(x_i;\theta)$$

取最大值。这里 $L(\theta)$是样本的似然函数。

在实际操作过程中,常常将对数似然函数(logarithm likelihood function)最大化,即:

$$\max \ln L(\theta)$$

又因为对数似然函数 $\ln L(\theta)$和 $L(\theta)$最大化问题的解是一样的,而 $\ln L(\theta)$是和的形式而不是乘积和指数的形式,计算起来相对方便,所以常令:

$$\frac{\mathrm{d}}{\mathrm{d}\theta}\ln L(\theta)=0$$

【例 7-3】 设 $X_1,X_2,\cdots,X_n$ 是总体 $X\sim b(1,p)$ 的一个样本，试求参数 p 的极大似然估计量。

解：设 $x_1,x_2,\cdots,x_n$ 是对应样本 $X_1,X_2,\cdots,X_n$ 的观测值，X 的分布律为：

$P\{X=x\}=p^x(1-p)^{1-x},x=0,1$

$0\leqslant p\leqslant 1$ 是参数，似然函数为：

$$L(p)=\prod_{i=1}^{n}p^{x_i}(1-p)^{1-x_i}$$

对数似然函数为：

$$\ln L(p)=(\sum_{i=1}^{n}x_i)\ln p+(n-\sum_{i=1}^{n}x_i)\ln(1-p)$$

令它的一阶导数为零：

$$\frac{\mathrm{d}}{\mathrm{d}p}\ln L(p)=\frac{1}{p}\cdot\sum_{i=1}^{n}x_i-\frac{1}{1-p}\cdot(n-\sum_{i=1}^{n}x_i)=0$$

解得 p 的将大似然估计值为：

$$\hat{p}=\frac{1}{n}\cdot\sum_{i=1}^{n}x_i=\overline{x}$$

p 的将大似然估计量为：

$$\hat{p}=\frac{1}{n}\cdot\sum_{i=1}^{n}X_i=\overline{X}$$

【例 7-4】 设 $X_1,X_2,\cdots,X_n$ 是总体 $X\sim N(\theta,\sigma^2)$ 的一个样本，试求参数 θ,σ^2 的极大似然估计量。

解：设 $x_1,x_2,\cdots,x_n$ 是对应样本 $X_1,X_2,\cdots,X_n$ 的观测值，X 的概率密度为：

$$f(x;\theta,\sigma^2)=\frac{1}{\sqrt{2\pi}\sigma}\exp\left[-\frac{1}{2\sigma^2}(x-\theta)^2\right]$$

似然函数为：

$$L(\theta,\sigma^2)=\prod_{i=1}^{n}\frac{1}{\sqrt{2\pi}\sigma}\exp\left[-\frac{1}{2\sigma^2}(x_i-\theta)^2\right]$$
$$=(2\pi)^{-\frac{n}{2}}(\sigma^2)^{-\frac{n}{2}}\exp\left[-\frac{1}{2\sigma^2}\sum_{i=1}^{n}(x_i-\theta)^2\right]$$

对数似然函数为：

$$\ln L(\theta,\sigma^2)=-\frac{n}{2}\ln(2\pi)-\frac{n}{2}\ln(\sigma^2)-\frac{1}{2\sigma^2}\sum_{i=1}^{n}(x_i-\theta)^2$$

令它的一阶导数为零：

$$\begin{cases}\dfrac{\partial}{\partial\theta}\ln L(\theta,\sigma^2)=\dfrac{1}{\sigma^2}\left[\sum_{i=1}^{n}x_i-n\theta\right]=0\\ \dfrac{\partial}{\partial\sigma^2}\ln L(\theta,\sigma^2)=-\dfrac{n}{2\sigma^2}+\dfrac{1}{2(\sigma^2)^2}\sum_{i=1}^{n}(x_i-\theta)^2=0\end{cases}$$

解得 θ,σ^2 的极大似然估计量为：

$$\hat{\theta}=\bar{X}$$

$$\hat{\sigma}^2=\frac{1}{n}\sum_{i=1}^{n}(X_i-\bar{X})^2$$

(五)最小二乘估计法

最小二乘估计法(least-squares estimation)是一种重要的估计方法，由德国数学家高斯在1799—1809年和法国数学家勒让德在1806年分别提出，并由俄国数学家马尔可夫在1900年加以发展。它主要用于线性统计模型中的参数估计问题。

安德雷·安德耶维齐·马尔可夫

安德雷·安德耶维齐·马尔可夫(Andrei Andreyevich Markov，1856—1922)，俄国数学家。1874年进入圣彼得堡大学，受切比雪夫思想影响很深。1878年毕业，并以《用连分数求微分方程的积分》一文获金质奖章。两年后，取得硕士学位，并任圣彼得堡大学副教授。1884年取得物理—数学博士学位，1886年任该校教授。1896年被选为圣彼得堡科学院院士。1905年被授予功勋教授的称号。

马尔可夫是彼得堡数学学派的代表人物，以数论和概率论方面的工作著称。在数论方面，他研究了连分数和二次不定式理论，解决了许多难题。他的主要著作有《概率演算》等。在概率论中，他发展了"矩法"，扩大了大数律和中心极限定理的应用范围。马尔可夫最重要的工作是在1906—1912年间提出并研究了一种能用数学分析方法研究自然过程的一般图式——马尔可夫链，同时开创了对一种无后效性的随机过程(马尔可夫过程)的研究。马尔可夫经多次观察试验发现，一个系统的状态转换过程中第 n 次转换获得的状态常常决定于前一次[第$(n-1)$次]试验的结果。马尔可夫进行深入研究后指出：对于一个系统，由一个状态转至另一个状态的转换过程中，存在着转移概率，并且这种转移概率可以依据其紧接的前一种状态推算出来，与该系统的原始状态和此次转移前的马尔可夫过程无关。目前，马尔可夫链理论与方法已经被广泛应用于自然科学、工程技术和公用事业中。他的儿子A.A.小马尔可夫也是著名数学家。

极大似然估计方法需要知道随机变量的分布，然而利用最小二乘估计法则不需要关于分布的信息。其想法是直观的——由于一个随机变量的数学期望是它的均值，故可设总体 X 的期望已知，即 $E(X)=\mu$。另外得到来自这一总体的一个样本 $X_1,X_2,\cdots,X_n$ 的观察值 $x_1,x_2,\cdots,x_n$，那么希望样本的观察值与总体期望的偏差不是很大，即令下列平方和最小：

$$S=\sum_{i=1}^{n}(x_i-\mu)^2$$

最小化 S 的 $\hat{\mu}$ 是 μ 的最小二乘估计量，或称 α 估计量。

【例7-5】 设 $X_1,X_2,\cdots,X_n$ 是由一个均值为 μ，方差为 σ^2 的随机变量产生的随机样本。那么 μ 的 LS 估计可通过最小化下列平方和得到：

$$S=\sum_{i=1}^{n}(x_i-\mu)^2$$

一阶条件为：

$$\frac{dS}{d\mu}=-2\sum_{i=1}^{n}(x_i-\mu)=0$$

解这个方程可得：

$$\hat{\mu}=\sum_{i=1}^{n}x_i/n$$

从而 μ 的 LS 估计量为：

$$\hat{\mu}=\sum_{i=1}^{n}X_i/n$$

三、估计量的评价准则

对于总体的同一个未知参数，如用不同的方法来估计，可以得到不同的估计量，这就需要设立一些衡量估计量好坏的标准。一般来说，衡量估计量好坏的标准有如下三个：

(一)无偏性

估计量 $\hat{\theta}$ 的数学期望等于总体参数的真值，即 $E(\hat{\theta})=\theta$，则该估计量称为无偏估计量(unbiased estimator)。其意义是：虽然在一次抽样中 $\hat{\theta}\neq\theta$，但当进行一系列抽样时，$\hat{\theta}$ 的值能在 θ 周围摆动，且 $E(\hat{\theta})=\theta$，即无系统偏差，见图 7-1(a)。不满足无偏性(unbiasedness)会有什么后果呢？若 $E(\hat{\theta})>q$，将会产生正偏差，见图 7-1(b)；若 $E(\hat{\theta})<\theta$，将会产生负偏差，见图 7-1(c)。

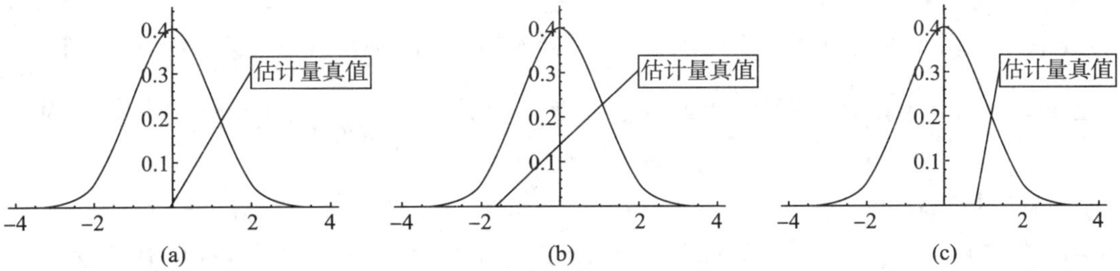

图 7-1　估计量的无偏与有偏

例如，样本平均数 $\bar{X}$ 是总体均值 μ 的无偏估计量，即 $E(\bar{X})=\mu$。但当计算样本方差 S_1^2 时，就会发现：

$$\mathbf{E}(S_1^2)=\mathbf{E}\left[\frac{1}{n}\sum_{i=1}^{n}(x_i-\bar{x})^2\right]=\frac{n-1}{n}\sigma^2$$

可见 $E(S_1^2)$ 并不等于 σ^2，这说明 S_1^2 不是 σ^2 的无偏估计量。可以计算一个新的统计量：

$$S_2^2=\frac{n}{n-1}S_1^2=\frac{1}{n-1}\sum_{i=1}^{n}(x_i-\bar{x})^2$$

这个统计量的期望是：

$$\mathbf{E}(S_2^2)=\mathbf{E}\left(\frac{n}{n-1}S_1^2\right)=\frac{n}{n-1}\mathbf{E}(S_1^2)=\sigma^2$$

此时，S_2^2 是 σ^2 的无偏估计量：

$$S_2^2=\frac{1}{n-1}\sum_{i=1}^{n}(x_i-\bar{x})^2$$

样本方差一般记为 S^2。

一般来说,对同一个总体参数,可能有不止一个无偏统计量,这时候需要在这些无偏统计量中寻找一个方差最小的。因为方差测量的是随机变量的取值与其数学期望的偏离程度,所以无偏估计以方差最小者为好。这就引出了估计量的有效性这一概念。

(二)有效性

若 $E(\hat{\theta}_1)=\theta$,$E(\hat{\theta}_2)=\theta$,且 $Var(\hat{\theta}_1)<Var(\hat{\theta}_2)$,则相对 $\hat{\theta}_2$ 来说,$\hat{\theta}_1$ 是 θ 的有效估计量,$\hat{\theta}_1$ 具有有效性(efficiency),如图 7-2 所示。

【例 7-6】 $E(x_i)=\mu$,$E(\bar{x})=\mu$,$Var(x_i)=\sigma^2$,$Var(\bar{x})=\dfrac{\sigma^2}{n}$,有 $Var(x_i)>Var(\bar{x})$,所以相对 x_i 来说,$\bar{x}$ 是 μ 的更有效估计量。

实际意义是因 $\bar{x}$ 的方差小,所以一次抽样中 $\bar{x}$ 比单个 x_i 离 m 值近的可能性更大。

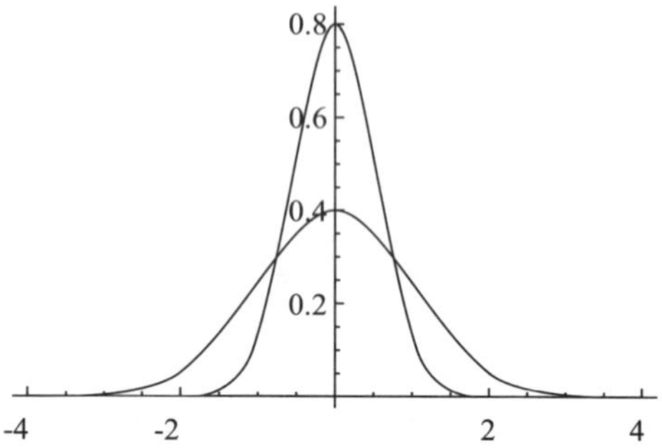

图 7-2 估计量的有效性

在众多无偏估计量中,称具有最小方差的估计量为最佳无偏估计量。怎样才知具有最小方差呢?根据克拉美—罗(Cramèr-Rao)不等式,对于总体 X,若有 $E(\hat{\theta})=\theta$,则:

$$Var(\hat{\theta})\geqslant\frac{1}{nE\left(\dfrac{\partial Lnf(x,\theta)}{\partial\theta}\right)^2}$$

式中:$f(x,\theta)$为 x 的概率密度函数;n 为样本容量,含义是 $Var(\hat{\theta})$不会小于克拉美下限,克拉美下限是 $Var(\hat{\theta})$ 的最小可能取值。当 $Var(\hat{\theta})=\dfrac{1}{nE\left(\dfrac{\partial Lnf(x,\theta)}{\partial\theta}\right)^2}$时,称 $\hat{\theta}$ 为 θ 的最优无偏估计量(minimum variance unbiased estimation,MVUE),取得了最小方差。

【例 7-7】 已知 $E(\bar{x})=\mu$,求证 $\bar{x}$ 是 $X\sim N(\mu,\sigma^2)$的均值 μ 的最佳无偏估计量。

$$f(x,\mu,\sigma)=\frac{1}{\sqrt{2\pi}\sigma}e^{-\frac{(x-\mu)^2}{2\sigma^2}}$$

$$Ln[f(x,\mu,\sigma)]=-Ln(\sqrt{2\pi}\sigma)-\frac{(x-\mu)^2}{2\sigma^2}$$

$$\frac{\partial Lnf(x,\mu,\sigma)}{\partial\mu}=-\frac{1}{2\sigma^2}2(x-\mu)(-1)=\frac{x-\mu}{\sigma^2}$$

$$E\left(\frac{\partial Lnf(x,\mu,\sigma)}{\partial\mu}\right)^2=E\left(\frac{x-\mu}{\sigma^2}\right)^2=\frac{1}{\sigma^4}E(x-m)^2=\frac{\sigma^2}{\sigma^4}=\frac{1}{\sigma^2}$$

所以:$$\frac{1}{nE\left(\dfrac{\partial Lnf(x,\mu)}{\partial\mu}\right)^2}=\frac{1}{n\dfrac{1}{\sigma^2}}=\frac{\sigma^2}{n}=Var(\bar{x})$$

$\bar{x}$ 是 μ 的最佳无偏估计量。

(三)一致性

一致性(consistency)是指当样本容量增加时,估计量与总体参数之间的离差越来越接近于零。即当样本容量足够大时,估计量是非常接近于其未知参数的。对于无限总体,如果

对任意 $\varepsilon>0$，有：

$$\lim_{n\to\infty}P(|\hat{\theta}_n-\theta|\geqslant\varepsilon)=0$$

则称 $\hat{\theta}_n$ 是 θ 的一致估计。

例如，样本均值是总体期望的一致估计，样本方差是总体方差的一致估计。

第二节　区间估计

点估计往往是用某个统计量的一次观测数值作为待估参数的估计值，它没有考虑随机抽样的误差和其估计的精确程度。因此对于未知参数 θ，除了求出它的点估计 $\hat{\theta}$ 外，还希望能给出一个包含总体参数 θ 的区间。这就是区间估计要解决的问题。

奈曼

奈曼（Jerzy Neyman，1894—1981），出生于俄国，祖父是波兰的贵族，同时也是革命家，在对抗俄国的波兰起义中，被烧死于屋内。奈曼在波兰大学的博士论文是探讨在农业试验上的概率问题。在 1938 年移民到美国之前，他在波兰从事教职，也曾到法国和英国做学术访问。1928—1933 年间，他与伊根·皮尔逊在一系列杰出的文章中澄清了推断理论，特别是有关显著性检验的基本原理——其合理性以往常被批评。

J. 奈曼因奠定了现代统计学的基础，以及在程序设计和检验设计方面的诸多贡献而获得过美国国家科学奖。今天，他的所有这些成就已成为每个统计学家必备的知识。他在诸如农业、细菌学、生物学、宇宙学、医学、军事科学、测量样本和气候改善等许多领域，也都做出过杰出的贡献。他始终关心并积极地投身于当代的学术论争，直至 1981 年以 87 岁高龄逝世，当时他还担任着加利福尼亚大学的教授和加州大学伯克利分校统计实验室主任。

许宝騄

许宝騄（1910—1970），出生于北京，字闲若。原籍浙江杭州，姐夫俞平伯是著名的文学家。

许宝騄是 20 世纪最富有创造性的统计学家之一，在奈曼—皮尔逊理论、参数估计理论、多元分析、极限理论等方面取得了卓越成就，是多元统计分析学科的开拓者之一，是中国最早在概率论与数理统计研究方向达到世界先进水平的杰出数学家。

1936 年，通过赴英庚子赔款公费留学考试，进入伦敦大学学院的高尔顿实验室和统计系学习数理统计学。1938 年获得哲学博士学位，两年后又获得理学博士学位。

1940 年，许宝騄回到抗日烽火中的祖国，受聘为北京大学教授，在西南联合大学任教。

1944 年，许宝騄的导师、已受聘担任加州大学伯克利分校统计实验室主任的奈曼教授考虑他的接班人问题，认为“许宝騄的水平绝对可以与瓦尔特(A. Wald，著名数理统计学家)相媲美。他们是新一代数理统计学家中的两个佼佼者”。

1945 年，许宝騄应加州大学伯克利分校和哥伦比亚大学的联合邀请，在这两所大学各工作一个学期。他典型的中国学者的风度、对科学研究工作的高标准要求以及解决困难而具体的数学问题的能力给美国同行以极为深刻的印象。奈曼对许宝騄在哥伦比亚大学工作后去伯克利供职一事特别关心，但是，“芝加哥大学、耶鲁大学以及哥伦比亚大学都希望得到许宝騄”。

1946 年秋，许宝騄和郝泰林一起去了北卡罗来纳大学新建立的统计系。

1947 年 10 月，他拒绝众多朋友的挽留，毅然回到中国，此后一直在北京大学任教。许宝騄是中央研究院第一届当选的 5 名数学所院士之一(中央研究院简称中研院，是民国时期中国最高的学术研究机关，也是现我国台湾地区最高学术研究机关)。

1949 年中华人民共和国成立以来，许宝騄历任北京大学一级教授、概率统计教研室主任。他身体状况十分差，终生未婚，把自己的身心全部贡献给祖国的教育和科学事业。

20 世纪 50 年代末，他身患肺结核、胃病和痔疮等多种疾病，行动已不方便，仍坚持在住所主持讨论班和教研室工作。1955 年当选为新中国科学院学部委员(1993 年 10 月改称中国科学院院士)和第四届政协委员等重要职务。

1963 年他的肺部出现空洞，更是加紧工作，同时领导了数理统计、马氏过程和平稳过程三个讨论班。“文化大革命”中，他受到不公正的对待，被剥夺了工作的权利，但只要相对安定一些，就继续学术研究工作，尽管这时他已瘫痪，卧床不起。1970 年 12 月 18 日，当他在简陋的住所溘然长逝时，人们在他的床前看到的是一沓沓的演算草稿和一支使用多年的派克钢笔。

1979 年美国《数理统计学年鉴》高度评价了他对概率论与数理统计学科所做出的卓越贡献。

1981 年和 1983 年，科学出版社和德国施普林格出版社分别出版了《许宝騄文集》和《许宝騄选集》。在美国斯坦福大学统计系走廊里至今悬挂着许宝騄的画像。

1984 年，为了纪念许宝騄及推进我国统计学的发展，数学家钟开莱、郑清水、徐利治发起设立“许宝騄统计数学奖”，奖励 35 岁以下研究数理统计与理论统计的青年工作者。

施普林格出版社刊印《许宝騄全集》的书评中有这样一句话：“许宝騄被公认为在数理统计和概率论方面第一个具有国际声望的中国数学家。”

一、区间估计的概念

区间估计(interval estimate)是指在一定的概率保证下，以样本统计量为中心，构造一个关于总体参数的估计区间。

设总体 X 的密度函数为 $f(x,\theta)$，θ 是未知参数，$X_1,X_2,\cdots,X_n$ 为总体 X 的一个样本。令 $\hat{\theta}$ 为样本统计量，并形成对总体未知参数 θ 的一个估计。若存在

$$P(|\hat{\theta}-\theta|\leqslant\Delta)=1-\alpha\,(\Delta>0)$$

式中括号内的不等式可转换如下：

$$|\hat{\theta}-\theta|\leqslant\Delta$$

$$-\Delta\leqslant(\hat{\theta}-\theta)\leqslant\Delta$$

$$-\Delta-\hat{\theta}\leqslant-\theta\leqslant\Delta-\hat{\theta}$$

$$\hat{\theta}-\Delta\leqslant\theta\leqslant\hat{\theta}+\Delta$$

$$(\hat{\theta}-\Delta,\hat{\theta}+\Delta)$$

则称 $1-\alpha$ 为参数 θ 的置信水平(confidence level)或置信度(degree of confidence)，$(\hat{\theta}-\Delta,\hat{\theta}+\Delta)$ 为参数 θ 的置信水平在 $1-\alpha$ 时的估计区间(confidence interval)。$\hat{\theta}-\Delta$ 称置信下限(lower confidence limit)，$\hat{\theta}+\Delta$ 称置信上限(upper confidence limit)。

与 $1-\alpha$ 相对应，α 称显著性水平，通常取 $\alpha=0.05$ 或 0.01。如 $\alpha=0.05$，则区间包含未知参数 θ 个可能性(概率)为 $100\times(1-\alpha)\%=95\%$；换句话说：在 100 次抽样下，该区间大约有 95 次包含 θ，仅有 5 次不包含 θ。因而，α 实际上显示了一种估计不准的概率。

当然,对未知参数 θ 的区间估计,人们总是希望:

(1)置信水平 $1-\alpha$ 越大越好,这样的话,随机区间 $(\hat{\theta}-\Delta,\hat{\theta}+\Delta)$ 包含 θ 的概率 $P(|\hat{\theta}-\theta|\leqslant\Delta)$ 就越大;

(2)精确度越高越好,即随机区间 $(\hat{\theta}-\Delta,\hat{\theta}+\Delta)$ 的平均长度越短越好。

在样本容量一定的条件下,这两个基本要求是互相矛盾的。若置信水平增加,则区间必然增大,降低了精确度;若精确度提高,则置信水平必然减小。要同时满足这两个要求,就要增加样本容量,这必然会导致工作量增加、成本增加等一系列困难。如何比较好地解决这个困难?英国统计学家奈曼提出一个折中的方案:在保证置信水平 $1-\alpha$ 的前提下,尽可能缩短估计区间 $(\hat{\theta}-\Delta,\hat{\theta}+\Delta)$,以提高估计精确度。

根据第六章的介绍,抽样方法分为放回与不放回,而样本组成又有按顺序和不按顺序,因此即便是简单按随机抽样,所抽取的样本可能数目远远不止一个,而是无数多个。因此,对于取自总体 $X\sim N(\mu,\sigma^2)$ 的所有样本 $X_1,X_2,\cdots,X_n$ 的统计量 θ_i 就构成了一个随机变量的函数 $f(\theta_i)$,称为样本统计量的分布,又称抽样分布。而这个函数的均值 $\hat{\theta}$,则构成了对总体参数 θ 的一个估计。假定各单个样本分布和抽样分布(和总体分布一致)都是正态分布,那么,所有单个样本分布与抽样分布之间的关系构成图 7－3①。

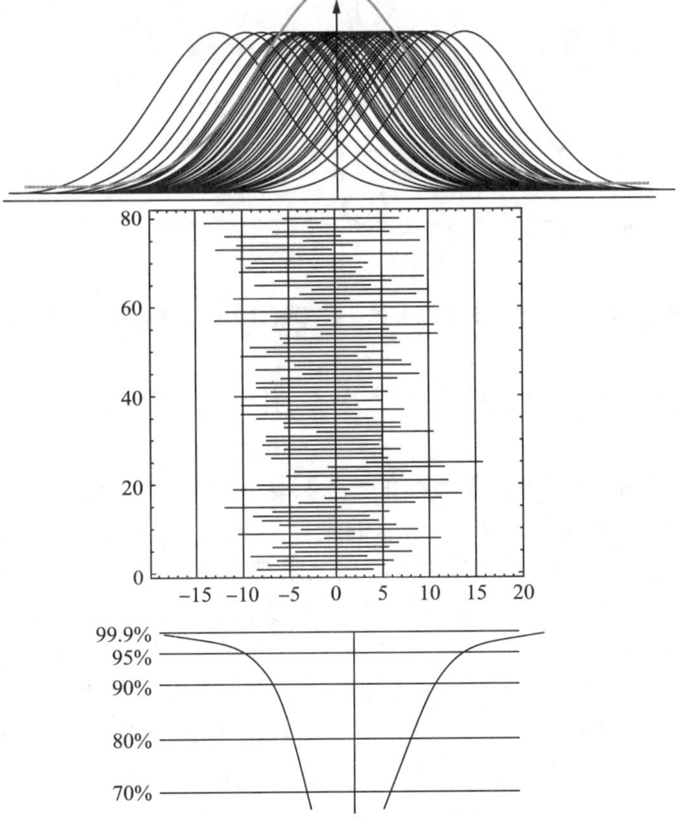

图 7－3　区间估计

① 该图系在南开大学赵娜教授《统计学讲义》(电子版)第 10 章参数估计第 6 页图 4 的基础上增加分布曲线绘成。

具体说明如下：

(1)上图：最粗的一条曲线为抽样分布(与总体分布一致)，而其他的细曲线为各个随机样本统计量的分布。可见，各样本统计量分布距离抽样分布的中心对称轴越近越密集，概率密度就越高，总体参数 μ 落入中心区间的可能最大；相反，离中心对称轴越远越稀疏，概率密度就越低，总体参数 μ 落入中心区间的可能越小。

(2)中图：一条条横线为在相同置信水平 $1-\alpha$ 的前提下，所对应的以各样本统计量为中心的估计区间。线段的长短反映了估计的精确程度，因为单个样本越靠近中心线($Z=0$)，线段越短，表明估计区间越小，从而精度越高；相反，远离中心线的线段越长，表明估计区间越大，从而精度越低。

(3)下图：给出了标准正态分布条件下不同置信水平 $1-\alpha$ 的标准范围，以便和上图、中图对照观察。

然而，在实践中，是不可能把所有样本都抽取出来的，因为这样做，既不可能也无必要。实践中的真实做法是：只取一次样本，然后用这一个样本去估计总体，或点估计，或区间估计。

从上图任取一个样本，以该样本统计量为中心构造一个估计区间，然后在一定的置信水平 $1-\alpha$ 条件下观察总体参数是否落在该区间内(见图 7－4)。

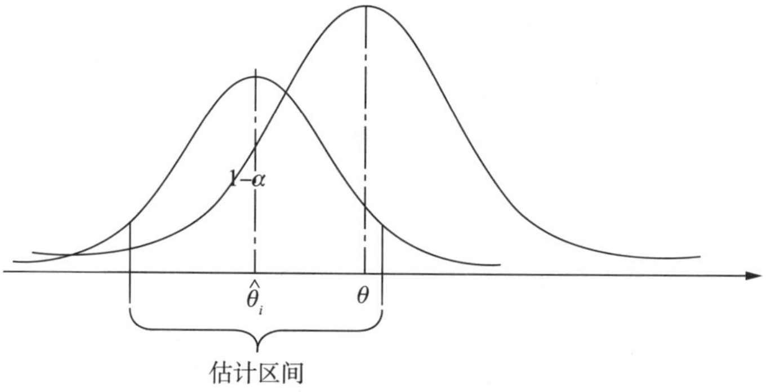

图 7－4　总体参数 θ 落在某单个样本统计量 $\hat{\theta}_i$ 为中心的区间位置

可见 θ 落在任意一个样本统计量 $\hat{\theta}_i$ 为中心的区间的概率为 $1-\alpha$，而落在区间外的概率为 α。

置信区间可分为两种：单侧和双侧。在一些实际问题中，人们感兴趣的有时仅仅是未知参数的一个下限或一个上限。譬如，对药品的副作用来说，希望知道它的最大副作用，希望它越小越好，因此人们关心的是它的 0.90 置信上限是多少；而对产品的平均寿命来说，希望它越大越好，关心的是它的 0.90 置信下限是多少，这时需要的是单侧置信区间估计。但有些时候需要估计它的置信上、下限。譬如，某个机械的零部件，不能大也不能小，其公差大小只能在一定的范围内，才能互相对接，这时需要的是双侧置信区间估计。

如前所述，参数估计是在一定概率保证下由样本统计量估计总体参数，需要估计的总体参数主要有：总体均值 μ、总体方差 σ^2(其平方根称为标准差 σ)、服从二点分布的总体比例 P。而与之相对应，用于对参数估计的样本统计量有：样本均值 $\bar{x}$、样本方差 S^2(标准差 S)、样本比例 p。据此，本书以下主要从双侧置信区间的角度，讨论区间估计的方法。

二、总体均值的区间估计

(一)一个总体均值的区间估计

1. 正态总体、方差已知时总体均值的区间估计

设 $X_1, X_2, \cdots, X_n$ 是来自正态总体 $N(\mu, \sigma^2)$ 的样本，$\overline{X}$ 是样本均值，σ^2 是总体方差，则方差已知时，样本均值 $\overline{X} \sim N\left(\mu, \frac{\sigma^2}{n}\right)$。

对 $\overline{X}$ 标准化，可得：

$$\frac{\sqrt{n}(\overline{X}-\mu)}{\sigma} \sim N(0,1)$$

给定置信水平 $1-\alpha$，查标准正态分布表，求出临界值 $Z_{\alpha/2}$，使得：

$$P\left\{\left|\frac{\sqrt{n}(\overline{X}-\mu)}{\sigma}\right| > Z_{\alpha/2}\right\} = \alpha$$

变换大括号中不等式的方向并展开，可得：

$$P\left\{\left|\frac{\sqrt{n}(\overline{X}-\mu)}{\sigma}\right| \leqslant Z_{\alpha/2}\right\} = 1-\alpha$$

$$P\left\{\overline{X} - Z_{\alpha/2} \cdot \frac{\sigma}{\sqrt{n}} \leqslant \mu \leqslant \overline{X} + Z_{\alpha/2} \cdot \frac{\sigma}{\sqrt{n}}\right\} = 1-\alpha$$

由于 $\overline{x}$ 的随机性，每次不同的观测值得到不同的区间，在所有这样的区间中，约有 $100(1-\alpha)\%$这样的区间包含 μ 在内。换句话讲，对于 $\overline{x}$ 的某一个观测值 $\overline{x}$，构成了一个固定区间，μ 落入该区间内的概率为$(1-\alpha)$。

从而，μ 的置信度为 $100(1-\alpha)\%$的置信区间为：

$$\left[\overline{X} - Z_{\alpha/2} \cdot \frac{\sigma}{\sqrt{n}}, \overline{X} + Z_{\alpha/2} \cdot \frac{\sigma}{\sqrt{n}}\right] \qquad (7-1)$$

表明总体参数 μ 以 $100(1-\alpha)\%$的概率落在以样本统计量 $\overline{x}$ 为中心的置信区间内。

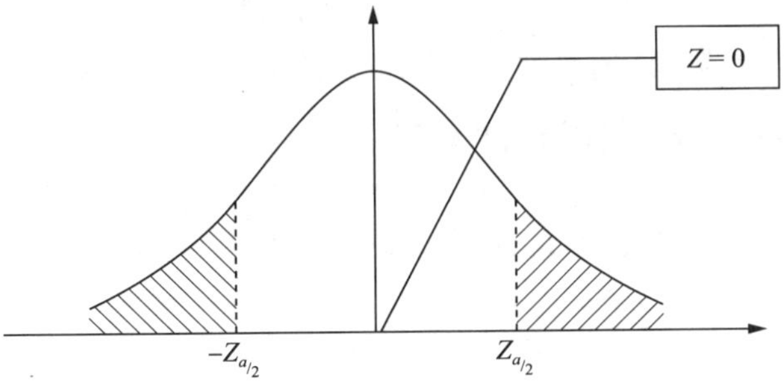

图 7-5 标准正态分布曲线(双侧)

图 7-5 显示，一次抽样所求置信区间有$(1-\alpha)$的把握把 μ 包括在内；换句话说，若抽样 100 次，平均有 $100(1-\alpha)$次的估计区间中包括 μ。

为方便计算，表 7—1 给出若干常用置信水平及其临界值。

表 7-1　常用置信水平下的临界值

显著性水平 α	置信水平 $1-\alpha$(%)	临界值 $Z_{\alpha/2}$
0.200 0	80.00	1.28
0.100 0	90.00	1.65
0.050 0	95.00	1.96
0.045 5	95.45	2.00
0.010 0	99.00	2.58
0.002 7	99.73	3.00

可见,置信度越高(α 越小),则估计的可靠性越高;但区间长度越大(因为 $Z_{\alpha/2}$ 越大),估计的精确度越小。因而置信水平的选取要适当,需要在估计值的精确度与可靠性之间进行权衡。

【例 7-8】 设某厂生产一批钢管的长度(cm)服从正态分布,其标准差为 6.2,现抽取 100 根钢管进行检查,发现样本均值 $\bar{x}=503$。求:

(1)钢管平均长度的 95%的置信区间;

(2)钢管平均长度的 99%的置信区间。

解:设 X 为一根钢管的长度,则 $X\sim N(\mu,\sigma^2)$,其中 $\sigma=6.2$,$\bar{x}=503$,$n=100$。

(1)给定 $\alpha=0.05$,查正态分布表,临界值 $Z_{0.025}=1.96$。于是,钢管平均长度的 95%的置信区间为:

$$\left[\bar{x}-Z_{\alpha/2}\cdot\frac{\sigma}{\sqrt{n}},\bar{x}+Z_{\alpha/2}\cdot\frac{\sigma}{\sqrt{n}}\right]=\left[503-1.96\times\frac{6.2}{10},503+1.96\times\frac{6.2}{10}\right]=[501.78,504.22]$$

即 μ 以 95%的把握落入区间内。

(2)给定 $\alpha=0.01$,查正态分布表,临界值 $Z_{0.005}=2.58$。于是,钢管平均长度的 99%的置信区间为:

$$\left[\bar{x}-Z_{\alpha/2}\cdot\frac{\sigma}{\sqrt{n}},\bar{x}+Z_{\alpha/2}\cdot\frac{\sigma}{\sqrt{n}}\right]=\left[503-2.58\times\frac{6.2}{10},503+2.58\times\frac{6.2}{10}\right]=[501.40,504.60]$$

即 μ 以 99%的把握落入区间内。

2. 正态总体、方差未知时总体均值的区间估计

(1)小样本条件下的估计。

设 $X_1,X_2,\cdots,X_n$ 是来自正态总体 $N(\mu,\sigma^2)$ 的样本,$\bar{X}$ 是样本均值,S^2 是样本方差。在 σ^2 未知的情况下,有:$\frac{\sqrt{n}(\bar{X}-\mu)}{S}\sim t(n-1)$。

给定置信水平 $1-\alpha$,查 t 分布表(见附表 2),求临界值 $t_{\alpha/2}$,使得:

$$P\left\{\left|\frac{\sqrt{n}(\bar{X}-\mu)}{S}\right|>t_{\alpha/2}\right\}=\alpha$$

$$P\left\{\left|\frac{\sqrt{n}(\bar{X}-\mu)}{S}\right|\leqslant t_{\alpha/2}\right\}=1-\alpha$$

$$P\left\{\bar{X}-t_{\alpha/2}\cdot\frac{S}{\sqrt{n}}\leqslant\mu\leqslant\bar{X}+t_{\alpha/2}\cdot\frac{S}{\sqrt{n}}\right\}=1-\alpha$$

从而，μ 的置信度为 100(1−α)%的置信区间为：

$$\left[\overline{X}-t_{\alpha/2}\cdot\frac{S}{\sqrt{n}},\overline{X}+t_{\alpha/2}\cdot\frac{S}{\sqrt{n}}\right] \tag{7-2}$$

【例 7-9】 设有一批袋装糖果，现从中随机抽取 9 袋，称得重量(克)如下：

206,208,199,203,204,210,197,212,214

设此批袋装糖果的重量近似服从正态分布，试求总体均值 μ_1 的置信水平 $1-\alpha=0.95$ 的置信区间。

解：设 X 为袋装糖果的重量，则 $X\sim N(\mu,\sigma^2)$。

由给出的数据知 $\overline{x}=205.89$，$S=5.73$，$n=9$，给定 $\alpha=0.05$，查 t 分布表，临界值 $t_{0.025}=2.306$。于是，估计该批糖果袋装重量的置信区间为：

$$\left[\overline{x}-t_{\alpha/2}\cdot\frac{S}{\sqrt{n}},\overline{x}+t_{\alpha/2}\cdot\frac{S}{\sqrt{n}}\right]=\left[205.89-2.306\times\frac{5.73}{3},205.89+2.306\times\frac{5.73}{3}\right]$$

$$=[201.49,210.29]$$

即 μ 以 95%的把握落入区间内。

(2)大样本条件下的估计。

由于 t 分布是有偏对称分布，但随着样本容量 n 的增大向正态分布逼近，并以正态分布为极限，因此如果是大样本，$n>30$ 时，可采用抽样分布近似服从正态分布的方式进行估计。此时，

$$\overline{x}\sim N\left(\mu,\frac{S^2}{n}\right)。$$

对 $\overline{x}$ 标准化可得：

$$\frac{\sqrt{n}(\overline{X}-\mu)}{S}\sim N(0,1)$$

给定置信水平 $1-\alpha$，查标准正态分布表，求出临界值 $Z_{\alpha/2}$，使得：

$$P\left\{\left|\frac{\sqrt{n}(\overline{X}-\mu)}{S}\right|>Z_{\alpha/2}\right\}=\alpha$$

变换大括号中不等式的方向并展开，可得：

$$P\left\{\left|\frac{\sqrt{n}(\overline{X}-\mu)}{S}\right|\leqslant Z_{\alpha/2}\right\}=1-\alpha$$

$$P\left\{\overline{X}-Z_{\alpha/2}\cdot\frac{\sigma}{\sqrt{n}}\leqslant\mu\leqslant\overline{X}+Z_{\alpha/2}\cdot\frac{\sigma}{\sqrt{n}}\right\}=1-\alpha$$

从而，μ 的置信度为 100(1−α)%的置信区间为：

$$\left[\overline{x}-z_{\alpha/2}\cdot\frac{S}{\sqrt{n}},\overline{x}+z_{\alpha/2}\cdot\frac{S}{\sqrt{n}}\right] \tag{7-3}$$

【例 7-10】 沿用例 7-9 的数据：$\overline{x}=205.89$，$S=5.73$，另假定，$n=50$，估计该批糖果袋装重量的区间。

解：给定 $\alpha=0.05$，查正态分布表，临界值 $z_{0.025}=1.96$。于是，估计该批糖果袋装重量的置信区间为：

$$\left[\overline{x}-z_{\alpha/2}\cdot\frac{S}{\sqrt{n}},\overline{x}+z_{\alpha/2}\cdot\frac{S}{\sqrt{n}}\right]=\left[205.89-1.96\times\frac{5.73}{\sqrt{50}},205.89+1.96\times\frac{5.73}{\sqrt{50}}\right]$$

$$=[204.3,207.48]$$

需要说明的是:该结果和例 7-9 的结果有差距,但原因不在于分布,而在于样本容量不同。

3. 非正态总体、样本容量足够大($n \geqslant 30$)时样本均值的估计

根据中心极限定理,对于任何分布的总体,只要样本容量足够大,那么其抽样分布是近似正态分布的。因此,在大样本($n>30$)条件下,其抽样分布可采用服从正态分布的方法进行估计。估计区间同公式(7-1)。

(二)两个总体均值之差的区间估计

设 $X_1,X_2,\cdots,X_{n_1}$ 是取自第一个总体 X 的一个样本,$Y_1,Y_2,\cdots,Y_{n_2}$ 是取自第二个总体 Y 的一个样本,且这两个样本相互独立。另 $\overline{X},\overline{Y}$ 分别为 X 和 Y 的样本均值,S_1^2,S_2^2 分别为 X 和 Y 的样本方差。

1. 两个正态总体均值之差的区间估计

(1)方差均已知的情况。

设总体 $X\sim N(\mu_1,\sigma_1^2)$,$Y\sim N(\mu_2,\sigma_2^2)$,且 X 与 Y 相互独立,$X_1,X_2,\cdots,X_{n_1}$ 与 $Y_1,Y_2,\cdots,Y_{n_2}$ 分别为来自总体 X 与 Y 的样本,$\overline{X},\overline{Y}$ 与 S_1^2,S_2^2 分别是其样本均值和样本方差,则:

$$U=\frac{(\overline{X}-\overline{Y})-(\mu_1-\mu_2)}{\sqrt{\frac{\sigma_1^2}{n_1}+\frac{\sigma_2^2}{n_2}}}\sim N(0,1)$$

由于 $\overline{X}-\overline{Y}\sim N\left(\mu_1-\mu_2,\frac{\sigma_1^2}{n_1}+\frac{\sigma_2^2}{n_2}\right)$,对 $\overline{X}-\overline{Y}$ 标准化,则:

$$\frac{(\overline{X}-\overline{Y})-(\mu_1-\mu_2)}{\sqrt{\frac{\sigma_1^2}{n_1}+\frac{\sigma_2^2}{n_2}}}\sim N(0,1)$$

给定置信水平 $1-\alpha$,查标准正态分布表,求出临界值 $Z_{\alpha/2}$,使得:

$$P\left\{(\overline{X}-\overline{Y})-Z_{\alpha/2}\sqrt{\frac{\sigma_1^2}{n_1}+\frac{\sigma_2^2}{n_2}}\leqslant\mu_1-\mu_2\leqslant(\overline{X}-\overline{Y})+Z_{\alpha/2}\sqrt{\frac{\sigma_1^2}{n_1}+\frac{\sigma_2^2}{n_2}}\right\}=1-\alpha$$

从而,$\mu_1-\mu_2$ 的置信度为 $100(1-\alpha)\%$的置信区间为:

$$\left[(\overline{X}-\overline{Y})-Z_{\alpha/2}\sqrt{\frac{\sigma_1^2}{n_1}+\frac{\sigma_2^2}{n_2}},(\overline{X}-\overline{Y})+Z_{\alpha/2}\sqrt{\frac{\sigma_1^2}{n_1}+\frac{\sigma_2^2}{n_2}}\right] \tag{7-4}$$

(2)方差未知但相等,即 $\sigma_1^2=\sigma_2^2=\sigma^2$ 的情况。

$$\frac{(\overline{X}-\overline{Y})-(\mu_1-\mu_2)}{S_W\sqrt{\frac{1}{n_1}+\frac{1}{n_2}}}\sim t(n_1+n_2-2)$$

给定置信水平 $1-\alpha$,查 t 分布表,求出临界值 $t_{\alpha/2}$,使得:

$$P\left\{(\overline{X}-\overline{Y})-t_{\alpha/2}(n_1+n_2-2)S_W\sqrt{\frac{1}{n_1}+\frac{1}{n_2}}\leqslant\mu_1-\mu_2\leqslant(\overline{X}-\overline{Y})+t_{\alpha/2}(n_1+n_2)S_w\sqrt{\frac{1}{n_1}+\frac{1}{n_2}}\right\}$$
$$=1-\alpha$$

从而,$\mu_1-\mu_2$ 的置信度为 $100(1-\alpha)\%$的置信区间为:

$$\left[(\overline{X}-\overline{Y})\pm t_{\alpha/2}(n_1+n_2-2)S_w\sqrt{\frac{1}{n_1}+\frac{1}{n_2}}\right]$$

$$\left[(\overline{X}-\overline{Y})-t_{\alpha/2}(n_1+n_2-2)S_w\sqrt{\frac{1}{n_1}+\frac{1}{n_2}},(\overline{X}-\overline{Y})+t_{\alpha/2}(n_1+n_2-2)S_w\sqrt{\frac{1}{n_1}+\frac{1}{n_2}}\right] \tag{7-5}$$

其中，$S_W^2=\frac{(n_1-1)S_1^2+(n_2-1)S_2^2}{n_1+n_2-2}$为两个样本方差的联合无偏估计，$S_W=\sqrt{S_W^2}$，此时 t 分布的自由度为(n_1+n_2-2)。

【例 7-11】 为了解男女学生的统计学学习情况，从全校随机抽取男女两组学生的统计学考试成绩分别为：

男：80，79，68，84，77，82，74，66

女：86，87，86，93，84，93，85，79

求：在显著性水平为 0.05 的情况下，该男女学生的统计学平均考试成绩之差的区间估计。

先对该问题进行分析：设 X 为男生成绩，Y 为女生成绩。而且男女学生的统计学考试成绩分别服从 $N(\mu_1,{\sigma_1}^2)$，$N(\mu_2,{\sigma_2}^2)$，并设男女学生的统计学考试成绩是相互独立的。这属于两正态总体均值的参数区间估计问题，即求 $\mu_1-\mu_2$ 的置信区间。

解： 已知两个正态总体，方差未知但相等，两个样本的容量分别为 $n_1=n_2=8$，则：

$\overline{X}=76.25$，$\overline{Y}=86.625$；$S_1^2=41.928\ 5$，$S_2^2=21.410\ 7$

用两个样本方差的联合无偏估计代替两个总体方差 σ^2 的联合无偏估计为：

$$S_W^2=\frac{(n_1-1)S_1^2+(n_2-1)S_2^2}{n_1+n_2-2}=\frac{7\times41.928\ 5+7\times21.410\ 7}{8+8-2}=31.669\ 6$$

$$S_W=\sqrt{31.669\ 6}=5.627\ 6$$

又因为，置信水平 $1-\alpha=0.95$ 时 t 分布的临界值 $t_{0.025}=2.144\ 8$，所以，根据以上区 $\overline{X}$ 间估计公式：

$$(\overline{X}-\overline{Y})\pm t_{\alpha/2}(n_1+n_2-2)S_W\sqrt{\frac{1}{n_1}+\frac{1}{n_2}}$$

据此，在置信水平 $1-\alpha=0.95$ 的条件下，两个总体均值之差的估计范围为：

$$-10.375-6.035\leqslant\mu_1-\mu_2\leqslant-10.375+6.035$$

$$-16.410\leqslant\mu_1-\mu_2\leqslant-4.340$$

即$[-16.410,-4.340]$。

2. 两个非正态总体、方差均已知、样本容量足够大$(n_1\geqslant30, n_2\geqslant30)$时的估计

根据中心极限定理，不管总体属于何种分布，只要样本容量足够大，那么样本分布近似为正态分布。这种情况下的估计可采用公式(7-4)进行估计。

三、正态总体方差的区间估计

(一)一个正态总体方差的估计

设 $X_1,X_2,\cdots,X_n$ 是来自正态总体$N(\mu,\sigma^2)$的简单随机样本，$\overline{X}$ 是样本均值，样本方差 $S^2=\frac{1}{n-1}\sum_{i=1}^{n}(X_i-\overline{x})^2$，则有：

$$\frac{(n-1)S^2}{\sigma^2}=\sum_{i=1}^{n}\frac{(X_i-\overline{X})^2}{\sigma^2}\sim\chi^2(n-1)$$

给定置信水平 $1-\alpha$，查 χ^2 分布临界值表(见附表 3)求临界值 $\chi^2_{1-\alpha/2}(n-1)$，$\chi^2_{\alpha/2}(n-1)$，使得：

$$P\left\{\frac{(n-1)S^2}{\sigma^2}<\chi^2_{1-\alpha/2}(n-1)\right\}=\frac{\alpha}{2}$$

$$P\left\{\frac{(n-1)S^2}{\sigma^2}>\chi^2_{\alpha/2}\right\}=\frac{\alpha}{2}$$

即：

$$P\left\{\chi^2_{1-\alpha/2}(n-1)\leqslant\frac{(n-1)S^2}{\sigma^2}\leqslant\chi^2_{\alpha/2}(n-1)\right\}=1-\alpha$$

$$P\left\{\frac{(n-1)S^2}{\chi^2_{\alpha/2}(n-1)}\leqslant\sigma^2\leqslant\frac{(n-1)S^2}{\chi^2_{1-\alpha/2}(n-1)}\right\}=1-\alpha$$

从而，σ^2 的置信度为$(1-\alpha)100\%$的置信区间为：

$$\left[\frac{(n-1)S^2}{\chi^2_{\alpha/2}(n-1)},\frac{(n-1)S^2}{\chi^2_{1-\alpha/2}(n-1)}\right] \tag{7-6}$$

注意：因公式中用到 $\bar{x}$，从而损失一个自由度，所以查表时，自由度为$(n-1)$。

$$P\{Y>\chi^2_{1-\alpha/2}(n-1)\}=1-\frac{\alpha}{2},P\{Y>\chi^2_{\alpha/2}(n-1)\}=\frac{\alpha}{2}$$

【例 7－12】 对某种药品的重量抽样检验，随机抽取 18 片，测得样本方差为 0.36，求总体方差 σ^2 的 90%的置信区间。

解：给定 $1-\alpha=90\%$，所以 $\alpha=0.1$；又知 $n=18$，$S_n^2=0.36$，$n-1=18-1=17$。

查表得：$\chi^2_{0.95}(17)=8.671\ 8$，$\chi^2_{0.05}(17)=27.587\ 1$

所以 σ^2 的置信区间为：

$$\left[\frac{(n-1)S^2}{\chi^2_{\alpha/2}(n-1)},\frac{(n-1)S^2}{\chi^2_{1-\alpha/2}(n-1)}\right]=\left[\frac{17\times0.36}{27.587\ 1},\frac{17\times0.36}{8.671\ 8}\right]=[0.221\ 8,0.705\ 7]$$

从而 σ 的置信区间为：$[0.471,\ 0.840]$

(二)两个正态总体方差之比的估计

设总体 $Y\sim N(\mu_1,\sigma_1^2)$，$Z\sim N(\mu_2,\sigma_2^2)$，$Y$ 与 Z 独立；$Y_1,Y_2,\cdots,Y_n$ 为取自总体 Y 的一个样本，$Z_1,Z_2,\cdots,Z_n$ 为取自总体 Z 的一个样本。令：

$$S_1^2=\frac{1}{n_1-1}\sum_{i=1}^{n_1}(Y_i-\bar{Y})^2,\left(\bar{Y}=\frac{1}{n_1}\sum_{i=1}^{n_1}Y_i\right)$$

$$S_2^2=\frac{1}{n_2-1}\sum_{i=1}^{n_2}(Z_i-\bar{Z})^2,\left(\bar{Z}=\frac{1}{n_2}\sum_{i=1}^{n_2}Z_i\right)$$

则：

$$\frac{S_1^2\sigma_2^2}{S_2^2\sigma_1^2}\sim F(n_1-1,n_2-1),\frac{S_2^2\sigma_1^2}{S_1^2\sigma_2^2}\sim F(n_2-1,n_1-1)$$

给定显著性水平 α，查 F 分布表，求出临界值 $F_{\alpha/2}(n_1-1,n_2-1)$ 和 $F_{1-\alpha/2}(n_1-1,n_2-1)$，使得：

$$P\left[F_{1-\alpha/2}(n_1-1,n_2-1)\leqslant\frac{S_1^2/S_2^2}{\sigma_1^2/\sigma_2^2}\leqslant F_{\alpha/2}(n_1-1,n_2-1)\right]=1-\alpha$$

即：

$$P\left[\frac{S_1^2}{S_2^2}\cdot\frac{1}{F_{\alpha/2}(n_1-1,n_2-1)}\leqslant\frac{\sigma_1^2}{\sigma_2^2}\leqslant\frac{S_1^2}{S_2^2}\cdot\frac{1}{F_{1-\alpha/2}(n_1-1,n_2-1)}\right]=1-\alpha$$

所以，两个总体方差比$\frac{\sigma_1^2}{\sigma_2^2}$的置信水平为 $1-\alpha$ 的置信区间为：

$$\left[\frac{S_1^2}{S_2^2}\cdot\frac{1}{F_{\alpha/2}(n_1-1,n_2-1)},\frac{S_1^2}{S_2^2}\cdot\frac{1}{F_{1-\alpha/2}(n_1-1,n_2-1)}\right] \tag{7-7}$$

【例 7－13】 考虑例 7－11 的资料，试问男女学生考试成绩的差异程度有无显著差异。

先对该问题进行分析：设男女学生的统计学考试成绩分别服从 $N(\mu_1,\sigma_1^2)$，$N(\mu_2,\sigma_2^2)$，并相互独立。这属于两正态总体方差之比的参数区间估计问题，即求 $\frac{\sigma_1^2}{\sigma_2^2}$ 的置信区间。如果区间估计的置信下限大于1，则认为 σ_1^2 明显大于 σ_2^2，表明男生的统计学考试成绩的差异程度大于女生；若它的置信上限小于1，则认为 σ_1^2 明显小于 σ_2^2，表明男生的统计学考试成绩的差异程度小于女生；若1含在置信区间内，则认为两者无明显差别。

解：已知男女生考试成绩方差分别为：$S_1^2=41.9285$，$S_2^2=21.4107$，可计算：

$$\frac{S_1^2}{S_2^2}=\frac{41.9285}{21.4107}=1.9583$$

已知 $\alpha=0.1$，查 F 分布表，得 $F_{\alpha/2}(n_1-1,n_2-1)=F_{0.05}(7,7)=3.79$

根据 $F_{1-\alpha/2}(n_1-1,n_2-1)=\frac{1}{F_{\alpha/2}(n_2-1,n_1-1)}$，查 F 分布表，得 $F_{0.95}(7,7)=\frac{1}{F_{0.05}(7,7)}=\frac{1}{3.79}=0.2639$。

把有关数据代入两个总体方差之比的区间估计公式：

$$\left(\frac{S_1^2}{S_2^2}\cdot\frac{1}{F_{\alpha/2}(n_1-1,n_2-1)},\frac{S_1^2}{S_2^2}\cdot\frac{1}{F_{1-\alpha/2}(n_1-1,n_2-1)}\right)$$
$$=\left(\frac{1.9583}{3.79},\frac{1.9583}{0.2639}\right)=(0.516701,7.421944)$$

结论：由于两个总体方差的估计值之比的区间内包含了1，所以可以认为男女学生统计学考试成绩没有显著差异。

四、总体比率的区间估计

（一）一个总体比例的估计

设总体 $X\sim B(1,p)$，p 未知。又设 $X_1,X_2,\cdots,X_n$ 是取自总体 X 的样本。

根据样本成数的抽样分布定义，$\frac{P_S-p}{\sqrt{\frac{p(1-p)}{n}}}\sim N(0,1)$（近似条件：$np\geqslant5$，$n(1-p)\geqslant5$）

给定显著性水平 α，查标准正态分布表，求出临界值 $Z_{\alpha/2}$，使得：

$$P\left\{\left|\frac{P_S-p}{\sqrt{\frac{p(1-p)}{n}}}\right|>Z_{\alpha/2}\right\}=\alpha$$

$$P\left\{-Z_{\alpha/2}\leqslant\frac{P_S-p}{\sqrt{\frac{p(1-p)}{n}}}\leqslant Z_{\alpha/2}\right\}=1-\alpha$$

$$P\left\{P_S-Z_{\alpha/2}\sqrt{\frac{p(1-p)}{n}}\leqslant p\leqslant P_S+Z_{\alpha/2}\sqrt{\frac{p(1-p)}{n}}\right\}=1-\alpha$$

此时，由于 p 未知，在大样本条件下，可由样本成数 P_s 替代，使得 p 的置信区间为：

$$\left[P_S-Z_{\alpha/2}\sqrt{\frac{P_S(1-P_S)}{n}},P_S+Z_{\alpha/2}\sqrt{\frac{P_S(1-P_S)}{n}}\right] \tag{7-8}$$

【例7-14】 从一批灯泡中随机抽取100只进行检验，测得正品率为90%，以99%的置信水平估计该批灯泡正品率的置信区间。

解:由中心极限定理知,当 $nP_S \geqslant 5, n(1-P_S) \geqslant 5$ 时,$P_S \sim N\left(p, \frac{p(1-p)}{n}\right)$,$P_S=0.90$,$n=100$,$\alpha=0.01$,查正态分布表,求出临界值,从而 p 的置信区间为:

$$\left[P_S - Z_{\alpha/2}\sqrt{\frac{P_S(1-P_S)}{n}}, P_S + Z_{\alpha/2}\sqrt{\frac{P_S(1-P_S)}{n}}\right]$$

$$=\left[0.90-2.58\sqrt{\frac{0.9\times 0.1}{100}}, 0.90+2.58\sqrt{\frac{0.9\times 0.1}{100}}\right]$$

$$=[0.823, 0.977]$$

即该批灯泡的正品率 p 位于 0.823 与 0.977 之间,其可靠性为 99%。

(二)两个总体成数之差估计

根据两个样本成数之差的抽样分布的定义,设 $X \sim B(1, p_1)$,$Y \sim B(1, p_2)$,且 X 与 Y 相互独立,P_S^1,P_S^2 为取自两个总体的样本比率,则:

$$P_S^1 - P_S^2 \sim N\left(p_1 - p_2, \frac{p_1(1-p_1)}{n_1} + \frac{p_2(1-p_2)}{n_2}\right)$$

标准化后可得:

$$Z = \frac{(P_S^1 - P_S^2) - (p_1 - p_2)}{\sqrt{\frac{p_1(1-p_1)}{n_1} + \frac{p_2(1-p_2)}{n_2}}} \sim N(0,1)$$

给定置信性水平 $1-\alpha$,查标准正态分布表,求出临界值 $Z_{\alpha/2}$,使得:

$$P\left\{\left|\frac{(P_S^1 - P_S^2) - (p_1 - p_2)}{\sqrt{\frac{p_1(1-p_1)}{n_1} + \frac{p_2(1-p_2)}{n_2}}}\right| \leqslant Z_{\alpha/2}\right\} = \alpha$$

$$P\left\{-Z_{\alpha/2} \leqslant \frac{(P_S^1 - P_S^2) - (p_1 - p_2)}{\sqrt{\frac{p_1(1-p_1)}{n_1} + \frac{p_2(1-p_2)}{n_2}}} \leqslant Z_{\alpha/2}\right\} = 1-\alpha$$

$$P\left\{(P_S^1 - P_S^2) - Z_{\alpha/2}\sqrt{\frac{p_1(1-p_1)}{n_1} + \frac{p_2(1-p_2)}{n_2}} \leqslant p_1 - p_2 \right.$$

$$\left. \leqslant (P_S^1 - P_S^2) + Z_{\alpha/2}\sqrt{\frac{p_1(-1p_1)}{n_1} + \frac{p_2(1-p_2)}{n_2}}\right\} = 1-\alpha$$

从而,两个总体成数之差 (p_1-p_2) 在置信水平为 $1-\alpha$ 的置信区间为:

$$\left[(P_S^1 - P_S^2) - Z_{\alpha/2}\sqrt{\frac{p_1(1-p_1)}{n_1} + \frac{p_2(1-p_2)}{n_2}}, (P_S^1 - P_S^2) + Z_{\alpha/2}\sqrt{\frac{p_1(1-p_1)}{n_1} + \frac{p_2(1-p_2)}{n_2}}\right]$$

与单样本成数的区间估计一样,成数差区间估计可以看作两个总体均值之差的区间估计的特例来处理(但它适用于各种量度层次)。

由于总体成数 p_1 和 p_2 未知,可用样本成数 p_S^1 和 p_S^2 代替,这分两种情况讨论:

(1)若能假设 $p_1=p_2$,给定显著性水平 $1-\alpha$,两个总体成数之差估计区间为:

$$\left[(P_S^1 - P_S^2) - Z_{\alpha/2}\sqrt{\frac{p_\mu(1-p_\mu)(n_1+n_2)}{n_1 n_2}}, (P_S^1 - P_S^2) + Z_{\alpha/2}\sqrt{\frac{p_\mu(1-p_\mu)(n_1+n_2)}{n_1 n_2}}\right] \tag{7-9}$$

式中,p_μ 为两总体成数的联合无偏估计,

$$p_\mu = \frac{(n_1-1)\,p_S^1 + (n_1-1)\,p_S^2}{n_1+n_2 2}$$

(2)若不能假设 $p_1=p_2$,给定显著性水平 $1-\alpha$,两个总体成数之差估计区间为:

$$\left[(P_S^1-P_S^2)-Z_{\alpha/2}\sqrt{\frac{p_S^1(1-p_S^1)}{n_1}+\frac{p_S^2(1-p_S^2)}{n_2}},(P_S^1-P_S^2)+Z_{\alpha/2}\sqrt{\frac{p_S^1(1-p_S^1)}{n_1}+\frac{p_S^2(1-p_S^2)}{n_2}}\right] \tag{7-10}$$

【例 7-15】 两个总体分别随机抽取两个样本，$n_1=400$，$n_2=600$；$\hat{P}_1=0.18$，$\hat{P}_2=0.23$，给定 $1-\alpha=95\%$，假定：(1)两总体成数未知但相等；(2)两总体成数未知但不等。

要求：计算两总体比例之差的估计区间。

解：已知 $n_1=400$，$n_2=600$；$\hat{P}_1=0.18$，$\hat{P}_2=0.23$，$1-\alpha=95\%$，置信水平 $Z_{\alpha/2}=Z_{0.025}=1.96$；虽然总体分布未知，但 $n_1\hat{P}_1=400\times0.18=72>5$，$n_2\hat{P}_2=600\times0.23=138>5$。

所以，可以确定两个样本成数之差近似服从正态分布。

(1)先计算两个总体成数的联合无偏估计：

$$p_\mu=\frac{(n_1-1)p_S^1+(n_1-1)p_S^2}{n_1+n_2-2}=\frac{399\times0.18+599\times0.23}{998}=0.21$$

把已知条件的有关数据代入公式(7-9)，可得：

$$\left[(P_S^1-P_S^2)-Z_{\alpha/2}\sqrt{\frac{p_\mu(1-p_\mu)(n_1+n_2)}{n_1n_2}},(P_S^1-P_S^2)+Z_{\alpha/2}\sqrt{\frac{p_\mu(1-p_\mu)(n_1+n_2)}{n_1n_2}}\right]$$

$$\left[(0.18-0.23)-1.96\sqrt{\frac{0.21\times0.79\times1\,000}{400\times600}},(0.18-0.23)+1.96\sqrt{\frac{0.21\times0.79\times1\,000}{400\times600}}\right]$$

两个总体成数之差的估计区间为：[−10.15%，0.15%]

(2)把已知条件的有关数据代入公式(7-10)，可得：

$$(\hat{P}_1-\hat{P}_2)\pm Z_{\alpha/2}\sqrt{\frac{\hat{P}_1(1-\hat{P}_1)}{n_1}+\frac{\hat{P}_2(1-\hat{P}_2)}{n_2}}$$

$$=(0.18-0.23)\pm1.96\sqrt{\frac{0.18\times0.82}{400}+\frac{0.23\times0.77}{600}}$$

$$=(0.18-0.23)\pm1.96\times0.025\,8$$

$$=-0.05\pm0.050\,5$$

两个总体成数之差的估计区间为：[−10.05%，0.05%]

五、有限总体不放回抽样时的区间估计

无限总体的容量是个未知数，因而无法用不放回的方法抽取样本，只能采用放回抽样方法。对于有限总体，由于总体容量已知，所以可采用不放回的方法抽取样本。

本章以上介绍的各种参数的区间估计方法，都是以无限总体、放回抽样为前提条件的。但在实践中，人们更倾向于不放回抽样，以减少抽样步骤和节约成本。所以，人们在进行参数的区间估计时，形成一种共同的思维：抽样方法总是以不放回抽样为首选，但条件是总体必须有限；否则，采用放回抽样。也就是说，当总体容量 N 已知时，应采用不放回抽样的方法抽取样本；反之，N 未知时，应采用放回抽样的方法抽取样本。

因此，对于有限总体，总体容量为 N，且当抽样是不放回抽样时，需要采用第六章第三节介绍的方法修正。

【例 7-16】 调查公司从某企业 1 200 个员工中随机抽取 80 人进行调查，以了解该企业员工的收入情况，结果显示：员工月平均工资 3 210 元，标准差为 205 元。给定置信水平

0.95,试估计该企业全部员工工资额。

先对该问题进行分析:

(1)总体分布未知,由于 $n=80\geqslant 30$,所以仍可认为样本均值的分布近似服从正态分布。

(2)因为 $N=1\ 200$,应考虑不放回抽样。由于抽样比 $\frac{n}{N}=\frac{80}{1\ 200}=6.7\%>5\%$,因此虽然 $n=80\geqslant 30$,但计算抽样平均误差时应考虑校正系数 $\frac{N-n}{N-1}$。又因为 $N=1\ 200$,所以 $\frac{N-n}{N-1}\approx 1-\frac{n}{N}$。

解:已知 $\overline{x}=3\ 210$ 元,$1-\alpha=0.95$,查正态分布表,$Z_{\frac{\alpha}{2}}=Z_{\frac{0.05}{2}}=Z_{0.025}=1.96$。

$$\overline{x}\pm Z_{\alpha/2}\sqrt{\frac{S^2}{n}\left(1-\frac{n}{N}\right)}=3\ 210\pm 1.96\times\sqrt{\frac{205^2}{80}\left(1-\frac{80}{1\ 200}\right)}$$

$$3\ 210-43.399\ 3\leqslant\mu\leqslant 3\ 210+43.399\ 3$$

$$3\ 166.6(\text{元})\leqslant\mu\leqslant 3\ 253.399\ 3(\text{元})$$

企业员工工资总额:$\sum X=N\overline{X}$,于是该企业工资总额的估计区间为:

$$1\ 200\times 3\ 166.6\sim 1\ 200\times 3\ 253.399\ 3$$

$$379.992\ 0\sim 390.407\ 9(\text{万元})$$

【例 7-17】 为了解某地区 72 000 户居民拥有汽车的居民户所占比例,随机抽取 400 户,发现 92 户拥有 1 辆以上汽车。试问在 95%的概率保证下,该地区所有居民户中拥有汽车的比例。

先对该问题进行分析:

(1)虽然总体分布未知,但 $n\hat{P}=400\times 0.23=92>5$,因而,尽管总体成数未知(实际上,总体成数不可能已知,否则就没有必要来估计它),用样本成数来代替,但仍可以认为样本成数的抽样分布近似服从正态分布。

(2)由于 $N=72\ 000$,为有限总体,应考虑不放回抽样时样本成数的抽样分布的标准差(抽样平均误差)的校正系数 $\frac{N-n}{N-1}$。但因为 $N=72\ 000$,所以 $\frac{N-n}{N-1}\approx 1-\frac{n}{N}$,其中,$\frac{n}{N}=\frac{400}{72\ 000}=0.005\ 5=0.55\%<5\%$,可以认为本题放回抽样与不放回抽样差别不大,所以,可不用校正系数对估计结果进行校正。

解:总体成数的估计区间为:

$$P_S\pm Z_{\alpha/2}\sqrt{\frac{P_S(1-P_S)}{n}}$$

即:

$$P_S-Z_{\alpha/2}\sqrt{\frac{P_S(1-P_S)}{n}}\leqslant P\leqslant\hat{P}+Z_{\alpha/2}\sqrt{\frac{P_S(1-P_S)}{n}}$$

$$0.23-0.041\ 2\leqslant P\leqslant 0.23+0.041\ 2$$

$$18.88\%\leqslant P\leqslant 27.12\%$$

第三节　样本容量的确定

在实施抽样之前，首先要确定合适的样本容量，这就必须满足抽样推断需要达到的置信度和精确度，然后综合考虑以下几个因素，以方便找出一个最小的样本容量：

(1)不同的抽样方法和组织方式(在相同的条件下，放回抽样比不放回抽样的抽样平均误差大，所需要的样本容量也就不同，放回抽样需要更多的样本容量，而不放回抽样需要的样本容量可小一些)；

(2)总体差异程度的高低(总体方差的大小)；

(3)现有的人力、财力和时间因素。

下面讨论在给定置信度 $1-\alpha$ 的前提下，确保一定的估计精确度的样本容量的计算方法。

一、估计总体均值的样本容量

已知总体方差时，在置信度 $1-\alpha$ 条件下，假定 $\bar{x}$ 服从正态分布，总体方差已知时，估计总体均值时的样本容量。

设 $\Delta_{\bar{x}}$ 为 $\bar{x}$ 对 μ 的估计误差控制范围，即：

$$P(|\bar{X}-\mu|\leqslant \Delta\bar{X})=1-\alpha$$

$$\Delta\bar{X}\geqslant|\bar{X}-\mu|=Z_{\alpha/2}\cdot\frac{\sigma}{\sqrt{n}}$$

$$\sqrt{n}\geqslant Z_{\alpha/2}\cdot\frac{\sigma}{\Delta\bar{X}}$$

即：

$$n\geqslant Z_{\alpha/2}^{2}\cdot\frac{\sigma^{2}}{\Delta\bar{X}^{2}} \tag{7-11}$$

其中，$\Delta\bar{X}$ 为允许误差。

二、估计总体比率的样本容量

已知总体比率时，在置信度 $1-\alpha$ 的条件下，假定 p 服从正态分布，设样本比率 P_S 与总体比率 P 之间的允许误差为 ΔP。

估计总体比率时的样本容量：

$$\Delta P_S\geqslant|P_S-p|=Z_{\alpha/2}\sqrt{\frac{p(1-p)}{n}}$$

从而有：

$$n\geqslant Z_{\alpha/2}^{2}\cdot\frac{p(1-p)}{\Delta P_S{}^{2}} \tag{7-12}$$

如果 p 已知，或由先验知识已知 p 的数值，则直接代入即可；否则，取 $p=0.5$，保证 $p(1-p)$ 的数值最大。

【例 7-18】 根据以往的资料，某地区每户居民家庭平均月收入的标准差为 800 元。给定(1−α)=0.95,若设定估计误差不超出50元,求抽样时样本容量应选多大。

解: 已知$\sigma=800$,$\Delta\bar{X}=50$,$1-\alpha=0.95$,查正态分布表得$Z_{0.025}=1.96$,根据公式(7-11)得:

$$n=Z_{\alpha/2}^2\sigma^2 \mid \Delta\bar{X}^2=\left(1.96\times\frac{800}{50}\right)^2=33.32^2=984$$

所以,样本容量不应小于984户。

【例7-19】 某地区市场调查,希望估计该地区用户使用某品牌的产品所占比例,若希望以90%的把握估计样本比率与总体比率的误差在±0.04的范围内,样本容量至少要求多大?

解: 已知$1-\alpha=0.9$,查正态分布表得$Z_{0.05}=1.65$,$\Delta P_S=0.04$。

由于p事先未知,所以取$p=0.5$,以使成数方差$P(1-P)$最大。根据公式(7-12)得:

$$n\geqslant 1.65^2\times\frac{0.5\times0.5}{0.04^2}=425.39$$

所以,样本容量至少为426。

三、有限总体问题

当总体容量有限(容量为N)、抽样是不放回的,且$\frac{n}{N}\geqslant0.05$时,需要对样本均值的标准差进行校正,从而相应的置信区间分别是:

$$\bar{X}\pm Z_{\alpha/2}\frac{\sigma}{\sqrt{n}}\sqrt{\frac{N-n}{N-1}}$$

$$\bar{X}\pm t_{\alpha/2}\frac{S_n}{\sqrt{n}}\sqrt{\frac{N-n}{N-1}}$$

$$P_S\pm Z_{\alpha/2}\sqrt{\frac{P_S(1-P_S)}{n}}\sqrt{\frac{N-n}{N-1}}$$

同样,样本容量的确定亦需要进行校正。

(一)样本均值估计时样本容量的计算

$$|\bar{X}-\mu|=Z_{\frac{\alpha}{2}}\cdot\frac{\sigma}{\sqrt{n}}\sqrt{\frac{N-n}{N-1}}\leqslant\Delta_X$$

$$n\geqslant\frac{Z_{\alpha/2}^2\sigma^2N}{\Delta\bar{X}^2N+Z_{\alpha/2}^2\sigma^2} \tag{7-13}$$

【例7-20】 某地区有40 000户家庭,想了解每户每年旅游平均支出,从历史资料看,$\sigma=3.5$(千元)比较合适。若给定$(1-\alpha)=0.95$,且给定所求平均支出的允许误差不超出0.5(千元),样本容量应选多大?

解: 因为已知总体容量$N=40\ 000$,所以抽样应该采取有限总体不重复方式。考虑校正系数$\left(\frac{N-n}{N-1}\right)$。已知$\sigma=3.5$(千元),$\Delta\bar{x}=0.5$(千元),$(1-\alpha)=0.95$,查表得$Z_{0.025}=1.96$。根据公式(7-13)得:

$$n\geqslant\frac{Z_{\alpha/2}^2\sigma^2N}{\Delta\bar{x}^2N+Z_{\alpha/2}^2\sigma^2}=\frac{(1.96\times3.5)^2\times40\ 000}{0.5^2\times40\ 000+1.96^2\times3.5^2}=\frac{1\ 882\ 384}{10\ 047.06}=187.36$$

所以,样本应该取188户家庭(这种情况下小数点保留取进位法)。

(二)样本比例估计时样本容量的计算

$$|P_S - p| = Z_{\alpha/2}\sqrt{\frac{p(1-p)}{n}}\sqrt{\frac{N-n}{N-1}} \leqslant \Delta P$$

$$n \geqslant \frac{Z_{\alpha/2}^2 p(1-p)N}{\Delta P_S^2 N + Z_{\alpha/2}^2 p(1-p)} \tag{7-14}$$

附:待估参数及其应用条件下的置信区间

待估参数 θ	已知条件	置信区间($\hat{\theta}\pm\Delta$)
总体均值 μ	正态总体,σ^2 已知	$\overline{X}\pm Z_{\alpha/2}\frac{\sigma}{\sqrt{n}}$
	正态总体,σ^2 未知,$n<30$	$\overline{X}\pm t_{\alpha/2}(n-1)\frac{s}{\sqrt{n}}$,当 $n\geqslant30$,用正态分布
	非正态总体,$n\geqslant30$	$\overline{X}\pm Z_{\alpha/2}\frac{\sigma}{\sqrt{n}}$,$\sigma$ 未知时,用 S
	有限总体,$n\geqslant30$,N 已知(不放回抽样)	$\overline{X}\pm Z_{\alpha/2}\frac{\sigma}{\sqrt{n}}\sqrt{\frac{N-n}{N-1}}$,$\sigma$ 未知时,用 S
两个总体均值之差 $\mu_1-\mu_2$	两个正态总体,σ_1^2,σ_2^2 已知	$(\overline{X}_1-\overline{X}_2)\pm Z_{\alpha/2}\sqrt{\frac{\sigma_1^2}{n_1}+\frac{\sigma_2^2}{n_2}}$
	两个正态总体,σ_1^2,σ_2^2 未知但相等	$(\overline{X}_1-\overline{X}_2)\pm t_{\alpha/2}(n_1+n_2-2)S_W\sqrt{\frac{1}{n_1}+\frac{1}{n_2}}$ $S_W^2=\frac{(n_1-1)S_1^2+(n_2-1)S_2^2}{n_1+n_2-2}$
	两个非正态总体 $n_1\geqslant30$,$n_2\geqslant30$	$(\overline{X}_1-\overline{X}_2)\pm Z_{\alpha/2}\sqrt{\frac{\sigma_1^2}{n_1}+\frac{\sigma_2^2}{n_2}}$,$\sigma$ 未知时,用 S
总体方差 σ^2	正态总体	$\left[\frac{(n-1)S^2}{\chi_{\alpha/2}^2(n-1)},\frac{(n-1)S^2}{\chi_{1-\alpha/2}^2(n-1)}\right]$
两个总体方差之比 $\frac{\sigma_1^2}{\sigma_2^2}$	两个正态总体	$\left[\frac{S_1^2/S_2^2}{(n_1-1,n_2-1)},\frac{S_1^2/S_2^2}{(n_1-1,n_2-1)}\right]$
总体比率 P	无限总体	$P_S\pm Z_{\alpha/2}\sqrt{\frac{P_S(1-P_S)}{n}}$
	有限总体 $nP_S\geqslant5$,$n(1-P_S)\geqslant5$	$p_S\pm Z_{\alpha/2}\sqrt{\frac{P_S(1-P_S)}{n}\frac{N-n}{N-1}}$
两个比率之差 P_1-P_2	有限总体 $n_1P_1\geqslant5$,$n_1(1-P_1)\geqslant5$ $n_2p_2\geqslant5$,$n_2(1-p_2)\geqslant5$	$(p_1-p_2)\pm Z_{\alpha/2}\sqrt{\frac{p_1(1-p_1)}{n_1}+\frac{p_2(1-p_2)}{n_2}}$

关键术语

参数估计 parameter estimation
点估计 point estimate
矩估计 square estimation
最大似然估计 maximum likelihood estimation
似然函数 likelihood function
无偏估计量 unbiased estimator
有效性 efficiency
一致性 consistency
区间估计 interval estimation
置信度或置信水平 confidence level

对数似然函数 logarithm likelihood function
最小二乘估计法 least-squares estimation
无偏性 unbiased
最优无偏估计量 uniformly minimum variance unbiased estimation, UMVUE
置信区间 confidence interval
置信下限 lower confidence limit
置信上限 upper confidence limit

思考与练习

一、思考题

1. 什么叫估计量?评价估计量优劣有哪些标准?
2. 什么是点估计和区间估计,哪一种估计更为常用?区间估计时要注意哪些问题?
3. 确定必要的抽样数目有何意义?必要抽样数目受哪些因素影响?

二、填空题

1. 参数估计有两种形式:一是________,二是________。
2. 判别点估计优良性的三个准则是:________、________和________。
3. 抽样的允许误差是指________与________的最大绝对误差范围。
4. 对于简单随机重复抽样,若其他条件不变,则当允许误差Δ缩小一半,抽样单位数必须为原来的________倍。若Δ扩大一倍,则抽样单位数为原来的________。
5. 如果总体均值落在区间960—1 040内的概率是95%,则样本均值是________,允许误差是________,抽样误差是________。
6. 在同样的精度要求下,不放回抽样比放回抽样需要的样本容量________。
7. 置信区间表达了区间估计的精确性,置信水平表达了区间估计的可靠性,它是区间估计的可靠概率;而________表达了区间估计的不可靠概率。
8. 影响必要样本容量的因素有总体方差、________和可靠程度等。

三、判断题

1. 抽样误差是抽样调查中无法避免的误差。 (　　)
2. 抽样误差是由于破坏了随机原则而造成的。 (　　)
3. 在其他条件不变的情况下,抽样误差要减少为原来的1/3,则样本容量必须增大到9倍。 (　　)
4. 抽样误差就是样本均值的标准差。 (　　)

四、单项选择题

1. 在其他条件不变的前提下,若要求误差范围缩小1/3,则样本容量(　　)。
A. 增加9倍　　B. 增加8倍　　C. 为原来的2.25倍　　D. 增加2.25倍
2. 比例和比例方差的关系是(　　)。
A. 比例越接近于0,比例方差越大
B. 比例越接近于1,比例方差越大
C. 比例越接近于0.5,比例方差越大
D. 比例越接近于0.25,比例方差越大
3. 对400名大学生抽取19%进行不放回抽样调查,其中优等生比重为20%,置信水平

为 95.45%，则优等生比重的允许误差为(　　)。

A. 4%　　B. 4.13%　　C. 9.18%　　D. 8.26%

4. 区间估计表明的是一个(　　)。

A. 绝对可靠的范围

B. 可能的范围

C. 绝对不可靠的范围

D. 不可能的范围

5. 无偏性是指(　　)。

A. 抽样指标的平均数等于被估计的总体指标

B. 当样本容量 n 充分大时，样本指标充分靠近总体指标

C. 随着 n 无限增大，样本指标与未知的总体指标之间的离差任意小的可能性趋于实际必然性

D. 作为估计量的方差比其他估计量的方差小

6. 样本统计量和总体参数相比，(　　)。

A. 前者是一个确定值，后者是随机变量

B. 前者是随机变量，后者是一个确定值

C. 两者都是随机变量

D. 两者都是确定值

7. 若甲无偏估计量的方差小于乙无偏估计量的方差，则称(　　)。

A. 甲是无偏估计量　　B. 乙是一致估计量

C. 乙比甲有效　　D. 甲比乙有效

8. 某厂要对某批产品进行抽样调查，已知以往的产品合格率分别为 90%，93%，95%，要求误差范围小于 5%，可靠性为 95.45%，则必要样本容量应为(　　)。

A. 144　　B. 105　　C. 76　　D. 109

五、计算题

1. 某地区粮食播种面积共 5 000 亩，按不重复抽样方法随机抽取了 100 亩进行实测。调查结果为，平均亩产为 450 千克，亩产量的标准差为 52 千克。试以 95%的置信度估计该地区粮食平均亩产量的区间。

2. 电话咨询服务部门在每次通话结束时都要记下通话的时间。从一个由 16 个记录组成的简单随机样本得出一次通话的平均时间为 1.6 分钟。试求总体平均值的置信度为 90%的置信区间。已知总体服从标准差为 0.7 分钟的正态分布。

3. 为了解某村 1 200 户农民的年收入状况，抽取一个由 80 户组成的简单随机样本，得出每户农民年平均收入为 3 210 元，标准差为 205 元。试求该村每户农民年平均收入置信度为 95%的置信区间。

4. 为了在正常条件下研究一种杂交作物的两种新处理方案，在同一地区随机抽选 8 块地，在每块试验地上按两种方案种植作物。这 8 块地的单位面积产量分别是：

一号方案产量	86	87	86	93	84	93	85	79
二号方案产量	80	79	68	84	77	82	74	66

假设这两种方案的产量都服从正态分布，且方差相等。试求这两种方案平均产量之差

的置信度为 95%的置信区间。

5. 某地对上年栽种的一批树苗共 3 000 株进行了抽样调查,随机抽查的 200 株树苗中有 170 株成活。试以 95.45%的概率估计该批树苗的成活率的置信区间和成活总数的置信区间。

6. 为调查某市郊区 72 000 户农民家庭中拥有彩电的成数,随机抽取了其中的 400 户,结果为 92 户有彩电。试求总体成数的置信度为 95%的置信区间。

7. 一个随机样本由居民区甲 400 户家庭组成,其中有 18%的家庭至少有一个学龄前儿童。另一个由居民区乙 600 户家庭组成的随机样本中,有 23%的家庭至少有一个学龄前儿童。试求两个总体成数之差置信度为 95%的置信区间。

8. 某公司有职工 3 000 人,现从中随机抽取 60 人调查工资收入情况,有关资料如下表所示:

月收入(元)	800	900	950	1 000	1 050	1 100	1 200	1 500
工人数(人)	6	7	9	10	9	8	7	4

(1)试以 0.95 的置信度估计该公司工人的月平均工资所在范围;

(2)试以 0.954 5 的置信度估计月收入在 1 000 元及以上工人所占比重。

9. 对一批产品按不重复抽样方法抽选 200 件,其中废品 8 件。又知道抽样总体是成品总量的 1/20,当概率为 95.45%时,可否认为这一批成品的废品率低于 5%?

10. 某企业从长期实践得知,其产品直径 X 是一随机变量,服从方差为 0.05 的正态分布。从某日产品中随机抽取 6 个,测得其直径分别为 14.8,15.3,15.1,15,14.7,15.1(单位:厘米)。在 0.95 的置信度下,试求该产品直径的均值的置信区间。

11. 某厂对一批产品的质量进行抽样检验,采用重复抽样抽取样品 200 只,样本优质品率为 85%,试计算当把握程度为 95%时优质品率的区间范围。

12. 在某大学中随机抽取 16 名教师,了解到他们的月平均收入为 2 000 元,标准差为 800 元,试以 95%的置信度,估计该大学教师的月平均收入及其标准差的置信区间。

13. 某企业有 3 000 名职工,该企业想估计职工上下班花在路途上的平均时间。以置信度为 99%的置信区间进行估计,并使估计值处在真正平均值附近 1 分钟的误差范围之内。一个先前抽取的小样本给出的标准差为 4.3 分钟。试问应抽取多大的样本?

14. 一个市场分析人员想知道:为了确定某居民区内看过某种报纸广告的家庭占多大成数,需要从该居民区抽选多少家庭作样本。该居民区共有 1 000 户,分析人员希望以 95%的置信度对这个成数做出估计,并使估计值处在真正成数附近 0.05 范围之内。在一个先前抽取的样本中,有 25%的家庭看过这种广告。试问应抽取多大的样本?

15. 检验某食品厂本月生产的 10 000 袋产品的重量,根据上月资料,这种产品每袋重量的标准差为 25 克。要求在 95.45%的概率保证程度下,平均每袋重量的误差范围不超过 5 克,应抽查多少袋产品。

16. 某企业对一批产品进行质量检验,这批产品的总数为 5 000 件,过去几次同类调查所得的产品合格率为 93%、95%和 96%,为了使合格率的允许误差不超过 3%,在 99.73%的概率下应抽查多少件产品。

17. 设年末某银行抽取 100 户的资料如下表所示:

存款余额(百元)	户数(户)
1—100	12
100—300	30
300—500	40
500—800	15
800 以上	3

试以 95.45%($Z_{\alpha/2}=2$)的概率,估计以下指标的范围:

(1)该储蓄所存款户平均每户的存款余额;

(2)该所储蓄存款余额在 30 000 元以上的户数占全部存款户数比重的区间估计。

18. 某市人口普查显示,该市老年人口老龄化(65 岁以上)比例为 14.7%。随机调查了 400 名当地市民,发现有 57 人年龄在 65 岁以上,那么调查结果是否支持该市老龄化率为 14.7%的看法?($\alpha=0.05$)

第八章
假设检验

引 言

参数估计和假设检验是统计推断的两个重要组成部分，两者皆是利用样本的信息对总体参数进行推断，但角度不同。参数估计以样本统计量的观测值直接对总体参数进行估计（点估计、区间估计）。假设检验首先对总体参数提出某种假设，然后根据样本观测值来验证这个假设是否成立。因此，假设检验是参数估计的逆向研究。

假设检验广义上包括参数检验（parametric test）和非参数检验（nonparametric test）。前者是关于未知分布参数如数学期望、方差的检验；后者是关于未知分布的函数形式如正态分布、t 分布，或者是其某种分布的检验。经典统计学一般以参数估计和参数检验为主要内容进行阐述，其中很大一部分内容是与正态理论相关的，总体的分布形式或分布族往往是给定的或者是假定的，需要探究的是一些总体未知参数的估计及其范围。而非参数检验则在不依赖总体分布的情况下，从数据本身来获得所需要的信息进行统计推断。

戈赛特

戈赛特（William Sealy Gosset，1876—1937），由于工作的关系，无法以真名在期刊上发表文章，故选用“Student”当笔名，除了著名的 t 检验外，以“Student”的名义在生物统计期刊上发表过多篇重要的统计相关论文，所以，他是统计史上最出名的“Student”。

戈赛特早先就读于英国温切斯特学院（Winchester College），之后转入牛津大学新学院（New Collage，Oxford）攻读，其间先后获得数学与化学的双学士学位。毕业后碰巧当时著名的 Guinness 啤酒公司老板正打算雇用年轻科学家为公司服务，以改善公司的酿酒品质，而戈赛特因其“化学”专长而被录用，并持续在此公司服务，直至过世。虽说啤酒公司并非因戈赛特的数学专长而雇用他，但戈赛特对公司的第一个主要贡献却是解决一个数学（统计）问题。

制造啤酒的重要步骤是先在瓶内培养酵母菌，如何精确地估计酵母菌数目就成为一个重要课题。

这个问题的本质与卡尔·皮尔逊所提出的观念相当吻合，根据检验实际资料，戈赛特发现此种单位体积内酵母菌数目的概率分布属于仅有一个参数的泊松分布。

戈赛特计划发表他的酵母菌相关研究成果，但 Guinness 啤酒公司却明文禁止员工发表文章，这是因为公司过去曾有员工发表文章，不经意间泄露了公司啤酒生产程序中的部分配方，为了避免商业机密再次泄露而订下此规定。戈赛特并没有因为这项规定而阻碍他的学术研究发表，他在皮尔逊①的鼓励下，转以“Student”的名义在生物统计期刊上发表此项研究成果。

---

① 在皮尔逊担任《生物统计学》期刊的主编期间，戈赛特与皮尔逊相识，皮尔逊很欣赏戈赛特的数学才能。戈赛特曾说服他的主管让他到皮尔逊主持的生物统计研究所进修，以便习得对公司有贡献的统计知识。

戈赛特继续研究所碰到的一个重要问题是，许多科学实验中无法搜集到大量的样本数据，而皮尔逊所提出的统计方法却都有赖大量样本数据才能推估母体参数，戈赛特想研究是否有适当的统计方法可用来分析小样本数据，其研究成果就是“学生氏 T 分布”。他发现皮尔逊提出的偏斜分布的 4 个参数中，只需要估算其中 2 个参数(平均值与标准偏差)，而这两个参数的估值比值(ratio)将会是一个已知的分布(即 T 分布)。

在戈赛特进行研究的同一时期，他还扮演着一项重要角色，即两位统计大师之间的中间人：一边是已卓然有成的皮尔逊，另一边则是以天才著称的费歇。虽然这两位大师都才气过人，但因为两人在生物统计期刊上发表文章过程中曾产生过节(可参考费歇的介绍)，再加上对某些统计问题的看法相左，两人互有嫌隙，而戈赛特与这两位大师却都能一直维持不错的交情，即使有时他会向皮尔逊抱怨他看不懂费歇写的东西。

戈赛特一边工作，一边持续统计相关研究，而 Guinness 啤酒公司似乎从未发现他私底下发表文章的秘密，直到 1937 年戈赛特因心脏病突发去世为止，他一共发表了超过 30 篇期刊论文，而这位“Student”的成就，直到戈赛特的好友们齐聚在 Guinness 啤酒公司，想集资为戈赛特的论文出版专著，Guinness 公司才讶然发现了这位“Student”的真相。

第一节 假设检验的基本原理

假设检验，亦称显著性检验(test of statistical significance)，是一种判断样本与样本及样本与总体的差异是由抽样误差引起还是本质差别造成的统计推断方法，进行检验的目的不是怀疑样本指标本身是否计算正确，而是为了分析样本统计量与总体参数之间是否存在显著差异。在经济、生产、社会活动中常常碰到这方面的问题：根据样本观测得到的一些结论、根据经验积累得到的一些认识，以及由此得到的一些判断是否成立？如药品质量的检查，粮站对粮仓中的储粮含水量的监测，商检局对到货质量的检验，工厂对产品质量的控制等。为了尽可能科学、客观地回答这些问题，使我们的判断、选择和决策避免失误，需要借助假设检验。因此，假设检验是一种非常有用的统计方法，在统计学中具有重要作用。

一、假设检验的基本思想和形式

(一)假设检验的基本思想

假设检验(hypothesis testing)的基本思想是小概率原理。所谓小概率，是指在一次随机试验中，事件结果几乎不可能发生的概率。人们基于小概率事件在一次试验中几乎不可能发生所形成的一种思维习惯，而付诸对事件发生与否所做出的判断，称为小概率原理。

根据小概率原理，假设检验的基本思想是，如果对总体的某种假设是真实的，那么不利于或不能支持这一假设的事件 A(小概率事件)在一次试验中几乎不可能发生。假如在一次试验中 A 竟然发生了，就有理由怀疑该假设的真实性，拒绝这一假设。

例如，某公司想从国外引进一种自动加工装置。这种装置的工作温度 X 服从正态分布，厂方说它的平均工作温度是 80 度。从该装置试运转中随机测试 16 次，得到的平均工作温度是 83 度。该公司就应考虑：样本结果与厂方所说的是否有显著差异？厂方的说法是否可以接受？类似这种根据样本观测值来判断一个有关总体的假设是否成立的问题，就是假设检验的问题。

因此,假设检验就是根据样本信息判断总体分布是否具有指定特征的过程。

假设检验的逻辑思维遵循的是反证法的推理思想。它是事先对总体参数或总体分布形态做出一个规定或假设,然后利用样本提供的信息,以一定的概率来检验假设是否成立(或是否合理),或者说判断总体的真实情况是否与原假设存在显著的系统性差异。因此,统计假设就是关于统计总体分布特征的某种论断。它是先假设总体具有某种特征(例如,总体的参数为多少),然后再通过对样本的加工,即构造统计量,推断出假设的结论是否合理。这种反证法的推理过程可用图 8-1 阐释。

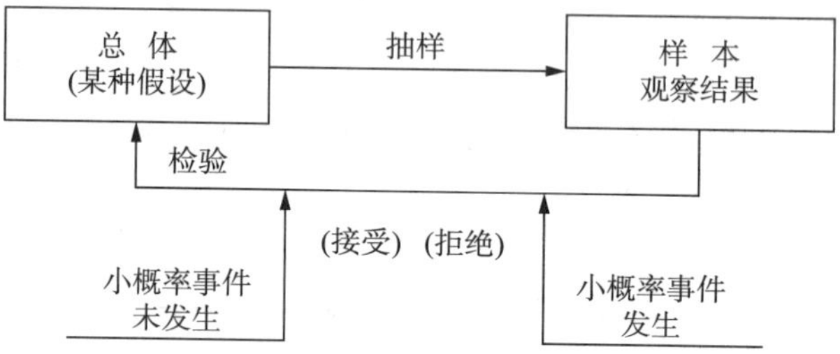

图 8-1 假设检验的推理过程

这个判断过程需要两个前提:(1)已知随机变量概率分布(适当选取统计量);(2)依据小概率原理。

小概率原理在生活中普遍应用。例如,火车在运行中相撞的概率很小。在偶然一次乘火车的情况下,可以认为火车出事的事件几乎不会发生。

那概率小到什么程度才算是小概率事件呢?这不是一个绝对概念,要根据随机事件的性质和程度来决定。通常概率小于 0.05 或 0.01 时,可称为小概率,用 α 表示。在假设检验中,与参数估计时置信水平或置信度 $1-\alpha$ 相对应,α 又称显著性水平(level of significance)。

(二)假设的形式

对要检验的假设有两种形式:原假设和备择假设。

为了阐明这两个概念,先举个例子。

【例 8-1】 某茶叶公司的生产部门,8 小时一班的工作时间要完成五千多袋茶叶的装袋任务,每袋茶叶的重量为袋子包装上所标示的 100 克。然而,如果装袋过程处理不当,每袋茶叶的实际重量与袋子标示 100 克的标准重量会有很大的出入。此时的关键是:如果袋装重量明显高于 100 克,就会导致成本上升,从而导致公司利益受损;如果袋装重量明显低于 100 克,则会损害消费者的利益,从而导致公司声誉下降,公司利益同样会受到影响。为此,需要通过抽样检验来控制生产过程,以保证装袋重量达到标准。具体方法是采用等距抽样,即过一段时间抽取一个样本,并对其称重,然后计算其平均重量 $\bar{x}$,然后判定这个 $\bar{x}$ 取自一个均值 μ 为 100 克的总体的可能性,据此做出是保持还是改变,甚至关停装袋过程的决定。

假设装袋茶叶的重量服从正态分布,且 $\mu=100$ 克,$\sigma=15$ 克。随机抽取一个容量为 25 袋的样本,样本的均值为 98.5 克,那么是否认为这与 100 克的差距较大,从而决定是保持还是改变,甚至关停装袋过程?

类似这种根据样本观测值来判断一个有关总体的假设是否成立的问题,就是假设检验问题。任一关于总体分布的假设统称为统计假设，简称假设。例 8－1 中，可以提出两个假设：

一个称为原假设或零假设(null hypothesis)，记为 $H_0:\mu\geqslant 100$ 克。

另一个假设相对于原假设而言，是约定的、补充的，记为 $H_1:\mu<100$ 克。它与 H_0 有两者择其一的意思，即 H_0 作为被检验的假设，则 H_1 就是备择的、与原假设对立统一的假设，故而称为备择假设或对立假设(alternative hypothesis，或 opposite hypothesis)。

由例 8—1 可以发现，作为被检验的原假设检验，所述内容涵盖了“是”的概念，因此，必须存在等于号，即用“≥”“＝”“≤”符号表现；而备择假设陈述的内容有“非”含义，所以不能用等号表现，只能用大于、小于，即“＞”“＜”符号来表现。

显然，通过抽样检验，原假设和备择假设总有一个，也只能有一个成立。

在实际问题中，原假设和备择假设的建立需要考虑事实发生的逻辑顺序，一般来说，在没有显著改变的情况下，对于保持原状或现有标准的假设，通常可选为原假设；而与现状或现有标准不符合的假设，通常可选为备择假设。

此外，不同的检验人员，由于其立场不同，对原假设和备择假设的选择也会有所不同。例如，厂商往往会声称自己的产品如何好、已达到或超过什么标准，来作为广告宣传。如例 8－1 中，从茶叶公司的角度，建立的原假设为 $H_0:\mu\geqslant 100$ 克。而市场部门管理或质量检验部门为维护市场的公正性，往往会认为茶叶公司生产的该袋装茶叶重量并没有达到标准，因此，可以建立的原假设为 $H_0:\mu\leqslant 100$。

H_0 与 H_1 要符合对立且完备的准则，假设检验就是根据样本观察结果对原假设 H_0 进行检验，接受 H_0，就否定 H_1；拒绝 H_0，就接受 H_1。

确定原假设的原则如下：

(1)当目的是希望从样本观察值取得对某一论断强有力的支持时，把这一结论的否定作为原假设；

(2)把陈述事实的否定作为原假设；

(3)把过去资料所提供的论断作为原假设。

(三)双侧检验和单侧检验

1. 双侧检验

当事先不能断定总体参数 θ 是大于还是小于根据原假设对总体参数的陈述所达到的给定值 θ_0 时，需要检验的假设指的是总体参数真值与根据原假设对总体参数的陈述所达到的给定值相等，即 $H_0:\theta=\theta_0$。这时，检验的拒绝域(rejection region)或称否定域(negation region)有两个部分，分别位于图 8－2 曲线下左右两侧的尾部，而中间区域为接受域(acceptance region)或称临界域(critical region)、不拒绝域(region of nonrejection)。这种检验称为双侧检验(two-sided test)或双尾检验。

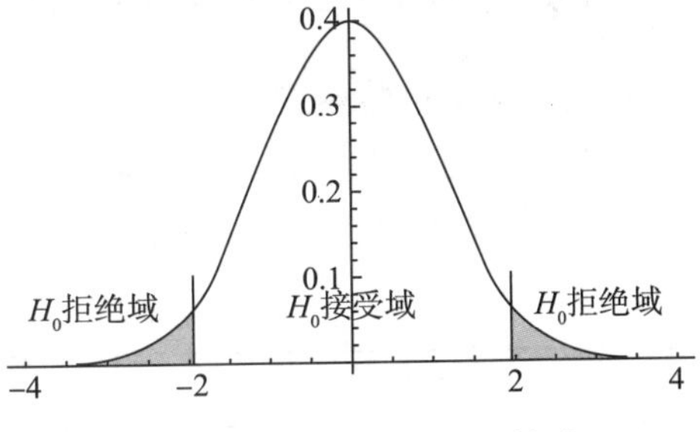

图 8－2 双侧(端、尾)假设检验

双侧检验的形式：$H_0:\mu=\mu_0$；$H_1:\mu\neq\mu_0$。

2. 单侧检验

对有些问题，人们所关心的只是总体参数 θ 是大于还是小于根据原假设对总体参数的陈述所达到的给定值 θ_0 时，就需要进行单侧检验，譬如收入是否比原来提高了、成本是否比原来降低了,等等。

其中,当检验的假设为 $H_0:\theta=\theta_0$,或 $H_0:\theta\geqslant\theta_0$,同时 $H_1:\theta<\theta_0$ 时,检验的拒绝域只位于图 8-3 曲线的左侧尾部,这就是左侧检验。

左侧检验的形式为:$H_0:\theta=\theta_0$,$H_1:\theta<\theta_0$,或 $H_0:\theta\geqslant\theta_0$,$H_1:\theta<\theta_0$。

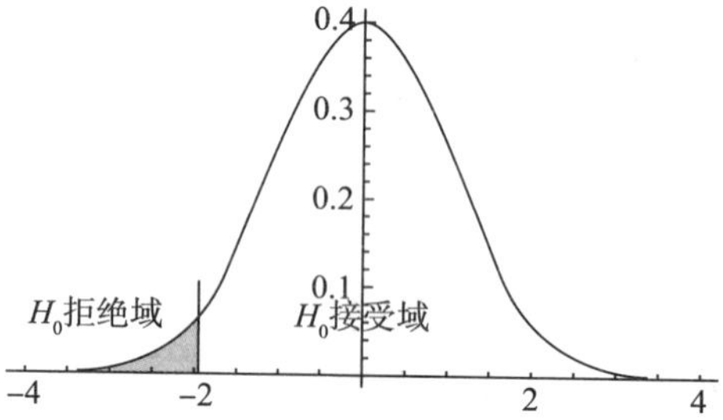

图 8-3 左侧检验

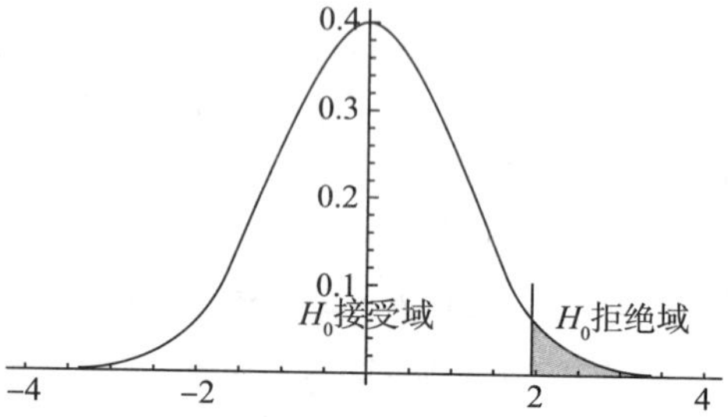

图 8-4 右侧检验

当检验的假设为 $H_0:\theta=\theta_0$,或 $H_0:\theta\leqslant\theta_0$,同时 $H_1:\theta>\theta_0$ 时,检验的拒绝域只位于图 8-4 曲线的右侧尾部,这就是右侧检验。

右侧检验的形式为:$H_0:\theta=\theta_0$,$H_1:\theta>\theta_0$,或 $H_0:\theta\geqslant\theta_0$;$H_1:\theta>\theta_0$。

比较图 8-2 至图 8-4,可以发现双侧检验和单侧检验的拒绝域和接受域不一样,而拒绝域和不拒绝域的确定依赖于区间估计所得出的置信区间或置信上界、置信下界。可见,假设检验和参数估计是一个问题的两个方面,都是在概率意义下进行推断的,因而需要找到合适的统计量及其分布。

例如:

$$\frac{\sqrt{n}(\bar{X}-\mu)}{\sigma}\sim N(0,1),\quad \frac{\sqrt{n}(\bar{X}-\mu)}{S_n}\sim t(n-1)$$

$$\frac{(n-1)S_n^2}{\sigma^2}\sim\chi^2(n-1),\frac{(P_s-p)}{\sqrt{\frac{p(1-p)}{n}}}\sim N(0,1)$$

当检测值或统计量落在拒绝域,则拒绝原假设 H_0,而接受备选假设 H_1;当检测值或统计量落在接受域,则不拒绝原假设 H_0。

二、假设检验规则与两类错误

(一)确定检验规则

检验过程是比较样本观察结果与总体假设的差异。若差异显著,超过了临界点,则拒绝 H_0;反之,差异不显著,则接受 H_0。

表 8-1 **检验规则**

差 异	临界点	判 断
$\lvert\theta-\theta_0\rvert>C$	C	拒绝 H_0
$\lvert\theta-\theta_0\rvert\leqslant C$	C	接受 H_0

接受原假设 H_0 的范围称为接受域,拒绝原假设 H_0 的范围称为拒绝域。从而确定一个

检验规则，实质上就是确定一个拒绝域。

怎样确定拒绝域是一个至关重要的问题，它涉及假设检验中的两类错误（two types error）问题。

例如，在产品检验的过程中，假设产品的废品个数不超过一定的限度。所采用的检验可以是：当样品中的废品个数超过一定限度时，认为该批产品不合格，否则就认为合格。

伊根·皮尔逊

伊根·皮尔逊（Egon Pearson，1895—1980），卡尔·皮尔逊之子。他与 J. 奈曼合撰的论文介绍并强调了第Ⅱ型错误（typeⅡ error）、检验的势（power of a test）和置信区间的概念。在此期间，工业界开始与质量控制结合，广泛地应用统计技巧；关于抽样理论及技巧的研究成果也明显增加。

皮尔逊与奈曼的合作成就了奈曼—皮尔逊理论。从 1928 年开始，他们对假设检验提出了一项系统的理论，其要旨是把假设检验问题作为一个数学最优化问题来处理，并且认为，在检验一个假设 H_0 时可能犯两类错误。在一定意义上，他们的工作是之后瓦尔德建立的统计决策理论的先驱。奈曼对数理统计做出的另一项重要贡献是在 1934—1937 年间建立的置信区间估计理论。

（二）两类错误

第一类错误（type Ⅰ error）：原假设 H_0 实际为真，而检验结果却拒绝了它，即否定 H_0（本来 $\theta=\theta_0$ 可能正确），即弃真错误。犯第一类错误的概率称为弃真概率。弃真概率就是显著性水平 α。

为了减少犯第一类错误，可以降低 α 的值，但 α 减少会导致置信区间变大，这样就增大了原假设不被拒绝的可能性，从而会犯第二类错误。

第二类错误（type Ⅱ error）：原假设 H_0 实际不真，而检验结果却接受了它，即接受 H_0（本来 $\theta=\theta_0$ 可能错误），即取伪错误。犯第二类错误的概率通常用 β 表示。

因此，接受或拒绝 H_0，都可能犯错误，它们的关系可归纳为表 8-2。

表 8-2　检验决策和犯两类错误的关系

检验决策	H_0 为真	H_0 非真
拒绝 H_0	犯第一类错误（α）	正确
接受 H_0	正确	犯第二类错误（β）

弃真概率与取伪概率的关系为：α 大 β 就小，α 小 β 就大。

确定和平衡弃真概率和取伪概率的基本原则为：力求在控制 α 的前提下减少 β。

在检验中，人们总希望犯两类错误的可能性都很小，然而，实际上很难做到这点。在其他条件不变的情况下，若犯第一类错误的可能性小，则犯第二类错误的可能性就会变大；反之，若犯第二类错误的可能性小，则犯第一类错误的可能性就会变大。这就像交易中买卖双方各自承担的风险一样。

也就是说，α 是显著性水平，如取值 0.1，0.05，0.01 等。如果犯第一类错误损失更大，为减少损失，则 α 值取小；如果犯第二类错误损失更大，则 α 值取大。

此时,为了确定是否拒绝或接受原假设,就需要从给定的样本提取信息,作为参考值与 α 进行比较,然后决定原假设的取舍。被提取的信息用 p 表示。

假定 H_0 正确,统计量的观测值为 $Z_0=\frac{\sqrt{n}(\overline{x}-\mu_0)}{\sigma}$,则:

$$\boldsymbol{p}=\boldsymbol{P}\{|\boldsymbol{Z}|>|\boldsymbol{Z_0}|\}$$

即对于给定的样本信息,p 值是拒绝 H_0 的最小概率值。因此,若 $p<\alpha$,则拒绝 H_0;若 $p\geqslant\alpha$,则不拒绝 H_0。

一般而言,统计软件包都会根据既定的检验提供相应的 p 值,以方便判断检验的显著性。

当检验判断为接受原假设 H_0 时,就有可能犯取伪错误即第二类错误。统计中,把不犯取伪错误的概率 $1-\beta$ 称为统计检验的能力或效力。

(三)取伪概率的计算

统计上把 $1-\beta$ 称为统计检验的势,它是原假设实际上是错误的故应该被拒绝的概率。在前面的例子中,检验的势就是做出总体平均温度不是 80 度这个结论而实际上也的确不是 80 度的概率。$1-\beta$ 是被检验参数的一个函数,因为当总体参数变化时,其值也会发生变化,所以不能把犯第二类错误的概率表示为一个数字,为此有时需计算犯第二类错误的概率 β。

假设检验中,弃真概率 α 是根据研究的问题和决策的需要设定的,而取伪概率 β 则要通过计算才能确定,而且只有当判断结论为接受原假设时,才存在取伪的可能性。确定犯第二类错误的概率 β 比较困难,其计算步骤如下:

(1)先求出拒绝 H_0 的临界值;

(2)计算在统计量真实的抽样分布下达到临界值的概率 β。

图 8-5 显示了两类错误概率 α 与 β 的关系。

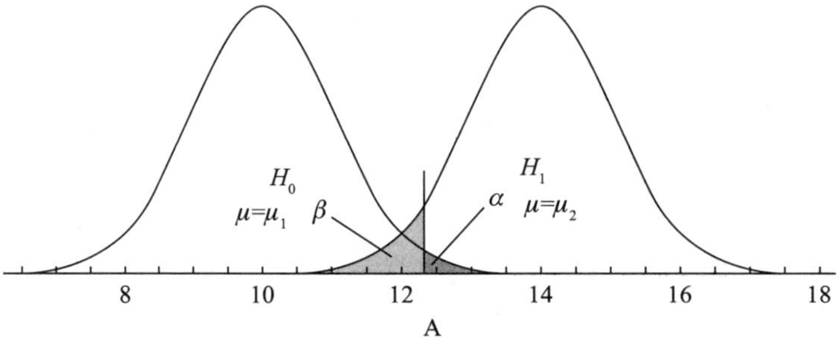

图 8-5　两类错误

【例 8-2】 在例 8-1 中,若总体均值实际上不是 100 克,而是 95 克,根据抽样计算得到的样本均值仍为 98.5 克,总体方差、抽样单位数和显著性水平 $\alpha=0.05$ 均不变,检验原假设为 $H_0:\mu\geqslant 100$,则:

$$Z=\frac{\overline{x}-100}{15/\sqrt{25}}=\frac{98.5-100}{3}=-0.5>-1.96$$

即 $|Z|=\frac{\overline{x}-100}{3}=1.96$

样本均值的 95% 的置信区间为:

$$100-1.96\times\frac{15}{\sqrt{25}}=100-5.88=94.12$$

$$100+1.96\times\frac{15}{\sqrt{25}}=100+5.88=105.88$$

上式表明，在以 25 袋为抽样容量的所有样本均值中，有 95%的均值将落在以 98.5 克为中心的 94.12—105.88 克区间内。显然，这个结果是个有偏的估计，因为总体均值实际上不是 100 克，而是 95 克。即原假设应该是 $H_0:\mu\geqslant 95$，而不是 $H_0:\mu\geqslant 100$。

此时，如果判断为接受原假设，就会犯取伪错误。犯取伪错误的概率由如下计算可得：

根据 $\alpha=0.05$，查正态分布表可知，$Z_{0.05/2}=1.96$。

所以，此题临界的 $\bar{x}$ 为 94.12(100−1.96×3)和 105.88(100+1.96×3)，若样本均值处于此区间，便会犯取伪错误。而当总体均值是 95 克时，有：

$$\frac{94.12-95}{3}=-0.29,\frac{105.88-95}{3}=3.63$$

查正态分布表可知，标准正态曲线以下小于 $Z=-0.29$ 的概率是 0.385 9，小于 $Z=3.63$ 的概率几乎为 1。即犯取伪错误的概率 $\beta=1-0.385\ 9=0.614\ 1$。

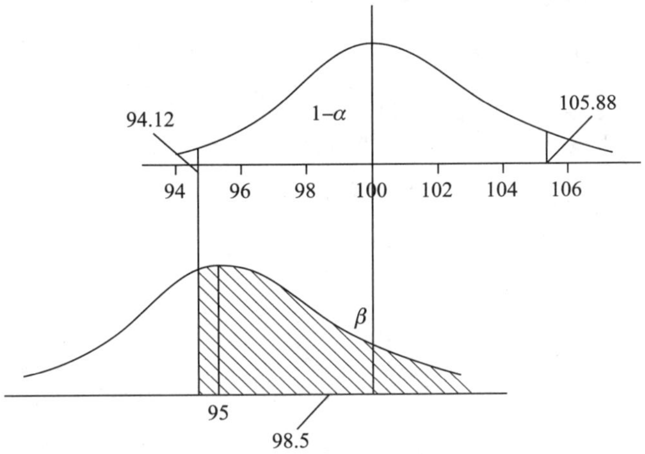

图 8 - 6　确定犯第二类错误的概率 β

从图 8 - 6 可以看出，与犯第一类错误受控于 α 的取值不同，犯第二类错误的概率有赖于总体参数的假设值与实际值之间的差异。一方面，原假设的值与总体参数的实际值越接近，犯取伪错误的可能性就越大；反之就越小。因为较大的差异比较小的差异容易被发现，如果样本统计量和与之相应的总体参数值之间差异较大，犯第二类错误的可能性就很小。比如，上例中真实的总体均值(未知)是 50 克，那么做出均值与 100 克之间无较大变化的可能性很小，即 β 值很小。另一方面，如果样本统计量和与之相应的总体参数值之间差异较小，犯第二类错误的可能性就很大。因此，如果总体的均值实际上是 99 克，做出总体均值与 100 克之间无较大变化的可能性就很大，即会犯第二类错误。

三、假设检验的一般步骤

进行假设检验分析，一般须遵循以下程序：

(1)建立总体假设——原假设 H_0 和备择假设 H_1;

(2)选择一个合适的显著性水平 α,把犯第一类错误的概率定下来,同时确定必要的样本容量和犯第二类错误的概率 β;

(3)抽样得到样本观察值,并构造统计量确定 H_0 为真时的抽样分布,即选择一个合适的检验统计量;

(4)在原假设 H_0 成立的前提下,对给定显著性水平 α,从构造的统计量的概率分布表上查出相应分布的临界值,确定拒绝域和接收域;

(5)计算检验统计量的数值;

(6)把检验统计量的数值与相应分布的临界值进行对比,并做出检验判断。

第二节　一个总体的假设检验

一、正态总体均值的检验(方差已知)

设 $X_1,X_2,\cdots,X_n$ 是取自总体 $X\sim N(\mu,\sigma^2)$ 的一个样本,总体方差 σ^2 已知。

(一)双侧检验

(1)提出假设:原假设 $H_0:\mu=\mu_0$;备择假设 $H_1:\mu\neq\mu_0$。

(2)选择统计量及分布:$Z=\dfrac{\sqrt{n}(\overline{X}-\mu)}{\sigma}\sim N(0,1)$。

(3)给定显著水平 α,确定临界值和拒绝域为 $|z|>Z_{\alpha/2}$。

(4)检验判断:

①若 $|Z|=\left|\dfrac{\overline{x}\cdot\mu_0}{\sigma\ \sqrt{n}}\right|\geqslant Z_{\alpha/2}$,则拒绝原假设 $H_0:\mu=\mu_0$,接受备选假设 $H_1:\mu\neq\mu_0$;

②若 $|Z|=\left|\dfrac{\overline{x}\cdot\mu_0}{\sigma\ \sqrt{n}}\right|\leqslant Z_{\alpha/2}$,则不拒绝 $H_0:\mu=\mu_0$。

【例 8-3】[①] 机器包装一批糖果。糖果重量服从正态分布,均值为 32.05 克,方差 $\sigma^2=1.21$。现进行机器调试。随机抽取 6 包糖果,测得重量(克)分别是:32.56,29.66,31.64,30.00,31.87,31.03。给定显著性水平 $\alpha=0.05$,问机器是否正常工作?

解:(1)$H_0:\mu=32.05$(即机器正常工作);$H_1:\mu\neq32.05$(即机器没有正常工作)。

(2)统计量及分布:$Z=\dfrac{\overline{X}-\mu}{\sigma/\sqrt{n}}\sim N(0,1)$。

(3)给出显著水平 $\alpha=0.05$,则 $Z_{\alpha/2}=1.96$,拒绝域为:$|Z|>Z_{\alpha/2}=1.96$。

(4)检验判断:因 $|Z|=\left|\dfrac{\overline{x}-\mu_0}{\sigma/\sqrt{n}}\right|=\left|\dfrac{31.13-32.05}{1.1/\sqrt{6}}\right|=2.049>1.96$。

故拒绝 $H_0:\mu=32.05$,接受 $H_1:\mu\neq32.05$。

---

① 摘自中国经济学教育科研网讲义课件/数理经济与计量经济学/《定量分析方法》清华大学管理学院韩延春(10-1),http://www.cenet.org.cn。

结论:机器没有正常工作。

假设检验与参数估计是一个问题分析的两个方面。本题也可用参数估计的方法进行分析。分析步骤的前两步同上,第三步如下:

(3)给出显著水平 $\alpha=0.05$,则 $Z_{\alpha/2}=1.96$。据此,可计算糖果重量的置信区间如下:

$$
\begin{aligned}
I_{\alpha}&=\left[\overline{x}-Z_{\alpha/2}\frac{\sigma}{\sqrt{n}},\overline{x}+Z_{\alpha/2}\frac{\sigma}{\sqrt{n}}\right]\\
&=\left[31.13-1.96\frac{1.1}{\sqrt{6}},31.13+19.96\frac{1.1}{\sqrt{6}}\right]\\
&=[31.13-0.88,31.13+0.88]\\
&=[30.25,32.01]
\end{aligned}
$$

注:I_{α} 表示接受域(区间)。

(4)统计决策:因 $32.05\notin I_{\alpha}$,故拒绝 $H_0:\mu=32.05$,接受 $H_1:\mu\neq 32.05$。

结论:机器没有正常工作。

假设检验与参数估计是一个问题分析的两个方面。本题也可用参数估计的方法进行分析。分析步骤的前两步同上,第三步如下:

(3)给出显著水平 $\alpha=0.05$,则 $Z_{\alpha/2}=1.96$ 。据此,可计算糖果重量的置信区间如下:

$$
\begin{aligned}
I_{\alpha}&=\left[\overline{x}-Z_{\alpha/2}\frac{\sigma}{\sqrt{n}},\overline{x}+Z_{\alpha/2}\frac{\sigma}{\sqrt{n}}\right]\\
&=\left[31.13-1.96\frac{1.1}{\sqrt{6}},31.13+1.96\frac{1.1}{\sqrt{6}}\right]\\
&=[31.13-0.88,31.13+0.88]\\
&=[30.25,\ 32.01]
\end{aligned}
$$

注:I_{α} 表示接受域(区间)。

(4)统计决策:因 $32.05\notin I_{\alpha}$,故拒绝 $H_0:\mu=32.05$,接受 $H_1:\mu\neq 32.05$。

结论:机器没有正常工作。

若分析采用统计软件,则还可以通过软件计算的 p 值,与给定显著性水平对比,以确定拒绝还是接受原假设。如本例:

$p=P\{|Z|>2.05\}=2P\{Z>2.05\}=2\times(0.5-0.4798)=0.0404$

因 $p<0.05$,故拒绝 H_0,接受 H_1。

但若显著水平 $\alpha=0.01$,则不拒绝 H_0,因为 $p=0.0404>0.01$。

由此可见,当 α 降低时,则增大了接受 H_0 的可能性,即取伪概率变大;当 α 提高时,则增大了拒绝 H_0 的可能性,即弃真概率变大。

(二)单侧检验

1. 左侧检验

(1)提出假设:$H_0:\mu=\mu_0$;$H_1:\mu<\mu_0$。

(2)选择统计量及分布:$Z=\dfrac{\sqrt{n}(\overline{X}-\mu)}{\sigma}\sim N(0,1)$。

(3)给出显著水平 α,查表求出临界值 Z_{α},从而得到 μ 的拒绝域为 $Z<-Z_{\alpha}$。

(4)检验判断：

①若 $Z=\frac{\bar{x}-\mu_0}{\sigma/\sqrt{n}}<-Z_\alpha$，则 Z 落入概率为 α 的临界域(小概率事件发生)，拒绝原假设 $H_0:\mu=\mu_0$，接受备选假设 $H_1:\mu<\mu_0$，即 μ 显著地小于 μ_0；

②若 $Z=\frac{\bar{x}-\mu_0}{\sigma/\sqrt{n}}\geqslant-Z_\alpha$，则不拒绝原假设 $H_0:\mu=\mu_0$。

【例 8-4】 某饮料的维生素C含量服从 $N(4.55, 0.11^2)$ 的正态分布，从某日起机器运行不稳定，现要抽样检验维生素C含量是否明显下降。随机抽取16瓶做记录，测得平均每瓶维生素C含量为 $\bar{x}=4.364$。问：维生素C含量是否明显下降($\alpha=0.05$)?

解：(1)提出假设：$H_0:\mu=4.55$；$H_1:\mu<4.55$。

(2)统计量及分布：$Z=\frac{\sqrt{n}(\overline{X}-\mu)}{\sigma}\sim N(0,1)$。

(3)给出显著水平 $\alpha=0.05$，查表得 $Z_\alpha=1.645$，从而拒绝域为：$Z<-Z_{0.05}=-1.645$。

(4)检验判断：由于 $Z=\frac{\sqrt{n}(\bar{x}-\mu_0)}{\sigma}=\frac{\sqrt{16}(4.364-4.55)}{0.11}=-6.76<-1.645$。

结论：拒绝 H_0，即维生素C含量明显地下降了。

2. 右侧检验

(1)提出假设：$H_0:\mu=\mu_0$；$H_1:\mu>\mu_0$。

(2)选择统计量及分布：$Z=\frac{\sqrt{n}(\overline{X}-\mu)}{\sigma}\sim N(0,1)$。

(3)给出显著水平 α，查表求出临界值 Z_α，从而得到 μ 的拒绝域为 $Z>Z_\alpha$。

(4)检验判断：

①若 $Z=\frac{\bar{x}-\mu_0}{\sigma/\sqrt{n}}>Z_\alpha$，则 μ_0 落入概率为 α 的临界域(小概率事件发生)，拒绝原假设 $H_0:\mu=\mu_0$，接受备选假设 $H_1:\mu>\mu_0$，即 μ 显著地小于 μ_0；

②若 $Z=\frac{\bar{x}-\mu_0}{\sigma/\sqrt{n}}\leqslant Z_\alpha$，则不拒绝原假设 $H_0:\mu=\mu_0$。

二、正态总体均值的检验(方差未知)

设 $X_1,X_2,\cdots,X_n$ 是取自总体 $X\sim N(\mu,\sigma^2)$ 的一个样本，σ^2 未知，$n<30$。

(一)双侧检验

(1)提出假设：$H_0:\mu=\mu_0$；$H_1:\mu\neq\mu_0$。

(2)选择统计量及分布：$T=\frac{\sqrt{n}(\overline{X}-\mu)}{S}\sim t(n-1)$。

(3)给定显著水平 α，查 t 分布表求出临界值 $t_{\alpha/2}(n-1)$，从而得到 μ 的显著水平为 α 的拒绝域，即 $|t|>t_{\alpha/2}(n-1)$。

(4)检验判断：

①若 $|t|=\frac{\sqrt{n}(\overline{X}-\mu_0)}{S}>t_{\alpha/2}(n-1)$，则拒绝 H_0，接受 H_1；

②若$|t|=\frac{\sqrt{n}(\overline{X}-\mu_0)}{S}\leqslant t_{\alpha/2}(n-1)$，则不拒绝 H_0。

(二)单侧检验

1. 左侧检验

(1)提出假设：$H_0:\mu=\mu_0$；$H_1:\mu<\mu_0$。

(2)选择统计量及分布：$T=\frac{\sqrt{n}(\overline{X}-\mu)}{S}\sim t(n-1)$。

(3)给定显著水平 α，查 t 分布表求出临界值 $t_\alpha(n-1)$，从而得到 μ 的显著水平为 α 的拒绝域，即 $t<-t_\alpha(n-1)$。

(4)检验判断：若 $t<-t_\alpha(n-1)$，则拒绝原假设 H_0；若 $t\geqslant -t_\alpha(n-1)$，则不拒绝原假设 H_0。

2. 右侧检验

(1)提出假设：$H_0:\mu=\mu_0$；$H_1:\mu>\mu_0$。

(2)选择统计量及分布：$T=\frac{\sqrt{n}(\overline{X}-\mu)}{S}\sim t(n-1)$。

(3)给定显著水平 α，查 t 分布表求出临界值 $t_\alpha(n-1)$，从而得到 μ 的显著水平为 α 的拒绝域，即 $t>t_\alpha(n-1)$。

(4)检验判断：若 $t>t_\alpha(n-1)$，则拒绝原假设 H_0；若 $t\leqslant t_\alpha(n-1)$，则不拒绝原假设 H_0。

三、正态总体方差的检验

(一)双侧检验

(1)提出假设：$H_0:\sigma^2=\sigma_0^2$；$H_1:\sigma^2\neq\sigma_0^2$。

(2)选择统计量及分布：$\chi^2=\frac{(n-1)S^2}{\sigma^2}\sim\chi^2(n-1)$。

(3)给定显著水平 α，查 χ^2 分布表求出临界值 $\chi^2_{\alpha/2}(n-1)$，$\chi^2_{1-\alpha/2}(n-1)$，从而得到 σ^2 的显著水平为 α 的拒绝域，即 $\chi^2=\frac{(n-1)S^2}{\sigma_0^2}>\chi^2_{\alpha/2}(n-1)$ 或 $\chi^2=\frac{(n-1)S^2}{\sigma_0^2}<\chi^2_{1-\alpha/2}(n-1)$。

(4)检验判断：若 χ^2 落在拒绝域内，则拒绝 H_0；否则就接受 H_0。

【例 8-5】 某厂生产的电池(某种型号)寿命(小时)长期以来服从方差为=3 000 的正态分布。现有一批这样的电池，从中抽取 26 只，测得其寿命的样本方差 $S^2=5\ 100$。试问：这批电池的寿命的波动较以往是否有显著的变化？(取 $\alpha=0.05$)

解：(1)提出假设：$H_0:\sigma^2=3\ 000$；$H_1:\sigma^2\neq 3\ 000$。

(2)选择统计量及分布：$\chi^2=\frac{(n-1)S^2}{\sigma^2}\sim\chi^2(n-1)$。

(3) 给出显著水平 $\alpha=0.05$，$n=26$，查表得 $\chi^2_{0.975}(25)=13.120$，$\chi^2_{0.025}(25)=40.646$，从而拒绝域为：$\chi^2>40.646$ 或 $\chi^2<13.120$。

(4)检验判断：$\chi^2=\frac{(n-1)S^2}{\sigma_0^2}=\frac{25\times 5\ 100}{3\ 000}=42.5>40.646$。

结论：拒绝 H_0，即这批电池的寿命波动较以往有显著的变化。

(二)单侧检验

1. 左侧检验

(1)提出假设：$H_0:\sigma^2=\sigma_0^2;H_1:\sigma^2<\sigma_0^2$。

(2)选择统计量及分布：$\chi^2=\dfrac{(n-1)S_n^2}{\sigma^2}\sim\chi^2(n-1)$。

(3)给定显著水平 α，查 χ^2 分布表求出临界值 $\chi_{1-\alpha}^2(n-1)$，从而得到 σ^2 的显著水平为 α 的拒绝域，即 $\chi^2<\chi_{1-\alpha}^2(n-1)$。

(4)检验判断：若 $\chi^2=\dfrac{(n-1)S^2}{\sigma_0^2}<\chi_{1-\alpha}^2(n-1)$，则拒绝 H_0，否则就接受 H_0。

2. 右侧检验

(1)提出假设：$H_0:\sigma^2=\sigma_0^2;H_1:\sigma^2>\sigma_0^2$。

(2)选择统计量及分布：$\chi^2=\dfrac{(n-1)S_n^2}{\sigma^2}\sim\chi^2(n-1)$。

(3)给定显著水平 α，查 χ^2 分布表求出临界值 $\chi_\alpha^2(n-1)$，从而得到 σ^2 的显著水平为 α 的拒绝域，即 $\chi^2>\chi_\alpha^2(n-1)$。

(4)检验判断：若 $\chi^2=\dfrac{(n-1)S^2}{\sigma_0^2}>\chi_\alpha^2(n-1)$，则拒绝 H_0，否则就接受 H_0。

四、总体比率 p 的检验[$nP_S\geqslant5,\ n(1-P_S)\geqslant5$]

(一)双侧检验

(1) 提出假设：$H_0:p=p_0;H_1:p\neq p_0$。

(2) 选择统计量及分布：$Z=\dfrac{P_S-p}{\sqrt{\dfrac{p(1-p)}{n}}}\sim N(0,1)$。

(3) 给定显著水平 α，查标准正态分布表求出临界值 $Z_{\alpha/2}$，从而得到 p 的显著性水平为 α 的拒绝域，即 $|Z|\geqslant Z_{\alpha/2}$。

(4) 检验判断：若 $|Z|=\dfrac{P_S-P_0}{\sqrt{\dfrac{P_0(1-P_0)}{n}}}>Z_{\alpha/2}$，则拒绝 H_0；否则就接受 $H_0:\mu=\mu_0$。

若采用等价步骤，则统计量 $Z=\dfrac{P_S-p_0}{\sqrt{\dfrac{p_0(1-p_0)}{n}}}$。若 $|Z_0|>Z_{\alpha/2}$，则拒绝 H_0。

(二)单侧检验

1. 左侧检验

(1)提出假设：$H_0:p=p_0;H_1:p<p_0$。

(2)选择统计量及分布：$Z=\dfrac{P_S-p}{\sqrt{\dfrac{p(1-p)}{n}}}\sim N(0,1)$。

(3)给定显著水平 α，查标准正态分布表(见附表 1)求出临界值 Z_α，从而得到 p 的显著性水平为 α 的拒绝域，即 $Z<-Z_\alpha$。

(4)检验判断：若 $Z<-Z_\alpha$，则拒绝 H_0；否则就接受 H_0。

2. 右侧检验

(1)提出假设：$H_0:p=p_0$；$H_1:p>p_0$。

(2)选择统计量及分布：$Z=\dfrac{P_S-p}{\sqrt{\dfrac{p(1-p)}{n}}}\sim N(0,1)$。

(3)给定显著水平 α，查标准正态分布表(见附表1)求出临界值 Z_α，从而得到 p 的显著性水平为 α 的拒绝域，即 $Z>Z_\alpha$。

(4)检验判断：若 $Z>Z_\alpha$，则拒绝 H_0；否则就接受 H_0。

【例 8-6】[①] 某大学随机抽查 1 000 个学生，其中使用苹果手机的为 180 人，是否可信该大学学生使用苹果手机的比例超过 15%？($\alpha=0.05$)

解：(1)提出假设：$H_0:p=0.15$；$H_1:p>0.15$。

(2)选择统计量及分布：$Z=\dfrac{P_S-p}{\sqrt{\dfrac{p(1-p)}{n}}}\sim N(0,1)$。

(3)给定显著水平 $\alpha=0.05$，查标准正态分布表(见附表1)得出临界值 $Z_\alpha=1.65$，从而得到 p 的拒绝域为 $Z>1.65$。

(4)检验判断：由于 $Z=\dfrac{P_S-P_0}{\sqrt{\dfrac{P_0(1-P_0)}{n}}}=\dfrac{0.18-0.15}{\sqrt{\dfrac{0.15\times(1-0.15)}{1\ 000}}}=\dfrac{0.03}{0.011\ 292}\approx 2.66>1.65$，所以拒绝 H_0，接受 $H_1:p>0.15$。

结论：在 5% 的显著性水平下，可以认为该大学学生使用苹果手机的比例显著高于 15%。

第三节 两个总体的假设检验

现实中，经常需要比较两个总体参数(均值、方差、比率)的大小。例如，女大学生的大学英语四级考试通过率是否不同于男大学生的大学英语四级考试通过率？高个子人的寿命是否明显低于矮个子人的寿命？某种商品的价格提高后，日销售量是否明显下降？日销售量之间是否有明显变化？

一、两个正态总体均值的比较

设总体 $X\sim N(\mu_1,\sigma^2)$，总体 $Y\sim N(\mu_2,\sigma^2)$，X 与 Y 独立；μ_1，μ_2 未知，方差未知但相同。又设 $X_1,X_2,\cdots,X_n$ 是取自总体 X 的样本，$Y_1,Y_2,\cdots,Y_n$ 是取自总体 Y 的样本，现比较 μ_1，μ_2。

---

① 摘自中国经济学教育科研网讲义课件/数理经济与计量经济学/《定量分析方法》清华大学管理学院韩延春(10—1)，http://www.cenet.org.cn。

有以下三种情况：

(1) $H_0:\mu_1=\mu_2, H_1:\mu_1\neq\mu_2$

(2) $H_0:\mu_1=\mu_2, H_1:\mu_1>\mu_2$

(3) $H_0:\mu_1=\mu_2, H_1:\mu_1<\mu_2$

(一)双侧检验

(1)提出假设：$H_0:\mu_1=\mu_2(\mu_1-\mu_2=0)$；$H_1:\mu_1\neq\mu_2(\mu_1-\mu_2\neq 0)$。

(2)选择统计量及分布：$T=\dfrac{(\overline{X}-\overline{Y})-(\mu_1-\mu_2)}{S_W\sqrt{\dfrac{1}{n_1}+\dfrac{1}{n_2}}}\sim t(n_1+n_2-2)$，其中，$S_W^2=\dfrac{(n_1-1)S_{n_1}^2+(n_2-1)S_{n_2}^2}{n_1+n_2-2}$。

(3)给定显著水平 α，查 t 分布表(见附表 2)求出临界值 $t_{\alpha/2}(n_1+n_2-2)$，从而 $(\mu_1-\mu_2)$ 的显著水平为 α 的拒绝域为 $|T|\geqslant t_{\alpha/2}(n_1+n_2-2)$。

(4)检验判断：若 $|T|\geqslant t_{\alpha/2}(n_1+n_2-2)$，则拒绝 H_0，接受 H_1，即 μ_1 显著异于 μ_2；若 $|T|<t_{\alpha/2}(n_1+n_2-2)$，则不拒绝 H_0，即 μ_1 不显著异于 μ_2。

(二)单侧检验

1. 左侧检验

(1)提出假设：$H_0:\mu_1=\mu_2$；$H_1:\mu_1<\mu_2$。

(2)选择统计量及分布：$T=\dfrac{(\overline{X}-\overline{Y})-(\mu_1-\mu_2)}{S_W\sqrt{\dfrac{1}{n_1}+\dfrac{1}{n_2}}}\sim t(n_1+n_2-2)$。

(3)给定显著水平 α，查 t 分布表(见附表 2)求出临界值 $t_\alpha(n_1+n_2-2)$，从而 $(\mu_1-\mu_2)$ 的显著水平为 α 的拒绝域为 $T<-t_\alpha(n_1+n_2-2)$。

(4)检验判断：若 $T<-t_\alpha(n_1+n_2-2)$，则拒绝 H_0，接受 H_1；若 $T\geqslant -t_\alpha(n_1+n_2-2)$，则不拒绝 H_0。

2. 右侧检验

(1)提出假设：$H_0:\mu_1=\mu_2$；$H_1:\mu_1>\mu_2$。

(2)选择统计量及分布：$T=\dfrac{(\overline{X}-\overline{Y})-(\mu_1-\mu_2)}{S_W\sqrt{\dfrac{1}{n_1}+\dfrac{1}{n_2}}}\sim t(n_1+n_2-2)$。

(3)给定显著水平 α，查 t 分布表(见附表 2)求出临界值 $t_\alpha(n_1+n_2-2)$，从而 $(\mu_1-\mu_2)$ 的显著水平为 α 的拒绝域为 $T>t_\alpha(n_1+n_2-2)$。

(4)检验判断：若 $T>t_\alpha(n_1+n_2-2)$，则拒绝 H_0，接受 H_1；若 $T\leqslant t_\alpha(n_1+n_2-2)$，则不拒绝 H_0。

【例 8-7】① 某销售公司，要比较设在甲、乙两地同样规模的商场日平均销售额是否有明显差别。经过 10 天的统计观察，发现甲商场的日销售额的样本均值为 $\overline{x}=8\,567$(元)，样本方差 $S_1^2=165$(元)；乙商场的日销售额的样本均值为 $\overline{y}=8\,700$(元)，样本方差 $S_2^2=178$(元)。试问：

---

① 摘自中国经济学教育科研网讲义课件/数理经济与计量经济学/《定量分析方法》清华大学管理学院韩延春(10-1)，http://www.cenet.org.cn。

(1)甲、乙两商场的平均日销售额是否有明显的差异?($\alpha=0.05$)

(2)甲商场的日平均销售量是否明显低于乙商场的日销售额?($\alpha=0.05$)

解:问题(1)的检验过程如下:

(1)提出假设:$H_0:\mu_1=\mu_2$;$H_1:\mu_1\neq\mu_2$。

(2)选择统计量及分布:$T=\dfrac{(\overline{x}-\overline{y})-(\mu_1-\mu_2)}{\sqrt{\left(\dfrac{1}{n_1}+\dfrac{1}{n_2}\right)S_W^2}}\sim t(n_1+n_2-2)$。

(3)给定显著水平 $\alpha=0.05$,查 t 分布表(见附表 2)得临界值 $t_{\alpha/2}(18)=2.101$,从而$(\mu_1-\mu_2)$的显著水平为 α 的拒绝域为$|t|\geqslant 2.101$。

(4)检验判断:由 $S_W^2=\dfrac{1}{n_1+n_2-2}[(n_1-1)S_1^2+(n_2-1)S_2^2]=171.5$,求得 $|t|=\left|\dfrac{(\overline{x}-\overline{y})-(\mu_1-\mu_2)}{\sqrt{\left(\dfrac{1}{n_1}+\dfrac{1}{n_2}\right)S_W^2}}\right|=\left|\dfrac{8\ 567-8\ 700}{\sqrt{\left(\dfrac{1}{10}+\dfrac{1}{10}\right)\times 171.5}}\right|=22.709\ 3\geqslant 2.101$,所以拒绝 H_0,接受 $H_1:\mu_1\neq\mu_2$。

结论:两个商店的平均日销售额有显著差异。

问题(2)的检验过程如下:

(1)提出假设:$H_0:\mu_1=\mu_2$; $H_1:\mu_1<\mu_2$。

(2)选择统计量及分布:$T=\dfrac{(\overline{X}-\overline{Y})-(\mu_1-\mu_2)}{\sqrt{\dfrac{n_1+n_2}{n_1\cdot n_2}S_W^2}}\sim t(n_1+n_2-2)$。

(3)给定显著水平 $\alpha=0.05$,查 t 分布表(见附表 2)得临界值 $t_{0.05}(18)=1.734$,从而$(\mu_1-\mu_2)$的置信度为 95%的拒绝域为 $T\leqslant -1.734$。

(4)检验判断:由于$\dfrac{(\overline{x}-\overline{y})-(\mu_1-\mu_2)}{S_W\sqrt{\left(\dfrac{1}{n_1}+\dfrac{1}{n_2}\right)}}=\dfrac{8\ 567-8\ 700}{\sqrt{\left(\dfrac{1}{10}+\dfrac{1}{10}\right)\times 171.5}}=-22.709\ 3\leqslant -1.734$,所以拒绝 H_0,接受 $H_1:\mu_1<\mu_2$。

结论:甲商店的平均销售额显著低于乙商店。

二、两个正态总体方差之比的检验

设总体 $X\sim N(\mu_1,\sigma_1^2)$,总体 $Y\sim N(\mu_2,\sigma_2^2)$,$X$ 与 Y 独立,$\mu_1,\mu_2,\sigma_1^2,\sigma_2^2$ 未知;又设 $X_1,X_2,\cdots,X_n$ 是取自总体 X 的样本,$Y_1,Y_2,\cdots,Y_n$ 是取自总体 Y 的样本,要比较 σ_1^2 和 σ_2^2 是否存在显著差异,需要讨论以下三种情况:

(1)$H_0:\sigma_1^2=\sigma_2^2$,$H_1:\sigma_1^2\neq\sigma_2^2$

(2)$H_0:\sigma_1^2=\sigma_2^2$,$H_1:\sigma_1^2<\sigma_2^2$

(3)$H_0:\sigma_1^2=\sigma_2^2$,$H_1:\sigma_1^2>\sigma_2^2$

(一)双侧检验

(1)提出假设:$H_0:\sigma_1^2=\sigma_2^2$;$H_1:\sigma_1^2\neq\sigma_2^2$。

(2)统计量及分布:$F=\dfrac{S_{n_1}^2\cdot\sigma_2^2}{S_2^2\cdot\sigma_1^2}\sim F(n_1-1,n_2-1)$。

(3)显著水平 α,查 F 分布表(见附表4)求出临界值 $F_{\alpha/2}(n_1-1,n_2-1)$,$F_{1-\alpha/2}(n_1-1,n_2-1)$,使得:

$$P\{F<\lambda_1\}=\frac{\alpha}{2},P\{F>\lambda_2\}=\frac{\alpha}{2}$$

从而 σ_1^2/σ_2^2 的显著水平为 α 的拒绝域为:$F>F_{\alpha/2}(n_1-1,n_2-1)$ 或 $F<F_{1-\alpha/2}(n_1-1,n_2-1)$。

(4)检验判断:若 F 落入拒绝域内,则拒绝 H_0,接受 H_1;否则接受 H_0。

(二)单侧检验

1. 左侧检验

(1)提出假设:$H_0:\sigma_1^2=\sigma_2^2$;$H_1:\sigma_1^2<\sigma_2^2$。

(2)选择统计量及分布:$F=\dfrac{S_1^2\cdot\sigma_2^2}{S_{n_2}^2\cdot\sigma_1^2}\sim F(n_1-1,n_2-1)$。

(3)给定显著水平 α,查 F 分布表(见附表4)求出临界值 $F_{1-\alpha}(n_1-1,n_2-1)$,$\sigma_1^2/\sigma_2^2$ 的显著水平为 α 的拒绝域为 $F<F_{1-\alpha}(n_1-1,n_2-1)$。

(4)检验判断:若 F 落入拒绝域,则拒绝 H_0,接受 H_1;否则接受 H_0。

2. 右侧检验

(1)提出假设:$H_0:\sigma_1^2=\sigma_2^2$;$H_1:\sigma_1^2>\sigma_2^2$。

(2)选择统计量及分布:$F=\dfrac{S_1^2\cdot\sigma_2^2}{S_2^2\cdot\sigma_1^2}\sim F(n_1-1,n_2-1)$。

(3)给定显著水平 α,查 F 分布表(见附表4)求出临界值 $F_\alpha(n_1-1,n_2-1)$,σ_1^2/σ_2^2 的显著水平为 α 的拒绝域为 $F>F_\alpha(n_1-1,n_2-1)$。

(4)检验判断:$F=\dfrac{S_1^2}{S_2^2}>F_\alpha(n_1-1,n_2-1)$,则拒绝 H_0,接受 H_1;否则接受 H_0。

【例8-8】① 某销售公司要比较设在甲、乙两地同样规模的商店日销售额的方差是否有明显的差别。经过10天的统计观察,发现甲店日销售额的样本方差 $S_1^2=165$(元),乙店日销售额的样本方差 $S_2^2=178$(元),给定显著性水平($\alpha=0.05$)。

试问:甲、乙两商店的日销售额的方差是否有明显差异?

解:$n_1=10$,$n_2=10$,$S_1^2=165$,$S_2^2=178$

(1)$H_0:\sigma_1^2=\sigma_2^2$;$H_1:\sigma_1^2\neq\sigma_2^2$。

(2)选择统计量及分布:$F=\dfrac{S_1^2}{S_2^2}\sim F(n_1-1,n_2-1)$。

(3)给定显著水平 $\alpha=0.05$,查 F 分布表(见附表4)求出临界值 $F_{0.025}(9,9)=4.03$,$F_{0.755}(9,9)=0.25$,则 $\dfrac{\sigma_1^2}{\sigma_2^2}$ 的显著性水平为 α 的拒绝域为:$F>4.03$ 或 $F<0.25$。

(4)检验判断:因为 $\dfrac{S_1^2}{S_2^2}=\dfrac{165}{178}\approx0.93$,所以不拒绝 H_0。

结论:两家商店日销售额的相对变化的方差无显著差异。

---

① 摘自中国经济学教育科研网讲义课件/数理经济与计量经济学/《定量分析方法》清华大学管理学院韩延春(10-1),http://www.cenet.org.cn。

三、两个总体比例的比较[$nP_S \geqslant 5, n(1-P_S) \geqslant 5$]

设总体 $X \sim B(1,p_1)$，总体 $Y \sim B(1,p_2)$，X 与 Y 独立；$X_1, X_2, \cdots, X_{n_1}$ 是取自总体 X 的样本，$Y_1, Y_2, \cdots, Y_{n_2}$ 是取自总体 Y 的样本，$\overline{X} = P_s^1$，$\overline{Y} = P_s^2$。要比较 p_1 与 p_2，有以下三种情况需要讨论：

(1) $H_0: p_1 = p_2, H_1: p_1 \neq p_2$

(2) $H_0: p_1 = p_2, H_1: p_1 < p_2$

(3) $H_0: p_1 = p_2, H_1: p_1 > p_2$

(一)双侧检验

(1)提出假设：$H_0: p_1 = p_2; H_1: p_1 \neq p_2$。

(2)选择统计量及分布：①
$$P = \frac{(P_s^1 - P_s^2) - (p_1 - p_2)}{\sqrt{\dfrac{p_1(1-p_1)}{n_1} + \dfrac{p_2(1-p_2)}{n_2}}} \sim N(0,1)。$$

(3)给定显著水平 α，查表求 $Z_{\alpha/2}$，则 $p_1 - p_2$ 的显著水平为 α 的拒绝域为：$|P| \geqslant P_{\alpha/2}$。

(4)检验判断：若 $|P| \geqslant Z_{\alpha/2}$，则拒绝 H_0，接受 H_1；否则接受 H_0。

(二)单侧检验

1. 左侧检验

(1)提出假设：$H_0: p_1 = p_2; H_1: p_1 < p_2$。

(2)选择统计量及分布：②
$$P = \frac{(P_s^1 - P_s^2) - (p_1 - p_2)}{\sqrt{\dfrac{p_1(1-p_1)}{n_1} + \dfrac{p_2(1-p_2)}{n_2}}} \sim N(0,1)。$$

(3)给定显著水平 α，查表求 Z_α，则 $p_1 - p_2$ 的显著水平为 α 的拒绝域为 $P < -Z_\alpha$。

(4)检验判断：若 $P < -Z_\alpha$，则拒绝 H_0，接受 H_1；否则接受 H_0。

2. 右侧检验

(1)提出假设：$H_0: p_1 = p_2; H_1: p_1 > p_2$。

(2)选择统计量及分布：③
$$P = \frac{(P_s^1 - P_s^2) - (p_1 - p_2)}{\sqrt{\dfrac{p_1(1-p_1)}{n_1} + \dfrac{p_2(1-p_2)}{n_2}}} \sim N(0,1)。$$

(3)给定显著水平 α，查表求 Z_α，则$(p_1 - p_2)$的显著水平为 α 的拒绝域为 $P > Z_\alpha$。

(4)检验判断：若 $P \geqslant Z_\alpha$，则拒绝 H_0，接受 H_1；否则接受 H_0。

【例 8-9】④ 抽样调查某地区抽烟的人与不抽烟的人患气管炎的比例，调查结果如下：不抽烟的人 60 人中有 18 人患气管炎，抽烟的人 40 人中有 14 人患气管炎。问：据此是否可以断定抽烟的人患气管炎的概率高于不抽烟的人？($\alpha = 0.05$)

解：

(1)提出假设：$H_0: p_1 = p_2; H_1: p_1 < p_2$。

---

①②③ 总体比例都是大样本，所以无论总体比例的方差已知或未知(用样本比例方差替代)，都服从或近似服从正态分布。

④ 摘自中国经济学教育科研网讲义课件/数理经济与计量经济学/《定量分析方法》清华大学管理学院韩延春(10-1)，http://www.cenet.org.cn。

(2)选择统计量及分布:$Z=\dfrac{(P_s^1-P_s^2)-(p_1-p_2)}{\sqrt{\dfrac{p_1(1-p_1)}{n_1}+\dfrac{p_2(1-p_2)}{n_2}}}\sim N(0,1)$。

(3)给定显著水平 $\alpha=0.05$,查表得 $Z_{0.05}=1.65$,则(p_1-p_2)的显著水平为 $\alpha=0.05$ 的拒绝域为:$Z\leqslant -Z_{0.05}=-1.65$。

(4)检验判断:$P=\dfrac{0.30-0.35}{\sqrt{\dfrac{0.30\times0.70}{60}+\dfrac{0.35\times0.65}{40}}}=-0.52\geqslant-1.65$,所以接受(即不能拒绝)$H_0$。

结论:不能认为抽烟的人患气管炎的比例高于不抽烟的人。

第四节 方差分析

方差分析(analyze of variance,ANOVA)始于20世纪20年代,于1923年由英国统计学家费歇首先提出。由于当时他在Rothamsted农业实验场工作,所以首先把方差分析应用于农业实验上。现在,方差分析方法已广泛应用于科学实验、医学、化工、管理学等各个领域。

一、方差分析的基本概念

前几节中讨论过两个总体均值之差的估计和检验问题。在实际生活中,往往需要对多个总体进行比较研究,并分析它们之间存在差异的原因。这时继续沿用两个总体比较的方法,不仅计算工作冗繁,而且由于不能同时利用全部的观察数据,推断的精确度也较低。如果采用方差分析来解决这类问题,就可取得较好的效果。

方差分析是鉴别各因素效应的一种有效统计方法,是通过实验观察某一种或多种因素的变化对实验结果是否带来显著影响,从而选取最优方案的一种统计方法。

方差分析也是一种假设检验,它是对全部样本观察值的差异进行分解,将某种因素下各组样本观察值之间可能存在的系统性误差与随机误差加以比较,据以推断各总体之间是否存在显著性差异,若存在显著性差异,也就说明该因素的影响是显著的。

【例 8-10】 某县劳动服务公司招收了一批各方面条件基本相同的女青年,对她们进行上岗前的电脑操作技能培训。公司经理想了解她们的成绩是否与其家庭的职业背景有关,分别从职员、工人、农民三种家庭的女学员中各随机抽取4名,将其成绩整理并列示在表8-3中(为计算方便,所有数据均除以10)。

表 8-3 **学员成绩分析**

	学员成绩				合计	均值
	1	2	3	4		
职员家庭	6.2	7.8	9.1	8.9	32.0	8.0
工人家庭	5.4	5.8	6.9	7.5	25.6	6.4
农民家庭	5.1	6.3	5.9	7.5	24.8	6.2

由表 8-3 可见，12 名学员的成绩存在着差异。各组内部有差异，各组的平均数也不同。由于这批学员的个体条件基本相同，观察数据又是随机抽样的结果，因此，可以认为各组内的差异是纯粹的随机性差异；而各组之间的差异除了随机性因素之外，是否还存在家庭职业因素影响的差异呢？如果由这种确定的因素影响的差异（可称为系统性误差）确实存在且与随机性误差相比是显著的，就可认为家庭职业确实影响学员成绩；反之，就不能认为学员成绩与家庭职业背景有关。

这种分析方法在实验科学和社会经济问题的研究中应用很广。比如，对用同一种原材料生产的产品质量，按所用原材料进货的批次（或产地）分组，比较各组产品质量是否有显著差异以检验原材料的批次（或产地）对产品质量的影响；对同一种产品的销售量按不同的广告创意分组，比较各组销售量是否有显著差异，检验广告创意对产品销售量的影响，等等。

方差分析中，按某一影响因素分组后的各组，一般称为因素（factor）水平（简称水平），又称状态、处理。若分为三组（如上例），就有 3 个水平；若分为 k 组，就有 k 个水平。每一种水平的变量都视为独立的总体，可记为 $X_1, X_2, \cdots, X_k$。上例中，各类家庭的全体学员的成绩都是独立的总体，即有 3 个总体；而且假定它们都服从正态分布，均值和方差未知，但方差相同，即：

$$\boldsymbol{X_i \sim N(\mu_i, \sigma^2) \quad (i = 1, 2, \cdots, k)}$$

各水平组的观察值就是从各因素总体中随机抽样的样本观察值。

方差分析就是对各总体均值进行比较研究，但任何比较都是有条件的，因此，只有在上述假定的前提条件下所进行的方差分析，各总体均值才有可比性和实际意义。显然，农、医、药等实验科学和应用技术可以在人为控制的实验条件下进行观察，上述假定条件较易满足；而社会经济和管理问题的研究情况比较复杂，很难完全符合这些假定，一般只能大致符合。因此，进行方差分析的抽样和试验设计以及对分析结果的解释都要十分谨慎。

方差分析如果只是对一个影响因素各水平组的差异进行比较分析（如上例“家庭职业”），称为单因素方差分析；如果是对两个和两个以上影响因素的水平组进行比较分析，就称为双因素方差分析和多因素方差分析。本节只介绍单因素方差分析。

二、单因素方差分析

（一）单因素方差分析的基本表现形式

单因素方差分析（one way analysis of variance）用于完全随机设计的多个样本均数间的比较，其统计推断是估计各样本所代表的各总体均值是否相等。

如表 8-3 中不同家庭分别用 A_1, A_2, A_3 表示；不同家庭出身的学生的学习成绩有四种结果，见表 8-4。

表 8-4　　不同家庭出身的学生的学习成绩

因素水平	学员成绩				合计	均值 $\overline{X}$
	1	2	3	4		
职员家庭 A_1	6.2	7.8	9.1	8.9	32.0	8.0
工人家庭 A_2	5.4	5.8	6.9	7.5	25.6	6.4
农民家庭 A_3	5.1	6.3	5.9	7.5	24.8	6.2

通过这些数据要考察三种不同家庭出身的学生的学习成绩，是否有显著性差异。类似的例子很多，如劳动生产率差异、汽车燃油消耗、金属材料淬火温度等问题。上述问题可控实验条件是“家庭”。所以家庭是因素，不同的家庭 A_1, A_2, A_3 称为“水平”。学习成绩 1，2，3，4 表示试验批号，即每次随机选取某个家庭出身的学生的学习成绩。此种测试称为单因素试验。

在众多的数据中，怎样判别不同家庭出身学员的成绩是否存在显著性差异？初步观察 A_3 的学习成绩可能低一些，A_1 的学习成绩可能高一些。这是从平均数上观察。若按前面介绍的两个总体的比较，需要做 $C_3^2=3$ 次检验，比较麻烦，而方差分析则相对简单。

首先，给出单因素方差分析的一般数学形式，见表 8－5。

表 8－5　　单因素方差分析的一般数学形式

试验批号结果水平	1　…　j　…　m	行平均	均值
A_1	X_{11}　…　X_{1j}　…　X_{1m}	$\overline{X}_1$	μ_1
⋮	⋮	⋮	⋮
A_i	X_{i1}　…　X_{ij}　…　X_{im}	$\overline{X}_i$	μ_i
⋮	⋮	⋮	⋮
A_k	X_{k1}　…　X_{kj}　…　X_{km}	$\overline{X}_{k.}$	μ_k
		$\frac{1}{n}\sum X_{ij} = \sum \overline{X}_i/k = \overline{X}(km=n)$	μ

这表明该可控因素共有 k 个水平，每个水平都进行 m 次试验，某个水平上的 m 次试验可当作一个样本看待。X_{ij} 表示第 i 个水平上第 j 次试验的结果。

很容易看出，当水平只有 2 个时，这相当于两个总体的均值的显著性检验问题。现在的目的是要分析各个水平上的均值是否有显著性差异。

(二)单因素方差分析的假定前提

(1)每个水平(A_i)上的随机变量 X_i 的分布都是正态的，即服从 $N(\mu_i, \sigma^2)$。但 $\mu_i(i=1, \cdots, m)$，σ^2 未知。每个水平上的一系列观测值看作是取自该水平正态总体的一个容量为 m 的样本。

(2)认为 k 个水平上的 k 个总体方差相等，都是 σ^2(方差齐性)。

(3)观测值 X_{ij} 相互独立。

实践中，这三个假定一般都能得到满足。

(三)单因素方差分析的数学模型

因为 $X_i \sim N(\mu_i, \sigma^2)$，$(i=1, \cdots, k)$，所以可以把观测值 X_{ij} 分解为两部分，即

$$\boldsymbol{X_{ij} = \mu_i + e_{ij} \quad (i=1, \cdots, k; j=1, 2, \cdots, m)}$$

其中，e_{ij} 表示 X_{ij} 对 μ_i 的随机偏差。为便于比较水平不同对 X_{ij} 造成的影响，可以把 μ_i 也分解成两部分，即

$$\boldsymbol{\mu_i = \mu + \alpha_i \quad (i=1, \cdots, k)}$$

其中，$\mu = \frac{1}{k}\sum_{i=1}^{k}\mu_i$，称为总平均(grand mean)；$\alpha_i$ 称为 A_i 水平上的效应，它满足 $\sum \alpha_i = 0$。把 μ_i 代入上式，则有：

$$X_{ij}=\mu+\alpha_i+e_{ij}\quad (i=1,2,\cdots,k;j=1,2,\cdots,m)$$

其中，e_{ij} 表示随机变量，α_i 表示水平变量，$\sum\alpha_i=0$。这就是单因素方差分析的数学模型。

(四)统计假设

若可控因素的不同水平对试验结果无显著性影响，那么观测值 X_{ij} 应该来自同一正态总体 $X_i\sim N(\mu,\sigma^2)$。所以对应的原假设与备择假设分别为：

$H_0:\mu_1=\cdots,\mu_i\cdots=\mu_k=\mu$ 或 $\alpha_1=,\cdots,=\alpha_k=0$

$H_1:\mu_i$ 不全相等或 α_i 不全为零。

当 H_0 成立时，样本的行平均数 $\overline{X}_i$ 必然差异不大，差异表现为随机误差；当 H_1 为真时，$\overline{X}_i$ 间必存在较大差异，这时差异表现为系统误差。

(五)分析步骤

为判别不同水平对试验结果有无显著性影响，关键是把观测值变量中的随机误差与系统误差分开，并能进行比较。

完全随机设计的单因素方差分析是把总变异的离均差平方和 SS 及自由度分别分解为组间和组内两部分，其计算公式与步骤如下：

1. 分解总离差平方和(total sum of squares)

$$S_T=\sum_{i=1}^{k}\sum_{j=1}^{m}(X_{ij}-\overline{X})^2$$

在总离差平方和 S_T 公式中加入行平均数 $\overline{X}_i$：

$$S_T=\sum_{i=1}^{k}\sum_{j=1}^{m}(X_{ij}-\overline{X})^2=\sum_{i=1}^{k}\sum_{j=1}^{m}[(X_{ij}-\overline{X}_i)+(\overline{X}_i-\overline{X})]^2$$

$$=\sum_{i=1}^{k}\sum_{j=1}^{m}(X_{ij}-\overline{X}_i)^2+\sum_{i=1}^{k}\sum_{j=1}^{m}(\overline{X}_i-\overline{X})^2+2\sum_{i=1}^{k}\sum_{j=1}^{m}(X_{ij}-\overline{X}_i)(\overline{X}_i-\overline{X})$$

因为 $\sum_{i=1}^{k}\sum_{j=1}^{m}(X_{ij}-\overline{X}_i)(\overline{X}_i-\overline{X})=\sum_{i=1}^{k}[(\overline{X}_i-\overline{X})\sum_{j=1}^{m}(X_{ij}-\overline{X}_i)]=0$，所以：

$$S_T=\sum_{i=1}^{k}\sum_{j=1}^{m}(X_{ij}-\overline{X})^2=\sum_{i=1}^{k}\sum_{j=1}^{m}(X_{ij}-\overline{X}_i)^2+\sum_{i=1}^{k}\sum_{j=1}^{m}(\overline{X}_i-\overline{X})^2$$

令：

$$S_E=\sum\sum(X_{ij}-\overline{X}_i)^2$$

$$S_A=\sum_{i=1}^{k}\sum_{j=1}^{m}(\overline{X}_i-\overline{X})^2=\sum_{i=1}^{k}m(\overline{X}_i-\overline{X})^2$$

则总离差平方和等于样本组内离差平方和加上样本组间离差平方和，即：

$$S_T=S_E+S_A$$

其中，S_T 称为总离差平方和、总变差。S_E 称为样本组内离差平方和，它测量同一水平上因重复实验而产生的误差——这是由于不可控因素引起的，故它反映的是随机误差。S_A 称为样本组间离差平方和，它表示各个水平上的样本平均数 $\bar{x}_i$ 与样本总平均数 $\bar{x}$ 之间离差的加权平方和。不同水平上的样本差异越大，S_A 的值就越大。它反映的是系统误差。

2. 计算各离差平方和的自由度(degrees of freedom)

各离差平方和 S_T,S_A,S_E 的自由度分别为 f_T,f_A,f_E。

$S_T=\sum_{i=1}^{k}\sum_{j=1}^{m}(X_{ij}-\overline{X})^2$ 的自由度，因随机变量 X_{ij} 的个数是 N 个而相互独立，但受一个

约束条件即$\overline{X}=\frac{1}{n}\sum_{i=1}^{m}\sum_{j=1}^{n}X_{ij}$ 约束,所以自由度为 $n-1$,即 $f_T=n-1$。

$S_A=\sum_{i=1}^{k}\sum_{j=1}^{m}(\overline{X}_i-\overline{X})^2=\sum_{i=1}^{k}m(\overline{X}_i-\overline{X})^2$ 的自由度,因$\overline{X}_i$ 的个数是k 个,但受条件$\overline{X}=\frac{1}{n}\sum_{i=1}^{k}m\overline{X}_i$ 约束,所以自由度为 $f_A=k-1$。

$S_E=\sum_{i=1}^{k}\sum_{j=1}^{m}(X_{ij}-\overline{X}_i)^2$ 的自由度,因 X_{ij} 的个数为n,但受条件$\overline{X}_i=\sum_{j=1}^{m}X_{ij}(i=1,\cdots,k)$约束,所以自由度为 $f_E=n-k$ 。

三个自由度之间也有这样的关系:

$$f_T=f_A+f_E,n-1=(n-k)+(k-1)$$

3. F 检验

在 H_0 成立的条件下,X_i 服从正态分布$N(\mu,\sigma^2)$,又知 X_{ij} 相互独立,所以有:

$$\frac{S_T}{\sigma^2}=\frac{\sum_{i=1}^{k}\sum_{j=1}^{m}(X_{ij}-\overline{X})^2}{\sigma^2}\sim\chi^2(n-1)$$

$$\frac{S_A}{\sigma^2}=\frac{\sum_{i=1}^{k}\sum_{j=1}^{m}(\overline{X}_i-\overline{X})^2}{\sigma^2}\sim\chi^2(k-1)$$

$$\frac{S_E}{\sigma^2}=\frac{\sum_{i=1}^{k}\sum_{j=1}^{m}(X_{ij}-\overline{X}_i)^2}{\sigma^2}\sim\chi^2(n-k)$$

且 S_A, S_E 相互独立(证明略)。

由第六章抽样分布知,若 $x\sim\chi^2(n_1)$,$y\sim\chi^2(n_2)$, 且 x 与 y 相互独立,则组群间的方差除以误差的方差称为方差比,以费歇姓氏的第一个字母 F 表示。

$$F=\frac{x/n_1}{y/n_2}\sim F(n_1,n_2)$$

当已知 S_A,S_E 相互独立且分别服从$(k-1)$和$(n-k)$个自由度的 χ^2 分布时,则有:

$$F=\frac{\frac{S_A}{\sigma^2}/(k-1)}{\frac{S_E}{\sigma^2}/(n-k)}=\frac{S_A/(k-1)}{S_E/(n-k)}\sim F_\alpha(k-1,n-k)$$

有了统计量 F 就可以做假设检验。怎样制定判别规则?分析如下:

在 H_0 成立的条件下,有:

$$\mathrm{E}\left(\frac{S_A}{k-1}\right)=\mathrm{E}\left(\frac{\sum\sum(\overline{X}_i-\overline{X})^2}{k-1}\right)=\mathrm{E}\left(\frac{m\sum_{i=1}^{k}(\overline{X}_i-\overline{X})^2}{k-1}\right)$$

$$=m\mathrm{E}\left(\frac{\sum_{i=1}^{k}(\overline{X}_i-\overline{X})^2}{k-1}\right)=m\mathrm{Var}(\overline{X}_i)=m\frac{\sigma^2}{m}=\sigma^2$$

$$\mathrm{E}\left(\frac{S_E}{n-k}\right)=\mathrm{E}\left(\frac{S_E}{km-k}\right)=\mathrm{E}\left[\frac{1}{k}\frac{\sum\sum(X_{ij}-\overline{X}_i)^2}{m-1}\right]=\frac{1}{k}\mathrm{E}\left[\sum_{i=1}^{k}\frac{\sum_{j=1}^{m}(X_{ij}-\overline{X}_i)^2}{m-1}\right]$$

$$=\frac{1}{k}\sum_{i=1}^{k}\sigma^2=\sigma^2$$

可见，$\frac{S_A}{k-1}$和$\frac{S_E}{n-k}$都是σ^2的无偏估计量。所以在H_0成立的条件下，$F=\frac{S_A/(k-1)}{S_E/(n-k)}$应接近1。当$F$值很大时，说明组间均方误差大于组内均方误差，则不能认为k个总体服从同一个正态分布，即拒绝H_0，否则接受H_0。这是一个单端检验问题，临界值由检验水平α确定。

$$P\{F > F_\alpha(k-1,n-k)\} = \alpha$$

检验步骤总结如下：

(1)建立假设$H_0:\mu_1=\mu_2=\cdots=\mu_k=\mu$。

(2)选择统计量F，H_0成立的条件下$F\sim F(k-1,n-k)$。

(3)由α计算临界值$F_\alpha(k-1,n-k)$。

(4)判别规则：若$F\leqslant F_\alpha(k-1,n-k)$，则接受$H_0$；若$F>F_\alpha(k-1,n-k)$，则拒绝$H_0$。

(5)由样本计算F值，按判别规则给出检验结果。

F检验通常通过方差分析表来完成，如表8-6所示。

表8-6　　方差分析

方差来源	离差平方和	自由度	均方	F值	临界值F_α
组间	S_A	$k-1$	$S_A/(k-1)$	$F=\frac{S_A/(k-1)}{S_E/(n-k)}$	$F_\alpha(k-1,n-k)$（单侧）
组内	S_E	$n-k$	$S_E/(n-k)$		
总和	S_T	$n-1$	$S_T/(n-1)$		

仍以例8-10中表8-4的数据为例，计算各离差平方和以及F值：

$$H_0:\mu_1=\mu_2=\cdots=\mu_4=\mu;H_1:\mu_1\neq\mu_2\neq\cdots\neq\mu_4\neq\mu$$

$$S_E=\sum_{i=1}^{k}\sum_{j=1}^{m}(X_{ij}-\overline{X}_i)^2=11.12$$

$$S_A=\sum_{i=1}^{k}\sum_{j=1}^{m}(\overline{X}_i-\overline{X})^2=\sum_{i=1}^{k}m(\overline{X}_i-\overline{X})^2=7.786\ 7$$

对该公司经理关于学员成绩是否受家庭职业影响问题进行检验，计算结果可列成方差分析表，见表8-7。

因为给定$\alpha=0.05$时，查F分布表(见附表4)，临界值$F_{0.05}(2,9)=4.26$。

由于$F=3.15<4.26$，所以接受原假设$H_0:\mu_1=\mu_2=\mu_3$，认为不同职业的家庭背景对学员成绩没有显著影响。

需要指出的是，方差分析的各水平组的样本容量n_i可以相等(如本例)，也可以不相等。

表8-7　　方差分析($n=12,k=3,\overline{X}=6.87,\alpha=0.05$)

方差来源	离差平方和	自由度	均方	F值	临界值F_α
组间	7.786 7	2	3.893 4	3.15	$F_{0.05(2,9)}=4.26$
组内	11.12	9	1.235 6		
总和	18.906 7	11			

第五节 非参数检验

一家大型的制造业公司,正在考虑改变组织结构,采用自我管理的工作小组。为了了解公司员工对这种改革的想法,工厂管理部门的经理随机抽取了一个400名员工的样本,询问他们是否支持自我管理工作小组这种组织形式。这次调查有三个备选答案:支持、无所谓和反对。其结果用工作类型和对自我管理工作小组的态度进行了交叉分组,具体数据见表8-8。

表8-8 不同工作类型的员工对自我管理工作小组的态度

工作类型	对自我管理工作小组的态度			合计
	支持	无所谓	反对	
基层工人	110	48	72	230
基层管理人员	18	12	30	60
中层管理人员	33	12	25	70
上层管理人员	24	7	9	40
合 计	185	79	136	400

根据以上数据,如何判断员工的工作类型与对自我管理工作小组的态度之间是否存在显著的关系呢?

一、非参数检验的概念和特点

(一)非参数统计的概念

本书第七章中所阐述的参数估计和本章介绍的假设检验,都是以总体分布已知或对分布做出某种假定为前提的,是限定分布的估计或检验,也可称为参数统计。但是,在许多实际问题中,往往不知道客观现象的总体分布或无从对总体分布做出某种假定,尤其是对定性变量和不能直接进行定量测定的一些经济管理问题,参数统计就受到很大的限制,而需要用非参数统计方法来解决。

所谓非参数统计(nonparametric tests),就是对总体分布的具体形式不必做任何限制性假定和不以总体参数具体数值估计为目的的推断统计。这种统计主要用于对某种判断或假设进行检验,故也称非参数检验。它是随着统计方法在复杂的社会和经济管理领域中扩展应用而发展起来的现代推断统计的一个分支,有着极为广泛的应用。

(二)非参数统计的特点

非参数统计与参数统计相比,具有以下几个特点:

(1)既能适用于定性变量中的定类数据[如满意和不满意、好与坏、优良品和不良品、统计引例(表8-8)中用工作类型进行分组所形成的数据等]或定序数据[如对商品的爱好程度可分为甲、乙、丙、丁等不同的等级,统计引例(表8-8)中用对自我管理工作小组的态度进行分组所形成的数据],也能适用于定距数据和定比数据这种定量变量。因此,非参数统计方法不但可以对现象进行定量的分析和研究,而且还能对现实生活中无法用数值大小加以精确测度的人的才能、爱好等进行分析研究。这样，就为统计方法对定性问题的研究开拓了广阔的前景。当然，如果参数统计的假定得到满足，并且样本资料可以用比较精确的定距测定或定比测定进行测度时，就应使用参数统计方法，使得已搜集到的信息得到充分的利用。

(2)经济、有效。它往往容易理解，计算简便，有时完全不必考虑数据的排列顺序。例如，若检验的目的是为了确定一种结果比另一种结果好，而获得的数据又无法用参数检验时，则可使用非参数统计中的符号检验，此时完全不必考虑数据的排列顺序。同时，由于非参数统计使用定类数据和定序数据，使资料容易搜集，因而可用于预先调查、示范调查，并能迅速地给出答案。但是，当样本容量增大时，一些非参数统计所需的计算也是烦琐的。

(3)它不需要像参数统计方法那样假定总体的分布是正态的，也不需要检验总体的参数，使得条件容易得到满足。因此，非参数统计方法能在广泛的基础上得出更加带有普遍性的结论。

应用最为广泛的非参数统计方法有：χ^2 检验、符号检验、威尔科克森带符号的等级检验、曼-惠特尼 U 检验、游程检验和等级相关检验等。

二、χ^2 检验

(一)χ^2 检验的定义

χ^2 检验是利用随机样本对总体分布与某种特定分布拟合程度的检验，也就是检验观察值与理论值之间的紧密程度。当研究 $K(K>2)$ 个事件时，可以测定 K 个观察值及其相应的理论值之间的差异，为此而构造的统计量称为 χ^2 统计量。χ^2 是 1900 年由英国统计学家卡尔·皮尔逊提出的，故又称为皮尔逊 χ^2 检验(Pearson's chi-square test)。该定理表明，当样本容量充分大时，样本分成 K 类，每类实际出现的次数用 f_o 表示，其理论次数为 f_e，则 χ^2 统计量为：

$$\chi^2=\sum_{i=1}^{k}\frac{(f_{oi}-f_{ei})^2}{f_{ei}} \tag{8-1}$$

其中，$k-1$ 为自由度。

χ^2 分布本来是一种特定形式的概率分布，在参数估计中用于方差的估计和假设检验。然而在非参数统计中，它具有更为广泛的用途，其原因在于：

(1)有很多非参数的假设检验问题都可以转化为检验观察次数与其期望次数之间的紧密程度问题。这里的检验统计量并不依赖于总体的分布形式，而是作为检验总体分布是否为某种特定的概率分布的一种方法。

(2)使用这种方法所搜集的资料，可以是定距数据，也可以是定类数据。如车胎的质量可以用车胎运行公里数来测试(即定距数据)，同时也可按预先的标准将车胎分为正品与次品(即定类数据)来测试。

χ^2 检验主要用于拟合优度检验和独立性检验。

(二)χ^2 拟合优度检验

χ^2 拟合优度检验(chi-square goodness-of-fit test)是利用样本信息对总体分布做出推断，检验总体是否服从某种理论分布，如二项分布、均匀分布或正态分布等。其方法是把样本分成 k 个互斥的类型组，然后根据需检验的理论分布算出每一类的理论频数，并将其与实际的观察频数进行比较。

拟合优度检验的具体步骤为：

(1)确定原假设与备择假设,原假设 H_0 表示总体服从某种设定的分布,备择假设 H_1 表示总体不服从此种设定的分布。同时,确定拒绝原假设的显著性水平 α。

(2)从要研究的总体中,随机抽取一批观察值作为样本,并将观察值整理成频数分布表,形成 k 个互斥的类型组。

(3)如果只是检验总体是否服从某种设定的分布,而未指定总体的参数,需要观察值计算相应的统计量,作为未知参数的估计值。

(4)按照"原假设为真"这一假定,根据已知总体参数或其统计量及其概率分布,导出一组与频数分布中各组相对应的期望频率(又称理论频率)。用样本容量分别去乘各组的期望频率,得到各组的期望频数 f_e,各组理论频数不得小于5,如不足5,可合并相邻的组。

(5)对观察频数与理论频数进行比较,如果它们之间的差异太大,就不能把它归之于随机波动,以致计算得到的检验统计量在确定的显著性水平下大于临界值,因而拒绝原假设。

(6)自由度 $df=k-1-m$。其中,k 为组数(如需合并,则为合并后的组数),m 为计算理论频数时所估计参数的个数,减1是因为有一个约束条件 $\sum(f_0-f_e)=0$。

下面用几个例子来说明拟合优度检验的应用。

【例8-11】 某消费者协会想确定市场上5种牌子的啤酒哪一种最受消费者欢迎。该协会随机抽取1 000名啤酒饮用者作为样本进行如下试验:每个人得到5种牌子的啤酒各一瓶,但都未标明牌子;这5瓶啤酒按分别写着A,B,C,D,E字母的5张纸片随机确定的顺序送给每一个人。表8-9便是根据样本资料整理得到的各种牌子啤酒爱好者的频数分布。试从这些数据中做出判断,消费者对这几种牌子啤酒的爱好有差别还是没差别。

表8-9 各种牌子啤酒爱好者的频数分布

最喜欢的牌子	人数
A	210
B	312
C	170
D	85
E	223
合计	1 000

解:如果没有差别,那么,应该预期啤酒饮用者的人数将呈均匀分布,或者说每种牌子啤酒的爱好者各占20%,据此可以提出如下假设:

H_0:不同牌子啤酒饮用者人数服从均匀分布;

H_1:不同牌子啤酒饮用者人数不服从均匀分布。

设定显著性水平 $\alpha=0.05$。

根据原假设,每种牌子啤酒爱好者人数的期望频数 f_e 为 1 000/5=200,现在可算出 χ^2 的数值如下:

$$\chi^2=\sum_{i=1}^{k}\frac{(f_{oi}-f_{ei})^2}{f_{ei}}$$

$$=\frac{(210-200)^2}{200}+\frac{(312-200)^2}{200}+\frac{(170-200)^2}{200}+\frac{(85-200)^2}{200}+\frac{(223-200)^2}{200}$$

$=136.4$

自由度等于分类组数 k 减1，即 $5-1=4$。根据 $\alpha=0.05$ 和自由度为4，查 χ^2 分布表（见附表3）得知 χ^2 临界值 $\chi^2_{0.05}(4)=9.488$，这意味着如果原假设为真，那么观察到一个大于9.488的 χ^2 值的概率等于0.05，也就是说，如果消费者对各种牌子啤酒的爱好没有差别，则观察频数与期望频数的总差别大于9.488的可能性只有5%，属于小概率事件。因此，对于 $\chi^2_{0.05}(4)=9.488$，决策规则如下：(1) $\chi^2>9.488$，拒绝 H_0；(2)若 $\chi^2\leqslant 9.488$，接受 H_0。由于 χ^2 值136.4大大超出临界值 $\chi^2_{0.05}(4)=9.488$，所以拒绝原假设，即认为消费者对各种啤酒的爱好是有差别的。用拟合优度的术语表述就是：就这个样本数据而言，均匀分布肯定不是最佳的拟合。

【例8-12】 某大型制造企业的质量检验部门抽验了60个班次的产品质量，发现每个班次所生产的废品数如表8-10所示。

表8-10　　某大型制造企业每个班次生产废品数的频数分布

废品数	0	1	2	3	4	≥5
班次数	12	22	8	7	6	5

试检验每个班次所生产的废品数是否服从泊松分布。($\alpha=0.05$)

解： 由题意，可建立假设：

H_0：每个班次所生产的废品数服从泊松分布；

H_1：每个班次所生产的废品数不服从泊松分布。

泊松分布的参数 λ 可根据样本平均数估计，经计算，样本平均数 $\bar{x}=1.8$。在原假设成立的条件下，每个班次所生产废品数的期望频数 f_e 如表8-11所示。

表8-11　　某大型制造企业每个班次生产废品数的理论次数

废品数	0	1	2	3	4	≥5
班次数 f_0	12	22	8	7	6	5
期望频率	0.165 3	0.297 5	0.267 8	0.160 7	0.072 3	0.036 4
期望频数 f_e	10	18	16	10	4	2

因此，可用 χ^2 进行拟合优度检验：

$$\chi^2=\sum\frac{(f_0-f_e)^2}{f_e}$$

$$=\frac{(12-10)^2}{10}+\frac{(22-18)^2}{18}+\frac{(8-16)^2}{16}+\frac{(7-10)^2}{10}+\frac{(6-4)^2}{4}+\frac{(5-2)^2}{2}$$

$$=11.69$$

因为参数 λ 是由样本平均数估计的，可查自由度为 $6-1-1=4$、$\alpha=0.05$ 的 χ^2 分布，得临界值 $\chi^2(4)=9.488<11.69$。所以，拒绝原假设，接受备择假设，即认为每个班次所生产废品数不服从泊松分布。

【例8-13】 某高科技公司非常重视新产品的开发工作，设有经理人员和各方面专家组成的10人委员会，负责审议和批准每项新产品的建议。每个成员要对一项待审批的建议做出肯定或否定的表示。总经理认为这一审批程序服从以 0.25 为成功比例的二项分布,即每个成员有 25%的可能性对一项待审批的建议投赞成票,从历史积累的大量新产品开发案例中随机抽取了 100 例,其赞成票的频数分布如表 8-12 所示。

表 8-12　　100 例投票数据的频数分布

赞成票数	0	1	2	3	4	5	6 及以上
案例数	6	24	32	21	14	2	1

问:这一审批程序是否服从以 0.25 为成功比例的二项分布?($\alpha=0.10$)

解: 由题意,可建立假设:

H_0:这一审批程序服从以 0.25 为成功比例,$n=10$ 的二项分布;

H_1:这一审批程序不服从以 0.25 为成功比例的二项分布。

因题意已指明待假设的分布参数,无需用样本平均数据进行估计。

从二项分布表可查得当 $n=10$,$p=0.25$ 时,$X=0$、1、2、3、4、5 和 6 及以上的概率值,以此作为计算期望频数 f_e 的基础,计算过程见表 8-13。

表 8-13　　$n=10, p=0.25, X=0,1,2,3,4,5$ 和 6 及以上的二项分布概率值和期望频率

X	观察频数 f_0	累计概率	单值概率	期望频数 f_e
0	6	0.056 3	0.056 3	5.63
1	24	0.244 0	0.187 7	18.77
2	32	0.523 6	0.281 6	28.16
3	21	0.775 9	0.250 3	25.03
4	14	0.921 9	0.146 0	14.60
5	2	0.980 3	0.058 4	5.84
6 及以上	1	1.000 0	0.019 7	1.97

因最后一组的期望频数小于 5,所以需要把最后两组合并,合并后的期望频数为 $5.84+1.97=7.81$,有:

$$\chi^2=\sum\frac{(f_0-f_e)^2}{f_e}$$

$$=\frac{(6-5.63)^2}{5.63}+\frac{(24-18.77)^2}{18.77}+\frac{(32-28.16)^2}{28.16}+\frac{(21-25.03)^2}{25.03}$$

$$+\frac{(14-14.60)^2}{14.60}+\frac{(3-7.81)^2}{7.81}$$

$$=5.641\ 1$$

合并后的组数为 6 组,查自由度为 $6-1=5$、$\alpha=0.10$ 的 χ^2 分布表(见附表 3),得临界值 $\chi^2(5)=9.236>5.641\ 1$。所以,无法拒绝原假设,即可以认为该公司新产品审批程序服从以 $n=10$,$p=0.25$ 为参数的二项分布。

在参数估计和假设检验的讨论中,不少场合是以总体服从正态分布的假定为前提的。这种假设是否能够成立,也可用拟合优度的检验方法来检验。

【例 8-14】 某台装瓶机设计的装瓶重量为 250 克。质量检查人员随机从该机装填的成品中抽取 125 瓶，查得装瓶重量的频数分布如表 8-14 所示。

表 8-14　　125 瓶装瓶重量的频数分布

重量(克)	瓶数
242—244	4
244—246	10
246—248	15
248—250	32
250—252	43
252—254	15
254—256	6
合　计	

试以 $\alpha=0.05$ 的显著性水平，检验该机装瓶重量是否服从均值为 250 克的正态分布。

解：为解决这一问题，可建立如下假设：

H_0：样本数据来自正态分布总体；

H_1：样本数据并非来自正态分布总体。

由于本题未指出待检验总体的标准差，可根据样本标准差估计，经计算，样本标准差 $S=2.7387$。在原假设成立的条件下，计算的期望频数 f_e 如表 8-15 所示。

表 8-15　　装瓶重量的期望频数

重量 X（克）	观察频数 f_0	标准化组限 $Z=\dfrac{X-\mu}{S}$	正态分布概率	期望频数 f_e
242—244	4	−2.19 以下	0.014 3	1.77
244—246	10	−2.19—−1.46	0.057 8	7.23
246—248	15	−1.46—−0.73	0.160 6	20.08
248—250	32	−0.73—0	0.267 3	33.42
250—252	43	0—0.73	0.267 3	33.42
252—254	15	0.73—1.46	0.160 6	20.08
254—256	6	1.46 以上	0.072 1	9.0
$\sum$	125	—	—	125

在计算期望频数时，为使其总和等于 125，对第一组和最后一组的频数的尾数进行了调整。表 8-15 中第一组的期望频数是 1.77，小于 5，需要与第二组合并，合并后的期望频数为 $1.77+7.23=9.0$，组数变为 6 组。因此有：

$$\begin{aligned}\chi^2 &= \sum \frac{(f_0-f_e)^2}{f_e}\\ &= \frac{(14-9)^2}{9}+\frac{(15-20.08)^2}{20.08}+\frac{(32-33.42)^2}{33.42}+\frac{(43-33.42)^2}{33.42}+\frac{(15-20.08)^2}{20.08}+\frac{(5-9)^2}{9}\\ &= 9.1548\end{aligned}$$

因合并后的组数为 6 组，自由度为 6－1－1＝4，查 $\alpha=0.05$ 的 χ^2 分布，得临界值 $\chi^2(4)=9.488>9.1548$。所以，无法拒绝原假设，即可以认为该机装瓶重量服从均值为 250 克的正态分布。但若 $\alpha=0.10$，则临界值 $\chi^2(4)=7.779<9.1548$。所以，提高显著性水平将拒绝原假设，即认为该机装瓶重量与均值为 250 克的正态分布是有所不同的。

(三) χ^2 独立性检验

χ^2 检验也常用于判断两个变量是否存在交互影响。如果两个变量不存在交互影响，就称为独立，所以这类检验也称为独立性检验(test for independence)。与拟合优度检验相比，独立性检验的特点在于其理论频数不是预先确定的，而需要从样本资料中获得。

独立性检验的具体步骤为：

(1)确定原假设与备择假设。

H_0：这两个变量是独立的(即它们之间不存在联系)；

H_1：这两个变量是不独立的(即它们之间存在着某种联系)。

(2)从要研究的总体中，随机抽取一批观察值作为样本，并将观察值整理成 $r\times c$ 列联表，r 为一个变量的分类组数，c 为另一个变量的分类组数，然后列出实际观察频数 f_{oij}，简记为 O_{ij}。一般而言，两个变量的交叉分组表即为列联表，其构成形式如表 8－16 所示。

表 8－16　　$r\times c$ 列联表的形式

Y \ X		列变量(c)					合　计
		1	2	3	…	c	
行变量(r)	1	O_{11}	O_{12}	O_{13}	…	O_{1c}	$O_{1.}$
	2	O_{21}	O_{22}	O_{23}	…	O_{2c}	$O_{2.}$
	3	O_{31}	O_{32}	O_{33}	…	O_{3c}	$O_{3.}$ Y 的边缘频数
	⋮	⋮	⋮	⋮	⋮	⋮	⋮
	r	O_{r1}	O_{r2}	O_{r3}	…	O_{rc}	$O_{r.}$
合计		$O_{.1}$	$O_{.2}$	$O_{.3}$	…	$O_{.c}$	n

X 的边缘频数。

在独立性检验中有两个感兴趣的变量，每个变量又有两个或两个以上的水平，而抽取的只是一个样本。对两个变量的联合回答计入列联表中间部分的每个单元格中，这些单元格表示两个变量的各种不同水平的交汇点，反映了实际观察的联合频数，最下面一行为 X 的实际观察边缘频数，最后一列为 Y 的实际观察边缘频数。

(3)计算期望的理论频数 f_{eij}，简记为 E_{ij}。先求理论频率(作为概率的近似)。在第六章中证明了的独立事件的乘法公式为：如果两事件独立，则它们的联合概率等于它们各自概率的乘积，即 $P(A\cdot B)=P(A)P(B)$。因此，某一行某一列的联合概率为：

$$P(\text{第 } i,j \text{ 的概率})=\frac{n_i}{n}\cdot\frac{n_i}{n}$$

因总频数为 n，故理论频数

$$E_{ij}=n\left(\frac{n_i}{n}\cdot\frac{n_j}{n}\right)=\frac{n_i n_j}{n} \tag{8-2}$$

(4)根据公式(8－1)，独立性检验的统计量变化为：

$$\chi^2=\sum_{i=1}^{r}\sum_{j=1}^{c}\frac{(O_{ij}-E_{ij})^2}{E_{ij}} \tag{8-3}$$

其自由度为：$df=(r-1)(c-1)$。

(5)在确定的显著性水平下，若检验统计量大于临界值，则拒绝原假设。

现举例说明独立性检验的过程。

【例 8－15】 在本节引例(表 8－8)中，为了了解公司员工中不同工作类型的员工对自我管理工作小组的态度，进行了调查，具体数据列于表 8—8 中。试问：在 0.05 的显著性水平下，如何判断员工的工作类型与对自我管理工作小组的态度之间是否存在显著的关系？

解：为解决这一问题，可建立如下假设：

H_0：员工的工作类型与对自我管理工作小组的态度之间不存在显著的不同，是独立的；

H_1：员工的工作类型与对自我管理工作小组的态度之间存在着显著的不同，是不独立的。

根据表 8－8 实际观察频数，可计算得到期望的频数，如表 8－17 所示。

表 8－17　不同工作类型的员工对自我管理工作小组态度的实际频数和期望频数列联表

工作类型	对自我管理工作小组的态度			
	支持	无所谓	反对	合计
基层工人	110(106.375)	48(45.425)	72(78.2)	230
基层管理人员	18(27.75)	12(11.85)	30(20.4)	60
中层管理人员	33(32.375)	12(13.825)	25(23.8)	70
上层管理人员	24(18.5)	7(7.9)	9(13.6)	40
合计	185	79	136	400

表 8－17 中括号内的数字是根据公式(8－2)计算得到的期望频数。例如，在独立的原假设成立的条件下，位于左上角单元格内、表示基层工人中对自我管理工作小组持支持态度的期望人数是两个相应的边缘频数的乘积，然后再除以总次数，即 135.375＝185×230÷400。这时，检验统计值为：

$$\chi^2=\sum_{i=1}^{r}\sum_{j=1}^{c}\frac{(O_{ij}-E_{ij})^2}{E_{ij}}$$

$$=\frac{(110-135.375)^2}{135.375}+\frac{(18-27.75)^2}{27.75}+\cdots+\frac{(9-13.6)^2}{13.6}=12.3133$$

本例的自由度为(4—1)(3—1)＝6，查 $\alpha=0.1$ 的 χ^2 分布，得临界值 $\chi^2(6)=10.645$，显然统计值大于临界值，所以拒绝原假设，即认为员工的工作类型与对自我管理工作小组的态度之间存在着显著的不同，是不独立的。

当列联表为 2×2 时，χ^2 值的计算公式可以简化。现把列联表的数字用文字表示，见表 8－18。

表 8-18 2×2 列联表

列 行	1	2	合计
1	a	b	$a+b$
2	c	d	$c+d$
合计	$a+c$	$b+d$	n

这时,χ^2 检验统计量的计算公式简化为:

$$\chi^2=\frac{n(ad-bc)^2}{(a+c)(b+d)(a+b)(c+d)} \tag{8-4}$$

【例 8-16】 某公司要了解职工对现行奖励制度是否满意,共调查了 210 个职工,有关资料分别按男、女满意度整理如表 8-19 所示。

表 8-19 职工满意度列联表

满意程度 性别	满意	不满意	合计
男职工	30	70	100
女职工	45	65	110
合计	75	135	210

要求:分析男职工和女职工对奖励制度的看法是否有显著差异。

解:为解决这一问题,可建立如下假设:

H_0:对奖励制度的看法,男职工与女职工之间没有差别;

H_1:对奖励制度的看法,男职工与女职工之间是有差别的。

如果男职工与女职工之间没有显著差别,则他们中表示满意的人数所占比例应该是一致的。由公式(8—4)可计算 χ^2 检验的统计值:

$$\chi^2=\frac{n(ad-bc)^2}{(a+c)(b+d)(a+b)(c+d)}=\frac{210\times(30\times65-70\times45)^2}{75\times135\times100\times110}=2.71$$

自由度为$(r-1)(c-1)=(2-1)(2-1)=1$,在 $\alpha=0.05$ 的显著水平下,查 χ^2 分布表(见附表 3)得到临界值 $\chi^2(1)=3.81$,由于统计值小于临界值,故接受原假设 H_0,即对奖励制度的看法,男职工与女职工的态度没有明显差别。

三、成对比较检验

对两个相关样本的比较分析,可以采用成对比较检验。成对比较检验具体有符号检验和威尔科克森带符号等级检验两种方法。

(一)符号检验

符号检验(sign test),也称正负号检验,是一种常用的、较为简单的非参数统计方法,其基本思想是分析正负号出现的频率而忽略具体量的差异,以确定它们是否有显著性差异。

这种方法的特点在于:(1)对于总体分布和方差等都不做限制性假设;(2)只考虑差数的正负方向而不计具体数值;(3)忽略数值差别,因而会失去在某些情况下可资利用的信息。

符号检验的步骤为：

(1)确定配对样本，分别计算差异正与负的数目，无差异则记为0，将它从样本中剔除，并相应地减少样本容量 n，把正负号数目之和视为样本总个数。

(2)建立假设，H_0：$p=0.5$；H_1：$p\neq0.5$。

(3)观察样本容量，如果 $n\leqslant25$，则作为二项分布处理；如果 $n>25$，则作为正态近似处理。在第五章中，曾指出一般 $n\leqslant30$ 作为小样本处理，$n>30$，才用正态近似处理。但 $p=0.5$ 的二项分布呈对称型，所以，只要 $n>25$，即可按正态分布近似处理。①

(4)设定显著性水平 α，并查表确定临界值，进行比较并做出判断。

【例 8－17】 某消费者协会决定对两种不同型号的饮料打分，随机抽取 60 名消费者，采用蒙目检验的办法，即蒙住品尝人的眼睛，让他们给甲、乙两种牌子的饮料打分，规定分数为 1—5，1 代表味道最好，5 代表味道最差，其他分数分别代表适当的中间等级。表 8－20 列出了这一检验中部分品尝者所打的分数。

表 8－20　　对甲、乙两种牌号饮料的打分

(1)品尝者	(2)甲的得分	(3)乙的得分	(4)差别的符号
A	1	2	＋
B	4	1	＋
C	2	4	－
D	3	3	＋
E	1	2	－
…	…	…	…

注：表中的最高分为 1，最低分为 5，从而正号表示乙种饮料受欢迎，负号表示甲种饮料受欢迎，0 表示得分相等，消费者对这两种饮料中的任何一种无偏爱。

汇总其得分结果："＋"号为 35 个，"－"号为 15 个，"0"号为 10 个，总计为 60 个。试问：两种牌子的饮料是否同等受欢迎？

解：可以对这两种饮料的评分做出没有差异的原假设。如果原假设成立，那么正号和负号的个数就应大体相等。如果其中一种符号出现次数明显居多，就拒绝原假设。令 p 表示得到正号的概率，则这一假设可表述为：H_0：$p=0.5$；H_1：$p\neq0.5$。

如前所述，符号为"0"的个数应从样本中剔除，因此，用于检验的符号个数由 35 个"＋"号和 15 个"－"号构成。这一问题类似于：抛掷一枚硬币 50 次，出现 35 次正面，15 次反面，试检验"硬币是均匀的"这一假设。对于上述问题，从理论上说应该使用二项分布来处理。但是，由于此例的样本容量大于 25，所以，可用正态近似处理。作为成数(比例)指标，则该抽样分布的均值和标准差分别为：

$$\mu_p=p=0.5$$

$$S_p=\sqrt{\frac{p(1-p)}{n}}=\sqrt{\frac{0.5\times0.5}{50}}=0.071$$

① 还有一种标准为：若 $n>20$，就按正态分布近似处理。总的来说，n 越大，正态近似效果越好，这是一个渐进的过程。

设定显著性水平 $\alpha=0.05$。若 $Z<-1.96$ 或 $Z>1.96$，则拒绝原假设。本例中观察到的"+"号的比例 $\hat{P}=35/50=0.70$，于是有：

$$Z=\frac{\hat{P}-p}{S_p}=\frac{0.7-0.5}{0.071}=2.82$$

由于 $Z>1.96$，所以拒绝原假设 H_0，接受备择假设 H_1，即乙种牌子的饮料比甲种牌子的饮料更受欢迎。

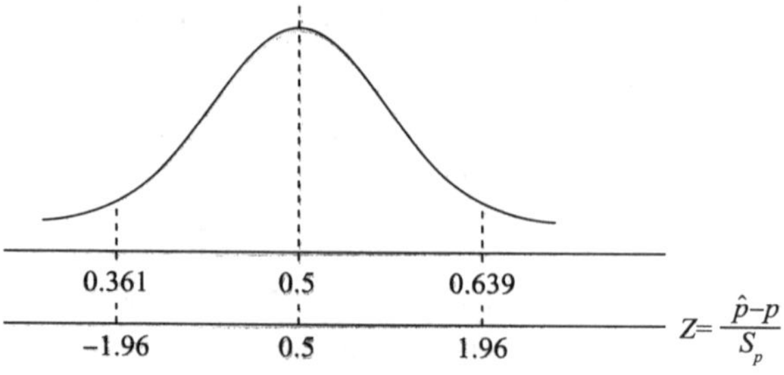

图 8-7　品尝饮料问题的成数的抽样分布

如果直接用 $\hat{P}$ 的置信区间计算，结果相同。本例中 $\hat{P}$ 的置信区间为：

$$p+1.96S_p=0.50+1.96\times0.071=0.639$$

$$p-1.96S_p=0.50-1.96\times0.071=0.361$$

由于观察到的 $\hat{P}$ 值为 0.70，大于 0.639，即在 0.361—0.639 的范围之外，因此拒绝 H_0，图 8-7 说明了这一检验方法的思路。

在符号检验中，需根据不同情况选择双侧检验（如本例）或单侧检验。另外，如果样本 $n<25$，就不宜用正态逼近来处理，而应该用二项分布来处理。

【例 8-18】 随机抽取 12 个单位，放映一部描述吸烟有害健康的影片，并调查得到观看电影前后各单位职工认为吸烟有害的人数的百分比，表 8-21 列出了这些数据。为了反映影片的有效性，试用符号检验对各单位职工观看影片后这个百分比是否比观看影片前有显著提高进行检验。($\alpha=0.05$)

表 8-21　观看电影前后 12 个单位职工认为吸烟有害的人数的百分比

单位编号	1	2	3	4	5	6	7	8	9	10	11	12
(1)放映前(%)	63	41	54	71	39	44	67	56	46	37	61	68
(2)放映后(%)	68	49	53	75	49	41	75	58	52	49	55	69
(3)差异(2)−(1)	+	+	−	+	+	−	+	+	+	+	−	+

解：根据题意，可建立假设：

H_0：$P=0.5$，即观看影片后，各单位职工认为吸烟有害的人数的百分比没有显著变化；

H_1：$P>0.5$，即观看影片后，各单位职工认为吸烟有害的人数的百分比有了显著提高。

例 8-17 中，出现正号 9 个，负号 3 个。若影片的有效性不显著，可以认为出现正号和负号的概率各为 0.5。观看影片后，各单位职工认为吸烟有害的人数的百分比的增减可以看作是 $n=12$ 的贝努利试验，各个单位中出现正号（表示有效）和负号（表示无效）的数目服从二项分布，即

$$P(X=k)=C_{12}^{k}p^{k}(1-p)^{12-k}$$

若观看影片后，各单位职工认为吸烟有害的人数的百分比没有显著变化，则 12 次试验出现正负号的概率应为：

$$P(X=k)=C_{12}^{k}0.5^{k}(1-0.5)^{12-k}$$

其累计的概率 $\sum_{k=0}^{12}C_{12}^{k}0.5^{k}(1-0.5)^{12-k}$，可从二项概率分布表中查得，如表 8-22 所示。

表 8-22　　$P=0.5,n=12$ 的二项分布的累计概率

k	0	1	2	3	4	5	6
累计概率	0.000 2	0.003 2	0.019 3	0.073 0	0.193 8	0.387 2	0.612 8
k	7	8	9	10	11	12	
累计概率	0.805 2	0.927 0	0.980 7	0.996 8	0.999 8	1.000 0	

因为设 $\alpha=0.05$，此例为单侧检验。由表 8—22 可知，出现正号的次数为 9，则小于等于 9 的概率为 $P(9)=0.980\ 7$。由于 $0.980\ 7>1-\alpha=0.95$，所以拒绝原假设，即可以认为观看影片后，各单位职工认为吸烟有害的人数的百分比有了显著提高。

（二）威尔科克森带符号等级检验

上述符号检验方法虽然简单明了，但它没有充分利用样本所提供的全部信息，未免显得粗略。而威尔科克森带符号等级检验(Wilcoxon signed rank test)不但考虑了正负号，还采用了其差别大小的信息，因此是一种更为有效的非参数统计方法。

威尔科克森带符号等级检验的应用条件和检验内容与符号检验相同。其基本思想是：若关联样本的两组数据没有显著差异，则不仅其差异的正负号应大致相等，而且将其差异取绝对值，按大小顺序排列编成自然序号（即秩）后，它们的正号（+）的秩和（记为 T_+）与负号（—）的秩和（记为 T_-）也应该大致相等。其中，较小者（或较大者）也应趋近于总秩和的平均数$\left(\overline{T}=\dfrac{n(n+1)}{4}\right)$。若正秩和（$T_+$）与负秩和（$T_-$）相差太大，其中较小者（或较大者）偏离总秩和的平均（$\overline{T}$）较远，以致超过给定显著性水平 α 所确定的临界点，就可以认为这两组数据存在显著差异，即总体的分布不相同。

威尔科克森带符号等级检验的步骤为：

(1)计算带有正负号的差数。

(2)将差数取绝对值按从小到大顺序排列并编上等级，即确定顺序号 1,2,3 等。对于相等的值，则取其位序的平均数为等级。

(3)给每个等级恢复差数原来的正负号，分别将正负号的等级相加，用 T_+ 和 T_- 表示。当 $n\leqslant 25$ 时，取 T_+，T_- 中较小的 T 值[因为威尔科克森带符号等级检验 T 值的临界值表（见附表 9）只给出了较小的临界值]；当 $n>25$ 时，T 近似服从正态分布，其均值和标准差分别为$\dfrac{n(n+1)}{4}$和$\sqrt{\dfrac{n(n+1)(2n+1)}{24}}$，所以可取检验统计量

$$Z=\frac{T-n(n+1)/4}{\sqrt{n(n+1)(2n+1)/24}} \tag{8-5}$$

(4)确定带正号或负号差数值的总个数 n。

(5)设定显著性水平 α。

(6)当 $n\leqslant 25$ 时，从威尔科克森带符号等级检验 T 值的临界值表查出 T_α 的临界值，当观察值 $T\leqslant$临界值 T_α 时，就拒绝 H_0；当 $T>T_\alpha$ 时，接受 H_0。当 $n>25$ 时，按标准正态分布的 Z 检验规则进行检验。

【例 8-19】 某大学教师随机抽取 10 名同学的统计学期中和期末考试的成绩，期中考试成绩分别为 75,87,72,65,93,85,59,73,64,71 分，期末考试成绩分别为 72,94,92,67,86,85,58,79,69,82 分。试问：这两次考试成绩有没有显著差别？

解:可以用威尔科克森带符号等级检验方法来解决这一问题。首先建立原假设,即假设两次考试成绩没有显著差异,并将上述数据列成表 8—23 的形式。在表 8-23 中,由于排为第 6 等级和第 7 等级的两项相同,因此将这两项按位序的平均数(6+7)/2=6.5 排列。如果相同的项数多于两项,可做类似处理。如果某项配对观察值的差数为 0,如表 8—23 中第 6 位,该项就应剔除,样本容量 n 相应减少。本例中的样本容量 $n=10-1=9$。

表 8-23　　威尔科克森带符号检验的计算过程

学生编号	期中考试成绩 X_1	期末考试成绩 X_2	成绩之差 $d=X_2-X_1$	$\|d\|$等级	T_+	T_-
1	75	72	−3	3		3
2	87	94	+7	6.5	6.5	
3	72	92	+20	9	9	
4	65	67	+2	2	2	
5	93	86	−7	6.5		6.5
6	85	85	0			
7	59	58	−1	1		1
8	73	79	+6	5	6	
9	64	69	+5	4	5	
10	71	82	+11	8	11	
合计	—	—	—	—	34.5	10.5

由表 8-23 可知,正的等级和 $T_+=34.5$,负的等级和 $T_-=10.5$。从逻辑上讲,若 H_0 为真,即两次考试成绩没有差异时,T_+ 和 T_- 应该相等,而且 $|T_+|+|T_-|=1+2+\cdots+n=n(n+1)/2$,其均值 $\overline{T}=n(n+1)/4=9(9+1)/4=22.5$。

所以较小的 T 值总是小于 22.5,当接近于 22.5 时,应判断 H_0 为真。如果较小的 T 值离 22.5 较远以致超出临界值 T_α 时,就拒绝 H_0。其拒绝域和接受域如图 8-8 所示。

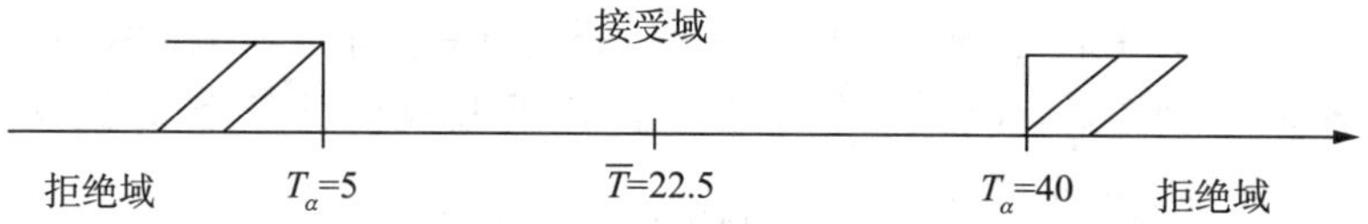

图 8-8　威尔科克森带符号检验的拒绝域和接受域

威尔科克森带符号等级检验 T 值的临界值 T_α 已编成表,可以查阅(见附表 9)。本例为双侧检验,$n=9$,并设定显著性水平 $\alpha=0.05$,查表得到临界值 $T_{0.05}=5$,而较小的 T 值(T_-)为 10.5,$T>T_\alpha$,故接受 H_0。因此,可以得出结论:在参加期中考试和期末考试的学生这一样本中,两次考试成绩没有显著差别。

四、曼-惠特尼 U 检验

(一)曼-惠特尼 U 检验的基本原理

曼-惠特尼 U 检验(Mann-Whitney U test)又称曼-惠特尼秩和检验,是由 H. B. 曼(H. B. Mann)和 D. R. 惠特尼(D. R. Whitney)于 1947 年提出的。分析方法的思路与威尔科克森带符号等级检验基本一致，这种方法通常称为秩和检验（rank-sum test）或等级和检验。不同之处在于，威尔科克森带符号等级检验适用于两组关联样本的数据，而曼-惠特尼U检验适用于来自两个独立样本的数据。如果选自一个总体的样本数据与选自另一个总体的样本数据没有关系，或没有某种形式的匹配，则可称这两个样本是独立的。曼-惠特尼U检验的原假设是两个独立样本的数据来自相同分布的总体，其特点是用顺序数据，而不是用正负号，因此它比符号检验对数据的运用更为充分。

曼-惠特尼U检验的步骤如下：

(1)从两个总体 A 和 B 中随机抽取容量为 n_A 和 n_B 的两个独立随机样本，将 (n_A+n_B) 个观察值按大小顺序排列，指定1为最小（或最大）观察值，指定2为第二个最小（或第二个最大）的观察值，以此类推。如果存在相同的观察值，则用它们位序的平均数。

(2)计算两个样本的等级和 T_A 和 T_B。

(3)根据 T_A 和 T_B 即可给出曼-惠特尼U检验的公式。计算得到的两个 U 值不相等，但是它们的和总是等于 n_1n_2，即有 $U_A+U_B=n_1n_2$。若 $n_A\leqslant 20, n_B\leqslant 20$ 时，则其检验统计量为：

$$U_A=n_An_B+n_A(n_A+1)/2-T_A \tag{8-6}$$

$$U_B=n_An_B+n_B(n_B+1)/2-T_B \tag{8-7}$$

在检验时，因为曼-惠特尼U检验的临界值表只给出了较小的临界值，所以用 U_A，U_B 中较小的 U 值作为检验统计量。

(4)选择其中较小 U 值与 U 的临界值进行比较，若 U 大于 U_α，接受原假设 H_0；若 U 小于 U_α，则拒绝 H_0，接受 H_1。接受域与威尔科克森检验相同。U 检验也有小样本和大样本之分，在小样本时，U 的临界值均已编制成表，见书后附表10。在大样本时，U 的分布趋近正态分布，因此可用正态逼近处理。

(二)小样本U检验

【例8-20】 某工厂管理人员为考察装配线上的男职工和女职工的技能有无差别，随机抽取9名男职工和5名女职工进行技能测试，9名男职工的测试成绩为：1 500，1 600，670，800，1 100，800，1 320，1 150，600；5名女职工的测试成绩为：1 400，1 200，780，1 350，890。问：男职工与女职工的技能有没有显著差异？

解：将上述男女职工的得分按大小顺序排列，如表8-24所示。

表8-24　男女职工技能测试分数

等级	分数	性别	等级	分数	性别
1	1 600	男	8	1 100	男
2	1 500	男	9	890	女
3	1 400	女	10.5	800	男
4	1 350	女	10.5	800	男
5	1 320	男	12	780	女
6	1 200	女	13	670	男
7	1 150	男	14	600	男

用 n_A 表示男职工的样本容量，用 n_B 表示女职工的样本容量，则 $n_A=9, n_B=5$。

用 T_A 表示 n_A 样本中各项的等级和，则 T_A 是1，2，5，7，8，10.5，10.5，13，14名等级的

和,$T_A=71$,类似地,$T_B=34$。现计算U值:

$U_A=n_An_B+n_A(n_A+1)/2-T_A=9\times5+(9\times10)/2-71=19$

$U_B=n_An_B+n_B(n_B+1)/2-T_B=9\times5+(5\times6)/2-34=26$

因$U_A+U_B=n_An_B$:$19+26=9\times5=45$,证明计算结果正确。

现在要检验的是男女职工技能有无差异,故建立假设:

H_0:男女职工技能没有差异;

H_1:男女职工技能有差异。

这是双侧检验。设定显著性水平$\alpha=0.05$,$n_A=9$,$n_B=5$,查书后附表10得U的临界值$U_\alpha=7$。从U_A和U_B中找出较小的U值,进行U_A与U_α比较。$U_A=19>U_\alpha=7$,故接受H_0,即断定男女职工的技能没有显著差异。

(三)大样本U检验

当两个样本容量增大时,U的分布趋近于正态分布。统计已证明,对大样本($n_1>20$且$n_2>20$)的曼-惠特尼U检验,其抽样分布接近于正态分布,均值和标准差分别为:

$$\mu_U=\frac{n_An_B}{2},\sigma_U=\sqrt{\frac{n_An_B(n_A+n_B+1)}{12}}$$

其检验统计量为:

$$Z=\frac{U-\mu_U}{\sigma_U}=\frac{U-(n_An_B/2)}{\sqrt{n_An_B(n_A+n_B+1)/12}} \qquad (8-8)$$

在设定显著性水平α值的情况下:

(1)双侧检验时,若$Z>Z_{\alpha/2}$或若$Z\leqslant-Z_{\alpha/2}$,就拒绝原假设H_0;

(2)右侧检验时,若$Z>Z_\alpha$,就拒绝原假设H_0;左侧检验时,若$Z\leqslant-Z_\alpha$,就拒绝原假设H_0。

【例8-21】 某巧克力生产公司的质量检验人员,从公司生产的同一规格不同颜色的巧克力块中,分别随机抽取了21块黑巧克力和26块白巧克力,对每块巧克力进行了称重,并按重量最轻的巧克力给以秩号为1、重量最重的巧克力给以秩号为47的顺序加以排序,得到黑巧克力的秩和为469.5,白巧克力的秩和为658.5。现在,该检验人员想用曼-惠特尼U检验法来判断这两种颜色巧克力的重量是否具有相同的分布,设定的显著性水平$\alpha=0.05$。

解:根据题意,可建立假设:

H_0:黑巧克力和白巧克力的重量具有相同的分布;

H_1:黑巧克力和白巧克力的重量不具有相同的分布。

设A为黑巧克力,B为白巧克力,则有$n_A=21$,$n=26$,$T_A=469.5$,$T_B=658.5$,根据公式(8-6)和公式(8-7),可计算U值:

$U_A=n_An_B+n_A(n_A+1)/2-T_A=21\times26+(21\times22)/2-469.5=307.5$

$U_B=n_An_B+n_B(n_B+1)/2-T_B=21\times26+(26\times27)/2-658.5=238.5$

$U_A+U_B=n_An_B$:$307.5+238.5=21\times26=546$,证明计算结果正确。

因为是大样本,所以根据公式(8-8),可计算检验统计量Z值:

$$Z=\frac{U-\mu_U}{\sigma_U}=\frac{U-(n_An_B/2)}{\sqrt{n_An_B(n_A+n_B+1)/12}}=\frac{307.5-(21\times26/2)}{\sqrt{21\times26\times(21+26+1)/12}}=0.738\ 3$$

此例为双侧检验,$\alpha=0.05$。查书后附表10得$Z_{0.05/2}$的临界值为1.96,因$0.738\ 3<Z_{0.05/2}=1.96$,故接受原假设H_0,即无法否定黑巧克力和白巧克力的重量具有相同分布的假设。此例中,计算检验统计量是用U_A。同样,也可用U_B来计算,其结果为$Z=-0.738\ 3$。因$-0.738\ 3>-Z_{0.05/2}=-1.96$,所以结论不变。

五、游程检验

(一)游程和游程检验的概念

在前面的介绍中已反复强调，若要从总体中抽取一个样本以根据样本所包含的信息对总体做出某种判断，则这个样本必须是随机样本。游程检验(runs test)又称序贯检验，常用于检验样本的随机性。

游程是指具有相同性质的数据序列，例如将两个随机样本的观察值 $x_1,x_2,\cdots,x_n$ 和 $y_1,y_2,\cdots,y_n$ 混合起来，按从小到大的次序排列起来，形成类似 $xxyyxyxxxxyyy$ 的序列。每个连续出现某一样本观察值的区段称为游程，每个区段包含的样本观察值的个数称为游程长度。如上面的序列中，就有长度分别为 2,1 和 4 的 3 个 x 游程；以及长度分别为 2,1 和 3 的 3 个 y 游程。

(二)游程检验的基本原理和步骤

游程检验可分为两种情况：一是如果两个样本来自两个不同的总体，可以采取混合有序样本的方法，根据实际游程个数，检验样本是否是从这两个总体中随机抽取的；二是如果样本观察值来自同一总体，可以先将观察值按从小到大的顺序排列，然后按中位数(或平均值)将观察值分为大于或小于中位数两部分，再根据上、下两部分相互交错所形成的游程个数来检验样本的随机性。显然，当样本容量一定时，游程的个数多少反映了样本的随机性。

例如，某学校为了调查一年级学生的成绩，随机抽取 16 个学生进行口试，按口试成绩的中位数将学生成绩分为两部分、各 8 人，用 x 表示成绩在中位数以下的学生，用 y 表示成绩在中位数以上的学生，按学生进入考场的先后次序排列，假如出现以下两种极端情况：

序列 1：$xxxxxxxxyyyyyyyy$

序列 2：$xyxyxyxyxyxyxyxy$

序列 1 中只有 2 个游程，而在序列 2 中却有 16 个游程，根据样本随机性的原则，成绩差的学生应该混合在一起。但上面两个序列明显地按照某种规则排列，除非是人为的即有意识做出的安排，作为自然状态出现的可能性是极小的。所以，可以认为这种样本不是随机样本。

对于如何根据游程个数的多少来确定样本观察值的随机性这一类问题，埃森哈特(Eisenhart)和斯威德(Swed)编制了专表，为检验提供了极大的方便。为了使用书后附表 7，可指定某种符号的观察数目为 n_1，另一个符号的观察数目为 n_2，其样本总容量为 $n_1+n_2=n$。附表 7 所列的数字是游程个数的临界值 r，其相应的 n_1 和 n_2 均不大于 20。如观察到的游程个数小于或等于附表 7 中的临界值 r，或者大于或等于附表 7 中的临界值 r，就以 0.05 的显著性水平否定关于随机性的原假设。对于双侧检验，有两个临界值，附表 7 中临界值 r 为下限，附表 7 中的临界值 r 为上限，因显著性水平为 0.05，则两侧各占 $\alpha/2$，当观察到的游程个数在附表 7 中的临界值 r 和附表 7 中的临界值 r 之间，就接受原假设 H_0。

【例 8-22】 将上述某学校随机抽取的 16 个学生构成一个样本，对他们进行口试。按他们进入试场的先后次序，将成绩记录如下：

61　74　70　63　64　58　82　78　60　76　85　72　68　54　62　56

试问该样本在 0.05 的显著性水平下，是否具有随机性？

解：首先，把成绩按从小到大的顺序排列，计算中位数：$Me=\frac{64+68}{2}=66$。

然后，按原记录的顺序，用 x 表示小于 66 分的成绩，用 y 表示大于 66 分的成绩，得到序列：$xyyxxxyyxyyyyxxx$

建立假设：

H_0：该样本具有随机性；

H_1：该样本不具有随机性。

本例是双侧检验。x 的观察数目 n_1 与 y 的观察数目 n_2 都等于 8，实际游程个数 $r=7$，查附表 7 得到临界值分别为 4 和 14，由于 $4<7<14$，故接受原假设 H_0，也即断定该样本具有随机性。

用以上查表方法确定临界值进行检验，要求样本容量 n_1 和 n_2 相当小。一般当 n_1 和 n_2 中只要有一个大于 20，就不能用附表 7 来做显著性检验。对于大样本来说，游程个数 r 的分布近似于正态分布，因此可利用正态分布来检验，其均值和标准差分别如下：

其抽样分布接近于正态分布，为：

$$\mathrm{E}(r)=\frac{2n_1n_2}{n_1+n_2}+1$$

$$\sigma_r=\sqrt{\frac{2n_1n_2(2n_1n_2-n_1-n_2)}{(n_1+n_2)^2(n_1+n_2-1)}}$$

其检验统计量为：

$$Z=\frac{r-\mathrm{E}(r)}{\sigma_r} \tag{8-9}$$

然后，在设定显著性水平 α 的情况下，将上式算出的 Z 值同标准正态分布的临界值相比较。

【例 8-23】 某汽油站有两种商标的汽油 A 和 B，某天出售的 50 桶汽油可按商标 A 和 B 排成这样的顺序：

AABAABABBAAABBABBABBABBAB

BAABBBBAABABABAAABAAAAABB

试问：这一序列是否具有随机性？

解：对于这个问题，可建立假设：

H_0：这一序列具有随机性；

H_1：这一序列不具有随机性。

这是双侧检验。A 的数目 $n_1=26$，B 的数目 $n_2=24$，游程个数 $r=28$，由于 n_1 和 n_2 两者都大于 20，因此可利用上述 Z 统计量计算：

$$\mathrm{E}(r)=\frac{2n_1n_2}{n_1+n_2}+1=\frac{2\times 26\times 24}{26+24}+1=25.96$$

$$\sigma_r=\sqrt{\frac{2n_1n_2(2n_1n_2-n_1-n_2)}{(n_1+n_2)^2(n_1+n_2-1)}}=\sqrt{\frac{2\times 26\times 24\times(2\times 26\times 24-26-24)}{(26+24)^2(26+24-1)}}=3.4936$$

$$Z=\frac{r-\mathrm{E}(r)}{\sigma_r}=\frac{28-25.96}{3.4936}=0.5839$$

取显著性水平 $\alpha=0.05$，则 Z 值在 -1.96 和 $+1.96$ 之间才能接受汽油购货序列具有随机性这一原假设，本例中的 $Z=0.5839$，介于 ±1.96 之间，因此接受原假设 H_0。

六、等级相关检验

(一)等级相关检验的基本原理

本书第九章将会阐述用相关系数测定两个变量之间密切程度的方法。但是，对于一些难以用数字加以准确计量的现象的定类或定序数据，如事态轻重、才智高低、色泽深浅、艺术水平等，就不能用相关系数测定它们之间关系的密切程度，而要用等级相关的非参数方法来测定，即将变量按顺序等级排列，然后计算等级相关系数。由于等级相关不是根据观察值而是根据观察值的等级顺序来计算，因此计算是十分方便的。

设有容量为 n 的两个变量构成的随机样本。其中一个变量为 x，令其等级为 x_1（x 的最小观察值），$x_2,\cdots,x_i,\cdots,x_n$（$x$ 的最大观察值），另一个变量为 y，令其观察值由小到大的顺序排成的等级为 $y_1,y_2,\cdots,y_i,\cdots,y_n$。如两变量等级完全正相关，则对所有 i，应有 $x_i=y_i$；如两变量等级完全负相关，则应有 $x_1=y_n,x_2=y_{n-1},\cdots,x_n=y_1$。等级相关系数就是把两变量等级的差值 $d_i=x_i-y_i$，对完全正相关或完全负相关的偏离程度的度量。除了完全正相关的情形外，有些 d_i 为负值，为消除 d_i 为负值的困难，计算中采用 d_i^2。等级相关系数 r_s 的计算公式为：

$$r_s=1-\frac{6\sum d_i^2}{n(n^2-1)} \tag{8-10}$$

其中，d_i 为两变量每一对样本数据的等级之差，n 为样本容量。

公式(8－10)是由斯皮尔曼提出的，故称斯皮尔曼等级相关系数(Spearman rank correlation)。

查尔斯·爱德华·斯皮尔曼(Charles Edward Spearman，1863—1945)，英国心理学家和统计学家。斯皮尔曼出生在一个有地位的英国家庭。青年时期，他曾在常备军中当军官，40 岁时辞去军职，经朋友推荐到伦敦大学学院工作。接着，他进入德国莱比锡大学，1906 年获博士学位，时年 48 岁。回国后，1911 年任伦敦大学心理学、逻辑学教授。1923—1926 年间任英国心理学会主席，1924 年当选为英国皇家学会院士。

作为实验心理学的先驱，斯皮尔曼对心理统计的发展做了大量的研究，他对相关系数概念进行了延伸，导出了等级相关的计算方法。他还创立了因素分析的方法，这是他学术上最伟大的成就。他还将之与智力研究相结合，从而于 1904 年提出智力结构的“二因素说”，即“G”因素（一般因素）和“S”因素（特殊因素）。可以毫不夸张地说，斯皮尔曼的名字几乎成了“G”因素或“S 因素”的代名词。他反对联想理论，著有《智力的性质和认知的原理》《人的能力》《创造的心》等。

由公式(8－10)可知，x_i 和 y_i 之间的差别越大，$\sum d_i^2$ 就越大。若所有差数都为 0，则 $\sum d_i^2$ 为 0，r_s 等于 1，因而两个等级可以认为完全正相关。若在 x_i 和 y_i 之间观察到可能有的最大差数，即相关程度弱于完全相关时，r_s 将处于 $+1$ 和 -1 之间。需要注意的是，这里的 r_s 所度量的是两个等级之间的联系强度，而不是被分成等级的变量的数值。

(二)等级相关系数的应用

斯皮尔曼等级相关系数可以用于以下的假设检验：

(1)$H_0:r_s=0$，即 x_i 和 y_i 相互独立；

$H_1:r_s\neq 0$，即 x_i 和 y_i 不独立。

(2)$H_0:r_s=0$，即 x_i 和 y_i 相互独立；

$H_1:r_s>0$，即 x_i 与 y_i 正相关。

(3)$H_0:r_s=0$，即 x_i 和 y_i 相互独立；

$H_1: r_s < 0$，即 x_i 与 y_i 负相关。

其中，1 为双侧检验，2 和 3 为单侧检验。如果想知道能否做出"x_i 的大值倾向于同 y_i 的小值相配对"这一结论，可采取第 3 种假设；如果想知道能否做出"x_i 的大值同 y_i 的大值相配对"这一结论，可采取第 2 种假设；如果要检验任何一方对独立性的偏离，则可采取第 1 种假设。

等级相关系数 r_s 的显著性检验与样本容量 n 有关，如 $n \leqslant 30$，可查书后附表 8，该表给出了与不同显著性水平 α 值相应的 r_s 的临界值；如 $n > 30$，则可利用如下的统计量计算：

$$Z = r_s \sqrt{n-1} \tag{8-11}$$

并将它同一定置信水平下标准正态分布的临界值相比较，以确定其显著性。

【例 8-24】 某大学学生会调查了该大学学生每周学习时间与得分的平均等级之间的关系，以确定大学生每周学习时间与得分的平均等级之间是否是正相关的。现抽查的 10 名学生的资料如表 8-25 所示。

表 8-25　　10 名学生每周学习时间与得分的平均等级

变量		等级		$d_i = x_i - y_i$	$d_i^2 = (x_i - y_i)^2$
学习时数	平均成绩	学习时数 x_i	平均成绩 y_i		
24	3.6	6	7.5	−1.5	2.25
17	2.0	2	1	1.5	2.25
20	2.7	4	4	0	0
41	3.6	8	7.5	0.5	0.25
52	3.7	10	9	1.0	1
23	3.1	5	5	0	0
46	3.8	9	10	−1.0	1
17	2.5	2.5	3	−0.5	0.25
15	2.1	1	2	−1.0	1
29	3.3	7	6	1.0	1
合计					9.00

解：根据给出的已知条件，可建立如下假设：

H_0：学习时间 x 与平均成绩等级 y 是独立的；

H_1：学习时间 x 与平均成绩等级 y 正相关。

取 $\alpha = 0.05$ 的显著性水平，样本容量 $n = 10$，查书后附表 8 得临界值为 0.564(0.576)。现计算其等级相关系数：

$$r_s = 1 - \frac{6\sum d_i^2}{n(n^2-1)} = 1 - \frac{6 \times 9}{10 \times (10^2 - 1)} = 0.946$$

由于 $r_s >$ 临界值 $= 0.576$，故拒绝原假设 H_0，接受备择假设 H_1，即学生的学习时间与学生的平均成绩等级之间存在着正相关关系，而且相关程度较高，为 94.6%。

附:几种常见的总体均值、方差、比率的假设检验的类型

1. 总体均值的检验

类型	条件	检验统计量	H_0,H_1	拒绝域
Ⅰ	正态总体 σ^2 已知	$Z=\dfrac{\overline{x}-\mu_0}{\sigma/\sqrt{n}}$	(1) $H_0:\mu=\mu_0$ $H_1:\mu\neq\mu_0$	$\|Z\|>Z_{\alpha/2}$
			(2) $H_0:\mu=\mu_0$ $H_1:\mu>\mu_0$	$Z>Z_\alpha$
			(3) $H_0:\mu=\mu_0$ $H_1:\mu<\mu_0$	$Z<-Z_\alpha$
Ⅱ	正态总体 σ^2 未知, 小样本($n<30$)	$t=\dfrac{\overline{x}-\mu_0}{S/\sqrt{n}}$	(1) $H_0:\mu=\mu_0$ $H_1:\mu\neq\mu_0$	$\|t\|>t_{\alpha/2}(n-1)$
			(2) $H_0:\mu=\mu_0$ $H_1:\mu>\mu_0$	$t>t_\alpha(n-1)$
			(3) $H_0:\mu=\mu_0$ $H_1:\mu<\mu_0$	$t<-t_\alpha(n-1)$

2. 两个总体均值之差的检验

类型	条件	检验统计量	H_0,H_1	拒绝域
Ⅰ	两个正态总体 σ_1,σ_2 已知	$Z=\dfrac{\overline{x}_1-\overline{x}_2}{\sqrt{\dfrac{\sigma_1^2}{n_1}+\dfrac{\sigma_2^2}{n_2}}}$	(1) $H_0:\mu_1=\mu_2$ $H_1:\mu_1\neq\mu_2$	$\|Z\|>Z_{\alpha/2}$
			(2) $H_0:\mu_1=\mu_2$ $H_1:\mu_1>\mu_2$	$Z>Z_\alpha$
			(3) $H_0:\mu_1=\mu_2$ $H_1:\mu_1<\mu_2$	$Z<-Z_\alpha$
Ⅱ	两个正态总体 σ_1,σ_2 未知, 但相等	$t=\dfrac{\overline{x}_1-\overline{x}_2}{S_p\sqrt{\dfrac{1}{n_1}+\dfrac{1}{n_2}}}$ $S_p=\dfrac{(n_1-1)S_1{}^2+(n_2-1)S_2^2}{n_1+n_2-2}$	(1) $H_0:\mu_1=\mu_2$ $H_1:\mu_1\neq\mu_2$	$\|t\|<t_{\alpha/2}(n_1+n_2-2)$
			(2) $H_0:\mu_1=\mu_2$ $H_1:\mu_1>\mu_2$	$t<t_\alpha(n_1+n_2-2)$
			(3) $H_0:\mu_1=\mu_2$ $H_1:\mu_1<\mu_2$	$t<t_\alpha(n_1+n_2-2)$

3. 总体方差的检验

类型	条　件	检验统计量	H_0, H_1	拒绝域
1. 一个总体方差的检验(σ^2)	总体服从正态分布	$\chi^2=\frac{(n-1)S^2}{\sigma^2}$	(1)$H_0:\sigma^2=\sigma_0^2$ $H_1:\sigma^2\neq\sigma_0^2$	$\chi^2>\chi^2_{\alpha/2}(n-1)$或 $\chi^2<\chi^2_{1-\alpha/2}(n-1)$
			(2)$H_0:\sigma^2=\sigma_0^2$ $H_1:\sigma^2>\sigma_0^2$	$\chi^2>\chi^2_{\alpha}(n-1)$
			(3)$H_0:\sigma^2=\sigma_0^2$ $H_1:\sigma^2<\sigma_0^2$	$\chi^2<\chi^2_{1-\alpha}(n-1)$
2. 两个总体方差之比(σ_1^2/σ_2^2)	两个总体均服从正态分布	$F=\frac{S_1^2/\sigma_1^2}{S_2^2/\sigma_2^2}$	(1)$H_0:\sigma_1^2=\sigma_2^2$ $H_1:\sigma_1^2\neq\sigma_2^2$	$F>F_{\alpha/2}(n_1-1,n_2-1)$ 或 $F<F_{1-\alpha/2}(n_1-1,n_2-1)$
			(2)$H_0:\sigma_1^2=\sigma_2^2$ $H_1:\sigma_1^2>\sigma_2^2$	$F>F_{\alpha}(n_1-1,n_2-1)$
			(3)$H_0:\sigma_1^2=\sigma_2^2$ $H_1:\sigma_1^2<\sigma_2^2$	$F<F_{1-\alpha}(n_1-1,n_2-1)$

关键术语

假设检验 hypothesis testing
参数检验 parametric test
非参数检验 nonparametric test
显著性检验 test of statistical significance
显著性水平 level of significance
原假设或零假设 null hypothesis
备择假设 alternative hypothesis
对立假设 opposite hypothesis
拒绝域 rejection region
否定域 negation region
临界域 critical Region
接受域 acceptance region
不拒绝域 region of nonrejection
正态总体均值的检验 parameter test of normal collectivity
双侧检验 two-sided test
单侧检验 one-sided test
两类错误 two types error
第一类错误 type Ⅰ error
第二类错误 type Ⅱ error
游程检验 runs test
斯皮尔曼等级相关系数 spearman rank
方差分析 analyze of variance, ANOVA
总离差平方和 total sum of squares
单因素方差分析 one way analysis of variance, ANOVA
自由度 degrees of freedom
非参数统计 nonparametric tests
皮尔逊 χ^2 检验 pearson's chi-square test
χ^2 拟合优度检验 chi-square goodness-of-fit test
威尔科克森带符号等级检验 Wilcox on signed rank test
曼-惠特尼 U 检验 Mann-Whitney U test
秩和检验 rank-sum test correlation

思考与练习

一、思考题

1. 什么是假设检验?

2. 区间估计和假设检验是否有关系? 若有,能否做一归纳总结?

3. 什么是小概率? 如何理解小概率原理?

4. 什么是原假设? 什么是备择假设? 为什么说原假设和备择假设是对立统一的假设? 如何设计原假设?

5. 试述假设检验的步骤。

6. 假设检验的检验规则是什么?

7. 为什么要把假设检验分为双侧检验和单侧检验? 两者有什么区别?

8. 什么是假设检验的两类错误? 如何确定和控制犯两类错误的概率?

9. 常见的需假设检验的参数包括哪些?

10. 假设检验与置信区间有何关系?

11. p 值的含义是什么?

12. 什么是方差分析?

13. 什么是非参数统计? 同参数检验相比,它有什么特点?

14. 什么是 χ^2 检验? χ^2 检验适用于何种情况? 其方法特点是什么? 应用 χ^2 统计量检验时应注意什么问题?

15. 符号检验和威尔科克森带符号等级检验适用于何种情况? 这两种方法各有什么特点? 试述曼-惠特尼 U 检验的方法原则和特点。

16. 试述游程检验的原则。

17. 什么是斯皮尔曼等级相关系数? 试述它同卡尔·皮尔逊积矩相关性系数的异同点。

二、计算题

1. 假定某产品重量服从正态分布,今从一批产品中随机抽选 18 个,测得重量的平均值为 820 克,标准差为 60 克。试以 0.01 的显著性水平检验原假设 $\mu=800$ 克。

2. 一个容量 $n=81$ 的随机样本给出的平均值和标准差分别为 485 和 45。(1)检验原假设 $\mu=500$,设 $\alpha=0.01$;(2)检验原假设 $\mu\leqslant500$,设 $\alpha=0.05$。

3. 两台机床加工同一零件,分别取 9 个和 16 个零件,测得其平均长度分别为 62mm 和 59mm。假定零件长度服从正态分布,两个总体的标准差分别为 5mm 和 6mm。问:根据这些数据能否得出 $\mu_1>\mu_2$ 的结论? 设 $\alpha=0.05$。

4. 有关人士想知道能否做出这样的结论:居民区甲中的家庭每周看电视的平均小时数比居民区乙中的家庭少。从 $n_1=80$,$n_2=60$ 的两个独立随机样本中得出的数据如下:

$\overline{x}_1=19.5$ 小时,$\overline{x}_2=23.7$ 小时,$s_1=12$ 小时,$s_2=16$ 小时。设 $\alpha=0.05$。

5. 某厂生产一种新型家用产品,厂家声称某市已有 20%以上的家庭在使用这种产品。市场调查人员在该市抽选了一个由 300 个家庭组成的随机样本,发现有 70 个家庭使用了这种产品。问:这些数据是否为证实厂家的说法提供了充分证据? 设 $\alpha=0.05$。

6. 某大学共有 1 000 名四年级大学生,其中男生 600 名,女生 400 名。某位教师认为男生已通过计算机二级水平考试的成数要高于女生。为证实自己的看法，他分别随机抽选了60名男生和40名女生，发现已通过这种考试的人数分别为35人和17人。问：这些数据是否足以说明这位老师的看法正确？设$\alpha=0.01$。

7. 某显像管制造厂安装了新的显像管生产流水线，现从中随机抽取了20只产品进行测试，发现其使用寿命的标准差为20千小时。若原产品的使用寿命的标准差为25千小时，在$\alpha=0.05$的显著性水平下，能否认为显像管使用寿命的标准差已有显著改善？

8. 根据计算题3的资料，能否认为这两种方案的产量的方差是相等的？($\alpha=0.1$)

9. 把一亩土地划分成15块面积相等的地块，分别种上三个不同品种的水稻，每个品种种5块地。收获后，得到的产量数据如下表所示：

产量(千克)		地块 1	2	3	4	5
品种	A	40	48	38	42	45
	B	26	34	30	28	32
	C	39	40	43	50	50

试检验不同品种水稻的产量有无显著差异？($\alpha=0.05$)

10. 进行一项单因素试验，该实验依据该因素分为4组，每组内有7个观察值。计算下面的方差分析表中所有的缺失值。

方差来源	离差平方和	自由度	均方	F值
组间	$SSB=?$	$k-1=?$	$MSB=\frac{SSB}{k-1}=80$	$F=?$
组内	$SSE=560$	$n-k=?$	$MSE=\frac{SSE}{n-k}=?$	
总和	$SST=?$	$n-1=?$		

然后在0.05的显著性水平下，检验这4组的总体均值是否有显著的不同。

11. 对某公司电话总机在每天下午开始工作的1分钟内接到的电话呼叫次数，记录了100天的数据并整理成如下频数分布表。若预期这种特定时刻电话呼叫服从泊松分布，试用χ^2检验判断其"拟合优度"。($\alpha=0.05$)

电话呼叫次数	0	1	2	3	4	5	6及以上
记录天数	5	7	30	40	7	5	6

12. 某市场调研公司要确定消费者对5种牌号的矿泉水喜好是否相同。他们抽取100个消费者为简单随机样本进行调查，将所得资料整理为下表，并认为消费者对5种牌号矿泉水的喜好没有显著区别。要求：试分别用0.05和0.01的显著性水平检验调研人员的上述判断。

矿泉水牌号	A	B	C	D	E
喜欢的人数	27	16	22	18	17

13. 某电视机厂对三个元件生产厂提供的电子元件的三种性能进行质量检验。厂方想知道元件生产厂家同元件性能的质量差异是否有关系。他们抽查了 450 只元件次品，整理成为如下 3×3 列联表。

次品类型 元件厂	A	B	C	总计
甲	20	45	36	100
乙	40	90	70	200
丙	15	65	70	150
总计	75	200	175	450

根据抽查检验的数据，他们认为次品类型与厂家(即哪一个厂)生产是无关的。

要求：试以 0.01 的显著性水平进行检验，做出判断。

14. 某大学随机抽取 30 名学生对两门课程的讲课质量评级，级别从 0 至 10，以 10 为最高，资料如下表所示：

课程甲	8	4	3	3	9	9	9	8	7	4	6	7	7	9	7
课程乙	3	8	4	6	6	4	5	10	7	7	6	8	7	5	9
课程甲	8	10	4	9	7	8	5	5	2	8	3	5	4	7	7
课程乙	5	4	5	8	2	9	5	6	9	9	7	8	5	2	9

有关人员根据调查结果，认为学生对两门课程讲课质量赞赏人数的比例相同。

要求：对数据配对进行双侧符号检验。若课程甲的分数高于课程乙，用"＋"号；反之，用"－"号。($\alpha=0.05$)

15. 某洗涤剂厂为了检验广告宣传的效果，将广告宣传前后不同时期 10 个城市的月销售量资料整理如下表所示：

城市编号	1	2	3	4	5	6	7	8	9	10
做广告前销售量	22	16	15	32	18	10	15	25	17	19
做广告后销售量	30	19	13	28	17	10	17	28	16	14

要求：试用威尔科克森带符号等级的单侧检验，对广告宣传的效果做出判断。($\alpha=0.05$)

16. 某公司对下属甲、乙两个规模相同的百货商场分别采用集体承包和个人承包两种经营方式，从两个商场各抽取了同一月的 11 天和 9 天的营业额资料进行比较分析，试图通过两者的平均营业额是否相同来评价两种经营方式的效果是否有差异。有关销售额资料整理如下：

甲商场日营业额	23	27	34	28	31	47	39	41	43	47	31
乙商场日营业额	40	42	23	31	32	33	42	35	31		

要求:根据研究目的和条件选择适当方法进行检验,对两种经营方式是否效果相同做出判断。($\alpha=0.10$)

17. 某保险公司为了了解户主收入与他们的人寿保险投保额之间是否有关,抽取了10个家庭为简单随机样本,有关资料如下表所示:

家庭编号	1	2	3	4	5	6	7	8	9	10
年收入水平(千元)	10	14	13	14	14	25	12	16	12	15
投保额(千元)	9	20	22	15	17	30	18	25	10	20

要求:试计算斯皮尔曼等级相关系数并做出判断。($\alpha=0.05$)

18. 一家连锁快餐公司进行了一项调查,想了解消费者对在三种媒体(报纸、电视和电台)上所发布的广告的认知是否有差异。此项调查的数据如下表所示:

问题	媒体			合计
能否记得广告	杂志	电视	电台	
能记得广告的人数	20	15	5	40
不能记得广告的人数	70	75	115	260
合计	90	90	120	300

试问:在0.05的显著性水平下,人们能记得广告的比例在不同媒体之间是否存在显著的不同?

第九章

相关分析和回归分析

引　言

2000—2011 年间,我国 GDP、信贷余额 M1 和信贷余额 M2 的规模都在逐年增大。好奇的人们不禁会有这样的疑问:信贷余额 M1、M2 和 GDP 的增长是否存在内在联系? 对于这个问题,可以运用本章的相关分析和回归分析来进行综合分析。

在自然界和社会中的许多事物或现象,彼此之间都是有机地相互联系、相互依赖、相互制约着。离开周围的现象和条件而孤立地存在的现象是没有的。事物或现象的相互联系、相互制约,构成错综复杂的客观世界,构成世界的变动和发展。

在皮尔逊的学生戈赛特于 1908 年导出了正态总体下 t 统计量的精确分布的基础上,英国剑桥大学教授、统计学家费歇系统地发展了正态总体下种种统计量的小样本精确分布,包括样本相关系数、偏相关系数、复相关系数、回归系数和方差比的 F 分布;他还把皮尔逊的拟合优度的 χ^2 检验推广到带参数的情况,这些贡献标志着相关回归分析和多元分析理论的建立。

高尔敦

高尔敦(Francis Galton,1822—1911),出生在英国的伯明翰,他先后在伦敦和剑桥学医学,但是并未有太大的成就。在继承遗产之后,他就放弃学业,并于 1850—1852 年间在北非和南非旅游。他因探究非洲西南方中心未知地区高气压存在的成就,于 1853 年获得皇家地理学协会颁发的黄金奖章。19 世纪 60 年代早期,他转向气象学研究,从而引发了他对统计的兴趣并展现了他的能力。他后来的兴趣涉及心理学、人类学、社会学、教育和指纹学,但他最著名的是在遗传和智能方面的研究,这也被认为是导致他提出如优生学这样备受争议的观念之起源;他认为人类的素质可以经过合乎科学地控制生殖过程来有效地改善,此概念类似进化论。他的第一本重要著作是 1869 年出版的《遗传天赋》(*Hereditary Genius*),在此书中他主张精神特性与身体的特性一样都是来自遗传。1876 年,高尔敦以这种思路出发,首次在双胞胎行为研究中努力地区别遗传和环境的影响。1886 年他研究了两代豌豆重量之间的相关时发现了 Y 关于一个正态变量 X 的线。在《自然遗传》(*Natural Inheritance*)一书中,他又将朴素回归(naive regression)方法应用到兄弟身高的研究上,且在 1888 年提出了相关指数(index of correlation),之后他的学生皮尔逊将相关系数(correlation coefficient)做了更详尽的说明。

高尔敦是提出进化论的查尔斯·达尔文(Charles Darwin)的表弟。1909 年,他被授予爵位,1911 年 1 月 17 日,卒于英国索立(Surrey)。

第一节 相关的概念和二元概率分布

在现实生活中,很多现象间都存在一定的联系,如身高与体重、投资风险与收益在通常情况下成正比。这种现象间普遍存在的规律是统计研究中的重点,常用相关分析方法来揭示它们之间的内在联系。

相关分析(correlation analysis)就是研究变量间的变化方向,测定它们之间联系的紧密程度,揭示其变化规律和具体形式的统计方法,是构造各种经济模型、进行结构分析、做出政策评价、预测和控制的重要工具和前提。

一、相关关系的概念

客观社会经济现象和自然界现象一样是普遍联系、互相依存的,客观的社会经济现象之间的联系可以通过一定的数量关系反映出来。例如,在家庭经济收入与消费支出之间、广告费支出与商品销售额之间、企业劳动生产率与产品生产成本之间、宏观经济投入与产出之间,都存在着一定的依存关系。

相关关系(correlation relationship)就是客观社会经济现象之间相互联系的一种形式。对于相关关系的研究要掌握以下两个要点:

(1)相关关系是指社会经济现象之间确实存在的数量上的相互依存关系。也就是说,两个现象之间,如果一个现象发生数量上的变化,则另一个现象也会引起对应的数量上的变化。例如,若企业产品销售费用增加,则一般产品销售额也会增加;反之,如果企业产品销售额增加,一般产品销售费用也会增加。又如,人体身高与体重的关系,小孩身体长高了,同时体重也会增加;而体重较重的小孩,其身材也比较高。再如,农作物施肥量与亩产量的关系,劳动生产率与产品生产成本、销售利润的关系,产品生产量与销售量的关系,等等。

(2)社会经济现象之间的数量关系的具体关系值不是固定的,而是不确定性的相互依存关系。例如,对不同地块生长的农作物施同等量的肥料,各块地的农作物亩产量并不会相同,这是因为影响农作物亩产量发生变化的因素有多种多样,除施肥量外,还有气候条件、土壤条件、灌溉条件、种子质量条件等。尽管施肥量多少对农作物亩产量高低是一个关系相当密切的变量,但二者关系值不是固定的,往往同时出现几个不同的数值,在一定的范围内变动着,而这些不同数值一般都分布在它们的平均值周围。这种农作物施肥量与农作物亩产量之间在数量上的不固定的依存关系,就是相关关系。这与函数关系不同,函数关系表示两个变量之间存在的确定性的依存关系,它们相互之间的具体关系值是固定的,也就是说,自变量发生变化就会引起因变量有一个确定的值与它相对应。函数关系通常可以用数学公式确切地表示出来,这种情况在自然界现象经常可以见到。例如,圆面积 S 与圆半径 r 之间存在函数关系,关系式为 $S=\pi r^2$,π 是一个常数,圆的半径 r 值发生变化,圆的面积 S 就有一个确定的值与其对应。

社会经济现象之间也有这种类似的关系,例如,工业总产值=产品产量×产品价格。在产品价格不变的条件下,产品产量发生变化则有一个确定的工业总产值与它相对应。因此,相关关系是指变量之间确实存在的,但数量上不是严格对应的依存关系,它所表现的特点是：当一个变量 X 发生数量上的变化时，另一个变量 Y 也会相应地发生数量上的变化，但 Y 变化后的值可能不唯一确定。例如，成本的高低与利润的多少有密切关系，但某一确定的成本与相对应的利润的数量关系却是不确定的。这是因为影响利润的因素除了成本外，还有价格、供求平衡、消费习惯等因素以及其他偶然因素的影响。

需要特别提醒的是，相关关系与函数关系虽然是两种不同类型的变量关系，但是相关关系与函数关系之间并没有绝对的界限，由于有观察和测量误差诸原因确定性的函数关系，在实际中往往通过相关关系表现出来，反过来，当人们对某些事物内部的规律了解认识得更深刻时，相关关系又可能转化为确定性函数关系。因此，相关关系与函数关系之间既有联系又有区别。

(一)相关关系与函数关系的区别

(1)函数关系(functional relationships)是变量之间一种确定性的数量对应关系，而相关关系是变量之间一种不确定的数量对应关系。

(2)函数关系可以用数学分析的方法去研究，而相关关系必须借助于统计学中的相关、回归等统计分析方法研究。

(二)相关关系与函数关系的联系

(1)当变量之间完全相关时，相关关系就变为函数关系。因此，从广义上看，函数关系也是一种相关关系。

(2)函数关系和相关关系在一定条件下可以相互转化。两个具有函数关系的变量，当存在观测误差时，其函数关系往往以相关的形式表现出来；而具有相关关系的变量，如果对它们有了深刻的规律性认识，并且能够把影响因变量变动的因素全部纳入方程，这时的相关关系也可能转化为函数关系。

(3)相关关系可以用一定形式的函数来近似描述。

应当指出，社会经济现象之间的相关关系必须是真实的、具有内在联系的关系，绝不能是表面的、偶然的或者任意选的虚假关系，因此，在研究现象的相关关系时，必须根据有关科学理论，通过大量观察和试验，在对现象进行深入分析的基础上，建立相应的联系，并且要经过理论和实践的进一步检验，以便得出科学的结论。

二、相关关系的种类

社会经济现象之间的相互关系是错综复杂的，它们以不同的方向和程度相互制约、相互影响，从而表现出各种不同的类型和形式。

(一)根据现象相关变化的方向可以分为正相关和负相关

正相关(positive correlation)是两个相关现象的变量有着一致的变化方向，即当自变量 X 的数值由小变大时，因变量 Y 的数值也相应地由小变大；反之，当自变量 X 的数值由大变小时，因变量 Y 的数值也相应地由大变小，它们的变动方向始终是一致的。例如，企业产品销售额增加，上交税款总额也随之增加；单位产品原材料消耗量降低，单位产品成本也随之降低，都属正相关。

负相关(negative correlation)是两个相关现象的变量具有不同的变化方向，即当自变量 X 的数值由小变大时，因变量 Y 的数值也相应地由大变小；或当自变量 X 的数值由大变小时，因变量 Y 的数值也相应地由小变大。它们的变动方向始终是相反的。例如，企业的产品生产量与单位产品成本之间就存在这种关系，即随着企业产品生产量的增加，分摊到单位产品成本就会随之减少，企业单位产品成本减少，则企业产品销售利润就会增加。

相关关系可用散点图(scatter diagram)表示，图 9－1(a)(c)(e)(g)(i)为正相关，图 9－1(b)(d)(f)为负相关。

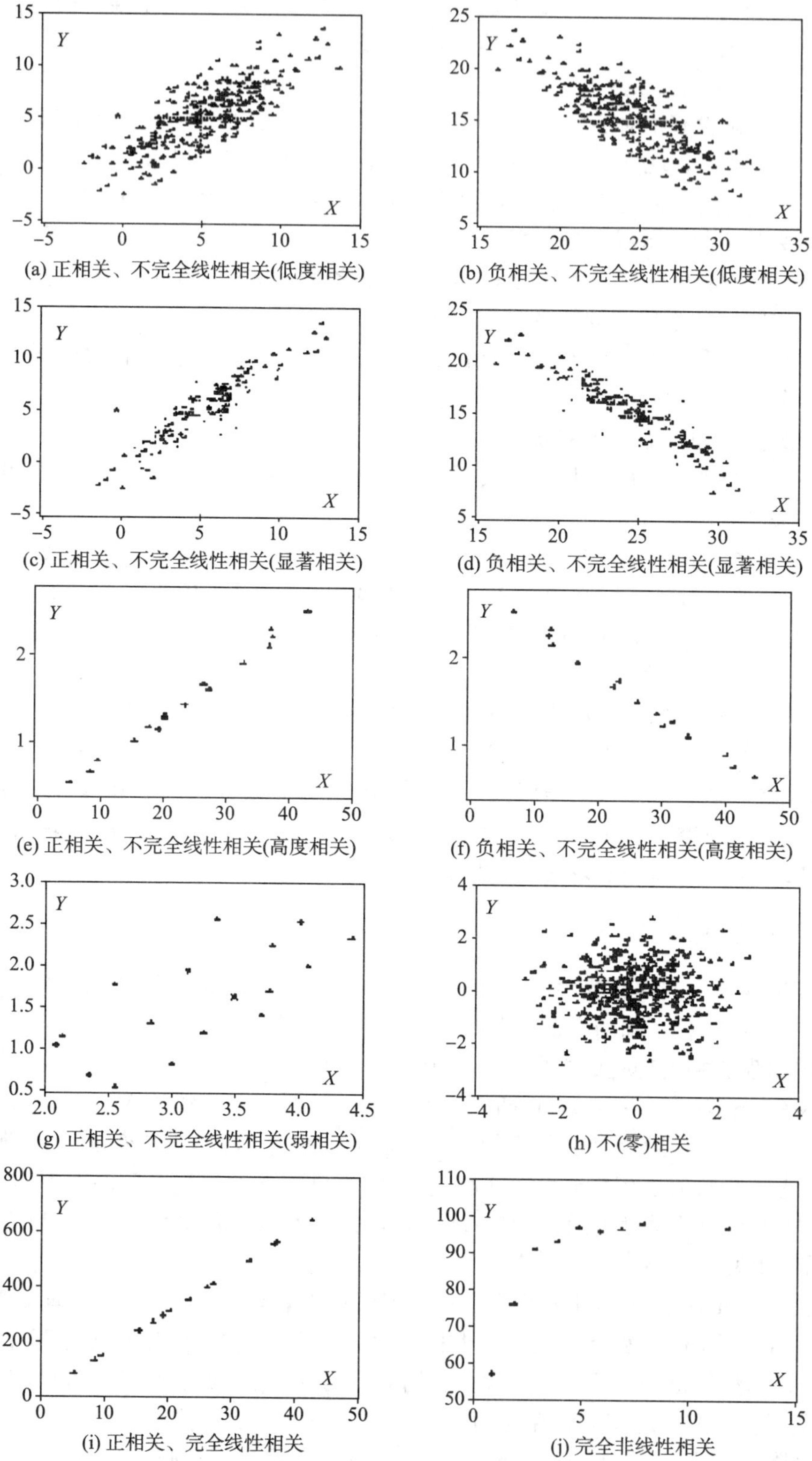

(a) 正相关、不完全线性相关(低度相关)

(b) 负相关、不完全线性相关(低度相关)

(c) 正相关、不完全线性相关(显著相关)

(d) 负相关、不完全线性相关(显著相关)

(e) 正相关、不完全线性相关(高度相关)

(f) 负相关、不完全线性相关(高度相关)

(g) 正相关、不完全线性相关(弱相关)

(h) 不(零)相关

(i) 正相关、完全线性相关

(j) 完全非线性相关

图 9－1　相关关系的类型

(二)根据现象相关的形式可以分为线性相关和非线性相关

线性相关(linear correlation)是指在两个相关现象的变量中,当自变量 X 数值发生变动,因变量 Y 数值随之发生大致均等变动的一种相关关系。在这种关系中,两个变量的变动幅度近似地保持一定的比例,在散点图上的分布近似地表现为直线形式。例如,图 9-1(a)(b)(c)(d)(e)(f)(g)(i)都是线性相关。

非线性相关(curvilinear correlation)是指在两个相关现象的变量中,当自变量 X 数值发生变动时,因变量 Y 数值也随之发生变动,但这种变动在数值上不是均等的,它在散点图的分布表现为各种不同的曲线形式,如抛物线、指数曲线、双曲线等,如图 9-1(j)。

(三)根据现象相关的程度可以分为完全相关、不完全相关和不相关

完全相关(complete correlation)是指两个相关现象的变量中,当因变量 Y 数值完全随自变量 X 数值变动而变动,它在散点图上表现为所有的观察点都落在直线上。这时,相关关系就转化为函数关系,从广义上看,函数关系是相关关系的一个极端,如图 9-1(i)(j)。

不完全相关(incomplete correlation)是指两个相关现象变量之间存在的一种不确定性的相互依存关系,它介于完全相关和不相关之间,如图 9-1(a)(b)(c)(d)(e)(f)(g),所以又称狭义相关,也正是相关分析的研究对象。

不相关又称无相关或零相关(correlation zero),是指两个现象之间不存在相关关系,即两个变量彼此互不影响。当自变量 X 数值变动时,因变量 Y 数值不随之做相应的变动,其数值变化各自独立。例如,工人的年龄与产品单位成本、产品的质量与工人的体重之间不存在相互依存关系。从广义上看,不相关是相关关系的另一个极端,如图 9-1(h)。

(四)根据现象相关的因素可以分为单相关和复相关

单相关(simple correlation)描述的是两个现象变量之间的相关关系,即一个因变量对于一个自变量的相关,又称一元相关。例如,身高与体重、农作物施肥量与农作物亩产量之间的相关关系,单相关可用二维平面予以显示,如图 9-1 所示,都属于单相关。复相关(multiple correlation)又称多元相关,研究的是一个变量与两个或两个以上变量之间的相关关系,即一个因变量对应两个或两个以上自变量的相关。

例如,社会商品零售额同居民经济收入、商品销售价格之间的关系,单位产品成本同产品产量、单位产品原材料消耗量、原材料价格的关系都是复相关。复相关须用三维或多维空间予以展现,如图 9-2 是三维空间,展现了三个变量之间的相关关系;而三个以上变量的相关关系则构成多维空间,但无法用图形展现,需要通过人的抽象思维予以想象,如图 9-2 所示。

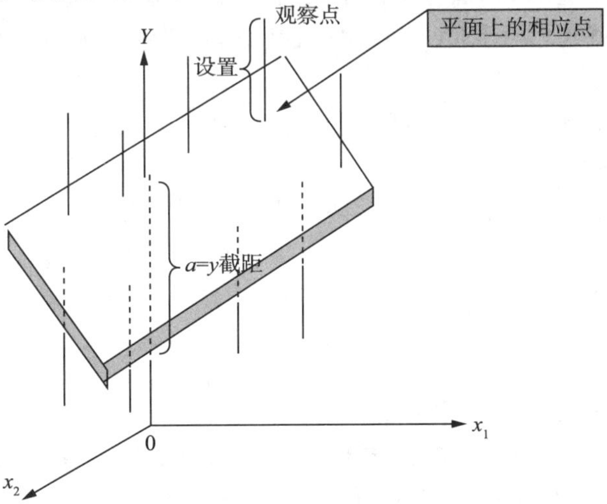

图 9-2　复相关

(五)根据现象相关的性质可以分为数量相关和质量相关

数量相关描述的是现象的定量变量之间的相关关系,适用于定距数据和定比数据。例如,产品产量与单位产品成本之间的相关。

质量相关描述的是现象的定性变量之间的相关关系,适用于定类数据和定序数据。定类数据可用于属性相关(correlation of attributes)分析,如数据挖掘方法中的机器学习、模糊逻辑和粗糙集等领域提出了许多属性相关分析的方法,其基本思想是针对给定的数据集或概念,对相应属性进行计算,以获得的描述属性相关性的若干属性相关参数,包括信息增益、吉尼(Gini)值、不确定性和相关系数等;定序数据用于等级相关(rank correlation)分析,如第八章介绍的斯皮尔曼等级相关系数。

三、相关关系的概率分布

相关关系是两个随机变量之间的不确定性关系(uncertainty relationship),其概率分布为二元联合概率分布。

(一)二维随机变量及其分布函数

1. 二维随机变量(two-dimension random variable)

在实际问题中,有一些实验结果需要同时用两个或两个以上的随机变量来描述。例如,炮弹弹着点的位置要用其横坐标 X 与纵坐标 Y 来确定。又如,在制定我国的服装标准时,需同时考虑人体的上身长、臂长、胸围、下肢长、腰围、臀围等多个变量。同一个实验结果的各个随机变量之间一般有某种联系,因而需要把它们作为一个整体来研究。本章只介绍二维情况,有关内容可以推广到多于二维的情况。

定义 1 设 $S=\{e\}$ 为随机试验 E 的样本空间,$X=X(e)$,$Y=Y(e)$ 是定义在 S 上的随机变量,则称有序数组 (X,Y) 为二维随机变量(two-dimension random variable),或称为二维随机向量(two-dimension random vector),称 (X,Y) 的取值规律为二维分布 (two-dimension distribution)。

定义 2 设 (X,Y) 是二维随机变量,对于任意实数 x,y,称二元函数 $F(x,y)=P(X\leqslant X,Y\leqslant y)$ 为二维随机变量 (X,Y) 的分布函数(distribution function),或称为 (X,Y) 的联合分布函数(unity distribution function)。

如果把二维随机变量 (X,Y) 看作平面上具有随机坐标 (X,Y) 的点,那么分布函数 (X,Y) 在 (x,y) 处的函数值就是随机点 (X,Y) 落在以点 (x,y) 为顶点而位于该点左下方的无穷矩形域内的概率。

二维随机变量的分布函数具有以下性质:

(1)$0\leqslant F(x,y)\leqslant 1$。

(2)$F(x,y)$ 是变量 x,y 的不减函数,即对于任意固定的 y,当 $x_1<x_2$ 时,有 $F(x_1,y)\leqslant F(x_2,y)$;对于任意固定的 x,当 $y_1<y_2$ 时,有 $F(x_1,y)\leqslant F(x_2,y)$。

(3)对于任意固定的 y,$F(-\infty,y)=\lim\limits_{x\to-\infty}F(x,y)=0$;对于任意固定的 x,$F(x,-\infty)=\lim\limits_{y\to-\infty}F(x,y)=0$,并且 $F(-\infty,-\infty)=\lim\limits_{\substack{x\to-\infty\\y\to-\infty}}F(x,y)=0$,$F(+\infty,+\infty)=\lim\limits_{\substack{x\to+\infty\\y\to+\infty}}F(x,y)=1$。

2. 二维离散型随机变量的概率分布

定义 3 如果二维随机变量 (X,Y) 可能取的值只有有限个或可列个,则称 (X,Y) 为二维离散型随机变量(two-dimension discrete random variable)。

显然，如果(X,Y)是二维离散型随机变量，则X，Y均为一维离散型随机变量；反之，亦成立。

定义4 设二维随机变量(X,Y)所有可能取的值为$i,j=1,2,\cdots$，则称$P(X=x_i,Y=y_j)=p_{ij},i,j=1,2,\cdots$为$(X,Y)$的概率分布，或称为$(X,Y)$的联合分布。

二维离散型随机变量(X,Y)的联合分布有时也用表9-1来表示。

表9-1 **二维离散型随机变量(X,Y)的联合概率分布表**

XY	y_1 y_2 $\cdots$ y_j $\cdots$
x_1	p_{11} p_{12} $\cdots$ p_{1j} $\cdots$
x_2	p_{21} p_{22} $\cdots$ p_{2j} $\cdots$
$\vdots$	$\vdots$ $\vdots$ $\vdots$ $\vdots$ $\vdots$
x_i	p_{i1} p_{i2} $\cdots$ p_{ij} $\cdots$
$\vdots$	$\vdots$ $\vdots$ $\vdots$ $\vdots$ $\vdots$

显然，p_{ij}具有以下性质：

(1)$p_{ij}\geqslant 0,(i,j=1,2,\cdots)$；

(2)$\sum\limits_i\sum\limits_j p_{ij}=1$；

(3)如果(X,Y)是二维离散型随机变量，那么，它的分布函数可按式$F(x,y)=\sum\limits_{x_i\leqslant x}\sum\limits_{y_j\leqslant y}p_{ij}$求得，这里的和是对一切满足不等式$x_i\leqslant x,y_j\leqslant y$的$i,j$来求和的。

离散型二元随机变量(X,Y)的联合概率分布$P(X,Y)=p_{ij}$的特征值为：

X的数学期望：$\mathrm{E}(X)=\sum\limits_i\sum\limits_j X_i p_{ij}$

Y的数学期望：$\mathrm{E}(Y)=\sum\limits_i\sum\limits_j Y_j p_{ij}$

X的数学方差：$\mathrm{D}(X)=\mathrm{E}(X-\mathrm{E}(X))^2$

Y的数学方差：$\mathrm{D}(Y)=\mathrm{E}(Y-\mathrm{E}(Y))^2$

3. 二维连续型随机变量的概率分布

定义5 设(X,Y)是二维随机变量，如果存在一个非负函数$f(x,y)$，使得对于任意实数x,y，都有

$$F(x,y)=P(X\leqslant x,Y\leqslant y)=\int_{-\infty}^{x}\int_{-\infty}^{y}f(u,v)\mathrm{d}u\mathrm{d}v$$

则称(X,Y)是二维连续型随机变量(two-dimension continuous random variable)，函数$f(x,y)$称为二维连续型随机变量(X,Y)的分布密度(distribution density)，或称为(X,Y)的联合密度。

二维分布密度具有以下性质：

(1)$f(x,y)\geqslant 0$；

(2)$\int_{-\infty}^{+\infty}\int_{-\infty}^{+\infty}f(x,y)\mathrm{d}x\mathrm{d}y=1$；

(3)$P((X,Y)\in D)=\iint_D f(x,y)\mathrm{d}x\mathrm{d}y$，其中$D$为$XOY$平面上的任意一个区域；

(4)如果二维连续型随机变量(X,Y)的密度$f(x,y)$连续，(x,y)的分布函数为

$F(X,Y)$,则:

$$\frac{\partial^2 F(X,Y)}{\partial x \partial y} = f(x,y)$$

定义 6 若二维随机变量(X,Y)的概率密度为:

$$f(x,y) = \frac{1}{2\pi\sigma_1\sigma_2\sqrt{1-\rho^2}} \exp\left\{\frac{-1}{2(1-\rho^2)}\left[\frac{(x-\mu_1)^2}{\sigma_1^2} - 2\rho\frac{(x-\mu_1)(y-\mu_2)}{\sigma_1\sigma_2} + \frac{(y-\mu_2)^2}{\sigma_2^2}\right]\right\}_{-\infty<x<+\infty,-\infty<y<+\infty}$$

其中,$\mu_1,\mu_2,\sigma_1,\sigma_2,\rho$ 都是常数,且 $\sigma_1>0,\sigma_2>0,|\rho|<1$,则称$(X,Y)$服从二维正态分布(two-dimension normal distribution)$N(\mu_1,\sigma_1^2;\mu_2,\sigma_2^2;\rho)$。

可以证明 $f(x,y)$满足概率密度的两条基本性质。

连续型二元随机变量(X,Y) 的联合分布概率 p_{ij} 的特征值为:

X 的数学期望:$\sigma_X^2 = \sum\limits_i \sum\limits_j (X_i - \overline{X})^2 \cdot P_{ij}$

Y 的数学方差:$\sigma_Y^2 = \sum\limits_i \sum\limits_j (Y_i - \overline{Y})^2 \cdot P_{ij}$

X 与 Y 的协方差:$\sigma_{XY}^2 = \sum (X - \overline{Y})(Y - \overline{Y})$

协方差是用来度量两个具有联合概率分布 $P(X,Y)$的随机变量之间的线性关系,从公式可以看出,它是 X 与 Y 变量离差乘积的数学期望。当协方差 $\sigma_{XY}=0$ 时,表明 X 与 Y 两个变量不存在线性关系。

二元函数 $Z=f(x,y)$在几何上表示为一个曲面,通常称这个曲面为分布曲面(distribution curved surface)。由性质(2)可知,介于分布曲面和 XOY 平面之间的空间区域的全部体积等于 1;由性质(3)可知,(X,Y)落在区域 D 内的概率等于以 D 为底、曲面 $Z=f(x,y)$为顶的柱体体积。

这里的性质(1)(2)是概率密度的基本性质。可以不加证明地指出:任何一个二元实函数 $f(x,y)$若满足性质(1)(2),则它可以成为某二维随机变量的概率密度。

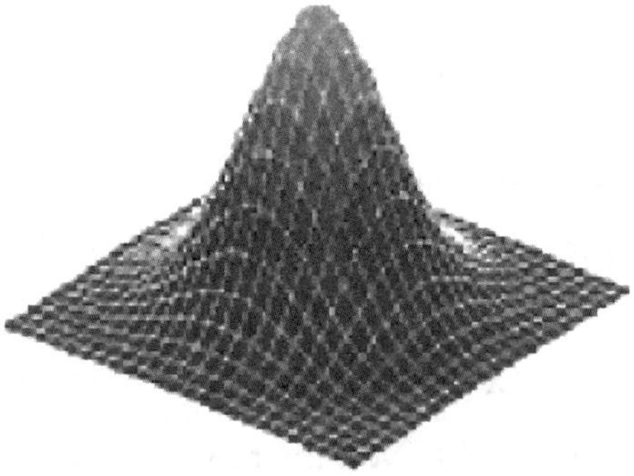

图 9-3 正态概率曲面图

(二)边缘分布

作为 X,Y 的整体的二维随机变量(X,Y)的取值情况,可由它的联合分布函数为 $Z=f(X,Y)$或它的联合密度函数 $Z=f(x,y)$全面描述。由于 X,Y 都是随机变量,因此也可以单独考虑某一个随机变量的概率分布问题。

定义 7 设(X,Y)是二维随机变量,称分量 X 的概率分布为(X,Y)关于 X 的边缘分布(marginal distribution),分量 Y 的概率分布为(X,Y)关于 Y 的边缘分布。它们的分布函数与密度函数分别记作 $F_X(x)$，$F_Y(y)$ 与 $f_X(x)$，$f_Y(x)$。

由于(X,Y)的联合分布全面地描述了(X,Y)的取值情况，因此，当已知(X,Y)的联合分布时，就容易求得关于 X 或关于 Y 的边缘分布。

1. 离散型随机变量(其中，U 是必然事件)

若已知 $P(X=x_i,Y=y_j)=p_{ij}(i,j=1,2,\cdots)$，则随机变量 X 的概率分布为(X,Y)关于 X 的边缘分布如下：

$$\begin{aligned}P\{X=x_i\}&=P\{X=x_i,U\}=P\{X=x_i,\sum_{j=1}^{\infty}(Y=y_j)\}\\&=P\{U_{j=1}^{\infty}(X=xi,Y=yj)\}=\sum_{j=1}^{\infty}P\{(X=x_i,Y=y_j)\}=\sum_{j=1}^{\infty}p_{ij}\end{aligned}$$

同样得到(X,Y)关于 Y 的边缘分布：

$$P(Y=y_j)=\sum_{i=1}^{\infty}p_{ij},i,j=1,2,\cdots$$

记 $p_{i.}=\sum_{j=1}^{\infty}p_{ij}$，$p_{.j}=\sum_{i=1}^{\infty}p_{ij}$，所以关于 X 的边缘分布列如表 9-2 所示。

表 9-2　X 的边缘分布列

X	x_1　x_2　$\cdots$　x_i　$\cdots$
$p_{i.}$	$p_{1.}$　$p_{2.}$　$\cdots$　$p_{i.}$　$\cdots$

关于 Y 的边缘分布列如表 9-3 所示。

表 9-3　Y 的边缘分布列

Y	y_1　y_2　$\cdots$　y_j　$\cdots$
$p_{.j}$	$p_{.1}$　$p_{.2}$　$\cdots$　$p_{.j}$　$\cdots$

2. 连续型随机变量

设 $Z=f(x,y)$ 是(X,Y)的联合密度函数，则 $f_X(x)=\int_{-\infty}^{+\infty}f(x,y)\mathrm{d}y$，$f_Y(y)=\int_{-\infty}^{+\infty}f(x,y)\mathrm{d}x$ 分别是(X,Y)关于 X,Y 的边缘分布密度函数。

(三)条件分布

描述二维随机变量(X,Y)整体的统计规律用联合分布，描述单个分量的统计规律用边缘分布。当一个分量取定一个值，在此条件下考虑另一个分量的统计规律，就是所谓的条件分布(conditional distribution)。

1. 离散型

设(X,Y)是二维离散型随机变量，其分布率为 $P(X=x_i,Y=y_j)=p_{ij}$，$i,j=1,2,\cdots$，则(X,Y)关于 X 和 Y 的边缘分布率为：

$$P(X=x_i)=p_{ig}=\sum_{j=1}^{\infty}p_{ij},i=1,2,\cdots$$

$$P(Y=y_j)=p_{gj}=\sum_{i=1}^{\infty}p_{ij},j=1,2,\cdots$$

设 $p_{gj}>0$，我们考虑事件$\{Y=y_j\}$已经发生的条件下事件$\{X=x_i\}$发生的概率，由条件概率公式可得：

$$P\{X=x_i \mid Y=y_j\}=\frac{P\{X=x_i,Y=y_j\}}{P\{Y=y_j\}}=\frac{P_{ij}}{p_{gj}},i=1,2,\cdots$$

由上式易知上述条件概率具有分步率的性质：

(1)$P\{X=x_i|Y=y_j\}\geqslant 0$；

(2) $\sum_{i=1}^{\infty}P\{X=x_i \mid Y=y_j\}=\sum_{i=1}^{\infty}\frac{P_{ij}}{p_{gj}}=\frac{1}{p_{gj}}\sum_{i=1}^{\infty}P_{ij}=\frac{p_{gj}}{p_{gj}}=1$。

于是引入下面的定义：

定义 8 设(X,Y)是二维离散型随机变量，对于固定的j，若$P\{Y=y_j\}>0$，则称$P\{X=x_i|Y=y_j\}=\frac{P\{X=x_i,Y=y_j\}}{P\{Y=y_j\}}=\frac{p_{ij}}{p_{gj}}(i=1,2,\cdots)$为$Y=y_j$条件下随机变量$X$的条件分布率。

同样，对于固定的i，若$P\{X=x_i\}>0$，则称$P\{Y=y_j|X=x_i\}=\frac{P\{X=x_i,Y=y_j\}}{P\{X=x_i\}}=\frac{p_{ij}}{p_{ig}}(j=1,2,\cdots)$为在$X=x_i$条件下随机变量$Y$的条件分布率。

条件分布率就是在边缘分布率的基础上都加上“另一个随机变量取定某值”这个条件。从定义易知，条件分布率也满足非负性和规范性。

【例 9-1】 设(X,Y)的联合分布列如表 9-4 所示。

表 9-4 **(X,Y)的联合分布列**

XY	0	1	2
0	0.1	0.3	0.1
1	0.2	0.2	0.1

求在$Y=0$的条件下，X的条件分布率；$X=1$的条件下，Y的条件分布列。

解：

$$P\{X=0 \mid Y=0\}=\frac{P\{X=0,Y=0\}}{P\{Y=0\}}=\frac{0.1}{0.3}=\frac{1}{3}$$

$$P\{X=1 \mid Y=0\}=\frac{P\{X=1,Y=0\}}{P\{Y=0\}}=\frac{0.2}{0.3}=\frac{2}{3}$$

因此，可得X的条件分布率(见表 9-5)。同样可求得Y的条件分布率(见表 9-6)。

表 9-5 **X的条件分布列**

$X=k$	0	1
$P\{X=k\|Y=0\}$	1/3	2/3

表 9-6 **Y的条件分布列**

$Y=k$	0	1	2
$P\{Y=k\|X=1\}$	2/5	2/5	1/5

2. 连续型

设(X,Y)是二维连续型随机变量，这时由于对任意的x,y有$P\{X=x\}=0,P\{Y=y\}=0$，因此不能直接用条件概率公式引入“条件分布函数”。考虑：

$$P\{X\leqslant x\mid y<Y\leqslant y+\varepsilon\}=\frac{P\{X\leqslant x,y<Y\leqslant y+\varepsilon\}}{P\{y<Y\leqslant y+\varepsilon\}}=\frac{\int_{-\infty}^{x}\left[\int_{y}^{y+\varepsilon}f(x,y)\mathrm{d}y\right]\mathrm{d}x}{\int_{y}^{y+\varepsilon}f_Y(y)\mathrm{d}y}$$

当 ε 很小时,在某些条件下有

$$P\{X\leqslant x\mid y<Y\leqslant y+\varepsilon\}\approx\frac{\int_{-\infty}^{x}\varepsilon f(x,y)\mathrm{d}x}{\varepsilon f_Y(y)}=\int_{-\infty}^{x}\frac{f(x,y)}{f_Y(y)}\mathrm{d}x$$

定义 9 设(X,Y)的概率密度为 $f(x,y)$,$f_Y(y)$为 Y 的边缘密度,对于固定的 y,$\dfrac{f(x,y)}{f_Y(y)}$ 为在 $Y=y$ 的条件下 X 的条件概率密度,记作 $f_{X|Y}(x|y)=\dfrac{f(x,y)}{f_Y(y)}$。

同样有 $f_{Y|X}(y|x)=\dfrac{f(x,y)}{f_X(x)}$,并称 $F_{X|Y}(x\mid y)=P(X\leqslant x\mid Y=y)=\int_{-\infty}^{x}f_{X|Y}(x\mid y)\mathrm{d}x$ 为在 $Y=y$ 的条件下 X 的条件分布函数。同样,有 $F_{Y|X}(y\mid x)=P(Y\leqslant x\mid X=x)\triangleq\int_{-\infty}^{y}f_{Y|X}(y\mid x)\mathrm{d}y$。

【例 9-2】 设数 X 在区间(0,1)上随机取值,当观察到 $X=x(0<x<1)$时,数 Y 在$(x,1)$上随机取值,求 Y 的概率密度 $f_Y(y)$。

$$f_X(x)=\begin{cases}1,0<x<1\\0,其他\end{cases}$$

$$对任意\ x(0<x<1),f_{Y|X}(x)=\begin{cases}\dfrac{1}{1-x},x<y<1\\0,\quad 其他\end{cases}$$

因此,(X,Y)的联合密度为:

$$f(x,y)=f_{Y|X}(x)f_X(x)=\begin{cases}\dfrac{1}{1-x},0<x<y<1\\0,\quad 其他\end{cases}$$

所以

$$f_Y(y)=\int_{-\infty}^{+\infty}f(x,y)\mathrm{d}x=\begin{cases}\displaystyle\int_0^y\frac{1}{1-x}\mathrm{d}x,0<y<1\\0,\quad 其他\end{cases}$$

设(X,Y)是二维随机变量,对于任意实数 x,y,称二元函数 $F(x,y)=P(X\leqslant x,Y\leqslant y)$为二维随机变量$(X,Y)$的分布函数,或称为$(X,Y)$的联合分布函数。

二维随机变量的分布函数具有以下性质:

(1)$0\leqslant F(x,y)\leqslant 1$。

(2)$F(x,y)$是变量 x,y 的不减函数,即对于任意固定的 y,当 $x_1<x_2$ 时,有 $F(x_1,y)\leqslant F(x_2,y)$;对于任意固定的 x,当 $y_1<y_2$ 时,有 $F(x_1,y)\leqslant F(x_2,y)$。

(3)对于任意固定的 y,$F(-\infty,y)=\lim\limits_{x\to-\infty}F(x,y)=0$;对于任意固定的 x,$F(x,-\infty)=\lim\limits_{y\to-\infty}F(x,y)=0$,并且 $F(-\infty,-\infty)=\lim\limits_{\substack{x\to-\infty\\y\to-\infty}}F(x,y)=0$,$F(+\infty,+\infty)=\lim\limits_{\substack{x\to+\infty\\y\to+\infty}}F(x,y)=1$。

【例 9-3】 设某公司有 200 名职工。他们的本企业工龄和时工资等级的资料,经过分组编成联合频数分布表(见表 9-7)。

表 9-7 企业工龄与时工资等级的联合频数分布

企业工龄 X(年)	时工资等级 Y(元)			总计
	10	15	20	
1	20	0	0	20
2	40	10	0	50
3	24	24	12	60
4	16	26	8	50
5	0	0	20	20
总计	100	60	40	200

两个变量的联合频数分布表,又称相关表。表 9-7 中,左列为 X 变量,上面横行为 Y 变量,中间为频数(此例为人数),以 f_{ij} 表示联合频数,右列为 X 变量的边缘频数 $f_{i.}$,下面横行为 Y 变量的边缘频数 $f_{.j}$。从表 9-7 可以看出,事件($X=2,Y=10$)的频数为 40,事件($X=3,Y=15$)的频数为 24,等等。

若将各事件的频数分别除以总频数 200,就得到各事件的频率。以频率作为概率的近似,则表 9-7 就成为二元联合概率分布表(见表 9-8)。

表 9-8 二元随机变量联合概率分布

X	Y			$P(X)$
	1	2	3	
1	0.10	0	0	0.10
2	0.20	0.05	0	0.25
3	0.12	0.12	0.06	0.30
4	0.08	0.13	0.04	0.25
5	0	0	0.10	0.10
总计 $P(Y)$	0.50	0.30	0.20	1

因此,事件($X=2,Y=10$)的概率 $P(x_2,y_1)=0.20$,事件($X=3,Y=15$)的概率 $P(x_3,y_2)=0.12$,等等。

将表 9-8 中的资料代入上式,便可分别求得特征值:

$E(X)=3,E(Y)=1.7$

$\sigma_x^2=1.3,\sigma_y^2=0.61$

$Cov(x,y)=\sigma_{xy}=0.56$,表明 X 与 Y 变量存在线性相关关系的程度。

从表 9-7 和表 9-8 可以看出,对应于 X 的某一取值 X_i,Y 有几个取值,如 $X=3$,则 Y 有 10、15、20,它们的联合概率分别为 0.12、0.12、0.06,而且形成一个分布;反观 X 对于 Y,如 $Y=10$,则 X 有 1、2、3、4,它们的联合概率分别为 0.10、0.20、0.12、0.08,而且也形成一个分布。这些分布都有它们的均值和方差。根据中心极限定理,在样本足够大的条件下,这些分布是以正态分布为极限,并且它们的方差是相等的。二元随机变量概率分布的这一重要特征是简单线性相关分析的基础。

第二节　一元线性相关

一元线性相关是两个变量变化表现为直线形式的相关关系，它们的概率分布即前述二元分布。简单线性相关分析的主要内容是计算相关系数，并对样本相关系数进行显著性检验和区间估计。

一、相关分析的主要内容

对现象之间变量关系的分析研究，目的在于探讨变量间相互关系的密切程度及其变化的规律性，以便做出必要的判断、预测和控制。相关分析的主要内容包括：

(1)确定现象之间有无关系存在，以及相关关系呈现的形态。

(2)确定相关关系的密切程度。判断相关关系密切程度的主要方法是绘制相关图和计算相关系数。

(3)确定相关关系的数学表达式。为了测定现象之间数量变化上的一般关系，必须使用函数关系的数学公式作为相关关系的数学表达式。如果现象之间表现为线性相关，应采用拟合直线方程的方法；如果表现为曲线相关，则应采用拟合曲线方程的方法。这些是进行判断、推算和预测的依据。

(4)确定因变量估计值误差的程度。使用拟合直线或曲线的方法可以找到现象之间一般的变化关系，即自变量变化时，因变量一般会发生多大的变化。根据得出的直线方程或曲线方程可以给出自变量的若干数值，求得因变量相应的若干个估计值。估计值和实际值是有误差的，确定因变量估计值误差程度大小的指标是估计标准误差。估计标准误差大，表明估计较为不精确；估计标准误差小，表明估计较为精确。

社会经济现象之间的依存关系，大多数是相关关系。从数量上分析变量之间相关关系的理论，称为相关分析。判断相关关系密切程度的工具主要有相关表、相关图和相关系数。

分析说明变量之间相关关系的方法有很多。首先，要对客观事物有定性的认识。由于任何事物都有其本质的规定性，质的规定性表明了事物自身与其他事物的区别和联系，因而对事物这种质的规定性的认识和分析，称为定性分析。其次，可以通过研究数量上的关系来分析变量之间的相关关系，可以通过绘制相关图或者计算相关系数来判断相关关系。

二、相关图

相关图又称散点图，它表现了变量之间的相关关系。相关图中以直角坐标系的横轴代表变量 x，以纵轴代表变量 y。将两变量相对应的数据用二维坐标点的形式描绘出来，用散点图来反映两变量间的相关关系。相关图是研究相关关系的直观工具，一般在进行详细的定量分析之前，可以先利用它对现象之间存在的相关关系的方向、形式和密切程度做大致的判断。

【例 9 - 4】　2000—2019 年我国城镇居民人均收入与消费的情况见表 9 - 9，请用表中数据绘制人均消费支出与人均可支配收入间的相关图。

表 9-9　**2000—2019 年我国城镇居民人均收入与消费情况①**　单位:元

年份	城镇家庭人均可支配收入(元)	城镇人均居民消费水平(元)
2000	6 280.0	4 998.0
2001	6 859.6	5 309.0
2002	7 702.8	6 029.9
2003	8 472.2	6 510.94
2004	9 421.6	7 182.1
2005	10 493.0	7 942.9
2006	11 759.5	8 696.6
2007	13 785.8	9 997.5
2008	15 780.8	11 242.9
2009	17 174.7	12 264.6
2010	19 109.4	13 471.5
2011	21 809.8	15 160.9
2012	24 564.7	16 674.3
2013	26 955.1	18 487.5
2014	28 844.0	19 968.1
2015	31 195.0	21 392.4
2016	33 616.0	23 078.9
2017	36 396.0	24 445.0
2018	39 251.0	26 112.3
2019	42 359.0	28 063.4

解:以人均可支配收入为横轴,消费性支出为纵轴,将表 9-1 中同年份的人均可支配收入(X)和消费性支出(Y)数据组成二维实数对,绘制人均可支配收入和消费性支出间相关图,见图 9-4。

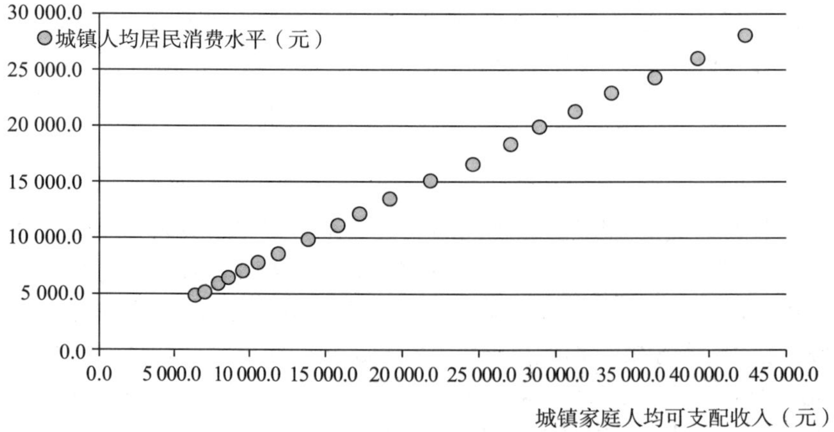

图 9-4　2000—2019 年城镇居民人均可支配收入与消费性支出相关图

① 资料来源:《中国统计年鉴 2011》,中国统计出版社 2012 年版。

三、相关系数

(一)相关系数的定义与计算公式

相关系数(correlation coefficient)是在线性相关条件下,两个变量之间相关关系紧密程度和方向的测度。因此,从严格意义上讲,应该称之为一元线性相关系数。

上一节"二元概率分布"叙述联合概率时已提到协方差(covariance) $Cov(x,y)$ 是关于 X 与 Y 变量线性相关的测度,为便于相关系数计算公式的阐述,此处协方差用 σ_{xy} 表示。对于未分组的资料,总体协方差的计算公式为:$\sigma_{xy}=\frac{\sum[X-E(X)][(Y-E(Y)]}{N}$;$X$ 与 Y 变量的样本协方差为:$S_{xy}=\frac{\sum(X-\overline{X})(Y-\overline{Y})}{n-1}$。

为了更直观地理解协方差的意义,可将 X 与 Y 变量的散点图按过 $\overline{X}$ 和 $\overline{Y}$ 的两条直线划分为 4 个象限,如图 9-5 所示。

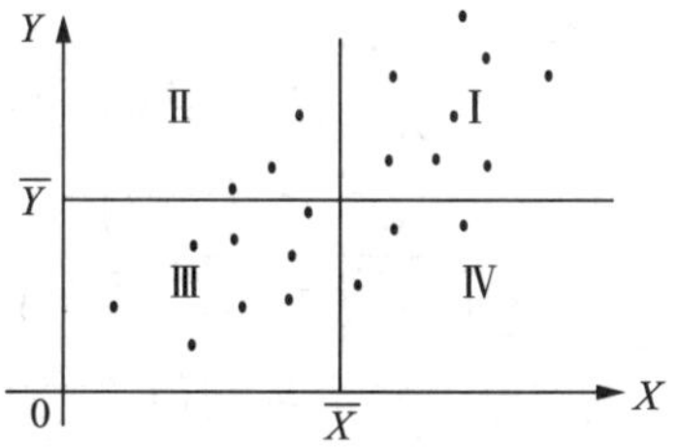

图 9-5　按过 $\overline{X}$ 和 $\overline{Y}$ 的两条直线把散点划分成 4 个象限

在第Ⅰ象限中,因 $(X-\overline{X})>0$,$(Y-\overline{Y})>0$,故 $(X-\overline{X})(Y-\overline{Y})>0$;

在第Ⅱ象限中,因 $(X-\overline{X})<0$,$(Y-\overline{Y})>0$,故 $(X-\overline{X})(Y-\overline{Y})<0$;

在第Ⅲ象限中,因 $(X-\overline{X})<0$,$(Y-\overline{Y})<0$,故 $(X-\overline{X})(Y-\overline{Y})>0$;

在第Ⅳ象限中,因 $(X-\overline{X})>0$,$(Y-\overline{Y})<0$,故 $(X-\overline{X})(Y-\overline{Y})<0$。

如果散点主要分布在第Ⅰ和第Ⅲ象限,则 $\sum(X-\overline{X})(Y-\overline{Y})>0$,可以拟合一条从左到右向上的直线,说明 X 与 Y 的依存关系为正相关;如果散点主要分布在第Ⅱ和第Ⅳ象限,则 $\sum(X-\overline{X})(Y-\overline{Y})<0$,可以拟合一条从左到右向下的直线,说明 X 与 Y 的依存关系为负相关;如果散点无规则地分布在各个象限中,则 X 与 Y 离差乘积因正负相互抵消,其和趋近于"0",说明 X 与 Y 之间不存在线性相关。因此,X 与 Y 变量离差乘积之和可以表明两变量是否存在线性相关,以及是正相关还是负相关。但是 X 与 Y 变量离差的乘积和还会受资料项数 n 的影响,n 越大,两变量离差乘积和就越大;反之,两变量离差乘积和就越小。因此,还必须除以 $n-1$(受 $\overline{X}$、$\overline{Y}$ 的约束,扣除一个自由度),以消除数据多少的无关影响,这就是样本协方差。

用协方差来测定两变量的线性相关,不仅能直接显示相关的方向,而且可表明两变量的"共变性"。因为只要两变量中任何一个为常量时,其离差 $(X-\overline{X})$ 或 $(Y-\overline{Y})$ 必等于"0",协方差也就等于"0"。但是,协方差是以绝对数表现的均值,其数值受到变量值大小的影响,而且有计量单位,不便于进行比较。因此,仍然是不完善的。

早在 1890 年,英国统计学家卡尔·皮尔逊便提出了一个测定两变量线性相关的计算公

式,通常称为积矩相关系数或动差相关系数。计算公式为:

$$\boldsymbol{\rho}=\frac{\boldsymbol{\sigma}_{XY}}{\boldsymbol{\sigma}_X\boldsymbol{\sigma}_Y}=\frac{\sum\left[\frac{X-\mathrm{E}(X)}{\sigma_X}\right]\left[\frac{Y-\mathrm{E}(Y)}{\sigma_Y}\right]}{N} \tag{9-1}$$

式中,σ_{XY} 表示 X 与 Y 变量的协方差,σ_X 表示 X 变量的标准差,σ_Y 表示 Y 变量的标准差,ρ 表示总体的相关系数。

实际工作中,通常是根据随机抽样所得到的 n 对 X 与 Y 的数据计算相关系数进行相关分析的。样本相关系数记为 r,其公式为:

$$r=\frac{S_{xy}}{S_xS_y} \tag{9-2}$$

式中,$S_{xy}=\dfrac{\sum(x-\overline{x})(y-\overline{y})}{n-1}$ 表示变量 X 与 Y 的样本协方差,$S_x=\sqrt{\dfrac{\sum(x-\overline{x})^2}{n-1}}$ 表示变量 X 的样本标准差,$S_y=\sqrt{\dfrac{\sum(y-\overline{y})^2}{n-1}}$ 表示变量 Y 的样本标准差。

展开公式(9-2),可得 $r=\dfrac{\sum(x-\overline{x})(y-\overline{y})}{(n-1)S_xS_y}$,或简化为:

$$r=\frac{\sum(x-\overline{x})(y-\overline{y})}{\sqrt{\sum(x-\overline{x})^2}\sqrt{\sum(y-\overline{y})^2}} \tag{9-3}$$

式中,x_i 和 y_i 分别为两变量的第 i 个样本观测值,$\overline{x}$ 和 $\overline{y}$ 分别为两变量的样本观测值的平均值。

相关系数比相关表和相关图更能概括地表现相关的形式和程度。根据相关系数的大小,或把若干个相关系数加以比较,可以发现现象在发展变化中具有决定作用的因素,因而相关系数对于判断变量之间相关关系的密切程度有着重要意义。

公式(9-3)的分子 $\sum(x-\overline{x})(y-\overline{y})$ 可以说明变量 x 和变量 y 之间是正相关还是负相关。

因为定义公式分母在任何情况下为正数,所以:

$\sum(x-\overline{x})(y-\overline{y})>0$,表明 x 与 y 呈正相关;

$\sum(x-\overline{x})(y-\overline{y})<0$,表明 x 与 y 呈负相关;

$\sum(x-\overline{x})(y-\overline{y})=0$,表明 x 与 y 为零相关(无相关)。

在条件相同的情况下,$\sum(x-\overline{x})(y-\overline{y})$ 值越大,说明观察值越分散,相关程度越低;$\sum(x-\overline{x})(y-\overline{y})$ 值越小,说明观察值越集中,则相关程度越高。然而这种情况非常少见,所以根据分子 $\sum(x-\overline{x})(y-\overline{y})$ 的大小还不能判断相关关系的密切程度大小,原因如下:

(1) $\sum(x-\overline{x})(y-\overline{y})$ 受观察值数量多少的影响,观察值数量较多,$\sum(x-\overline{x})(y-\overline{y})$ 越大,观察值数量较少,$\sum(x-\overline{x})(y-\overline{y})$ 越小。解决办法是将 $\sum(x-\overline{x})(y-\overline{y})$ 除以 $n-1$(受 $\overline{x}$,$\overline{y}$ 约束,从中扣除 1 个自由度),求得平均每一次离差乘积,即

$$S_{xy}=\frac{\sum(x-\overline{x})(y-\overline{y})}{n-1} \tag{9-4}$$

(2)离差乘积总和 $\sum(x-\overline{x})(y-\overline{y})$ 数值的大小还受计量单位的影响,解决办法是将协方差除以标准差 S_xS_y,将绝对值转化为相对值,以消除计量单位的影响。

可以看出,相关系数是将协方差进行标准化处理的结果。这样,既保留了协方差的优点,又克服了它的不足。同协方差比较,相关系数具有以下两个优点:

(1)它是一个系数,不受变量值水平和计量单位的影响,便于在不同条件之间对相关程度进行比较。

(2)相关系数 r 的数值有一定的范围,即 $|r|\leqslant 1$。当 $|r|=1$ 时,表示 X 与 Y 变量为完全的线性相关,即为确定的函数关系,如图 9-1(i)、(j)所示;当 $|r|=0$ 时,表示两变量不存在线性相关,如图 9-1(h)所示;当 $0<|r|<1$ 时,表示两变量存在不同程度的线性相关。由此,可以确定一个对相关程度评价的标准。通常认为:

$|r|=0$ 时,表示两变量不存在线性相关,如图 9-1(h)所示;

$0<|r|\leqslant 0.3$,表示两变量微弱相关,如图 9-1(g)所示;

$0.3<|r|\leqslant 0.5$,表示两变量低度相关,如图 9-1(a)(b)所示;

$0.5<|r|\leqslant 0.8$,表示两变量显著相关,如图 9-1(c)(d)所示;

$0.8<|r|<1$,表示两变量高度相关,如图 9-1(e)(f)所示。

$|r|=1$ 时,表示两变量完全相关,如图 9-1(i)(j)所示。

需要说明的是:图 9-1(j)从图形上看,属于完全相关,但由于是非线性,所以 r 只说明两变量之间的线性相关程度,但不能测定两变量之间是否存在非线性关系。因为当 r 很小甚至为 0 时,只表明变量间的线性相关程度很低,但并不意味着变量间没有其他非线性关系;反之,当接近于 1 或 -1 时,也只表明变量间的线性相关程度很高,并不排除变量间的其他非线性关系。所以,如果需要测度两变量之间是否存在非线性关系,还需通过非线性的方法来分析。

公式(9-2)称为样本相关系数的定义公式,实际数据处理时,对于未分组的资料,样本相关系数 r 可按如下形式计算:

$$(1)\ r=\frac{S_{xy}}{S_xS_y}=\frac{\dfrac{\sum(x-\overline{x})(y-\overline{y})}{n-1}}{\sqrt{\dfrac{\sum(x-\overline{x})^2}{n-1}}\sqrt{\dfrac{\sum(y-\overline{y})^2}{n-1}}}=\frac{\sum(x-\overline{x})(y-\overline{y})}{\sqrt{\sum(x-\overline{x})^2}\sqrt{\sum(y-\overline{y})^2}}$$

$$=\frac{\sum xy-n\overline{x}\cdot\overline{y}}{\sqrt{\sum x^2-n(\overline{x})^2}\sqrt{\sum y^2-n(\overline{y})^2}}=\frac{\overline{xy}-\overline{x}\cdot\overline{y}}{\sqrt{\overline{x^2}-\overline{x}^2}\sqrt{\overline{y^2}-\overline{y}^2}} \tag{9-5}$$

$$(2)\ r=\frac{\sum(x-\overline{x})(y-\overline{y})}{(n-1)S_xS_y}=\frac{\sum\left(\dfrac{x-\overline{x}}{S_x}\right)\left(\dfrac{y-\overline{y}}{S_y}\right)}{n-1} \tag{9-6}$$

为了简化计算,设:$\sum(x-\overline{x})(y-\overline{y})=\sum xy-\frac{1}{n}\sum x\sum y=n\sigma_{xy}^2=L_{xy}$,$\sum(x-\overline{x})^2=\sum x^2-\frac{1}{n}(\sum x)^2=n\sigma_x^2=L_{xx}$,$\sum(y-\overline{y})^2=\sum y^2-\frac{1}{n}(\sum y)^2=n\sigma_y^2=L_{yy}$,于是,相关系数还可以写成:

$$r=\frac{L_{xy}}{\sqrt{L_{xx}}\ \sqrt{L_{yy}}} \tag{9-7}$$

或：

$$r=\frac{L_{xy}}{\sqrt{L_{xx}}\sqrt{L_{yy}}}=\frac{\sum xy-\frac{1}{n}(\sum x)(\sum y)}{\sqrt{\sum x^2-\frac{1}{n}(\sum x)^2}\cdot\sqrt{\sum y^2-\frac{1}{n}(\sum y)^2}} \tag{9-8}$$

$$=\frac{n\sum xy-(\sum x)(\sum y)}{\sqrt{n\sum x^2-(\sum x)^2}\cdot\sqrt{n\sum y^2-(\sum y)^2}} \tag{9-9}$$

从公式中可以看出，r 取正值或负值，取决于分子 L_{xy}。当 $L_{xy}>0$ 时，r 为正；当 $L_{xy}<0$ 时，r 为负。

【例 9－5】 2018 年全国 31 个省、市、自治区农村居民家庭人均消费性支出和人均可支配收入的有关资料如表 9－10 所示。利用表中数据，绘制 2018 年全国 31 个省、市、自治区农村居民家庭人均消费性支出和人均可支配收入的样本相关图和样本相关系数。

表 9－10　2018 年全国 31 个省、市、自治区农村居民家庭人均消费和人均可支配收入情况　单位：元

省市	农村居民人均可支配收入(元)X	农村居民人均消费支出（元)Y	X^2	Y^2	XY
北　京	26 490.3	20 195.3	701 735 994.09	407 850 142.09	534 979 555.6
天　津	23 065.2	16 863.3	532 003 451.04	284 370 886.89	388 955 387.2
河　北	14 030.9	11 382.8	196 866 154.81	129 568 135.84	159 710 928.5
山　西	11 760.0	9 172.2	138 297 600.00	84 129 252.84	107 865 072
内蒙古	13 802.6	12 661.5	190 511 766.76	160 313 582.25	174 761 619.9
辽　宁	14 656.3	11 455.0	214 807 129.69	131 217 025.00	167 887 916.5
吉　林	13 748.2	10 826.2	189 013 003.24	117 206 606.44	148 840 762.8
黑龙江	13 803.7	11 416.8	190 542 133.69	130 343 322.24	157 594 082.2
上　海	30 374.7	19 964.7	922 622 400.09	398 589 246.09	606 421 773.1
江　苏	20 845.1	16 667.0	434 518 194.01	277 788 889.00	347 425 281.7
浙　江	27 302.4	19 706.8	745 421 045.76	388 357 966.24	538 042 936.3
安　徽	13 996.0	12 748.1	195 888 016.00	162 514 053.61	178 422 407.6
福　建	17 821.2	14 942.8	317 595 169.44	223 287 271.84	266 298 627.4
江　西	14 459.9	10 885.2	209 088 708.01	118 487 579.04	157 398 903.5
山　东	16 297.0	11 270.1	265 592 209.00	127 015 154.01	183 668 819.7
河　南	13 830.7	10 392.0	191 288 262.49	107 993 664.00	143 728 634.4
湖　北	14 977.8	13 946.3	224 334 492.84	194 499 283.69	208 884 892.1
湖　南	14 092.6	12 720.5	198 601 374.76	161 811 120.25	179 264 918.3
广　东	17 167.7	15 411.3	294 729 923.29	237 508 167.69	264 576 575
广　西	12 434.8	10 617.0	154 624 251.04	112 720 689.00	132 020 271.6
海　南	13 988.9	10 955.8	195 689 323.21	120 029 553.64	153 259 590.6

续表

省市	农村居民人均可支配收入(元)X	农村居民人均消费支出（元)Y	X^2	Y^2	XY
重　庆	13 781.2	11 976.8	189 921 473.44	143 443 738.24	165 054 676.2
四　川	13 331.4	12 723.2	177 726 225.96	161 879 818.24	169 618 068.5
贵　州	9 716.1	9 170.2	94 402 599.21	84 092 568.04	89 098 580.22
云　南	10 767.9	9 122.9	115 947 670.41	83 227 304.41	98 234 474.91
西　藏	11 449.8	7 452.1	131 097 920.04	55 533 794.41	85 325 054.58
陕　西	11 212.8	10 070.8	125 726 883.84	101 421 012.64	112 921 866.2
甘　肃	8 804.1	9 064.6	77 512 176.81	82 166 973.16	79 805 644.86
青　海	10 393.3	10 352.4	108 020 684.89	107 172 185.76	107 595 598.9
宁　夏	11 707.6	10 789.6	137 067 897.76	116 415 468.16	126 320 321
新　疆	11 974.5	9 421.3	143 388 650.25	88 760 893.69	112 815 356.9
合　计	472 084.7	384 344.6	8 004 582 785.9	5 099 715 348.4	6 346 798 598.2

数据来源:《中国统计年鉴 2019》,中国统计出版社 2019 年版。

解:(1)2018 年全国 31 个省、市、自治区农村居民家庭人均消费性支出和人均可支配收入的相关图如图 9－6 所示。

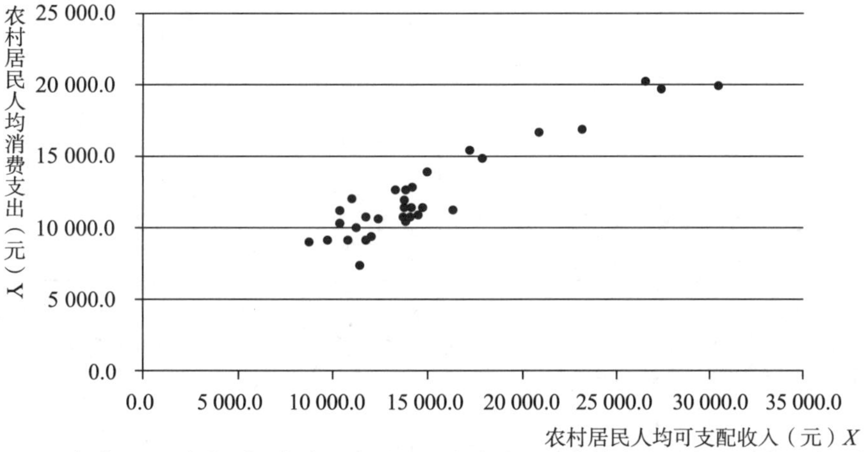

图 9－6　2018 年全国 31 个省、市、自治区农村居民家庭人均消费性支出和人均可支配收入的散点图

图 9－6 明显地反映了 2018 年全国 31 个省、市、自治区农村居民家庭人均消费性支出与人均可支配收入之间存在高度正相关关系。

(2)将表 9－10 中的数据代入公式(9－9),得:

$$r=\frac{31\times 634\ 679\ 859\ 8.2-472\ 084.7\times 384\ 344.6}{\sqrt{31\times 800\ 458\ 278\ 5.9-472\ 084.7^2}\sqrt{31\times 5\ 099\ 715\ 348.4-384\ 344.6^2}}=0.945\ 4$$

计算结果表明,我国农村居民家庭人均消费与收入之间有高度的正相关关系。

当样本资料为分组数据,即成对变量(x,y)还存在次数不同时,应该计算加权相关系数。其计算公式如下:

$$r=\frac{\sum(x-\bar{x})(y-\bar{y})f}{\sqrt{\sum(x-\bar{x})^2 f}\sqrt{\sum(y-\bar{y})^2 f}} \tag{9-10}$$

式中,f 表示权数。

展开公式(9-10),得:

$$r=\frac{(\sum f)(\sum xyf)-(\sum xf)(\sum yf)}{\sqrt{(\sum f)(\sum x^2 f)-(\sum xf)^2}\sqrt{(\sum f)(\sum y^2 f)-(\sum yf)^2}} \tag{9-11}$$

或:

$$r=\frac{\overline{xy}-\bar{x}\cdot\bar{y}}{\sigma_x\sigma_y}=\frac{\overline{xy}-\bar{x}\cdot\bar{y}}{\sqrt{\overline{x^2}-(\bar{x})^2}\sqrt{\overline{y^2}-(\bar{y})^2}} \tag{9-12}$$

式中,$\overline{xy}=\frac{\sum xyf}{\sum f}$,$\bar{x}=\frac{\sum xf}{\sum f}$,$\bar{y}=\frac{\sum yf}{\sum f}$,$\overline{x^2}=\frac{\sum x^2 f}{\sum f}$,$\overline{y^2}=\frac{\sum y^2 f}{\sum f}$。

【例 9-6】 表 9-11 是 40 家家电商店的营业员和营业额的分组资料。试根据表 9-11 中资料求相关系数。

表 9-11　　40 家家电商店的营业员和营业额

营业额 y(拾万元)	营业员 x(人)					合计
	1—3	3—5	5—7	7—9	9—11	
6—7				1	6	7
5—6			2	4	4	10
4—5		2	4	5		11
3—4	2	1	4			7
2—3	1	2				3
1—2	2					2
合计	5	5	10	10	10	40

根据双变量分组表计算相关系数时,x,y 值均取各分组的组中值,并将次数分配按营业员多少顺序排列,编制计算表 9-12。

表 9-12

x	y	f	xf	yf	xy	xyf	x^2	x^2f	y^2	y^2f
2	1.5	2	4	3	3	6	4	8	2.25	4.5
2	2.5	1	2	2.5	5	5	4	4	6.25	6.25
2	3.5	2	4	7	7	14	4	8	12.25	24.5
4	2.5	2	8	5	10	20	16	32	6.25	12.5
4	3.5	1	4	3.5	14	14	16	16	12.25	12.25
4	4.5	2	8	9	18	36	16	32	20.25	40.5

续表

x	y	f	xf	yf	xy	xyf	x^2	x^2f	y^2	y^2f
6	3.5	4	24	14	21	84	36	144	12.25	49
6	4.5	4	24	18	27	108	36	144	20.25	81
6	5.5	2	12	11	33	66	36	72	30.25	60.5
8	4.5	5	40	22.5	36	180	64	320	20.25	101.25
8	5.5	4	32	22	44	176	64	256	30.25	121
8	6.5	1	8	6.5	52	52	64	64	42.25	42.25
10	5.5	4	40	22	55	220	100	400	30.25	121
10	6.5	6	60	39	65	390	100	600	42.25	253.5
—	—	40	270	185	—	1 371	—	2 100	—	930

解:根据表 9－12 先计算:

$$\overline{x}=\frac{\sum xf}{\sum f}=\frac{270}{40}=6.75,\overline{y}=\frac{\sum yf}{\sum f}=\frac{185}{40}=4.625$$

$$\overline{xy}=\frac{\sum xyf}{\sum f}=\frac{1\ 371}{40}=34.275,\overline{x^2}=\frac{\sum x^2f}{\sum f}=\frac{2\ 100}{40}=52.5,\overline{y^2}=\frac{\sum y^2f}{\sum f}=\frac{930}{40}=23.25$$

代入公式(9－12),得:

$$r=\frac{\overline{xy}-\overline{x}\cdot\overline{y}}{\sqrt{\overline{x^2}-(\overline{x})^2}\sqrt{\overline{y^2}-(\overline{y})^2}}=\frac{34.275-6.75\times 4.625}{\sqrt{52.5-(6.75)^2}\sqrt{23.25-(4.625)^2}}=0.850\ 95$$

$r>0.8$,说明家电商店营业员与营业额之间具有高度正相关关系。

(二)线性相关系数的检验

在实际的客观现象分析研究中,相关系数一般都是利用样本数据计算的,所以 r 在实质上只是一组样本的相关系数,而不是总体的相关系数。那么样本的相关系数是否具有可信性?是否可以用来估计总体的相关系数呢?这就需要对样本的相关系数进行显著性检验。

当变量总体 X 与 Y 都服从正态分布时,在 $\rho=0$ 的条件下,检验统计量

$$t=\frac{r\sqrt{n-2}}{\sqrt{1-r^2}}\sim t(n-2) \tag{9-13}$$

检验步骤如下:

(1)建立假设:$H_0:\rho=0,H_1:\rho\neq 0$。

(2)给定显著性水平 α,通过 t 分布表查得临界值 $t_{\alpha/2}$。

(3)计算检验统计量 $t=\frac{r\sqrt{n-2}}{\sqrt{1-r^2}}$。

(4)决策判断:当 $|t|>t_{\alpha/2}$ 时,拒绝原假设 H_0,接受 X 与 Y 的相关系数 r 所表现出的相关关系;当 $|t|\leqslant t_{\alpha/2}$ 时,接受原假设 H_0,则拒绝 X 与 Y 的关系数 r 反映出的相关关系。

对例 9－5 中的相关系数进行显著性检验。

(1)建立假设:$H_0:\rho=0$,$H_1:\rho\neq 0$。

(2)令 $\alpha=0.05$,查得 $t_{\alpha/2}(n-2)=t_{0.025}(29)=2.045$。

(3)根据公式(9-13),$t=\frac{0.9519\times\sqrt{31-2}}{\sqrt{1-0.9519^2}}=16.7315$,由于 $|t|>t_{\alpha/2}$,故拒绝原假设,认为 $\rho\neq 0$。

(4)决策判断:认为我国农村居民家庭人均收入与消费之间确实存在正相关关系。

(三)线性相关系数的局限性

(1)相关系数只适用于考察变量间的线性相关关系。也就是说,当 $\rho=0$ 时,只说明两个变量间不存在线性相关关系,但不能保证不存在其他非线性相关关系。因此,变量不相关与变量相互独立在概念上是不同的。

(2)相关系数的计算是一个数学过程。它只说明两个变量间的相关强度,但不能揭示这种相关性的原因,不能揭示变量间关系的实质,即不能揭示变量间是否真正存在内在联系、因果关系。所以在计算 r 的同时,还要强调对实际问题的分析与理解。

(3)一般来说,两个变量相关时,可能属于如下关系之一:

①单向因果关系,如施肥量与农作物产量的关系。施肥量的适当增加致使农作物产量增加。施肥量是原因,农作物产量增加是结果。反过来解释,因果关系不成立。

②双向因果关系,如工业生产值与农业生产值、商品供给量与商品价格等便互为因果关系。

③另有隐含因素影响两个变量的变化。例如,近年来市场上计算机销量与电视机销量呈正相关关系。显然人均收入的增加是一个隐含因素,而不是计算机销量与电视机销量直接存在因果关系。

④虚拟相关。当两个变量之间毫无关系,仅仅由于变量变化方式的相同而使用公式计算的相关系数呈现相关时,这种相关称为虚假相关。例如,近年来我国国民生产总值与刑事案件发生数呈正相关关系。显然两个变量之间不存在因果关系,应属于虚假相关。此外,中国与其他某个国家国内的某些经济指标高度相关,显然这没有可比性,也属于虚拟相关。

第三节　一元线性回归分析

"回归"(regression)一词源于 19 世纪英国生物学家高尔敦对人体遗传特征的实验研究。他根据实验数据,发现个子高的双亲其子女也较高,但平均来看,却不比他们的双亲高;同样,个子矮的双亲其子女也较矮,平均看,也不如他们的双亲矮。他把这种身材趋向于人的平均高度的现象称为"回归",并作为统计概念加以应用,由此逐步形成有独特理论和方法体系的回归分析。现今统计学的"回归"概念已不是原来生物学上的特殊规律性,而是指变量之间的依存关系。

相关分析中的相关系数可以从符号和大小上说明变量间的变化方向和密切程度,能有效地描述变量间的定性关系,但却不能反映变量间的定量变化关系,即一个变量出现变动时另一个变量会相应地变动多少。回归分析就是在相关分析的基础上,对变量进行定量分析,揭示变量间的量化关系。

一、回归分析的概念

回归分析(regression analysis)或称回归方程(regression equation),是指对具有相关关系的变量,依据其关系形态而选择一个合适的数学模型来近似地刻画变量间变化关系的一种统计方法。

按照自变量个数的多寡,回归分析可以分为一元回归分析和多元回归分析。只含有一个自变量的回归分析称为一元回归分析,含有两个或两个以上自变量的回归分析称为多元回归分析。按照回归曲线的形态划分,回归分析可以分为线性(linear)回归(即直线回归)和非线性(nonlinear)回归(即曲线回归)。实际分析时,应根据客观现象的性质、特点、研究目的和任务选取回归分析方法。

(一)相关分析与回归分析的区别

相关分析与回归分析的区别主要体现在以下三个方面:

(1)在相关分析中涉及的变量不存在自变量和因变量的划分问题,变量之间的关系是对等的;而在回归分析中,则必须根据研究对象的性质和研究分析的目的,对变量进行自变量(independent variable)和因变量(dependent variable)的划分。它们之间存在因果关系,自变量是用来说明、解释和影响因变量的,因此又称解释变量(explanatory variable);因变量是受自变量影响、被自变量说明和解释的,所以又称被解释变量(explained variable)。因此,在回归分析中,变量之间的关系是不对等的。

(2)在相关分析中,所有的变量都必须是随机变量;而在回归分析中,自变量是给定的,因变量才是随机的,即将自变量的给定值代入回归方程后,所得到的因变量估计值不是唯一确定的,而会表现出一定的随机波动性。

(3)相关分析主要是通过相关系数来反映变量间的相关程度大小,由于变量之间是对等的,因此相关系数是唯一确定的;而在回归分析中,对于互为因果的两个变量(如人的身高与体重、商品的价格与需求量),则有可能存在多个回归方程。

需要指出的是,变量之间是否存在"真实相关",是由变量之间的内在联系所决定的,相关分析和回归分析只是定性分析和定量分析的手段。通过相关分析和回归分析,虽然可以从数量上反映变量之间的联系形式及其密切程度,但是无法准确判断变量之间是否存在内在联系,也无法判断变量之间的因果关系。因此,在具体应用过程中,一定要把定性分析与定量分析结合起来,在准确的定性分析的基础上展开定量分析。

(二)相关分析与回归分析的联系

相关分析是回归分析的基础和前提。如果缺少相关分析,没有从定性方面说明现象间是否具有相关关系,没有对相关关系的密切程度做出判断,就不能进行回归分析,即便进行了回归分析,其回归方程的解释性也是值得质疑的。

回归分析是相关分析的深入和继续。现象间的相关分析仅仅是它们间的密切程度分析,只有在此基础上进行了回归分析,拟合出回归方程,才可能进行有关分析的回归预测,相关分析才有实际的意义。

因此,如果仅有回归分析而缺少相关分析,将会因为缺乏必要的基础和前提而影响回归分析的可靠性;如果仅有相关分析而缺少回归分析,就会降低相关分析的意义。只有把两者结合起来,才能达到分析研究的目的。

二、一元线性回归模型

(一)总体回归函数

通过相关分析,已经确定两个变量之间存在明显的线性相关关系,并且进一步确定两者具有因果关系后,可以应用回归分析进行分析。

由于变量间关系的随机性,回归分析关心的是根据解释变量的已知或给定值,考察被解释变量的总体均值,即当解释变量取某个确定值时,与之统计相关的被解释变量所有可能出现的对应值的平均值。

【例 9－7】[①] 一个假想的社区由 100 户家庭组成,要研究该社区每月家庭消费支出 Y 与每月家庭可支配收入 X 的关系。即如果知道了家庭的月收入,能否预测该社区家庭的平均月消费支出水平。为此,将这 100 户家庭划分为组内收入差不多的 10 组,以分析每一收入组的家庭消费支出,见表 9－13。

表 9－13　　某社区家庭每月收入与消费支出统计表

	每月家庭可支配收入(元)									
	800	1 100	1 400	1 700	2 000	2 300	2 600	2 900	3 200	3 500
每月家庭消费支出(元)	561	638	869	1 023	1 254	1 408	1 650	1 969	2 090	2 299
	594	748	913	1 100	1 309	1 452	1 738	1 991	2 134	2 321
	627	814	924	1 144	1 364	1 551	1 749	2 046	2 178	2 530
	638	847	979	1 155	1 397	1 595	1 804	2 068	2 266	2 629
		935	1 012	1 210	1 408	1 650	1 848	2 101	2 354	2 860
		968	1 045	1 243	1 474	1 672	1 881	2 189	2 486	2 871
			1 078	1 254	1 496	1 683	1 925	2 233	2 552	
			1 122	1 298	1 496	1 716	1 969	2 244	2 585	
			1 155	1 231	1 562	1 749	2 013	2 299	2 640	
			1 188	1 364	1 573	1 771	2 035	2 310		
			1 210	1 408	1 606	1 804	2 101			
				1 430	1 650	1 870	2 112			
				1 485	1 716	1 947	2 200			
						2 002				
E(Y/X)	605	825	1 045	1 257.3	1 485	1 705	1 925	2 145	2 365	2 585
合计	2 420	4 950	11 495	16 345	19 305	23 870	25 025	21 450	21 285	15 510

根据表 9－13,可以看出:

(1)由于不确定因素的影响,对同一收入水平 X,不同家庭的消费支出不完全相同;

(2)但由于调查的完备性,给定收入水平 X 的消费支出 Y 的分布是确定的,即以 X 的给定值为条件的 Y 的条件分布是已知的,如:$P(Y=561|X=800)=1/4$。

因此,给定收入 X 的值 X_i,可得消费支出 Y 的条件均值(conditional mean)或条件期望(conditional expectation):$E(Y|X=X_i)$。

本例中,$E(Y|X_1=800)=605$,$E(Y|X_2=1\ 100)=825$,…,$E(Y|X_5=2\ 000)=1\ 485$,…

① 本例摘自李子奈、潘文卿:《计量经济学》(第三版),高等教育出版社 2010 年版。

绘制散点图 9－7，可以发现：随着收入的增加，消费"平均"也在增加，且 Y 的条件均值均落在一根正斜率的直线上。这条直线称为总体回归线。

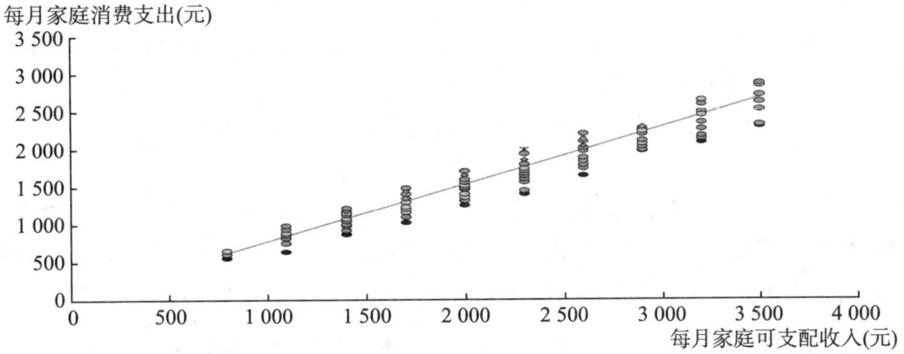

图 9－7　某社区家庭每月收入与消费支出散点图

在给定解释变量 X_i 条件下被解释变量 Y_i 的期望轨迹称为总体回归线（population regression line），或更一般地称为总体回归曲线（population regression curve）。

相应的函数为：

$$\mathbf{E}(Y/X_i)=f(X_i) \tag{9-14}$$

称为（双变量）总体回归函数（population regression function，PRF）。

总体回归函数（PRF）说明了被解释变量 Y 的平均状态（总体条件期望）随解释变量 X 变化的规律。函数形式可以是线性或非线性的。

例 9－7 中，居民消费支出是可支配收入的线性函数，即 $\mathrm{E}(Y/X_i)=\beta_0+\beta_1X_i$。

式中，β_0，β_1 是未知参数。β_1 称为回归系数（regression coefficients），表明解释变量 X 每增加 1 个单位的数值，引起被解释变量 Y 的平均增减值。从数学角度，就是直线方程的斜率（slope）。β_0 称作回归常数，是模型的初始值，即 X 为 0 时 $E(Y|X_i)$ 的取值。从数学角度，β_0 就是直线方程的截距（intercept）。

总体回归函数说明在给定的收入水平 X_i 时，2012 年全国 31 个省、市、自治区农村居民家庭平均的消费支出水平 $\mathrm{E}(Y|X_i)$。但对某一个别的家庭，其消费支出可能与该平均水平有偏差。其原因是，消费支出的变动不但受收入变动的影响，还受其他随机因素的影响，如家庭的消费习惯、银行利率等因素，因而 X 与 Y 的关系也不表现为完全线性相关。通过相关图，可以直观地发现各个相关点并不都落在一条直线上，而是在直线上下波动，呈线性趋势。除 X 外，如果将所有导致 Y 出现不确定性的因素用 ε_i 表示，则：

$$\varepsilon_i=Y_i-\mathbf{E}(Y/X_i)$$

称 ε_i 为观察值 Y_i 围绕它的期望值 $\mathrm{E}(Y|X_i)$ 的离差（deviation），是一个不可观测的随机变量，又称随机干扰项（stochastic disturbance）或随机误差项（stochastic error）。

例 9－7 中，个别家庭的消费支出为：

$$Y_i=\mathbf{E}(Y/X_i)=\beta_0+\beta_1X_i+\varepsilon_i \tag{9-15}$$

式（9－15）表明，给定收入水平 X_i，个别家庭的支出可表示为两部分之和：

（1）该收入水平下所有家庭的平均消费支出 $\mathrm{E}(Y|X_i)$ 称为系统性（systematic）或确定性（deterministic）部分；

（2）其他随机或非确定性（nonsystematic）部分 ε_i。

公式(9-15)称为总体回归函数(方程)的随机设定形式,表明被解释变量除了受解释变量的系统性影响外,还受其他因素的随机性影响。

由于方程中引入了随机误差项 ε_i,所以公式(9-15)称为总体回归模型。式中的 β_0 和 β_1 是未知的参数,又称回归系数,Y_i 和 X_i 分别是 Y 和 X 的第 i 次观测值,ε_i 是随机误差项,反映未列入方程式的其他各种因素对 Y 的影响。

给定 X_i,对公式(9-15)两边求数学期望,由于 $E(\varepsilon_i)=0$,得:

$$\mathbf{E}(Y/X_i)=\beta_0+\beta_1 X_i \tag{9-16}$$

此时,给定 X_i 时的 Y 条件期望 $E(Y/X_i)$ 是一条直线(见图 9-7)。但 Y 的实际观测值并不一定位于该直线上,而是分散在该直线的周围,放大图 9-7(见图 9-8),各实际观测点与总体回归线垂直方向的距离就是随机误差项 ε_i,即 $\varepsilon_i=Y_i-E(Y_i)$。

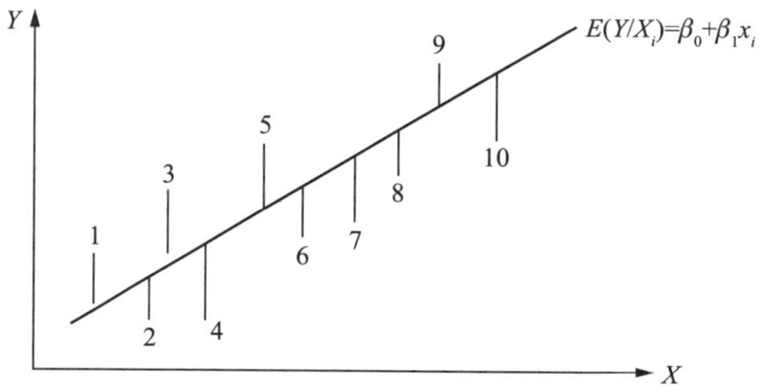

图 9-8 图 9-7 的局部放大图

一般来说,回归模型的随机误差项 ε_i 中包括如下几项内容:

(1)未在模型中专门列出的影响 y_i 变化的非重要解释变量,如例 9-7 中家庭人口数、消费习惯、物价水平差异等因素的影响都包括在随机误差项 ε_i 中。

(2)人的随机行为、经济活动都是人参与的,人的经济行为的变化也会对随机误差项 ε_i 产生影响。

(3)数学模型形式欠妥,对于同一组观测值,若拟合的数学模型形式不同,则相应的随机误差项的值也不同。显然当模型形式欠妥时,会直接对随机误差项的值带来影响。

(4)归并误差,模型中被解释变量的值常常是归并而成的。当归并不合理时,会产生误差。例如,由不同种类的粮食合并构成的粮食产量的不合理归并,会带来归并误差。

(5)测量误差等,当对被解释变量的测量存在误差时,这种误差将包括在随机误差项中。

(二)样本回归函数

样本回归函数(sample regression function,SRF)事实上是未知的,需要利用样本的信息对其进行估计。而总体的信息往往无法掌握,现实的情况只能是在一次观测中得到总体的一个样本。

【例 9-8】 从例 9-7 的总体中随机抽取一个样本,见表 9-14。

表 9-14 **一个每月家庭可支配收入与消费支出的样本**

每月家庭可支配收入 X(元)	800	1 100	1 400	1 700	2 000	2 300	2 600	2 900	3 200	3 500
每月家庭消费支出 Y(元)	594	638	1 122	1 155	1 408	1 595	1 969	2 078	2 585	2 530

绘制该样本的散点图，见图 9－9。

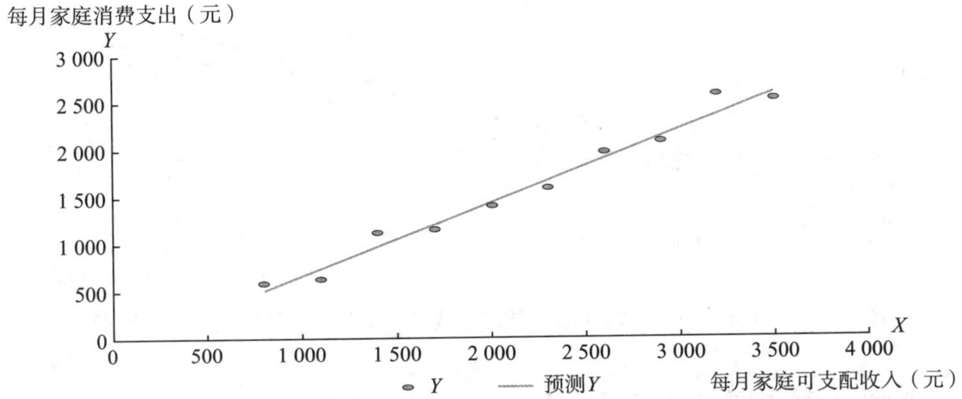

图 9－9　一个每月家庭可支配收入与消费支出的样本散点图

样本散点图近似于一条直线，以一条直线拟合该散点。由于样本取自总体，则该线近似地代表总体回归线，因而该线被称为样本回归线（sample regression lines）。如果拟合的是一条曲线（sample regression curve），则称为样本回归曲线。显然，样本回归线的形式应与总体回归线的形式保持一致。

记样本回归线的函数形式为：

$$\hat{Y}_i = f(X_i) = \hat{\beta}_0 + \hat{\beta}_1 X_i \tag{9-17}$$

公式（9－17）称为样本回归方程。式中的 $\hat{Y}_i$ 是样本回归线上与 X_i 相对应的 Y 值，可视为 $E(Y_i/X_i)$ 的估计值，又称拟合值（fitted value），$\hat{\beta}_0$ 和 $\hat{\beta}_1$ 是对总体回归系数 β_0 和 β_1 的估计。

分析时，可将样本回归线看成总体回归线的近似替代，即用公式（9－17）替代公式（9－14），得 $E(Y/X_i) = \hat{\beta}_0 + \hat{\beta}_1 X_i$，式中，$\hat{Y}_i$ 为 $E(Y/X_i)$ 的估计量，$\hat{\beta}_i$ 为 β_i 的估计量，$i = (0,1)$。

实际观测到的因变量 Y 值，并不完全等于 $\hat{Y}_i$，如果用 e_i 表示两者之差，则有：

$$Y_i = \hat{Y} + \hat{\varepsilon}_i = \hat{\beta}_0 + \hat{\beta}_1 X_i + e_i \, (i = 1, 2, \cdots, n) \tag{9-18}$$

由于方程中引入了随机项，因此也称为样本回归模型（sample regression model）。式中 e_i 称为（样本）残差或剩余项（residual），代表了其他影响 Y_i 的随机因素的组合，在概念上，e_i 可以看成对应总体误差项 ε_i 的估计量 $\hat{\varepsilon}_i$，n 是样本的容量。

样本回归函数与总体回归函数之间的联系是显而易见的，这里需要特别指出的是它们之间存在以下区别：

（1）总体回归线是未知的，只有一条；而样本回归线则是根据样本数据拟合的。根据第五章抽样分布中的介绍，不同的抽样方法所抽到的样本数是不同的。但不管用哪种方法抽样，样本数都有无数个。每抽取一组样本，便可以拟合一条样本回归线。因此，无数个样本所拟合的样本回归线也有无数条，每一条样本回归线都可以用来估计总体，如图 9－9 所示。但实际分析时，没有必要，也没有可能把所有的样本全部抽取出来，一般只抽取一个样本，以这个被抽取的样本拟合回归线来估计总体回归函数（见图 9－10 中的加黑色粗线）。

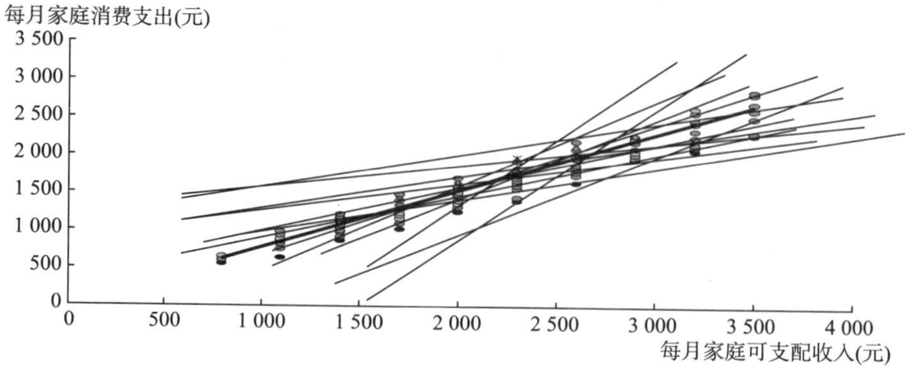

图 9-10 所有样本回归线和总体每月家庭可支配收入与消费支出的散点图

(2)总体回归函数中的 β_0 和 β_1 是未知的参数,表现为常数;而样本回归函数中的 $\hat{\beta}_0$ 和 $\hat{\beta}_1$ 是随机变量,其具体数值随所抽取的样本观测值不同而变动。

(3)总体回归函数中的 ε_i 是 Y 与未知的总体回归线之间的纵向距离,是不可直接观测的;而样本回归函数中的 e_i 是 Y 与样本回归线之间的纵向距离,当根据样本观测值拟合出样本回归线之后,可以计算出 e_i 的具体数值。

综上所述,样本回归函数是对总体回归函数的近似反映。回归分析的主要任务就是要采用适当的方法,充分利用样本所提供的信息,使样本回归函数尽可能接近真实总体。

三、一元线性回归模型的参数估计

勒让德·阿德里安·玛丽(Legendre, Adrien-Marie,1752—1833),出生于法国巴黎富裕家庭,后来进入巴黎的马萨林(Mazarin)大学接受一流的数学及物理学教育。1782 年勒让德决定参加柏林学院所举办的研究大奖,最后顺利得此奖项,并由此进入了数学研究领域。勒让德的成就包括了天体力学、数论、椭圆函数等研究领域。1806 年发表了一本确定彗星轨道的书,利用所观察到的数据,以最小平方法找出最适合的曲线。高斯却也在 1809 年公布了他自己的最小平方法,并坚持自己早已知道这个方法,这让勒让德受到很大的伤害,并为此优先权争论多年。1833 年 1 月 10 日,卒于法国巴黎。

法国科学院的秘书说:"拉普拉斯是法国的牛顿,而勒让德则是法国的欧拉。"这两位加上拉格朗日被称为三巨头,其姓氏都以 L 为开头字母。

(一)回归分析的基本假设

回归模型的参数估计方法有多种,其中最广泛使用的是普通最小二乘法(ordinary least squares, OLS)。

为保证参数估计量具有良好的性质,通常对模型提出若干基本假设。而这些假设与所采用的估计方法即普通最小二乘法密切相关。

假设 1 解释变量 X_i 是确定性变量,不是随机变量,而 Y_i 是随机变量。

假设 2 随机误差项 ε_i 具有零均值、同方差和无序列相关性:

(1)$E(\varepsilon_i)=0(i=1,2,\cdots,n)$,表明平均来看随机扰动项对 Y_t 没有任何影响。也就是说,正值与负值相互抵消。

(2)$D(\varepsilon_i)=E[\varepsilon_i-E(\varepsilon_i)]^2=E(\varepsilon_i)^2=\sigma^2(i=1,2,\cdots,n)$，表明 ε_i 具有同方差性，原因是 x 值是给定的或是非随机的，Y_i 中唯一变化的部分来自 ε_i，因此在给定 x 值的条件下，ε_i 与 Y_i 同方差。即每个 Y_i 值以相同的方差分布在其均值周围，见图 9－11(a)。

如果该条件不满足，即 ε_i 异方差(heteroskedasticity)[见图 9－11(b)]。一般样本数据为截面数据(cross-sectional data)时容易产生异方差。如果产生异方差，采用最小二乘法估计回归参数，则会产生以下后果：

① 回归参数估计量虽然具有无偏性和一致性，但是不再具有有效性；

② 回归参数估计量方差的估计是真实方差的有偏估计量。

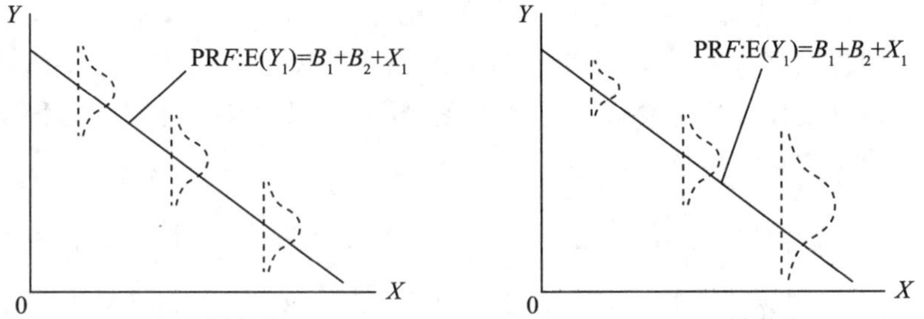

(a) 同方差　　(b) 异方差

图 9－11

假设 3　随机误差项 ε_i 与解释变量 X_i 之间不相关，即

$$\text{Cov}(\varepsilon_i,\varepsilon_j)=E[(\varepsilon_i-E(\varepsilon_i))(\varepsilon_j-E(\varepsilon_j))]=E(\varepsilon_i,\varepsilon_j)=0\quad(i\neq j)$$

表示 ε_i 与 X_i 相互独立，指不同样本点上观测值所对应的随机误差项相互独立，否则，难以分清两者对 Y_i 的贡献(影响)。

假设 4　ε_i 服从零均值、同方差、零协方差的正态分布，即

$$\varepsilon_i\sim N(0,\sigma^2)\quad(i=1,2,\cdots,n)$$

如果该假定不满足，即不同样本点上 ε_i 具有自相关。一般样本数据为时间序列数据(time series data)时容易产生自相关(autocorrelation)，又称序列相关(series correlation)。如果产生自相关，采用 OLS 估计回归参数，则会产生以下后果：

(1)用 OLS 法估计的 ε_i 的方差常常会低估其真实的方差，也即低估了回归参数估计量的方差。这等于夸大了回归参数的抽样精度，高估了统计量 t 的值，从而导致把不重要的解释变量保留在模型里，使显著性 t 检验失去意义。

(2)误差项和回归参数估计量的估计方差都变大，都不具有最小方差性。所以用 OLS 估计参数的回归方程进行预测，预测结果不具有无效性。

注意：

(1)如果假设 1、2 满足，则假设 3 也满足；

(2)如果假设 4 满足，则假设 2 也满足。

以上假设也称线性回归模型的经典假设或高斯假设，满足该假设的线性回归模型，也称经典线性回归模型(classical linear regression model, CLRM)。

另外，在进行模型回归时，还有两个暗含的假设：

假设 5　随着样本容量的无限增加，解释变量 X 的样本方差趋于一有限常数，即

$$\frac{\sum(x_i-\overline{x})^2}{n}\to Q, n\to\infty$$

该假设旨在排除时间序列数据出现持续上升或下降的变量作为解释变量,因为这类数据不仅使大样本统计推断变得无效,而且往往产生前面提到的虚拟回归(spurious regression)。

假设 6 回归模型是正确设定的,也称模型没有设定偏误(specification error)。

(二)参数估计的普通最小二乘法

如前所述,回归分析的主要任务就是要建立能够近似反映真实总体回归函数的样本回归函数。在根据样本资料确定样本回归方程时,一般总是希望 Y 的估计值尽可能地接近其实际观测值,即残差 e_i 的总量越小越好。可是,由于 e_i 有正有负,简单的代数和会相互抵消,所以通常采用残差平方和 $\sum e_i^2$ 作为衡量总体偏差的尺度。最小二乘法就是根据这一思路,通过寻求一条直线使得残差总体平方和达到最小值,以此来估计回归方程系数的方法。

设:

$$Q=\sum_{i=1}^{n}e_i^2=\sum_{i=1}^{n}(y_i-\hat{y}_i)^2=\sum_{i=1}^{n}(y_i-\hat{\beta}_0-\hat{\beta}_1x_i)^2$$

要使 Q 最小,应用微积分相关知识,使 Q 分别对 $\hat{\beta}_0$ 和 $\hat{\beta}_1$ 求导,令其导数为零,即:

$$\begin{cases}\dfrac{\partial Q}{\partial\hat{\beta}_0}=-2\sum(y_i-\hat{\beta}_0-\hat{\beta}_1x_i)=0\\[2ex]\dfrac{\partial Q}{\partial\hat{\beta}_1}=-2\sum x_i(y_i-\hat{\beta}_0-\hat{\beta}_1x_i)=0\end{cases}$$

整理后求解得:

$$\begin{cases}\hat{\beta}_1=\dfrac{n\sum x_iy_i-\sum x_i\sum y_i}{n\sum x_i^2-\left(\sum x_i\right)^2}\\[2ex]\hat{\beta}_0=\dfrac{\sum y_i}{n}-\dfrac{\hat{\beta}_1\sum x_i}{n}=\overline{y}-\hat{\beta}_1\overline{x}\end{cases}\tag{9-19}$$

公式(9-19)称为正规方程组(normal equations)。

由于参数的估计结果是通过最小二乘法得到的,故称为普通最小二乘估计量(ordinary least squares estimators,OLSE)。

如此求解的 $\hat{\beta}_0$ 和 $\hat{\beta}_1$ 就是 β_0 和 β_1 的普通最小二乘估计值。

为了便于记忆,引入记号:

$$L_{xx}=\sum(x-\overline{x})^2=\sum x^2-n\overline{x}^2=\sum x^2-\frac{1}{n}\left(\sum x\right)^2$$

$$L_{yy}=\sum(y-\overline{y})^2=\sum y^2-n\overline{y}^2=\sum y^2-\frac{1}{n}\left(\sum y\right)^2$$

$$L_{xy}=\sum(x-\overline{x})(y-\overline{y})=\sum xy-n\overline{x}\overline{y}=\sum xy-\frac{1}{n}\sum x\sum y$$

于是:

$$\begin{cases}\hat{\beta}_1=\dfrac{L_{xy}}{L_{xx}}\\[2ex]\hat{\beta}_0=\overline{y}-\hat{\beta}_1\overline{x}\end{cases}$$

回归系数 $\hat{\beta}_1$ 的符号取决于分子 $\sum(x-\overline{x})(y-\overline{y})$,当 y 随 x 的增加而增加时,$\hat{\beta}_1>0$,

表示两个变量的变化方向相同；当 y 随 x 的增加而减少时，$\hat{\beta}_1 < 0$，表示两个变量的变化方向相反。

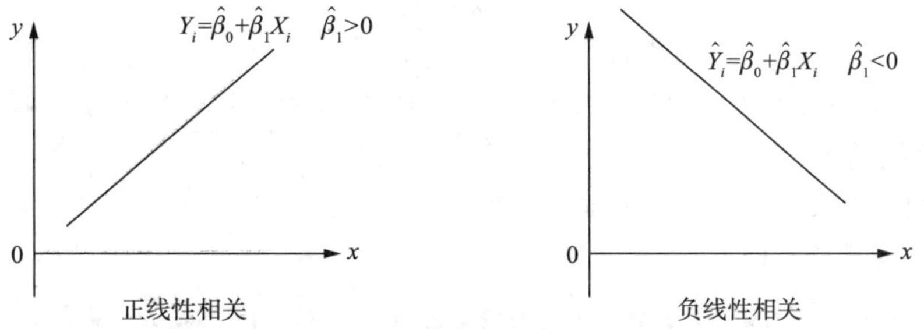

图 9-12

(三)参数估计的极大似然法

极大似然法(maximum likelihood,ML)，也称最大似然法，是不同于最小二乘法的另一种参数估计方法，是以极大似然原理为基础发展起来的估计方法。

其基本原理是：对于极大似然法，当从模型总体随机抽取 n 组样本观测值后，最合理的参数估计量应该使得从模型中抽取该 n 组样本观测值的概率最大。

在满足基本假设条件下，对一元线性回归模型 $Y_i = \beta_0 + \beta_1 X_i + \mu_i$ 随机抽取 n 组样本观测值$(X_i, Y_i)(i=1,2,\cdots n)$。

假如模型的参数估计量已经求得，为 $\hat{\beta}_0$、$\hat{\beta}_1$，那么 Y_i 服从如下的正态分布：

$$Y_i \sim N(\hat{\beta}_0 + \hat{\beta}_1 X_i, \sigma^2)$$

于是，Y 的概率函数为：

$$P(Y_i) = \frac{1}{\sigma\sqrt{2\pi}} e^{-\frac{1}{2\sigma^2}(Y_i - \hat{\beta}_0 - \hat{\beta}_1 X_i)^2} \quad (i = 1,2,\cdots,n)$$

因为 Y_i 是相互独立的，所以所有样本观测值的联合概率，即似然函数为：

$$L(\hat{\beta}_0, \hat{\beta}_1, \sigma^2) = P(Y_1, Y_2, \cdots, Y_n) = \frac{1}{(2\pi)^{\frac{\pi}{2}} \sigma^n} e^{-\frac{1}{2\sigma^2}\sum(Y_i - \hat{\beta}_0 - \hat{\beta}_1 X_i)^2}$$

将该似然函数极大化，即可求得模型参数的极大似然估计量。

由于似然函数的极大化与似然函数的对数的极大化是等价的，所以，取对数似然函数如下：

$$L^* = \mathrm{Ln}(L) = -n\ln(\sqrt{2\pi}\sigma) - \frac{1}{2\sigma^2}\sum(Y_i - \hat{\beta}_0 - \hat{\beta}_1 X_i)^2$$

对 L^* 求极大值，等价于对 $\sum(Y_i - \hat{\beta}_0 - \hat{\beta}_1 X_i)^2$ 求极小值：

$$\begin{cases} \dfrac{\partial}{\partial \hat{\beta}_0} \sum (Y_i - \hat{\beta}_0 - \hat{\beta}_1 X_i)^2 = 0 \\ \dfrac{\partial}{\partial \hat{\beta}_1} \sum (Y_i - \hat{\beta}_0 - \hat{\beta}_1 X_i)^2 = 0 \end{cases}$$

解得模型的参数估计量为：

$$\begin{cases} \hat{\beta}_1 = \dfrac{n\sum x_i y_i - \sum x_i \sum y_i}{n\sum x_i^2 - (\sum x_i)^2} \\ \hat{\beta}_0 = \dfrac{\sum y_i}{n} - \dfrac{\hat{\beta}_1 \sum x_i}{n} = \bar{y} - \hat{\beta}_1 \bar{x} \end{cases}$$

可见,在满足一系列基本假设的情况下,模型结构参数的最大似然估计量与普通最小二乘估计量是相同的。

【例 9-9】 对表 9-14 中一个每月家庭可支配收入与消费支出的样本数据,根据公式(9-19)构建计算表 9-15。

表 9-15　一个每月家庭可支配收入与消费支出的样本数据的参数估计计算表

家庭序号	Y	X	XY	X^2	Y^2
1	594	800	475 200	640 000	352 836
2	638	1 100	701 800	1 210 000	407 044
3	1 122	1 400	1 570 800	1 960 000	1 258 884
4	1 155	1 700	1 963 500	2 890 000	1 334 025
5	1 408	2 000	2 816 000	4 000 000	1 982 464
6	1 595	2 300	3 668 500	5 290 000	2 544 025
7	1 969	2 600	5 119 400	6 760 000	3 876 961
8	2 078	2 900	6 026 200	8 410 000	4 318 084
9	2 585	3 200	8 272 000	10 240 000	6 682 225
10	2 530	3 500	8 855 000	12 250 000	6 400 900
合计	15 674	21 500	39 468 400	53 650 000	29 157 448

解:把表 9-15 的有关数据代入公式(9-19):

$$\begin{cases} \hat{\beta}_1 = \dfrac{10 \times 39\,468\,400 - 21\,500 \times 15\,674}{10 \times 53\,650\,000 - 21\,500 \times 21\,500} = 0.777 \\ \hat{\beta}_0 = \dfrac{15\,674}{10} - 0.777 \times \dfrac{21\,500}{10} = -103.171\,7 \end{cases}$$

因此,由该样本估计的回归方程为:$\hat{Y} = -103.171\,7 + 0.777X_i$。

计算结果表明,该样本家庭平均每个月增加 1 元可支配收入,将会增加 0.777 元消费支出。

【例 9-10】 同样,根据例 9-5,设 2010 年我国 31 个省、市、自治区农村居民家庭人均消费性支出为因变量(Y),人均可支配收入为自变量(X),试用表 9-10 中的数据进行回归分析。

解:把表 9-10 的数据代入公式(9-19),得:

$$\begin{cases} \hat{\beta}_1 = \dfrac{n\sum X_i Y_i - \sum X_i \cdot \sum Y_i}{n\sum X_i^2 - (\sum X_i)^2} = \dfrac{31 \times 1\,037\,346\,909.52 - 196\,129.76 \times 142\,023.48}{31 \times 1\,455\,122\,574.05 - 196\,129.76^2} = 0.647\,8 \\ \hat{\beta}_0 = \dfrac{\sum Y_i}{n} - \dfrac{\hat{\beta}_1 \sum X_i}{n} = \bar{Y} - \hat{\beta}_1 \bar{X} = \dfrac{142\,023.48}{31} - 0.647\,8 \times \dfrac{196\,129.76}{31} = 482.838\,3 \end{cases}$$

则样本回归方程为:$\hat{y}_i = 482.838\,3 + 0.647\,8x_i$。

上式中,0.647 8 表示 2010 年我国 31 个省、市、自治区农村居民家庭人均可支配收入每增加 1 元，人均消费支出会平均增加 0.647 8 元；482.838 3 元则为我国 31 个省、市、自治区农村居民家庭人均消费基础（初始）水平。

根据上述计算结果，并结合表 9－10 的数据绘制 2010 年我国 31 个省、市、自治区农村居民家庭人均可支配收入和人均消费支出的线性拟合，见图 9－13。

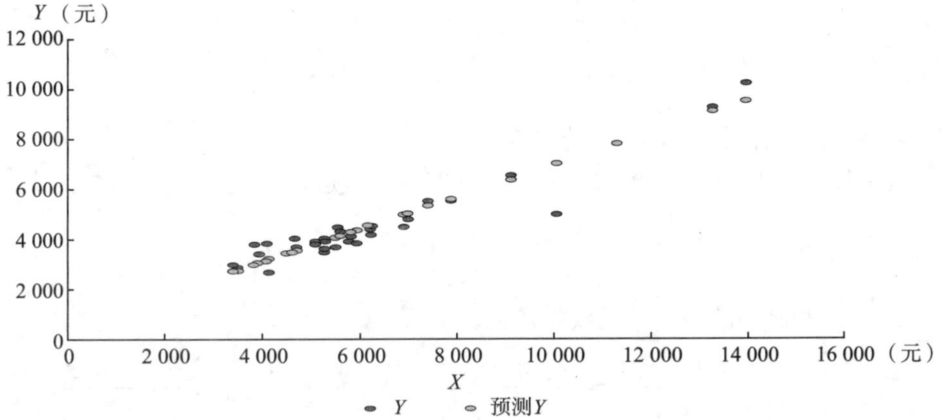

图 9－13　2010 年我国 31 个省、市、自治区农村居民家庭人均可支配收入和人均消费支出的线性拟合图

（四）回归系数 $\hat{\beta}_1$ 与相关系数 r 的关系

对于简单线性回归模型 $Y_i=\beta_0+\beta_1X_i+\varepsilon_i$，把公式（9－19）中 $\hat{\beta}_1$ 的估计 $\hat{\beta}_1=\dfrac{n\sum x_iy_i-\sum x_i\cdot\sum y_i}{n\sum x_i^2-(\sum x_i)^2}$ 写成离差形式 $\hat{\beta}_1=\dfrac{\sum(x_i-\bar{x})(y_i-\bar{y})}{\sum(x_i-\bar{x})^2}$，同时取公式（9－3）相关系数 $r=\dfrac{\sum(x_i-\bar{x})(y_i-\bar{y})}{\sqrt{\sum(x_i-\bar{x})^2\cdot\sum(y_i-\bar{y})^2}}$，用 $\hat{\beta}_1$ 除 r，得：

$$\frac{r}{\hat{\beta}_1}=\frac{\sqrt{\sum(x_i-\bar{x})^2}}{\sqrt{\sum(y_i-\bar{y})^2}}=\frac{\sqrt{\dfrac{\sum(x_i-\bar{x})^2}{n-1}}}{\sqrt{\dfrac{\sum(y_i-\bar{y})^2}{n-1}}}=\frac{S(x_i)}{S(y_i)} \tag{9-20}$$

则有：

$$r=\hat{\beta}_1\cdot\frac{S(x_i)}{S(y_i)} \tag{9-21}$$

对两侧求期望，得：

$$\rho=\hat{\beta}_1\cdot\frac{\sigma(x_i)}{\sigma(y_i)} \tag{9-22}$$

式中，S_{x_i} 为解释变量 X 的样本标准差，S_{Y_i} 为被解释变量 Y 的样本标准差。

公式（9－22）说明回归系数与相关系数关系紧密。简单线性相关系数就是标准化了的一元线性回归系数。当一个为零时，另一个必然为零。换句话说，当 Y_i 和 X_i 的相关系数为零时，Y_i 和 X_i 必然不存在线性关系（但不意味着不存在其他非线性关系）。

【例 9－11】　根据例 9－5 的数据可以计算：

$$S_{x_i}=\sqrt{\frac{\sum(x_i-\bar{x})^2}{n-1}}=\sqrt{\frac{7\ 141\ 846.277}{30}}=\sqrt{214\ 255\ 388}=2\ 672.423$$

$$S_{y_i}=\sqrt{\frac{\sum(y_i-\bar{y})^2}{n-1}}=\sqrt{\frac{99\ 229\ 442.4}{30}}=\sqrt{3\ 307\ 648.079}=1\ 818.649$$

由于 $\hat{\beta}_1=0.647\ 8$，上述结果代入公式(9－21)，得：

$$r=\hat{\beta}_1\cdot\frac{S_{x_i}}{S_{y_i}}=0.647\ 8\times\frac{2\ 672.423}{1\ 808.649}=0.951\ 9$$

这与按公式(9－8)计算的结果完全一致。

(五)最小平方估计量 $\hat{\beta}_0$ 和 $\hat{\beta}_1$ 的特性

当模型参数估计出后，需考虑参数估计值的精度，即是否能代表总体参数的真值，或者说需考察参数估计量的统计性质。

1. 线性性

线性性指 $\hat{\beta}_0$ 和 $\hat{\beta}_1$ 分别是 y_t 的线性函数。

$$\hat{\boldsymbol{\beta}}_1=\frac{\sum(x_t-\bar{x})(y_t-\bar{y})}{\sum(x_t-\bar{x})^2}=\frac{\sum(x_t-\bar{x})y_t-\bar{y}\sum(x_t-\bar{x})}{\sum(x_t-\bar{x})^2}=\frac{\sum(x_t-\bar{x})y_t}{\sum(x_t-\bar{x})^2}$$

令 $k_t=\dfrac{(x_t-\bar{x})}{\sum(x_t-\bar{x})^2}$，代入上式得 $\hat{\beta}_1=\sum k_t y_t$。可见，$\hat{\beta}_1$ 是 y_t 的线性函数，是 β_1 的线性估计量。同理，β_0 也具有线性特性。

2. 无偏性

无偏性是指估计量的数学期望值等于总体回归系数的真值。

利用上式，得：

$$\begin{aligned}E(\hat{\beta}_1)&=E\left(\sum k_t y_t\right)=E\left[\sum k_t(\beta_0+\beta_1 x_t+\varepsilon_t)\right]=E\left(\beta_0\sum k_t+\beta_1\sum k_t X_t+\sum k_t\varepsilon_t\right)\\&=E\left[\beta_1\sum k_t(X_t-\bar{x})+\sum k_t\varepsilon_t\right]=\beta_1+E\left(\sum k_t\varepsilon_t\right)=\beta_1\end{aligned}$$

因为 $\sum k_t=\sum\dfrac{(x_t-\bar{x})}{\sum(x_t-\bar{x})^2}=\dfrac{\sum(x_t-\bar{x})}{\sum(x_t-\bar{x})^2}=0$，

$$\begin{aligned}\text{且 }\sum k_t X_t&=\sum\frac{(x_t-\bar{x})}{\sum(x_t-\bar{x})^2}X_t=\frac{\sum(x_t-\bar{x})x_t}{\sum(x_t-\bar{x})^2}=\frac{\sum(x_t-\bar{x})(x_t-\bar{x}+\bar{x})}{\sum(x_t-\bar{x})^2}\\&=\frac{\sum(x_t-\bar{x})(x_t-\bar{x})}{\sum(x_t-\bar{x})^2}+\frac{\sum(x_t-\bar{x})\bar{x}}{\sum(x_t-\bar{x})^2}\\&=1\end{aligned}$$

同样可以证得 $E(\hat{\beta}_0)=\beta_0$。

所以，$\hat{\beta}_1$ 和 $\hat{\beta}_0$ 的分布中心是 β_1 和 β_0，那么方差 $\hat{\sigma}^2_{\beta_1}$ 和 $\hat{\sigma}^2_{\beta_0}$ 或者标准差 $\hat{\sigma}_{\beta_1}$ 和 $\hat{\sigma}_{\beta_0}$ 是衡量 $\hat{\beta}_1$ 和 $\hat{\beta}_0$ 是否接近 β_1 和 β_0 的重要参数。方差或者标准差越小，估计量 $\hat{\beta}_1$ 和 $\hat{\beta}_0$ 就越可靠。

3. 有效性

β_0，β_1 的 OLS 估计量的方差比其他估计量的方差小。证明不需要掌握。

高斯—马尔可夫定理：若 u_t 满足 $E(u_t)=0$，$D(u_t)=\sigma^2$，那么用 OLS 法得到的估计量就具有**最佳线性无偏性**。估计量称最佳线性无偏估计量(the best linear unbiased estimator,

BLUE)。最佳线性无偏估计特性保证估计值最大限度地集中在真值周围,估计值的置信区间最小。

这三个准则也称估计量的小样本性质。拥有这类性质的估计量称为最优线性无偏估计量。

当不满足小样本性质时,需进一步考察估计量的大样本或渐近性质。

4. 渐近无偏性

即样本容量趋于无穷大时,它的均值序列是否趋于总体真值。

5. 一致性

即样本容量趋于无穷大时,它是否依概率收敛于总体的真值。

6. 渐近有效性

即样本容量趋于无穷大时,它在所有的一致估计量中是否具有最小的渐近方差。

(六)被解释变量和参数估计量的概率分布及随机误差项方差的估计

1. 被解释变量 Y_i 的概率分布

根据假设 4 的 $\varepsilon_i \sim N(0,\sigma^2)$,得:

$$\mathrm{E}(Y_i) = \mathrm{E}(\beta_0 + \beta_1 X_i + \varepsilon_i) = \beta_0 + \beta_1 X_i + \mathrm{E}(\varepsilon_i) = \beta_0 + \beta_1 X_i$$

$\mathrm{E}(Y_i)$表示真实的回归直线,其方差为:

$$\mathrm{Var}(Y_i) = \mathrm{Var}(\beta_0 + \beta_1 X_i + \varepsilon_i) = \mathrm{Var}(\beta_0 + \beta_1 X_i) + \mathrm{Var}(\varepsilon_i) = \sigma^2$$

根据总体回归模型的公式(9-15),Y_i 是 ε_i 的线性函数。因为根据假设 4,ε_i 服从正态分布,所以 Y_i 也服从正态分布,记作:

$$Y_i \sim N(\beta_0 + \beta_1 X_t, \sigma^2)$$

2. 参数估计量 $\hat{\beta}_0$ 和 $\hat{\beta}_1$ 的概率分布

普通最小平方法估计量 $\hat{\beta}_0$ 和 $\hat{\beta}_1$ 分别是 Y_i 的线性组合,因此,$\hat{\beta}_0$ 和 $\hat{\beta}_1$ 的概率分布取决于 Y_i 的分布特征。如上所述,在 ε_i 服从正态分布的假设下,Y_i 服从正态分布,则 $\hat{\beta}_0$ 和 $\hat{\beta}_1$ 也服从正态分布。下面分别不加证明地给出 $\hat{\beta}_1$ 和 $\hat{\beta}_0$ 的分布特征。

(1) $\hat{\beta}_1$ 的分布为:

$$\hat{\beta}_1 \sim N\left(\beta_1, \frac{\sigma^2}{\sum (x_i - \overline{x})^2}\right) \tag{9-23}$$

其中,$\hat{\beta}_1$ 的数学期望为:

$$\mathrm{E}(\hat{\beta}_1) = \beta_1 \tag{9-24}$$

$\hat{\beta}_1$ 的方差为:

$$\mathrm{Var}(\hat{\beta}_1) = \frac{\sigma^2}{\sum (x_i - \overline{x})^2} \tag{9-25}$$

(2) $\hat{\beta}_0$ 的分布为:

$$\hat{\beta}_0 \sim N\left(\beta_0, \frac{\sigma^2 \sum x_i^2}{n \sum (x_i - \overline{x})^2}\right) \tag{9-26}$$

其中:

$$\mathrm{E}(\hat{\beta}_0) = \beta_0 \tag{9-27}$$

$$\mathrm{Var}(\hat{\beta}_0)=\frac{\sigma^2\sum x_i^2}{n\sum(x_i-\bar{x})^2} \tag{9-28}$$

3. 随机误差项 ε_i 方差 σ^2 的估计

在参数估计量 $\hat{\beta}_0$ 和 $\hat{\beta}_1$ 的方差表达式中,都包含了随机误差项 ε_i 方差 σ^2,因此,要想描述 $\hat{\beta}_0$ 和 $\hat{\beta}_1$ 的分布特征,首先需要了解 σ^2,但由于随机误差项 ε_i 本身是不能直接观测的,因而它的方差 σ^2 需要通过其本身的最小平方估计量——残差 e_i 的方差 S_e^2 来估计。σ^2 既是随机误差项 ε_i 的方差,实际上又是整个回归模型的方差,所以它又被称为模型的总体方差。它不仅反映理论模型误差的大小,还是检验模型时必需的重要参数。

可以证明,σ^2 的最小平方估计量 S_e^2 可由公式(9-29)给出:

$$S_e^2=\frac{\sum e_i^2}{n-2} \tag{9-29}$$

公式(9-29)是关于 σ^2 的无偏估计量,可用来考察观测值对回归直线的离散程度。式中,分子是残差平方和,由于式中存在两个约束条件,所以自由度 df 为 $n-k-l=n-2$(其中,k 为解释变量的个数,因为解释变量只有一个,所以自由度为 $n-2$)。由于 e_i 是残差,所以 S_e^2 又称误差均方,S_e^2 的正平方根又称回归估计的标准误差。S_e 越小,表明实际观测点与所拟合的样本回归线的离差程度越小,即回归线具有较强的代表性;反之,S_e 越大,表明实际观测点与所拟合的样本回归线的离差程度越大,即回归线的代表性较差。

直接根据残差平方和的含义用公式计算 S_e^2,需要逐步计算出残差平方的数值,这样计算十分麻烦。因此,一般采用以下公式计算残差平方和:

$$\sum e_i^2=\sum y_i^2-\hat{\beta}_0\sum y_i-\hat{\beta}_1\sum x_iy_i \tag{9-30}$$

在最大似然估计法中,解似然方程:

$$\frac{\partial}{\partial\sigma^2}L^*=-\frac{n}{2\sigma^2}+\frac{1}{2\sigma^2}\sum(Y_i-\hat{\beta}_0-\hat{\beta}_1X_i)^2=0$$

即可得到 σ^2 的最大似然估计量:

$$S^2=\frac{1}{n}\sum(Y_i-\hat{\beta}_0-\hat{\beta}_1X_i)^2=\frac{\sum e^2}{n} \tag{9-31}$$

可见,σ^2 的最大似然估计量不具无偏性,但却具有一致性。

在估计出随机误差项 ε_i 的方差 σ^2 之后,用 S_e^2 代替公式(9-25)和公式(9-28)中的 σ^2,就得到了 $\hat{\beta}_0$ 和 $\hat{\beta}_1$ 的估计方差。

$$\hat{\mathrm{V}}\mathrm{ar}(\hat{\beta}_1)=S_e^2\cdot\frac{1}{\sum(x_i-\bar{x})^2}=\frac{\sum e_i^2}{n-2}\cdot\frac{1}{\sum(x_i-\bar{x})^2} \tag{9-32}$$

$$\hat{\mathrm{V}}\mathrm{ar}(\hat{\beta}_0)=S_e^2\cdot\frac{\sum x_i^2}{n\sum(x_i-\bar{x})^2}=\frac{\sum e_i^2}{(n-2)}\cdot\frac{\sum x_i^2}{n\sum(x_i-\bar{x})^2} \tag{9-33}$$

$\hat{\mathrm{V}}\mathrm{ar}(\hat{\beta}_1)$ 和 $\hat{\mathrm{V}}\mathrm{ar}(\hat{\beta}_0)$ 也分别用 $S_{\hat{\beta}_1}^2$ 和 $S_{\hat{\beta}_0}^2$ 表示。

【例 9-12】 根据例 9-5 估计的结果,计算 2012 年我国 31 个省、市、自治区农村居民家庭消费函数的总体方差 S_e^2、回归估计标准差 S_e,以及 $\hat{\beta}_0$ 和 $\hat{\beta}_1$ 方差 $S_{\hat{\beta}_1}^2$ 和 $S_{\hat{\beta}_0}^2$ 的估计值。

解:将表 9-10 的数据代入公式(9-30),得:

$$\sum e_i^2 = 749\ 896\ 180.14 - 482.923\ 3 \times 142\ 023.48 - 0.647\ 8 \times 1\ 037\ 346\ 906.52$$
$$= 9\ 314\ 546.27$$

将上述结果代入公式(9-31)，得：

$$S_e^2 = \frac{9\ 314\ 546.27}{29} = 321\ 191.250\ 6$$

进而有

$$S_e = \sqrt{321\ 191.250\ 6} = 566.737\ 4$$

根据表 9-10，计算 $\sum (x_i - \overline{x})^2 = 214\ 255\ 388$，把该结果和 S_e^2 的计算结果分别代入公式(9-32)和公式(9-33)，可得：

$$S_{\hat{\beta}_1}^2 = \hat{\mathrm{V}}\mathrm{ar}(\hat{\beta}_1) = S^2 \cdot \frac{1}{\sum (x_i - \overline{x})^2} = \frac{321\ 191.253\ 6}{214\ 255\ 388} = 0.001\ 499$$

$$S_{\hat{\beta}_0}^2 = \hat{\mathrm{V}}\mathrm{ar}(\hat{\beta}_0) = S^2 \cdot \frac{\sum x_i^2}{n\sum (x_i - \overline{x})^2} = \frac{321\ 191.253\ 6 \times 1\ 455\ 122\ 574}{31 \times 214\ 255\ 388} = 70\ 367.129\ 95$$

(七)残差分析

如前所述，随机误差项 ε_i 的估计值 $e_i = Y_i - \hat{Y}_i$ 被称为残差。显然，残差的大小，能评价回归模型与实际数据拟合程度的好坏。同时，OLS 估计模型的前提是对随机误差项 ε_i 的六项基本假设，现实分析的结果是否符合这六项基本假设，该采用也需要通过对随机误差项 ε_i 的估计值——残差来评价。基于这个原因，残差分析(residual analysis)包括两方面的内容：回归模型的拟合程度评价，以及模型估计结果是否满足六项基本假设条件的评价。

1. 评价回归模型的拟合程度

回归模型的拟合程度好坏可通过绘制残差图直观地进行评价。残差图是以残差 e_i 为纵坐标、以相应自变量的 X 值为横坐标的散点图。如果残差的绝对数值都比较小，散点都在以 0 为横轴的直线上下随机散布，不存在明显的变化规律，回归直线对各个观测值的拟合情况就是良好的；反之，散点呈现出某些规律，如线性趋势、曲线等，则表明 X_i 值与残差 e_i 之间就会存在某种关系，说明回归直线对样本观测值的拟合不理想，需要以某非线性形式进行调整。

【例 9-13】 图 9-14 是依据例 9-12 的模型拟合结果绘制的残差图。

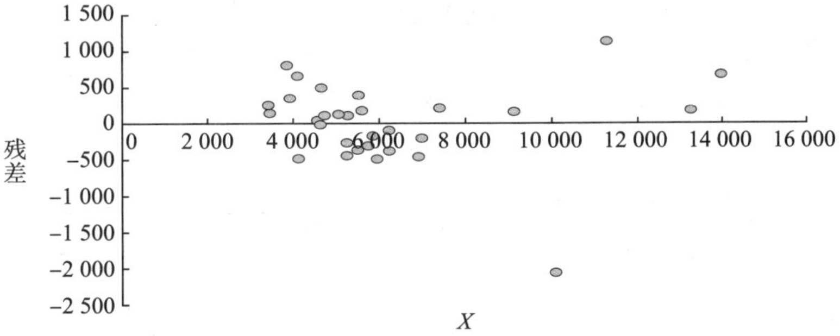

图 9-14　2010 年我国农村居民家庭消费函数残差图

由图 9-14 可见，残差散点大部分落在 0 上下波动，但有一个异常点。这表明样本数据与总体回归函数模拟较好，样本数据存在异常值。

根据随机误差项的基本假设,误差项 ε_i 是个 0 均值、同方差、独立同分布的随机变量,即 $\varepsilon_i \sim N(0,\sigma^2)$,如果回归直线对样本观测值的拟合良好,那么,误差项 ε_i 的估计值 e_i 也应该具备这个统计特性,即 $e_i \sim N(0,\sigma^2)$,从而有 $\frac{e_i}{\sigma} \sim N(0,1)$,并称 $\frac{e_i}{\sigma}$ 为标准化残差。考虑到 σ 一般未知,需要估计,则有:

$$\hat{\sigma} = \sqrt{\frac{RSS}{n-2}} = \sqrt{MSE}$$

进而有:

$$\hat{e}_i = \frac{e_i}{\hat{\sigma}_i} = \frac{e_i}{\sqrt{MSE}} \sim N(0,1)$$

$\hat{e}_i$ 称为标准化残差的估计量。

由正态分布的性质可知,$P(|\hat{e}_i| < 2) = 0.954\ 5$,表明 $\hat{e}_i$ 的值落在区间(−2,2)的概率为 95.45%。如果以标准化残差的估计量 $\hat{e}_i$ 为纵坐标、以相应自变量的 X 值为横坐标,绘制标准化残差散点图,可以在 95.45%的概率保证下,观察标准化残差散点 $(X_i, \hat{e}_i)$ 是否落在区间(−2,2)内,来判断模型拟合程度的好坏。其判断标准如下:

(1)模型拟合较好。如果 $(X_i, \hat{e}_i)$ 构成的散点绝大多数落在(−2,2)水平带状区间内,且不显示任何系统性趋势、完全随机地分布在 0 上下,说明回归模型对样本数据的拟合是良好的,如图 9-15(a)所示。

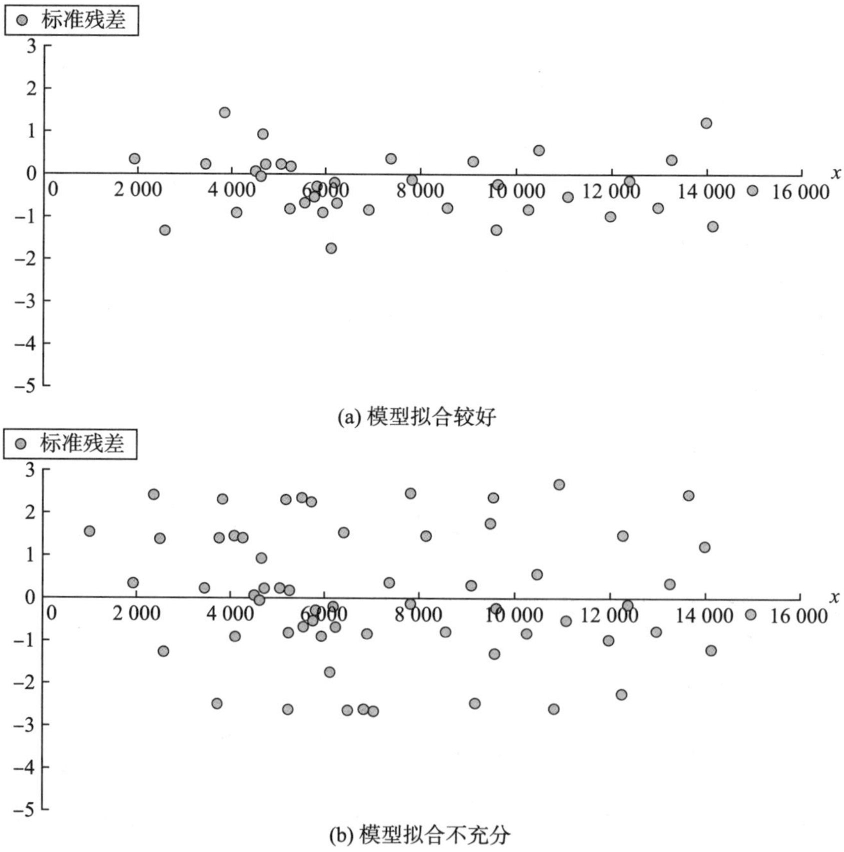

图 9-15 两种可能的系统性偏差

(2)模型拟合不充分。如果(X_i , $\hat{e}_i$)构成的散点绝大多数落在(－2,2)水平带状区间外,说明回归模型对样本数据的拟合不充分。究其原因,可能模型遗漏了某些重要的解释变量,或模型设定有误,如图 9－15(b)所示。

(3)模型具有某种非线性形式。如果总体回归函数本质上是非线性,却采用线性形式进行模拟,图形会出现某种规律性曲线形状,即“系统性偏差”。系统性偏差有两种可能的形状,如图 9－16(a)、图 9－16(b)所示。

(4)样本数据出现异常点。如果(X_i , $\hat{e}_i$)构成的散点绝大多数落在(－2,2)水平带状区间内,但有一个或多个点落在区间外,表明样本数据出现异常点,如图 9－16 和图 9－17 所示。

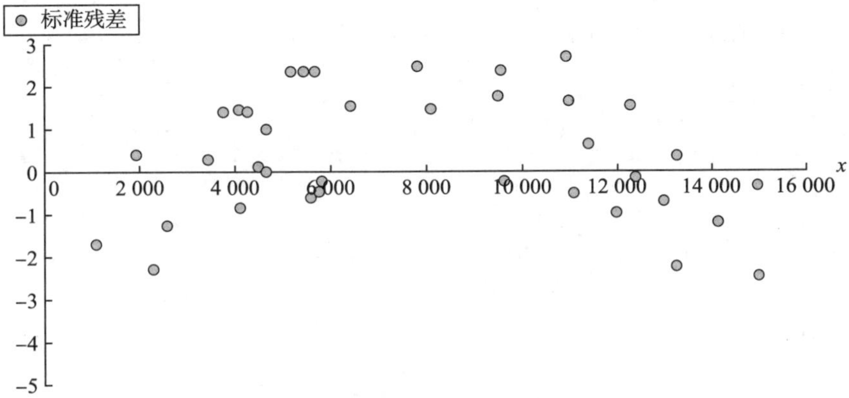

(a) 模型出现系统性偏差

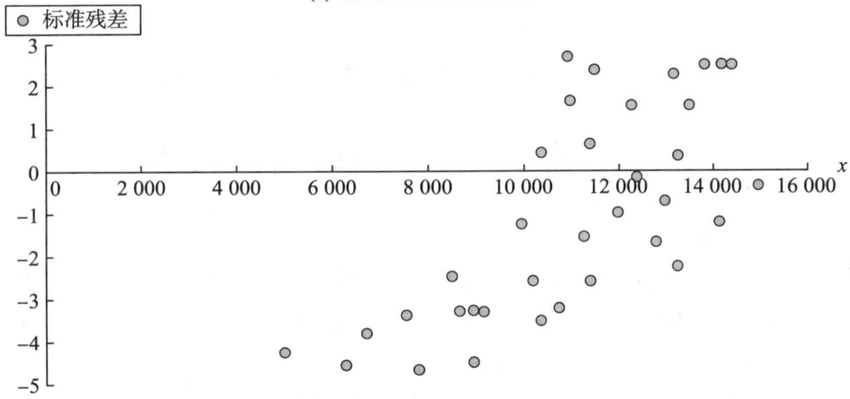

(b) 模型出现系统性偏差

图 9－16　样本数据出现异常点

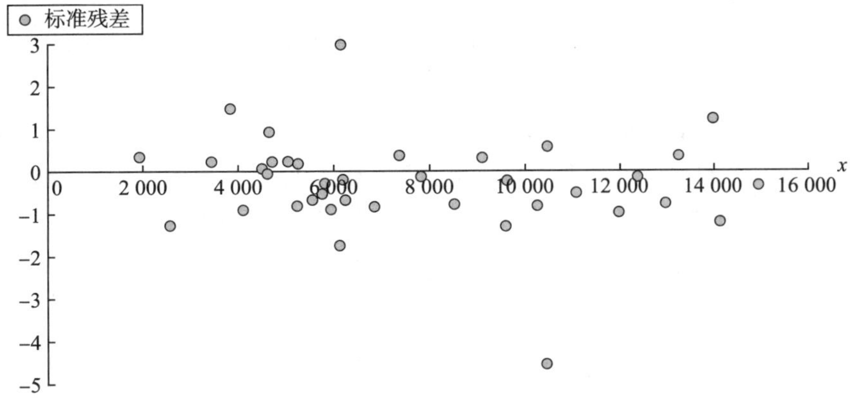

图 9－17　样本数据出现异常点

有异常点的存在,就应该检查一下此值是否有误,处理方法如下:

①如果只有一个异常点,也许是在输入观测值时产生的登记性误差造成的,只需要修正这个异常点,重新估计回归模型。

②若异常点确实是存在的系统性误差,就应该进行进一步核实、分析其形成原因。如果异常值是由罕见的灾难引起的,而又能确信引起异常值的情况不会再发生,那么,可以剔除这个异常值,用其余的数据重新估计回归模型;如果认为引起异常值出现的因素应考虑在回归模型中,就应该增加解释变量,建立多元回归模型(见下一节)。

③如果无法找到出现异常值的原因,则应把它看成随机误差,予以保留,并用于进一步分析。

仍以例 9-12 的模型拟合结果绘制标准残差图 9-18。

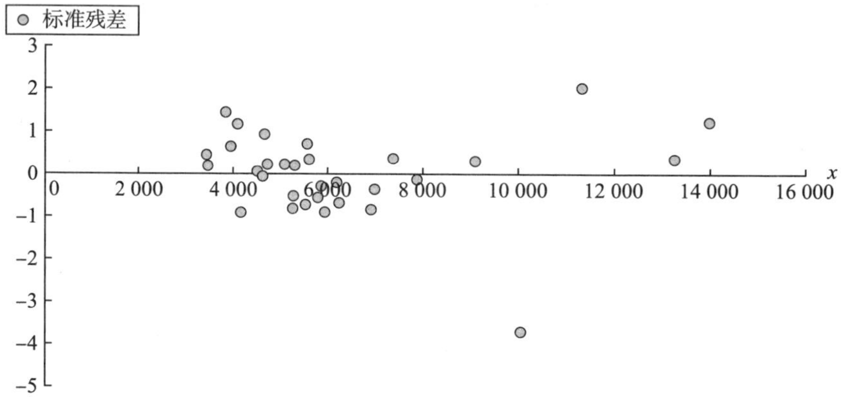

图 9-18 2010 年我国农村居民家庭消费函数标准残差图

由图 9-18 可见,残差散点大部分落在(—2,2)区间内,且围绕 0 上下波动,但有一个异常点。这表明样本数据与总体回归函数模拟较好;样本数据存在异常值,但可认为该异常值是随机性误差,可以保留。

与残差图相比,标准残差图多了一个判断区间,使观察更为直观,判断有参照系。

2. 评价模型是否满足随机误差项 ε_i 假设条件的评价

(1)随机误差项 ε_i 的同方差性评价。

同方差性的假设也能通过残差与 X_i 的残差图来评价。如散点紧密地分布在 0 上下,如图 9-19 所示,则可认为不存在异方差。

如散点有明显的向上或向下的发展趋势,则可认为存在异方差。一般散点呈向上趋势,表明数据存在递增异方差,如图 9-20(a)所示;若散点呈向下趋势,表明数据存在递减异方差,如图 9-20(b)所示。

如散点有明显的非线性的曲线形状,则可认为存在复杂异方差,如图 9-21 所示。

观察图 9-18,其残差散点分布对应不同的 X_i 值不存在明显的差异。因此,可以认为:不同水平的 X_i 所对应的残差不存在违背同方差的假设,即不存在异方差。

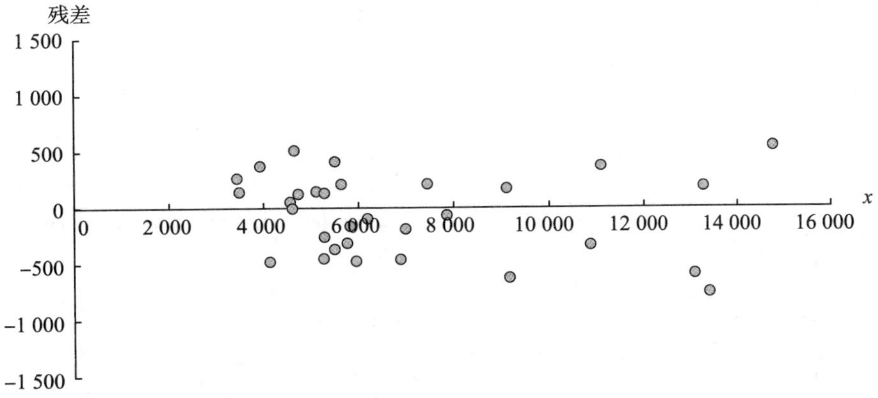

图 9－19 同方差

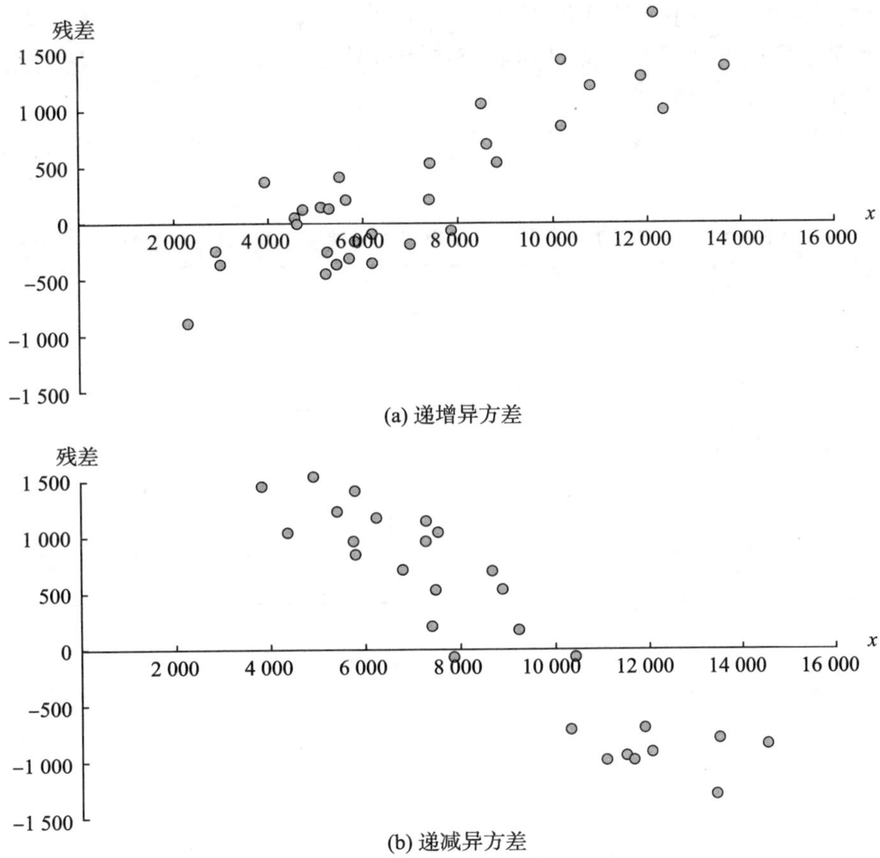

(a) 递增异方差

(b) 递减异方差

图 9－20 异方差

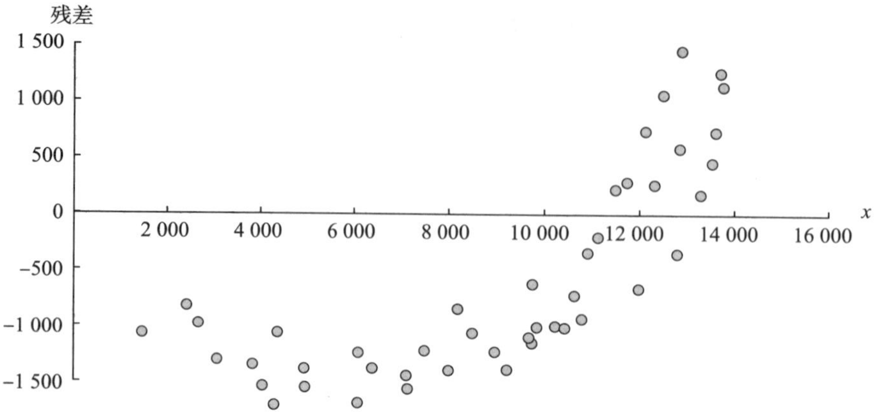

图 9-21 复杂异方差

(2)随机误差项 ε_i 的正态性评价。

回归性误差的正态性假设可通过残差分析中计算残差的频数分布,并把其结果用第三章介绍的直方图加以反映和评估。

【例 9-14】 根据例 9-5 的参数估计结果,可把残差列成如表 9-16 所示的频数分布,其结果可用直方图展示如下(见图 9-22)。

表 9-16 2010 年我国 31 个省、市、自治区农村居民家庭人均消费支出估计值残差的频率分布

残差分组	频率(%)
−240.189 以下	1
−240.189—17.200	7
17.199 63—274.588	5
274.588 3—531.977	10
531.977—789.366	3
789.366 以上	3

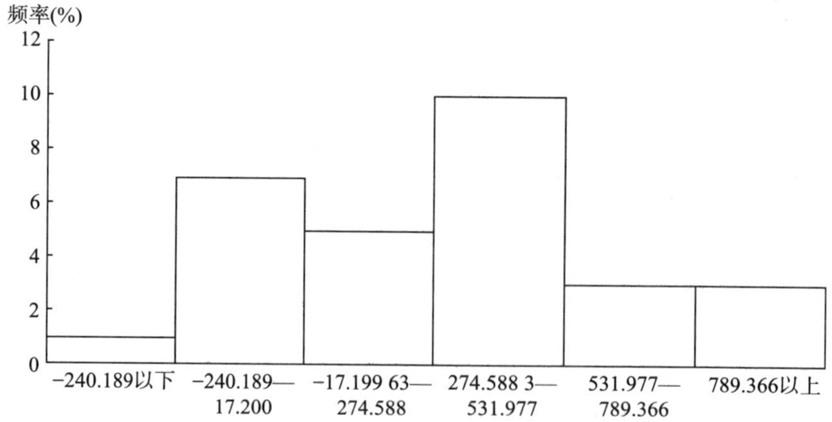

图 9-22 2010 年我国 31 个省、市、自治区农村居民家庭人均消费支出估计值残差直方图

由图 9 - 22 可以判断：2010 年我国 31 个省、市、自治区农村居民家庭人均消费支出估计值残差近似服从正态分布。当然，有关分布正态性检验的方式还有很多，而且大部分可以通过统计软件来实现。

(3)随机误差项 ε_i 的独立性假设评价。

随机误差项 ε_i 的独立性，是指不同样本点上随机误差项 ε_i 相互独立、不存在自相关性。一般时间序列数据会产生随机误差项 ε_t 的自相关性。随机误差项 ε_t 有无自相关性，可以分别绘制两种图形进行评价：一种是以时间 t 为横坐标，以估计值残差 e_t 为纵坐标绘制的散点图，简称 $e_t—t$ 图；另一种是以估计值残差的滞后一阶 e_{t-1} 为横坐标，以估计值残差 e_t 为纵坐标绘制的散点图，简称 $e_{t-1}—e_t$图。

如果观测数据中存在着某种自相关(auto correlation)的因素，那么前后相邻的残差 e_{t-1} 和 e_j 就会有某种联系，其结果违背了随机误差项 ε_i 的独立性假设。而这种影响就会分别在上述两种散点图中显示出来。

如果随着时间的推移，残差的散点连续在 $e_t—t$ 图横坐标上出现几次，然后又连续在横坐标下方出现几次，如此反复，而在 $e_{t-1}—e_t$图时则由左下方向右上方伸展，就可以判断存在正自相关，或称正序列相关性(serial correlation)，如图 9 - 23 上方所示的两个图。

如果随着时间的推移，残差的散点在 $e_t—t$ 图横坐标一上一下反复出现，而在 $e_{t-1}—e_t$ 图时则由左上方向右下方伸展，就可以判断存在负自相关或称负序列相关性，如图 9 - 23 下方所示的两个图。

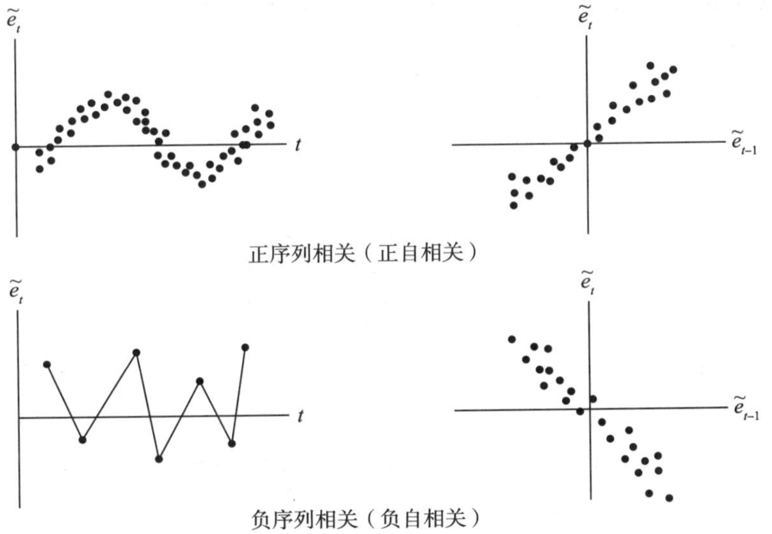

图 9 - 23　随机误差项 ε_i 的自相关性评价

四、一元线性回归模型的检验

回归模型的检验包括理论意义检验和统计意义检验。理论意义检验主要涉及参数估计值的符号和取值区间，如果它们与实质性科学的理论及人们的实践经验不相符，就说明模型不能很好地解释现实现象。例如，在前面所举的城镇居民可支配收入与消费支出之间的关系，β_1 的取值区间应为 0—1。如果根据样本数据估计得 $\hat{\beta}_1$ 大于 1 或小于 0，则不能通过经济意义检验。统计意义检验是利用统计学中的抽样理论来检验样本回归方程的可靠性，具体又可分为拟合优度检验和显著性检验。统计意义是对所有现象进行回归分析时都必须通过的检验。本书只讨论统计意义检验。

(一)拟合优度检验

所谓拟合优度，是指观测值聚集在样本回归线周围的紧密程度。判断回归模型拟合程度优劣，最常用的数量指标是可决系数，又称决定系数(coefficient of determination)，记作 R^2。该指标建立在对总离差平方和进行分解的基础上。

R^2 的取值范围是[0,1]。R^2 的值越接近 1，说明回归直线对观测值的拟合程度越好；反之，R^2 的值越接近 0，说明回归直线对观测值的拟合程度越差。

拟合优度主要是运用判定系数和回归标准差来检验模型对样本观测值的拟合程度。当解释变量为多元时，要使用调整的拟合优度，以解决变量元素增加对拟合优度的影响。

拟合优度检验则是检验来自总体中的一类数据其分布是否与某种理论分布相一致的统计方法。例如，一个总体可分为 r 类，现从该总体获得了一批分类数据，现在需要我们从这些分类数据出发，去判断总体各类出现的概率是否与已知的概率相符。譬如要检验一颗骰子是否均匀，那么可以将该骰子抛掷若干次，记录每一面出现的次数，从这些数据出发去检验各面出现的概率是否都是 1/6。

因变量的实际观测值与其样本均值的离差即总离差($y_i-\bar{y}$)可以分解为两部分：一部分是因变量的理论回归值与其样本均值的离差($\hat{y}_i-\bar{y}$)，它可以看成是能够由回归直线解释的部分，称为可解释离差；另一部分是实际观测值与理论回归值的离差($y_i-\hat{y}_i$)，它是不能由回归直线加以解释的残差 e_i。

上述关系可通过图 9－24 直观地描述如下：

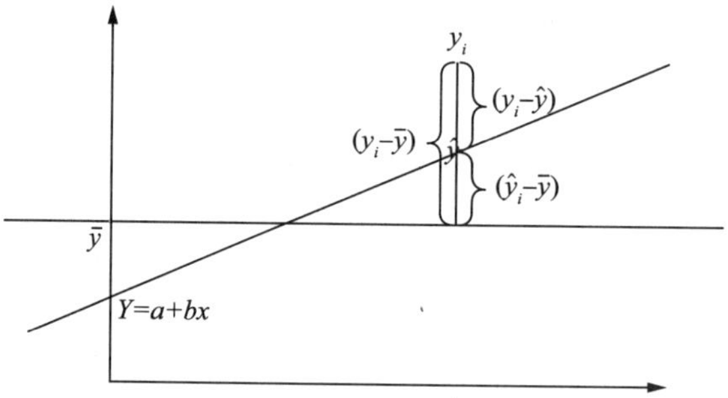

图 9－24　总离差、解释离差和残差的关系

对任一实际观测值 y_i，总有 $(y_i-\bar{y})=(\hat{y}_i-\bar{y})+(y_i-\hat{y}_i)=(\hat{y}_i-\bar{y})+e_i$，对该式两边平方求和得：

$$\sum(y_i-\bar{y})^2=\sum(y_i-\hat{y}_i)^2+\sum(\hat{y}_i-\bar{y})^2+2\sum(y_i-\bar{y})(\hat{y}_i-\bar{y})$$

可以证明 $\sum(y_i-\bar{y})(\hat{y}_i-\bar{y})=0$，从而有 $\sum(y_i-\bar{y})^2=\sum(y_i-\hat{y}_i)^2+\sum(\hat{y}_i-\bar{y})^2$，即：

$$SST=SSE+SSR \tag{9-34}$$

公式(9－34)中，SST 是总离差平方和(total deviation sum of squares)；SSR 是由回归直线可以解释的离差平方和，称为回归平方和(Sum of squares due to regression)；SSE 是用回归直线无法解释的离差平方和，称为残差平方和(sum of squares due to error)。

把公式(9－34)的两边同时除以 SST，得 $1=\frac{SSE}{SST}+\frac{SSR}{SST}$，把式中的 $\frac{SSR}{SST}$ 移到等式左边，整理后可得：

判定系数 $r^2=\frac{SSR}{SST}=1-\frac{SSE}{SST}$

由于 $\frac{SSR}{SST}\leqslant 1$，所以 $0\leqslant R^2\leqslant 1$。

于是可知，判定系数是对回归模型拟合程度的综合度量，判定系数越接近 1，模型拟合程度越高；可决系数越接近 0，则模型对样本的拟合程度越差。

【例 9－15】 根据例 9－5 中给出的有关数据及其回归系数的估计值，计算 2012 年我国 31 个省、市、自治区我国农村居民家庭人均消费函数的可决系数。

解： $SST=\sum y_i^2-\frac{(\sum y_i)^2}{n}=749\ 896\ 180.15-\frac{142\ 023.48^2}{31}=99\ 229\ 442.37$

$r^2=\frac{SSR}{SST}=1-\frac{SSE}{SST}=1-\frac{9\ 316\ 406.467}{99\ 229\ 442.37}=0.906\ 1$

我国城镇居民消费模型的判定系数达 0.906 1，说明 2012 年我国 31 个省、市、自治区农村居民消费函数模型拟合得非常好，表明 2012 年我国 31 个省、市、自治区农村居民家庭人均收入对于人均消费具有很强的解释能力。

(二)显著性检验

回归分析中的显著性检验包括两方面的内容：一是对各回归系数的显著性检验，二是对整个回归方程的显著性检验。对于前者通常采用 t 检验，而对于后者则是在方差分析的基础上采用 F 检验。在一元线性回归模型中，由于只有一个解释变量，所以对于 $\beta_1=0$ 的 t 检验与对整个方程的 F 检验是等价的。

在回归分析中，人们最关心的是因变量 Y 和自变量 X 之间到底有没有真正的线性关系，即需要对回归参数 β_1 作某种假设，如果 $\beta_1=0$，就意味着解释变量 X 对被解释变量毫无影响，也没有任何解释能力和贡献。所以，回归模型参数的显著性检验就是通过假设样本估计量 $\hat{\beta}_1$ 是否为 0 来判断 Y 与 X 之间是否存在真正的关系的一种检验。

回归系数显著性检验的基本步骤如下：

1. 提出假设

$H_0:\beta_1=0, H_1:\beta_1\neq 0$；此检验为双侧检验。所用统计量是 t。在 H_0 成立条件下，进行第二步。

2. 找出检验统计量及其分布，根据样本计算检验统计量的值

根据公式(9－34)，$\hat{\beta}_i\sim N(\beta_i, S_{\hat{\beta}_i})(i=0,1)$，据此构造检验统计量：

$$t_{\hat{\beta}_i}=\frac{\hat{\beta}_i-\beta_i}{S_{\hat{\beta}_i}}\sim t_{\alpha/2}(n-2)\quad(i=0,1)$$

式中，$S_{\hat{\beta}_i}$ 是回归系数 $\beta_i(i=0,1)$ 的标准差 $\sigma_{\hat{\beta}_i}$ 的估计值，即

$$S_{\hat{\beta}_1}=\sqrt{\frac{S^2}{\sum(x_i-\bar{x})^2}},\quad S_{\hat{\beta}_0}=\sqrt{S^2\cdot\frac{\sum x_i^2}{n\sum(x_i-\bar{x})^2}}$$

3. 确定显著水平

查自由度为$(n-2)$的t分布表，确定临界值$t_{\alpha/2}(n-2)$。

4. 判断

如果$|t|>t_{\alpha/2}(n-2)$，则拒绝原假设，即说明x作为y的解释变量作用是显著的；反之，若计算出的$|t|\leqslant t_{\alpha/2}(n-2)$，则接受原假设，即说明$x$作为$y$的解释变量作用尚不明显。

【例 9-16】 利用例 9-5 的资料，以 5%的显著水平，对 2012 年我国 31 个省、市、自治区农村居民家庭人均可支配收入与人均支出的回归方程的系数β_1进行检验，考察农村居民家庭人均可支配收入是否对人均消费支出是显著性影响。

解：据前述资料可知：$\sum x_i=196\ 129.76$，$\hat{\beta}_1=0.647\ 8$，$\sum x_i^2=1\ 455\ 122\ 574.05$，$S=566.794\ 0$。

(1)提出假设：$H_0:\beta_1=0$，$H_1:\beta_1\neq 0$。

(2)根据前面的计算：$S_{\hat{\beta}_1}^2=0.001\ 499$，因而$S_{\hat{\beta}_1}=0.038\ 718$，于是可得$t=\dfrac{\hat{\beta}_1}{S_{\hat{\beta}_1}}=\dfrac{0.647\ 8}{0.038\ 72}=16.730\ 4$。

(3)给定显著水平$\alpha=0.05$，查t分布表确定临界值：$t_{\alpha/2}(n-2)=2.045$。

(4)由于$|t|=16.730\ 4>t_{\alpha/2}(n-2)=2.045$，故拒绝$\beta_1$显著为 0 的原假设。这说明$X$对$Y$的解释能力或贡献是显著的，即认为农村居民家庭人均可支配收入对人均消费支出的影响是显著的。

采用同样的方法对β_0进行检验：

(1)提出假设：$H_0:\beta_0=0$，$H_1:\beta_0\neq 0$。

(2) $t=\dfrac{\hat{\beta}_0}{\hat{S}_{\beta_0}}=\dfrac{482.838\ 3}{265.268}=1.820\ 2$。

(3)给定显著水平$\alpha=0.05$，查t分布表确定临界值：$t_{0.025}(29)=2.045$。

(4) $t=\dfrac{\hat{\beta}_0}{S_{\hat{\beta}_0}}=\dfrac{482.838\ 3}{265.268}=1.820\ 2<t_{0.025}(29)=2.045$，所以接受$\beta_0=0$的原假设。这说明$\beta_0$对应的虚变量对被解释变量没有显著影响。

五、一元线性回归模型的预测

建立回归模型的目的就是为了应用，预测是回归模型最重要的应用。如果所拟合的样本回归方程经过检验，被认为具有经济意义，同时被证明有较高的拟合程度，则可以利用它来进行预测。

(一)点预测

给定解释变量X的值X_0，将其代入回归方程得到$\hat{Y}_0=\hat{\beta}_0+\hat{\beta}_1X_0$，$\hat{Y}_0$就是被解释变量$Y$的点估计值。点估计分两种情况：一是给定$X_0$，对不同样本点上解释变量$Y_i$的条件期望值(均值)的点估计；二是给定$X_0$，对不同样本点上解释变量$Y_i$的个别值(或单个值)的点估计。

1. 总体条件均值的点预测

对总体回归函数 $E(Y|X=X_0)=\beta_0+\beta_1X$，当 $X=X_0$ 时，有 $E(Y|X=X_0)=\beta_0+\beta_1X_0$。通过样本回归函数 $\hat{Y}=\hat{\beta}_0+\hat{\beta}_1X$，估计的拟合值为 $\hat{Y}_0=\hat{\beta}_0+\hat{\beta}_1X_0$，于是，$E(\hat{Y}_0)=E(\hat{\beta}_0+\hat{\beta}_1X_0)=E(\hat{\beta}_0)+X_0E(\hat{\beta}_1)=\beta_0+\beta_1X_0$。

可见，$\hat{Y}_0$ 是条件均值 $E(Y|X=X_0)$的无偏估计。

2. 总体个别值的点预测

对总体回归模型 $Y=\beta_0+\beta_1X+\varepsilon$，当 $X=X_0$ 时，有 $Y_0=\beta_0+\beta_1X_0+\varepsilon$，于是，$E(Y_0)=E(\beta_0+\beta_1X_0+\varepsilon)=\beta_0+\beta_1X_0+E(\varepsilon)=\beta_0+\beta_1X_0$。

而通过样本回归函数 $\hat{Y}=\hat{\beta}_0+\hat{\beta}_1X$，估计的拟合值$\hat{Y}_0=\hat{\beta}_0+\hat{\beta}_1X_0$ 的数学期望为 $E(\hat{Y}_0)=E(\hat{\beta}_0+\hat{\beta}_1X_0)=E(\hat{\beta}_0)+X_0E(\hat{\beta}_1)=\beta_0+\beta_1X_0$，所以，$\hat{Y}_0$ 是个别值 Y_0 的无偏估计。

(二)区间预测

在许多场合，人们更为关心的是对 $\hat{y}_f$ 的区间估计。区间预测是指当给定自变量值时，找到一个随机区间，因变量 y 以某个较大概率“落入”该区间。

区间估计也分两种情况：一是给定 X_0，对不同样本点上解释变量 Y_i 的条件期望值(均值)的区间估计；二是给定 X_0，对不同样本点上解释变量 Y_i 的个别值(或单个值)的区间估计。

1. 总体均值预测值的置信区间

在本章参数估计中曾讨论过，被解释变量 Y_i 的概率分布和样本回归参数估计量 $\hat{\beta}_1$、$\hat{\beta}_0$ 的分布。对于样本回归函数 $\hat{y}_0=\hat{\beta}_0+\hat{\beta}_1x_0$，有

$$\hat{\beta}_1\sim N\left(\beta_1,\frac{\sigma^2}{\sum(x_i-\bar{x})^2}\right);\hat{\beta}_0\sim N\left(\beta_0,\frac{\sigma^2\sum x_i^2}{n\sum(x_i-\bar{x})^2}\right)$$

被解释变量，即总体回归函数 $Y_i\sim N(\beta_0+\beta_1x_t,\sigma^2)$。

对于样本回归方程 $\hat{Y}_0=\hat{\beta}_0+\hat{\beta}_1X_0$，根据抽样分布的原理，样本分布应该与总体分布保持一致，但两者的统计分布特征值还是有差别的。

以下对 $\hat{Y}_0=\hat{\beta}_0+\hat{\beta}_1X_0$ 分别求数学期望和方差：

$$E(\hat{Y}_0)=E(\hat{\beta}_0+\hat{\beta}_1X_0)=E(\hat{\beta}_0)+X_0E(\hat{\beta}_1)=\beta_0+\beta_1X_0$$

$$\mathrm{Var}(\hat{y}_0)=\mathrm{Var}(\hat{\beta}_0)+2X_0\mathrm{Cov}(\hat{\beta}_0,\hat{\beta}_1)+x_0^2\mathrm{Var}(\hat{\beta}_1)$$

可以证明，$\mathrm{Cov}(\hat{\beta}_0,\hat{\beta}_1)=-\sigma^2\dfrac{\bar{x}}{\sum(x_i-\bar{x})^2}$

代入上式，得：

$$\begin{aligned}\mathrm{Var}(\hat{y}_0)&=\frac{\sigma^2\sum x_i^2}{n\sum(x_i-\bar{x})^2}-2\frac{x_0\bar{x}\sigma^2}{\sum(x_i-\bar{x})^2}+\frac{x_0^2\sigma^2}{\sum(x_i-\bar{x})^2}\\&=\frac{\sigma^2}{\sum(x_i-\bar{x})^2}\left(\frac{\sum x_i^2-n\bar{x}^2}{n}+\bar{x}^2-2x_0\bar{x}+x_0^2\right)\\&=\frac{\sigma^2}{\sum(x_i-\bar{x})^2}\left(\frac{\sum(x_i-\bar{x})^2}{n}+(x_0-\bar{x})\right)\end{aligned}$$

$$=\sigma^2\left(\frac{1}{n}+\frac{(x_0-\bar{x})^2}{\sum(x_i-\bar{x})^2}\right)$$

于是可知，$\hat{Y}_0=\hat{\beta}_0+\hat{\beta}_1X_0$ 服从正态分布，即

$$\hat{y}_0\sim N\left(\beta_0+\beta_1x_i,\sigma^2\left(\frac{1}{n}+\frac{(x_0-\bar{x})^2}{\sum(x_i-\bar{x})^2}\right)\right)$$

由于 σ^2 未知，以它的无偏估计量 S_e^2 代替，构造统计量服从 t 分布，即

$$t=\frac{\hat{Y}_0-(\beta_0+\beta_1X_0)}{S_{\hat{Y}_0}}\sim t(n-2)$$

式中：

$$S_{\hat{Y}_0}=\sqrt{S_e^2\left[\frac{1}{n}+\frac{(x_0-\bar{x})^2}{\sum(x_i-\bar{x})^2}\right]} \tag{9-35}$$

于是，在 $1-\alpha$ 的置信水平下，总体均值 $E(Y/X_0)$ 的置信区间为：

$$\hat{y}_0-t_{\alpha/2}S_{\hat{y}_0}<E(y/X_0)<\hat{y}_0+t_{\alpha/2}S_{\hat{y}_0} \tag{9-36}$$

2. 总体个值预测值的预测区间

由 $y_0=\beta_0+\beta_1X_0+\varepsilon$ 知，$y_0\sim N(\beta_0+\beta_1x_0,\sigma^2)$，于是，$(\hat{y}_0-y_0)\sim N\left(0,\sigma^2\left(1+\frac{1}{n}+\frac{(x_0-\bar{x})^2}{\sum(x_i-\bar{x})^2}\right)\right)$。将未知 σ^2 的代以它的无偏估计量 $\hat{\sigma}^2$，构造 t 统计量，得：$t=\frac{\hat{y}_0-y_0}{S_{\hat{y}_0-y_0}}\sim t(n-2)$。式中：

$$S_{\hat{y}_0-y_0}=\sqrt{S_e^2\left[1+\frac{1}{n}+\frac{(x_0-\bar{x})^2}{\sum(x_i-\bar{x})^2}\right]} \tag{9-37}$$

从而在 $1-\alpha$ 的置信度下，Y_0 的置信区间为

$$\hat{y}_0-t_{\alpha/2}S_{\hat{y}_0-y_0}<y_0<\hat{y}_0+t_{\alpha/2}S_{\hat{y}_0-y_0} \tag{9-38}$$

【例 9-17】 以例 9-5 的资料，如果取显著性水平 $\alpha=0.05$，且 2013 年全国 31 个省、市、自治区农村居民家庭人均可支配收入为 20 668 元。试预测 2013 年全国 31 个省、市、自治区农村居民家庭人均消费支出的点估计值、均值和个别值的预测区间。

解：(1)已知 $X_0=20\ 668$，代入回归方程公式，即：

$\hat{y}_0=\hat{\beta}_0+\hat{\beta}_1X_0=482.838\ 3+0.647\ 8\times 20\ 668=13\ 871.85$(元)

于是可知，2013 年全国 31 个省、市、自治区农村居民家庭人均消费支出为 13 871.85 元。

(2)根据例 9-5 中表 9-10 的数据和例 9-12 的计算，得：$\bar{x}=6\ 326.766$，$\sum(x_i-\bar{x})^2=214\ 255\ 388.3$，$S_e=\sqrt{321\ 191.250\ 6}=566.737\ 4$；代入公式(9-35)，得：

$$S_{\hat{Y}_0}=\sqrt{S_e^2\left[\frac{1}{n}+\frac{(x_0-\bar{x})^2}{\sum(x_i-\bar{x})^2}\right]}=\sqrt{32\ 191.250\ 6\times\left[\frac{1}{31}+\frac{(20\ 668-6\ 326.766)^2}{214\ 255\ 388.3}\right]}$$
$=564.502\ 4$

给定 $\alpha=0.05$，则 $t_{\alpha/2}(n-2)=2.045$。代入公式(9-36)，得：

$\hat{y}_0-t_{\alpha/2}S_{\hat{y}_0}<E(y/x_0)<\hat{y}_0+t_{\alpha/2}S_{\hat{y}_0}$

人均消费支出均值95%的概率的预测区间为：

$13\ 871.85-2.045\times564.520\ 4\leqslant E(y/X_0)\leqslant13\ 871.85+2.045\times564.520\ 4$

$12\ 717.4$(元)$\leqslant E(y/X_0)\leqslant15\ 026.29$(元)

(3)个别值预测区间。

把步骤(2)的已知有关数据分别代入公式(9-37)和公式(9-38)，得：

$$S_{\hat{y}_0-y_0}=\sqrt{S_e^2\left[1+\frac{1}{n}+\frac{(x_0-\overline{x})^2}{\sum(x_i-\overline{x})^2}\right]}=799.921\ 6$$

$$\hat{y}_0-t_{\alpha/2}S_{\hat{y}_0-y_0}\leqslant y_0\leqslant\hat{y}_0+t_{\alpha/2}S_{\hat{y}_0-y_0}$$

人均消费支出个别值95%的概率的预测区间为：

$13\ 871.85-2.045\times799.921\ 6\leqslant y_0\leqslant13\ 871.85+2.045\times799.921\ 6$

$12\ 236.01$(元)$\leqslant y_0\leqslant15\ 507.69$(元)

综合以上结果可知，2013年上海居民人均可支配收入为20 668元时，2013年全国31个省、市、自治区农村居民家庭人均消费支出均值的估计值为13 871.85元；至少有95%的家庭人均消费支出的均值的预测区间为(12 717.4元，15 026.29元)，至少有95%的家庭人均消费支出的个别值的预测区间为(12 236.01元，15 507.69元)。

从上述对被解释变量Y的两种区间估计的公式可以看出，在同样的条件下，给定的x_0值越接近样本平均值$\overline{x}$，区间的宽度越窄，也即估计的精确度越高，当$X_0=\overline{x}$时，$(x_0-\overline{x})^2=0$，y_0均值$E(y_0)$估计的抽样误差为$S_e^2\sqrt{\frac{1}{n}}$，y_0特定值估计的抽样误差为$S_e^2\sqrt{1+\frac{1}{n}}$，都达到最小；反之，随着给定的$X_0$值偏离$\overline{x}$越远，它们的抽样误差也越大，置信区间越宽，而$Y$特定值的置信区间比$Y$均值的置信区间更宽，其变化呈喇叭形。图9-25中，实线为Y均值的置信区间，虚线为Y特定值的置信区间。

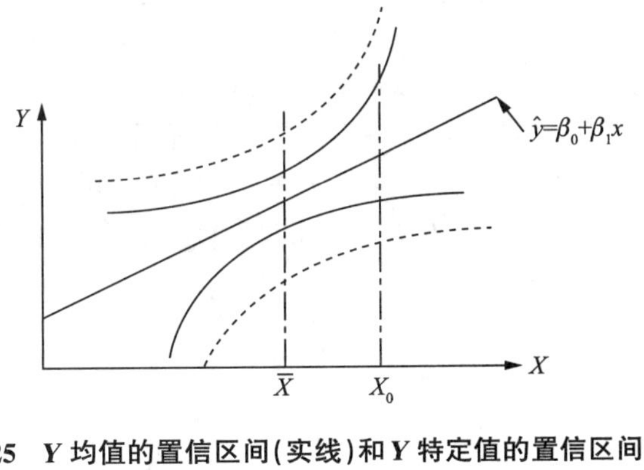

图9-25　Y均值的置信区间(实线)和Y特定值的置信区间(虚线)

由此可见，利用线性回归方程进行估计，通常应限于样本观察值范围内。超越这一范围的外推估计(或称预测)必须十分谨慎。因为根据样本数据建立的一元线性回归方程只是对总体的近似描述，超出样本之外的实际数据可能不是线性的而是非线性变化的。因而偏离$\overline{x}$越远的估计(或预测)，其结果也就越不可靠。

第四节　多元线性回归分析

一元线性回归分析所反映的是一个因变量与一个自变量之间的关系。在现实中，某一现象的变动常受多种现象变动的影响。例如，一个工业企业的利润额除了与产量多少有关外，还与产品价格、成本等因素有关，即影响因变量的自变量通常不是一个。在许多场合仅仅考虑单个变量是不够的，还需要就一个因变量与多个自变量的联系来进行考察，才能获得比较满意的结果。这就需要用到多元线性回归(multiple linear regression)分析。

线性相关条件下，两个和两个以上自变量对一个因变量的数量变化关系，称为多元线性回归分析，其对应的数学公式称为多元线性回归模型。多元线性回归模型是一元线性回归模型的扩展，其基本原理与一元线性回归模型类似。限于本书的篇幅和程度，本节对多元回归分析中与一元回归分析相类似的内容，仅给出必要的结论，不做进一步的论证，只对某些多元线性回归分析所特有的问题做比较详细的说明。

一、多元线性回归模型

(一)多元线性回归模型总体回归模型的一般形式

$$\boldsymbol{Y_i = \beta_0 + \beta_1 X_{1i} + \beta_{2i} X_{2i} + \cdots + \beta_j X_{ji} + \cdots + \beta_k X_{ki} + \varepsilon_i} \tag{9-39}$$

$$\boldsymbol{(i = 1,2,\cdots,n; j = 1,2,\cdots,k)}$$

公式(9－39)中，Y_i 是因变量 Y 的第 i 个观测值，X_{ji} 是第 j 个自变量的第 i 个观测值($j=1,\cdots,n$)，ε_i 是随机误差项，$\beta_0,\beta_1,\cdots,\beta_k$ 是总体的回归系数。同样，把常数项 β_0 看成一个虚变量的系数，该虚变量的样本观测值始终取 1。这样，模型中解释变量的数目为$(k+1)$。

公式(9－39)也称总体回归函数的随机表达形式。它的非随机表达式即总体回归函数，又称总体回归方程，即

$$\boldsymbol{E(Y_i/X_{1i},X_{2i},\cdots,X_{ki}) = \beta_0 + \beta_1 X_{1i} + \beta_2 X_{2i} + \cdots + \beta_j X_{ji} + \cdots + \beta_k X_{ki}}$$

方程表示：各变量 X 值固定时 Y 的平均响应。β_j 表示在其他自变量保持不变的情况下，自变量 X_j 变动一个单位所引起的因变量 Y 的均值 $E(Y)$ 的变化，因而 β_j 又称偏回归系数，或者说，β_j 给出了 X_j 的单位变化对 Y 均值的“直接”或“净”(不含其他变量)影响。

多元线性回归模型的矩阵形式为：

$$\boldsymbol{Y = X\beta + u}$$

其中：

$$\boldsymbol{\beta} = \begin{pmatrix} \beta_0 \\ \beta_1 \\ \vdots \\ \beta_k \end{pmatrix}_{(k+1)\times 1} \quad \boldsymbol{u} = \begin{pmatrix} u_1 \\ u_2 \\ \vdots \\ u_n \end{pmatrix}_{n\times 1} \quad \boldsymbol{Y} = \begin{pmatrix} Y_1 \\ Y_2 \\ \vdots \\ Y_n \end{pmatrix}_{n\times 1}$$

$$\mathbf{X} = \begin{pmatrix} 1 & X_{11} & X_{21} & \cdots & X_{k1} \\ 1 & X_{12} & X_{22} & \cdots & X_{k2} \\ \vdots & \vdots & \vdots & \vdots & \vdots \\ 1 & X_{1n} & X_{2n} & \cdots & X_{kn} \end{pmatrix}_{n\times(k+1)}$$

如果从总体中随机抽取一个样本，获得 n 组观测值，那么样本的线性回归方程为：

$$\hat{y}_i = \hat{\beta}_0 + \hat{\beta}_1 x_{1i} + \hat{\beta}_2 x_{2i} + \cdots + \hat{\beta}_j x_{ji} + \cdots + \hat{\beta}_k x_{ki} \quad (i = 1,2,\cdots,n)$$

式中的 $\hat{y}_i$ 是样本回归线上与 x_i 相对应的 Y 值,可视为 $E(Y_i)$ 的估计,$\hat{\beta}_0$ 和 $\hat{\beta}_i$ 是对总体回归系数 β_0 和 β_i 的估计。

实际观测到的因变量 y_i 值,并不完全等于 $\hat{y}_i$,如果用 e_i 表示两者之差,则有:

$$\hat{y}_i = \hat{\beta}_0 + \hat{\beta}_1 x_{1i} + \hat{\beta}_2 x_{2i} + \cdots + \hat{\beta}_j x_{ji} + \cdots + \hat{\beta}_k x_{ki} + e_i \quad (i = 1,2,\cdots,n)$$

$$e_i = y_i - \hat{y}_i$$

式中,e_i 是 y_i 与其估计 $\hat{y}_i$ 之间的离差,即残差。与一元线性回归分析类似,为了进行多元线性回归分析,也需要提出一些必要的假定。多元线性回归分析的标准假定除了包括上一节中已经提出的关于随机误差项的假定外,还要追加一条假定,即模型所包含的自变量之间不能具有较强的线性关系,同时样本容量必须大于所要估计的回归系数的个数,即 $n>k+1$。

(二)多元线性回归模型的基本假定

假设 7 解释变量是非随机的或固定的,且各 X_i 之间互不相关(无多重共线性)。

假设 8 随机误差项具有零均值、同方差及不序列相关性,即

$$E(\varepsilon_i)=0$$

$$\mathrm{Var}(\varepsilon_i)=E(\varepsilon_i^2)=\sigma^2 \quad (i\neq j;i,j=1,2,\cdots,n)$$

$$\mathrm{Cov}(\varepsilon_i,\varepsilon_j)=E(\varepsilon_i\varepsilon_j)=0$$

假设 9 解释变量与随机项不相关,即

$$\mathrm{Cov}(X_{ji},\varepsilon_j)=0 \ (j=1,2,\cdots,k)$$

假设 10 随机项满足正态分布,即

$$\varepsilon_i \sim N(0,\sigma^2)$$

同一元回归一样,多元回归还具有如下两个重要假设:

假设 11 样本容量趋于无穷时,各解释变量的方差趋于有界常数,即 $n\to\infty$ 时:

$$\frac{1}{n}\sum x_{jt}^2 = \frac{1}{n}\sum (X_{jt} - \overline{X}_j)^2 \to Q_j$$

或:

$$\frac{1}{n}X'X \to Q$$

其中,Q 为一非奇异固定矩阵,矩阵 x 是由各解释变量的离差为元素组成的 $n\times k$ 阶矩阵:

$$X = \begin{pmatrix} x_{11} & \cdots & x_{k1} \\ \vdots & \cdots & \vdots \\ x_{1n} & \cdots & x_{kn} \end{pmatrix}$$

假设 12 回归模型的设定是正确的。

二、多元线性回归模型的参数估计

(一)最小平方法

设所求的样本回归方程为:

$$\hat{y}_i = \hat{\beta}_0 + \hat{\beta}_1 x_{1i} + \hat{\beta}_2 x_{2i} + \cdots + \hat{\beta}_k x_{ki} \quad (i = 1,2,\cdots,n) \qquad (9-40)$$

由最小二乘法得(证明略):$\hat{\beta} = (X'X)^{-1}X'Y$, $\mathrm{Var}(\hat{\beta}_i) = \sigma_u^2 (X'X)_{ii}^{-1}$。

多元线性回归模型的估计要用到矩阵的运算,这里仅以二元为例,简单介绍多元线性回归模型的计算方法。二元线性回归方程为:

$$\hat{y}_i = \hat{\beta}_0 + \hat{\beta}_1 x_{1i} + \hat{\beta}_2 x_{2i}$$

式中,$\hat{y}_i$ 为因变量的估计值,$\hat{\beta}_0$ 为常数项,$\hat{\beta}_1$ 和 $\hat{\beta}_2$ 分别是自变量 x_1 和 x_2 的回归系数。

同样采用最小二乘法对回归系数进行估计,其原理与一元回归的参数估计相同,方法如下:

$$Q = \sum_{i=1}^{n} e_i^2 = \sum_{i=1}^{n} (y_i - \hat{y}_i)^2 = \sum_{i=1}^{n} (y_i - \hat{\beta}_0 - \hat{\beta}_1 x_{1i} - \hat{\beta}_2 x_{2i})^2$$

使上式达到最小,用拉格朗日乘数法求解。对 Q 求 $\hat{\beta}_0$、$\hat{\beta}_1$ 和 $\hat{\beta}_2$ 的偏导数,并令所有导数都为零,得:

$$\begin{cases} \dfrac{\partial Q}{\partial \hat{\beta}_0} = -2\sum (y_i - \hat{\beta}_0 - \hat{\beta}_1 x_{1i} - \hat{\beta}_2 x_{2i}) = 0 \\ \dfrac{\partial Q}{\partial \hat{\beta}_1} = -2\sum x_{1i} (y_i - \hat{\beta}_0 - \hat{\beta}_1 x_{1i} - \hat{\beta}_2 x_{2i}) = 0 \\ \dfrac{\partial Q}{\partial \hat{\beta}_2} = -2\sum x_{2i} (y_i - \hat{\beta}_0 - \hat{\beta}_1 x_{1i} - \hat{\beta}_2 x_{2i}) = 0 \end{cases}$$

整理后得正规方程组:

$$\begin{cases} \sum Y_i = n\hat{\beta}_0 + \hat{\beta}_1 \sum x_{1i} + \hat{\beta}_2 \sum x_{2i} \\ \sum x_{1i} Y_i = \hat{\beta}_0 \sum x_{1i} + \hat{\beta}_1 \sum x_{1i}^2 + \hat{\beta}_2 \sum x_{1i} x_{2i} \\ \sum x_{2i} Y_i = \hat{\beta}_0 \sum x_{2i} + \hat{\beta}_1 \sum x_{1i} x_{2i} + \hat{\beta}_2 \sum x_{2i}^2 \end{cases} \tag{9-41}$$

【例 9 - 18】 表 9 - 17① 为 2000—2011 年间我国国内生产总值、第二产业及第三产业的数据(单位:亿元),表 9 - 18 为以上数据整理后得到的数据,请估计国内生产总值关于第二产业及第三产业的二元线性回归模型的参数。

表 9 - 17　　2000—2010 年我国国内生产总值、第二产业及第三产业数据表

统计年度	国内生产总值 y	第二产业 x_1	第三产业 x_2
2000	99 214.6	45 555.9	38 714.0
2001	109 655.2	49 512.3	44 361.6
2002	120 332.7	53 896.8	49 898.9
2003	135 822.8	62 436.3	56 004.7
2004	159 878.3	73 904.3	64 561.3
2005	184 937.4	87 598.1	74 919.3
2006	216 314.4	103 719.5	88 554.9
2007	265 810.3	125 831.4	111 351.9

① 数据来源:《中国统计年鉴 2011》。

续表

统计年度	国内生产总值 y	第二产业 x_1	第三产业 x_2
2008	314 045.4	149 003.4	131 340.0
2009	340 902.8	157 638.8	148 038.0
2010	401 202.0	187 581.4	173 087.0
2011	471 564.0	220 592.0	203 260.0

表 9-18　　二元回归分析数据

年份	y	x_1	x_2	x_1^2	x_2^2	x_1y	x_2y	x_1x_2
2000	99 214.6	45 555.9	38 714.0	2 075 340 025	1 498 773 796	4 519 810 396	3 840 994 024	1 763 651 113
2001	109 655.2	49 512.3	44 361.6	2 451 467 851	1 967 951 555	5 429 281 159	4 864 480 120	2 196 444 848
2002	120 332.7	53 896.8	49 898.9	2 904 865 050	2 489 900 221	6 485 547 465	6 004 469 364	2 689 391 034
2003	135 822.8	62 436.3	56 004.7	3 898 291 558	3 136 526 422	8 480 273 088	7 606 715 167	3 496 726 251
2004	159 878.3	73 904.3	64 561.3	5 461 845 558	4 168 161 458	11 815 693 847	10 321 950 890	4 771 357 684
2005	184 937.4	87 598.1	74 919.3	7 673 427 124	5 612 901 512	16 200 164 859	13 855 380 552	6 562 788 333
2006	216 314.4	103 719.5	88 554.9	10 757 734 680	7 841 970 314	22 436 021 411	19 155 700 061	9 184 869 951
2007	265 810.3	125 831.4	111 351.9	15 833 541 226	12 399 245 634	33 447 282 183	29 598 481 945	14 011 565 470
2008	314 045.4	149 003.4	131 340.0	22 202 013 212	17 250 195 600	46 793 832 354	41 246 722 836	19 570 106 556
2009	340 902.8	157 638.8	148 038.0	24 849 991 265	21 915 249 444	53 739 508 309	50 466 568 706	23 336 532 674
2010	401 202.0	187 581.4	173 087.0	35 186 781 626	29 959 109 569	75 258 032 843	69 442 850 574	32 467 901 782
2011	471 564.0	220 592.0	203 260.0	48 660 830 464	41 314 627 600	104 023 245 888	95 850 098 640	44 837 529 920
合计	2 819 679.9	1 317 270.2	1 184 091.6	181 956 129 639	149 554 613 125	388 628 693 802	352 254 412 879	164 888 865 614

解：将相关数据代入正规方程组，得：

$$\begin{cases} 2\ 819\ 679.9 = 12\hat{\beta}_0 + 1\ 317\ 270.2\hat{\beta}_1 + 1\ 184\ 091.6\hat{\beta}_2 \\ 388\ 628\ 693\ 802 = 1\ 317\ 270.2\hat{\beta}_0 + 181\ 956\ 129\ 639\hat{\beta}_1 + 164\ 888\ 865\ 614\hat{\beta}_2 \\ 352\ 254\ 412\ 879 = 1\ 184\ 091.6\hat{\beta}_0 + 164\ 888\ 865\ 614\hat{\beta}_1 + 149\ 554\ 613\ 125\hat{\beta}_2 \end{cases}$$

解得：
$$\begin{cases} \hat{\beta}_0 = 6\ 766.002\ 1 \\ \hat{\beta}_1 = 1.101\ 2 \\ \hat{\beta}_2 = 1.087\ 7 \end{cases}$$

所以得到回归方程：$\hat{y}_i = 6\ 766.002\ 1 + 1.101\ 2x_{1i} + 1.087\ 7x_{2i}$

(二)参数估计量的统计特性

在满足基本假设的情况下，其结构参数 β 的普通最小二乘估计仍具有线性性、无偏性和有效性。同时，随着样本容量增加，参数估计量具有渐近无偏性、渐近有效性、一致性(证明略)。

三、多元线性回归模型的检验

(一)拟合优度检验

在多元线性回归分析中，总离差平方和的分解公式依然成立。因此，也可以用上一节所定义的判定系数 R^2 来评价模型拟合程度。

$$R^2 = 1 - \frac{\sum e_i^2}{\sum (y_i - \bar{y})^2}$$

利用 R^2 来评价多元线性回归方程的拟合程度，必须注意以下问题：由判定系数的定义可知，R^2 的大小取决于残差平方和在总离差平方和中所占的比重。在样本容量一定的条件下，总离差平方和与自变量的个数无关，而残差平方和则会随着模型中自变量个数的增加而减少，至少不会增加。因此，R^2 是自变量个数的非递减函数。在一元线性回归模型中，所有模型包含的变量数目都相同，如果所使用的样本容量也一样，判定系数便可以直接作为评价拟合程度的尺度。然而在多元线性回归模型中，各个回归模型所含变量的数目未必相同，用 R^2 作为衡量拟合优劣的尺度是不合适的。因此，在多元回归分析中，人们更常用的评价是修正自由度的判定系数，定义如下：

$$\bar{R}^2 = 1 - \frac{\sum e_i^2/(n-k-1)}{\sum (Y_i - \bar{Y})^2/(n-1)} = 1 - \frac{n-1}{n-k-1}(1-R^2)$$

上式中，$(n-1)$和$(n-k-1)$分别是总离差平方和与残差平方和的自由度。

可以看出，因为$(k+1)\geqslant 1$，所以 $R^2 \geqslant \bar{R}^2$。对于给定的 R^2 值和 n 值，$(k+1)$值越大，$\bar{R}^2$ 值越小。在进行回归分析时，一般总是希望用尽可能少的自变量去达到尽可能高的拟合程度。$\bar{R}^2$ 作为综合评价这两方面情况的一项指标显然比 R^2 更为合适。此外，$\bar{R}^2$ 小于 1，但未必都大于 0。在拟合极差的场合，$\bar{R}^2$ 有可能取负值。

【例 9－19】 设(X,Y)的联合分布列如表 9－19 所示。

表 9－19 **(X,Y)的联合分布列**

XY	0	1	2
0	0.1	0.3	0.1
1	0.2	0.2	0.1

根据表 9－19 中给出的有关数据所得到的回归系数估计值，计算我国城镇居民消费函数的判定系数。

解：在多元回归计算中通常使用统计软件来计算，用 Excel 计算得 $\sum e_i^2 = 45\ 525.532\ 9$，则：

$$\bar{R}^2 = 1 - \frac{\sum e_i^2/(n-k-1)}{\sum (y_i - \bar{y})^2/(n-1)} = 1 - \frac{45\ 525.532\ 9/(11-1-1)}{83\ 193\ 348.65/(11-1)} = 0.999\ 992$$

可以看出，修正的可决系数非常接近于 1，说明这个回归模型的拟合效果很理想。

(二)显著性检验

多元线性回归模型的显著性检验同样包括两方面的内容，即回归系数的显著性检验与回归方程的显著性检验。

1. 回归系数的显著性检验

多元回归中进行这一检验的目的主要是为了检验与各回归系数对应的自变量对因变量的影响是否显著,以便对自变量的取舍做出正确的判断。一般来说,当发现某个自变量的影响不显著时,应将其从模型中删除,这样才能够做到以尽可能少的自变量达到尽可能高的拟合优度。

多元模型中回归系数的检验同样采用 t 检验,其原理和基本步骤与一元回归模型中的 t 检验基本相同。下面仅给出回归系数显著性检验 t 统计量的一般计算公式:

$$t_{\hat{\beta}_j}=\frac{\hat{\beta}_j}{\hat{\sigma}_{\hat{\beta}_j}}\quad (j=1,2,\cdots,k)$$

式中 $\hat{\sigma}_{\hat{\beta}_j}$ 的计算涉及矩阵的运算,此处介绍省略。实际应用中都采用相应的统计软件或数学软件进行计算,一般的统计软件中都会给出 $\hat{\sigma}_{\hat{\beta}_j}$ 值。需要对每一个回归系数进行检验,如果遇到不显著的回归系数,说明在给定其他自变量的条件下,该自变量解释因变量的能力很差,故应当将其从回归方程中剔除。

2. 回归方程的显著性检验

多元线性回归模型包含了多个回归系数,因此对于多元回归模型,除了要对单个回归系数进行显著性检验外,还要对整个回归模型进行显著性检验。由离差平方和的分解公式可知,回归模型的总离差平方和等于回归平方和加残差平方和。回归模型的线性关系是否显著,其实质就是判断回归平方和与残差平方和之比值的大小问题。由于回归平方和与残差平方和的数值会随观测值的样本容量和自变量个数的不同而变化,因此不宜直接比较,而必须在方差分析的基础上利用 F 检验进行检验。其具体的方法步骤如下:

(1)假设回归方程不显著(即全部自变量从整体上对随机变量 y 没有明显的影响),就有:

$$H_0:\beta_1=\beta_2=\cdots=\beta_k=0$$

(2)计算 F 统计量,并可以证明:

$$F=\frac{SSR/k}{SSE/(n-k-1)}=\frac{\dfrac{\sum(\hat{y}_i-\bar{y})^2}{k}}{\dfrac{\sum e_i^2}{n-k-1}}\sim F(k,n-k-1)$$

(3)根据自由度和给定的显著性水平 α,查 F 分布表中的理论临界值 F_α。当 $F>F_\alpha$ 时,拒绝原假设,即认为回归模型中各自变量与因变量的线性回归关系显著。当 $F<F_\alpha$ 时,接受原假设,即认为回归模型中,自变量与因变量的线性关系不显著,因而所建立的回归模型没有意义。

(4)判断:若 $F>F_\alpha$,则拒绝 H_0,接受 H_1,即认为回归方程显著;若 $F\leqslant F_\alpha$,则不拒绝 H_0,即认为回归方程不显著。

【例 9-20】 对例 9-19 所得出的回归方程进行显著性检验,以 5%为显著性水平。

(1)提出假设:$H_0:\beta_1=\beta_2=\cdots=\beta_k=0$,$H_1:\beta_l\neq 0$。

(2)构成统计量：$F=\dfrac{\dfrac{\sum(y_i-\bar{y})^2}{k}}{\dfrac{\sum e_i^2}{n-k-1}}=16\ 446.6$。

(3)求临界值：$F_\alpha(k,n-k-1)=F_{0.05}(1,9)=5.12$。

(4)判断：$F>F_\alpha$，所以拒绝原假设，认为回归方程显著。

F 检验可借助第八章假设检验中介绍的方差分析来完成。方差分析表如表 9－20 所示。

表 9－20　　方差分析表

方差来源	离差平方和	自由度	均方	F 值	临界值 F_α
回归平方和	SSR	k	SSR/k	$F=\dfrac{SSR/k}{SSE/(n-k-1)}$	$F_\alpha(k,n-k-1)$
残差平方和	SSE	$n-k-1$	$SSE/(n-k-1)$		
总平方和	SST	$n-1$	$SST/(n-1)$		

根据例 9－20 的数据建立方差分析表，见表 9－21。

表 9－21　　方差分析表

方差来源	离差平方和	自由度	均方	F 值	临界值 F_α
回归平方和	83 193 348.65	1	83 193 348.65	16 446.6	5.12
残差平方和	45 525.532 39	9	5 058.392 488		
总平方和	83 238 874.18	10			

由于 $F>F_\alpha$，所以拒绝原假设，结论同上。

四、多元回归模型中的相关分析

多元回归模型中的两个或多个自变量组合在一起同因变量发生一定的依存关系，引起因变量的变化。同时，各个自变量又是相对独立的，它们同因变量的依存关系的性质和密切程度也是不同的。例如，门店的年销售额的变化是由于商店规模大小和促销费用这两个因素共同变化引起的。但是，它也可能在商店规模大小不变时受到促销费用变化的影响，或者在促销费用不变时受到商店规模变化的影响。如果我们再引入门店的所属区域、营业时间等因素，这些因素也都可能在不同方向、不同程度上对年销售额产生影响。哪些因素是主要的？哪些是次要的？要解决这些问题，就需要对已建立的多元回归模型进行相关分析，包括复相关和偏相关分析。

【例 9－21】 除了商店规模大小以外，商店的促销费用多少也是影响年销售额的重要因素。现以商店面积和年促销费用作为两个解释变量，以年销售额为被解释变量，建立二元线性回归模型。从某地区随机抽取 15 家商店，调查结果见表 9－22。

表 9-22　　**连锁服装店的 15 家分店的面积、年销售额和年促销费用的样本数据**

商店	年销售额 Y(万元)	面积 X_1(平方米)	年促销费用 X_2(万元)
1	368	172	20
2	389	164	20
3	665	281	55
4	854	355	25
5	341	129	30
6	556	220	40
7	366	113	45
8	469	350	25
9	546	315	40
10	288	151	20
11	1 067	516	55
12	758	456	30
13	1 170	584	50
14	408	350	25
15	650	405	30

解: 多元线性回归方程的计算复杂,可以通过软件完成。表 9-23、表 9-24 和表 9-25 都是 Excel 软件的数据分析回归功能的处理结果。

表 9-23　　**回归统计(拟合优度)**

复相关系数(multiple R)	0.922 717 4
判定系数(R^2)	0.851 407 3
调整的判定系数(adjusted R^2)	0.826 641 9
Y 的估计标准误差	112.101 54
样本容量	15

表 9-24　　**方差分析**

	离差平方和(SS)	自由度(df)	均方(MS)	F 值(F)	Sig. F
回归分析	864 060.9	2	432 030.5	34.378 84	1.076 43E−05
残差	150 801.1	12	12 566.76		
总计	1 014 862	14			

表 9-25 参数估计及其显著性检验

	系数(Coefficients)	标准误差	t 统计量	P 值
截距(Intercept)	−51.312 7	92.092 5	−0.557 2	0.587 6
X_1	1.405 3	0.223 7	6.281 7	0.000 0
X_2	6.382 3	2.601 0	2.453 8	0.030 4

根据表 9-22,可以给出商店面积、年促销费用对年销售额的二元线性回归方程:

$$\hat{Y}_i = -51.312\,7 + 1.405\,3X_{1i} + 6.382\,3X_{2i}$$

以这个估计结果为例,讨论多元线性回归模型的相关性。

(一)复相关

所谓复相关(multiple correlation),是指一个因变量同多个自变量之间的相关关系。所有自变量共同变动时,因变量随之而变动,其相关程度可用复相关系数来测定。如果把模型中所有的自变量作为一个独立的数列,则复相关系数便是测定一个因变量与一个独立数列相关程度的量度。复相关系数的计算公式为:

$$r_{y12\cdots n} = \sqrt{r^2} = \sqrt{\frac{\sum(\hat{Y}-\bar{Y})^2}{\sum(Y_j-\bar{Y})^2}} \tag{9-42}$$

可见,复相关系数就是多元回归模型判定系数的平方根,符号 r 的下标 y 指因变量,其后的"12…n"指自变量编号数。由于多元回归模型中各自变量对因变量作用的方向不一定相同,回归系数有的为正,有的为负。所以,复相关系数恒为正值。

以例 9-21 的数据,按公式(9-42)计算三个变量的复相关系数:

$$r_{y12\cdots n} = \sqrt{r^2} = \sqrt{0.851\,4} = 0.922\,7$$

计算结果表明,商店规模大小和促销费用作为一个整体影响因素与年销售额存在高度相关。

(二)偏相关

偏相关(partial correlation)是指多元回归模型中各个自变量在其他自变量固定不变时,单个变量同因变量的相关关系,其相关程度用偏相关系数测定。计算偏相关系数需要以各变量两两之间的单相关系数为基础。

以下为三个变量的偏相关系数的计算示例。

计算商店规模大小(x_1)、促销费用(x_2)和年销售额(y)三个变量的单相关系数。商店规模大小(x_1)与年销售额(y)的单相关系数,记作 r_{y1};促销费用(x_2)与年销售额(y)的单相关系数,记作 r_{y2};商店规模大小(X_1)与促销费用(X_2)的单相关系数,记作 r_{12}。

$$r_{y1} = \frac{\sum(x_1-\bar{x}_1)(y-\bar{y})}{\sqrt{\sum(x_1-\bar{x}_1)^2 \cdot \sum(y-\bar{y})^2}} = 0.881\,4$$

$$r_{y2} = \frac{\sum(x_2-\bar{x}_2)(y-\bar{y})}{\sqrt{\sum(x_2-\bar{x}_2)^2 \cdot \sum(y-\bar{y})^2}} = 0.602\,3$$

$$r_{12} = \frac{\sum(x_1-\bar{x}_1)(x_2-\bar{x}_2)}{\sqrt{\sum(x_1-\bar{x}_1)^2 \cdot \sum(x_2-\bar{x}_2)^2}} = 0.399\,3$$

以上单相关系数可以列成如表 9－26 所示的相关系数矩阵表。

表 9－26 商店规模大小、促销费用和年销售额三个变量的相关系数矩阵表

	Y	X_1	X_2
Y	1		
X_1	0.881 391	1	
X_2	0.602 318	0.399 352	1

表的对角线是每个变量自身的相关，相关系数必然为 1。利用相关系数表的数据，可以分别计算两个自变量 X_1 和 X_2 对因变量 Y 的偏相关系数。

假定年促销费用固定不变，商店规模大小(X_1)同年销售额(Y)的偏相关系数记作 $r_{y1.2}$，计算公式为：

$$r_{y1.2}=\frac{r_{y1}-r_{y2}\cdot r_{12}}{\sqrt{1-(r_{y2})^2}\cdot\sqrt{1-(r_{12})^2}} \tag{9-43}$$

代入上列相关系数矩阵表的数据，得到：

$$r_{y1.2}=\frac{0.881\ 4-0.602\ 3\times 0.399\ 3}{\sqrt{1-0.602\ 3^2}\cdot\sqrt{1-0.399\ 3^2}}=0.875\ 7$$

上式表明年促销费用固定不变时，商店规模大小同年销售额的偏相关系数为 0.875 7。

假定商店规模大小固定不变，年促销费用(X_2)同工作时间(Y)的偏相关系数记作 $r_{y2.1}$，计算公式为：

$$r_{y2.1}=\frac{r_{y2}-r_{y1}\cdot r_{12}}{\sqrt{1-(r_{y1})^2}\cdot\sqrt{1-(r_{12})^2}} \tag{9-44}$$

代入上列数据计算，得到：

$$r_{y2.1}=\frac{0.602\ 3-0.881\ 4\times 0.399\ 3}{\sqrt{1-0.8814^2}\sqrt{1-0.399\ 3^2}}=0.578\ 1$$

上式表明在商店规模大小固定不变时，年促销费用同年销售额的偏相关系数为 0.578 1。

从计算结果可见，偏相关系数与简单线性相关系数的正负号相同、数值不同。偏相关系数是某一个自变量对因变量的净影响，故而有净相关系数之称。一般来说，当我们研究的客观事物本质上属于多因素影响的变量时，用多元回归、复相关和偏相关分析比一元回归和单相关分析更为真实和精确。

五、多元回归模型预测

应用已确定的多元回归方程，在符合或大致符合模型赖以确定的各种假定的情况下，通过给定解释变量的值对被解释变量进行点估计和区间估计。

(一)点估计

【例 9－22】 利用例 9－21 已确定的二元线性回归方程式(9－43)，根据表 9－23 的资料，若给定门店的面积(X_{10})为 500 平方米，年促销费用(X_{20})为 48 万元时，其年销售额将达到什么水平？

解：已知 $X_{10}=500$，$X_{20}=48$，代入公式(9－43)，得：

$$\hat{Y}_i=-51.312\ 7+1.405\ 3X_{1i}+6.382\ 3X_{2i}$$

$=-51.3127+1.4053\times500+6.3823\times48=957.6877$(万元)

这表明:当一家门店的面积为500平方米、年促销费用为48万元时,其年销售额大致是957.687 7万元。

(二)区间估计

多元回归线性模型的区间估计思想与一元线性回归模型相同,所以下面将不加证明地直接给出估计区间。

Y均值的区间估计为:

$$\mathrm{E}(Y_0)=\hat{Y}_0\pm t_{\alpha/2}(n-3)S_{Y(X_1,X_2)}\sqrt{C_0} \tag{9-45}$$

式中,$S_{Y(X_1,X_2)}\sqrt{C_0}$是二元回归方程$\hat{Y}$的抽样分布的标准差。

$$S^2_{Y(X_1,X_2)}=\frac{1}{n}\sum(y_i-\hat{\beta}_0-\hat{\beta}_1x_i-\hat{\beta}_2x_i)^2=\frac{\sum e^2}{n}$$

其中:

$$C_0=\frac{1}{n}+\frac{(X_{10}-\overline{X_1})^2\sum(X_2-\overline{X_2})^2}{D}+\frac{(X_{20}-\overline{X_2})^2\sum(X_1-\overline{X_1})^2}{D}-2\times\frac{(X_{10}-\overline{X_1})(X_{20}-\overline{X_2})\sum(X_1-\overline{X_1})(X_2-\overline{X_2})}{D} \tag{9-46}$$

X_{10},X_{20}为给定的X_1和X_2的数值。

$$D=\sum(X_1-\overline{X_1})^2\cdot\sum(X_2-\overline{X_2})^2-\left[\sum(X_1-\overline{X_1})(X_2-\overline{X_2})\right] \tag{9-47}$$

【例9-23】 根据例9-21中表9-23的资料,若给定门店的面积(X_{10})为500平方米、年促销费用(X_{20})为48万元时,求其平均年销售额的置信区间(设显著性水平$\alpha=0.05$)。

解:C_0的计算比较烦琐,但是可以应用Minitab、Excel或SAS等统计软件直接得到结果。

现根据例9-21中表9-22的资料计算:

$$\sum(X_1-\overline{X_1})^2=\sum X_1^2-(\sum X_1)^2/n=1\,685\,575-4\,561^2/15=298\,726.933\,3$$

$$\sum(X_2-\overline{X_2})^2=\sum X_2^2-(\sum X_2)^2/n=19\,550-510^2/15=2\,210$$

$$\sum(X_1-\overline{X_1})(X_2-\overline{X_2})=\sum X_1X_2-n\cdot\overline{X_1}\cdot\overline{X_2}=165\,335-4\,561\times510/15=10\,261$$

把以上计算结果代入公式(9-47),得:$D=660\,176\,261.7$。

$(X_{10}-\overline{X_1})^2=(500-4\,561/15)^2=38\,389.871\,1$

$(X_{20}-\overline{X_2})^2=(48-510/15)^2=196$

$(X_{10}-\overline{X_1})(X_{20}-\overline{X_2})=2\,743.066\,7$

代入公式(9-46),计算得$C_0=0.198\,6$。

注:C_0、D的计算比较烦琐,但是可以应用Minitab、Excel或SAS等统计软件直接得到结果。

且已知$S_{Y(X_1,X_2)}=112.101\,5$,$\hat{Y}_0=960.979\,7$,$t_{0.05/2}(15-3)=2.178\,8$,于是:

$\mathrm{E}(Y_0)=960.979\,7\pm2.178\,8\times112.101\,5\times\sqrt{0.198\,6}=960.979\,7\pm108.847\,5$

结论：从该地区所有的门店平均来说，只要门店的面积为 500 平方米、年促销费用为 48 万元时，有 95%的把握估计其平均年销售额在 852.132 2 万—1 069.827 2 万元。

（三）Y 的个别值的区间估计

利用二元回归方程对 Y 的个别值进行区间估计，类似一元回归方程中的 Y 的特定值的估计，其抽样误差除了上述 Y 均值估计的抽样误差之外，还需考虑 Y 的个别值（观察值）与估计值 $\hat{Y}$ 的偏差 $S_{Y(X_1,X_2)}$ 。于是，Y 的个别值的置信区间为：

$$Y_0 = \hat{Y}_0 \pm t_{\alpha/2}(n-3)S_{Y(X_1,X_2)}\sqrt{1+C_0} \qquad (9-48)$$

把上述有关数据代入公式（9－48），计算 Y 的个别值的估计区间：

$$Y_0 = 960.9797 \pm 2.1788 \times 112.1015 \times \sqrt{1+0.1986}$$
$$= 960.9797 \pm 267.4028$$

结论：该地区某一家门店的面积为 500 平方米、年促销费用为 48 万元时，有 95%的把握估计这家门店的年销售额在 693.576 9 万—1 228.382 5 万元。

第五节　回归分析应注意的问题

一、建立多元回归模型应注意的问题

（一）β_0 的取舍

【例 9－24】 考察例 9－21 的参数估计，可以发现：β_1 表示在促销费用固定时，商店的规模大小每增加 1 平方米，年销售额平均增加 1.405 3 万元；β_2 表示在商店的规模大小固定时，促销费用每增加 1 万元，年销售额平均增加 6.382 3 万元。$\beta_0=-51.3127$，难以从经济意义上解释，但从统计上看：

（1）$X_1=0$ 和 $X_2=0$ 都不在 X_1、X_2 的样本取值范围之内；

（2）从 β_0 的显著性检验来看，P 值为 0.587 6，远远大于显著性水平 $\alpha=0.05$，甚至 0.1。

鉴于这两条理由，可以考虑舍去 β_0。舍去后的模型为 $\hat{Y}_i=\hat{\beta}_1X_{1i}+\hat{\beta}_2X_{2i}$ ，借此运用 Excel 软件并利用表 9－23 的数据，对该模型进行参数估计，估计结果如表 9－27、表 9－28、表 9－29 所示。其中，表 9－27 把估计拟合优度与原模型的拟合优度进行了对比。

表 9－27　　　回归统计（拟合优度）

回归统计	未舍去 β_0 的结果	舍去 β_0 的结果
复相关系数（Multiple R）	0.922 717 4	0.987 625
判定系数（R Square）	0.851 407 3	0.975 403
调整的判定系数（Adjusted R Square）	0.826 641 9	0.896 588
标准误差	112.101 54	109.088
观测值	15	15

表 9 - 28　　舍去 β_0 的模型参数估计及其显著性检验

变量	系数(Coefficients)	标准误差	t 统计量	P 值
截距(Intercept)	0	—	—	—
X_1	1.361 057	0.203 51	6.687 919	1.5E−05
X_2	5.418 136	1.889 671	2.867 238	0.013 213

表 9 - 29　　舍去 β_0 模型的方差分析

	SS	df	MS	F	Sig. F
回归分析	6 134 894	2	3 067 447	257.764 5	1.385 51E−10
残差	154 702.5	13	11 900.19		
总计	6 289 597	15			

根据表 9 - 28,舍去 β_0 的方程为:

$$\hat{Y}_i = 1.361\,1X_{1i} + 5.418\,1X_{2i} \tag{9-49}$$

观察表 9 - 28 和表 9 - 29,舍去 β_0 的模型都经过了参数显著性检验和模型的整体显著性 F 检验,说明模型在统计上被认可,可以用于进一步分析。

但观察表 9 - 27,可以发现:舍去 β_0 模型的拟合优度高于未舍去 β_0 的原模型,估计误差则小于原模型。这表示舍去 β_0 后,模型拟合得更好,误差也更小,估计的精确度更高。

结果说明,在这种情况下舍去 β_0 的处理是正确的选择。

(二)变量的选择

一般来说,同样的样本数据,解释变量越多,估计的拟合优度更高,误差也更小。

【例 9 - 25】　仍考察例 9 - 21 中的参数估计结果(见表 9 - 25),可以发现:广告支出 X_2 的 P 值为 0.030 4(P 值是根据样本计算的 t 检验统计量的最小概率。给定显著性水平 α,如果 P 大于 α,则应接受原假设;反之,如果 P 值小于 α,则应拒绝原假设)。假如 $\alpha=0.05$,由于 $P=0.030\,4$,则应拒绝原假设;但现在给定 $\alpha=0.01$,由于 $P=0.030\,4$,则应接受 H_0:$\beta_i=0(i=1,2,\cdots,k)$的原假设。所以,应该舍去 X_2,建立新模型,用 Excel 软件处理,结果如表 9 - 30 至表 9 - 32 所示。

表 9 - 30　　回归统计(拟合优度)

	一元线性回归方程	二元线性回归方程
相关系数(Multiple R)	0.881 391	0.922 717 4
判定系数(R Square)	0.776 85	0.851 407 3
调整的判定系数(Adjusted R Square)	0.759 685	0.826 641 9
标准误差	131.986 6	112.101 54
观测值	15	15

表 9 - 31　　舍去 β_0 模型的方差分析

	df	SS	MS	F	Sig. F
回归分析	1	788 396	788 396	45.256 9	1.41E−05
残差	13	226 466	17 420.46		
总计	14	1 014 862			

表 9 - 32　　舍去 β_0 的模型参数估计及其显著性检验

	系数(Coefficients)	标准误差	t 统计量	P 值
截距(Intercept)	99.026 3	80.950 78	1.223 29	0.242 932
X_1	1.624 557	0.241 486	6.727 325	1.41E−05

观察表 9 - 31 和表 9 - 32,模型的显著性检验通过。再观察表 9 - 30,可以发现与原模型相比,减少变量以后拟合优度变小、误差更大。这就表明:当实际问题确实有两个或两个以上的因素影响时,就应尽力获得这些因素的资料,构造多元回归模型。其方法步骤通常有两种:一是向前逐步回归(stepwise regression),即在一元回归模型的基础上逐步引入第二个、第三个等自变量,逐次构造二元、三元等回归模型;二是根据对实际资料的分析,先确定一个多元回归模型,尔后逐步删减自变量,构造较少自变量的回归模型,对这些模型加以比较,选择判定系数最大、估计标准误最小者为最佳模型,或者是计算出所有自变量形成的子集,找出最佳子集。第二种方法的缺点是计算量大一些,但优点是较为完整。因为现在计算可用软件进行处理,所以第二种方法更为实用。

无论是向前逐步回归还是向后逐步回归,都要涉及增加或者减少变量,那么,如何判断应该增加变量还是减少变量,以及怎样对所含解释变量个数不同的多元回归模型的拟合优度进行比较呢?为此,常用的标准还有:

1. 赤池信息准则(Akaike information criterion, AIC)

$$AIC = -\frac{2L}{n} + \frac{2k}{n} \tag{9 - 50}$$

2. 施瓦茨准则(Schwarz criterion, SC)

$$SC = -\frac{2L}{n} + \frac{k\ln n}{n} \tag{9 - 51}$$

公式(9 - 50)和公式(9 - 51)中,L 为对数似然函数:

$$L = -\frac{n}{2}\left[1 + \ln(2\pi) + \ln\left(\sum e^2/n\right)\right] \tag{9 - 52}$$

这两项准则均要求,仅当所增加的解释变量能够减少 AIC 值或 SC 值时,才在原模型中增加该解释变量。

【例 9 - 26】 分别用例 9 - 21 的二元线性回归方程和例 9 - 25 的一元线性回归方程,计算各自的 AIC 和 SC 值,并根据结果说明:从例 9 - 21 的二元线性回归方程中舍去广告费用支出后,建立例 9 - 25 的一元线性回归方程是否适当?

解:(1)把例 9 - 21 的二元线性回归方程参数估计的有关数据代入公式(9 - 52),计算对数似然函数:

$$L=-\frac{15}{2}\left[1+\ln(6.283\ 2)+\ln\left(\frac{150\ 801.1}{15}\right)\right]=-90.401\ 6$$

把对数似然函数的计算结果分别代入公式(9-50)和公式(9-51)，得：

$$AIC=-\frac{2L}{n}+\frac{2k}{n}=-\frac{2(-90.401\ 6)}{15}+\frac{2\times 2}{15}=12.453\ 5$$

$$SC=-\frac{2L}{n}+\frac{k\ln n}{n}=-\frac{2(-90.440\ 16)}{15}+\frac{2\times 2.708\ 1}{15}=12.595\ 2$$

(2)把例9-25的一元线性回归方程参数估计的有关数据代入公式(9-52)，计算对数似然函数：

$$L=-\frac{15}{2}[1+\ln(6.283\ 2)+\ln(15\ 097.73)]=-93.451\ 3$$

把对数似然函数的计算结果分别代入公式(9-50)和公式(9-51)，得：

$$AIC=-\frac{2L}{n}+\frac{2k}{n}=-\frac{2(-93.451\ 3)}{15}+\frac{2\times 2}{15}=12.726\ 8$$

$$SC=-\frac{2L}{n}+\frac{k\ln n}{n}=-\frac{2(-93.451\ 3)}{15}+\frac{2\times 2.708\ 1}{15}=12.821\ 3$$

比较步骤(1)和(2)的结果，可以发现，从二元方程中舍去一个变量以后，AIC 值和 SC 值都变大了，这表明舍去变量——广告因素的做法是错误的。

(三)拟合优度的评价

拟合优度 R^2 的取值范围在0—1，它是一个测度，不是评价的标准，它只反映样本数据的散点和样本回归线拟合好坏的“程度”，反映的是“好”“更好”，而不是“可以”“不可以”。所以，如果 $\overline{R}^2=0.3$，甚至更小，接近于0，也不能否定方程的拟合结果。认可或者否定方程要以 F 检验的结果为依据，其原因是：由

$$\overline{R}^2=1-\frac{SSE/(n-k-1)}{TSS(n-1)}\quad 或\quad F=\frac{SSR/k}{SSE/(n-k-1)}$$

可以推出：

$$\overline{R}^2=1-\frac{n-1}{n-k-1+kF}\quad 或\quad F=\frac{R^2/k}{(1-R^2)/(n-k-1)}$$

可见，F 和 R^2 同方向变化：当 $R^2=0$ 时，$F=0$；R^2 越大，F 值也越大；当 $R^2=1$ 时，F 为无穷大。

因此 F 检验是所估计回归总体显著性的一个测度，也是 R^2 的显著性检验，即检验 H_0：$\beta_1=0,\beta_2=0,\cdots,\beta_k=0$ 等价于检验 $R^2=0$。

(四)多重共线性

在多元回归分析中，对自变量之间是否存在相关关系也应加以测定。如果各自变量之间存在完全相关或高度相关的情况，这在统计上称作多重共线性。在这种情况下，各自变量对因变量的影响就无法区分，x_1 对 y 和 x_2 对 y 的净影响就不能可靠地估计出来，即使整个模型的判定系数 r^2 很高，F 检验结果也是显著的，但偏回归系数 b_1 和 b_2 都不显著。因此，如果多元回归模型中确实有多重共线性的自变量，那就应加以剔除或另选自变量，或重新构造回归模型。对多重共线性的测定，可用方差膨胀因子(variance inflationary factor，VIF)。

$$VIF = \frac{1}{1-r_j^2} \tag{9-53}$$

式中的 r_j^2 是自变量 X_j 对所有其余的 X 变量的多元判定系数。

若只有两个自变量，r_1^2 是 X_1 和 X_2 之间的判定系数，则它与 X_2 和 X_1 之间的判定系数 r_2^2 是完全相等的。但是，若有三个解释变量，r_1^2 是 X_1 对 X_2 和 X_3 的判定系数，r_2^2 就是 X_2 对 X_1 和 X_3 的判定系数，r_3^2 就是 X_3 对 X_1 和 X_2 的判定系数。

若一系列自变量之间是不相关的，则 VIF_j 等于 1。若这些解释变量之间高度相关，则 VIF_j 可大到超过 10。一般的标准是 VIF_j 的最大值超过 5，则可认为此自变量与其他自变量之间存在着较高的相关，需要对回归模型进行修正。

一个多元回归模型若存在一个或几个大的 VIF 值，在使用时就要非常小心。只有当自变量的取值与观测到的数据取值范围一致时，这种模型才能用来预测因变量的值。而当自变量的取值超出观测到的样本取值范围时，这种模型就不能用外推预测。因为自变量含有交互的影响，无法准确地估计各个自变量的本身影响大小，应该避免对估计的系数进行解释。对这种问题的一种解决办法是剔除 VIF 值最大的那个自变量。剔除以后的模型（即把具有最大 VIF 值的自变量剔除后的模型），通常可以解决共线性的问题。若已判定在模型中所有的自变量都是必需的从而无法剔除时，则可采用一些其他的方法（请参考相关书籍）。

在例 9-21 中，因为只有两个自变量，且这两个自变量 X_1 和 X_2 的单相关系数为 0.399 3，判定系数为 0.159 4，这两个自变量的 VIF 值为 $\frac{1}{1-0.159\,4}=1.189\,6<5$，所以可以认为已确定的二元回归方程不存在严重的多重共线性（collinearity）。

（五）残差分析

在对一元线性回归分析时介绍过，残差分析（residual analysis）可用于评价简单线性回归模型与实际数据的拟合优度。为了检验含有多个自变量的多元线性回归模型，就需要对每个解释量与被解释因变量的简单线性回归方程的残差图分别进行分析。

如例 9-21 中有两个解释变量后，分别给出了由商店规模大小 X_1 对年销售额 Y_i 回归方程的残差的散点图（见图 9-26），以及年促销费用 X_2 对年销售额 Y_i 回归方程的残差的散点图（见图 9-27）。从这两个残差图中可看到，散点几乎不存在规律。结论是：用此多元线性回归模型来预测销售量是合适的。

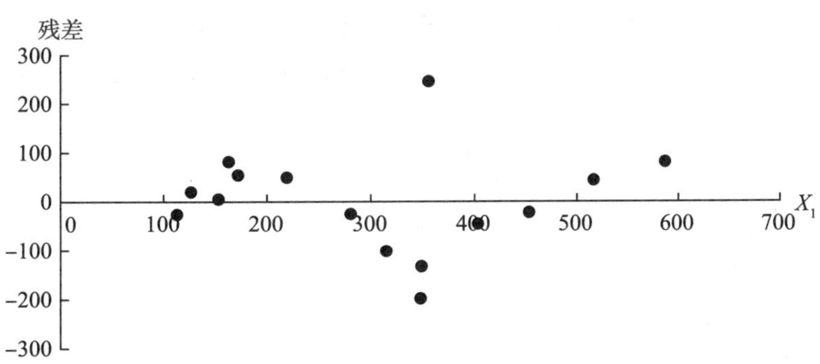

图 9-26 商店规模大小对年销售额回归方程的残差散点图

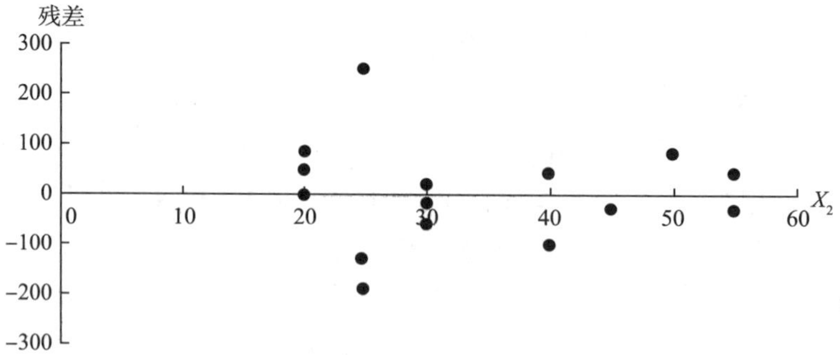

图 9－27 年促销费用对年销售额回归方程的残差散点图

此外，有关自相关的问题将在第十章中讨论。

二、非线性回归

以上介绍的都是线性问题，现实经济现象中变量之间往往呈非线性关系，但在许多情况下又可以通过简单的变换，使之变成线性。解释变量非线性问题就属于这种情况。例如，需求函数模型中需求量与价格之间的关系为：

$$\frac{1}{Q}=\alpha+\beta\frac{1}{p}+\mu$$

通过变量置换就可以化为线性模型。经验表明，解释变量非线性问题一般都可以化为线性模型。

(一)可以化为线性的包含参数非线性的问题

回归模型，一旦包含参数非线性，一般情况下通过简单的变换难以化为线性问题。但是，由于非线性模型的估计远比线性模型复杂，所以还是应该尽可能地将它们化为线性问题。例如著名的柯布—道格拉斯(Cobb-Dauglass)生产函数模型可转化为指数形式。$Q=AK^{\alpha}L^{\beta}$ 和不变替代弹性(CES)生产函数模型 $Q=A(\delta_1K^{-\rho}+\delta_2L^{-\rho})^{-\frac{1}{\rho}}$ 。

在假设随机误差项的对数形式服从正态分布的情况下，即引入随机误差项后可以写成：

$$Q=AK^{\alpha}L^{\beta}\mu \text{ 和 } Q=A(\delta_1K^{-\rho}+\delta_2L^{-\rho})^{-\frac{1}{\rho}}\mu$$

尽管包含参数非线性，仍然可以首先化为线性问题。对前者两边取对数，得：

$$\ln Q=\ln A+\alpha\ln K+\beta\ln L+\ln\mu$$

对后者两边取对数得：

$$\ln Q=\ln A-\frac{1}{\rho}\ln(\delta_1K^{-\rho}+\delta_2L^{-\rho})+\ln\mu$$

将式中 $\ln(\delta_1K^{-\rho}+\delta_2L^{-\rho})$ 在 $\rho=0$ 处展开泰勒级数，取关于 ρ 的线性项，即得到一个线性近似式：

$$\ln Q\approx\ln A+\delta_1\ln K+\delta_2\ln L-\frac{1}{2}\rho\delta_1\delta_2\left[\ln\left(\frac{K}{L}\right)\right]^2+\ln\mu$$

然后进行模型的估计。

可转化非线性形式的有：

1. 双曲线

(1) $\frac{1}{y}=a+\frac{b}{x}$ 型，$x>0,a>0,b<0$

令 $y'=\frac{1}{y}$，$x'=\frac{1}{x}$，得 $y'=a+bx'$。

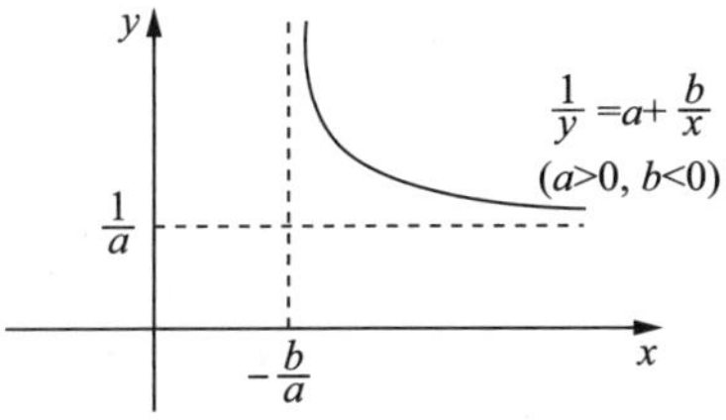

(2)$y=a+\dfrac{b}{x}$ 型,$x>0,a>0,b<0$

令 $x'=\dfrac{1}{x}$,得 $y=a+bx'$。

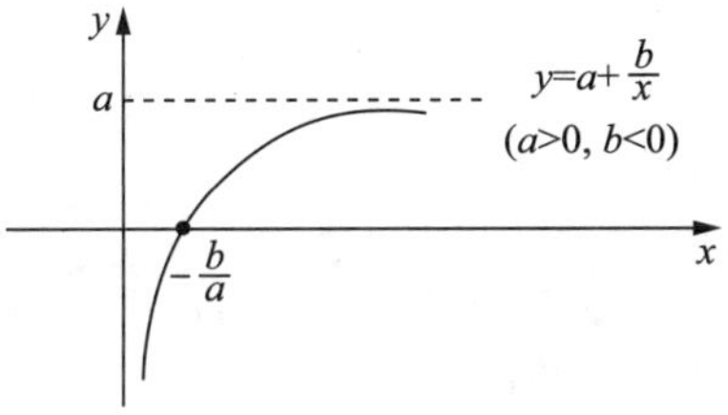

2. 指数曲线

(1)$y=ae^{bx}$ 型

令 $y'=\ln y,a'=\ln a$,得 $y'=a'+bx$。

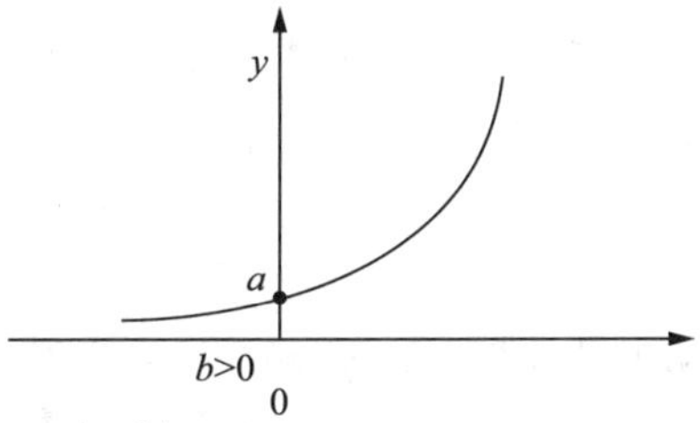

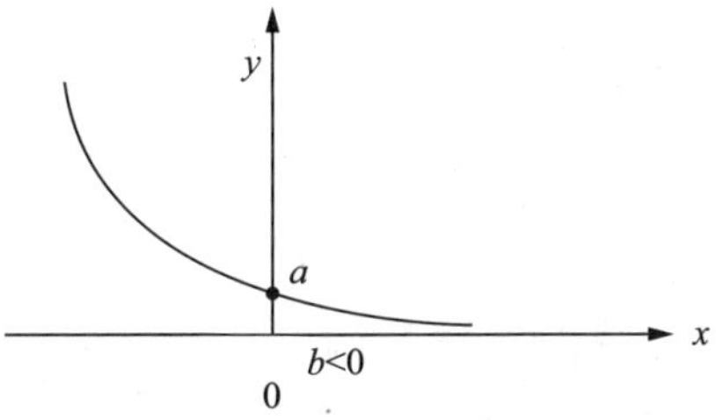

(2)$y=ae^{b/x}$ 型

令 $y'=\ln y,x'=\dfrac{1}{x}$,$a'=\ln a$,则得 $y'=a'+bx'$。

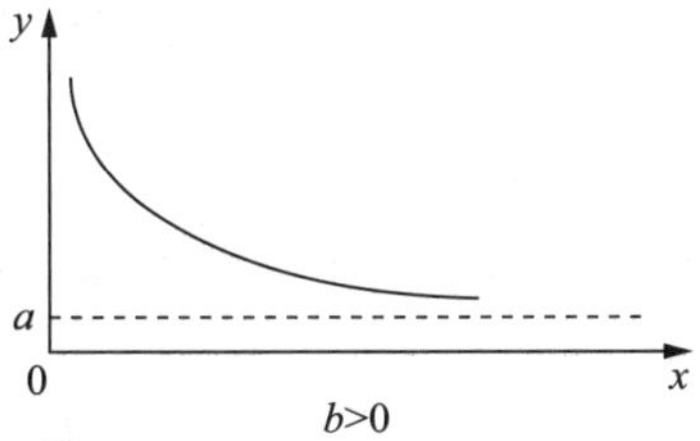

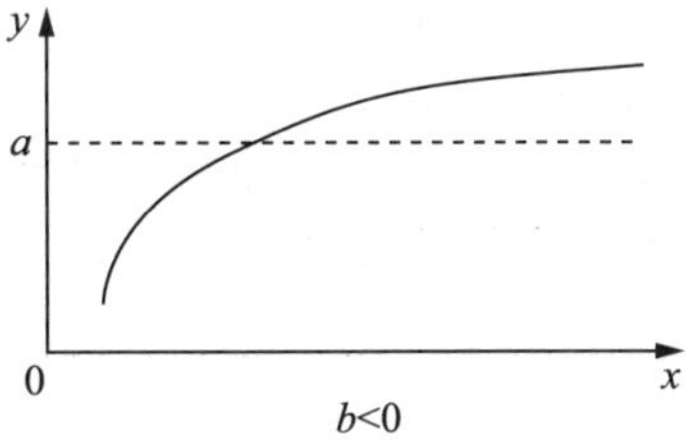

3. 幂函数

$y=ax^b$ 型 $a>0$

令 $x'=\lg x,y'=\lg y,a'=\lg a$,则得:$y'=a'+bx'$。

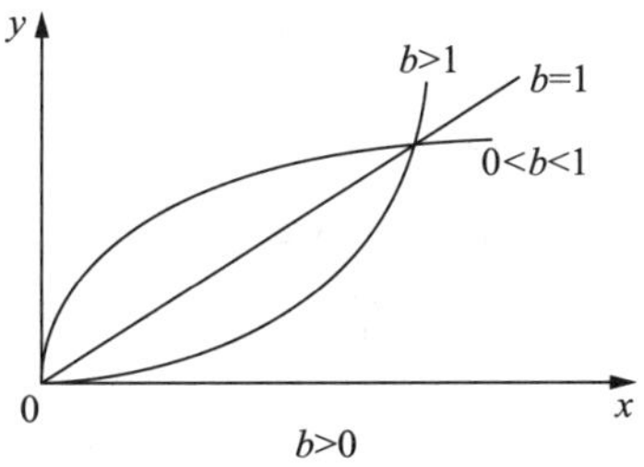

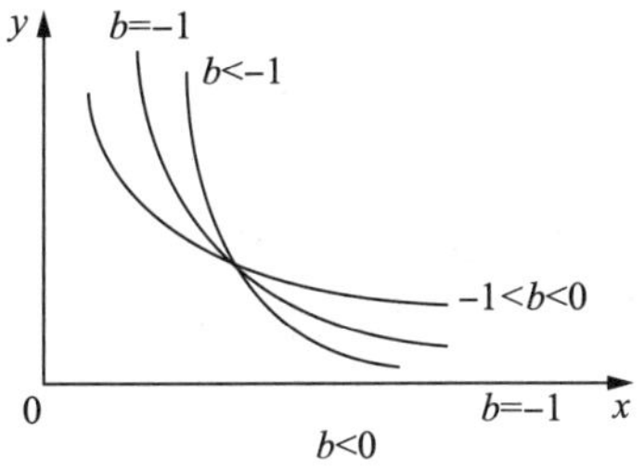

4. 对数曲线

$y=a+b\lg x$ 型

令 $x'=\lg x$,则得 $y=a+bx'$。

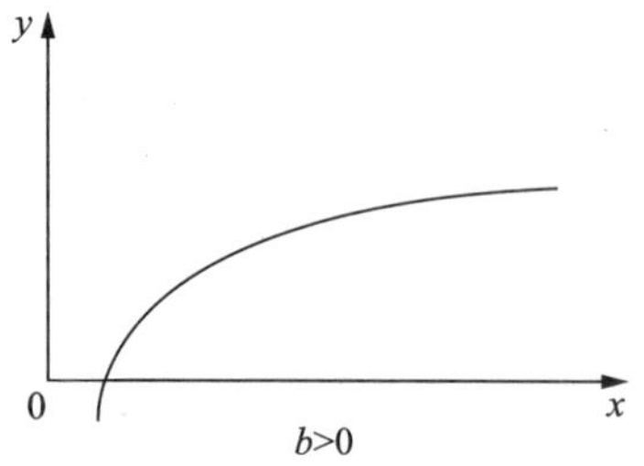

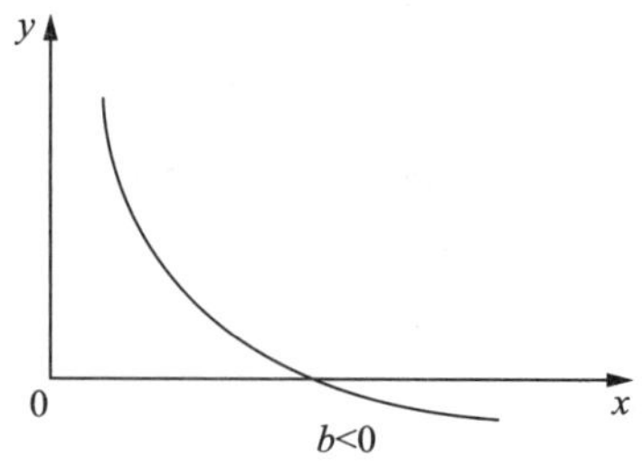

5. S形曲线

$y=\dfrac{1}{a+be^{-x}}$型

令 $y'=\dfrac{1}{y}$,$x'=e^{-x}$, 则 $y'=a+bx'$。

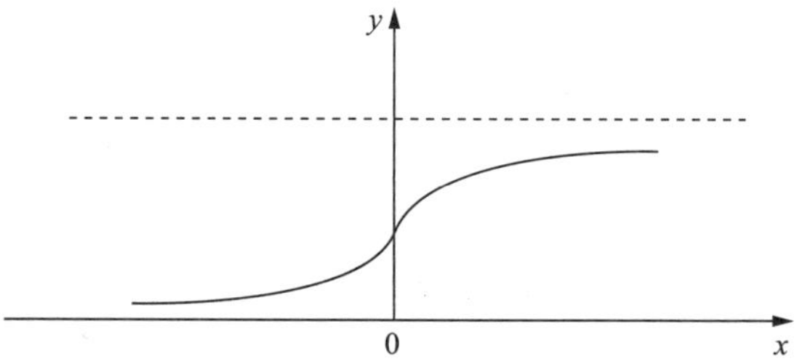

在具体分析时,首先画出实际数据(x_i,y_i)的散点图,把这些点的分布趋势用一条曲线连接起来,然后将这条曲线与上述各种曲线对照比较,确定属于哪一类。通过变量变换($x=x'$,$y=y'$),将原始数据(x_i,y_i)换成新数据(x'_i,y'_i),对新数据(x'_i,y'_i)按照上面的方法,将非线性函数关系化为线性关系,求出回归直线方程 $y'_c=a'+b'x'$。

最后一步是将这个回归方程中的变量(x',y')换回原来的(x,y),关于 x,y 的方程就是所求的曲线方程。

(二)不可以化为线性的包含参数非线性的问题

不可以化为线性的包含参数非线性的问题,是要讨论的真正非线性模型。它的一般表达式为:

$$y_i = f(X_i, B) + \mu_i \quad (i = 1,2,\cdots,n)$$

其中,f 是非线性函数,$X_i=(x_{1i},x_{2i},\cdots,x_{ki})$,$B=(\beta_1,\beta_2,\cdots,\beta_k)'$,$n$ 为样本容量。例如,上述生产函数模型,如果随机误差项直接服从正态分布,在引入随机误差项后模型可写成:

$$Q = AK^{\alpha}L^{\beta} + \mu \text{ 和 } Q = A(\delta_1 K^{-\rho} + \delta_2 L^{-\rho})^{-\frac{1}{\rho}} + \mu$$

这就是典型的非线性模型。

对于这类模型,第七章中介绍的模型估计方法不再适用,必须发展新的方法估计模型,主要有非线性最小二乘法和非线性最大似然法(请参考相关书籍)。

三、样本容量问题

(一)最小样本容量

所谓最小样本容量,即从最小二乘原理和最大似然原理出发,欲得到参数估计量,不管其质量如何,所要求的样本容量的下限即样本最小容量,必须不少于模型中解释变量的数目(包括常数项),即 $n \geqslant k+1$。

因为,无多重共线性要求:秩$(X)=k+1$。

(二)满足基本要求的样本容量

从统计检验的角度分析:$n>30$ 时,Z 检验才能应用;$n-k \geqslant 8$ 时,t 分布较为稳定。

一般经验认为:当 $n \geqslant 30$ 或者至少 $n \geqslant 3(k+1)$时,才能认为满足模型估计的基本要求,因为模型的良好性质只有在大样本下才能得到理论上的证明。

关键术语

相关与回归 correlation and regression　　相关分析 correlation analysis
函数关系 functional relationships　　正相关 positive correlation
负相关 negative correlation　　线性相关 linear correlation
非线性相关 curvilinear correlation　　完全相关 complete correlation
零相关 correlation zero　　不完全相关 incomplete correlation
单相关 simple correlation　　复相关 multiple correlation
属性相关 correlation of attributes　　等级相关 rank correlation
不确定性关系 uncertainty relationship
二维随机变量 two-dimension random variable
二维随机向量 two-dimension random vector
二维分布 two-dimension distribution
分布函数 distribution function　　联合分布函数 unity distribution function
二维离散型随机变量 two-dimension discrete random variable
二维连续型随机变量 two-dimension continuous random variable
分布密度 distribution density
二维正态分布 two-dimension normal distribution
分布曲面 distribution curved surface　　边缘分布 marginal distribution
条件分布 conditional distribution　　相关系数 correlation coefficient
回归方程 regression equation　　自变量 independent variable
因变量 dependent variable　　解释变量 explanatory variable
被解释变量 explained variable　　条件均值 conditional mean
条件期望 conditional expectation　　总体回归线 population regression line
总体回归曲线 population regression curve
总体回归函数 population regression function, PRF
回归分析 regression analysis　　相关关系 correlation relationship
多元线性回归 multiple linear regression　　简单线性回归 simple regression
回归系数 regression coefficients　　系统性 systematic

确定性 deterministic
非确定性 nonsystematic
随机误差 random error
散点图 scatter diagram
样本回归线 sample regression lines
样本回归函数 sample regression function,SRF
样本回归模型 sample regression model
异方差 heteroskedasticity
截面数据 cross-sectional data
时间序列数据 time series data
自回归 autocorrelation
序列相关性 series correlation
经典线性回归模型 classical linear regression model, CLRM
虚拟回归 spurious regression
设定偏误 specification error
普通最小二乘法 ordinary least squares,OLS
正规方程组 normal equations
普通最小平方估计量 ordinary least squares estimators,OLSE
最佳线性无偏估计量 the best linear unbiased estimator,BLUE
总离差平方和 total deviation sum of squares
回归平方和 regression sum of squares
残差或剩余项 residual
残差平方和 residual sum of squares
残差分析 residual analysis
赤池信息准则 Akaike information criterion, AIC
施瓦茨准则 Schwarz criterion,SC
线性关系 linear relationship
共线性 collinearity
方差膨胀因子 variance inflationary factor,VIF
复相关 multiple correlation
偏相关 partial correlation
逐步回归法 stepwise regression
判定系数 coefficient of determination
协方差 covariance
斜率 slope
截距 intercept
离差 deviation
随机干扰项 stochastic disturbance
随机误差 stochastic error
联合分布 unity distribution

思考与练习

一、思考题

1. 什么是相关关系？它有哪些种类？试根据二元概率分布的特点说明两变量线性相关的性质。

2. 试剖析皮尔逊积矩相关系数测定相关程度的根据和特点。

3. 为什么要对样本相关系数进行显著性检验？

4. 什么是“回归”？试述相关分析与回归分析的联系和区别。

5. 简述最小二乘法求解回归方程参数的原理。

6. 试述一元线性回归模型的性质和参数的意义。

7. 回归系数 β_i 和相关系数 r 有何联系和区别？

8. 离差平方和分解式的内容与含义是什么？

9. 什么是判定系数 r^2？它与相关系数 r 有何联系和区别？

10. 什么是估计标准误差？它与判定系数有何联系和区别？

11. 多元回归与一元回归有何异同？

12. 试解释复相关系数、偏相关系数，以及它们同简单线性相关系数的区别。

13. 构造和应用回归模型进行估计和预测要注意哪些问题？

二、计算题

1. 对某一资料进行一元线性回归，已知样本容量为 20，因变量的估计值与其平均数的离差平方和为 585，因变量的方差为 35，试求：

(1)变量间的相关系数 R；

(2)该方程的估计标准误差。

2. 已知：$\sqrt{\sum(x-\overline{x})^2}=22$，$\sqrt{\sum(y-\overline{y})^2}=25$，$\sum(y_c-\overline{y})^2=435$，$\sigma_{xy}^2=29$，$n=18$

试求：

(1)相关系数 r；

(2)回归系数 β_1；

(3)估计标准误差 S。

3. 已知相关系数 $r=0.6$，估计标准误差 $S=8$，样本容量 $n=62$，试计算：

(1)剩余变差；

(2)总变差；

(3)剩余变差占总变差的比例。

4. 某企业有下述资料：

资金(万元)	18.6	20.4	19.4	24.2	24	28.4	37.2	56.8	26.4	23.6	45.4	24.6
利润(万元)	2.7	3.6	1.8	5.5	5.2	6.3	7.3	8.4	4.6	5.9	7.1	4.1

要求：

(1)用最小二乘法分别求以资金为解释变量、利润为被解释变量的直线回归方程，以及以利润为解释变量、资金为被解释变量的直线回归方程。

(2)根据回归系数与相关系数的关系，说明资金与利润之间的相关程度。

5. 某公司 8 个所属企业的产品销售资料如下表所示：

企业编号	产品销售额(万元)	销售利润(万元)
1	170	8.1
2	220	12.5
3	390	18.0
4	430	22.0
5	480	26.5
6	650	40.0
7	850	64.0
8	1 000	69.0

要求：

(1)计算相关系数，测定产品销售额与利润之间的相关方向和相关程度；

(2)确定自变量和因变量，并求出直线回归方程；

(3)计算估计标准误差；

(4)根据回归方程，指出当销售额每增加1万元，利润额平均增加多少？

(5)在95%的概率保证下，当销售额为1 200万元时利润额的置信区间。

6. 某公司1—6月份产量(x，千件)和单位成本(y，元/件)计算数据见下表。根据已知资料计算两个变量之间的相关系数，拟合线性回归方程，估计回归系数和总体方差，同时进行拟合优度检验和显著性检验。并预测：当第7个月的产量为6 000件时，单位成本为多少？

月份	x	y	x^2	y^2	xy
1	2	73	4	5 329	146
2	3	72	9	5 184	216
3	4	71	16	5 041	284
4	3	73	9	5 329	219
5	4	69	16	4 761	276
6	5	68	25	4 624	340
合计	21	426	79	30 268	1 481

7. 有10个同类工业企业，它们的年平均生产性固定资产和利税总额如下表所示：

企业编号	生产性固定资产(万元)	利税总额(万元)
1	318	52
2	910	101
3	200	64
4	409	82
5	415	92
6	502	93
7	314	160
8	1 210	151
9	1 022	122
10	1 225	132

要求：

(1)判断生产性固定资产与利税总额之间是否存在相关关系，如存在相关关系，是何种相关关系。

(2)测定并检验其相关系数。($\alpha=0.05$)

(3)选择适当因素为解释变量和被解释变量，建立一元线性回归模型，并进行拟合优度检验、参数显著性检验，根据检验结果解释参数估计量的含义。

(4)如果给定生产性固定资产 1 500 万元，利税总额 150 万元。试根据建立的模型选择这两个给定值，对模型做出点估计和区间估计。($\alpha=0.05$)

8. 随机抽取某地 12 个居民家庭为样本，调查得到有关人均收入与食品支出的资料如下表所示：

编号	家庭人均生活费收入(元)	人均食品支出(元)
1	820	750
2	930	850
3	1 050	920
4	1 300	1 050
5	1 440	1 200
6	1 500	1 200
7	1 600	1 300
8	1 800	1 450
9	2 000	1 560
10	2 700	2 000
11	3 000	2 000
12	4 000	2 200

要求：

(1)分析判断人均生活费收入与人均食品支出之间是否存在相关关系，其相关程度如何。

(2)检验其相关系数。($\alpha=0.05$)

(3)拟合适当的回归模型，并对该模型的拟合优度做出评价。

9. 某企业生产某种产品的产量和单位成本资料如下：

月份	1	2	3	4	5	6
产量(千件)	4	6	8	7	8	9
单位成本(元/件)	730	720	710	720	700	690

要求：

(1)确定单位成本对产量的一元线性回归模型，并指出其回归系数的意义。

(2)对该模型拟合优度进行评价。

(3)对该模型的回归系数 β_1 进行检验和模型整体进行 F 检验。($\alpha=0.05$)

(4)计算该回归模型的估计标准误，并以 95%的置信水平估计产量为 10 千件时单位成本特定值的置信区间。

10. 现有某种商品的下列资料：

价格(元)	7	12	6	9	10	8	12	6	11	9	12	10
销售量(千件)	57	72	51	57	60	55	70	55	70	53	76	56

要求：

(1)判断该种商品销售量与单价之间回归函数的类型，并确定该回归模型。

(2)对该回归模型做出拟合优度评价并进行检验。($\alpha=0.05$)。

(3)计算估计标准误，并以95%置信度估计价格为5元时销售量均值和特定值的置信区间。

11. 某造纸厂间接生产费用与直接劳动时间和机器运转时间为线性相关。有关资料如下：

月份	间接费用 y(万元)	直接劳动时间 x_1(千小时)	机器运转时间 x_2(千小时)
1	29	45	16
2	24	42	14
3	27	44	15
4	25	45	13
5	26	43	13
6	28	46	14
7	30	44	16
8	28	45	16
9	28	44	15
10	27	43	15

要求：

(1)确定间接费用对直接劳动时间和机器运转时间的二元线性回归模型。

(2)对该模型进行 F 检验。

(3)对该模型拟合优度进行评价。

(4)计算估计标准误，并以90%置信度估计劳动时间为50千时、机器运转时间为18千时间接费用特定值的置信区间。

(5)计算复相关系数和 x_1，x_2 的偏相关系数以及 x_1，x_2 对 y 的简单线性相关系数，并加以比较说明。

12. 现有下列数据：$n=7$，$\sum x=1\ 890$，$\sum y=311$，$\sum x^2=535\ 500$，$\sum y^2=17\ 415$，$\sum xy=9\ 318$。

要求：确定 y 对 x 的线性回归模型。

13. 某地区有10个百货商店，它们的销售额和流通费率资料如下：

商店编号	销售额 X(百万元)	流通费率 Y(%)
1	07	64
2	15	45
3	21	27
4	29	21
5	34	18
6	43	15
7	55	14
8	64	13
9	69	13

要求：

(1)试用散点图观察销售额与流通费率的相关形式。

(2)拟合双曲线回归模型。

(3)检验该模型的显著性，并预计 $X_0=9$ 百万元时的流通费率。

14. 建立一个模型，以根据独院住宅的供热面积和已使用的年限来预测其评估价值。以下列出了一个15套独院住宅的样本数据，试建立一个模型用住宅的供热面积和已使用的年限来预测其评估价值。

住宅	评估价 Y(千元)	供热面积 X_1(平方米)	年限 X_2(年)
1	84.4	2.00	3.42
2	77.4	1.71	11.50
3	75.7	1.45	8.33
4	85.9	1.76	0.00
5	79.1	1.93	7.42
6	70.4	1.20	32.00
7	75.8	1.55	16.00
8	85.9	1.93	2.00
9	78.5	1.59	1.75
10	79.2	1.50	2.75
11	86.7	1.90	0.00
12	79.3	1.39	0.00
13	74.5	1.54	12.58
14	83.8	1.89	2.75
15	76.8	1.59	7.17

要求：利用Excel软件处理数据，并进行相关分析。

(1)列出多元回归方程式。

(2)解释此方程式中斜率的含义。

(3)若某套住宅的供热面积为 1.75 平方米,已使用 10 年,试预测其平均的估价。

(4)对以上结果进行残差分析,并以此判断此模型拟合得是否合适。

(5)在 0.05 的显著性水平下,试判断住宅的估价和两个解释变量(供热面积和已使用年限)之间是否存在显著的关系。找出 p 值,并解释其含义。

(6)解释此题中多元判定系数的含义。

(7)计算修正的 r^2。

(8)在 0.05 的显著性水平下,试判断每个解释变量是否对回归模型都有贡献,并据此表明本题应该用什么回归模型。

(9)建立一个 95%的置信区间,估计住宅的估价和供热面积之间的总体斜率。如何解释此题中的斜率与本题(2)中的斜率之间的差别?

(10)计算偏相关系数 $r_{Y1.2}$ 和 $r_{Y2.1}$,并解释它们的含义。

(11)房地产评估协会公开宣称住宅的已使用年限与其评估价值无关,根据(1)—(9)的结果,你是否同意这种说法,并予以解释。

第十章

时间序列分析

引　言

在经济问题分析中，经常需要分析个别经济指标在一段时间内的纵向发展情况，如我国国内生产总值在2000—2011年间的发展情况，以反映现象发展变化的过程和特点，是研究现象发展变化的趋势和规律以及对未来状态进行科学预测的重要依据。

最早的时间序列分析可以追溯到7 000年前的古埃及。古埃及人把尼罗河涨落的情况逐天记录下来，就构成所谓的时间序列。对这个时间序列的长期观察使他们发现尼罗河的涨落非常有规律。由于掌握了尼罗河泛滥的规律，古埃及的农业迅速发展，从而创建了埃及灿烂的文明。

第一节　时间序列分析概述

在统计分析中，对时间序列进行分析一般有三个目的：(1)编制时间序列可以描述社会经济现象的发展状态、发展趋势和结果；(2)通过对时间序列的分析，可以掌握社会经济现象发展变化的规律性；(3)时间序列可用来对社会经济现象的发展方向和速度进行预测。

W. **莱克西斯**(W. Lexis，1837—1914)，德国统计学家兼经济学家，1859年毕业于波恩大学，1861年去巴黎学习社会科学，以后在欧洲的一些大学担任过教职。他像魁特奈特一样，是一个致力于把数学方法引进大社会科学研究中的人。在1876—1879年间他转向于研究统计序列(statistical series)，其最重要的著作《统计序列的稳定性理论》发表于1879年。问题的背景是这样的：设考虑一个国家(或一个城市、一个民族之类)的某项指标，如离婚率，其逐年记录为$Y_1,\cdots,Y_n$。如果对两个国家A、B的此项指标进行比较，记录得两个序列$Y_{1A},\cdots,Y_{nA},Y_{1B},\cdots,Y_{nB}$。如何根据所得数据去确定：A、B两国在此项指标上有无差异？差异多大？这样的数据列$Y_{1A},\cdots,Y_{nA}$，莱克西斯称之为统计序列，现称时间序列。

一、时间序列的概念

按照时间顺序把随机事件变化发展的过程记录下来，就构成了一个时间序列。对时间序列进行观察、研究，找寻它变化发展的规律，预测它将来的走势，就是时间序列分析(time series analysis)。时间序列分析始于19世纪80年代西方经济学家和统计学家对资本主义经济周期波动的研究和商情预测。这种分析的方法技术不断丰富和发展，逐步形成统计学中一个有广泛应用价值的分支系列。

表 10-1 显示的 1978—2019 年我国社会经济中的名义国内生产总值、人均国内生产总值、国内生产总值指数、人均国内生产总值指数、城镇家庭人均可支配收入、年底总人口数六项指标数据序列,就是一个时间序列。

表 10-1　　1978—2019 年我国社会经济数据表

年份	名义国内生产总值(亿元)	人均国内生产总值(元)	国内生产总值指数(上年=100)	人均国内生产总值指数(上年=100)	城镇家庭人均可支配收入(元)	年底总人口数(万人)
t	GDP	GDPP	GDPP	PGDPP	INCOM	POPULATION
(栏)	(1)	(2)	(3)	(4)	(5)	(6)
1978	3 678.7	385	100.00%	100.00%	343.4	96 259
1979	4 100.5	423	111.47%	109.87%	387.0	97 542
1980	4 587.6	468	111.88%	110.64%	739.1	98 705
1981	4 935.8	497	107.59%	106.20%	491.9	100 072
1982	5 373.4	533	108.87%	107.24%	526.6	101 654
1983	6 020.9	588	112.05%	110.32%	564.0	103 008
1984	7 278.5	702	120.89%	119.39%	651.2	104 357
1985	9 098.9	866	125.01%	123.36%	739.1	105 851
1986	10 376.2	973	114.04%	112.36%	899.6	107 507
1987	12 174.6	1123	117.33%	115.42%	1 002.2	109 300
1988	15 180.4	1 378	124.69%	122.71%	1 181.4	111 026
1989	17 179.7	1 536	113.17%	111.47%	1 375.7	112 704
1990	18 872.9	1 663	109.86%	108.27%	1 510.2	114 333
1991	22 005.6	1 912	116.60%	114.97%	1 700.6	115 823
1992	27 194.5	2 334	123.58%	122.07%	2 026.6	117 171
1993	35 673.2	3 027	131.18%	129.69%	2 577.4	118 517
1994	48 637.5	4081	136.34%	134.82%	3 496.2	119 850
1995	61 339.9	5 091	126.12%	124.75%	4 283.0	121 121
1996	71 813.6	5 898	117.07%	115.85%	4 838.9	122 389
1997	79 715	6 481	111.00%	109.88%	5 160.3	123 626
1998	85 195.5	6 860	106.88%	105.85%	5 425.1	124761
1999	90 564.4	7 229	106.30%	105.38%	5 854.0	125 786
2000	100 280.1	7 942	110.73%	109.86%	6 280.0	126 743
2001	110 863.1	8 717	110.55%	109.76%	6 859.6	127 627
2002	121 717.4	9 506	109.79%	109.05%	7 702.8	128 453
2003	137 422	10 666	112.90%	112.20%	8 472.2	129 227
2004	161 840.2	12 487	117.77%	117.07%	9 421.6	129 988
2005	187 318.9	14 368	115.74%	115.06%	10 493.0	130 756

续表

年份	名义国内生产总值(亿元)	人均国内生产总值(元)	国内生产总值指数(上年=100)	人均国内生产总值指数(上年=100)	城镇家庭人均可支配收入(元)	年底总人口数(万人)
2006	219 438.5	16 738	117.15%	116.49%	11 759.5	131 448
2007	270 092.3	20 494	123.08%	122.44%	13 785.8	132 129
2008	319 244.6	24 100	118.20%	117.60%	15 780.8	132 802
2009	348 517.7	26 180	109.17%	108.63%	17 174.7	133 450
2010	412 119.3	30 808	118.25%	117.68%	19 109.4	134 091
2011	487 940.2	36 302	118.40%	117.83%	21 809.8	134 735
2012	538 580	39 874	110.38%	109.84%	24 564.7	135 404
2013	592 963.2	43 684	110.10%	109.56%	26 955.1	136 072
2014	643 563.1	47173	108.53%	107.99%	28 844.0	136 782
2015	688 858.2	50 237	107.04%	106.50%	31 195.0	137 462
2016	746 395.1	54 139	108.35%	107.77%	33 616.0	138 271
2017	832 035.9	60 014	111.47%	110.85%	36 396.0	139 008
2018	919 281.1	66 006	110.49%	109.98%	39 251.0	139 538
2019	990 865.1	70 892	107.79%	107.40%	42 359.0	140 005

说明：

1. 名义国内生产总值(亿元)、人均国内生产总值(元)、城镇家庭人均可支配收入(元)和年底总人口数(万人)摘自2020.6.2国家统计局官网数据和《中国统计年鉴2019》,中国统计出版社2020年版；
2. 国内生产总值指数(上年=100)和人均国内生产总值指数(上年=100)根据本表名义国内生产总值(亿元)和人均国内生产总值(元)数据计算；
3. 表中数据如果和国家官方公布数据有误,以国家官方公布数据为准。

首先,从表10-1可以看出,时间序列在形式上包含两部分:(1)现象指标观察值所属的时间;(2)现象在不同时间相对应的观察值。事实上,时间序列中的时间和对应于时间的观测值是任何一个时间数列所应具备的两个基本要素,其中,时间属性可以是年、季、月、日,或其他任何时间形式。

其次,表10—1中各列数据的属性性质也不尽相同。第1栏和第2栏,名义国内生产总值和人均国内生产总值中各指标值表示对应年份里12个月份的生产总值总和;第3栏第4栏,国内生产总值指数和人均国内生产总值各指标值表示对应年份里的生产总值相对于上一年生产总值的一个指数值;第5栏,城镇家庭人均可支配收入中各指标值表示城镇家庭在相对应年份里12个月份的可支配收入的平均值;第6栏,年底总人口数中各指标值表示在相对应年份年底人口统计时间点上的人口总和。

二、时间序列的分类

(一)按照经济数据的表现形式划分

按照经济数据的表现形式,时间序列可以划分为绝对数时间数列、相对数时间数列和平均数时间数列。其中,绝对数时间序列是基本序列,相对数和平均数的时间序列可以在其基础上派生出来。

1. 绝对数时间数列

绝对数时间数列,又称数据总量数列,是指把反映经济现象总规模、总水平的指标在不同时间上的观察数值按时间顺序排列而成的序列。数据总量数列是计算数据相对量数列和数据平均量数列的基础。

按其数列所反映时间状况的不同,数据总量数列又分为时期数列和时点数列。

时期数列中所排列的数据总量为时期数据,时期数列中各时期上的数值(如表 10-1 中的第 1、2 栏)则分别反映现象在这一段时期内所达到的总规模、总水平,是现象在这一段时期内发展过程的累积总量。

时期数列有其特点。首先,序列中各个数据是可以相加的,即相加具有一定的经济意义。因为时期序列中每个数据反映现象在一段时期内发展变化的累计总量,所以连续时期内的数据相加后的数值就表示现象在更长一段时期内发展变化的累计总量。其次,序列中每一个数据的大小与所属的时间长短有直接的联系。在时期序列中,每个数据所对应的时间长度称为“时期”。时期的长短主要根据研究目的而定,可以是日、旬、月、季、年或更长时间。一般来说,时期越长,数据就越大,反之就越小;并且,序列中的每个数据通常是通过连续不断登记而取得的。

时点数列中所排列的数据为时点数据,时点数列中各时点上的数据(如表 10-1 中的第 6 栏)则分别反映现象在各该时点上所达到的总规模、总水平,是现象在某一时点上的数量表现。各时间点上的观察值不具有时间上的可加性,而且观察值的大小与相邻两时点间间隔长短无密切联系的特点。如表 10-1 中的年末人口数,不同年份的数据相加没有任何意义,并且年末的人口数未必比月末的人口数要多。

2. 相对数时间数列

把一系列同类的数据相对量按时间顺序排列而成的序列,称为相对数时间序列。它反映现象对比关系的发展变化情况,说明社会经济现象的比例关系、结构、速度的发展变化过程,如表 10-1 中的第 3、4 栏。

3. 平均数时间数列

把一系列同类的数据平均量按时间顺序排列而成的序列,称为平均数时间序列。它反映现象一般水平的发展趋势。例如,表 10-1 第 5 栏中城镇居民家庭人均可支配收入即为平均数时间序列。在平均数时间序列中,各个数据相加也没有意义。

不论是数据相对量还是数据平均量,其共同点都是由数据总量经过处理而派生出来的,由于不同时间上的数据相对量或者数据平均量相加以后均没有意义,所以它们都不能相加。

(二)按观察数据的性质与形态不同划分

按观察数据的性质与形态不同划分,时间数列可分为随机型时间数列和确定型时间数列。

1. 随机型时间数列

随机型时间数列的各期数值的差异纯粹是由许多偶然的、不可控的随机因素共同作用的结果,其变动没有规则。如果用随机理论来考察,时间参数可视为离散型随机过程,观察数据则被视为随机过程产生的样本分布,而与此相应的分析方法可称为随机时间数列分析。

随机型时间数列分析按其分析对象,分为频域分析和时域分析。

频域分析假设任何一种无趋势的时间序列都可以分解成若干不同频率的周期波动发展过程,早期的频域分析方法借助富里埃分析从频率的角度揭示时间序列的规律,后来借助了傅立叶变换,用正弦、余弦项之和来逼近某个函数。20 世纪 60 年代,引入最大熵谱估计理论,进入现代谱分析阶段,是一种非常有用的动态数据分析方法,但是由于分析方法复杂、结果抽象,有一定的使用局限性。

时域分析假设事件的发展通常都具有一定的惯性,这种惯性用统计的语言来描述就是序列值之间存在着一定的相关关系,这种相关关系通常具有某种统计规律。其目的是寻找出序列值之间相关关系的统计规律,并拟合出适当的数学模型来描述这种规律,进而利用这个拟合模型预测序列未来的走势。其特点是:理论基础扎实,操作步骤规范,分析结果易于解释。它是时间序列分析的主流方法。

时间数列的时域分析有传统时间数列分析和现代时间数列分析两种。

传统时间数列分析是 20 世纪 60 年代美国学者博克思(Box)和英国统计学者詹金斯(Jenkins)提出的一整套关于时间序列分析、预测和控制的方法,被称为 B-J 方法,在各方面的应用十分流行。该方法把时间序列建模表述为三个阶段:第一,模式识别,确定时间序列应属的模型类型,其基本原理是根据数据的相关特性进行鉴别;第二,估计模型的参数,并结合定阶准则对模型的适用性进行诊断检验;第三,应用模型进行预测。

现代时间数列分析是 20 世纪 40 年代开始发展起来的,它把时间数列看成各种复杂因素交织影响的随机过程,运用大量数据构造综合模型,借助计算机进行复杂的计算,主要用于趋势分析和预测。其特点是:建模方法不以经济理论为依据,而是依据变量自身的变化规律,利用外推机制描述时间序列的变化;明确考虑时间序列的非平稳性,如果时间序列非平稳,建立模型之前应先通过差分或单整,把它变换成平稳的时间序列,再考虑建模问题。平稳时间序列主要研究 ARMA 模型等,非平稳时间序列则主要讨论 ARIMA 模型和条件异方差模型。

时间数列的时域分析的发展过程:

G. U. 犹尔于 1927 年提出 AR 模型,G. T. 沃克(G. T. Walker)于 1931 年提出 MA 模型、ARMA 模型;博克思和詹金斯于 1970 年出版了《时间序列分析预测和控制》(*Time Series Analysis Forecasting and Control*),提出 ARIMA 模型(B-J 模型)。B-J 模型实际上是主要运用于单变量、同方差场合的线性模型。关于异方差场合,恩格尔于 1982 年提出 ARCH 模型,波勒斯勒夫(Bollerslev)于 1985 年提出 GARCH 模型;关于多变量场合,C. 格兰杰(C. Granger,1934—2009)于 1987 年提出了协整(co-integration)理论;关于非线性场合,汤家豪等人于 1980 年提出门限自回归模型。

2. 确定型时间数列

确定型时间数列是指由某种或某些可确定的因素影响变动的时间数列,其数值变动有一定的规则,表现为长期趋势形态、季节变动形态和循环波动形态等(详见本章第三节)。

确定型时间数列分析的特点是将经济过程分解为若干基本构成因素,并对这些构成因素分别加以测定,预测方法有移动平均法指数平滑法、趋势外推法、回归预测法等。

本书主要讨论确定型时间序列分析。

三、编制时间序列的原则

时间序列是通过同一指标在不同时间的数值对比,来反映社会现象的发展过程及其规律性。为了保证数列中各个数据的可比性,在编制时间序列时需要遵守以下基本原则:

(一)时间长短应相等

对于时期序列各数据,由于它反映的是一段时间内指标的积累量,因此要求各数据所属的时间长度应该一致,以便于各数据间的比较。常用的时间长度有年、半年、季、月、日等类型。时点序列各数据仅表明数据在该时点上的状态,所以不存在数据所属时期长短的问题。但是为了便于比较,要求时点间隔最好能保持相等。

(二)总体范围应一致

在时间序列中,无论是时期序列还是时点序列,数据的大小都与现象总体统计的范围有密切关系,若数据的统计总体范围不一致,则失去了比较意义,因此要求各数据所包括的总体范围前后应一致。

(三)计算方法应统一

时间序列各项数据的计算口径、计量单位和计算方法应一致,保持不变。例如,要研究企业劳动生产率的变动,产量用实物还是用价值量,人数用全部职工人数还是用生产职工人数,前后都要统一。再如,要比较不同时期的国民生产总值,就应该注意价格水平的变化,采用统一不变的价格表示;否则,会因为价格标准选取的不同,造成数据的对比结果不能正确地反映国民生产总值的实际变化程度。

(四)经济含义要统一

有时时间序列数据在名称上是同一个指标,但其经济内容或含义有了变化,这也会造成数据的不可比。例如,企业的工资指标,若按费用要素分组,工资包括全部职工的工资;而按成本项目分组,工资只包括基本生产工人的工资。如果把这些数据编成时间序列来反映现象的变动,就会产生错误的结论。

在实际工作中,各期统计资料经常由于各种原因而导致所属时间、总体范围、计算方法乃至经济内容不统一,在编制时间序列之前必须事先对时间数值加以适当调整,保证资料的可比性。

第二节　时间序列的数据分析

运用时间序列对事物进行动态分析时,需要使用一系列的动态分析指标,主要有两大类:水平指标和速度指标。其中,水平指标包括发展水平、平均发展水平、增长量、平均增长量等,速度指标包括发展速度、增长速度、平均发展速度、平均增长速度等。

一、时间序列的水平分析

(一)发展水平

发展水平就是时间数列中的每个指标数值,它反映现象在不同时间所达到的规模和水平,是计算其他动态分析指标的基础。发展水平可表现为绝对数,如工资总额、工业总产值、年末职工人数,也可表现为相对数或平均数,如人口平均出生率、工人劳动生产率等。

发展水平通常用符号 a 表示,$a_0, a_1, \cdots, a_n$ 是序列各个时期(或时点)的发展水平,其中,a_0 是最初水平,a_n 是最末水平,中间各项是中间各时期(或各时点)的水平。作为对比基准的水平称为基期水平,被研究考察时间的水平称为报告期水平。

(二)平均发展水平

平均发展水平是把不同时间的发展水平加以平均所得到的平均数,统计上称为序时平均数。它将社会经济现象在不同时间上的数量差异抽象化,从动态上反映现象在一段时间的一般发展水平。序时平均数在时间序列的动态分析中可以用来修匀序列,消除现象在短时间内的波动,使序列能更明显地反映现象的发展变化趋势。序时平均数还被广泛用于对比不同单位、不同地区、不同部门以至不同国家在某一时间内现象发展的一般水平。

序时平均数与一般平均数(静态平均数)既有共同之处,也有区别。共同之处是两者都是将现象的个别数量差异抽象化,概括出现象在数量上达到的一般水平。区别在于:(1)序时平均数是根据时间数列计算的,而一般平均数是根据变量数列计算的;(2)序时平均数所平均的是被研究现象本身的数量在不同时间上的差异,而一般平均数所平均的是总体各单位某个数量标志值的差异;(3)序时平均数是从动态上表明被研究现象本身在一段时期内的平均发展水平,而一般平均数是从静态上说明总体各单位某个数量标志值的平均水平。序时平均数在动态分析中被广泛地运用。

1. 绝对数时间序列计算平均发展水平

(1)时期序列计算平均发展水平。

由于数列中各项数据相加等于全部时期的总量,这种序时平均数的计算方法比较简单,通常采用简单算术平均数方法计算,用公式表示为:

$$\bar{a}=\frac{a_1+a_2+\cdots+a_{n-1}+a_n}{n}=\frac{\sum a_i}{n}$$

式中,$\bar{a}$ 为序时平均数,$a_1,a_2,a_3,\cdots,a_n$ 为各时期发展水平,n 为时期项数。

【例 10-1】 某企业 2015 年 1—12 月的利润额(单位:百万元)见表 10-2,求该企业 2015 年的月平均利润额。

表 10-2　　某企业月平均利润额

月份	1月	2月	3月	4月	5月	6月	7月	8月	9月	10月	11月	12月
利润额	20.5	19.2	19.1	20.8	20.2	20.8	22.4	20.6	19.8	21.4	23.4	22.8

解:$\bar{a}=\frac{20.5+19.2+19.1+20.8+20.2+20.8+22.4+20.6+19.8+21.4+23.4+22.8}{12}$

$=20.916\ 67$(百万元)

(2)时点序列计算平均发展水平。

时点数列分为连续时点数列和间断时点数列,它们的序时平均数计算方法会因掌握资料情况的不同而异。

①连续时点序列计算平均发展水平。

如果时点序列的数据是逐日记录而又按顺序排列的,这时的时点序列可以看成连续时点序列。在连续时点序列中有间隔相等和间隔不等两种情况。

a. 连续变动的连续时点数列(即未分组数据)。如果时点序列是以日为间隔编制而成的,则称为间隔相等的连续时点序列。可以用简单算术平均法计算序时平均数,即以时点数据之和除以时点项数,其计算公式为:

$$\bar{a}=\frac{\sum a}{n}$$

【例 10-2】 某4S店某个星期的汽车库存量见表10-3,求这家4S店这个星期的平均库存量。

表 10-3 汽车库存量

星期	星期一	星期二	星期三	星期四	星期五	星期六	星期日
库存量(辆)	20	30	28	43	45	40	32

解:$\bar{a}=\frac{\sum_{i=1}^{7}a_i}{7}=\frac{20+30+28+43+45+40+32}{7}=\frac{238}{3}=34$(辆)

b. 非连续变动的连续时点数列(即分组资料)。如果时点序列中各指标值每次变动有一定的时间间隔,则可用每次变动持续的间隔长度为权数对各时点数据加权。应用加权算术平均法计算序时平均数,其计算公式为:

$$\bar{a}=\frac{\sum af}{\sum f}$$

式中,f 表示连续时点的间隔长度。

【例 10-3】 已知某工厂2015年4月的职工人数(见表10-4),求该厂2015年4月的平均职工人数。

表 10-4 职工人数

日期	4月1日—9日	4月10日—17日	4月18日—30日
职工人数	381	390	387

解:$\bar{a}=\frac{\sum af}{\sum f}=\frac{381\times 9+390\times 8+387\times 13}{30}=386$(人)

②间断时点序列计算平均发展水平。

如果时点序列的数据不是逐日记录,而是隔一段时间登记一次,这时的时点序列称为间断时点序列。在间断时点序列中也有间隔相等和间隔不等两种情况。

a. 间隔相等。对于间隔相等的间断时点序列,假定所研究现象在相邻两个时点之间的变动是均匀的,因而将相邻两个时点数据相加后除以2,得到这两个时点之间的序时平均数,再根据这些平均数进行简单算术平均,求得序时平均数。这种方法称为简单序时平均法,也称首末折半法,其计算公式为:

$$\bar{a}=\frac{\frac{a_1+a_2}{2}+\frac{a_2+a_3}{2}+\cdots+\frac{a_{n-1}+a_n}{2}}{n-1}=\frac{\frac{a_1}{2}+a_2+a_3+\cdots+a_{n-1}+\frac{a_n}{2}}{n-1}$$

【例 10-4】 2015年第二季度某超市商品的库存量见表10-5,现假定每天变化是均匀的,且本月初与上月末的库存量相等。求该商品的第二季度平均库存量。

表 10-5 商品库存量

日期	3月31日	4月30日	5月31日	6月30日
库存量(件)	3 000	3 300	2 680	2 800

解: $\bar{a}=\dfrac{\dfrac{a_1}{2}+a_2+a_3+\cdots+a_{n-1}+\dfrac{a_n}{2}}{n-1}=\dfrac{\dfrac{3\ 000}{2}+3\ 300+2\ 680+\dfrac{2\ 800}{2}}{4-1}=2\ 960$(件)

b. 间隔不等。对于间隔不等的间断时点序列,假定现象在相邻两个时点之间的变动是均匀的,先求两时点指标值的平均数,再以间隔时间长度为权数进行加权平均,求得序时平均数。这种方法称为加权序时平均法,其计算公式为:

$$\bar{a}=\frac{\dfrac{a_1+a_2}{2}f_1+\dfrac{a_2+a_3}{2}f_2+\cdots+\dfrac{a_{n-1}+a_n}{2}f_{n-1}}{f_1+\cdots+f_{n-1}}$$

【例 10-5】 某城市 2015 年各时点的人口数见表 10-6,求该城市 2015 年的平均人口数。

表 10-6　　2015 年某城市人口数

日期	1 月 1 日	5 月 1 日	8 月 1 日	12 月 31 日
人口数(万人)	256.2	257.1	258.3	259.4

解: $\bar{a}=\dfrac{\dfrac{256.2+257.1}{2}\times 4+\dfrac{257.1+258.3}{2}\times 3+\dfrac{258.3+259.4}{2}\times 5}{4+3+5}=257.83$(万人)

2. 相对数时间序列和平均数时间数列计算平均发展水平

相对数时间数列和平均数时间数列都是由两个绝对数时间数列派生的,因此,要计算它们的序时平均数,也需先求出它们的分子、分母两个数列的序时平均数。然后对比计算,计算公式为:

$$\bar{c}=\frac{\bar{a}}{\bar{b}}$$

式中,$\bar{c}$ 表示相对数时间序列或平均数时间序列的序时平均数,$\bar{a}$ 表示分子序列的序时平均数,$\bar{b}$ 表示分母序列的序时平均数。

【例 10-6】 已知某厂 7—9 月生产计划完成情况(见表 10-7),求第三季度生产计划的平均完成情况。

表 10-7　　生产计划完成情况

时 间	7 月	8 月	9 月
a——实际产量(件)	12 560	13 670	19 780
b——计划产量(件)	11 500	12 800	17 600
c——产量计划完成(%)	109.2	106.8	112.4

解: 第三季度生产计划的平均完成情况为:

$$\bar{c}=\frac{\bar{a}}{\bar{b}}\ \frac{(12\ 560+13\ 670+19\ 780)/3}{(11\ 500+12\ 800+17\ 600)/3}=\frac{46\ 010/3}{41\ 900/3}\times 100\%=109.8\%$$

【例 10-7】 某公司第一季度各月流动资金周转次数如表 10-8 所示,试计算该公司第一季度月平均流动资金周转次数。

表 10-8　　某公司第一季度各月流动资金周转次数

时间	1月	2月	3月	4月
商品销售收入 a(万元)	1 500	1 200	1 800	—
月初流动资金占用额 b(万元)	400	600	600	200
流动资金周转次数 c(次)	3	2	4.5	—

解: 产品销售收入是时期数列,而各月初流动资金占用额是时点数列。计算子项和母项的序时平均数时,必须根据资料的特点选择适当的平均方法。该公司第一季度各月平均流动资金周转次数的计算为:

$$\bar{c}=\frac{\bar{a}}{\bar{b}}=\frac{(1\,500+1\,200+1\,800)/3}{\left(\frac{1}{2}\times 400+600+600+\frac{1}{2}\times 200\right)/(4-1)}=3(\text{次})$$

流动资金周转次数是强度相对数。平均指标,如劳动生产率、单位产品成本等时间数列的序时平均数,也需按这种方法计算。

(三)增长量

增长量又称增长水平,是时间序列中报告期发展水平与基期发展水平之差,反映社会经济现象在一定时期内增加或减少的数量,用公式表示为:

增长量=报告期水平-基期水平

式中,报告期是指所要研究的时期,一般为本期,其编码为 1;基期是指用来作为报告期对比基础的时期,一般为报告期的前一期,或固定在某一时期,其编码为 0。

增长量有逐期增长量和累计增长量之分。逐期增长量是报告期水平与前一期水平之差,说明报告期比前一期增长的绝对数量;累计增长量是报告期水平与某一固定时间的水平(通常为最初水平)之差,说明报告期比某一固定时间增长的绝对数量,即某一段较长时期内的总增长量。这两个指标可用公式表示如下:

逐期增长量　$a_1-a_0, a_2-a_1, \cdots, a_n-a_{n-1}$

累计增长量　$a_1-a_0, a_2-a_0, \cdots, a_n-a_0$

逐期增长量与累计增长量之间的关系为:

1. 逐期增长量之和等于累计增长量,即

$$\sum_{i=1}^{n}(a_i-a_{i-1})=a_n-a_0$$

2. 两个相邻的累计增长量之差等于对应的逐期增长量

$$(a_i-a_0)-(a_{i-1}-a_0)=a_i-a_{i-1}$$

在实际工作中,常用到年距增长量指标,它是报告期水平与上年同期水平之差,用于消除季节变动的影响。计算年距增长量可以表明消除季节变动的影响,反映报告期水平较上年同期水平增加(或减少)的绝对数量。

(四)平均增长量

平均增长水平也称平均增长量,它是逐期增长量的序时平均数。计算平均增长量可以将各逐期增长量相加除以逐期增长量个数,用简单算术平均法计算;也可以将累计增长量除以时间序列项数减 1,用公式表示如下:

$$\text{平均增长量}=\frac{\text{逐期增长量之和}}{\text{逐期增长量个数}}=\frac{\text{累计增长量}}{\text{时间数列项数}-1}$$

【例 10-8】 根据例 10-2 的数据，计算我国 2002—2010 年城乡居民储蓄存款年底余额增长量。

表 10-9　　2002—2010 年城乡居民储蓄存款年底余额增长

年份	2002	2003	2004	2005	2006	2007	2008	2009	2010
存款余额	86 910.70	103 617.70	119 555.40	141 051.00	161 587.30	172 534.20	217 885.40	260 771.70	303 302.50
累计增长量	—	16 707.00	32 644.70	54 140.30	74 676.60	85 623.50	130 974.70	173 861.00	216 391.80
逐期增长量	—	16 707.00	15 937.70	21 495.60	20 536.30	10 946.90	45 351.20	42 886.30	42 530.80

解: $\bar{a}=\dfrac{16\,707+15\,937.7+21\,495.6+20\,536.3+10\,946.9+45\,351.2+42\,886.3+42\,530.8}{9-1}$

$=27\,048.98$

或

$$\bar{a}=\frac{216\,391.8}{9-1}=27\,048.98$$

二、时间序列的速度指标

(一)发展速度和增长速度

1. 发展速度

发展速度是两个时期发展水平对比而得的一种相对数，它表明现象发展的程度，说明报告期水平与基期水平之间的对比关系。其计算公式为：

$$\text{发展速度}=\frac{\text{报告期水平}}{\text{基期水平}}\times 100\%$$

按照基期选取的不同，发展速度可分为环比发展速度和定基发展速度。环比发展速度总是以报告期的前一期水平为基期，用报告期水平与前一时期水平之比来计算发展速度，表明现象逐期的发展程度。如果计算的单位时期为一年，这个指标也可称为年速度。定基发展速度是选取某一固定时期水平为基期，用报告期水平与该固定时期水平之比来计算发展速度，表明这种现象在较长时期内总的发展程度，因此有时也称为总速度。

环比发展速度与定基发展速度之间的关系表现为以下两点：

一是定基发展速度等于环比发展速度的连乘积，即：

$$\frac{a_n}{a_0}=\frac{a_1}{a_0}\times\frac{a_2}{a_1}\times\cdots\times\frac{a_n}{a_{n-1}}$$

二是两个相邻时期的定基发展速度之比等于它们的环比发展速度，即：

$$\frac{a_n}{a_0}\div\frac{a_{n-1}}{a_0}=\frac{a_n}{a_{n-1}}$$

利用以上关系，可以进行相互推算。

2. 增长速度

增长速度是根据增长量与基期水平对比而求得的一种相对数，它表明现象在一定时期内的增长程度。其一般计算公式为：

$$\text{增长速度}=\frac{\text{增长量}}{\text{基期水平}}$$

增长速度与发展速度具有密切关系，两者仅相差一个常数，所以将发展速度减 1(或

100%)就可求得增长速度：

$$增长速度=\frac{增长量}{基期水平}=\frac{报告期水平-基期水平}{基期水平}$$

$$=\frac{报告期水平}{基期水平}-1=发展速度-1(或100\%)$$

上述几种计算方法可根据实际掌握资料的情况选择应用。不难看出，增长速度指标值有可能为正数，也有可能为负数。

与发展速度类似，由于采用的基期不同，也可以有环比增长速度和定基增长速度之分。前者表示现象的逐期增长速度，后者表示在较长时期内总的增长速度。与发展速度有所不同的是，环比发展速度与定基发展速度之间可以相互推算，而环比增长速度与定基增长速度之间则不能直接相互推算。要进行环比增长速度与定基增长速度之间的推算，要先把它们还原成发展速度，才能进行推算。环比增长速度和定基增长速度的计算公式如下：

$$环比增长速度=环比发展速度-1=\frac{逐期增长量}{前期水平}$$

$$定基增长速度=定基发展速度-1=\frac{累计增长量}{基期水平}$$

(二)平均发展速度和平均增长速度

为了观察社会经济现象在一个较长时期内逐期平均发展的变化程度和远期平均增长的变化程度，就需计算平均发展速度和平均增长速度指标。平均发展速度和平均增长速度指标是动态研究中很重要的两个分析指标。

1. 平均发展速度

平均发展速度是各期环比发展速度的序时平均数。由于环比发展速度是根据同一现象在不同时间发展水平对比而得的动态相对数，因此它不能应用上述计算序时平均数的方法来计算。在实际工作中，计算平均发展速度的方法主要有两种，即几何平均法和方程法。

(1)几何平均法

计算平均发展速度时，因为总速度不等于各期环比发展速度的算术总和，而等于各期环比发展速度的连乘积，所以不能应用算术平均法，而要用几何平均法来计算。在实践中，如果用水平法制订长期计划，则要求用几何平均法计算其平均发展速度。按此平均发展速度发展，可以保证在最后一年达到规定 a_n 的水平，所以几何平均法也称水平法，即从最初水平 a_0 出发，以平均发展速度 $\overline{X}$ 代替各环比发展速度 $X_1,X_2,X_3,\cdots,X_n$，经过 n 期发展，正好达到最末水平 a_n。用公式表示如下：

$$\overline{X}=\sqrt[n]{\frac{a_1}{a_0}\frac{a_2}{a_1}\cdots\frac{a_n}{a_{n-1}}}=\sqrt[n]{X_1X_2\cdots X_n}=\sqrt[n]{\prod X_i}$$

式中，$\overline{X}$ 为平均发展速度，X_i 为第 i 期环比发展速度，n 为环比发展速度的项数。

环比发展速度的连乘积为定基发展速度。因此，平均发展速度也可直接由定基发展速度计算：

$$\overline{X}=\sqrt[n]{\frac{a_1}{a_0}\frac{a_2}{a_1}\cdots\frac{a_n}{a_{n-1}}}=\sqrt[n]{\frac{a_n}{a_0}}$$

【例 10-9】 某企业的生产总值的资料见表 10-10，用几何平均法计算平均发展速度。

表 10 - 10　　生产总值表

	基年	第一年	第二年	第三年	第四年	第五年
总产值(万元)	270.1	273.8	289.2	314.4	322.3	340.7
环比发展速度(%)	—	101.37	105.62	108.71	102.51	105.71
定基发展速度(%)	—	101.37	107.07	116.4	119.33	126.14

解: $\overline{X}=\sqrt[5]{1.0137\times1.0562\times1.0871\times1.0251\times1.0571}$

$=\sqrt[5]{1.261385}=104.75\%$

或者

$$\overline{X}=\sqrt[5]{\frac{340.7}{270.1}}=\sqrt[5]{1.261385}=104.75\%$$

$$\overline{X}=\sqrt[5]{1.2614}=104.75\%$$

(2)方程法

在实践中,如果长期计划按累计法制订,则要求用方程法计算平均发展速度。按此平均发展速度发展,可以保证在计划内各期发展水平的累计达到计划规定的总数,所以方程法也称累计法,即从最初水平 a_0 出发,各期按平均发展速度 $\overline{X}$ 计算发展水平,则计算的各期发展水平累计总和与实际所具有的各期发展水平的累计总和相等。因此,首先应该列出方程式,再求出平均发展速度。其公式为:

$$\text{因为 } a_1+a_2+a_3+\cdots+a_n=\sum_{i=1}^{n}a_i\text{,所以}\begin{cases}a_1=a_0\overline{X}\\ a_2=a_1\overline{X}=a_0\overline{X}^2\\ a_3=a_0\overline{X}^3\\ \vdots\\ a_n=a_0\overline{X}^n\end{cases}$$

$$a_0\overline{X}+a_0\overline{X}^2+a_0\overline{X}^3+\cdots+a_0\overline{X}^n=\sum_{i=1}^{n}a_i$$

$$\overline{X}^n+\overline{X}^{n-1}+\cdots+\overline{X}^2+\overline{X}=\frac{\sum_{i=1}^{n}a_i}{a_0}$$

解此方程所得的正根就是要计算的平均发展速度。但是要解这个高次方程是比较复杂的,实际工作中都是根据事先编好的"累计法平均增长速度查对表"来计算。

【例 10 - 10】 以例 10 - 9 的数据,采用累计法计算平均发展速度。

解: $\dfrac{\sum_{i=1}^{n}a_i}{a_0}=\dfrac{273.8+289.2+314.4+322.3+340.7}{270.1}\times100\%=\dfrac{1540.4}{270.1}\times100\%$

$=570.31\%$

查附表 11 累计法平均增长速度查对表得,$\overline{X}=104.40\%$。

(3)应用几何法和方程法计算平均发展速度要注意的问题。

几何平均法和方程法的数理论据、计算方法和应用条件有所不同。几何平均法的侧重点是从最末水平出发来进行研究,按照几何平均法所确定的平均发展速度推算的最末一年发展水平,与实际资料最末一年的发展水平相同。方程法的侧重点则是从各年发展水平的累计总和出发来进行研究,按照方程法所确定的平均发展速度推算的全期各年发展水平的总和,与全期各年的实际发展水平的总和相同。

我国制订国民经济发展长期计划,大致也有两种规定指标数值的方法:一种是以长期计划的最后一年应达到的水平来规定,如人口数、国内生产总值、工业主要产品产量、社会消费品零售总额等;另一种是以整个计划期应达到的累计数来规定,如固定资产投资额等。在计算平均发展速度时,前者应采用几何平均法,后者应采用方程法。

2. 平均增长速度

平均增长速度是各期环比增长速度的序时平均数,它表明现象在一定时期内逐期平均增长变化的程度。根据增长速度与发展速度之间的运算关系来计算平均增长速度,首先要计算平均发展速度指标,然后将其减1(或100%)求得,即

平均增长速度=平均发展速度-1(或100%)

平均发展速度大于"1",平均增长速度就为正值,表示某种现象在一个较长时期内逐期平均递增的程度,这个指标也称平均递增速度或平均递增率;反之,平均发展速度小于"1",平均增长速度为负值,表示某种现象在一个较长时期内逐期平均递减程度,这个指标也称平均递减速度或平均递减率。

三、速度分析与水平分析的结合与应用

时间序列的速度指标是由水平指标对比计算而来的,是以百分数表示的抽象化指标。速度指标把现象的具体规模或水平抽象化了,因此不能反映现象的绝对量差别。在应用速度指标进行分析时,要注意以下几个问题:

(1)要结合具体研究目的适当选择基期,并注意它所依据的基本指标在整个研究时期的同质性。如果资料中有些年的环比增长速度特别快,而有些年又是负增长,出现悬殊和不同的发展方向,以及所选择的最初水平和最末水平受特殊因素的影响过高或过低,用这样的资料来计算平均发展速度,就会降低甚至失去指标的代表意义和实际分析意义。

(2)要联系各个时期的环比发展速度来补充说明平均发展速度。例如,几何平均法名义上是各个时期环比发展速度的平均数,但实际上只计算最末水平和最初水平两个数字,而把中间各个时期的具体变动抽象掉了,所以有必要补充各期的环比速度加以分析。

(3)要结合基期水平进行分析。因为发展速度是由报告期水平除以基期水平计算出来的,从数量关系来看,基期水平低,就容易达到较高速度;基期水平高,就难以达到高速度。因此,速度高可能掩盖低水平,速度低可能隐藏着高水平。

(4)平均速度指标应结合它所依据的各个基本指标,如发展水平、增长量、环比发展速度、定基发展速度等进行分析研究,才能深入了解现象的全面发展、具体过程和特点,从而对研究现象具有比较确切和完整的认识。

第三节　时间序列的构成分析

英国约克大学约翰·格朗特(John Graunt,1620—1674)于1662年出版的《关于死亡率的自然观察和政治观察》通过极有技巧的分析,指出了把一些庞杂、令人糊涂的数据化简为几个说明问题的表格的价值。他注意到在非瘟疫时期,一个大城市每年死亡数有统计规律,而且出生婴儿的性别比为1.08,即每出生13个女孩就有14个男孩。大城市的死亡率比农村地区要高。在考虑了已知原因的死亡及不知死亡年龄的情况下,格朗特估计出了6岁之前儿童的死亡率,并相当合理地估计出了母亲的死亡率为1.5%。因此,他从杂乱无章的材料中得出了重要的结论。他还给出了一个新的生命表。

在研究诸如死亡等时间序列时,格朗特注意到了随机的起伏波动;但他仅以机械的术语加以描述,把这些波动与钟表运动的忽动忽停相联系。实际上,这种不规则的变化也影响了赌博和天文学。因此,其后进一步导致了随机误差的误差分布概念的出现。格朗特的这种误差分布思想、估计与预测的理念、对数据可信性的处理体现了现代时间序列分析的萌芽,他提出的统计比率的稳定性构成了平稳时间序列的基础。

一个时间序列会受到若干个因素影响,如农产量受天气、病虫害、政策、价格等各种因素的影响,理论上说,是所有这些变量的函数。但这种研究方法,并不是统计的研究方法。统计学中对时间数列的研究,是忽略各个具体的非时间因素对时间数列的影响,将各种因素的出现看成在时间轴上必然的现象。因此,对时间数列的研究,是从时间轴出发的。

时间数列各项发展水平的变化,是由许多复杂因素共同作用的结果,影响因素归纳起来大体有以下四类:

(1)长期趋势T(secular trend)。长期趋势是指现象在一段较长时间内,由于普通的、持续的、决定性的基本因素的作用,使发展水平沿着一个方向逐渐向上或向下变动的趋势。例如,粮食生产在种植方法不断改良、日益发达的农田水利设施等根本因素的积极作用下,较长时期内产量有逐步提升趋势。认识和掌握事物的长期趋势,可以把握事物发展变化的基本特点。

(2)季节变动S(seasonal fluctuation)。季节变动是指现象受季节变化、社会风俗习惯以及某些制度规章等影响而发生的变动。其变动特点是,在一年或更短的时间内随着时序的更换,使现象呈周期性变化。引起季节变动的原因既有自然因素,也有人为因素,如气候条件、节假日以及风俗习惯等。季节变动的影响有以年为周期的,也有以月、周、日为变动周期的。

认识和掌握季节变动,对于近期行动决策有重要的作用。需要注意的是,虽然与日历同步的周期性称为季节变动,但并不一定是指一年四季的概念。按月、周、天的循环变动,也可以称为季节变动。例如,学校寒暑假制度所带来的客运部门客流量在一年中的规律性变化,上下班制度对城市内所带来的一天小客流量高峰的规律性变化等也都称为季节变动。

(3)循环波动C(cyclical movement)。循环变动是指现象发生周期较长的涨落起伏的变动,通常所指的循环变动是经济发展兴衰不绝交替的变动。它与春夏交替相继不息的天时循环变动有明显的不同,也不同于向单一方向持续发展的长期趋势。循环变动会因不同的因素而使得变动周期长短不同,常在1年以上,甚至七八年,或者十多年,各期始末难以确定为何年何月，上下波动程度也不相同。如商业周期的繁荣、衰退、萧条、复苏四个阶段的循环变动，其循环变动规律不如季节变动明显，一般较难识别。

(4)不规则变动 I(irregular variations)。不规则变动是指现象除了受以上各种变动的影响以外，还由于临时的、偶然因素或不明原因而引起的非周期性、非趋势性的随机变动，不规则变动是无法预知的。

一、时间序列模型

现象变动趋势分析就是要把时间数列受各类因素的影响状况分别测定出来，总结出研究对象发展变化的原因及其规律，为预测未来和决策提供依据。常用的时间序列分析模型有两种，即加法模型和乘法模型，其形式如下：

$$\text{加法模型}\quad Y=T+C+S+I \tag{10-1}$$

$$\text{乘法模型}\quad Y=T\times C\times S\times I \tag{10-2}$$

式中，Y 表示所观察的变量，T 表示长期趋势，C 表示周期变动，I 表示不规则变动。

加法模型中假定各个影响因素间是相互独立的，并且都具有与变量相同的计量单位，乘法模型中假定各因素对现象发展的影响是相互的。

在实际的研究工作中，乘法模型被经济学家广泛应用。一般情况下，不对不规则变动进行独立分析。

一般来说，时间数列变动均包含上述四类原因的影响，因而时间数列的成分结构包括这四种变动形式。但就实际情况看，季节变动和循环变动在某些场合并不存在，如按年排列的动态数列就不体现季节变动。因此，在实际工作中要对研究现象进行具体分析，这里仅介绍通常使用的两种测定方法，即长期趋势和季节变动的测定。

二、长期趋势分析

(一)长期趋势分析的意义

首先，通过对长期趋势的研究可以发现事物发展的变化规律，如果有理由认为影响这一长期趋势的因素会持续下去，就可以将其作为未来预测的依据。

其次，研究时间序列的长期趋势可以将长期趋势因素从时间序列中分离出来，以便对其他变动因素进行研究。比如，测定某商品销售数量的季节变动规律时，首先要研究销售量序列长期趋势，其次在消除序列中长期变动成分以后再来研究销售量的季节变动，以得到更准确的、不受长期趋势影响的季节变动。

(二)长期趋势的分析方法

测定长期趋势的方法主要有时距扩大法、移动平均法和最小二乘法。

1. 时距扩大法

这是对长期的时间序列资料进行统计修匀的一种简便方法。它是把原有动态数列中各时期资料加以合并，扩大每段计算所包括的时间，得到较长时距的新时间数列，以消除由于时距较短而受到偶然因素影响所引起的波动，清楚地显示现象变动的趋势和方向。

时距扩大法把较小的时间跨度转化为较大时间跨度，如昼夜转化为星期或旬、旬转化为月、月转化成季或年等。如果数列水平波动有一定的周期性，扩大的时距应注意与各次摆动的周期相同；如果时间数列看不出周期性，那就要逐步扩大时距，直至趋势的方向变得足够清晰。

时距扩大修匀可以用扩大时距后的绝对数表示，也可以用扩大时距后的平均数表示。前者只适用于时期数列，后者适用于时期数列和时点数列。

【例 10－11】 表 10－11 为某商品的季度销售额资料，现在将时距扩大为 1 年，并计算季度平均销售额。

表 10－11 **某商品季度销售额** 单位：万件

年份	第一季度	第二季度	第三季度	第四季度	合计	平均
2004	320	400	610	280	1 610	402.5
2005	410	510	740	360	2 020	505.0
2006	540	650	930	570	2 690	672.5
2007	660	680	950	680	2 970	742.5
2008	790	900	1 170	770	3 630	907.5
2009	880	1 010	1 340	860	4 090	1 022.5

解：结果见表 10－11 最后两列。

由例 10－11 可见，该商品的季度销售额有增有减，看不出销售变化的明显趋势。但将时期扩大，并计算季度平均后，所得新时间序列修匀了原有数列因偶然因素产生的波动，季度平均销售额逐年增加的趋势就明显可见了。

应用时距扩大平均法修匀原有数列时，所扩大时距的长短应根据现象发展的具体情况而定，以能显示现象变动的长期趋势为度。扩大得不够，便不能消除偶然因素；扩大过多，反而会掩盖现象发展变化的趋势。

时距扩大法的优点是简便直观，但它的缺点也很突出，表现在时距扩大后，所形成的新数列包含的数据减少，信息量大大流失，不便于做进一步分析。

2. 移动平均法

移动平均法(method of moving average)是采用逐期递推移动的方法计算一系列扩大时距的序时平均数，并以这一系列移动平均数作为对应时期的趋势值。通过移动平均数对数列修匀，可以消除原数列中的短期波动，更能深刻地描述现象发展的长期趋势。

移动平均时所采用的扩大时距，也应由时间数列的具体特点所决定。与时距扩大法一样，要注意数列水平波动的周期性。一般要求扩大的时距与周期变动的时距相吻合，或者是它的整倍数。比如，对于具有季度水平资料的时期数列，必须消除季节变动因素，以运用 4 项或 8 项移动平均为宜。在以年为单位的数据所形成的时间数列中，不存在季节变动因素，因此要消除的是循环变动和不规则变动因素。若数列水平呈无规则的波动，同样是采取逐步扩大时距的办法，直到所求的移动平均数能把现象变动趋势表现出来。

移动平均法的具体做法是从时间数列第一项数值开始，按一定项数求序时平均数，逐项移动，得出一个由移动平均数构成的新时间数列，这个派生数列把受某些偶然因素影响所出现的波动修匀，使整个数列的总趋势更加明显。移动平均法根据资料的特点及研究的具体任务，可能进行 3 项、4 项、5 项乃至更多项的移动平均。

需要注意的是：

(1)若采用奇数项移动平均，如 3 年移动平均，则一次移动平均可得趋势值；

(2)对于偶数周期的移动平均法，则需要进行二次移动平均，方法是在第一次移动平均值的基础上求相邻两个值的平均值,将第二次平均值作为偶数周期的移动平均修正值。

移动平均的项数越多,对原数列修匀的作用就越大,但得到的新时间数列的项数却越少。

【例 10-12】 以例 10-11 中表 10-11 的数据计算移动平均数。

解:由于是季度数据,所以移动步长为 4,4 为偶数,所以需二次移动,数据处理结果见表 10-12。

表 10-12 某商品季度销售额移动平均 单位:万件

年度	季度 t	y	第一次移动平均	第二次移动平均 y_f
2014	1	320	—	—
	2	400	402.50	—
	3	610	425.00	413.75
	4	280	452.50	438.75
2015	1	410	485.00	468.75
	2	510	505.00	495.00
	3	740	537.50	521.25
	4	360	572.50	555.00
2016	1	540	620.00	596.25
	2	650	672.50	646.25
	3	930	702.50	687.50
	4	570	710.00	706.25
2017	1	660	715.00	712.50
	2	680	742.50	728.75
	3	950	775.00	758.75
	4	680	830.00	802.50
2018	1	790	885.00	857.50
	2	900	907.50	896.25
	3	1 170	930.00	918.75
	4	770	957.50	943.75
2019	1	880	1 000.00	978.75
	2	1 010	1 022.50	1 011.25
	3	1 340	1 070.00	1 046.25
	4	860	—	—

根据表 10-12 绘制图 10-1。

从图 10-1 可以看出,移动平均的结果使短期的偶然因素引起的波动被削弱,整个时间数列被修匀得更加平滑,波动趋于平稳。

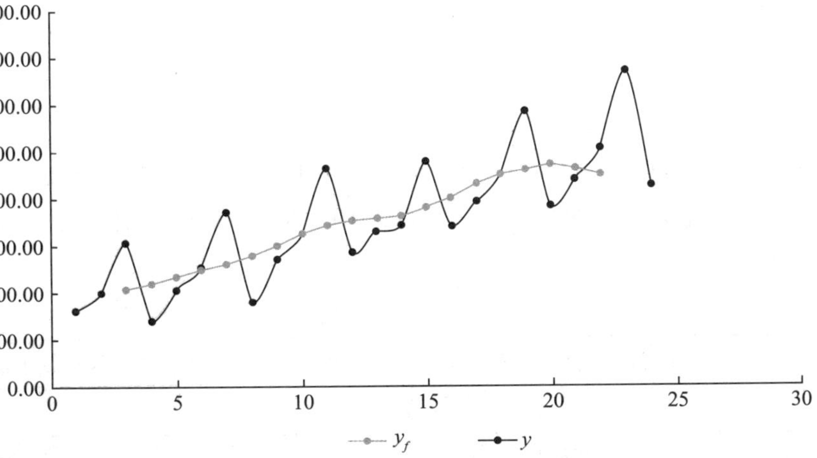

图 10-1 某商品季度销售额移动平均数

3. 最小二乘法

最小二乘法是利用回归分析的原理,即建立有效的数学模型,对原有时间序列拟合出一条较为理想的直线或者曲线,即估计值所形成的趋势线,用这条趋势线来反映现象运行的基本趋势,并预测未来。根据上一章所述,最小二乘法就是要求拟合的趋势线与原序列的观察值离差的平方和为最小。

社会经济现象发展变化的长期趋势,除表现为斜率不同的持续上升或持续下降的直线之外,还表现为多种曲线,需要用曲线方程来拟合。常用的有指数曲线方程 $\hat{Y}=\beta_0\beta_1$,二次曲线方程 $\hat{Y}=\beta_0+\beta_1 t+\beta_2 t^2$,修正指数曲线方程 $\hat{Y}=k+\beta_0\beta_1$,龚伯兹曲线方程 $\hat{Y}=k\beta_0\beta_1 t$,皮尔曲线方程 $\hat{Y}=\dfrac{k}{1+\beta_0 e^{f(t)}}$ 等。如果把时间数列中的时间要素(t)用另一个同数列指标相关的变量代替,上述描述时间数列长期趋势的方程就是第六章介绍的各种回归方程。方程的求解过程是完全相同的。在本章中,仍将以这些知识为基础,对时间数列进行分析判断,用最小二乘法构造一个数学方程式(通常称为趋势方程)来描述长期趋势。它的优点是不仅可以运用趋势方程严格地计算各期指标的理论值,比较贴近地拟合原时间数列,而且可以进行外推的预测。在用回归分析方法对时间数列进行分析时,还要注意时间数列的一些特点:

(1)第九章介绍的回归方程中,自变量和因变量可以是因果关系或其他可解释的某种关系,而时间数列趋势方程中时间变量同数列指标的关系却不能用原因和结果来解释,或做出其他具体的明确解释。应用时,需以时间数列中的时间为自变量 x(因为是时间,也可记作 t),以时间数列中各期指标的数值为因变量 y,采用第九章中相应的公式。例如,对简单线性回归方程式 $\hat{Y}_i=a+bX_i$,求其两个参数 a、b。计算如下:

$$\begin{cases}\hat{\beta}_0=\sum Y_i/n-\hat{\beta}_1\dfrac{\sum X_i}{n}=\bar{Y}-\hat{\beta}_1\bar{X}\\[2ex]\hat{\beta}_1=\dfrac{n\sum X_iY_i-\sum X_i\sum Y_i}{n\sum X_i^2-(\sum X_i)^2}=\dfrac{\overline{XY}-\bar{X}\cdot\bar{Y}}{\overline{X^2}-\bar{X}^2}\end{cases}\qquad(10-3)$$

上式也可表示为:

$$\begin{cases}\hat{\beta}_0 = \sum Y_i/n - \hat{\beta}_1 \dfrac{\sum t_i}{n} = \bar{Y} - \hat{\beta}_1 \bar{t} \\ \hat{\beta}_1 = \dfrac{n\sum t_i Y_i - \sum t_i \sum Y_i}{n\sum t_i^2 - (\sum t_i)^2} = \dfrac{\overline{tY} - \bar{t} \cdot \bar{Y}}{\overline{t^2} - \bar{t}^2}\end{cases} \tag{10-4}$$

(2)当时期数列的时间跨度一致且没有间断,或时点数列的间隔相等时,为了简化计算,可用序号 1,2,…,n 表示自变量的时间。① 如 2010—2019 年某地城乡居民储蓄存款余额的数据,可简化表示为表 10-13。

表 10-13　　数据自变量的简化表示

年份	t	储蓄存款余额 Y(亿元)	年份	t	储蓄存款余额 Y(亿元)
2010	1	29 662	2015	6	69 300
2011	2	38 521	2016	7	73 762
2012	3	46 280	2017	8	94 307
2013	4	53 407	2018	9	110 695
2014	5	59 622	2019	10	126 196

若时间数列的项数是奇数项,可把时间变量进一步简化为中间一项取 0,两旁分别依此取±1, ±2,±3 等形式。若时间数列的项数是偶数项,也可把时间变量进一步简化为中间两项分别取±1,两旁分别依此取±3、±5 等形式。这时,$\sum t=0$,公式(10-4)就简化为:

$$\begin{cases}\hat{\beta}_0 = \sum Y_i/n - \hat{\beta}_1 \dfrac{\sum t_i}{n} = \bar{Y} - \hat{\beta}_1 \bar{t} \\ \hat{\beta}_1 = \dfrac{n\sum t_i Y_i - \sum t_i \sum Y_i}{n\sum t_i^2 - (\sum t_i)^2} = \dfrac{\overline{tY} - \bar{t} \cdot \bar{Y}}{\overline{t^2} - \bar{t}}\end{cases} \tag{10-5}$$

(3)选择合适趋势模型,一般可按第九章所介绍的方法进行处理。但时间数列对简单线性、二次曲线的判断,采用差分法选择模型更为便捷。时间数列中 Y 的逐期增长量 $Y_t - Y_{t-1}$ 可称为一阶差分,对逐期增长量再求逐期增长量可称为二阶差分。若 Y 的一阶差分的数值大小比较接近,可选择直线模型;若 Y 的二阶差分的数值大小比较接近,可选择二次曲线模型。此外,若 Y 的环比发展速度(或环比增长速度)的数值大小比较接近,可选择指数曲线模型。

【例 10-13】 试根据某公司 12 年汽车销售量的时序资料,构造趋势方程。

解:根据表 10-14 某公司 12 年汽车销售量的数据,可计算得到逐期增长量(一阶差分)如下:

表 10-14　　某公司 12 年汽车销售量

时间编号 t	1	2	3	4	5	6	7	8	9	10	11	12
销售量 Y(千辆)	50	52	53	53	55	56	58	59	60	61	61	62
一阶差分	—	2	1	0	2	1	2	1	1	1	0	1

① 亦可用序号 0,1,…,$n-1$ 表示自变量的时间。

可以看出，一阶差分比较接近，可选择直线模型。将表 10－14 中的数据代入公式(10－5)，经计算，得：

$\hat{\beta}_0=43.4394$，$\hat{\beta}_1=1.1119$

所以拟合的直线方程为：

$\hat{Y}=49.4394+1.1119t$

【例 10－14】 某洗衣机厂最近 9 年生产一种自动洗衣机，各年的销售量见表 10－15。要求构造趋势方程。

表 10－15　　某洗衣机厂最近 9 年某种自动洗衣机的销售量　　单位：百台

年份	1	2	3	4	5	6	7	8	9
销售量	10.0	18.0	25.0	30.5	35.0	38.0	40.0	39.5	38.0

解：根据以上数据，可计算得到其一阶差分和二阶差分，如表 10－16 所示。

表 10－16　　洗衣机销售量的一阶差分和二阶差分

年份	1	2	3	4	5	6	7	8	9
销售量	10.0	18.0	25.0	30.5	35.0	38.0	40.0	39.5	38.0
一阶差分	—	8.0	7.0	5.5	4.5	3.0	2.0	−0.5	−1.5
二阶差分	—	—	−1.0	−1.5	−1.0	−1.5	−1.0	−2.5	−1.0

计算结果表明，该数列的一阶差分变动范围较大，不适合选择直线模型拟合，而二阶差分在−1.0——2.5，数字较为接近，故可确定拟合二次曲线模型，即

$\hat{Y}=\hat{\beta}_0+\hat{\beta}_1t+\hat{\beta}_2t^2$

根据第六章相关知识来求解以上二次曲线模型的参数，可用最小二乘法得到如下规范方程：

$$\begin{cases}\sum Y=n\hat{\beta}_0+\hat{\beta}_1\sum t+\hat{\beta}_2\sum t^2\\ \sum tY=\hat{\beta}_0\sum t+\hat{\beta}_1\sum t^2+\hat{\beta}_2\sum t^3\\ \sum t^2Y=\hat{\beta}_0\sum t^2+\hat{\beta}_1\sum t^3+\hat{\beta}_2\sum t^4\end{cases}$$

如用计算器求解参数，因数列共有 9 项，为计算简便，可以中项即第 5 年为原点重新编排序号(见表 10－17)，使$\sum t=0$，则上列规范方程可简化为：

$$\begin{cases}\sum Y=n\hat{\beta}_0+\hat{\beta}_2\sum t^2\\ \sum tY=\hat{\beta}_1\sum t^2\\ \sum t^2Y=\hat{\beta}_0\sum t^2+\hat{\beta}_2\sum t^4\end{cases}$$

据此列出计算表求各项总和值(见表 10－17)。

表 10-17　　洗衣机销售量的计算

年份	序号 t	销售量 Y	t^2	t^4	tY	t^2Y
1	-4	10	16	256	-40	160
2	-3	18	9	81	-54	162
3	-2	25	4	16	-50	100
4	-1	30.5	1	1	-30.5	30.5
5	0	35	0	0	0	0
6	1	38	1	1	38	38
7	2	40	4	16	80	160
8	3	39.5	9	81	118.5	355.5
9	4	38	16	256	152	608
合计	0	274.0	60	708	214.0	1 613.5

将有关数据代入规范方程,解联立方程得:$\hat{\beta}_0=35.047\,5$,$\hat{\beta}_1=3.566\,7$,$\hat{\beta}_2=-0.690\,5$。于是,该时间数列的长期趋势模型确定为:$\hat{Y}=35.047\,5+3.566\,7t-0.690\,5t^2$。

如用电脑求解参数就更为方便,可进入 Excel 软件中的"数据分析——回归"程序直接计算得到。

【例 10-15】 对表 10-13 某地 2006—2015 年某地城乡居民储蓄存款余额的数据,构造合适的趋势方程。

解:根据表 10-13 的数据,以序号 1,2,…,n 表示时间自变量,可计算得到其一阶差分和二阶差分的变动范围都很大,而其环比发展速度比较接近(见表 10-18),所以可选择指数曲线模型。

表 10-18　　我国城乡居民储蓄存款余额数据的一阶差分、二阶差分和环比发展速度

序号 t	储蓄存款余额 Y(亿元)	一阶差分	二阶差分	环比发展速度(%)
1	29 662	—	—	—
2	38 521	8 859	—	129.87
3	46 280	7 759	-1 100	120.14
4	53 407	7 127	-632	115.40
5	59 622	6 215	-912	111.64
6	69 300	9 678	3 463	116.23
7	73 762	4 462	-5 216	106.44
8	94 307	20 545	16 083	127.85
9	110 695	16 388	-4 157	117.38
10	126 196	15 501	-887	114.00

为了把指数曲线模型 $\hat{Y}=\hat{\beta}_0\hat{\beta}_1^t$ 变换为线性模型,可对等式两边取常用对数,即:

$\hat{Y}'=A+Bt$

式中：$Y'=\lg Y$，$A=\lg\hat{\beta}_0$，$B=\lg\hat{\beta}_1$，具体数据见表 10－19。

表 10－19　　对表 10－18 中我国城乡居民储蓄存款余额数据取常用对数

序号 t	Y	$\lg\hat{Y}$	序号 t	Y	$\lg\hat{Y}$
1	29 662	4.472 2	6	69 300	4.840 7
2	38 521	4.585 6	7	73 762	4.867 8
3	46 280	4.665 3	8	94 307	4.974 5
4	53 407	4.727 5	9	110 695	5.044 1
5	59 622	4.775 4	10	126 196	5.101 0

根据最小二乘法很快能计算得到 $A=4.442\ 1$，$B=0.066\ 1$，即有：

$$\hat{Y}'=A+Bt=4.442\ 1+0.066\ 1t$$

所以，建立的长期趋势模型为：

$$\hat{Y}'=\hat{\beta}_0\hat{\beta}_1^t=27\ 675.788\ 3\times1.164\ 4^t$$

三、季节趋势分析

季节变动是指时间序列在短时期内（一年内）所呈现的周期波动。由此，这里所研究的季节变动趋势不涉及年度资料，而是对月、季等短时间间隔的时间序列资料进行分析。

进行季节变动分析的目的有两个：一是在研究时间序列中认清季节变动规律，并将其从序列中分离出来以进一步较准确地研究其他因素的变化规律；二是由于季节变动是相对有规律的变动，弄清季节变动的规律可借以规划未来的经济活动，达到预测目的，为决策提供依据。

（一）按月（季）平均法

这种方法是测定季节变动最简便的方法。它是以若干年资料数据求出同月（季）的平均水平和全年总月（季）水平，并以二者对比所得到的各月（季）季节指数来反映季节变动的程度。按月（季）平均法将整个时间序列的趋势值视为常数，计算步骤如下：

第一，计算各年同月（季）的平均数 $\overline{y}_i$（$i=1,2,\cdots,12$ 月）或（$i=1,2,\cdots,4$ 季）。

第二，计算各年所有月份（或季度）的总平均数 $\overline{y}$。

第三，计算季节指数：

$$S_i=\frac{\overline{y}_i}{\overline{y}}\times100\% \tag{10-6}$$

理论上，一年按季计算的季节指数之和等于 400%，一年按月计算的季节指数之和等于 1 200%。如果不满足这个规则，则需对季节指数进行调整。调整的季节指数为：

$$S'_i=AS_i$$

式中，A 为调整系数。

$$A=\frac{400\%\text{ 或 }1\ 200\%}{\sum S_i}\quad(i=1,2,\cdots,12\text{ 月})\text{ 或}(i=1,2,\cdots,4\text{ 季})$$

【例 10－16】　某鸭毛加工厂各月的鸭毛销售量（单位：百千克）见表 10－20，用按月（季）平均法计算每月的季节指数。现已知第四年 2 月的鸭毛销售量为 160 百千克，试预测第四年 11、12 月的鸭毛销售量。

解:按照以下步骤整理数据,将数据并入表 10－20 中,并绘制季节指数图(见图 10－2)。

第一步,计算各年同月的平均数:$\overline{y}_i$(i=1～12 月);

第二步,计算各年所有月份的总平均数 $\overline{y}$;

第三步,根据公式(10－6)计算季节指数:$S_i = \dfrac{\overline{y}_i}{\overline{y}} \times 100\%$。

由于 12 个月季节指数总和为 1 200%,所以无须调整。

表 10－20 鸭毛销售量

	1月	2月	3月	4月	5月	6月	7月	8月	9月	10月	11月	12月	年平均数
第一年	150	90	40	26	10	8	12	20	35	85	340	360	98
第二年	230	150	60	40	20	10	32	40	70	150	420	480	141.833 3
第三年	280	120	80	30	12	9	37	48	84	140	470	500	150.833 3
$\overline{y}_i$	220	120	60	32	14	9	27	36	63	125	410	446.666 7	(130.222 2)
S_i	168.94%	92.15%	46.08%	24.57%	10.75%	6.91%	20.73%	27.65%	48.38%	95.99%	314.85%	343.00%	※1 200.00%

说明:(1)表中括号内数据为 3 年总的月平均数 $\overline{y}$;(2)※数据为 12 个月季节指数总和。

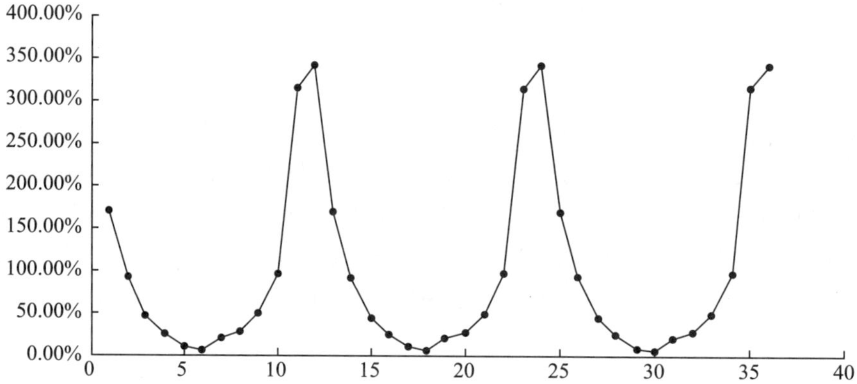

图 10－2 按月(季)平均法季节指数图

由图 10－2 可以看出,若时间数列中不存在季节变动的影响,则季节指数应为 100%;若时间数列中存在季节变动的影响,则季节指数就会在 100%上下波动,越是远离 100%,季节变动的影响就越大。

(二)趋势剔除法

按月(季)平均法的优点在于简单易懂,缺点在于没有考虑到社会经济现象本身的趋势变动。由例 10－16 可以发现,同样是 1 月份的销售量,第二年的数值比第一年高出 50%以上,这意味着在整个序列中,除了存在季度的影响外,还存在着增长趋势的影响。在存在趋势影响的情况下,冬季的销售量高于夏季,除了有季节差异外,还因时间上的先后关系而存在趋势差异。为了更精确地测定季度变动,就应当在计算时首先剔除趋势变动的差异。

趋势剔除法的核心在于充分考虑了长期趋势对时间数列的影响,在计算各月的理论数量时,使用当月的趋势值代替年平均值。

具体步骤如下:

(1)利用移动平均法,求出对应各季的趋势值;

(2)以各季的实际数量与趋势值相除,获得各季的季节变化情况;

(3)将各年的同一季节情况进行平均,得各季未修正指数;

(4)进行指数修正。

【例 10-17】 某商场 2015—2019 年每年 4 个季节的衬衣销售量变化情况见表 10-21,用趋势剔除法计算季节指数。

表 10-21　　商场衬衣季度销售量　　单位:件

年份(1)	季节(2)	真实值(3)	第一次移动平均(4)	第二次移动平均(5)	季节变化(%)(6)
2015	春季	3 000.00			
	夏季	12 000.00			
	秋季	6 000.00	5 550.00	5 612.50	106.90
	冬季	1 200.00	5 675.00	5 862.50	20.47
2016	春季	3 500.00	6 050.00	6 175.00	56.68
	夏季	13 500.00	6 300.00	6 350.00	212.60
	秋季	7 000.00	6 400.00	6 437.50	108.74
	冬季	1 600.00	6 475.00	6 662.50	24.02
2017	春季	3 800.00	6 850.00	7 037.50	54.00
	夏季	15 000.00	7 225.00	7 287.50	205.83
	秋季	8 500.00	7 350.00	7 400.00	114.86
	冬季	2 100.00	7 450.00	7 700.00	27.27
2018	春季	4 200.00	7 950.00	8 050.00	52.17
	夏季	17 000.00	8 150.00	8 200.00	207.32
	秋季	9 300.00	8 250.00	8 325.00	111.71
	冬季	2 500.00	8 400.00	8 712.50	28.69
2019	春季	4 800.00	9 025.00	9 137.50	52.53
	夏季	19 500.00	9 250.00	9 300.00	209.68
	秋季	10 200.00	9 350.00		
	冬季	2 900.00			

注意:首先使用移动平均法计算各季度的趋势值。为了使计算结果中不残留季节因素影响,在选择移动平均周期时,应当使周期长度与季节变动的实际周期长度相一致。在本例中,应使用 4 个季度作为移动平均周期(如果使用月度数据,则应当使用 12 个月作为移动平均周期,故趋势剔除法也称 12 个月移动平均法)。计算结果见表 10-21 中的第(6)列,绘制成图(见图 10-3)。

随后,用真实值与趋势值进行比较,即用第(3)列除以第(5)列,得出的结果如第(6)列所示,该列数据即为各个季度的季节变动比率。

为消除个别年份的特殊情况对季度指数的影响,使用若干年同一季度变动情况的平均值作为最终的计算结果,具体计算过程如表 10-22 所示。

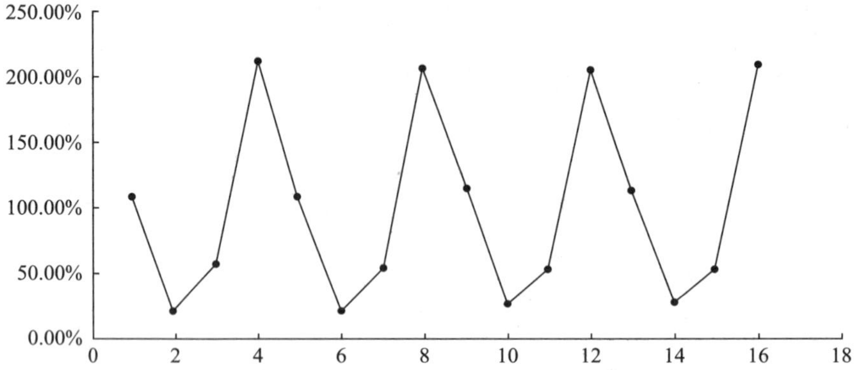

图 10-3 趋势剔除法季节指数

表 10-22 **各年份各季度指数**

	2015 年	2016 年	2017 年	2018 年	2019 年	未修正指数	修正后指数
春季		56.68	54.00	52.17	52.53	53.85	54.07
夏季		212.60	205.83	207.32	209.68	208.86	209.71
秋季	106.90	108.74	114.86	111.71		110.55	111.01
冬季	20.47	24.02	27.27	28.69		25.11	25.22
						398.37	400.00
					修正系数	1.004 1	

以各季度的平均值作为最终的季节指数，还需要进行一次修正。从表 10-22 可以看出，根据各季度的平均数计算的季节指数之和(表中阴影处)为 398.37，而理论上各季度的季节指数之和应当为 400。两者之间存在的差异，是由于计算过程中的一些误差造成的。

对指数进行修正的方法是先计算修正系数 A：

$$A=\frac{400\%}{398.37\%}=1.0041$$

用修正系数乘以各季未修正指数，即得各季的修正后指数，该指数即为最终的季节指数。

四、循环波动分析

循环波动是指在长时期内时间序列沿长期趋势线循环的上下波动，但它不像季节变动那样，是一种年年都重复而又有规则的变动，它有峰有谷，但峰谷的出现并无规律，且持续时间也不同，有长有短，从一年到几年，从这个意义上说，这种变动是不规则的。

周期波动在社会经济时间序列中表现为经济活动的危机、萧条、复苏、高涨的上下波动。它是工商企业所不能控制而又力图避免的一种变动，所以工商企业非常关心这种变动，与之相应，产生了许多测定方法，这里只介绍常用的剩余计量法。

根据时间序列的传统模型所包括的各个因素之间的逻辑关系，分离出某些因素(如季节变动)，然后再从原序列中逐一剔除那些被分离出的因素，而剩下的即为所要研究的因素，这种方法称为剩余法。假定已经分离出长期趋势 T 和季节变动因素 S，那么通过剩余法再消

除长期趋势 T 和季节变动 S，剩下的就是循环变动 C 和不规则变动 I（这两种变动合并，统称为随机变动）。

1. 乘法模型

$$Y'_t = \frac{Y_t}{TS} = \frac{TSCI}{TS} = CI \tag{10-7}$$

2. 加法模型

$$Y'_t = Y_t - T - S = (T+S+C+I) - T - S = C+I$$

3. 混合模型

$$Y'_t = \frac{Y_t - S}{T} = \frac{S+TCI-S}{T} = \frac{TCI}{T} = CI$$

本书主要讨论乘法模型，并举例阐述如下。

【例 10－18】 某地区 2001—2019 年鲜蛋季度销售量资料见表 10－23。

表 10－23　　某地区 2001—2019 年鲜蛋季度销售量　　单位：万斤

年份	一季度	二季度	三季度	四季度
2001	389	1 555	1 166	779
2002	505	2 021	1 515	1 010
2003	433	1 734	1 302	868
2004	74	292	220	146
2005	46	180	140	94
2006	29	113	84	57
2007	62	243	180	121
2008	240	890	675	436
2009	430	1 750	1 310	870
2010	700	2 500	1 891	1 269
2011	570	2 200	1 721	1 130
2012	495	1 916	1 510	1 110
2013	400	1 600	1 232	795
2014	341	1 390	1 067	686
2015	320	1 280	937	640
2016	570	2 264	1 700	1 141
2017	964	3 876	2 930	1 970
2018	1 160	4 610	3 450	2 307
2019	1 100	4 501	3 400	2 302

根据表 10－23 绘制某地区 2001—2019 年鲜蛋季度销售量观察曲线，见图 10－4。

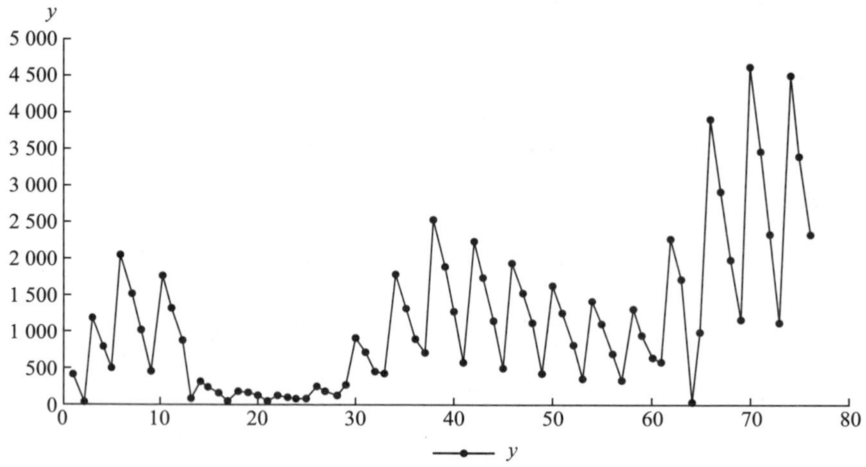

图 10-4 某地区 2001—2019 年鲜蛋季度销售量观察曲线

从图 10-4 可以发现,该地区 2001—2019 年鲜蛋季度销售量序列中包含了长期趋势、季节变动、循环变动和不规则变动四个因素。要分离出循环变动和不规则变动这两个因素,首先必须分离出长期趋势和季节变动因素,然后把它们剔除,具体处理过程如下:

(1)分离并消除季节变动因素。

根据公式(10-6),利用表 10-23 计算季节指数(见表 10-24)。

表 10-24　　某地区 2001—2019 年鲜蛋季度销售量　　单位:万斤

年份	一季度	二季度	三季度	四季度	Σ
2001	389	1 555	1 166	779	
2002	505	2 021	1 515	1 010	
2003	433	1 734	1 302	868	
2004	74	292	220	146	
2005	46	180	140	94	
2006	29	113	84	57	
2007	62	243	180	121	
2008	240	890	675	436	
2009	430	1 750	1 310	870	
2010	700	2 500	1 891	1 269	
2011	570	2 200	1 721	1 130	
2012	495	1 916	1 510	1 110	
2013	400	1 600	1 232	795	
2014	341	1 390	1 067	686	
2015	320	1 280	937	640	
2016	570	2 264	1 700	1 141	
2017	964	3 876	2 930	1 970	

续表

年份	一季度	二季度	三季度	四季度	Σ
2018	1 160	4 610	3 450	2 307	
2019	1 100	4 501	3 400	2 302	
Σ	8 828	33 375.55	26 430	17 731	86 364.55
$\overline{x}_j$	464.631 6	1 756.608	1 391.053	933.210 5	1 136.376
S_j	40.89%	154.58%	122.41%	82.12%	400.00%

表 10－24 中的 S_j 是季节指数，表示从 2001—2019 年，每年各个季度均按该指数值所表现的规律变化。把季节指数的数据列入表 10－25 第(5)列，并绘制成季节指数曲线（见图 10－5）。然后用原序列各年同月数据除以季节指数，计算消除季节变动后的序列值 $\frac{y}{S}=TCI$，见表 10－25 第(6)列。

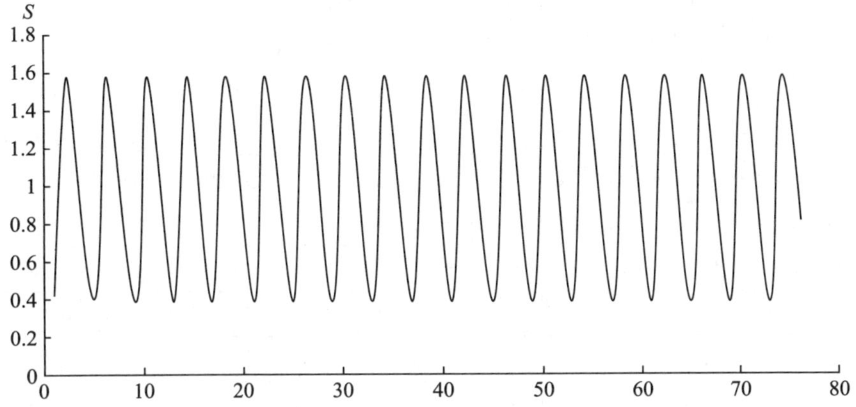

图 10－5　季节指数曲线

表 10－25　时间序列经典模型因素分解计算

(1)	(2)	(3)	(4)	(5)	(6)	(7)	(8)	(9)	(10)	(11)	(12)	(13)
年份	1季度	t	Y	S	$y/S=TCI$	tt	ty	T	$y/ST=CI$	$MA1$	$MA2=C$	$y/STC=I$
2001	1	−75	389	0.408 872	951.398	5 625	−29 175	142.853	6.659 979			
	2	−73	15.55	1.545 802	10.0595	5 329	−1 135.15	168.950 6	0.059 541	3.973 122		
	3	−71	1166	1.224 116	952.524 1	5 041	−82 786	195.048 2	4.883 532	3.557 003	3.765 063	1.297 065
	4	−69	779	0.821 218	948.591	4 761	−53 751	221.145 8	4.289 437	4.737 888	4.147 446	1.034 236
2002	1	−67	505	0.408 872	1 235.105	4 489	−33 835	247.243 4	4.995 504	4.550 295	4.644 092	1.075 669
	2	−65	2 021	1.545 802	1 307.412	4 225	−131 365	273.341	4.783 08	4.422 44	4.486 368	1.066 136
	3	−63	1 515	1.224 116	1 237.628	3 969	−95 445	299.438 6	4.133 161	3.926 486	4.174 463	0.990 106
	4	−61	1 010	0.821 218	1 229.88	3 721	−61 610	325.536 2	3.778 015	3.473 14	3.699 813	1.021 137

续表

(1)	(2)	(3)	(4)	(5)	(6)	(7)	(8)	(9)	(10)	(11)	(12)	(13)
年份	1季度	t	Y	S	$y/S=TCI$	tt	ty	T	$y/ST=CI$	$MA1$	$MA2=C$	$y/STC=I$
2003	1	−59	433	0.408 872	1 059.011	3 481	−25 547	351.633 8	3.011 688	3.098 312	3.285 726	0.916 597
	2	−57	1 734	1.545 802	1 121.748	3 249	−98 838	377.731 4	2.969 697	2.768 429	2.933 37	1.012 384
	3	−55	1 302	1.224 116	1 063.625	3 025	−71 610	403.829	2.633 849	2.114 726	2.441 578	1.078 749
	4	−53	868	0.821 218	1 056.967	2 809	−46 004	429.926 6	2.458 482	1.470 254	1.792 49	1.371 545
2004	1	−51	74	0.408 872	180.985 7	2 601	−3 774	456.024 2	0.396 877	0.900 199	1.185 226	0.334 854
	2	−49	292	1.545 802	188.898 7	2 401	−14 308	482.121 8	0.391 807	0.368 762	0.634 48	0.617 524
	3	−47	220	1.224 116	179.721 5	2 209	−10 340	508.219 4	0.353 63	0.319 73	0.344 246	1.027 259
	4	−45	146	0.821 218	177.784 7	2 025	−6 570	534.317	0.332 733	0.271 413	0.295 572	1.125 725
2005	1	−43	46	0.408 872	112.504 6	1 849	−1 978	560.414 6	0.200 753	0.229 678	0.250 546	0.801 262
	2	−41	180	1.545 802	116.444 4	1 681	−7 380	586.512 2	0.198 537	0.191 298	0.210 488	0.943 223
	3	−39	140	1.224 116	114.368 2	1 521	−5 460	612.609 8	0.186 69	0.167 782	0.179 54	1.039 825
	4	−37	94	0.821 218	114.464 1	1 369	−3 478	638.707 4	0.179 212	0.144 599	0.156 19	1.147 395
2006	1	−35	29	0.408 872	70.926 84	1 225	−1 015	664.805	0.106 688	0.121 853	0.133 226	0.800 807
	2	−33	113	1.545 802	73.101 21	1 089	−3 729	690.902 6	0.105 805	0.100 401	0.111 127	0.952 113
	3	−31	84	1.224 116	68.620 95	961	−2 604	717.000 2	0.095 706	0.123 013	0.111 707	0.856 755
	4	−29	57	0.821 218	69.409 1	841	−1 653	743.097 8	0.093 405	0.145 978	0.134 495	0.694 485
2007	1	−27	62	0.408 872	151.636 7	729	−1 674	769.195 4	0.197 137	0.166 806	0.156 392	1.260 531
	2	−25	243	1.545 802	157.2	625	−6 075	795.293	0.197 663	0.186 919	0.176 863	1.117 607
	3	−23	180	1.224 116	147.044 9	529	−4 140	821.390 6	0.179 019	0.305 615	0.246 267	0.726 932
	4	−21	121	0.821 218	147.342 1	441	−2 541	847.488 2	0.173 857	0.416 187	0.360 901	0.481 731
2008	1	−19	240	0.408 872	586.980 8	361	−4 560	873.585 8	0.671 921	0.520 339	0.468 263	1.434 923
	2	−17	890	1.545 802	575.752 9	289	−15 130	899.683 4	0.639 951	0.616 314	0.568 326	1.126 027
	3	−15	675	1.224 116	551.418 3	225	−10 125	925.781	0.595 625	0.717 173	0.666 743	0.893 335
	4	−13	436	0.821 218	530.918 7	169	−5 668	951.878 6	0.557 759	0.839 062	0.778 117	0.716 806
2009	1	−11	430	0.408 872	1 051.674	121	−4 730	977.976 2	1.075 357	0.949 86	0.894 461	1.202 241
	2	−9	1 750	1.545 802	1 132.098	81	−15 750	1 004.074	1.127 505	1.061 162	1.005 511	1.121 326
	3	−7	1 310	1.224 116	1 070.16	49	−9 170	1 030.171	1.038 817	1.187 758	1.124 46	0.923 837
	4	−5	870	0.821 218	1 059.402	25	−4 350	1 056.269	1.002 966	1.270 64	1.229 199	0.815 951
2010	1	−3	700	0.408 872	1 712.027	9	−2 100	1 082.367	1.581 744	1.351 328	1.310 984	1.206 532
	2	−1	2 500	1.545 802	1 617.283	1	−2 500	1 108.464	1.459 031	1.433 429	1.392 379	1.047 869
	3	1	1 891	1.224 116	1 544.788	1	1 891	1 134.562	1.361 573	1.331 667	1.382 548	0.984 828
	4	3	1 269	0.821 218	1 545.266	9	3 807	1 160.659	1.331 369	1.260 269	1.295 968	1.027 316

续表

(1)	(2)	(3)	(4)	(5)	(6)	(7)	(8)	(9)	(10)	(11)	(12)	(13)
年份	1季度	t	Y	S	$y/S=TCI$	tt	ty	T	$y/ST=CI$	$MA1$	$MA2=C$	$y/STC=I$
2011	1	5	570	0. 408 872	1 394. 079	25	2 850	1 186. 757	1. 174 697	1. 203 566	1. 231 917	0. 953 551
	2	7	2 200	1. 545 802	1 423. 209	49	15 400	1 212. 855	1. 173 438	1. 142 65	1. 173 108	1. 000 281
	3	9	1 721	1. 224 116	1 405. 913	81	15 489	1 238. 952	1. 134 759	1. 083 389	1. 113 02	1. 019 532
	4	11	1 130	0. 821 218	1 376. 005	121	12 430	1 265. 05	1. 087 708	1. 025 272	1. 054 331	1. 031 657
2012	1	13	495	0. 408 872	1 210. 648	169	6 435	1 291. 147	0. 937 653	0. 971 148	0. 998 21	0. 939 334
	2	15	1 916	1. 545 802	1 239. 486	225	28 740	1 317. 245	0. 940 968	0. 945 974	0. 958 561	0. 981 647
	3	17	1 510	1. 224 116	1 233. 543	289	25 670	1 343. 343	0. 918 264	0. 886 816	0. 916 395	1. 002 04
	4	19	1 110	0. 821 218	1 351. 651	361	21 090	1 369. 44	0. 987 01	0. 833 593	0. 860 205	1. 147 413
2013	1	21	400	0. 408 872	978. 301 3	441	8 400	1 395. 538	0. 701 021	0. 777 823	0. 805 708	0. 870 068
	2	23	1 600	1. 545 802	1 035. 061	529	36 800	1 421. 635	0. 728 078	0. 695 281	0. 736 552	0. 988 495
	3	25	1 232	1. 224 116	1 006. 441	625	30 800	1 447. 733	0. 695 184	0. 659 033	0. 677 157	1. 026 621
	4	27	795	0. 821 218	968. 074 3	729	21 465	1 473. 831	0. 656 842	0. 624 326	0. 641 679	1. 023 63
2014	1	29	341	0. 408 872	834. 001 8	841	9 889	1 499. 928	0. 556 028	0. 590 926	0. 607 626	0. 915 082
	2	31	1 390	1. 545 802	899. 209 6	961	43 090	1 526. 026	0. 589 249	0. 559 039	0. 574 983	1. 024 812
	3	33	1 067	1. 224 116	871. 649 4	1 089	35 211	1 552. 123	0. 561 585	0. 541 991	0. 550 515	1. 020 109
	4	35	686	0. 821 218	835. 344 6	1 225	24 010	1 578. 221	0. 529 295	0. 521 648	0. 531 819	0. 995 254
2015	1	37	320	0. 408 872	782. 641	1 369	11 840	1 604. 319	0. 487 834	0. 496 772	0. 509 21	0. 958 021
	2	39	1 280	1. 545 802	828. 049 1	1 521	49 920	1 630. 416	0. 507 876	0. 480 241	0. 488 506	1. 039 65
	3	41	937	1. 224 116	765. 450 3	1 681	38 417	1 656. 514	0. 462 085	0. 562 249	0. 521 245	0. 886 503
	4	43	640	0. 821 218	779. 330 2	1 849	27 520	1 682. 611	0. 463 167	0. 646 343	0. 604 296	0. 766 458
2016	1	45	570	0. 408 872	1 394. 079	2 025	25 650	1 708. 709	0. 815 867	0. 727 987	0. 687 165	1. 187 295
	2	47	2 264	1. 545 802	1 464. 612	2 209	106 408	1 734. 807	0. 844 251	0. 614 139	0. 671 063	1. 258 081
	3	49	1 700	1. 224 116	1 388. 757	2 401	83 300	1 760. 904	0. 788 661	0. 735 265	0. 674 702	1. 168 904
	4	51	1 141	0. 821 218	13. 894	2 601	581. 91	1 787. 002	0. 007 775	0. 865 035	0. 800 15	0. 009 717
2017	1	53	964	0. 408 872	2 357. 706	2 809	51 092	1 813. 099	1. 300 373	0. 988 673	0. 926 854	1. 402 997
	2	55	3 876	1. 545 802	2 507. 436	3 025	213 180	1 839. 197	1. 363 332	1. 303 807	1. 146 24	1. 189 395
	3	57	2 930	1. 224 116	2 393. 564	3 249	167 010	1 865. 295	1. 283 21	1. 348 608	1. 326 207	0. 967 579
	4	59	1 970	0. 821 218	2 398. 876	3 481	116 230	1 891. 392	1. 268 312	1. 391 379	1. 369 993	0. 925 78
2018	1	61	1 160	0. 408 872	2 837. 074	3 721	70 760	1 917. 49	1. 479 577	1. 428 293	1. 409 836	1. 049 467
	2	63	4 610	1. 545 802	2 982. 271	3 969	290 430	1 943. 587	1. 534 416	1. 463 113	1. 445 703	1. 061 363
	3	65	3 450	1. 224 116	2 818. 36	4 225	224 250	1 969. 685	1. 430 869	1. 425 87	1. 444 491	0. 990 569
	4	67	2 307	0. 821 218	2 809. 242	4 489	154 569	1 995. 783	1. 407 589	1. 397 709	1. 411 79	0. 997 025

续表

(1)	(2)	(3)	(4)	(5)	(6)	(7)	(8)	(9)	(10)	(11)	(12)	(13)
年份	1季度	t	Y	S	$y/S=TCI$	tt	ty	T	$y/ST=CI$	$MA1$	$MA2=C$	$y/STC=I$
2019	1	69	1 100	0.408 872	2 690.329	4 761	75 900	2 021.88	1.330 607	1.374 782	1.386 245	0.959 864
	2	71	4 501	1.545 802	2 911.757	5 041	319 571	2 047.978	1.421 772	1.356 566	1.365 674	1.041 077
	3	73	3 400	1.224 116	2 777.515	5 329	248 200	2 074.075	1.339 158	1.365 218	1.360 892	0.984 03
	4	75	2 302	0.821 218	2 803.153	5 625	172 650	2 100.173	1.334 725			
合计			85 234.96			146 300	1 909 043					
均值			1 121.513				13.048 82					

(2)分离并消除长期趋势。

①根据消除季节变动因素后的数据 $\frac{y}{S}=TCI$[见表 10-25 第(6)列]拟合长期趋势 T。

根据公式(10-5),利用表 10-25 的数据计算:$\sum ty=1\ 909\ 043$, $\sum_{t}^{2}=146\ 300$,$\sum y=852\ 34.96$;据此,直线方程的参数估计值为:

$$\begin{cases}\hat{\beta}_0=\bar{y}=\dfrac{\sum y}{n}=\dfrac{85\ 234.96}{76}=1\ 121.513\\ \hat{\beta}_1=\dfrac{\sum ty}{\sum t^2}=\dfrac{1\ 909\ 043}{146\ 300}=13.048\ 82\end{cases}$$

则该直线方程为:$y_t=1\ 121.513+13.048\ 82t$。

根据该直线方程,计算各时间 t 的估计值,并列入表 10-25 第(9)列,据其绘制长期趋势曲线(见图 10-6)。

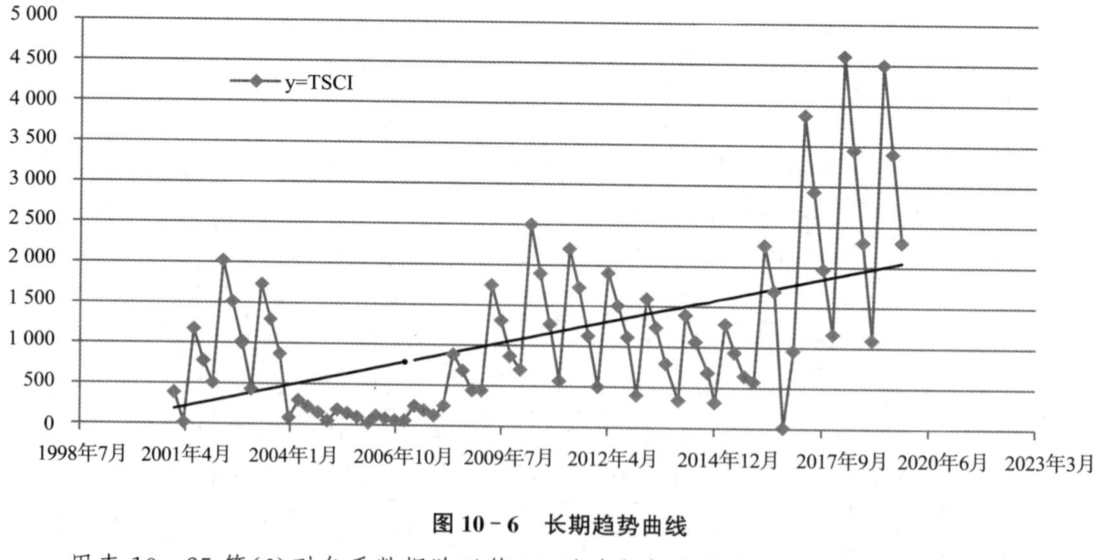

图 10-6 长期趋势曲线

用表 10-25 第(6)列各季数据除以第(9)列对应各季数值,以计算消除季节变动和长期趋势后的序列值 $CI=\frac{y}{TS}$,计算结果见表 10-25 第(10)列。

②从 $\frac{y}{S}=TCI$［见表 10－25 第(6)列］中再消除长期趋势 T［见表 10－25 第(9)列］，得到 CI。此时，序列中还剩下循环波动和不规则变化两个因素。

(3)对表 10－25 第(10)列的 $CI=\frac{y}{TS}$ 数据，计算步长 $k=4$ 的移动平均数 $MA1$［见表 10－25 第(11)列］，然后对 $MA1$ 计算 $k=2$ 的移动平均数 $MA2$，以消除不规则波动的影响，从而得到循环变动因素 C［见表 10－25 第(12)列］。

(4)从表 10－25 第(10)列 $CI=\frac{y}{TS}$ 中除以表 10－25 第(10)列、二次移动平均序列值 $MA2$，以消除循环波动的序列值 C，从而反映不规则变动 I 的影响，计算结果列入表 10－25 第(13)列。

最后，根据表 10－25 中第(5)(9)和(13)列数据绘制该地区鲜蛋销售量的季节变动 S、循环波动 C 和不规则变动 I 的因素曲线图(见图 10－7)。

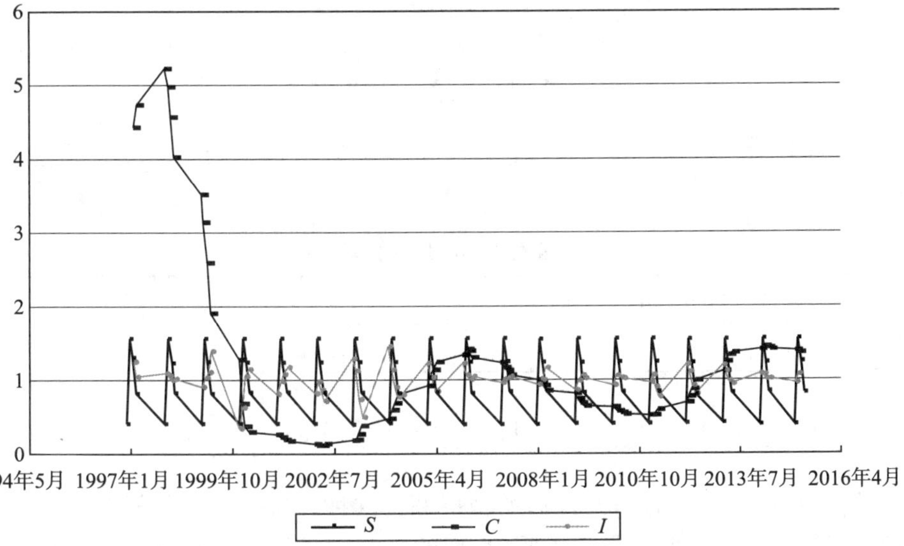

图 10－7　某地区鲜蛋销售量的季节变动、循环波动和不规则变动因素曲线

需要说明的是：用这种方法所分离出来的 S、C、I 都是相对数，而长期趋势 T 则是与原序列计量单位相同的绝对数，于是，$Y=TSCI$ 的等式成立。

第四节　时间数列预测

时间数列分析的一个重要任务是根据现象发展变化的规律进行外推预测。在现代社会，处处都要用到预测。比如，政府的有关部门为了要制定政策，就必须对失业、通货膨胀、工业生产、来自个人和企业所得税的收入进行预测。一家大型零售公司的营销经理必须要对产品需求、销售收入、消费者喜好、存货等进行预测，从而对现在和将来的业务方式做出及时的决策。

时间数列预测方法(time series forecasting method)与回归预测方法不同,它是依据事物量的渐变过程的连续性,把时间数列的各期水平视为时间的函数,或者视为过去各期水平合乎规律变化的结果。因此,它对资料的要求比较单一,只需变量本身的历史数据,在实际工作中有广泛的适用性。常见的时间数列预测方法有利用传统分析法如平均增长量和平均增长速度等进行简单的外推预测;还有以下要介绍的移动平均法和指数平滑法、趋势外推法、回归预测法等。至于利用现代时间数列分析进行建模和预测的方法如 ARIMA 等超出了本书的范围,对这些内容感兴趣的读者,可查阅本章所附参考书目中的有关书籍。

一、移动平均法和指数平滑法

(一)移动平均法

移动平均法不仅能对时间数列进行修匀,还能对变动比较平稳的时间数列进行预测,即取最近 n 项数值的平均数作为下期的预测值:

$$\hat{Y}_t = \frac{Y_{t-1} + Y_{t-2} + \cdots + Y_{t-n}}{n} \tag{10-8}$$

或

$$\hat{Y}_{t+1} = \frac{Y_t + Y_{t-1} + Y_{t-2} + \cdots + Y_{t-n+1}}{n} \tag{10-9}$$

【例 10-19】 某公司 1—4 月份销售额的资料见表 10-26,试用移动平均法求 5 月份销售额的预测值。

表 10-26　　某公司 1—4 月份的销售额

月份	1	2	3	4
销售额(万元)	12	10	13	13

解: $\hat{Y}_5 = \frac{Y_{t-1} + Y_{t-2} + \cdots + Y_{t-n}}{n} = \frac{13+13+10+12}{4} = 12$(万元)

以此类推,可以预测 6 月份及以后的销售额。这种方法是对 n 期资料的简单平均。如果考虑到各期数据对预测值的影响不同,近期的影响大,远期的影响小,则可采用加权移动平均法,对各期数值赋予不同的权重,即

$$\hat{Y}_t = \frac{Y_{t-1}f_1 + Y_{t-2}f_2 + \cdots + Y_{t-n}f_n}{\sum f_i} \tag{10-10}$$

或

$$\hat{Y}_{t+1} = \frac{Y_t f_1 + Y_{t-1}f_2 + Y_{t-2}f_3 + \cdots + Y_{t-n+1}f_n}{\sum f_i (f_1 > f_2 > f_3 \cdots > f_n)} \tag{10-11}$$

如 4 月份的权数定为 4,3 月份的权数定为 3,2 月份的权数定为 2,1 月份的权数定为 1,则 5 月份销售额的预测值为:

$$\hat{Y}_t = \frac{y_{t-1}f_1 + Y_{t-2}f_2 + \cdots + Y_{t-n}f_n}{\sum f_i} = \frac{13\times4+13\times3+10\times2+12\times1}{10} = 12.3\text{(万元)}$$

移动平均法只能预测最近一期数值,逐期移动,逐期预测。它要求保存大量的历史资料,而且权数的选择具有较大的随意性,因此预测的准确性较差。

(二)指数平滑法

指数平滑法(exponential smoothing)是由移动平均法演变而来的。与移动平均法相同的是,指数平滑法也可用来修匀数据,平滑以后可以对数据中的长期变动提供更为清晰的趋势。此外,指数平滑法可以用于存在某种长期趋势影响的时间数列的近期预测。

由公式(10－8)和公式(10－9)已知移动平均的预测值为:

$$\hat{Y}_t = \frac{Y_{t-1} + Y_{t-2} + \cdots + Y_{t-n}}{n}$$

$$\hat{Y}_{t+1} = \frac{Y_t + Y_{t-1} + Y_{t-2} + \cdots + Y_{t-n+1}}{n}$$

$$= \frac{Y_t + (Y_{t-1} + \cdots + Y_{t-n+1} + Y_{t-n}) - Y_{t-n}}{n}$$

将 $\hat{Y}_t$ 代入 $\hat{Y}_{t+1}$ 中括号部分,便有:

$$\hat{Y}_{t+1} = Y_t/n + \hat{Y}_t - \frac{Y_{t-n}}{n} \tag{10-12}$$

对于平稳型数列,或者缺乏远期历史资料,不具备 Y_{t-n} 期数值,Y_{t-n} 就可用 $\hat{y}_t$ 代替:

$$\hat{Y}_{t+1} = Y_t/n + \hat{Y}_t - \frac{\hat{Y}_t}{n}$$

用 α 代替上式中的 $1/n$,于是移动平均法公式就转化为指数平滑法的一般形式:

$$\hat{Y}_{t+1} = \alpha Y_t + (1-\alpha)\hat{Y}_t$$

与移动平均法不同的是,指数平滑法的计算公式具有以下特点:

(1)它只需要本期实际值和本期预测值,便可预测下期数值。因此,不需要保存大量历史数据。

(2)当 $n=1$ 时,$1/n=1$,$1-1/n=0$;当 n 很大时,$1/n\to 0$;$1-(1/n)\to 1$,故 α 必定在 0—1。可见指数平滑实质上是以 α 为权数的本期实际值与本期预测值的加权平均。

(3)对 $\hat{y}_{t+1}=\alpha Y_t+(1-\alpha)\hat{Y}_t$ 做如下变换:

$$\hat{Y}_{t+1} = \alpha Y_t + \hat{Y}_t - \alpha\hat{Y}_t = \hat{Y}_t + \alpha(Y_t - \hat{Y}_t)$$

式中,$Y_t-\hat{Y}_t$ 是本期实际值与预测值的离差。可见,指数平滑也可以用本期的预测误差修正本期预测值,求得下期预测值。修正值不仅取决于误差本身,还取决于 α。α 称为平滑系数,它表示由于本质性因素引起的误差所占比例,而其余则为偶然的、随机因素引起的误差。因此,可以通过 α 的取值来控制下期预测值的误差。在 Excel 软件中,$1-\alpha$ 被称为阻尼系数。

(4)对 $\hat{Y}_{t+1}=\alpha Y_t+(1-\alpha)\hat{Y}_t$ 加以递推,即有:

$$\begin{aligned}\hat{Y}_{t+1} &= \alpha Y_t + (1-\alpha)\hat{Y}_t \\ &= \alpha Y_t + (1-\alpha)[\alpha Y_{t-1} + (1-\alpha)\hat{Y}_{t-1}] \\ &= \alpha(1-\alpha)^0 Y_t + \alpha(1-\alpha)Y_{t-1} + \alpha(1-\alpha)^2 Y_{t-2} + \cdots + \alpha(1-\alpha)^n Y_{t-n} + \alpha^0(1-\alpha)^{n+1}\hat{Y}_{t-n}\end{aligned} \tag{10-13}$$

由于 $0<\alpha<1$,当 n 很大时,$(1-\alpha)^{n+1}$ 接近于零,$(1-\alpha)^{n+1}\hat{Y}_{t-n}$ 也接近于零,在应用公式(10－13)时,可用 Y_{t-n} 替代 $\hat{Y}_{t-n}$。这样,下期预测值便可视为时间数列各期数值的加权平均,且随着幂的增加,$(1-\alpha)^n$ 按指数形式递减,表明时间数列各项数值越往过去推移,对

预测值的影响就越小。

应用指数平滑法预测的一个关键是平滑系数 α 的取值。一般时间数列越平稳，α 取值越小；时间数列波动越大，如呈阶梯式或按某种比率上升或下降，α 取值越大，使预测值能够敏感地跟踪实际值的变化。

实际工作中，可以选择不同的 α 值进行几种方案的试算，对不同的 α 值下的预测误差进行比较，取误差最小的 α 值建立模型。

【例 10－20】 某公司近几年产品销售收入如表 10－27 所示，以指数平滑法($\alpha=0.5$)预测该公司 2020 年的销售收入。

表 10－27　某公司近几年的产品销售收入　单位：万元

年份	2014	2015	2016	2017	2018	2019
销售收入	200	297	220	235	277	270

解：根据指数平滑法的递推公式，有：

$$\begin{aligned}\hat{Y}_{2020}&=\alpha Y_{2019}+\alpha(1-\alpha)\hat{Y}_{2019}+\alpha(1-\alpha)^2\hat{Y}_{2018}+\alpha(1-\alpha)^3Y_{2017}+\alpha(1-\alpha)^4Y_{2016}\\&\quad+\alpha(1-\alpha)^5Y_{2015}+(1-\alpha)^6Y_{2014}\\&=0.5\times270+0.5\times0.5\times277+0.5\times0.5^2\times235+0.5\times0.5^3\times220\\&\quad+0.5\times0.5^4\times297+0.5\times0.5^5\times200+0.5^6\times200\\&=262.906(\text{万元})\end{aligned}$$

移动平均法和指数平滑法是金融交易中很多重要技术分析指标如 MACD、KDJ 等的基础。

二、趋势外推法

趋势外推法也称长期趋势预测法，它是根据本章第三节介绍的构造时间数列长期趋势方程，进行外推预测。例如，在例 10－13 中，已得到某公司 12 年汽车销售量的趋势方程为：

$\hat{Y}=49.4394+1.1119t$

若要预测该公司第 13 年的汽车销售量，只需将 $t=13$ 代入上式，就可得到预测值的点估计为 63.89 千辆。

在例 10－14 中，已得到某洗衣机厂最近 9 年某种自动洗衣机销售量的趋势方程为：

$\hat{Y}=35.0475+3.5667t+0.6905t^2$

若要预测该厂这种自动洗衣机第 10 年的销售量，只需将 $t=10$ 代入上式，就可得到预测值的点估计为 139.764 5 百台。需要注意的是，时间序号的表示虽有不同的方法，因而回归模型中的参数也会不同，但预测值是相同的。

在例 10－15 中，已得到我国城乡居民储蓄存款余额的趋势方程为：

$\hat{Y}=27\,675.788\,3\times1.164\,4^t=27\,675.788\,3\times1.164\,4^{11}=27\,675.788\,3\times5.334\,9=147\,647.563\,0$

若要预测 2020 年年末我国的城乡居民储蓄存款余额，只需将 $t=11$ 代入上式，就可得到预测值的点估计为 147 647.563 0 亿元。

三、时间数列的自相关性和自回归预测法

(一)时间数列的自相关性

时间是一个连续不断的过程，时间数列的指标随时间变化而变化，后期水平往往是在前

期水平基础上发展变化而来的，前后各期水平之间存在着某种依存关系。这种依存关系称为时间数列的自相关（autocorrelation）关系，对这种自相关关系程度的测定称为自相关系数。计算和分析自相关系数对识别时间数列的形态、建立和检验时间数列的自回归模型、通过前期数值计算后期数值或预测未来等都有着重要意义。

在第九章，公式（9－2）给出了样本相关系数的一般形式：

$$r=\frac{S_{xy}}{S_xS_y}=\frac{\sum(X-\bar{X})(Y-\bar{Y})}{\sqrt{\sum(X-\bar{X})^2}\sqrt{\sum(Y-\bar{Y})^2}}$$

$$=\frac{\sum XY-n\bar{X}\cdot\bar{Y}}{\sqrt{\sum X^2-n(\bar{X})^2}\sqrt{\sum Y^2-n(\bar{Y})^2}}=\frac{\overline{XY}-\bar{X}\cdot\bar{Y}}{\sqrt{\overline{X^2}-\bar{X}^2}\sqrt{\overline{Y^2}-\bar{Y}^2}} \tag{10-14}$$

现在，设 $y_1,y_2,\cdots,y_t,\cdots,y_n$ 为一个时间数列 Y 的 n 个观察值。把前后相邻两期的观察值一一配对，便有（$n-1$）对数据，即（y_1,y_2），（y_2,y_3），$\cdots$，（y_t,y_{t+1}），$\cdots$，（y_{n-1},y_n）。把前期观察值作为自变量，把后期观察值作为因变量，相邻两期的相关系数用 r_1 表示，其计算公式为：

$$r_1=\frac{\sum_{t=1}^{n-1}(y_t-\bar{y}_t)(y_{t+1}-\bar{y}_{t+1})}{\sqrt{\sum_{t=1}^{n-1}(y_t-\bar{y}_t)^2}\sqrt{\sum_{t=1}^{n-1}(y_{t+1}-\bar{y}_{t+1})^2}}=\frac{\overline{y_ty_{t+1}}-\bar{y}_t\cdot\bar{y}_{t+1}}{S_t\cdot S_{t+1}} \tag{10-15}$$

式中，$\bar{y}_t$ 为 y_1 到 y_{n-1} 共 $n-1$ 个观察值的均值，$\bar{y}_{t+1}$ 为 y_2 到 y_n 共 $n-1$ 个观察值的均值。

r_1 是对前后相邻观察值相关关系的测定，称为时间延迟为 1 的自相关系数。还可以把时间数列中每间隔一期的数据一一成对，组成（$n-2$）对数据，即（y_1,y_3），（y_2,y_4），$\cdots$，（y_t,y_{t+2}），$\cdots$，（y_{n-2},y_n）。它们的相关系数用 r_2 表示。计算公式为：

$$r_2=\frac{\sum_{t=1}^{n-2}(y_t-\bar{y}_t)(y_{t+2}-\bar{y}_{t+2})}{\sqrt{\sum_{t=1}^{n-2}(y_t-\bar{y}_t)^2}\sqrt{\sum_{t=1}^{n-2}(y_{t+2}-\bar{y}_{t+2})^2}} \tag{10-16}$$

式中，$\bar{y}_t$ 为 y_1 到 y_{n-2} 共 $n-2$ 个观察值的均值，$\bar{y}_{t+2}$ 为 y_3 到 y_n 共 $n-2$ 个观察值的均值。

r_2 是对时间数列中 t 时期观察值和 $t+2$ 时期观察值相关程度的测定，称为时间延迟为 2 的自相关系数。类似地，可以计算时间延迟为 k 的自相关系数。

$$r_k=\frac{\sum_{t=1}^{n-k}(y_t-\bar{y}_t)(y_{t+k}-\bar{y}_{t+k})}{\sqrt{\sum_{t=1}^{n-k}(y_t-\bar{y}_t)^2}\sqrt{\sum_{t=1}^{n-k}(y_{t+k}-\bar{y}_{t+k})^2}} \tag{10-17}$$

式中，$\bar{y}_t$ 为 y_1 到 y_{n-k} 共 $n-k$ 个观察值的均值，$\bar{y}_{t+k}$ 为 y_{k+1} 到 y_n 共 $n-k$ 个观察值的均值。

自相关系数同两个变量的线性相关系数一样，取值为－1～1，也即 $|r_k|\leqslant 1$。

【例 10－21】 某地区 2017—2019 年广义货币供应量（货币和准货币 M2）的月度时序资料如表 10－28 所示，计算自相关系数 r_1,r_2,r_3,r_4。

表 10-28　　某地区 2017—2019 年货币和准货币的月度时序资料　　单位:亿元

月份年度	1	2	3	4	5	6	7	8	9	10	11	12
2017	1 596	1 609	1 641	1 646	1 660	1 696	1 709	1 733	1 770	1 773	1 797	1 850
2018	1 905	1 901	1 945	1 961	1 995	2 049	2 062	2 106	2 136	2 145	2 164	2 212
2019	2 251	2 270	2 317	2 336	2 348	2 384	2 381	2 397	2 438	2 437	2 471	2 532

解:先把表 10-28 的数据整理成表 10-29,表中的第(3)(4)(5)栏分别是 Y_t 前 1,2,3 期的数据。

表 10-29　　某地区 2017—2019 年货币和准货币的计算表

(1)时间序号 t	(2)Y_t	(3)Y_{t-1}	(4)Y_{t-2}	(5)Y_{t-3}
1	1 596	—	—	—
2	1 609	1 596	—	—
3	1 641	1 609	1 596	—
4	1 646	1 641	1 609	1 596
5	1 660	1 646	1 641	1 609
6	1 696	1 660	1 646	1 641
7	1 709	1 696	1 660	1 646
8	1 733	1 709	1 696	1 660
9	1 770	1 733	1 709	1 696
10	1 773	1 770	1 733	1 709
11	1 797	1 773	1 770	1 733
12	1 850	1 797	1 773	1 770
13	1 905	1 850	1 797	1 773
14	1 901	1 905	1 850	1 797
15	1 945	1 901	1 905	1 850
16	1 961	1 945	1 901	1 905
17	1 995	1 961	1 945	1 901
18	2 049	1 995	1 961	1 945
19	2 062	2 049	1 995	1 961
20	2 106	2 062	2 049	1 995
21	2 136	2 106	2 062	2 049
22	2 145	2 136	2 106	2 062
23	2 164	2 145	2 136	2 106
24	2 212	2 164	2 145	2 136
25	2 251	2 212	2 164	2 145
26	2 270	2 251	2 212	2 164
27	2 317	2 270	2 251	2 212
28	2 336	2 317	2 270	2 251
29	2 348	2 336	2 317	2 270

续表

(1)时间序号 t	(2)Y_t	(3)Y_{t-1}	(4)Y_{t-2}	(5)Y_{t-3}
30	2 384	2 348	2 336	2 317
31	2 381	2 384	2 348	2 336
32	2 397	2 381	2 384	2 348
33	2 438	2 397	2 381	2 384
34	2 437	2 438	2 397	2 381
35	2 471	2 437	2 438	2 397
36	2 532	2 471	2 437	2 438

根据公式(10－17)及表 10－29 第(2)(3)(4)(5)栏的数据，计算自相关系数 r_1，r_2，r_3，r_4 分别为 0.998 0，0.996 9，0.996 7，0.994 4。

利用时间数列自相关系数，可以对本章第一节提及的时间数列性质和特征做出判别。判别的准则是：

(1)如果一个时间数列所有的自相关系数 $r_1,r_2,\cdots,r_k$ 都近似地等于零，表明该时间数列属于随机性时间数列。

(2)如果一个时间数列的第一个自相关系数 r_1 比较大，r_2，r_3 渐次减小，从 r_4 开始趋近于零，表明该时间数列不存在某种趋势或周期性的变化，表现比较平稳。

(3)如果一个时间数列的自相关系数 r_1 最大，r_2，r_3 等多个自相关系数逐渐递减但不为零，表明该时间数列有着某种趋势。如上例中的自相关系数就反映了数列中存在明显的上升趋势。

(4)如果一个时间数列的自相关系数出现周期性的变化，每间隔若干个便有一个高峰，表明该时间数列是季节性时间数列。

(二)自相关系数的显著性检验

在第九章介绍回归模型的性质时，曾指出模型中的误差项 ε 有几个基本的假定：ε 是服从于数学期望为零、方差相同且 $\sigma_\varepsilon^2=\sigma^2$ 的正态分布的随机变量，对应于不同自变量的取值，ε 彼此独立。这些基本假设是运用最小二乘法估计回归模型参数的理论前提。对于用时间数列资料构造的回归模型，由于前后各期数值可能存在某种程度的自相关，回归模型的误差项也就可能不符合上述基本假设。这样，用最小二乘法估计的回归方程的参数就不具有最小方差的性质，t 检验和 F 检验也就无效；用这样的回归方程进行估计和预测也不准确。因此，在建立时间数列的回归模型之前，首先要通过因变量的自相关系数的显著性检验。

自相关系数检验的假设为：$H_0:\rho=0$；$H_1:\rho\neq 0$。

根据第六章抽样分布的理论，从一个自相关系数为零的时间数列总体中随机抽样，得到的样本自相关系数的抽样分布服从于均值为零、方差为 $1/n$ 的正态分布。据此，可在一定的显著性水平下构造一个置信度为$(1-\alpha)$的自相关系数的置信区间：

$$0\pm Z_{\alpha/2}\frac{1}{\sqrt{n}} \tag{10-18}$$

如果时间滞后 $1,2,\cdots,k$ 的自相关系数大部分落在置信区间内，便可接受原假设，认为该时间数列回归模型的误差项符合独立性的要求。如果这些自相关系数大部分落在置信区间之外，则必须在回归模型的自变量中加入前期的因变量，建立自回归模型。

如在例 10－21 中，已经计算得到自相关系数 r_1、r_2、r_3、r_4 分别为 0.998 0，0.996 9，0.996 7，0.994 4，并且 $n=36$。若 α 取 0.05，$Z_{\alpha/2}=1.96$，根据公式(10－18)，有：

$$0\pm Z_{\alpha/2}\frac{1}{\sqrt{n}}=0\pm 1.96\frac{1}{\sqrt{36}}=0\pm 0.326\ 7$$

显然，某地区 2009—2011 年广义货币供应量存在着非常显著的自相关关系，所以适用自回归预测法。

(三)自回归预测法

当时间数列存在一定程度的自相关时，就可以建立时间数列的自回归模型，通过前期数值计算后期数值或预测未来，这就是自回归预测方法。

自回归模型(auto-regression)也有线性和非线性之分。例如，当用 Y_{t-1} 预测 Y_t 和用 Y_{t-1}、Y_{t-2} 预测 Y_t 时，线性自回归模型分别为：

$$\hat{Y}_t=b_0+b_1Y_{t-1} \tag{10-19}$$

$$\hat{Y}_t=b_0+b_1Y_{t-1}+b_2Y_{t-2} \tag{10-20}$$

上式分别称为一级线性自回归模型和二级线性自回归模型。一般 n 级线性自回归模型为：

$$\hat{Y}_t=b_0+b_1Y_{t-1}+b_2Y_{t-2}+\cdots+b_nY_{t-n} \tag{10-21}$$

当时间数列相继数值是二次方的函数时，就要拟合二次曲线的自回归模型：

$$\hat{Y}_t=b_0+b_1Y_{t-1}+b_2Y_{t-1}^2 \tag{10-22}$$

$b_0,b_1,b_2,\cdots,b_n$ 均为参数，用最小平方法求解参数，可以确定预测模型。

【例 10－22】 根据例 10－21 某地区 2009—2011 年广义货币供应量(货币和准货币 M2)的月度时序资料，确定自回归模型，并据此模型对我国 2012 年 1 月份的广义货币供应量进行预测。

解：根据表 10－29 第(2)(3)栏的数据，用 Excel 回归分析工具可得到表 10－30 的结果。

表 10－30　某地区 2009—2011 年广义货币供应量一元线性自回归分析结果

回归统计					
Multiple R	0.998 039				
R Square	0.996 083				
Adjusted R Square	0.995 964				
标准误差	18.173 95				
观测值	35				
方差分析					
	df	SS	MS	F	Significance F
回归分析	1	2 771 443	2 771 443	8 390.88	2.66E−41
残差	33	10 899.65	330.292 3		
总计	34	2 782 343			
	Coefficients	标准误差	t Stat	P-value	
Intercept	17.324 52	22.487 57	0.770 405	0.446 541	
X Variable 1	1.004 637	0.010 967	91.601 75	2.66E−41	

即建立的一元线性自回归模型为：

$\hat{Y}_t = 17.3245 + 1.0046 Y_{t-1}$

显然，按照第九章的判断方法，此模型的 t 检验和 F 检验都是非常显著的。但这个自回归模型用于预测是否有效，还必须通过回归模型的自相关显著性检验才能确定。

实际工作中，常用的回归模型的自相关显著性检验方法是采用杜宾—沃森检验(Durbin-Watson test)。检验统计量为：

$$d = \frac{\sum_{t=2}^{n}(e_t - e_{t-1})^2}{\sum_{t=1}^{n} e_t^2} \tag{10-23}$$

其中，e_t、e_{t-1} 分别为样本第 t 期、第 $t-1$ 期的误差项。根据给定的显著性水平 α，样本容量 n 和自回归阶数 k，查 D－W 统计量临界值表(见书后附表 6)便可做出判断。检验规则可参考下列 D－W 检验临界区域图(见图 10－8)。

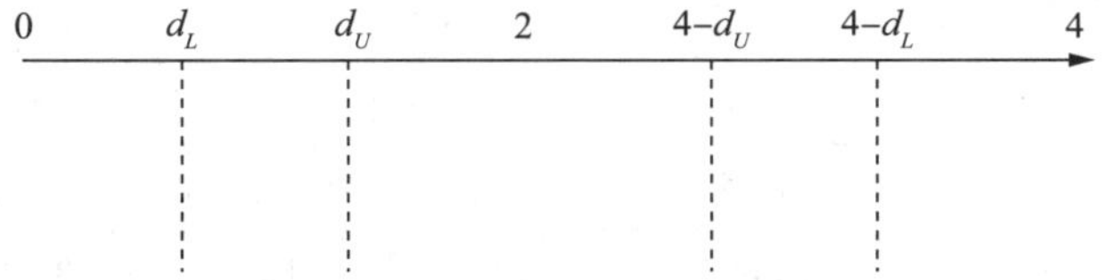

图 10－8　D－W 检验临界区域图

图 10－8 表示：

若 $d < d_L$，则误差项 ε 存在正自相关；

若 $d > 4 - d_L$，则误差项 ε 存在负自相关；

若 $d_U < d < 4 - d_U$，则误差项 ε 无自相关；

若 $d_L < d < d_U$ 或 $4 - d_U < d < 4 - d_L$，则不能确定 ε 是否存在自相关。

当 d 值落在“不能确定”范围时，应增加样本容量或重新抽取样本进行检验。

在例 10－22 中，已建立一元线性自回归模型：

$\hat{Y}_t = 17.3245 + 1.0046 Y_{t-1}$

现在用 D－W 统计量来检验此模型是否已消除自相关的影响。在表 10－29 数据的基础上，可以计算表 10－31 的数据。

表 10－31　　根据表 10－29 的数据计算的数据

t	Y_t	Y_{t-1}	$\hat{Y}_t$	$e_t = Y_t - \hat{Y}_t$	e_t^2	e_{t-1}	$e_t - e_{t-1}$	$(e_t - e_{t-1})^2$
1	1 596	—	—	—	—	—	—	—
2	1 609	1 596	1 620.725	−11.725	137.475 9	—	—	—
3	1 641	1 609	1 633.785	7.214 708	52.052 01	−11.725	18.939 72	358.713
4	1 646	1 641	1 665.934	−19.933 7	397.351 3	7.214 708	−27.148 4	737.034 6
5	1 660	1 646	1 670.957	−10.956 9	120.052 7	−19.933 7	8.976 816	80.583 22
6	1 696	1 660	1 685.022	10.978 23	120.521 5	−10.956 9	21.935 08	481.147 9

续表

t	Y_t	Y_{t-1}	$\hat{Y}_t$	$e_t = Y_t - \hat{Y}_t$	e_t^2	e_{t-1}	$e_t - e_{t-1}$	$(e_t - e_{t-1})^2$
7	1 709	1 696	1 721.189	−12.188 7	148.564 5	10.978 23	−23.166 9	536.706 6
8	1 733	1 709	1 734.249	−1.248 98	1.559 955	−12.188 7	10.939 72	119.677 5
9	1 770	1 733	1 758.36	11.639 73	135.483 4	−1.248 98	12.888 71	166.119
10	1 773	1 770	1 795.532	−22.531 8	507.683 5	11.639 73	−34.171 6	1 167.696
11	1 797	1 773	1 798.546	−1.545 74	2.389 321	−22.531 8	20.986 09	440.415 9
12	1 850	1 797	1 822.657	27.342 97	747.638 1	−1.545 74	28.888 71	834.557 8
13	1 905	1 850	1 875.903	29.097 22	846.648	27.342 97	1.7542 44	3.077 374
14	1 901	1 905	1 931.158	−30.157 8	909.493 7	29.097 22	−59.255	3 511.159
15	1 945	1 901	1 927.139	17.860 73	319.005 8	−30.157 8	48.018 55	2 305.781
16	1 961	1 945	1 971.343	−10.343 3	106.983 6	17.860 73	−28.204	795.466 9
17	1 995	1 961	1 987.417	7.582 521	57.494 62	−10.343 3	17.925 81	321.334 7
18	2 049	1 995	2 021.575	27.424 87	752.123 3	7.582 521	19.842 35	393.718 7
19	2 062	2 049	2 075.826	−13.825 5	191.145 2	27.424 87	−41.250 4	1 701.595
20	2 106	2 062	2 088.886	17.114 19	292.895 6	−13.825 5	30.939 72	957.266 3
21	2 136	2 106	2 133.09	2.910 17	8.469 092	17.114 19	−14.204	201.754 3
22	2 145	2 136	2 163.229	−18.228 9	332.294 1	2.910 17	−21.139 1	446.861 8
23	2 164	2 145	2 172.271	−8.270 67	68.403 96	−18.228 9	9.958 268	99.167 1
24	2 212	2 164	2 191.359	20.641 23	426.060 4	−8.270 67	28.911 9	835.897 9
25	2 251	2 212	2 239.581	11.418 66	130.385 8	20.641 23	−9.222 57	85.055 82
26	2 270	2 251	2 278.762	−8.762 18	76.775 79	11.418 66	−20.180 8	407.266 3
27	2 317	2 270	2 297.85	19.149 72	366.711 8	−8.762 18	27.911 9	779.074 1
28	2 336	2 317	2 345.068	−9.068 21	82.232 52	19.149 72	−28.217 9	796.251 8
29	2 348	2 336	2 364.156	−16.156 3	261.026 5	−9.068 21	−7.088 1	50.241 18
30	2 384	2 348	2 376.212	7.788 041	60.653 59	−16.156 3	23.944 36	573.332 2
31	2 381	2 384	2 412.379	−31.378 9	984.634 5	7.788 041	−39.166 9	1 534.048
32	2 397	2 381	2 409.365	−12.365	152.892 6	−31.378 9	19.013 91	361.528 8
33	2 438	2 397	2 425.439	12.560 83	157.774 5	−12.365	24.925 81	621.296
34	2 437	2 438	2 466.629	−29.629 3	877.894 2	12.560 83	−42.190 1	1 780.006
35	2 471	2 437	2 465.625	5.375 358	28.894 47	−29.629 3	35.004 64	1 225.325
36	2 532	2 471	2 499.782	32.217 7	1 037.98	5.375 358	26.842 35	720.511 5
合计					10 899.65			25 429.67

根据公式(10－23)及表 10－31 中的合计数,检验统计量:

$$d=\frac{\sum_{t=2}^{n}(e_t-e_{t-1})^2}{\sum_{t=1}^{n}e_t^2}=\frac{25\ 439.67}{10\ 899.65}=2.33$$

若取 $\alpha=0.05$，再根据 $n=36$，$k=1$（自变量的个数），查 D－W 临界值表，得知 $d_L=1.41$，$d_U=1.52$。显然 $2.33<4-1.52=2.48$，所以自回归模型：

$$\hat{Y}_t=17.324\ 5+1.004\ 6Y_{t-1}$$

已基本剔除了自相关的影响，用于预测是有效的。现要预测我国 2005 年 1 月份的广义货币供应量，只需将 2004 年 12 月份的实际货币供应量 2 532 亿元代入以上自回归模型，即可预测我国 2005 年 1 月份的广义货币供应量为 2 560.97 亿元。

关键术语

时间序列 time series

时间数列分析 time series analysis

长期趋势 secular trend

季节变动 seasonal fluctuation

随机变动 irregular or random variation

自相关 autocorrelation

指数平滑 exponential smoothing

循环波动 cyclical variation

预测 forecast

自回归模型 autoregressive model

移动平均 moving averages

杜宾—沃森检验 Durbin-Watson test

思考与练习

一、思考题

1. 时期数列和时点数列有哪些不同特点？

2. 简述定基发展速度和环比发展速度二者之间的关系。定基增长速度与环比增长速度之间也存在这样的关系吗？

3. 时间序列的水平分析指标和速度分析指标各有哪些？各分析什么问题？如何计算？

4. 长期趋势测定的时距扩大法、移动平均法和数学模型法各自的特点是什么？

5. 时间序列采用最小二乘法的主要优点及应用条件是什么？

6. 影响时间序列变动的因素有哪些？它们是如何影响的？怎样理解时间数列变动因素结合的加法模式和乘法模式？

7. 怎样测定长期趋势和季节变动？怎样测定循环变动和不规则变动？

8. 时间数列预测方法的主要特点是什么？常用的基本预测方法有哪几种？各有什么特点？

二、计算题

1. 某商店 2015 年商品库存额（单位：万元）资料如下表所示：

日期	1 月 1 日	4 月 1 日	9 月 1 日	12 月 31 日
商品库存额	46	40	38	54

要求：计算该商店全年平均商品库存额。

2. 某企业1—7月的资料如下表所示：

月份	1	2	3	4	5	6	7
销售产值(万元)	84	102	90	92	91	94	—
期初职工人数(人)	100	98	100	103	105	105	110
其中,工人数(人)	68	60	68	72	75	75	80

要求：

(1)计算上半年月平均销售产值和平均职工人数；

(2)计算上半年月平均全员劳动生产率、上半年的全员劳动生产率和上半年职工构成指标；

(3)根据有关动态指标,对该企业第一、二季度变化做出分析评价。

3. 根据美国中央情报局(CIA)报道,2011年底美国GDP为15.924 184万亿美元,中国GDP为7.426 09万亿美元,如果我国保持7%的经济增长率,美国保持2%的经济增长率,其他条件不变。试问：

(1)中国的GDP多少年以后能赶上美国?

(2)如果中国的GDP能赶上美国的那年,人口控制在14亿内,那时人均国民生产值将达到多少美元?

4. 某公司2010—2015年各年利润额(万元)资料如下表所示：

年份	2010	2011	2012	2013	2014	2015
利润额	650	748	795	810	860	910

试计算：

(1)逐期增长量和累计增长量；

(2)环比发展速度和定基发展速度；

(3)环比增长速度和定基增长速度；

(4)平均发展水平和平均增长量；

(5)平均发展速度和平均增长速度。

5. 某企业2000—2015年产品产量资料如下表所示：

年份	产量	年份	产量
2000	307	2008	496
2001	344	2009	522
2002	416	2010	580
2003	435	2011	580
2004	440	2012	569
2005	450	2013	548
2006	468	2014	580
2007	486	2015	629

要求：

(1)三项移动平均修匀。

(2)对修匀后的数据用最小二乘法配合直线趋势方程，并据以计算各年的趋势值。

(3)预测 2016 年该企业的产品产量。

6. 已知资料如下表所示：

年份	销售量(万件)	年份	销售量(万件)
1998	16.86	2007	64.45
1999	17.96	2008	70.01
2000	25.29	2009	79.96
2001	35.33	2010	89.45
2002	46.66	2011	97.18
2003	53.12	2012	105.92
2004	44.62	2013	119.04
2005	50.87	2014	119.62
2006	53.57	2015	113.45

要求：

(1)绘制时间数列趋势图，并用最小二乘法拟合一条趋势直线。

(2)采用移动平均法对时间数列进行修匀(移动平均长度 n 取 7 年)。

7. 某商店 2012—2015 年各季度电热毯销售量(单位：百件)资料如下表所示：

季度年份	一季度	二季度	三季度	四季度
2012	30	10	15	76
2013	42	14	20	92
2014	50	20	30	100
2015	62	28	47	116

要求：

(1)用移动平均法修匀数列；

(2)拟合线性模型，测定数列的长期趋势；

(3)用按季平均法和趋势剔除法测定数列的季节变动，并加以比较，说明差异情况及原因；

(4)根据(2)(3)的计算结果预测 2016 年各季度的销售量。

8. 某地百货商场连续 16 个月的销售额资料如下：

时间 t	1	2	3	4	5	6	7	8	9	10	11	12	13	14	15	16
销售额(万元)	97	95	95	92	95	95	98	97	99	95	95	96	97	98	94	95

要求:选择适当的修正常数 α,建立单项指数平滑预测模型,预测下个月的销售额。

9. 某地2006—2014年羊毛衫销售量资料如下:

年份	2006	2007	2008	2009	2010	2011	2012	2013	2014
销售量(万件)	165	270	450	740	1 220	2 010	3 120	5 460	9 000

要求:

(1)确定该时间数列的曲线特征,拟合适当的趋势模型;

(2)预测2015年的销售量。

10. 某地连续16年工业总产值资料如下:

时间 t	1	2	3	4	5	6	7	8	9	10	11	12	13	14	15	16
工业总产值(亿元)	71	79	89	97	109	108	118	123	129	132	134	146	158	163	172	181

要求:

(1)用自相关分析判断该时间数列的性质;

(2)拟合一级自回归模型,并对模型加以检验($\alpha=0.05$);

(3)用自回归模型预测下一年的产值。

11. 增加家庭户的订阅量是增加报纸总发行量的一个重要部分。某晚报营销部门被要求对报纸发行部分进行监测,并要求对家庭户订阅量进行预测。为了达到这个目标,收集了过去两年家庭户报纸订阅量的数据,见下表:

年度	月份	报纸订阅量(份)	年度	月份	报纸订阅量(份)
2014	1	75 327	2015	13	90 507
	2	77 116		14	91 927
	3	79 341		15	93 878
	4	80 893		16	94 784
	5	82 326		17	96 109
	6	82 879		18	97 189
	7	84 006		19	97 899
	8	85 119		20	99 208
	9	86 182		21	100 537
	10	87 418		22	102 028
	11	88 063		23	103 977
	12	89 444		24	106 375

要求:

(1)分析这些数据并构造一个预测未来家庭户订阅量的统计模型,说明模型的假设和缺点。

(2)预测未来2个月的家庭户报纸订阅量。

(3)试用构建的模型预测一年后的家庭户报纸订阅量。

第十一章
指数分析

引　言

“指数”一词有两种不同的含义：一种是数学中的指数（exponent），如指数曲线、指数平滑等；另一种就是本章要介绍的统计指数（statistical index）。统计指数（以下简称指数）是社会经济统计中历史最悠久、应用最广泛，并且同社会经济生活关系最密切的一个组成部分。它产生于18世纪欧洲资本主义迅速发展时期。当时由于美洲新大陆的开发，大批金银贵金属源源不断输入，欧洲物价骤然上涨，引起社会普遍关注。经济学家为了测定物价的变动，开始尝试编制物价指数。此后两百多年，指数的应用和理论不断发展，逐步扩展到工业生产、进出口贸易、铁路运输、工资、成本、生活费用、股票证券等各个方面。其中有些指数，如零售商品价格指数、居民消费价格指数，同人们的日常生活休戚相关；有些指数，如生产资料价格指数、股票价格指数等，则直接影响人们的投资活动，成为社会经济的“晴雨表”。至今，指数不仅是分析社会经济和景气预测的重要工具，而且还被应用于经济效益、生活质量、综合国力、社会发展水平的综合评价研究。

面对今天的社会经济现状，在社会养老金、社会保障的补贴标准、个人收入调节税起征点确定，以及经济纠纷债权债务的清偿等诸多方面都面临着一个指数化的问题。通过本章的学习，可以理解指数的内涵，掌握指数的计算方法，会用指数分析的手段来说明社会上一些经济现象的数量变动情况和变动原因。

历史上最早使用指数的是英国人**赖斯·沃汉**（Rice Vaughan）。1675年，他以1352年为基年比较了1650年的物价。后来指数概念运用到经济领域各个方面，指数的概念和使用范围也得以扩展。现在反映各种动态的相对数都称为指数，如物价指数、生产指数、贸易指数、消费水平指数等。

第一节　统计指数的概述

指数作为一种对比性的统计指标具有相对数的形式，通常表现为百分数。它表明若把作为对比基准的水平（基数）视为100，则所要考察的现象水平相当于基数的多少。譬如，已知某年全国的零售物价指数为105%，这就表示：若将基期年份（通常为上年）的一般价格水平看成100%，则当年全国的价格水平就相当于基年的105%，或者说，当年的价格上涨了5%。从对比性质来看，指数通常是不同时间的现象水平的对比，它表明现象在时间上的变动情况(动态)。此外,指数还可以是不同空间(如不同国家、地区、部门、企业等)的现象水平的对比,或者是现象的实际水平与计划(规划或目标)水平的对比,这些可以看成是动态对比指数方法的拓展。可见,指数在经济分析上具有十分广阔的应用领域。

一、统计指数的概念

有一本原版外文专著里有这样一条消息:中世纪的英国法律对凡偷窃 12 英镑的人将处以极刑。然而若干年后,当一个小偷恰好犯了 12 英镑起点的偷窃罪后,却没有招致灭顶之灾。这是为什么呢?

统计指数也称经济指数(简称指数),是社会经济统计中常用的一种重要方法。它产生于 18 世纪,最早是用于测定物价的变动,并由最初计算一种商品的价格变动,逐渐扩展到计算多种商品价格的综合变动。

先来看两个比较简单的例子。

【例 11-1】 英国 1700 年与 1710 年的面包价格分别是 1 便士一片和 1.2 便士一片,则 1710 年的面包价格相对于 1700 年的相对数是 1.2/1=120%。

【例 11-2】 A 地区人口数是 100 万,B 地区人口数是 80 万,则 A 地区人口相对于 B 地区人口的相对数是 100/80=125%。

迄今为止,统计指数的概念有广义和狭义两种理解。

广义指数,即说明同类现象变动情况的相对数,以上两类现象总体数量变动的相对数都是广义指数。因此,第五章讨论过的相对数,如结构相对数、比例相对数等都属于广义指数。

狭义指数,是指用来综合反映所研究社会经济现象复杂总体数量变动状况的相对数。从指数的理论与方法上看,其研究对象主要是狭义指数。因此,本章就是讨论狭义指数的编制以及利用指数法原理对社会经济现象数量变动的因素进行分析。

为了正确应用指数的统计方法,首先应该明确指数的性质。概括下来,统计指数具有以下几个基本性质和特点:

(1)相对性。统计指数通常以相对数的形式表示,它可以度量一个变量在不同时间或不同空间的相对变化,如一种商品的价格指数或数量指数,这种指数称为个体指数;它也可以用于反映一组变量的综合变动,如消费价格指数反映了一组指定商品和服务的价格变动水平,这种指数称为综合指数。总体变量在不同时间上对比形成的指数称为时间性指数,在不同空间上对比形成的指数称为区域性指数。

(2)综合性。反映复杂现象的统计指数具有综合的性质,它综合地反映了复杂现象总体的数量变化关系。复杂现象总体的数量变化常常受许多因素的影响。例如,受多种因素的影响,各种商品价格变动的方向和幅度经常是不一致的,有些商品价格上涨,有些商品价格下跌,而且上涨与下跌的幅度也不一样。商品价格总指数是各种商品价格综合影响变动的结果。

(3)平均性。反映复杂现象的统计指数具有平均的性质,它反映复杂现象总体中各个单位变动的平均水平。就商品综合价格指数而言,它所表明的是各种商品价格变动的平均水平。

二、指数的分类

为了满足理论研究和实际应用的需要,有必要区分指数的不同种类。从不同的角度,统计指数可以划分为不同的种类。

（一）按所反映的对象范围不同，可分为个体指数与总指数

个体指数是反映单个现象或单个事物变动的相对数，如电冰箱产量指数、纯棉白布每米价格指数等。

总指数（general index）是综合反映整个复杂经济现象总体变化情况的相对数，如零售商品物价总指数、农产品产量总指数等。

在个体指数与总指数之间，还有组指数（或类指数），这些组（类）指数用来说明复杂经济现象总体中某一组（类）要素的变动。编制组（类）指数先要对事物进行分组，如全部零售商品分为食品类、衣着类等，然后计算反映某一类商品价格综合变动的价格组（类）指数，其编制原理与方法与总指数相同，只是反映的对象范围比总指数小一些。

（二）按指数指标的性质不同，可分为数量指数与质量指数

数量指数反映生产、经营管理工作的规模、数量，如商品销售量指数、产品产量指数。

质量指数则说明生产、经营管理工作的质量，其表现形式一般是相对数或平均数，如物价指数、产品成本指数、劳动生产率指数等。这两种指数各有不同的编制原则和方法。

（三）在指数数列中，根据对比时使用的基期不同，可分为定基指数与环比指数

指数的编制一般是连续进行的，因而依据时间先后形成指数数列。指数数列中每一个指数都以同一时期为基期，则为定基指数；如果每一个指数都以指数所属时期之前一期为基期，则为环比指数。二者各有不同的作用，可以根据研究问题的需要选择使用。

（四）按编制任务的不同，可分为动态指数与静态指数

指数本来的含义都是指动态指数，这是由两个不同时间上的经济量对比而形成的，反映社会经济现象在不同时间上的发展变化。由于实际应用中的发展，指数还包括静态指数。所谓静态指数，是指两个经济量在同一时间内不同空间上的对比，或者实际数与计划数的对比。例如，同一年内甲地工业劳动生产率与乙地对比，即为工业劳动生产率（静态）指数。

（五）按常用的计算总指数的方法或形式，可分为综合指数与平均指数

综合指数是指从数量上表明不能直接相加的社会经济现象的总指数。

平均指数是指以个体指数为基础，采取平均形式编制的总指数。

三、统计指数的作用

了解指数的概念及种类后，有必要对指数作用进行概括。统计指数的主要作用有：

(1)综合反映复杂现象总体数量关系的变动方向和变动程度。这是指数的主要作用。指数的首要任务，就是把不能直接加总的现象过渡到可以加总对比，从而反映复杂经济现象的总变动方向及变动幅度。指数一般都是用百分比表示的相对数。这个百分比大于或小于100%，表示升降变动的方向；比100%大多少或小多少，表示升降变动的程度。例如，我国2001年居民消费价格指数为100.7%，表示多种消费品价格有升有降，总的来说，价格变动的方向是上升了，上涨的程度为0.7%。

(2)分析现象总体变动中受各个因素变动的影响程度。社会经济现象的变动，往往是由许多因素所决定的。例如：

商品销售额＝商品销售量×商品价格

产品总成本＝产品产量×单位成本

利税额＝销售量×销售价格×利税率

指数可以分析商品销售额变动中受商品销售量和价格变动的影响各是多少，产品总成本的变动中受产品产量和单位成本变动的影响各是多少,等等。等式左边的商品销售额等指标是受多因素影响的指标,等式右边的指标则是因素指标。

(3)分析研究社会经济现象在长时间内的发展变化趋势。利用连续编制的动态指数数列,可以进行长时间的现象发展趋势分析。例如,根据1990—2012年共23年的零售商品价格资料,编制22个环比价格指数,从而构成价格指数数列。这样就可以揭示价格的变动趋势,研究物价变动对经济建设和人民生活水平的影响程度。此外,利用统计指数还可以进行地区经济综合评价、对比,研究计划执行情况。

第二节 综合指数

总指数有两种形式:综合指数和平均指数。这一节将介绍综合指数的编制方法。

一、综合指数概述及编制原理

(一)综合指数概述

综合指数(aggregate method)是总指数的基本形式,是由两个总量指标对比形成的指数。凡是一个总量指标可以分解为两个或两个以上因素指标的乘积时,将其中一个或一个以上的因素指标固定下来,仅观察其中一个因素指标的变动程度,这样的总指数就称为综合指数。例如,商品销售额是由商品销售量和商品价格两个因素构成的,如果研究商品价格的变动情况,就要把商品销售量固定下来。原材料费用总额是由产品产量、单位产品原材料消耗量和单位原材料价格三个因素构成的,如果要研究产品产量的变动程度,就要把单位产品原材料消耗量和单位原材料价格固定下来,这些都属于综合指数。

(二)综合指数的编制原理

综合指数的编制方式是:先综合,后对比。先综合,就是将复杂现象总体中不能直接加总的不同度量现象,如不同使用价值的各种商品或产品的总体,通过同度量因素的加入,转化为同度量现象,过渡到能够加总、综合的价值指标;后对比,就是将转化为同度量现象的两个时期的价值指标进行对比,并且用来对比的两个时期的价值指标中所加入的同度量因素必须令其固定在同一时期的水平上。这样,对比结果得出的总指数就是所要研究的现象综合变动的程度。

由此可见,综合指数编制的特点有两个:

1. 使用同度量因素

所谓同度量因素,就是在计算总指数时,把不能直接相加的指标过渡到能够相加的指标的媒介因素。在编制综合指数时,就是通过对现象的内在联系进行分析,来确定与所要研究的现象即指数化指标相联系的因素,从而加入这个因素——同度量因素,把各种商品或产品的不同使用价值量转换为价值量。例如,在分析各种不同使用价值的产品产量总变动时,可以把各种产品产量分别乘以出厂价格或单位成本来计算生产总值或总成本(价值量);在分析各种产品的单位成本和价格的总变动时,要把它们分别乘以相应的产量,求得生产总值和总成本。这样,就可以对两个不同时期的生产总值或总成本进行对比分析。例如,某商店销售三种商品:苹果、橙子和草莓。由于这三种商品性质不同,其销售量不能直接相加,若把它们分别乘以各自的销售价格，就可以得到每种商品的销售额，各种商品的销售额相加即为这三种商品的销售总额。不同时期的销售总额便可以进行对比，在这里各种商品的销售价格便是同度量因素。另外，还需要说明：在一个复杂现象总量指标分解为两个因素的情况下，若要分析两者各自变化对总量的影响情况，它们通常互为对方的同度量因素。例如，商品销售量和商品销售价格是商品销售额总量的两个因素。若分析销售量变化对销售额的影响，则价格是销售量的同度量因素；若分析价格变化对销售额的影响，则销售量又是价格的同度量因素。

指数编制的这一特点表明指数化指标不是孤立的，而是在同其他指标相互联系中被观察研究的。指数化指标乘以与它有关的指标，即同度量因素，使得不同度量单位的现象总体转化为数量上可以加总，且客观上可以体现它在实际经济现象或过程中的份额或比重。所以，同指数化相联系的同度量因素又称指数权数，而权数乘上指数化指标的过程也称加权。

但是，指数化指标乘以同度量因素还没有解决上面所提出的分析各种产品产量或单位成本的综合变动的任务。解决了同度量和加权问题后所得的生产总值，其变动包括了产量与出厂价格两个因素的变动；总成本的变动，包括了产量与单位成本两个因素的变动。因此，产生了综合指数的第二个编制特点。

2. 将同度量因素所属时期加以固定

即对复杂现象总体所包括的两个或两个以上因素中的一个或一个以上因素（即同度量因素或权数）加以固定，以便消除其变化，进而测定所要研究的因素即指数化指标的变动。例如，若要观察价格变动，就需要将销售量假定不变；若要观察销售量变动，就需要将价格假定不变。但必须强调指出的是：在实际中，同度量因素有不同的时期可供选择。例如，商品价格作为同度量因素，有基期价格、报告期价格和某一固定时期价格等，选择不同时期的价格作为同度量因素具有不同的实际意义。那么，同度量因素所属的时期应该如何来确定呢？这要根据不同的研究对象和不同的研究目的来具体确定。

二、综合指数的编制方法

综合指数可分为数量指标综合指数和质量指标综合指数。根据前面所述综合指数研究对象的特点，综合指数的编制应该分为数量指标指数的编制和质量指标指数的编制，其编制原理与方法基本相同。

(一)数量指标指数的编制

数量指标指数是说明数量指标变动情况的综合指数，如商品销售量指数、产品产量指数等。现以商品销售量指数为例来说明数量指标指数的编制方法。

【例 11－3】 某商场销售三种商品，销售资料见表 11－1。

表 11－1　　**三种商品的销售情况**

商品名称	计量单位	商品销售量		价格(元)	
		基期 q_0	报告期 q_1	基期 p_0	报告期 p_1
甲	千克	2 000	2 400	9	8
乙	升	800	500	10	12
丙	台	400	600	160	200

根据表 11－1 的资料,可以分别编制三种产品的个体数量指数:

甲商品:$K_q=\dfrac{q_1}{q_0}=\dfrac{2\ 400}{2\ 000}=120\%$

乙商品:$K_q=\dfrac{q_1}{q_0}=\dfrac{500}{800}=62.5\%$

丙商品:$K_q=\dfrac{q_1}{q_0}=\dfrac{600}{400}=150\%$

从计算结果可以看出,甲、乙、丙三种商品销售量变化的方向和程度不完全一样,甲、丙两种商品分别增长 20%和 50%,而乙商品却下降了 37.5%。

从指数发展的历史来看,价格指数的编制方法主要有两种:

一种是德国经济学家拉斯贝尔(Laspeyres)于 1864 年提出的用基期数量加权计算的价格指数,这一指数简称拉氏指数。拉氏指数的优点是用基期数量做权数可以消除权数变动对指数的影响,从而使不同时期的价格指数具有可比性。

另一种是德国学者帕许(Paasche)于 1874 年提出的用报告期数量加权计算的价格指数,这一指数简称帕氏指数。

为了测定三种商品销售量的总变动,要以商品价格为同度量因素。从表 11－1 中可以看出,商品价格有基期价格和报告期价格两种,现分别以基期价格和报告期价格为同度量因素,可编制出两种不同的商品销售量综合指数。

1. 以基期价格为同度量因素

以基期价格为同度量因素,其目的是说明在价格水平不变的情况下,商品销售量的综合变动程度。用公式表示如下:

$$\overline{K}_q=\frac{\sum q_1p_0}{\sum q_0p_0} \tag{11-1}$$

把同度量因素固定在基期,最早是由德国经济学家拉斯贝尔在 1864 年提出的,故该公式又称拉斯贝尔数量指数公式。

将表 11－1 的资料代入公式(11－1),得:

$$\overline{K}_q=\frac{\sum q_1p_0}{\sum q_0p_0}=\frac{2\ 400\times 9+500\times 10+600\times 160}{2\ 000\times 9+800\times 10+400\times 160}=136.2\%$$

$$\sum q_1p_0-\sum q_0p_0=122\ 600-90\ 000=32\ 600(\text{元})$$

计算结果表明,在基期价格水平不变的情况下,三种商品的销售量平均上升了 36.2%;由于销售量的上升,该商店增加销售额 32 600 元。

2. 以报告期价格为同度量因素

以报告期价格为同度量因素,其目的是说明在报告期价格的条件下,商品销售量的综合变动程度。用公式表示如下:

$$\overline{K}_q=\frac{\sum q_1p_1}{\sum q_0p_1} \tag{11-2}$$

帕许(Paasche,1851—1925),又译派许,德国著名经济统计学家。1874 年,年仅 23 岁的帕许提出了“报告期加权综合指数”编制方法,人们将这种方法称为帕氏指数。

帕氏指数是指以报告期成交股数(或发行量)为权数的指数。目前世界上大多数股票指数都是帕氏指数,其同度量因素固定在报告期。

将表 11-1 的数据代入公式(11-2),得:

$$\overline{K}_q=\frac{\sum q_1p_1}{\sum q_0p_1}=\frac{2\ 400\times 8+500\times 12+600\times 200}{2\ 000\times 8+800\times 12+400\times 200}\times 100\%=137.5\%$$

$$\sum q_1p_1-\sum q_0p_1=145\ 200-105\ 600=39\ 600(\text{元})$$

计算结果表明,在报告期价格条件下,三种商品的销售量平均上升 37.5%,由于销售量的上升,该商店增加销售额 39 600 元。

以上两个指数公式的运算结果不一致,主要是由于采用不同时期的价格水平作为同度量因素所致。应指出的是,同度量因素除了媒介作用之外,在计算指数过程中,还起到权衡轻重的作用。既然由于选用同度量因素的不同所得出的指数数值也不同,这就产生了如何正确选择同度量因素的问题。这个问题是比较复杂的,必须做具体分析,现举例说明。

先研究拉斯贝尔数量指数公式,即公式(11-1):

$$\overline{K}_q=\frac{\sum q_1p_0}{\sum q_0p_0}$$

这个公式的优点在于用基期的价格 p_0 作权数,也就是假定价格未变动,使商品销售量总指数的计算过程中不受价格变动的影响,从而可以确切地反映销售量的变动;但这个公式也有缺点,就是容易脱离实际。因为随着生产技术的发展和劳动生产率的提高,新产品不断涌现,老产品常被淘汰或降价,公式中的分子 $\sum q_1p_0$ 仍是将报告期的商品销售量用基期价格来估值,脱离了报告期价格的实际情况,这就影响了指数的准确性。但是,从编制指数的基本任务上来看,由于该公式排除了价格变动的影响,单纯反映销售量的变动,所以,优点还是主要的。

再来考察帕许数量指数公式,即公式(11-2):

$$\overline{K}_q=\frac{\sum q_1p_1}{\sum q_0p_1}$$

这个公式以报告期的价格 p_1 作权数,避免了上述用基期作权数脱离报告期实际情况的缺点。但因为这里的价格不但是同度量因素,而且是权数,对于各种不同的销售量要起到权衡轻重的作用。这样,采用 p_1 作权数,就把价格由 p_0 到 p_1 的变动影响带到了指数中,因而该公式不但反映了销售量的变动,同时也包含了价格变动的影响。从编制销售量总指数的任务来看,应只反映销售量的综合变动,不应同时又反映价格因素的变动。

所以,编制数量指标综合指数时,一般使用基期的质量指标作为同度量因素。这是人们常用的方法。

(二)质量指标指数的编制

质量指标综合指数是说明总体在属性上数量变动的指数,如商品零售物价指数、成本指数、劳动生产率指数等。现仍以表 11-1 某商场三种商品价格为例,说明质量指标指数的编制。

如果只观察三种商品价格的个体指数,则分别为:

甲商品：$K_p=\frac{p_1}{p_0}=\frac{8}{9}=88.9\%$

乙商品：$K_p=\frac{p_1}{p_0}=\frac{12}{10}=120\%$

丙商品：$K_p=\frac{p_1}{p_0}=\frac{200}{160}=125\%$

计算结果表明，三种商品价格变动的方向和程度不完全一样，乙、丙商品分别上涨 20% 和 25%，而甲商品却下降了 11.1%。

为了测定三种商品价格的总变动情况，就必须以商品的销售量为同度量因素。从表 11-1 中可以看出：商品销售量有基期销售量和报告期销售量两种。现分别以基期销售量和报告期销售量为同度量因素，编制两个不同的商品价格综合指数公式。

1. 以基期销售量为同度量因素

以基期销售量为同度量因素，其目的是说明在销售量为基期的条件下，价格的综合变动程度。用公式表示如下：

$$\overline{K}_p=\frac{\sum p_1q_0}{\sum p_0q_0} \tag{11-3}$$

将表 11-1 的数据代入公式(11-3)，得：

$$\overline{K}_p=\frac{\sum p_1q_0}{\sum p_0q_0}=\frac{8\times 2\ 000+12\times 800+200\times 400}{9\times 2\ 000+10\times 800+160\times 400}\times 100\%=117.33\%$$

$$\sum p_1q_0-\sum p_0q_0=105\ 600-90\ 000=19\ 600(\text{元})$$

计算表明，三种商品价格总指数是 117.33%，即三种商品的价格平均上涨了 17.33%。由于价格上涨而增加的销售收入为 19 600 元。

2. 以报告期销售量为同度量因素

以报告期销售量为同度量因素，其目的是说明在报告期销售量条件下的价格综合变动情况。用公式表示如下：

$$\overline{K}_p=\frac{\sum p_1q_1}{\sum p_0q_1} \tag{11-4}$$

将表 11-1 的数据代入公式(11-4)，得：

$$\overline{K}_p=\frac{\sum p_1q_1}{\sum p_0q_1}=\frac{8\times 2\ 400+12\times 500+200\times 600}{9\times 2\ 400+10\times 500+160\times 600}\times 100\%=118.43\%$$

$$\sum p_1q_1-\sum p_0q_1=145\ 200-122\ 600=22\ 600(\text{元})$$

计算表明，三种商品价格总指数是 118.43%，比基期上涨 18.43%。由于价格上涨而增加的销售额为 22 600 元。

通过以上计算可以看出，用两个公式计算的结果也是不同的，其原因在于计算价格总指数时分别采用了不同时期的销售量作为同度量因素。

先研究拉斯贝尔质量指数公式，即公式(11-3)：

$$\overline{K}_p=\frac{\sum p_1q_0}{\sum p_0q_0}$$

这个指数的优点在于：以基期销售量 q_0 作权数，排除了销售量变动对物价指数的影响。其缺点是：报告期的新商品由于没有基期销售量 q_0 将被排斥在总指数之外，这样的物价指数只是可比商品的物价指数而已，在范围上受到一定限制。同时，用基期销售量 q_0 作权数，分子与分母的差额（$\sum p_1q_0-\sum p_0q_0$）表明由于价格变动而使基期商品增加或减少的销售额。如上例中的 19 600 元说明，由于报告期物价上涨了 17.33%，那么基期所出售的商品 q_0 如果按报告期价格 p_1 出售，对于商场来说严格增加销售额 19 600 元，对于居民来说则是多支出 19 600 元。可见，这个绝对差额是说明基期销售额的问题，缺少现实的经济意义。

再研究帕氏指数公式，即公式(11－4)：

$$\overline{K}_p=\frac{\sum p_1q_1}{\sum p_0q_1}$$

这个指数的缺点在于：由于采用报告期销售量 q_1 作权数，价格指数中包含了销售量变化的影响；但也正因为用报告期的销售量 q_1 作权数，从而使指数具有明确的现实经济意义，这又成了它的优点。如上例中分子与分母的差额［$\sum p_1q_1-\sum p_0q_1=22\,600$(元)］，说明由于物价上涨了 18.43%，从而使商场销售报告期商品增加销售收入 22 600 元；而对居民来说，则表明由于物价上涨，居民购买报告期商品相对于基期来说多支出 22 600 元。

在实际工作中，由于人们比较关心价格变动产生的实际经济效果，所以，在编制质量指标综合指数时，常常用报告期的数量指标作为同度量因素。

综上所述，可得出编制综合指数的一般原则是：在编制数量指标综合指数时，一般把同度量因素(质量指标)固定在基期；在编制质量指标综合指数时，一般把同度量因素固定在报告期。

(三)其他综合指数的编制方法

除了上述编制方法外，对于综合指数还有其他的编制方法。

1. 固定时期水平法

即将同度量因素固定在某一特定时期的水平上来编制指数。用某一固定时期水平作权数的指数公式最早由 A. 杨格(A. Young，1741—1820)提出，所以称为杨格公式。其数量指标指数和质量指标指数公式分别为：

$$\overline{K}_q=\frac{\sum q_1p_n}{\sum q_0p_n}$$

$$\overline{K}_p=\frac{\sum p_1q_n}{\sum p_0q_n}$$

式中 p_n、q_n 分别代表某一固定时期的物价水平和物量水平。

杨格指数由英国经济学家杨格(Young)于 1818 年首先提出并采用，也称固定权数综合指数。其观点是：在固定加权综合指数中，同度量因素既不是固定在基期水平，也不是固定在报告期水平，而是固定在某一典型水平或若干期的平均水平，因此，这里的指数时期与同度量因素的时期是不同的。选择固定的同度量因素，不仅简化了指数计算，而且可以避免某些非正常情况所造成的不可比性，从而便于观察现象长期变化发展的趋势。因此，杨格公式在实践中经常被采用。

杨格公式的权数一旦确定,多年不变。因此,利用杨格公式便于指数编制,易于观察现象的长期变化趋势;在指数数列中,不同时期指数相互换算方便。但杨格公式的权数应随社会经济现象的发展适时进行调整,以防止旧的权数与客观现实形成背离,使指数产生偏误。一般5年调整一次权数,最长不超过10年。

2. 交叉时期水平法

根据经济指数的理论,拉氏指数和帕氏指数由于其采用的平均方法不同或指数选用的权数不同,存在指数偏误。由于指数编制选择的平均方法不同而产生的指数间数值差异,称为型偏误;由于指数选用的权数不同而产生的数值差异,称为权偏误。拉氏指数与帕氏指数既有型偏误,又有权偏误。

为了解决指数的偏误问题,产生了马埃指数、费雪指数和唐克维斯特指数。

(1)马埃指数。

由英国学者**马歇尔**(Marshall,1845—1924)和埃奇沃思(F. Y. Edgeworth,1845—1926)共同设计了选择基期和报告期同度量因素平均值来计算指数,被称为"马埃指数"。

即同度量因素取基期水平和报告期水平的算术平均值来编制指数。其数量指标指数和质量指标指数公式分别为:

$$\overline{K}_q=\frac{\sum q_1\left(\frac{p_0+p_1}{2}\right)}{\sum q_0\left(\frac{p_0+p_1}{2}\right)}=\frac{\sum q_1p_0+\sum q_1p_1}{\sum q_0p_0+\sum q_0p_1}$$

$$\overline{K}_p=\frac{\sum p_1\left(\frac{q_0+q_1}{2}\right)}{\sum p_0\left(\frac{q_0+q_1}{2}\right)}=\frac{\sum p_1q_0+\sum p_1q_1}{\sum p_0q_0+\sum p_0q_1}$$

马埃公式的分子实质上是拉氏公式的分子与帕氏公式的分子之和,分母实质上是拉氏公式的分母与帕氏公式的分母之和。马埃公式的计算结果介于拉氏公式和帕氏公式的计算结果之间。

(2)费雪理想指数。

1911年,美国统计学家**欧文·费雪**(Irving Fisher,1867—1947)提出了交叉计算(crossing)的几何平均指数,即拉氏与帕氏公式的几何平均公式。

费雪把同度量因素取基期水平和报告期水平的几何平均值来编制指数。其数量指标指数和质量指标指数公式分别为:

$$\overline{K}_p=\sqrt{\frac{\sum p_1q_0}{\sum p_0q_0}\times\frac{\sum p_1q_1}{\sum p_0q_1}}$$

$$\overline{K}_q=\sqrt{\frac{\sum q_1p_0}{\sum q_0p_0}\times\frac{\sum q_1p_1}{\sum q_0p_1}}$$

费雪系统地总结了各种指数公式的特点,提出了对指数优劣的三种测验方法,即时间互换测验、因子互换测验和循环测验。费雪对各种指数进行了检验,绝大多数指数公式不符合这三种检验,唯有他的公式通过检验,故他自称其公式为"理想公式"。"理想公式"同"马埃公式"一样,虽然"不偏不倚",但同样缺乏明确的经济意义,而且所用资料更多,计算比较困难。现在已较少使用费雪公式。

(3)唐克维斯特指数。

唐克维斯特主要采用不同权数内容的再平均方法解决指数的偏误问题。唐克维斯特指数是两个价比或量比的加权几何平均数,所用的权数是报告期与基期价值份额的平均值。

唐克维斯特指数的物量形式定义为:

$$\overline{K}_q = \prod \left\{ \left(\frac{q_t}{q_0} \right)^{\frac{S_0+S_t}{2}} \right\} \quad (t = 1,2,\cdots,T)$$

唐克维斯特指数的价格形式定义为:

$$\overline{K}_p = \prod \left\{ \left(\frac{p_t}{p_0} \right)^{\frac{S_0+S_t}{2}} \right\} \quad (t = 1,2,\cdots,T)$$

式中,S_0 和 S_t 表示两个时期每种产品在总值中的份额 $(V/\sum V)$ 。

马埃指数、费雪指数与唐克维斯特指数尽管在理论上解决了指数偏误问题,但在长期的指数编制实践中,拉氏指数与帕氏指数仍以其编制方便、易于理解,且可构成各因素指数体系而被广泛使用。

第三节　平均指数

一、平均指数概述

平均指数(ratio average method)就是在已知总指数所包含的各个变量的个体指数条件下,应用平均的方法计算各变量的平均变化程度,即总的变化程度,是计算总指数的另一种方法。在编制综合指数时,要求有全面的原始资料,如价格指数的编制就需要各种商品的价格以及对应商品的销售量资料,这在资料取得时既耗费大又困难,从而使综合指数的应用范围受到了限制。相比之下,平均数指数可以使用非全面资料,克服了综合指数编制中所遇到的困难,故而在国内外被广泛采用。

平均数指数是从个体指数出发,先计算质量指标和数量指标的个体指数,然后再用加权平均的方法编制总指数。平均数指数与综合指数既有区别,又有联系。两者的联系在于,在一定的权数下,平均数指数是综合指数的一种变形。但是,作为一种独立的指数形式,平均数指数在实际中不仅作为综合指数的变形使用,而且它本身也具有独特、广泛的应用价值。

二、平均指数的编制

平均指数有两种:加权算术平均指数(weighted arithmetic mean index)和加权调和平均指数(weighted harmonic mean index)。在每一种指数中,又由于所使用权数不同,可进一步分为综合指数变形权数和固定权数两种。

(一)加权算术平均指数

1. 用综合指数变形权数计算的加权算术平均指数

在综合指数公式中,凡是以基期同度量因素进行加权的,都适合变形为加权算术平均指数。拉氏指数公式适合变形这种形式。现以商品综合销售量和价格指数为例,说明算术平均指数公式的形成过程。在上节中以基期价格和基期销售量为同度量因素的销售量指数和价格指数公式分别为:

$$\overline{K}_q = \frac{\sum q_1 p_0}{\sum q_0 p_0} \tag{11-5}$$

$$\overline{K}_p = \frac{\sum p_1 q_0}{\sum p_0 q_0} \tag{11-6}$$

且商品销售量个体指数为:$K_q = \frac{q_1}{q_0}$,则 $q_1 = K_q q_0$。

商品价格个体指数为 $K_p = \frac{p_1}{p_0}$,那么 $p_1 = K_p p_0$,则有:

$$\overline{K}_q = \frac{\sum q_1 p_0}{\sum q_0 p_0} = \frac{\sum K_q q_0 p_0}{\sum q_0 p_0}$$

$$\overline{K}_p = \frac{\sum p_1 q_0}{\sum p_0 q_0} = \frac{\sum K_p p_0 q_0}{\sum p_0 q_0}$$

由此可见,加权算术平均指数是综合指数的变形。

【例 11-4】 仍以表 11-1 的数据为例,计算加权算术平均指数。

表 11-2

商品名称	计量单位	个体指数(%)		实际销售额(元)	
		价格 K_p	销售量 K_q	基期 p_0q_0	报告期 p_1q_1
甲	千克	88.9	120	18 000	19 200
乙	升	120	62.5	8 000	6 000
丙	台	125	150	64 000	120 000

根据表 11-2 的资料,计算加权算术平均指数为:

$$\overline{K}_q = \frac{\sum K_q q_0 p_0}{\sum q_0 p_0} = \frac{120\% \times 18\,000 + 62.5\% \times 8\,000 + 150\% \times 64\,000}{18\,000 + 8\,000 + 64\,000} \times 100\% = 136.2\%$$

$$\overline{K}_p = \frac{\sum K_p p_0 q_0}{\sum p_0 q_0} = \frac{88.9\% \times 18\,000 + 120\% \times 8\,000 + 125\% \times 64\,000}{18\,000 + 8\,000 + 64\,000} \times 100\% = 117.33\%$$

计算结果与采用拉氏综合指数公式计算所得完全一致。

这就是以 K_q 个体销售量指数和 K_p 个体价格指数为变量,以基期销售额 p_0q_0 为权数的加权算术平均数指数公式。由于这里的特定权数 p_0q_0 是综合指数的变形结果,虽然公式的形式与综合指数的形式不同,但其经济内容及计算结果却与综合指数是完全一致的,故将这两个指数称为综合指数变形权数的加权算术平均指数。

必须指出的是：公式中的 p_0q_0 只有作为权数，加权算术平均指数的形式才能变成综合指数的形式，其变形关系为：

加权算术平均销售量指数：$\overline{K}_q=\dfrac{\sum\dfrac{q_1}{q_0}q_0p_0}{\sum q_0p_0}=\dfrac{\sum q_1p_0}{\sum q_0p_0}$

加权算术平均价格指数：$\overline{K}_p=\dfrac{\sum\dfrac{p_1}{p_0}p_0q_0}{\sum p_0q_0}=\dfrac{\sum p_1q_0}{\sum p_0q_0}$

若用 p_0q_0 之外的任何其他权数，加权算术平均指数都不会变成综合指数。

2. 用固定权数计算的加权算术平均指数

这种指数所用权数不是 p_0q_0，而是固定权数 W。其固定权数可以采用各种有关的抽样调查资料，用比重的形式固定下来，在较长一段时间内使用，相当方便。在我国统计实践中，有些指数就是采用固定权数加权平均编制的。如社会商品零售物价指数所有的权数，就是按居民消费构成或经过调整的各类商品基期销售额的比重确定的。目前，西方国家所编制的工业生产指数，多是采用工业部门增加值所占的比重资料作为权数的。

固定权数加权算术平均指数计算公式为：

$$\overline{K}=\frac{\sum KW}{\sum W}$$

式中，$\overline{K}$ 代表固定权数平均指数，W 为比重权数，K 为类指数或组指数。

(二)加权调和平均指数

1. 用综合指数变形权数计算的加权调和平均指数

与加权算术平均指数相对应，在综合指数公式中，凡是以报告期同度量因素进行加权的，都适合变形为加权调和平均指数。帕氏综合指数公式都适合变形为这种形式。以报告期价格和报告期销售量为同度量因素的综合销售量和价格指数公式分别为：

$$\overline{K}_q=\frac{\sum q_1p_1}{\sum q_0p_1},\quad \overline{K}_p=\frac{\sum p_1q_1}{\sum p_0q_1}$$

商品销售量个体指数为：

$$K_q=\frac{q_1}{q_0}$$

商品价格个体指数为：

$$K_p=\frac{p_1}{p_0}$$

由上述公式得：

$$\overline{K}_q=\frac{\sum q_1p_1}{\sum q_0p_1}=\frac{\sum q_1p_1}{\sum\frac{1}{K_q}q_1p_1}$$

$$\overline{K}_p=\frac{\sum p_1q_1}{\sum p_0q_1}=\frac{\sum p_1q_1}{\sum\frac{1}{K_p}p_1q_1}$$

【例 11－5】 仍以表 11－1 的数据为例，计算加权调和平均指数。

表 11-3 加权调和平均指数示例

商品名称	计量单位	个体指数(%)		报告期实际销售额 p_1q_1(元)
		价格 K_p	销售量 K_q	
甲	千克	88.9	120	19 200
乙	升	120	62.5	6 000
丙	台	125	150	120 000

解:根据表 11-3 的数据,计算加权调和平均指数:

$$\overline{K}_q=\frac{\sum q_1p_1}{\sum \frac{1}{K_q}q_1p_1}=\frac{19\ 200+6\ 000+120\ 000}{\frac{1}{120\%}\times 19\ 200+\frac{1}{62.5\%}\times 6\ 000+\frac{1}{150\%}\times 120\ 000}=137.5\%$$

$$\overline{K}_p=\frac{\sum p_1q_1}{\sum \frac{1}{K_p}p_1q_1}=\frac{19\ 200+6\ 000+120\ 000}{\frac{1}{88.9\%}\times 19\ 200+\frac{1}{120\%}\times 6\ 000+\frac{1}{125\%}\times 120\ 000}=118.4\%$$

计算结果与采用帕氏指数公式计算结果相同。

这就是以个体指数(K_q,K_p)为变量,以报告期销售额为权数的加权调和平均指数公式。公式的形式虽然与综合指数公式形式不同,但它的经济内容和计算结果与综合指数是一致的。

此外,上述公式中 p_1q_1 是特定的权数。因为只有用 p_1q_1 作权数,加权调和平均指数的形式才能变成综合指数的形式。若用 p_1q_1 以外的任何其他权数,加权调和平均指数都不会等于综合指数,这也是平均指数的独立意义所在。

2. 用固定权数计算加权调和平均指数

若把上面公式中的权数 p_1q_1 改为某种固定权数,则加权调和平均指数公式可写成如下形式:

$$\overline{K}=\frac{\sum W}{\sum \frac{1}{K}W}$$

这个公式在实际中应用较少,使用较多的是用综合指数变形权数加权调和平均指数和两种加权算术平均指数。

以上所介绍的四个综合指数变形权数的加权平均指数,与常用的综合指数相对应,较常用的平均指数是:编制数量指标指数,多用基期总值 p_0q_0 加权计算的算术平均指数;编制质量指标指数,多用报告期总值 p_1q_1 加权计算的调和平均指数。

这里必须指出,平均指数是计算总指数的一种独立形式。上述两种平均指数虽然是常用算式,但不能否定其他形式和权数的平均指数的应用。例如,在编制质量指标指数时,究竟是采用以报告期总值指标加权计算的调和平均指数,还是以基期总值指标加权计算的算术平均指数,是值得加以具体考虑的。调和平均指数,依据当年实际数量构成状态编制指数,优点较多,但取得当年资料的难度较大;算术平均指数,在应用资料条件上较为有利,如果两期数量指标没有明显变化,也能取得比较正确的结论。所以,平均指数形式及其权数的应用,可以根据研究现象的实际情况以及资料条件加以具体决定。

与综合指数相比，平均指数形式及其权数在应用上有三个重要特点：

第一，综合指数主要适用于全面资料编制，而平均指数既可以依据全面资料编制，也可以运用非全面资料编制。有些社会经济现象的研究还必须应用非全面资料按平均指数形式来计算。这里以社会商品零售物价指数为例加以说明。市场上成千上万的零售商品，不可能取得所有商品的全部资料来编制物价指数，反映零售商品价格的变动。即使假定选用300种代表规格品调查零售物价变动来编制总指数，用综合指数方法也只能包括这300种规格品价格及相对应的零售量资料，这样编成的指数，反映了代表规格品价格的变动。这样虽然基本上可以代表商品集团价格动态，但各规格品的零售量并不等于商品集团的全面销售规模，难免会影响到指数的计算结论。而采用平均指数，除了选用代表规格品计算个体物价指数外，还可以采用商品集团零售额为权数进行平均计算，从而可以比较完整地反映市场上的零售物价动态。

第二，综合指数一般采用实际资料作为权数来编制。仍以上述社会零售物价指数为例来说明。计算综合指数，要用300种代表规格品价格相对应的实际零售量资料，既有困难，也不恰当；用平均指数编制，除了可用实际零售额为权数外，也可以在实际零售资料的基础上推算、确定零售比重，进行加权平均计算。因此，用平均指数编制零售物价指数，不仅可以节省调查工作，而且能保证指数计算结论的准确性。

第三，计算平均指数时，可以用比重为权数代替其实际总值，这样可以使总指数的计算简便、快捷。

第四节　几种常见的经济指数

指数在社会经济统计中应用非常广泛。这一节主要介绍最常见的两种经济指数，即居民消费价格指数和股票价格指数，并进一步说明指数的编制方法及其在社会经济问题研究中的应用。

一、居民消费价格指数

居民消费价格指数（consumer price index，CPI）是反映一定时期内城乡居民所购买的生活消费品价格和服务项目价格变动趋势和程度的相对数，是对城市居民消费价格指数和农村居民消费价格指数进行综合汇总计算的结果。利用居民消费价格指数，可以观察和分析消费品的零售价格和服务价格变动对城乡居民实际生活费支出的影响程度，同时也可作为衡量通货膨胀的重要指标。通俗地讲，CPI就是市场上的货物价格增长百分比。一般市场经济国家认为CPI增长率在2%—3%属于可接受范围内，当然还要看其他数据。CPI过高始终不是好事，高速经济增长率会拉高CPI，但物价指数增长速度快于人民平均收入的增长速度就一定不是好事，而一般平均工资的增长速度很难超越3%—4%。

居民消费价格指数的资料采用分层抽样调查方法取得，即在全国选择不同经济区域和分布合理的地区，以及有代表性的商品作为样本，对其市场价格进行经常性的调查，以样本推断总体。

(一)调查方式和步骤

1. 选择调查地区和调查点

调查地区按照经济区域和地区分布合理等原则,选出具有代表性的大、中、小城市和县作为国家的调查地区,目前我国国家一级抽选出的调查市、县共226个;在此基础上,选定经营规模大、商品种类多的商场(包括集市)作为调查点。

2. 选择代表商品和代表规格品

代表商品是选择那些消费量大、价格变动有代表性的商品;代表规格品的确定是根据商品零售资料和4万户城市居民、6.7万户农村居民的消费支出记账资料,按照有关规定筛选的。

筛选原则如下:

(1)与社会生产和人民生活关系密切;

(2)销售数量(金额)大;

(3)市场供应稳定;

(4)价格变动趋势有代表性;

(5)所选的代表规格品之间差异大。

3. 价格调查方式

采用派员直接到调查点登记调查,同时全国聘请近万名辅助调查员协助登记调查。

4. 权数的确定

居民消费价格指数的计算权数根据10万多户城乡居民家庭消费支出构成确定。

(二)编制方法和步骤

目前,我国居民消费价格指数按消费品和服务项目的用途不同,共分为食品、烟酒及用品、衣着、家庭设备及维修服务费、医疗保健及个人用品、交通和通信、娱乐教育文化用品及服务、居住共八大类,每个大类又分为许多中类,每个中类又可分为许多基本分类,共计251个基本分类,基本分类在八大类消费品和服务项目中的分布为54、9、39、31、36、28、35、19。每个基本分类由若干个代表规格品组成。因此,居民消费价格指数是从代表规格品开始,采用层层汇总方法编制。具体编制步骤如下:

1. 计算代表规格品的平均价格

$$P_m = \frac{\sum P_i}{n}$$

式中,P_m 为第 m 个规格品的平均价格,P_i 为调查期第 m 个产品的第 i 次调查的价格,n 为调查期第 m 个规格品的调查次数。

2. 计算每一代表规格品的价格指数

$$G = \frac{P_t}{P_{t-1}}$$

式中,P_t 为报告期代表规格品的平均价格,P_{t-1} 为上一期代表规格品的平均价格。

3. 计算基本分类的价格指数

(1)环比指数采用几何平均法分别对各基本分类中的各代表规格品的环比价格指数平均。各基本分类环比价格指数的计算公式为:

$$K_t = \sqrt[n]{G_{t1}G_{t2}\cdots G_{tn}} \times 100\%$$

式中,$G_{t1}, G_{t2}, \cdots, G_{tn}$ 分别为第1至第 n 个规格品报告期的价格指数。

(2)定基指数是月环比指数的连乘积。各基本分类定基价格指数的计算公式为:

$$I_{基} = K_1 K_2 \cdots K_t$$

式中，$K_1, K_2, \cdots, K_t$ 分别表示基期至报告期各期的月环比指数，我国居民消费价格定基指数编制起步较晚，首轮基期为2000年，以后每5年更换一次基期。

4. 逐级计算类别及总指数

各类别环比指数：$L_{t(环比)} = \sum W_{t-1} \dfrac{P_t}{P_{t-1}}$

各类别定基指数：$L_{t(定基)} = \left(\sum W_{t-1} \dfrac{P_t}{P_{t-1}}\right) \times L_{t-1}$

式中，P 代表价格，t 表示报告期，$t-1$ 为报告期的上一期，在大类、中类、基本分类三层逐级计算 P_t/P_{t-1}，分别得大类指数、中类指数、基本分类指数，W 代表权数——居民在某类别消费品或服务上支出占全部消费品和服务总支出的比重，大类、中类、基本分类的权数是依次分层计算的，权数一般每5年更新一次，但每年会根据居民消费支出情况进行适当调整。

全省（市、区）指数计算时，根据全省（市、区）城市和农村指数按城乡居民人均消费支出金额和人口数加权平均计算；全国指数计算是根据全国城市和农村指数按城乡居民人均消费支出金额和人口数加权平均计算。

（三）代表商品构成和各部分比重

2011年我国CPI的代表商品构成和各部分比重最新调整如表11-4所示。

表11-4　2011年我国CPI的代表商品构成和各部分比重

1	2	3	4	5	6	7	8
食品	烟酒及用品	居住	交通和通信	医疗保健和个人用品	衣着	家庭设备用品及维修服务	娱乐教育文化用品及服务
31.79%	3.49%	17.22%	9.95%	9.64%	8.52%	5.64%	13.75%

说明：

（1）从2011年1月起，我国CPI开始计算以2010年为对比基期的价格指数序列。这是自2001年计算CPI定基价格指数以来，第二次进行基期例行更换，首轮基期为2000年，第二轮基期为2005年。调整基期，是为了更容易比较。因为对比基期越久，价格规格品质变化就越大，可比性就会下降。选择逢“0”逢“5”年度作为计算CPI的对比基期，目的是为了与我国国民经济和社会发展五年规划保持相同周期，便于数据的分析与使用。

（2）根据2010年全国城乡居民消费支出调查数据以及有关部门的统计数据，按照制度规定对CPI权数构成进行了相应调整。其中，居住提高4.22个百分点，食品降低2.21个百分点，烟酒降低0.51个百分点，衣着降低0.49个百分点，家庭设备用品及维修服务降低0.36个百分点，医疗保健和个人用品降低0.36个百分点，交通和通信降低0.05个百分点，娱乐教育文化用品及服务降低0.25个百分点。

（3）根据各选中调查市县2010年最新商业业态、农贸市场以及服务消费单位状况，按照国家统一规定的原则和方法，增加了1.3万个调查网点。采集全国CPI价格的调查网点（包括食杂店、百货店、超市、便利店、专业市场、专卖店、购物中心以及农贸市场与服务消费单位等）达到6.3万个。

（4）各选中调查市县根据当地居民的消费水平、消费习惯按照国家统一规定的原则和方法，对部分代表规格品及时进行了更新。

2012年4月我国居民消费价格主要数据参见表11－5。

表11－5　　2012年4月我国居民消费价格主要数据

名称			环比涨跌幅(%)	同比涨跌幅(%)	1—4月平均同比涨跌幅(%)
居民消费价格			−0.1	3.4	3.7
其中	城市		0.0	3.4	3.7
	农村		−0.2	3.3	3.7
其中	食品		−0.9	7.0	7.8
	非食品		0.3	1.7	1.8
其中	消费品		−0.3	4.1	4.5
	服务项目		0.5	1.7	1.7
分类别					
一、食品			−0.9	7.0	7.8
其中	粮食		0.2	3.7	4.8
	油脂		0.6	5.5	5.6
	肉禽及其制品		−2.3	8.2	12.8
	其中	猪肉	−5.0	5.2	14.2
		蛋	−1.4	−5.9	−6.1
		水产品	0.8	11.5	10.9
	鲜菜		−5.8	27.8	18.9
	鲜果		0.1	−9.7	−5.1
	液体乳及乳制品		0.4	3.0	3.1
二、烟酒及用品			0.2	3.4	3.6
其中	烟草		0.0	0.5	0.4
	酒		0.3	7.8	8.4
三、衣着			0.5	3.6	3.6
其中	服装		0.5	3.8	3.8
	鞋		0.3	2.8	3.0
四、家庭设备用品及维修服务			0.2	2.2	2.4
其中	耐用消费品		0.1	0.6	0.6
	家庭服务及加工维修服务		0.5	9.3	10.0
五、医疗保健和个人用品			0.2	2.5	2.6
其中	中药材及中成药		0.4	7.5	8.5
	西药		0.2	0.4	−0.1
	医疗保健服务		−0.1	0.5	0.5

续表

名　称		环比涨跌幅(%)	同比涨跌幅(%)	1—4月平均同比涨跌幅(%)
六、交通和通信		0.4	0.3	0.2
其中	交通工具	−0.2	−0.5	−0.5
	车用燃料及零配件	2.9	6.9	6.8
	通信工具	−1.4	−13.0	−13.4
	通信服务	0.0	−0.2	−0.3
七、娱乐教育文化用品及服务		0.6	0.3	0.2
其中	教育服务	0.1	1.3	1.2
	旅游	3.8	2.3	1.9
八、居住		0.2	1.8	2.0
其中	建房及装修材料	0.1	1.5	2.1
	住房租金	0.0	2.0	2.3
	水、电、燃料	0.4	2.0	1.8

二、股票价格指数

(一)股票价格指数简介

股票价格指数(stock price index)即股票指数,是由证券交易所或金融服务机构编制的表明股票行市变动的一种供参考的指示数字。由于股票价格起伏无常,投资者必然面临市场价格风险。对于具体某一种股票的价格变化,投资者容易了解,而对于多种股票的价格变化,要逐一了解,既不容易,也不胜其烦。为了适应这种情况和需要,一些金融服务机构利用自己的业务知识和熟悉市场的优势,编制出股票价格指数,并公开发布,作为市场价格变动的指标。投资者据此就可以检验自己投资的效果,并用以预测股票市场的动向。同时,新闻界、公司老板乃至政界领导人等也以此为参考指标,来观察、预测社会政治、经济发展形势。

这种股票指数,也就是表明股票行市变动情况的价格平均数。编制股票指数,通常以某年某月为基础,以这个基期的股票价格作为100,用以后各时期的股票价格和基期价格比较,计算出升降的百分比,就是该时期的股票指数。投资者根据指数的升降,可以判断出股票价格的变动趋势。并且为了能实时向投资者反映股市的动向,所有的股市几乎都是在股价变化的同时即时公布股票价格指数。

计算股票指数,要考虑三个因素:(1)抽样,即在众多股票中抽取少数具有代表性的成分股;(2)加权,即按单价或总值加权平均,或不加权平均;(3)计算程序,以计算算术平均数、几何平均数,或兼顾价格与总值。

由于上市股票种类繁多,计算全部上市股票的价格平均数或指数的工作艰巨而复杂,因此人们常常从上市股票中选择若干种富有代表性的样本股票,并计算这些样本股票的价格平均数或指数,用以表示整个市场的股票价格总趋势及涨跌幅度。

计算股价平均数或指数时经常要考虑以下四点:

(1)样本股票必须具有典型性、普遍性。为此,选择样本时应综合考虑其行业分布、市场影响力、股票等级、适当数量等因素。

(2)计算方法应具有高度的适应性,能对不断变化的股市行情做出相应的调整或修正,使股票指数或平均数有较好的敏感性。

(3)要有科学的计算依据和手段。计算依据的口径必须统一,一般均以收盘价为计算依据,但随着计算频率的增加,有的以每小时价格甚至更短的时间价格计算。

(4)基期应有较好的均衡性和代表性。

(二)股票指数的计算方法

计算股票指数时,往往把股票指数与股价平均数分开计算。按定义,股票指数即股价平均数。但从两者对股市的实际作用而言,股价平均数反映多种股票价格变动的一般水平,通常以算术平均数表示。人们通过对不同时期的股价平均数的比较,可以认识多种股票价格变动水平。而股票指数是反映不同时期的股价变动情况的相对指标,也就是将第一时期的股价平均数作为另一时期股价平均数的基准的百分数。通过股票指数,人们可以了解计算期的股价比基期的股价上升或下降的百分比率。由于股票指数是一个相对指标,因此就一个较长的时期而言,股票指数比股价平均数更能精确地衡量股价的变动。

1. 股价平均数的计算

股票价格平均数反映一定时点上市股票价格的绝对水平,它可分为简单算术股价平均数、修正的股价平均数、加权股价平均数三类。人们通过对不同时点股价平均数的比较,可以看出股票价格的变动情况及趋势。

(1)简单算术股价平均数。

简单算术股价平均数是将样本股票每日收盘价之和除以样本数得出的,即:

$$\text{简单算术股价平均数}=\frac{\sum p_i}{n}(i=1,2,\cdots,n)$$

式中,p_i 为样本股价。

世界上第一个股价平均数——道—琼斯股价平均数,在 1928 年 10 月 1 日前就是使用简单算术平均法计算的。

简单算术股价平均数虽然计算较简便,但它有两个缺点:一是未考虑各种样本股票的权数,从而不能区分重要性不同的样本股票对股价平均数的不同影响;二是当样本股票发生股票分割、派发红股、增资等情况时,股价平均数会产生断层而失去连续性,使时间序列前后的比较发生困难。例如,上述 D 股票发生以 1 股分割为 3 股时,股价势必从 30 元下调为 10 元,这时平均数就不是按上面计算得出的 20 元,而是 15 元[(10+16+24+10)/4]。这就是说,由于 D 股分割技术上的变化,导致股价平均数从 20 元下跌为 15 元(这还未考虑影响股价变动的其他因素),显然不符合平均数作为反映股价变动指标的要求。

(2)修正的股份平均数。

①除数修正法,又称道式修正法,是美国道—琼斯公司在 1928 年创造的一种计算股价平均数的方法。该方法的核心是求出一个常数除数,以修正因股票分割、增资、派发红股等因素造成的股价平均数的变化,从而保持股份平均数的连续性和可比性。具体做法是以新股价总额除以旧股价平均数,求出新的除数,再以计算期的股价总额除以新除数,这就得出修正的股价平均数。即

新除数=变动后的新股价总额÷旧的股价平均数

②股价修正法，就是将股票分割等变动后的股价还原为变动前的股价，使股价平均数不会因此变动。美国《纽约时报》编制的 500 种股价平均数就采用股价修正法来计算股价平均数。

(3)加权股价平均数。

加权股价平均数是根据各种样本股票的相对重要性进行加权平均计算的股价平均数，其权数可以是成交股数、股票总市值、股票发行量等。

2. 股票指数的计算

股票指数是反映不同时点上股价变动情况的相对指标。通常是将报告期的股票价格与基期价格相比，并将两者的比值乘以基期的指数值，即为该报告期的股票指数。股票指数的计算方法有三种，即相对法、综合法和加权法。

(1)相对法，又称平均法，就是先计算各样本股票指数，再加总求总的算术平均数。其计算公式为：

$$\text{股票指数} = \frac{\sum_{i=1}^{n} \text{样本股指数}}{n}$$

英国《经济学人》杂志中的普通股票指数就使用这种计算法。

(2)综合法，是先将样本股票的基期价格和报告期价格分别加总，然后相比求出股票指数，即：

$$\text{股票指数} = \frac{\sum p_1}{\sum p_0}$$

从平均法和综合法计算股票指数来看，两者都未考虑因各种采样股票的发行量和交易量的不同而对整个股市股价的影响不一样等因素，因此，计算出来的指数也不够准确。为使股票指数计算精确，就需要加入权数，这个权数可以是交易量，也可以是发行量。

(3)加权法，即根据各期样本股票的相对重要性予以加权，其权数可以是成交股数、股票发行量等。按时间划分，权数可以是基期权数，也可以是报告期权数。因而分别产生了拉氏指数和帕氏指数，目前世界上大多数股票指数是帕氏指数。

(三)股价指数的编制步骤

股价指数一般由证券交易所、金融服务机构、咨询研究机构或新闻单位编制和发布。其编制步骤如下：

(1)根据上市公司的行业分布、经济实力、资信等级等因素，选择适当数量的有代表性的股票，作为编制指数的样本股票可随时变换或做数量上的增减，以保持良好的代表性。

(2)按期到股票市场上采集样本股票的价格，简称采样。采取的时间间隔取决于股价指数的编制周期。以往的股价指数较多为按天编制，采样价格即为每一交易日结束时的收盘价。近年来，股价指数的编制周期日益缩短，由“天”到“时”直至“分”，采样频率由一天一次变为全天随时连续采样。采样价格也从单一的收盘价发展为每时每刻的最新成交价或一定时间周期内的平均价。一般来说，编制周期越短，股价指数的灵敏性越强，越能及时地体现股价的涨落变化。

(3)利用科学的方法和先进的手段计算出指数值，股价指数的计算方法主要有总和法、简单平均法、综合法等，计算手段已普及使用电子计算机技术，为了增强股价指数的准确性和灵敏性，必须寻求科学的计算方法和先进的计算技术的支持。

(4)通过新闻媒体向社会公众公开发布。为保持股价指数的连续性,使各个时期计算出来的股价指数相互可比,有时还需要对指数值做相应的调整。

股价指数是一种定基指数,是以某个特定的年份或具体日期为基期(基期的股价水平为100),将报告期的股价水平与基期的股价水平相比计算出来的百分比率,用百分数或百分点表示。为了避免报告期与基期之间所跨时期太远而带来计算上的麻烦,常先将报告期的股价水平与上一期的股价水平相比,求得环比指数,然后利用环比指数与定基指数之间的关系计算报告期的股价指数,即:

报告期股价指数(定基指数)=上期价指数(定基指数)×报告期股价数(环比指数)

这种求股价指数的方法称为连环法。当变更样本或基期后需要对报告的指数值进行调整时,也可按此法从新基期往回溯源至旧基期,以保持股价指数的可比性。

(四)世界上几种著名的股票指数

1. 道—琼斯股票指数

道—琼斯股票指数是世界上历史最为悠久的股票指数,其全称为股票价格平均数。它是在1884年由道—琼斯公司的创始人查理斯·道开始编制的。最初的道—琼斯股票价格平均指数是根据11种具有代表性的铁路公司的股票,采用算术平均法计算编制而成,发表在查理斯·道自己编辑出版的《每日通讯》上。其计算公式为:

股票价格平均数=入选股票的价格之和/入选股票的数量

自1897年起,道—琼斯股票价格平均指数开始分成工业与运输业两大类,其中,工业股票价格平均指数包括12种股票,运输业平均指数则包括20种股票,并且开始在道—琼斯公司出版的《华尔街日报》上公布。1929年,道—琼斯股票价格平均指数又增加了公用事业类股票,并使其所包含的股票达到65种,并一直延续至今。

现在的道—琼斯股票价格平均指数是以1928年10月1日为基期,因为这一天收盘时的道—琼斯股票价格平均数恰好约为100美元,所以就将其定为基准日。而以后的股票价格同基期相比计算出的百分数,就成为各期的投票价格指数,所以现在股票指数普遍以点为单位,而股票指数每一点的涨跌就是相对于基准日的涨跌百分数。

由于道—琼斯股票价格平均指数最初的计算方法是用简单算术平均法求得,当遇到股票的除权除息时,股票指数就发生不连续的现象。1928年后,道—琼斯股票价格平均数就改用新的计算方法,即在计点的股票除权或除息时采用连接技术,以保证股票指数的连续,从而使股票指数得到了完善,并逐渐推广至全世界。

目前,道—琼斯股票价格平均指数共分四组:

第一组是工业股票价格平均指数。它由30种有代表性的大工商业公司的股票组成,且随经济发展而变大,大致可以反映美国整个工商业股票的价格水平,这也就是人们通常所引用的道—琼斯工业股票价格平均数。

第二组是运输业股票价格平均指数。它包括20种有代表性的运输业公司的股票,即8家铁路运输公司、8家航空公司和4家公路货运公司。

第三组是公用事业股票价格平均指数,是由代表美国公用事业的15家煤气公司和电力公司的股票所组成。

第四组是平均价格综合指数。它是综合前三组股票价格平均指数65种股票而得出的综合指数,这组综合指数虽然为优等股票提供了直接的股票市场状况,但现在通常引用的是第一组——工业股票价格平均指数。

道—琼斯股票价格平均指数是目前世界上影响最大、最有权威性的一种股票价格指数，原因之一是道—琼斯股票价格平均指数所选用的股票都是有代表性的，这些股票的发行公司都是本行业具有重要影响的著名公司，其股票行情为世界股票市场所瞩目，各国投资者都极为重视。为了保持这一特点，道—琼斯公司对其编制的股票价格平均指数所选用的股票经常予以调整，用具有活力的更有代表性的公司股票替代那些失去代表性的公司股票。自1928年以来，仅用于计算道—琼斯工业股票价格平均指数的30种工商业公司股票，已有30次更换，几乎每两年就有一个新公司的股票代替老公司的股票。

原因之二是，公布道—琼斯股票价格平均指数的新闻载体——《华尔街日报》是世界金融界最有影响力的报纸之一。该报纸每天详尽报道其每个小时计算的采样股票平均指数、百分比变动率、每种采样股票的成交数额等，并注意对股票分股后的股票价格平均指数进行校正。在纽约证券交易所营业时间里，每隔半小时公布一次道—琼斯股票价格平均指数。

原因之三是，这一股票价格平均指数自编制以来从未间断，可以用来比较不同时期的股票行情和经济发展情况，成为反映美国股市行情变化最敏感的股票价格平均指数之一，是观察市场动态和从事股票投资的主要参考。当然，由于道—琼斯股票价格指数是一种成分股指数，它包括的公司仅占目前两千五百多家上市公司的极少部分，而且多是热门股票，且未将近年来发展迅速的服务性行业和金融业的公司包括在内，所以它的代表性也一直受到人们的质疑和批评。

2. 标准普尔股票价格指数

除了道—琼斯股票价格指数外，标准普尔股票价格指数在美国也很有影响，它是美国最大的证券研究机构即标准普尔公司编制的股票价格指数。该公司于1923年开始编制发表股票价格指数。最初采选了230种股票，编制2种股票价格指数。到1957年，这一股票价格指数的范围扩大到500种股票，分成95种组合。其中最重要的4种组合是工业股票组、铁路股票组、公用事业股票组和500种股票混合组。从1976年7月1日开始，改为400种工业股票、20种运输业股票、40种公用事业股票和40种金融业股票。几十年来，虽然有股票更迭，但始终保持为500种。标准普尔公司股票价格指数以1941—1943年抽样股票的平均市价为基期，以上市股票数为权数，按基期进行加权计算，其基点数为10。以目前的股票市场价格乘以股票市场上发行的股票数量为分子，用基期的股票市场价格乘以基期股票数为分母，相除之数再乘以10就是股票价格指数。

3. 纽约证券交易所股票价格指数

纽约证券交易所股票价格指数，即由纽约证券交易所编制的股票价格指数。它起自1966年6月，先是普通股股票价格指数，后来改为混合指数，包括在纽约证券交易所上市的1 500家公司的1 570种股票。具体计算方法是将这些股票按价格高低分开排列，分别计算工业股票、金融业股票、公用事业股票、运输业股票的价格指数，最大和最广泛的是工业股票价格指数，由1 093种股票组成；金融业股票价格指数包括投资公司、储蓄贷款协会、分期付款融资公司、商业银行、保险公司和不动产公司的223种股票；运输业股票价格指数包括铁路、航空、轮船、汽车等公司的65种股票；公用事业股票价格指数则有电话电报公司、煤气公司、电力公司和邮电公司的189种股票。

纽约股票价格指数是以1965年12月31日确定的50点为基数，采用的是综合指数形式。纽约证券交易所每半个小时公布一次指数的变动情况。虽然纽约证券交易所编制股票价格指数的时间不长,但它因可以全面、及时地反映股票市场活动的综合状况而较受投资者欢迎。

4. 日经道—琼斯股价指数(日经平均股价)

日经道—琼斯股价指数系由日本经济新闻社编制并公布的反映日本股票市场价格变动的股票价格平均数。该指数从 1950 年 9 月开始编制。

最初根据东京证券交易所第一市场上市的 225 家公司的股票算出修正平均股价,当时称为"东证修正平均股价"。1975 年 5 月 1 日,日本经济新闻社向道—琼斯公司买进商标,采用美国道—琼斯公司的修正法计算,这种股票指数也就改称"日经道—琼斯平均股价"。1985 年 5 月 1 日在合同期满 10 年时,经两家商议,将名称改为"日经平均股价"。

按计算对象的采样数目不同,该指数分为两种:一种是日经 225 种平均股价,其所选样本均为在东京证券交易所第一市场上市的股票,样本选定后原则上不再更改。1981 年定位制造业 150 家、建筑业 10 家、水产业 3 家、矿业 3 家、商业 12 家、路运及海运 14 家、金融保险业 15 家、不动产业 3 家、仓库业 6 家、电力和煤气 4 家、服务业 5 家。由于日经 225 种平均股价从 1950 年一直延续下来,其连续性及可比性较好,从而成为考察和分析日本股票市场长期演变及动态的最常用和最可靠指标。该指数的另一种是日经 500 种平均股价,是从 1982 年 1 月 4 日起开始编制的。由于其采样包括 500 种股票,其代表性相对更为广泛,但它的样本是不固定的,每年 4 月份要根据上市公司的经营状况、成交量和成交金额、市价总值等因素对样本进行更换。

5. 伦敦《金融时报》股票价格指数

伦敦《金融时报》股票价格指数的全称是"伦敦《金融时报》工商业普通股股票价格指数",是由英国《金融时报》公布的。该股票价格指数包括在英国工商业中挑选出来的具有代表性的 30 家公开挂牌的普通股股票。它以 1935 年 7 月 1 日作为基期,其基点为 100 点。该股票价格指数以能够及时显示伦敦股票市场情况而闻名于世。

6. 香港恒生指数

香港恒生指数是中国香港股票市场上历史最久、影响最大的股票价格指数,由香港恒生银行于 1969 年 11 月 24 日开始发布。

恒生股票价格指数包括从香港五百多家上市公司中挑选出来的 33 家有代表性且经济实力雄厚的大公司股票作为成分股,分为四大类——4 种金融业股票、6 种公用事业股票、9 种地产业股票和 14 种其他工商业(包括航空和酒店)股票。

这些股票占香港股票市值的 63.8%,因该股票指数涉及香港的各个行业,所以具有较强的代表性。

恒生股票价格指数的编制是以 1964 年 7 月 31 日为基期,因为这一天香港股市运行正常,成交值均匀,可反映整个香港股市的基本情况,基点确定为 100 点。其计算方法是将 33 种股票按每天的收盘价乘以各自的发行股数为计算日的市值,再与基期的市值相比较,乘以 100,就得出当天的股票价格指数。

由于恒生股票价格指数所选择的基期适当,因此,不论股票市场狂升或猛跌,还是处于正常交易水平,恒生股票价格指数基本上能反映整个股市的活动情况。

自 1969 年恒生股票价格指数发布以来,已经过多次调整。由于 1980 年 8 月香港当局通过立法,将香港证券交易所、远东交易所、金银证券交易所和九龙证券所合并为香港联合证券交易所,在目前的香港股票市场上,只有恒生股票价格指数与新生的香港指数并存,香港的其他股票价格指数均不复存在。

7. 我国内地的股票指数

(1)上证股票指数。它是由上海证券交易所编制的股票指数,1990 年 12 月 19 日正式开始发布。该股票指数的样本为所有在上海证券交易所挂牌上市的股票,其中新上市的股票在挂牌的第二天纳入股票指数的计算范围。

该股票指数的权数为上市公司的总股本。由于我国上市公司的股票有流通股和非流通股之分,其流通量与总股本并不一致,所以总股本较大的股票对股票指数的影响就较大,上证指数常常就成为机构大户造市的工具,使股票指数的走势与大部分股票的涨跌相背离。

上海证券交易所股票指数的发布几乎是与股市行情的变化相同步的,它是我国股民和证券从业人员研判股票价格变化趋势必不可少的参考依据。

(2)深圳综合股票指数。它是由深圳证券交易所编制的股票指数,以 1991 年 4 月 3 日为基期。该股票指数的计算方法基本与上证指数相同,其样本为所有在深圳证券交易所挂牌上市的股票,权数为股票的总股本。由于以所有挂牌的上市公司为样本,其代表性非常广泛,且它与深圳股市的行情同步发布,它是股民和证券从业人员研判深圳股市股票价格变化趋势必不可少的参考依据。在前些年,由于深圳证交所的股票交投不如上海证交所那么活跃,深圳证券交易所现已改变了股票指数的编制方法,采用成分股指数,其中只有 40 只股票入选并于 1995 年 5 月开始发布。

现深圳证券交易所并存着两个股票指数:一个是老指数即深证综合指数,一个是现在的成分股指数。但从最近几年的运行势态来看,两个指数间的区别并不是特别明显。

关键术语

统计指数 statistical index
加权算术平均指数 weighted arithmetic mean index
指数 index number
加权调和平均指数 weighted harmonic mean index
总指数 general index
居民消费价格指数 consumer price index,CPI
个体指数 individual index
股票价格指数 stock price index
综合指数 aggregate method
平均指数 ratio average method
加权算术平均指数 weighted arithmetic mean index

思考与练习

一、思考题

1. 什么是指数?在社会经济统计中,指数有哪些作用?

2. 什么是总指数?什么是数量指标指数和质量指标指数?

3. 什么是综合指数?编制综合指数怎样确定同度量因素?对拉氏公式、帕氏公式、马埃公式和费雪公式怎样评价?

4. 什么是平均数指数?它有哪两种平均方法?平均数指数和综合指数有何区别?各适用于何种情况?

5. 何谓同度量因素?其作用是什么?

6. 从我国现行的居民消费价格指数的编制方法来看需要解决哪些技术性问题?

7. 股票价格指数的编制原理是什么?世界上重要的股票价格指数有哪些?

二、计算题

1. 某企业生产三种产品的单位成本与产量资料如下表所示：

产品名称	计量单位	产品产量		单位成本(元)	
		基　期	报告期	基　期	报告期
甲	万件	80	120	24	20
乙	万只	60	60	18	18
丙	万盒	50	30	15	19

要求：

(1)计算各种产品的单位成本个体指数；

(2)计算各种产品的产量个体指数；

(3)计算三种产品总成本指数及增加额；

(4)计算三种产品单位成本总指数及由于单位成本变动对总成本的影响额；

(5)计算三种产品产量总指数及由于产量变动对总成本的影响额。

2. 某商店三种商品的销售量与销售额资料如下表所示：

商品名称	计量单位	销售量		基期销售额(万元)
		基　期	报告期	
甲	打	250	290	180
乙	只	180	160	220
丙	盒	500	540	150

要求：计算三种商品销售量总指数和由于销售量变动对销售额的影响额。

3. 某厂各种可比产品总成本，2015 年为 30 万元，比 2014 年增加 5 万元，单位产品成本 2015 年比 2014 年平均降低 3%。

要求：

(1)计算产品总成本指数；

(2)计算产品产量指数；

(3)计算由于单位成本降低而节约的绝对额。

4. 某地某类零售商品中，甲、乙、丙、丁四种代表商品的个体价格指数分别为 110%，105%，103%，119%，它们的固定权数分别为 11%，29%，35%，25%。

要求：计算这类商品的零售物价类指数。

5. 根据指数之间的关系，计算回答下列问题：

(1)某企业 2015 年产品产量比 2011 年增长了 14%，生产费用增长了 10.8%，问 2014 年产品单位成本变动如何？

(2)某公司职工人数增加 7%，工资水平提高了 8.4%，工资总额增长多少？

(3)商品销售额计划增长 10%，而销售价格却要求下降 10%，则销售量如何变化？

(4)价格调整后，同样多的货币少购买商品 10%，则物价指数是多少？

6. 某商业企业经营三种商品，其基期和报告期的有关资料如下表所示：

商品名称	销售量			价格(元)	
	计量单位	基期	报告期	基期	报告期
甲	件	100	125	1 500	1 500
乙	吨	50	50	3 000	1 150
丙	米	300	270	980	1 200

要求：分析销售量综合变动和价格综合变动及其对商品销售总额的影响。

7. 手机、空调、电脑和彩电的销售价格下调。某家电公司这四种商品价格下调幅度及调价后一个月的销售额资料如下表所示：

商品名称	调价幅度(%)	销售额(万元)
手机	−11.5	52
空调	−10.0	103
电脑	−8.0	350
彩电	−13.5	25

计算：

(1)与本次调价前一个月的价格水平相比，上述四种商品价格平均下调了百分之几？

(2)由于价格下调使该商品在这四种商品的销售中少收入多少万元？

附录　常用统计表

附表 1　标准正态分布函数表

$$\Phi_0(u)=\frac{1}{\sqrt{2\pi}}\int_{-\infty}^{u}e^{-\frac{x^2}{2}}\mathrm{d}x\,(u\geqslant 0)$$

u	0.00	0.01	0.02	0.03	0.04	0.05	0.06	0.07	0.08	0.09
.0	0.500 0	0.504 0	0.508 0	0.512 0	0.516 0	0.519 9	0.523 9	0.527 9	0.531 9	0.535 9
0.1	0.539 8	0.543 8	0.547 8	0.551 7	0.555 7	0.559 6	0.563 6	0.567 5	0.571 4	0.575 3
0.2	0.579 3	0.583 2	0.587 1	0.591 0	0.594 8	0.598 7	0.602 6	0.606 4	0.610 3	0.614 1
0.3	0.617 9	0.621 7	0.625 5	0.629 3	0.633 1	0.636 8	0.640 4	0.644 3	0.648 0	0.651 7
0.4	0.655 4	0.659 1	0.662 8	0.666 4	0.670 0	0.673 6	0.677 2	0.680 8	0.684 4	0.687 9
0.5	0.691 5	0.695 0	0.698 5	0.701 9	0.705 4	0.708 8	0.712 3	0.715 7	0.719 0	0.722 4
0.6	0.725 7	0.729 1	0.732 4	0.735 7	0.738 9	0.742 2	0.745 4	0.748 6	0.751 7	0.754 9
0.7	0.758 0	0.761 1	0.764 2	0.767 3	0.770 3	0.773 4	0.776 4	0.779 4	0.782 3	0.785 2
0.8	0.788 1	0.791 0	0.793 9	0.796 7	0.799 5	0.802 3	0.805 1	0.807 8	0.810 6	0.813 3
0.9	0.815 9	0.818 6	0.821 2	0.823 8	0.826 4	0.828 9	0.835 5	0.834 0	0.836 5	0.838 9
1.0	0.841 3	0.843 8	0.846 1	0.848 5	0.850 8	0.853 1	0.855 4	0.857 7	0.859 9	0.862 1
1.1	0.864 3	0.866 5	0.868 6	0.870 8	0.872 9	0.874 9	0.877 0	0.879 0	0.881 0	0.883 0
1.2	0.884 9	0.886 9	0.888 8	0.890 7	0.892 5	0.894 4	0.896 2	0.898 0	0.899 7	0.901 47
1.3	0.903 20	0.904 90	0.906 58	0.908 24	0.909 88	0.911 49	0.913 09	0.914 66	0.916 21	0.917 74
1.4	0.919 24	0.920 73	0.922 20	0.923 64	0.925 07	0.926 47	0.927 85	0.929 22	0.930 56	0.931 89
1.5	0.933 19	0.934 48	0.935 74	0.936 99	0.938 22	0.939 43	0.940 62	0.941 79	0.94295	0.944 08
1.6	0.945 20	0.946 30	0.947 38	0.948 45	0.949 50	0.950 53	0.951 54	0.952 54	0.953 52	0.95449
1.7	0.955 43	0.956 37	0.957 28	0.958 18	0.959 07	0.959 94	0.960 80	0.961 64	0.962 46	0.963 27
1.8	0.964 07	0.964 85	0.965 62	0.966 38	0.967 21	0.967 84	0.968 56	0.969 26	0.969 95	0.970 62

续表

u	0.00	0.01	0.02	0.03	0.04	0.05	0.06	0.07	0.08	0.09
1.9	0.971 28	0.971 93	0.972 57	0.973 20	0.973 81	0.974 41	0.975 00	0.975 58	0.976 15	0.976 70
2.0	0.977 25	0.977 78	0.978 31	0.978 82	0.979 32	0.979 82	0.980 30	0.980 77	0.981 24	0.981 69
2.1	0.982 14	0.982 57	0.983 00	0.983 41	0.983 82	0.984 22	0.984 61	0.985 00	0.985 37	0.985 74
2.2	0.986 10	0.986 45	0.986 79	0.987 13	0.987 45	0.987 78	0.988 09	0.988 40	0.988 70	0.988 99
2.3	0.989 28	0.989 56	0.989 83	0.990 097	0.990 358	0.990 613	0.990 863	0.991 106	0.991 344	0.991 576
2.4	0.991 802	0.992 024	0.992 240	0.992 451	0.992 656	0.992 857	0.993 053	0.993 244	0.993 431	0.993 613
2.5	0.993 790	0.993 963	0.994 132	0.994 297	0.994 457	0.994 614	0.994 766	0.994 915	0.995 060	0.995 201
2.6	0.995 339	0.995 473	0.995 604	0.995 731	0.995 855	0.995 975	0.996 093	0.996 207	0.996 319	0.996 427
2.7	0.996 533	0.996 636	0.996 736	0.996 833	0.996 928	0.997 020	0.997 110	0.997 197	0.997 282	0.997 365
2.8	0.997 445	0.997 523	0.997 599	0.997 673	0.997 744	0.997 814	0.997 882	0.997 948	0.998 012	0.998 074
2.9	0.998 134	0.998 193	0.998 250	0.998 305	0.998 359	0.998 411	0.998 462	0.998 511	0.998 559	0.998 605
3.0	0.998 650	0.998 694	0.998 736	0.998 777	0.998 817	0.998 856	0.998 893	0.998 930	0.998 965	1.000 000

附表 2　t 分布临界值表

$$P[|t(v)|>t_{\alpha/2}(v)]=\alpha$$

单侧 双侧	α=0.10 α=0.20	0.05 0.10	0.025 0.05	0.01 0.02	0.005 0.01
v=1	3.078	6.314	12.706	31.821	63.657
2	1.886	2.920	4.303	6.965	9.925
3	1.638	2.353	3.182	4.541	5.841
4	1.533	2.132	2.776	3.747	4.604
5	1.476	2.015	2.571	3.365	4.032
6	1.440	1.943	2.447	3.143	3.707
7	1.415	1.895	2.365	2.998	3.499
8	1.397	1.860	2.306	2.896	2.355
9	1.383	1.833	2.262	2.821	3.250
10	1.372	1.812	2.228	2.764	3.169
11	1.363	1.796	2.201	2.718	3.106
12	1.356	1.782	2.179	2.681	3.055

续表

单侧 双侧	α=0.10 α=0.20	0.05 0.10	0.025 0.05	0.01 0.02	0.005 0.01
13	1.350	1.771	2.160	2.650	3.012
14	1.345	1.761	2.145	2.624	2.977
15	1.341	1.753	2.131	2.602	2.947
16	1.337	1.746	2.120	2.583	2.921
17	1.333	1.740	2.110	2.567	2.898
18	1.330	1.734	2.101	2.552	2.878
19	1.328	1.729	2.093	2.539	2.861
20	1.325	1.725	2.086	2.528	2.845
21	1.323	1.721	2.080	2.518	2.831
22	1.321	1.717	2.074	2.508	2.819
23	1.319	1.714	2.069	2.500	2.807
24	1.318	1.711	2.064	2.492	2.797
25	1.316	1.708	2.060	2.485	2.787
26	1.315	1.706	2.056	2.479	2.779
27	1.314	1.703	2.052	2.473	2.771
28	1.313	1.701	2.048	2.467	2.763
29	1.311	1.699	2.045	2.462	2.756
30	1.310	1.697	2.042	2.457	2.750
40	1.303	1.684	2.021	2.423	2.704
50	1.299	1.676	2.009	2.403	2.678
60	1.296	1.671	2.000	2.390	2.660
70	1.294	1.667	1.994	2.381	2.648
80	1.292	1.664	1.990	2.374	2.639
90	1.291	1.662	1.987	2.368	2.632
100	1.290	1.660	1.984	2.364	2.626
125	1.288	1.657	1.979	2.357	2.616
150	1.287	1.655	1.976	2.351	2.609
200	1.286	1.653	1.972	2.345	2.601
∞	1.282	1.645	1.960	2.326	2.576

附表 3 χ^2 分布临界值表

$$P[\chi^2(v) > \chi^2_\alpha(v)] = \alpha$$

v	显著性水平(α)												
	0.995	0.99	0.975	0.95	0.9	0.8	0.5	0.2	0.1	0.05	0.025	0.01	0.005
1	0	0.000 2	0.001	0.003 9	0.015 8	0.064 2	0.454 9	1.642 4	2.705 5	3.841 5	5.023 9	6.634 9	7.879 4
2	0.01	0.020 1	0.050 6	0.102 6	0.210 7	0.446 3	1.386 3	3.218 9	4.605 2	5.991 5	7.377 8	9.210 3	10.596 6
3	0.071 7	0.114 8	0.215 8	0.351 8	0.584 4	1.005 2	2.366	4.641 6	6.251 4	7.814 7	9.348 4	11.344 9	12.838 2
4	0.207	0.297 1	0.484 4	0.710 7	1.063 6	1.648 8	3.356 7	5.988 6	7.779 4	9.487 7	11.143 3	13.276 7	14.860 3
5	0.411 7	0.554 3	0.831 2	1.145 5	1.610 3	2.342 5	4.351 5	7.289 3	9.236 4	11.070 5	12.832 5	15.086 3	16.749 6
6	0.675 7	0.872 1	1.237 3	1.635 4	2.204 1	3.070 1	5.348 1	8.558 1	10.644 6	12.591 6	14.449 4	16.811 9	18.547 6
7	0.989 3	1.239	1.689 9	2.167 3	2.833 1	3.822 3	6.345 8	9.803 2	12.017	14.067 1	16.012 8	18.475 3	20.277 7
8	1.344 4	1.646 5	2.179 7	2.732 6	3.489 5	4.593 6	7.344 1	11.030 1	13.361 6	15.507 3	17.534 5	20.090 2	21.955
9	1.734 9	2.087 9	2.700 4	3.325 1	4.168 2	5.380 1	8.342 8	12.242 1	14.683 7	16.919	19.022 8	21.666	23.589 4
10	2.155 9	2.558 2	3.247	3.940 3	4.865 2	6.179 1	9.341 8	13.442	15.987 2	18.307	20.483 2	23.209 3	25.188 2
11	2.603 2	3.053 5	3.815 7	4.574 8	5.577 8	6.988 7	10.341	14.631 4	17.275	19.675 1	21.92	24.725	26.756 8
12	3.073 8	3.570 6	4.403 8	5.226	6.303 8	7.807 3	11.340 3	15.812	18.549 3	21.026 1	23.336 7	26.217	28.299 5
13	3.565	4.106 9	5.008 8	5.891 9	7.041 5	8.633 9	12.339 8	16.984 8	19.811 9	22.362	24.735 6	27.688 2	29.819 5
14	4.074 7	4.660 4	5.628 7	6.570 6	7.789 5	9.467 3	13.339 3	18.150 8	21.064 1	23.684 8	26.118 9	29.141 2	31.319 3
15	4.600 9	5.229 3	6.262 1	7.260 9	8.546 8	10.307	14.338 9	19.310 7	22.307 1	24.995 8	27.488 4	30.577 9	32.801 3
16	5.142 2	5.812 2	6.907 7	7.961 6	9.312 2	11.152 1	15.338 5	20.465 1	23.541 8	26.296 2	28.845 4	31.999 9	34.267 2
17	5.697 2	6.407 8	7.564 2	8.671 8	10.085 2	12.002 3	16.338 2	21.614 6	24.769	27.587 1	30.191	33.408 7	35.718 5
18	6.264 8	7.014 9	8.230 7	9.390 5	10.864 9	12.857	17.337 9	22.759 5	25.989 4	28.869 3	31.526 4	34.805 3	37.156 5
19	6.844	7.632 7	8.906 5	10.117	11.650 9	13.715 8	18.337 7	23.900 4	27.203 6	30.143 5	32.852 3	36.190 9	38.582 3
20	7.433 8	8.260 4	9.590 8	10.850 8	12.442 6	14.578 4	19.337 4	25.037 5	28.412	31.410 4	34.169 6	37.566 2	39.996 8
21	8.033 7	8.897 2	10.282 9	11.591 3	13.239 6	15.444 6	20.337 2	26.171 1	29.615 1	32.670 6	35.478 9	38.932 2	41.401 1
22	8.642 7	9.542 5	10.982 3	12.338	14.041 5	16.314	21.337	27.301 5	30.813 3	33.924 4	36.780 7	40.289 4	42.795 7
23	9.260 4	10.195 7	11.688 6	13.090 5	14.848	17.186 5	22.336 9	28.428 8	32.006 9	35.172 5	38.075 6	41.638 4	44.181 3
24	9.886 2	10.856 4	12.401 2	13.848 4	15.658 7	18.061 8	23.336 7	29.553 3	33.196 2	36.415	39.364 1	42.979 8	45.558 5
25	10.519 7	11.524	13.119 7	14.611 4	16.473 4	18.939 8	24.336 6	30.675 2	34.381 6	37.652 5	40.646 5	44.314 1	46.927 9
26	11.160 2	12.198 1	13.843 9	15.379 2	17.291 9	19.820 2	25.336 5	31.794 6	35.563 2	38.885 1	41.923 2	45.641 7	48.289 9
27	11.807 6	12.878 5	14.573 4	16.151 4	18.113 9	20.703	26.336 3	32.911 7	36.741 2	40.113 3	43.194 5	46.962 9	49.644 9

续表

v	显著性水平(α)												
	0.995	0.99	0.975	0.95	0.9	0.8	0.5	0.2	0.1	0.05	0.025	0.01	0.005
28	12.461 3	13.564 7	15.307 9	16.927 9	18.939 2	21.588	27.336 2	34.026 6	37.915 9	41.337 1	44.460 8	48.278 2	50.993 4
29	13.121 1	14.256 5	16.047 1	17.708 4	19.767 7	22.475 1	28.336 1	35.139 4	39.087 5	42.557	45.722 3	49.587 9	52.335 6
30	13.786 7	14.953 5	16.790 8	18.492 7	20.599 2	23.364 1	29.336	36.250 2	40.256	43.773	46.979 2	50.892 2	53.672

附表4 F分布临界值表

($\alpha = 0.05$) $P[F(v_1, v_2) > F_\alpha(v_1, v_2)] = \alpha$

v_2 \ v_1	1	2	3	4	5	6	8	10	15
1	161.4	199.5	215.7	224.6	230.2	234.0	238.9	241.9	245.9
2	18.51	19.00	19.16	19.25	19.30	19.33	19.37	19.40	19.43
3	10.13	9.55	9.28	9.12	9.01	8.94	8.85	8.79	8.70
4	7.71	6.94	6.59	6.39	6.26	6.16	6.04	5.96	5.86
5	6.61	5.79	5.41	5.19	5.05	4.95	4.82	4.74	4.62
6	5.99	5.14	4.76	4.53	4.39	4.28	4.15	4.06	3.94
7	5.59	4.74	4.35	4.12	3.97	3.87	3.73	3.64	3.51
8	5.32	4.46	4.07	3.84	3.69	3.58	3.44	3.35	3.22
9	5.12	4.26	3.86	3.63	3.48	3.37	3.23	3.14	3.01
10	4.96	4.10	3.71	3.48	3.33	3.22	3.07	2.98	2.85
11	4.84	3.98	3.59	3.36	3.20	3.09	2.95	2.85	2.72
12	4.75	3.89	3.49	3.26	3.11	3.00	2.85	2.75	2.62
13	4.67	3.81	3.41	3.18	3.03	2.92	2.77	2.67	2.53
14	4.60	3.74	3.34	3.11	2.96	2.85	2.70	2.60	2.46
15	4.54	3.68	3.29	3.06	2.90	2.79	2.64	2.54	2.40
16	4.49	3.63	3.24	3.01	2.85	2.74	2.59	2.49	2.35
17	4.45	3.59	3.20	2.96	2.81	2.70	2.55	2.45	2.31
18	4.41	3.55	3.16	2.93	2.77	2.66	2.51	2.41	2.27
19	4.38	3.52	3.13	2.90	2.74	2.63	2.48	2.38	2.23
20	4.35	3.49	3.10	2.87	2.71	2.60	2.45	2.35	2.20
21	4.32	3.47	3.07	2.84	2.68	2.57	2.42	2.32	2.18

续表

v_2 \ v_1	1	2	3	4	5	6	8	10	15
22	4.30	3.44	3.05	2.82	2.66	2.55	2.40	2.30	2.15
23	4.28	3.42	3.03	2.80	2.64	2.53	2.37	2.27	2.13
24	4.26	3.40	3.01	2.78	2.62	2.51	2.36	2.25	2.11
25	4.24	3.39	2.99	2.76	2.60	2.49	2.34	2.24	2.09
26	4.23	3.37	2.98	2.74	2.59	2.47	2.32	2.22	2.07
27	4.21	3.35	2.96	2.73	2.57	2.46	2.31	2.20	2.06
28	4.20	3.34	2.95	2.71	2.56	2.45	2.29	2.19	2.04
29	4.18	3.33	2.93	2.70	2.55	2.43	2.28	2.18	2.03
30	4.17	3.32	2.92	2.69	2.53	2.42	2.27	2.16	2.01
40	4.08	3.23	2.84	2.61	2.45	2.34	2.18	2.08	1.92
50	4.03	3.18	2.79	2.56	2.40	2.29	2.13	2.03	1.87
60	4.00	3.15	2.76	2.53	2.37	2.25	2.10	1.99	1.84
70	3.98	3.13	2.74	2.50	2.35	2.23	2.07	1.97	1.81
80	3.96	3.11	2.72	2.49	2.33	2.21	2.06	1.95	1.79
90	3.95	3.10	2.71	2.47	2.32	2.20	2.04	1.94	1.78
100	3.94	3.09	2.70	2.46	2.31	2.19	2.03	1.93	1.77
125	3.92	3.07	2.68	2.44	2.29	2.17	2.01	1.91	1.75
150	3.90	3.06	2.66	2.43	2.27	2.16	2.00	1.89	1.73
200	3.89	3.04	2.65	2.42	2.26	2.14	1.98	1.88	1.72
∞	3.84	3.00	2.60	2.37	2.21	2.10	1.94	1.83	1.67

(α=0.01)续表

v_2 \ v_1	1	2	3	4	5	6	8	10	15
1	4 052	4 999	5 403	5 625	5 764	5 859	5 981	6 065	6 157
2	98.50	99.00	99.17	99.25	99.30	99.33	99.37	99.40	99.43
3	34.12	30.82	29.46	28.71	28.24	27.91	27.49	27.23	26.87
4	21.20	18.00	16.69	15.98	15.52	15.21	14.80	14.55	14.20
5	16.26	13.27	12.06	11.39	10.97	10.67	10.29	10.05	9.72
6	13.75	10.92	9.78	9.15	8.75	8.47	8.10	7.87	7.56
7	12.25	9.55	8.45	7.85	7.46	7.19	6.84	6.62	6.31
8	11.26	8.65	7.59	7.01	6.63	6.37	6.03	5.81	5.52

续表

v_2 \ v_1	1	2	3	4	5	6	8	10	15
9	10.56	8.02	6.99	6.42	6.06	5.80	5.47	5.26	4.96
10	10.04	7.56	6.55	5.99	5.64	5.39	5.06	4.85	4.56
11	9.65	7.21	6.22	5.67	5.32	5.07	4.74	4.54	4.25
12	9.33	6.93	5.95	5.41	5.06	4.82	4.50	4.30	4.01
13	9.07	6.70	5.74	5.21	4.86	4.62	4.30	4.10	3.82
14	8.86	6.51	5.56	5.04	4.69	4.46	4.14	3.94	3.66
15	8.86	6.36	5.42	4.89	4.56	4.32	4.00	3.80	3.52
16	8.53	6.23	5.29	4.77	4.44	4.20	3.89	3.69	3.41
17	8.40	6.11	5.19	4.67	4.34	4.10	3.79	3.59	3.31
18	8.29	6.01	5.09	4.58	4.25	4.01	3.71	3.51	3.23
19	8.18	5.93	5.01	4.50	4.17	3.94	3.63	3.43	3.15
20	8.10	5.85	4.94	4.43	4.10	3.87	3.56	3.37	3.09
21	8.02	5.78	4.87	4.37	4.04	3.81	3.51	3.31	3.03
22	7.95	5.72	4.82	4.31	3.99	3.76	3.45	3.26	2.98
23	7.88	5.66	4.76	4.26	3.94	3.71	3.41	3.21	2.93
24	7.82	5.61	4.72	4.22	3.90	3.67	3.36	3.17	2.89
25	7.77	5.57	4.68	4.18	3.85	3.63	3.32	3.13	2.85
26	7.72	5.53	4.64	1.14	3.82	3.59	3.29	3.09	2.81
27	7.68	5.49	4.60	4.11	3.78	3.56	3.26	3.06	2.78
28	7.64	5.45	4.57	4.07	3.75	3.53	3.23	3.03	2.75
29	7.60	5.42	4.54	4.04	3.73	3.50	3.20	3.00	2.73
30	7.56	5.39	4.51	4.02	3.70	3.47	3.17	2.98	2.70
40	7.31	5.18	4.31	3.83	3.51	3.29	2.99	2.80	2.52
50	7.17	5.06	4.20	3.72	3.41	3.19	2.89	2.70	2.42
60	7.08	4.98	4.13	3.65	3.34	3.12	2.82	2.63	2.35
70	7.01	4.92	4.07	3.60	3.29	3.07	2.78	2.59	2.31
80	6.96	4.88	4.04	3.56	3.26	3.04	2.74	2.55	2.27
90	6.93	4.85	4.01	3.53	3.23	3.01	2.72	2.52	2.42
100	6.90	4.82	3.98	3.51	3.21	2.99	2.69	2.50	2.22
125	6.84	4.78	3.94	3.47	3.17	2.95	2.66	2.47	2.19
150	6.81	4.75	3.91	3.45	3.14	2.92	2.63	2.44	2.16
200	6.76	4.71	3.88	3.41	3.11	2.89	2.60	2.41	2.13
∞	6.63	4.61	3.78	3.32	3.02	2.80	2.51	2.23	2.04

附表 5 二项分布临界值表

在 $p=q=\frac{1}{2}$ 下，x 或 $n-x$（不论何者为大）的临界值

n	单侧检验(α)		双侧检验(α)	
	0.05	0.01	0.05	0.01
5	5	—	—	—
6	6	—	6	—
7	7	7	7	—
8	7	8	8	—
9	8	9	8	9
10	9	10	9	10
11	9	10	10	11
12	10	11	10	11
13	10	12	11	12
14	11	12	12	13
15	12	13	12	13
16	12	14	13	14
17	13	14	13	15
18	13	15	14	15
19	14	15	15	16
20	15	16	15	17
21	15	17	16	17
22	16	17	17	18
23	16	18	17	19
24	17	19	18	19
25	18	19	18	20
26	18	20	19	20
27	19	20	20	21
28	19	21	20	22
29	20	22	21	22
30	20	22	21	23

附表 6 秩和检验表

表中列出了秩和下限 W_1 及秩和上限 W_2 的值。

α=0.05								α=0.025							
n_1	n_2	W_1	W_2	n_1	n_2	W_1	W_2	n_1	n_2	W_1	W_2	n_1	n_2	W_1	W_2
2	4	3	11	5	5	19	36	2	6	3	15	5	8	21	49
2	5	3	13	5	6	20	40	2	7	3	17	5	9	22	53
2	6	4	14	5	7	22	43	2	8	3	19	5	10	24	56
2	7	4	16	5	8	23	47	2	9	3	21	6	6	26	52
2	8	4	18	5	9	25	50	2	10	4	22	6	7	28	56
2	9	4	20	5	10	26	54	3	4	6	18	6	8	29	61
2	10	5	21	6	6	28	50	3	5	6	21	6	9	31	65
3	3	6	15	6	7	30	54	3	6	7	23	6	10	33	69
3	4	7	17	6	8	32	58	3	7	8	25	7	7	37	68
3	5	7	20	6	9	33	63	3	8	8	28	7	8	39	73
3	6	8	22	6	10	35	67	3	9	9	30	7	9	40	79
3	7	9	24	7	7	39	66	3	10	9	33	7	10	43	83
3	8	9	27	7	8	41	71	4	4	11	25	8	8	49	87
3	9	10	29	7	9	43	76	4	5	12	28	8	9	51	93
3	10	11	31	7	10	46	80	4	6	12	32	8	10	54	98
4	4	12	24	8	8	52	84	4	7	13	35	9	9	63	108
4	5	13	27	8	9	54	90	4	8	14	38	9	10	66	114
4	6	14	30	8	10	57	95	4	9	15	41	10	10	79	131
4	7	15	33	9	9	66	105	4	10	16	44				
4	8	16	36	9	10	69	111	5	5	18	37				
4	9	17	39	10	10	93	127	5	6	19	41				
4	10	18	42					5	7	20	45				

附表 7 游程检验 R 临界值表

表中对应于 n_1 与 n_2 的有两行数值。若 R 等于小于上行数值，或等于大于下行数值，则在 $\alpha=0.025$（单侧检验）或 $\alpha=0.05$（双侧检验）水平上判定序列为非随机的。

n_1 \ n_2	2	3	4	5	6	7	8	9	10	11	12	13	14	15	16	17	18	19	20
2											2	2	2	2	2	2	2	2	2
3					2	2	2	2	2	2	2	2	2	3	3	3	3	3	3
4				2 9	2 9	2	3	3	3	3	3	3	3	3	4	4	4	4	4
5			2 9	2 10	3 10	3 11	3 11	3	3	4	4	4	4	4	4	4	5	5	5
6		2	2 9	3 10	3 11	3 12	3 12	4 13	4 13	4 13	4 13	5	5	5	5	5	5	6	6
7		2	2	3 11	3 12	3 13	4 13	4 14	5 14	5 14	5 14	5 15	5 15	6 15	6	6	6	6	6
8		2	3	3 11	3 12	4 13	4 14	5 14	5 15	5 15	6 16	6 16	6 16	6 16	6 17	7 17	7 17	7 17	7 17
9		2	3	3	4 13	4 14	5 14	5 15	5 16	6 16	6 16	6 17	7 17	7 18	7 18	7 18	8 18	8 18	8 18
10		2	3	4	4 13	5 14	5 15	6 16	6 16	7 17	7 17	7 18	8 18	8 18	8 19	9 19	9 19	9 20	9 20
11		2	3	4	4 13	5 14	5 15	6 16	6 17	7 17	7 18	7 19	8 19	8 19	8 20	9 20	9 20	9 21	9 21
12	2	2	3	4	4 13	5 14	6 16	6 16	7 17	7 18	7 19	8 19	8 20	8 20	9 21	9 21	9 21	10 22	10 22
13	2	2	3	4	5	5 15	6 16	6 17	7 18	7 19	8 19	8 20	9 20	9 21	9 21	10 22	10 22	10 23	10 23
14	2	2	3	4	5	5 15	6 16	7 17	7 18	8 19	8 20	9 20	9 21	9 22	10 22	10 23	10 23	11 23	11 24
15	2	3	3	4	5	6 15	6 16	7 17	7 18	8 19	8 19	9 20	9 20	10 21	10 21	11 22	11 22	11 23	12 23
16	2	3	4	4	5	6	6 17	7 18	8 19	8 20	9 21	9 21	10 22	10 23	11 23	11 24	11 25	12 25	12 25
17	2	3	4	4	5	6	7 17	7 18	8 19	9 20	9 21	10 22	10 23	11 23	11 24	11 25	12 25	12 26	13 26
18	2	3	4	5	5	6	7 17	8 18	8 19	9 20	9 21	10 22	10 23	11 24	11 25	12 25	12 26	13 26	13 27

续表

n_1 \ n_2	2	3	4	5	6	7	8	9	10	11	12	13	14	15	16	17	18	19	20
19	2	3	4	5	6	6	7 17	8 18	8 20	9 21	10 22	10 23	11 23	11 24	12 25	12 26	13 26	13 27	13 27
20	2	3	4	5	6	6	7 17	8 18	9 20	9 21	10 22	10 23	11 24	12 25	12 25	13 26	13 27	13 27	14 28

附表 8 斯皮尔曼等级相关系数 r_s 的上临界值 r_α 表

$P(r_s \geqslant r_\alpha) \leqslant \alpha \quad P(r_s \leqslant -r_\alpha) \leqslant \alpha$

n \ α	0.001	0.005	0.010	0.025	0.050	0.100
4	—	—	—	—	0.800 0	0.800 0
5	—	—	0.900 0	0.900 0	0.800 0	0.700 0
6	—	0.942 9	0.885 7	0.828 6	0.771 4	0.600 0
7	0.964 3	0.892 9	0.857 1	0.746 0	0.678 6	0.535 7
8	0.928 6	0.857 1	0.809 5	0.714 3	0.619 0	0.500 0
9	0.900 0	0.816 7	0.766 7	0.683 3	0.583 3	0.466 7
10	0.866 7	0.781 8	0.733 3	0.636 4	0.551 5	0.442 4
11	0.836 4	0.754 5	0.700 0	0.609 1	0.527 3	0.418 2
12	0.818 2	0.727 3	0.671 3	0.580 4	0.496 5	0.398 6
13	0.791 2	0.697 8	0.642 9	0.554 9	0.478 0	0.379 1
14	0.767 0	0.674 7	0.622 0	0.534 1	0.459 3	0.362 6
15	0.746 4	0.653 6	0.600 0	0.517 0	0.442 9	0.350 0
16	0.726 5	0.632 4	0.582 4	0.500 0	0.426 5	0.338 2
17	0.708 3	0.615 2	0.563 7	0.485 3	0.411 8	0.326 0
18	0.690 4	0.597 5	0.548 0	0.471 6	0.399 4	0.314 8
19	0.673 7	0.582 5	0.533 3	0.457 9	0.389 5	0.307 0
20	0.658 6	0.568 4	0.520 3	0.445 1	0.378 9	0.297 7
21	0.645 5	0.564 5	0.507 8	0.435 1	0.368 8	0.290 9
22	0.631 8	0.542 6	0.496 3	0.424 1	0.359 7	0.282 9
23	0.618 6	0.530 6	0.485 2	0.415 0	0.351 8	0.276 7
24	0.607 0	0.520 0	0.474 8	0.406 1	0.343 5	0.270 4

续表

α / n	0.001	0.005	0.010	0.025	0.050	0.100
25	0.596 2	0.510 0	0.465 4	0.397 7	0.336 2	0.264 6
26	0.585 6	0.500 2	0.456 4	0.389 4	0.329 9	0.258 8
27	0.575 7	0.491 5	0.448 1	0.382 2	0.323 6	0.254 0
28	0.566 0	0.482 8	0.440 1	0.374 9	0.317 5	0.249 0
29	0.556 7	0.474 4	0.432 0	0.368 5	0.311 3	0.244 3
30	0.547 9	0.466 5	0.425 1	0.362 0	0.305 9	0.240 0

附表 9 威尔科克森带符号等级检验

威尔科克森带有正负号的等级统计量，T 的临界值。这里 T 是最大整数即 $P_r(T\leqslant t/N')\leqslant\alpha$ 累积的单尾概率。

n	双侧 单侧	0.15 0.075	0.10 0.050	0.05 0.025	0.04 0.020	0.03 0.015	0.02 0.010	0.01 0.005
4		0						
5		1	0					
6		2	2	0	0			
7		4	3	2	1	0	0	
8		7	5	3	3	2	1	0
9		9	8	5	5	4	3	1
10		12	10	8	7	6	5	3
11		16	13	10	9	8	7	5
12		19	17	13	12	11	9	7
13		24	21	17	16	14	12	9
14		28	25	21	19	18	15	12
15		33	30	25	23	21	19	15
16		39	35	29	28	26	23	19
17		45	41	34	33	30	27	23
18		51	47	40	38	35	32	27
19		58	53	46	43	41	37	32
20		65	60	52	50	47	43	37
21		73	67	58	56	53	49	42

续表

n	双侧 单侧	0.15 0.075	0.10 0.050	0.05 0.025	0.04 0.020	0.03 0.015	0.02 0.010	0.01 0.005
22		81	75	65	63	59	55	48
23		89	83	73	70	66	62	54
24		98	91	81	78	74	69	61
25		108	100	89	86	82	76	68
26		118	110	98	94	90	84	75
27		128	119	107	103	99	92	83
28		138	130	116	112	108	101	91
29		150	140	126	122	117	110	100
30		161	151	137	132	127	120	109
31		173	163	147	143	137	130	118
32		186	175	159	154	148	140	128
33		199	187	170	165	159	151	138
34		212	200	182	177	171	162	148
35		226	213	195	189	182	173	159
40		302	286	264	257	249	238	220
50		487	466	434	425	413	397	373
60		718	690	648	636	620	600	567
70		995	960	907	891	872	846	805
80		1 318	1 276	1 211	1 192	1 168	1 136	1 086
90		1 688	1 638	1 560	1 537	1 509	1 471	1 410
100		2 105	2 045	1 955	1 928	1 894	1 850	1 779

附表 10 曼-惠特尼 U 检验

第一个表中的数值是单侧检验在 0.025 处或双侧检验在 0.05 处，U 的临界值；第二个表中的数值是单侧检验在 0.05 处或双侧检验 0.10 处，U 的临界处。

n_2 \ n_1	1	2	3	4	5	6	7	8	9	10	11	12	13	14	15	16	17	18	19	20
1																				
2								0	0	0	0	1	1	1	1	1	2	2	2	2
3					0	1	1	2	2	3	3	4	4	5	5	6	6	7	7	8

续表

n_2 \ n_1	1	2	3	4	5	6	7	8	9	10	11	12	13	14	15	16	17	18	19	20
4				0	1	2	3	4	4	5	6	7	8	9	10	11	11	12	13	13
5			0	1	2	3	5	6	7	8	9	11	12	13	14	15	17	18	19	20
6			1	2	3	5	6	8	10	11	13	14	16	17	19	21	22	24	25	27
7			1	3	5	6	8	10	12	14	16	18	20	22	24	26	28	30	32	34
8		0	2	4	6	8	10	15	17	19	22	24	26	29	31	34	36	38	41	
9		0	2	4	7	10	12	15	17	20	23	26	28	31	34	37	39	42	45	48
10		0	3	5	8	11	14	17	20	23	26	29	33	36	39	42	45	48	52	55
11		0	3	6	9	13	16	19	23	26	30	33	37	40	44	47	51	55	58	62
12		1	4	7	11	14	18	22	26	29	33	37	41	45	49	53	57	61	65	69
13		1	4	8	12	16	20	24	28	33	37	41	45	50	54	59	63	67	72	76
14		1	5	9	13	17	22	26	31	36	40	45	50	55	59	64	67	74	78	83
15		1	5	10	14	19	24	29	34	39	44	49	54	59	64	70	75	80	85	90
16		1	6	11	15	21	26	31	37	42	47	53	59	64	70	75	81	86	93	98
17		2	6	11	17	22	28	34	39	45	51	57	63	67	75	81	87	93	99	105
18		2	7	12	18	24	30	36	42	43	55	61	67	74	80	86	93	99	106	112
19		2	7	13	19	25	32	38	45	52	58	63	72	78	85	92	99	106	113	119
20		2	8	13	20	27	34	41	48	55	62	69	76	83	90	98	105	112	119	127

n_2 \ n_1	1	2	3	4	5	6	7	8	9	10	11	12	13	14	15	16	17	18	19	20
1																			0	0
2					0	0	0	1	1	1	1	2	2	2	3	3	3	4	4	4
3			0	0	1	2	2	3	3	4	5	5	6	7	7	8	9	9	10	11
4			0	1	2	3	4	5	6	7	8	9	10	11	12	14	15	16	17	18
5		0	1	2	4	5	6	8	9	11	12	13	15	16	18	19	20	22	23	25
6		0	2	3	5	7	8	10	12	14	16	17	19	21	23	25	26	28	30	32
7		0	2	4	6	8	11	13	15	17	19	21	24	26	28	30	33	35	37	39
8		1	3	5	8	10	13	15	18	20	23	26	28	31	33	36	39	41	44	47
9		1	3	6	9	12	15	18	21	24	27	30	33	36	39	42	45	48	51	54
10		1	4	7	11	14	17	20	24	27	31	34	37	41	44	48	51	55	58	62
11		1	5	8	12	16	19	23	27	31	34	38	42	46	50	54	57	61	65	69
12		2	5	9	13	17	21	26	30	34	38	42	47	51	55	60	64	68	72	77
13		2	6	10	15	19	24	28	33	37	42	47	51	56	61	65	70	75	80	84

续表

n_2 \ n_1	1	2	3	4	5	6	7	8	9	10	11	12	13	14	15	16	17	18	19	20
14		2	7	11	16	21	26	31	36	41	46	51	56	61	66	71	77	82	87	92
15		3	7	12	18	23	28	33	39	44	50	55	61	66	72	77	83	88	94	100
16		3	8	14	19	25	30	36	42	48	54	60	65	71	77	83	89	95	101	107
17		3	9	15	20	26	33	39	45	51	57	64	70	77	83	89	96	102	109	115
18		4	9	16	22	28	35	41	48	55	61	68	75	82	88	95	102	109	116	123
19	0	4	10	17	23	30	37	44	51	58	65	72	80	87	94	101	109	116	123	130
20	0	4	11	18	25	32	39	47	54	62	69	77	84	92	100	107	115	123	130	138

附表 11　累计法平均增长速度查对表

递增速度　　　　间隔期:1—5 年

平均每年增长%	各年发展水平总和为基期的%				
	1 年	2 年	3 年	4 年	5 年
0.1	100.10	100.20	100.30	100.40	100.50
0.2	200.30	200.60	200.90	201.20	201.50
0.3	300.60	301.20	301.80	302.40	303.01
0.4	401.00	402.00	403.00	404.00	405.03
0.5	501.50	503.00	504.50	506.01	507.56
0.6	100.60	100.70	100.80	100.90	101.00
0.7	201.80	202.10	202.41	202.71	203.01
0.8	303.61	304.21	304.83	305.44	306.04
0.9	406.03	407.03	408.07	409.09	410.10
1.0	509.06	510.57	512.14	513.67	515.20
1.1	101.10	101.20	101.30	101.40	101.50
1.2	203.31	203.61	203.92	204.22	204.52
1.3	306.64	307.25	307.87	308.48	309.09
1.4	411.11	412.13	413.17	414.20	415.23
1.5	516.73	518.27	519.84	521.40	522.96
1.6	101.60	101.70	101.80	101.90	102.00
1.7	204.83	205.13	205.43	205.74	206.04

续表

平均每年增长%	各年发展水平总和为基期的%				
	1 年	2 年	3 年	4 年	5 年
1.8	309.71	310.32	310.93	311.55	312.16
1.9	416.27	417.30	418.33	419.37	420.40
2.0	524.53	526.10	527.66	529.24	530.80
2.1	102.10	102.20	102.30	102.40	102.50
2.2	206.34	206.65	206.95	207.26	207.56
2.3	312.77	313.40	314.01	314.64	315.25
2.4	421.44	422.50	423.53	424.60	425.63
2.5	532.39	534.00	535.57	537.20	538.77
2.6	102.60	102.70	102.80	102.90	103.00
2.7	207.87	208.17	208.48	208.78	209.09
2.8	315.88	316.49	317.12	317.73	318.36
2.9	426.70	427.73	428.80	429.84	430.91
3.0	540.40	541.97	543.61	545.20	546.84
3.1	103.10	103.20	103.30	103.40	103.50
3.2	209.40	209.70	210.01	210.32	210.62
3.3	319.00	319.61	320.24	320.88	321.49
3.4	432.00	433.04	434.11	435.20	436.24
3.5	548.50	550.10	551.74	553.41	555.01
3.6	103.60	103.70	103.80	103.90	104.00
3.7	210.93	211.24	211.54	211.85	212.16
3.8	322.12	322.76	323.37	324.01	324.65
3.9	437.31	438.41	439.45	440.54	441.64
4.0	556.65	558.34	559.94	561.61	563.31

参考文献

1. 孙允午:《统计学概论》,上海财经大学出版社 2010 年版。

2. 王德发、孙允午:《统计学》,上海财经大学出版社 1998 年版。

3. 李子奈、潘文卿,《计量经济学》(第三版),高等教育出版社 2010 年版。

4. 徐国祥、王德发:《新中国统计思想史》,上海财经大学出版社 1999 年版。

5. 曾五一、朱建平主编:《统计学》,上海财经大学出版社 2012 年版。

6. 杜瑞芝:《数学史辞典》,山东教育出版社 2000 年版。

7. 陈希孺:《数理统计学简史》,湖南教育出版社 2002 年版。

8. 李文林:《数学史教程》,高等教育出版社 2000 年版。

9. 张光远:《近现代数学发展概论》,重庆出版社 1991 年版。

10. 崔智超、王青建:《数理统计学源流及应用》,《大连教育学院学报》2005 年 6 月。

11. 吴建福:《从历史发展看中国统计发展方向》,《数理统计与管理》1986 年第 1 期。

12. 林杰斌、刘明德:《SPSS 10.0 与统计模式建构》,科学出版社 2002 年版。

13. 李惠村:《欧美统计学派发展简史》,中国统计出版社 1984 年版。

14. 弗里德曼等著,魏宗舒等译:《统计学》,中国统计出版社 1997 年版。

15. 颜一清:《数学巨擘高斯(上)》,《数学传播季刊》1998 年第 22 卷第 4 期。

16. 颜一清:《数学巨擘高斯(下)》,《数学传播季刊》1999 年第 23 卷第 1 期。

17. 韩廷春:《定量分析方法》(清华大学 MPA 系列教程之一),中国经济学教育科研网/讲义课件/数理经济与计量经济学,http://down.cenetorg.cn/view.asp? id=16081。

18. 贾怀勤:《数据、模型与决策》,对外经济贸易大学出版社 2004 年版。

19. 胡健颖、冯泰:《实用统计学》,北京大学出版社 2002 年版。

20. 道格拉斯·唐宁著,施祖辉、孙允午译:《商业统计》,上海人民出版社 2004 年版。

21. David M. Levine, David Stephan, Timothy C. Krehbiel, Mark L. Berenson: *Statistics For Managers*, Prentice Hall, 2002.

22. David R. Anderson, Dennis J. Sweeney, Thomas A. Williams:《商务与经济统计精要》,机械工业出版社 2002 年版。

23. 苏均和:《概率论与数理统计》,上海财经大学出版社 2005 年版。

24. 茆诗松、周纪芗:《概率论与数理统计》,中国统计出版社 2000 年版。

25. 戴维·R. 安德森等著,张建华等译:《商务与经济统计》,机械工业出版社 2000 年版。

26. 卡梅尔等著,崔书香等译:《应用经济统计学》,中国经济出版社 1988 年版。

27. 郑德如:《回归分析和相关分析》,上海人民出版社 1984 年版。

28. 何晓群、刘文卿:《应用回归分析》,中国人民大学出版社 2001 年版。
29. 吴喜之:《非参数统计》,中国统计出版社 1999 年版。
30. 周复恭、倪加勋等:《应用数理统计》,中国人民大学出版社 1989 年版。
31. 郑德如:《统计学》,立信会计出版社 1998 年版。
32. 王振龙:《时间序列分析》,中国统计出版社 2000 年版。
33. 韩嘉骏:《价格指数理论与实践》,中国发展出版社 1992 年版。
34. 袁卫、庞浩、曾五一:《统计学》,高等教育出版社 2000 年版。